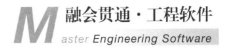

桥梁工程软件
midas Civil 使用指南

葛俊颖 ◎ 编著
北京迈达斯技术有限公司 ◎ 审定

内 容 提 要

本书主要介绍 midas Civil 软件在桥梁工程计算中的应用，内容包括建模、静力分析、动力分析、非线性分析、稳定分析、桥梁抗震以及桥梁活载加载等方面。书中通过大量的实例介绍 midas Civil 进行结构分析的具体操作步骤与方法，同时，附有作者多年来软件应用的体会和经验，既适用于软件初学者入门，也利于软件的高级用户学习提升。

本书可供从事桥梁结构分析计算的工程技术人员参考，也可作为大学本科和研究生学习使用 midas Civil 软件进行桥梁结构分析的参考书。

图书在版编目(CIP)数据

桥梁工程软件 midas Civil 使用指南/葛俊颖编著. —北京：人民交通出版社，2013.6
 ISBN 978-7-114-10472-5

Ⅰ.①桥… Ⅱ.①葛… Ⅲ.①桥梁工程—应用软件—指南 Ⅳ.①U44-39

中国版本图书馆 CIP 数据核字(2013)第 054676 号

书　　名：桥梁工程软件 midas Civil 使用指南
著　　者：葛俊颖
责任编辑：陈志敏　王　霞
出版发行：人民交通出版社股份有限公司
地　　址：(100011) 北京市朝阳区安定门外外馆斜街 3 号
网　　址：http://www.ccpress.com.cn
销售电话：(010) 59757973
总 经 销：人民交通出版社股份有限公司发行部
经　　销：各地新华书店
印　　刷：北京市密东印刷有限公司
开　　本：787×1092　1/16
印　　张：37.5
字　　数：910 千
版　　次：2013 年 6 月　第 1 版
印　　次：2023 年 2 月　第 8 次印刷
书　　号：ISBN 978-7-114-10472-5
定　　价：120.00 元

(有印刷、装订质量问题的图书由本社负责调换)

前言 PREFACE

midas Civil 程序是 MIDAS 系列软件中产品之一。它主要用于桥梁结构的分析与设计，能够解决各种桥型分析设计中遇到的问题。虽然是韩国的软件，但是经过北京迈达斯技术有限公司多年来的努力，该软件已经成为国内桥梁工程技术人员熟悉和喜爱的分析计算软件。

本书编写的初衷是介绍 midas Civil 程序在桥梁工程计算中的应用。对初学者可以先从本书的实例开始学习，并逐步了解一些背景知识。对有限元及桥梁工程非常熟悉、将 midas Civil 作为工具软件的高级读者，本书中的一些参数设置方法及所用理论的介绍将会让您获益。

本书以 midas Civil 2010 和 midas Civil 2011 的版本为蓝本，内容上包括建模、静力分析、动力分析、非线性分析、稳定分析、桥梁抗震以及桥梁活载加载等内容，由于篇幅的限制，书中没有详细阐述设计相关的内容。书中对必要的力学知识和技术背景做了简要介绍，并配有大量实例分析，以方便读者学习和加深对分析计算的理解。

本书在编写过程中参考了大量的文献资料，其中最主要的是北京迈达斯技术有限公司的培训资料，在此对北京迈达斯技术有限公司资料的作者表示深深的谢意！非常感谢北京迈达斯技术有限公司桂满树先生和公司技术人员审阅全书并提出了宝贵意见！

本书第4章、第5章由中铁十八局集团有限公司李先编写，其余各章由石家庄铁道大学葛俊颖编写。全书由葛俊颖统稿。

由于时间紧迫和作者水平有限，书中难免存在错漏，恳请广大同行和读者批评指正！如果发现了错误或问题以及有改进或阐明问题的建议，请写信给我，我预先感谢你们所花费的时间和有兴趣所做的一切！联系邮箱：gejygejy@163.com。

作者
2013 年 3 月

目录 CONTENTS

第1章 midas Civil 有限元分析的基本过程 ··· 1
- 1.1 软件概况 ··· 1
- 1.2 基本过程 ··· 2
- 1.3 用户界面 ··· 2
- 1.4 操作环境设定 ··· 9
- 1.5 文件系统 ··· 13
- 1.6 数据输入 ··· 14
- 1.7 分析实例 ··· 14
- 1.8 小结 ··· 22

第2章 midas Civil 建模功能 ··· 23
- 2.1 坐标系 ··· 23
- 2.2 单元介绍 ··· 25
- 2.3 材料定义 ··· 58
- 2.4 截面定义 ··· 68
- 2.5 节点和单元的直接建立 ··· 93
- 2.6 建模助手 ··· 110
- 2.7 小结 ··· 133

第3章 边界条件 ··· 134
- 3.1 支承边界条件 ··· 134
- 3.2 连接单元 ··· 143
- 3.3 其他边界条件 ··· 146

第4章 荷载与分析控制 ··· 154
- 4.1 荷载 ··· 154
- 4.2 分析控制选项 ··· 174

第5章 结果与输出 ··· 177
- 5.1 查看分析结果 ··· 177
- 5.2 数据文件输出 ··· 182
- 5.3 计算书生成器 ··· 182

第 6 章　midas Civil 配套软件介绍 ·················· 184
6.1　命令窗口 ·· 184
6.2　钢束形状生成器 ······································ 186
6.3　截面特性值计算器 SPC ··························· 190
6.4　文本编辑器 ·· 190
6.5　图形编辑器 ·· 191
6.6　转换 EMF 文件为 DXF 文件 ··················· 191
6.7　地震波数据生成器 ·································· 191
6.8　材料统计 ·· 194
6.9　其他工具 ·· 196

第 7 章　桥梁移动荷载分析 ······························· 197
7.1　车道定义 ·· 198
7.2　车道面定义 ·· 201
7.3　车辆定义 ·· 202
7.4　移动荷载工况定义 ·································· 204
7.5　移动荷载分析控制 ·································· 205
7.6　公路空心板桥分析实例 ··························· 206
7.7　铁路 T 梁桥实例 ····································· 219
7.8　单箱多室箱梁梁格法建模助手 ················· 220

第 8 章　施工过程分析 ······································· 229
8.1　预应力荷载 ·· 229
8.2　施工阶段荷载 ··· 234
8.3　桥梁施工阶段的构成及注意事项 ·············· 234
8.4　悬臂法桥梁施工阶段分析 ························ 239
8.5　顶推法(ILM)桥梁施工阶段分析 ················ 271
8.6　移动模架法(MSS)桥梁建模助手 ··············· 294
8.7　满堂支架法(FSM)桥梁建模助手 ··············· 300
8.8　施工阶段联合截面 ·································· 301

第 9 章　温度问题 ·· 322
9.1　温度荷载 ·· 322
9.2　水化热分析 ·· 331
9.3　日照温差效应分析 ·································· 349

第 10 章　结构动力分析 ···································· 356
10.1　动力分析模型 ·· 356
10.2　特征值分析 ··· 358
10.3　阻尼 ··· 365

10.4 桩土共同作用 ·· 371
  10.5 时程分析方法 ·· 376
  10.6 移动荷载时程分析 ··· 384
  10.7 撞击问题的模拟 ··· 391
第 11 章 非线性分析 ·· 395
  11.1 非线性分析概述 ··· 395
  11.2 几何非线性分析 ··· 397
  11.3 边界非线性分析 ··· 408
  11.4 材料非线性分析 ··· 409
  11.5 非线性施工阶段分析 ·· 409
第 12 章 结构稳定分析 ·· 413
  12.1 概述 ··· 413
  12.2 线性稳定分析 ··· 414
  12.3 非线性稳定分析 ··· 417
第 13 章 抗震分析 ··· 425
  13.1 概述 ··· 425
  13.2 反应谱分析 ·· 429
  13.3 静力弹塑性分析 Pushover ··· 440
  13.4 线弹性时程分析 ··· 479
  13.5 用弯矩—曲率曲线评价截面性能 ··· 489
  13.6 动力弹塑性分析 ··· 503
  13.7 多点激励地震响应分析 ··· 536
  13.8 结构耗能减震装置的模拟 ·· 543
第 14 章 斜拉桥分析 ·· 561
  14.1 概述 ··· 561
  14.2 斜拉桥建模助手 ··· 565
  14.3 用 midas Civil 分析斜拉桥 ··· 566
  14.4 斜拉桥成桥恒载合理状态实例分析 ·· 569
  14.5 斜拉桥施工阶段分析 ·· 581
参考文献 ··· 592

第1章 midas Civil 有限元分析的基本过程

1.1 软件概况

midas Civil 是一款通用的有限元分析软件,适用于桥梁结构、地下结构、工业建筑、机场、大坝、港口等结构的分析与设计。特别是针对桥梁结构,midas Civil 结合国内的规范与用户习惯,在建模、分析、后处理、设计等方面提供了很多便利的功能,目前广泛应用于公路、铁路、市政、水利等工程领域。

midas Civil 的主要特点如下:

(1)提供菜单、表格、文本、导入 CAD 和部分其他程序文件等灵活多样的建模功能,并尽可能使鼠标在画面上的移动量最少,从而使用户的工作效率达到最高。

(2)提供刚构桥、板型桥、箱形暗渠、顶推法桥梁、悬臂法桥梁、移动支架/满堂支架法桥梁、悬索桥、斜拉桥的建模助手。

(3)提供中国、美国、英国、德国、日本、韩国等国家的材料和截面数据库,以及混凝土收缩和徐变规范、移动荷载规范。

(4)提供桁架、一般梁/变截面梁、平面应力/平面应变、只受拉/只受压、间隙、钩、索、加劲板轴对称、板(厚板/薄板、面内/面外·厚度、正交各向异向)、实体单元(六面体、楔形、四面体)等工程实际所需的各种有限元建模。

(5)提供静力分析(线性静力分析、热应力分析)、动力分析(自由振动分析、反应谱分析、时程分析)、静力弹塑性分析、动力弹塑性分析、动力边界非线形分析、几何非线形分析(P-delta 分析、大位移分析)、优化索力、屈曲分析、移动荷载分析(影响线分析、影响面分析)、支座沉降分析、热传导分析(热传导、热对流、热辐射)、水化热分析(温度应力、管冷)、施工阶段分析、联合截面施工阶段分析等功能。

(6)在后处理中,可以根据设计规范自动生成荷载组合,也可以添加和修改荷载组合。

(7)可以输出各种结构的反力、位移、内力和应力的图形、表格和文本。提供静力和动力分析的动画文件;提供移动荷载追踪器的功能,可找出指定单元发生最大内力(位移)时,移动荷载作用的位置;提供局部方向内力的合力功能,可将板单元或实体单元上任意位置的节点力组合成内力。

(8)可在进行结构分析后对多种形式的梁、柱截面进行设计和验算。

1.2 基本过程

所谓有限元就是用于建立分析模型数据、表达结构构件特性的元素,它是由连续的结构构件按有限元法划分而成的,它必须充分反映结构受力特性。有限元结构分析模型是由节点、单元及边界条件三要素所构成的,其中节点用来确定构件的位置,单元用于表达结构构件的元素,边界条件用来表达结构与相邻结构或大地之间的连接方式。结构本来是连续的,有限元法将其离散成单元,各个单元只通过节点(或边界条件)连接。

通常有限元软件都由三大模块组成:前处理模块、求解模块和后处理模块。

前处理模块用来建立结构有限元模型,包括确定单元的种类、材料特性、几何特性、单元之间的连接处理等。有的软件在前处理中可以建立几何模型(基本元素为点、线、面和体)和有限元模型,因为最终参与计算的是有限元模型,所以几何模型还必须通过网格划分得到有限元模型。midas Civil 的前处理只能建立有限元模型,即便从 Auto CAD 导入 DXF 格式的几何模型,也直接被转换成了杆系有限元模型。

求解模块一般包含边界条件的施加、求解器的选择、荷载施加策略及一些求解选项的设置。

后处理模块用来将分析的结果按要求输出,比如输出位移、应力的云图、荷载—位移曲线等。

midas Civil 有两个模式,一个是前处理模式,另一个是后处理模式。前处理模式中包括了建模、材料和截面定义、荷载施加、边界条件施加、分析选项设置和求解等内容。模型修改必须在前处理模式下进行。后处理模式包括计算结果的输出等内容。

本章 1.5 节以一个简单模型为例,详细介绍了 midas Civil 模型建立、运行分析和后处理过程,使初学者对 midas Civil 的使用有一个初步的认识。

1.3 用户界面

midas Civil 是一个全集成有限元分析软件,所有分析模块使用统一的前后处理用户界面,易学易用,友好的交互式图形界面可实现所有建模和后处理功能。图 1-1 就是 midas Civil 用户界面。midas Civil 强大的前后处理及求解功能在后续的章节中会陆续介绍。

midas Civil 的操作通常可以使用主菜单、树形菜单、工具条、关联菜单(浮动菜单)、表格和 MCT 命令,虽然可以有多种选择,但其功能是一样或相似的。对于初学者,为了了解操作环境和功能,最好使用主菜单。当对软件有一定了解之后,使用工具条和关联菜单就会获得更佳效果。

第1章 midas Civil 有限元分析的基本过程

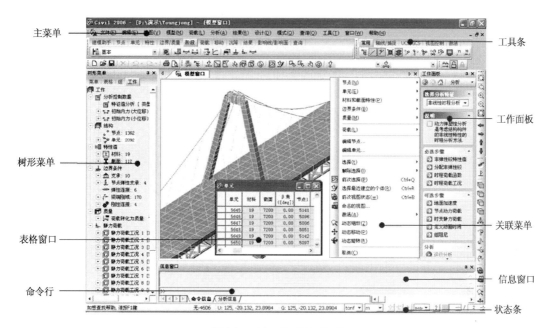

图 1-1 midas Civil 用户界面

1.3.1 主菜单

主菜单内包含了 midas Civil 中所有菜单命令和快捷键，主要包括的下拉菜单有文件、编辑、视图、模型、荷载、分析、结果、设计、模式、查询、工具、窗口和帮助。各菜单的主要功能如下。

1) 文件

与文件的建立、保存、打印、数据互换等相关的功能。

2) 编辑

撤销、重做功能和复制、粘贴、剪切、删除和查找等数据的编辑功能等。

3) 视图

模型的视觉表现的调整功能、选择功能、激活/钝化功能等。

4) 模型

网格、节点、单元、截面特性、边界条件、质量等模型数据的输入和组的(定义)功能等。

5) 荷载

各种静力荷载、动力荷载、温度荷载及施工阶段分析、移动荷载分析、水化热分析和几何非线性分析所需数据的输入功能等。

6) 分析

分析过程中所需的各种控制数据的输入和分析运行功能等。

7) 结果

荷载组合条件的输入、分析结果的图形处理、查询及分析功能等。

8) 设计

普通钢筋混凝土和预应力混凝土结构、钢结构、组合结构的设计功能，以及 Pushover 分析功能。

9）模式

前处理模式和后处理模式的转换功能。

10）查询

节点或者单元的输入状态及属性的查询功能。

11）工具

单位系及初期操作环境的设定、MCT 命令窗口、材料目录表的生成、地震数据的生成、截面特性值计算器的运行功能等。

12）窗口

操作画面的各种窗口调整和排列功能。

13）帮助

在线帮助功能及连接 midas IT 主页的功能等。

每个下拉菜单的名称后面都有一个在括号中的大写字母，同时按下 Alt 和这些字母，就可以得到这些下拉菜单的详细内容，比如按下 Alt＋F，就可得到图 1-2 所示的文件菜单，按下 Alt＋M，就可得到模型菜单，按下 Alt＋T，就可得到工具菜单，按下 Alt＋H，就可得到帮助菜单等。在图 1-2 中，将光标移动到有向右的黑色小三角的菜单项时，就得到下一层菜单。有些菜单项前面有快捷按钮，比如文件菜单中的保存前的按钮，这些按钮图标与工具条中图标一致，也就表示它们执行的命令是一样的。在工具条中这些图标按功能分布于不同的区域中。某个菜单后面的诸如 Ctrl＋N 包含 Ctrl 和一个其他键的组合键，是该菜单的快捷键。

图 1-2 文件、模型、工具和帮助下拉菜单界面

菜单命令黑色显示为激活状态，可以直接执行；菜单命令灰色显示为非激活状态，表示不可执行。某些显示为非激活状态的命令，表示需要先决条件或切换到相应视图状态才能使用。

点击帮助菜单中的"目录"项，或直接按下其快捷键 F1 就会启动在线帮助手册，可以在其中选择索引、在线手册目录列表或搜索。在线帮助手册中给出了 midas Civil 各种功能数据对话框填写方法和命令的详细说明,是学习和使用 midas Civil 时的主要参考。也正是因为在线帮助手册中对 midas Civil 的各种功能有详细的解释,本书在这些方面尽量不重复其中内容。学习和使用 midas Civil 还可参考其随机用户手册。

1.3.2 树形菜单

树形菜单在主界面的左侧,从建立模型、分析到进行设计的过程中,基本所有命令都以阶梯结构显示(按照一定的排序)。无论熟练用户还是初学者,都可以通过树形菜单就所需的内容得到指示或打开相关的对话窗口,从而有效而准确地进行操作。从图 1-1 中我们可以看到,树形菜单有四个属性页,分别是菜单树、表格树、组树和工作树(图 1-3)。

"菜单"树为前处理模式中的基本操作,包括环境设置、模型、静力荷载、反应谱分析数据、时程分析数据等,功能基本与主菜单相当。

"表格"树包含了所有可用电子表格显示的数据。midas Civil 一个很好的功能就是可以通过表格和微软的 EXCEL 进行数据的交换。这里表格细分为四项:结构表格、分析结果表格、设计表格和查询表格,关于这些表格使用的详细说明可参见在线帮助手册中的"表格工具"一节。模型的有些部分既可以在主菜单或树形菜单的菜单项中用命令建立,也可以用表格的方式按一定的格式填写数据来建立。本书的后续章节介绍了表格的使用,并给出了实例。

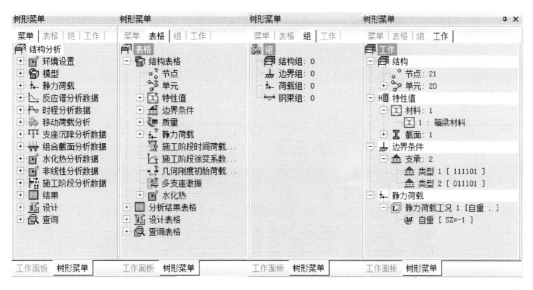

图 1-3 树形菜单的四个属性页

"组"树包含了结构组、边界组、荷载组和钢束组。所谓组就是一些数据项的集合。以结构组为例,结构组就是一些节点和单元的集合,我们可以在一个模型中定义多个组,并给每个组命名。比如我们可以将箱梁的顶板上节点和单元定义在一个结构组中,命名为"顶板",将腹板上的节点和单元定义在一个名字为"腹板"的结构组中等。这样我们就可以很方便地通过组来进行操作,比如想选择顶板上的节点和单元,就可以通过选择顶板组来完成,而没必要一点一点地选择。

用户所有完成的建模操作都在"工作"树显示,包括分析项、节点、单元、特性值(材料和截面等)、边界条件以及荷载等。在工作树中可以一目了然地对目前的模型数据输入状况进行确认,并提供了可以对其进行修改的拖放(Drag&Drop)方式的建模功能。

1.3.3 图标菜单和工具条

为了能够快速地执行经常使用的功能,midas Civil 提供将各项功能形象化了的图标菜单。各图标从属于各种类似功能图标群的工具条内,如图 1-4 所示为经常使用的工具条。在"主成分"和"次成分"工具条中,图标又按功能分了子类。比如"次成分"工具条中就包括建模助手、节点、单元、特性等一些子类,用鼠标左击子类名字工具条中的图标就会变换。

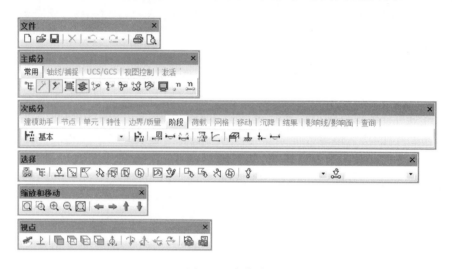

图 1-4　图标菜单

各工具条可以用鼠标拉放到自己希望的位置上。使用工具>用户定制功能可以选择或编辑工具条上的各项内容。对工具条上的某一图标的功能有疑问时,只要将鼠标移到该图标的位置,就会出现简单的提示窗口。

在工具条中增加图标按钮的方法:

执行命令工具>用户定制,如图 1-5 所示,得到 Customize 对话框,选择 Commands 属性页,在左侧栏中选择类型(即主菜单中的内容),在右侧命令窗口中用鼠标左键点住选择的命令,然后拖到要放置的工具条即可。

在工具条中删除图标按钮的方法:

执行命令工具>用户定制,得到 Customize 对话框,然后将不要的图标按钮拖到工具条外的任何位置即可。

1.3.4 关联菜单

关联菜单又称为浮动菜单,是为了让软件使用者最大限度的少移动鼠标,而提供的通过在操作窗口点击鼠标的右键来显示与操作内容相关的各项功能的菜单系统。在不同的模式下,在操作窗口点击鼠标的右键得到的关联菜单是不同的。

第1章 midas Civil 有限元分析的基本过程

图 1-5 定制工具条

1.3.5 工作面板

midas Civil 将不同分析种类的操作流程以及必选步骤和可选步骤,以菜单的形式列在工作面板上,便于选择、输入数据。让用户能够更加简单快速地进行高级分析以及其他类型分析。工作面板与树形菜单在其窗口的下方有切换按钮。工作面板有三个选项(图1-6),即工作面板、分析和用户定义,通过工作面板窗口上方的下拉条可以切换。

工作面板的分析项中,对一些高级分析功能的操作流程和输入项目都添加了详细的说明,在进行高级分析时就不会轻易丢下比选步骤,提高了工作效率。目前 midas Civil 的工作面板中提供了静力弹塑性分析 (Pushover Analysis)、非线性时程分析、时程分析、材料非线性分析等高级分析功能。

用户可自定义工作面板,将分析步骤数据按照一定格式制作成文本文件,导入到工作面板中即可。

1.3.6 模型显示窗口

在模型显示窗口 GUI(Graphic User Interface)中可进行建模、结果分析的操作。模型窗口可以将几个窗

图 1-6 工作面板中的分析项

7

口同时展现在一个画面中。由于各窗口的运用都是相互独立的,因此各窗口可以使用不同的坐标系来建模。另外,因各窗口所使用的是相同的数据库,所以在任何一个窗口中的操作内容都可以同时在其他的窗口上得到反映。

在模型窗口中,不仅可以展示一般形态的模型,而且还可以将模型和分析结果通过使用去除隐藏线、调整明暗、照明、颜色分离处理等功能展示渲染画面。另外,它所提供的动态查看功能能够展示各种动态的视觉效果。诸如边走边看建筑物,或者进入模型内部来查看模型的输入状态或各种分析结果。关于视图效果方面的详细操作及说明请参见在线帮助手册中的视图部分。

1.3.7 状态条

为提高工作效率,midas Civil 在状态条上提供各种坐标系状况、单位变更、过滤选择、快速查询、单元捕捉状态调整等内容的目前状态信息。除了显示上述信息,还可以在状态条的某些功能上进行命令操作,如可以在图 1-7 所示的单位下拉条上直接更改单位体系,还可以在图 1-7 最右侧的单元捕捉控制中选择单元的捕捉点,图中设置成了捕捉单元的三分点,默认是二分点。

图 1-7 状态条设置

类似于工具条,对状态条上的某一图标的功能有疑问时,只要将鼠标移到该图标的位置,就会出现简单的提示窗口,然后再根据这个简单提示到在线帮助手册中搜索操作方法。

1.3.8 信息窗口

信息窗口有两个选项:一是命令信息,另一是分析信息,如图 1-8 所示。命令信息窗口用来显示在建模和分析过程中的各种提示、警告或者错误信息。分析信息窗口用来显示有关求解的一些信息,比如单元和节点数量、进行的是什么分析等。

图 1-8 信息窗口

1.3.9 表格窗口

表格窗口是将各种输入的数据和分析结果以电子表格形式呈现的窗口,有节点表格、单元表格、材料表格等。在表格窗口中可以提供各种数据的输入、追加输入、编辑功能、按属性整理功能、查询功能等,也可以与微软的 Excel 或其他一般的数据库软件进行互换。关于表格窗口的具体使用方法请参照在线帮助手册中的表格工具一节。本书有些例题也使用了表格。

1.3.10 鼠标的使用

鼠标的操作方式包括单击左键、单击右键、双击左键和拖拽等。

单击左键用来选择菜单项、激活命令、点击按钮和选择视图对象等。单击右键会弹出浮动的快捷菜单,例如,在模型窗口单击右键会弹出关联菜单,在工具条上单击右键会弹出添加工具条菜单等。双击左键一般用来在树形菜单中执行命令。按住鼠标左键然后拖动多用来执行拖放(Drag&Drop)功能。

将鼠标停留在模型的单元上会出现该单元的一些特性信息(图1-9),停留在节点上会出现节点的坐标和节点编号信息。

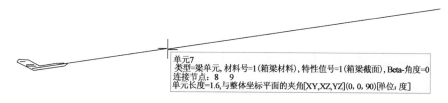

图1-9 将鼠标停留在单元上时显示的信息

在模型窗口中向前和向后滚动鼠标滑轮可以缩放模型。

另外,midas的鼠标编辑功能非常有用,可以取代用键盘输入数据的方式,而不是简单地用鼠标直接在画面上输入材料或复制距离等数据。鼠标编辑功能在后面的例题中有说明。

1.4 操作环境设定

1.4.1 单位体系设定

midas Civil可以在前处理和后处理模式下对单位系进行任意变更。一般在初次使用时设定为最常使用的单位体系,下次再启动软件仍然是上次的设置。在设定或变更单位系时,可以使用工具>单位体系,也可以使用主界面下端状态条的单位变更功能。图1-10为单位体系设定的对话框。

主界面下端状态条的单位变更功能是更改单位体系的快捷方式。一般在建模过程和查看结果时,用此功能改变单位。

1.4.2 参数设置

建筑物的大小或使用材料的特点一般根据项目的不同而不同。因此,在项目刚开始时要对操作环境进行设定。midas Civil可以通过工具>参数设置对程序运用中所需的基本数据进行事先设定。图1-11为执行命令后弹出的对话框,使用对话框左侧的菜单树查看或者修改参数。

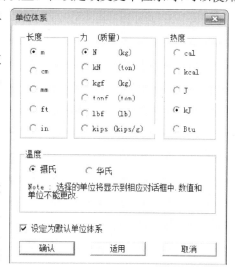

图1-10 设定单位体系

菜单树中包含使用环境和输出格式两项,其中使用环境包含的子项有一般、视图、容许误差、材料和截面、楼面荷载数据库、结果、设计、通知和帮助以及图形,输出格式包含的子项有尺寸和其他、内力以及荷载。图1-11中左侧选择了使用环境中的一般,则对话框的右侧就出现一般对应的设置项。各个子项的说明请参见在线帮助手册和用户手册。

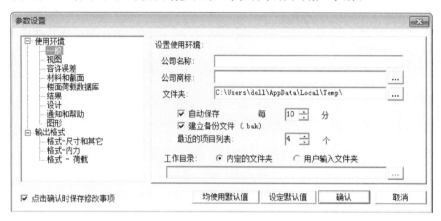

图1-11　参数设置对话框

1.4.3　其他设置

其他设置包括坐标系、栅格、捕捉、显示等的设置。

1)坐标系设置

midas Civil 的坐标系包括全局(整体)坐标系、单元坐标系、节点坐标系和用户自定义坐标系,关于坐标系的详细说明请参见本书的第2章第2.1节内容。

可以用模型＞坐标系命令,也可以在工具条点击图标来实现在用户坐标系(UCS)和全局坐标系(GCS)之间切换。单元坐标系可以用命令模型＞单元＞修改单元参数实现坐标轴的设置。节点坐标系通过命令模型＞边界条件＞节点局部坐标轴来定义或设定。

2)轴网(栅格)设置

栅格上的点鼠标很容易捕捉到,设定栅格的大小对建立节点和单元比较方便,也可以设置最初模型边界的大小。操作命令为模型＞定义轴网＞定义点格和模型＞定义轴网＞定义轴线。通过视图＞轴网＞点格和视图＞轴网＞轴线来显示或不显示轴网。点格在每个方向上是等距的,而轴网间距在每个方向上则可以不等。

midas Civil 的在线帮助手册中有关于轴网定义的详细解释。

3)显示设置

执行的命令为视图＞显示,如图1-12所示。

显示设置可以将输入的节点和单元编号、材料特性、截面类型、边界条件、荷载等信息显示在屏幕上。

4)显示选项设置

显示选项用于修改在模型窗口中显示的图形、字符串或符号的表现形式,如颜色、字体等。可以从视图＞显示选项或从图1-12所示显示对话框中的 显示控制选项 按钮来执行,显示选项对话框如图1-13所示。

显示选项中的设定值会注册到 Widows 的注册表中，因此即使结束或重新启动程序，这些值也将保持不变。

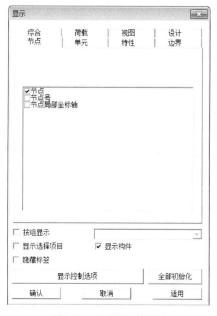 

图 1-12　显示设置对话框　　　　　图 1-13　显示选项设置对话框

5）捕捉设置

捕捉是在使用鼠标输入节点或单元时，鼠标的击点会自动移动到离该点最近的栅格、节点或单元的位置上的功能。midas Civil 提供的捕捉功能包括点格捕捉、轴网捕捉、节点捕捉、单元捕捉、全部捕捉和解除捕捉，如图 1-14 所示。可以通过视图＞捕捉或工具条中的轴线/捕捉按钮来执行捕捉的设置。

图 1-14　捕捉菜单和捕捉工具条

单元捕捉位置可以设定，比如捕捉三分点、七分点等。设置单元捕捉位置可在如图 1-7 所示的状态条中进行。

1.4.4　选择功能

对节点和单元进行编辑修改会用到 midas Civil 的选择功能。常用的执行选择命令的方式是在工具条中点选择按钮，图 1-15 就是选择工具条中的按钮。

选择功能在有限元程序中是非常重要的功能，midas Civil 的选择功能是比较完善的，表 1-1 给出了各种选择功能的解释。

图 1-15 选择(解除选择)工具条

选择与解除选择命令说明 表 1-1

图 标	命令名称	命 令 说 明
	组	进入树形菜单的组属性页,然后对要选的组点击右键＞选择
	点选	用鼠标左键单击选择一个对象,对选中的对象再点击就是解除选择
	框选	用选择框一次选择一个或多个对象,左框选和右框选效果不同
	多边形选择	用多边形框一次选择一个或多个对象
	交叉线选择	用鼠标绘制一系列的直线对与直线相交的对象进行选择的功能,双击结束选择
	平面选择	指定任意的平面,对平面上的所有节点和单元进行选择
	立体选择	任意指定一四方体,对四方体内的所有节点和单元进行选择
	全选	对模型窗口上的所有对象进行选择
	上次选择	选择与上次选择同样的对象
	选择新建	选择刚刚新建立的所有对象
	解除框选	用四边形框解除刚选择的对象
	解除多边选	用多边形框解除刚选择的对象
	解除交叉线选	用鼠标绘制一系列的直线对与直线相交的对象解除选择的功能,双击结束选择
	解除全选	解除所有选择
	按属性选节点	按节点的相同属性、种类、组等分类进行选择的功能,比如可在其后输入节点号再回车就选择了节点
	按属性选单元	按单元的相同属性、种类、组等分类进行选择的功能,比如可在其后输入单元号再回车就选择了单元

1.4.5 激活和钝化功能

软件的激活和钝化功能主要用于两个方面:一是在前后处理器中用来显示或隐藏部分单元,以便建模或观察模型时更方便,钝化的单元和节点并不是被删除了,只是不显示在模型中,被钝化的单元和节点仍然参与计算;二是在施工阶段分析时,用来模拟施工过程。

在程序的工具条中有激活和钝化的按钮,如图 1-16 所示。其中的 为激活, 为钝化。

图 1-16　工具条中的激活和钝化按钮

1.5　文件系统

midas Civil 所使用的文件种类多达二十多种,下面仅仅介绍其中的主要文件种类及用途。为叙述方便,将文件的扩展名称为某某格式,比如 fn.mct 被称为 mct 格式文件,fn 表示文件名。

1.5.1　数据文件

数据文件主要包括 mcb 和 mct 两种格式。

格式为 mcb 的文件为二进制文件,存盘操作即可产生,前处理模式下的建模成果及一些求解设置全被保存在该格式文件中。

格式为 mct 的文件为文本文件,可以通过 MCT 命令窗口或文本编辑器(或其他纯文本编辑器)对其进行修改,该文件包含的也是前处理模式下的建模成果及一些求解设置,但因为是以命令形式保存,其文件规模要比 mcb 文件小很多。该文件可在文件>导出>midas Civil MCT 文件菜单中生成,通过文件>导入>midas Civil MCT 文件将文件中的命令执行而生成 midas Civil 的模型数据。

另外还可以通过文件>输出模型数据文本文件输出 mdl 格式文件,弹出的对话框如图 1-17 所示。该类型文件为文本文件,文件中包含图中选择的数据。

图 1-17　模型数据文本文件对话框

1.5.2　分析结果文件

静力分析过程中生成的结果数据会被保存在 fn.ca1 中,时间依存性分析过程中所生成的各时间段分析结果会被保存在 fn.ca2 中,移动荷载分析和影响线(影响面)分析过程中生成的所有数据会被保存在 fn.ca3 中,几何非线性分析过程中生成的所有数据会被保存在 fn.ca4 中,施工阶段分析过程中所生成的所有数据会被保存在 fn.ca6 中,在结构分析进行的过程中输出的各种信息及相关数据会被保存在 fn.out 中。

1.5.3　图形文件

模型窗口的图形数据可以 EMF(Enhanced Meta File)的格式被保存起来,通过文件>EMF 文件而生成,通过工具>转换 EMF 文件为 DXF 文件实现文件格式的转换。

还可以通过文件>图形文件输出模型窗口中的模型或后处理模式下的计算结果云图等,将这些文件保存为 bmp、jpg、dxf 和 dwg 等多种格式。

1.5.4 数据互相换用文件

midas Civil 可以导入 mct 文件以及用其他软件建立的如 dxf、s2k 和 std 格式文件。可以实现和 Auto CAD、SAP2000 以及 STAAD 的数据交换。

1.5.5 其他文件

文件 fn.bom 保存建模中所有构件的重量数据和材料目录。文件 fn.sgs 保存 midas Civil 的地震加速度和反应谱生成模块所算出的地震数据。文件 fn.spd 是保存地震反应谱分析中所需的反应谱数据的文件。文件 fn.thd 是保存时间依存性分析中所需的时间荷载函数相关数据的文件。复杂建模助手输入的数据以 *.wzd 格式的文件保存。

1.6 数据输入

midas Civil 所有数据的输入是通过对话框、表格窗口、MCT 命令窗口、模型窗口来进行的。对话框是键盘、鼠标两者并用,而表格窗口和 MCT 命令窗口主要是用键盘,模型窗口主要是用鼠标来输入数据的。

在对话框将输入点从一个输入栏移到另一个输入栏时,可使用键盘的 Tab 键,或直接用鼠标指定。表格窗口是可以一目了然地了解所有输入资料和设计结果,并可进行重新输入或进行修改的电子表格形式的窗口。MCT 命令窗口是使用文本形式的命令输入数据来建模的特殊功能。

midas Civil 为了用户的方便提供了多种数据的输入方式,以下给出需要注意的问题及使用技巧:

(1)在一个数据输入栏中同时输入几个数据时,使用逗号或空格来间隔。

(2)在输入位置数据或构件的截面和材料时,可以通过在模型窗口用鼠标左键简单指定输入的对象来取代输入。

(3)在输入长度或具有方向性的增量时,可以使用鼠标编辑功能在模型窗口用鼠标指定输入对象的起点和终点来取代直接在键盘上的输入。

(4)在输入长度数据时,如果需反复输入相同的长度,只要输入"反复次数@长度"即可。例如将"20,25,22.3,22.3,22.3,22.3,22.3,88"写成"20,25,5@22.3,88"。

(5)将选择的数据直接用键盘输入时,如果要输入的节点号或单元号是连续的号码或者以一定的增量增加,就可以简单地以"开始号 to(t)结束号"或"开始号 to(t)结束号 by 增量"的形式来输入。例如,可将"21,22,…,54,55,56"写成"21 to 56"或"21 t 56",将"35,40,45,50,55,60"写成"35 to 60 by 5"或"35 t 60 by 5"。

(6)可以输入计算式,工学上使用的大部分计算符号和括号都可以使用。

1.7 分析实例

某计算跨度为32m预应力混凝土箱形等截面简支梁,截面形式如图1-18所示,有四个板式橡胶支座支撑,同侧的两个支座限制了梁的顺桥和横桥两个方向的水平位移,另外两个仅限制梁的横桥向位移,计算其在自重作用下的内力、位移及应力。

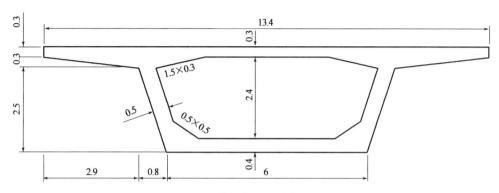

图 1-18 箱形截面(尺寸单位:m)

在进行分析之前,无论多么简单的问题,我们应该对所要分析的问题做出总体的规划,包括力学模型的简化、单元类型的选择、是否考虑材料非线性、是否为大变形、是动力分析还是静力分析、是否考虑稳定、荷载的特点等。该例题虽然有四个支座,但受力明确,力学模型即为简支梁,又由于是"细长"构件,所以可以选择梁单元,当然考虑到箱梁是薄壁构件,也可用板单元模拟,若还需要精确分析结构的应力分布情况,采用实体单元模拟更合适些;例题是预应力混凝土构件,若只计算在正常使用阶段的受力情况,可以采用线弹性材料,而不考虑材料的非线性问题;显然该简支梁是小变形构件,不必考虑几何非线性;此问题显然是静力分析问题;稳定也不必考虑;荷载包括结构自重、预应力和活载,如果仅计算结构在活载作用下的反应,则不考虑自重及预应力的作用。本例仅考虑自重。

经过分析,我们可以确定以下内容:采用三维梁单元模拟该桥,静力分析,材料为线弹性,荷载这里仅考虑结构自重。下面即用 midas Civil 进行分析。

(1)启动 midas Civil

如图 1-1 所示,启动软件后先执行文件>新项目或点新项目的图标按钮 。midas Givl 界面中有最上面的主菜单和左侧的"树形菜单",二者功能大部分相同,用户可以根据喜好任意选择来进行模型的定义。在此例题中,我们为了便于读者尽快熟悉 midas 的操作过程,简化了一些不必要的操作。

(2)定义材料

操作过程如图 1-19 所示,注意"树形菜单"中的内容有的需要双击鼠标左键执行。

(3)定义箱梁截面

操作过程如图 1-20 所示,定义截面前要将力和长度的单位分别改成 N 和 m,改单位在图 1-1 所示界面的最下方偏右的位置。更改的单位可以任意,可依方便输入数据为准。但若从 Auto CAD 等外部程序导入模型时必须与原单位一致。

(4)建立模型

在此拟用三维梁单元建立模型,所以模型中仅包含节点和空间的线单元。建立模型的方法可以直接在 midas 中先建立节点再建立单元,也可以在 Auto CAD 中建立线,然后导入。直接建立的过程如下:

桥梁工程软件midas Civil使用指南

图 1-19　定义材料特性

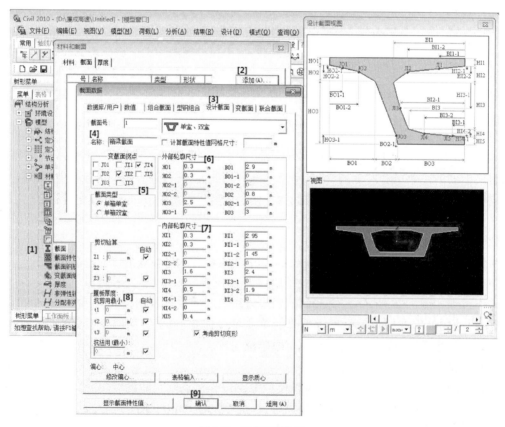

图 1-20　定义截面数据

①树形菜单>模型>节点,双击建立,填写第 1 节点的坐标(0,0,0)后点"适用",再建立第 2 节点(32,0,0)。点击右侧工具栏中的"自动对齐"以显示所有节点,显示节点号的工具条在屏幕的上方。

②树形菜单>模型>单元,双击建立。操作过程如图 1-21 所示。注意图中第[4]步可以用鼠标在图上点取的方法实现。显示带截面的图要用到上方工具条中的"消隐" 。

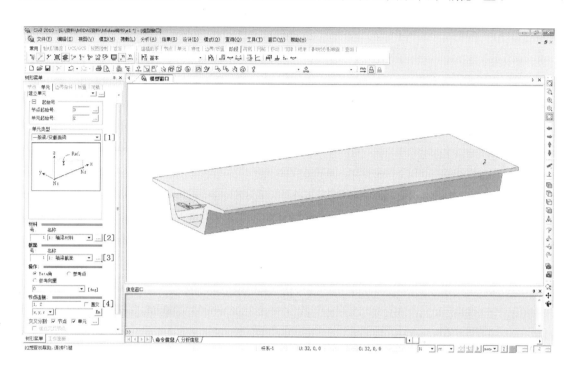

图 1-21 直接建立模型

③划分单元。先选择要划分的单元(用工具条中的点选 或框选),然后分割单元,分割的份数选择 20 份。一般分割的份数越多计算越准确,但计算速度越慢。如图 1-22 所示。需要注意的是,虽然带截面显示,但模型中的单元本质是"线"单元,其截面仅用来计算其截面的面积、惯性矩、剪切面积等几何特性,带截面显示的功能可以让我们形象地看到模型的渲染效果,避免将截面定义错误。

从 Auto CAD 中导入的方法:

①先在 Auto CAD 中建立几何模型,对本例题即是一根线,长度 32,单位设定为 m。这根线最好一个端点为坐标原点,另一个为坐标为(32,0,0)。这样定义的好处是导入 midas 后,节点的坐标比较规整,操作方便。最后将模型存成 DXF 格式。

②如图 1-23 所示,进行操作文件>导入>Auto CAD DXF 文件,得到图 1-24 所示对话框。

③在"导入 DXF 文件"对话框中依次填写下列内容:DXF 文件名、模型所在图层、材料和截面号、放大系数和旋转角度。如果在 CAD 中的单位和 midas 中一致,则不需放大系数。因为是一条线,所以也不需旋转模型。在 midas 中,一般将 Z 轴的负向作为重力方向。

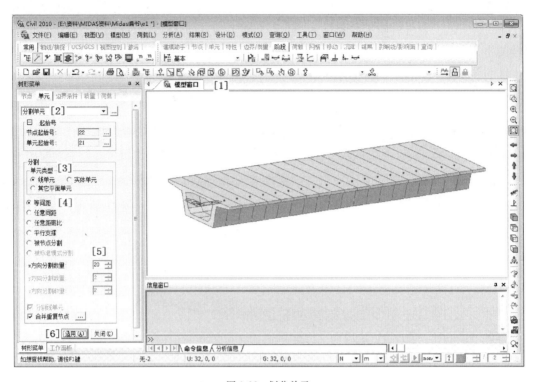

图 1-22 划分单元

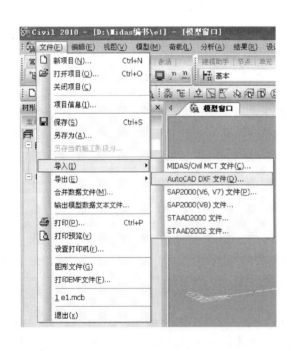

图 1-23 导入 CAD 模型

图 1-24 导入 DXF 文件

④模型导入后,即可进行网格划分等操作。

在建立、复制节点和单元或者输入荷载等建模过程中,需输入坐标、距离、节点或单元的编号等数据,此时可使用鼠标点击输入的方式来代替传统的键盘输入方式。用鼠标点击一下输入栏,其变为草绿色时,即可使用鼠标编辑功能。对于大部分前处理工作可使用鼠标编辑功能,用户手册或例题资料中的"🖱"标志即表示该处可使用鼠标编辑功能。为使用鼠标编辑功能需将捕捉功能激活,根据需要也可定义用户坐标系。

(5) 给模型加边界条件

因为是空间梁单元,作为简支梁应该约束梁左端的三个平动自由度和两个转动自由度,以负 Z 轴作为重力方向、X 轴为梁长方向的话,应该不约束绕 Y 轴的转动自由度 R_y。梁右端约束 Y 和 Z 方向的平动自由度,以及绕 X 和 Z 的转动自由度。

操作方法:模型>边界条件>一般支撑,得到如图 1-25 所示的对话框。先选择节点,然后选择如上所述的边界条件,施加边界条件。注意这里的坐标轴为单元坐标轴。

如果是二维平面内的结构,需约束不需要的自由度,对此可通过选择结构类型简单地处理,操作路径:主菜单>模型>结构类型,然后选择合适的平面。

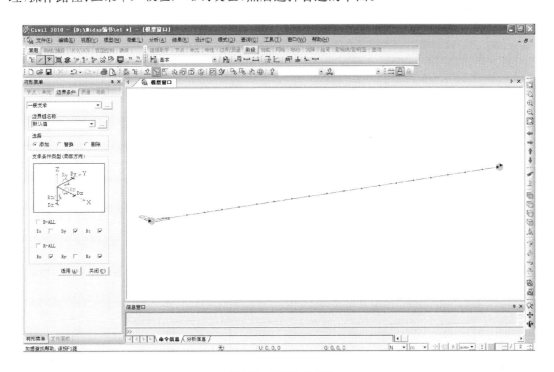

图 1-25 定义边界条件

(6) 施加自重荷载

在 midas 中施加荷载前必须首先定义荷载工况,施加的荷载必须属于某一个荷载工况,以便在计算完成之后进行荷载(工况)的组合。自重属于静力荷载,所以要定义静力荷载工况。方式是:主菜单>荷载>静力荷载工况,得到如图 1-26 所示对话框。荷载工况的说明是可以不填的,如填写只是起到注释作用。

施加自重荷载的方法：主菜单＞荷载＞自重，然后按图 1-27 所示填写即可。荷载组这里选择"默认值"。midas 中的荷载组的主要作用是：通过将荷载分组可以实现在不同的时间施加不同的荷载。自重方向为负 Z 向，所以自重系数 Z 向处填 -1。然后点添加、关闭。

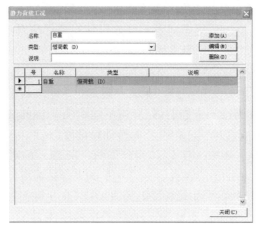

图 1-26　定义静力荷载工况

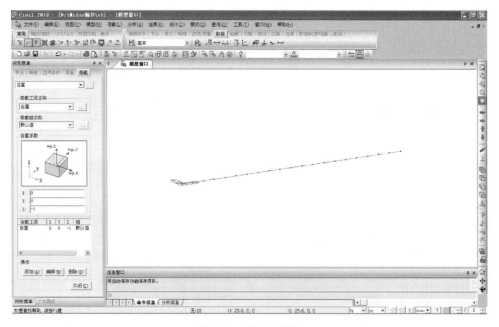

图 1-27　施加自重荷载

在施加完静力荷载后就可以进行静力分析了。

（7）求解

midas Divil 求解有两种模式：前处理和后处理。前处理包括建模和施加荷载等，后处理查看结果。经过上面的前处理过程，前面做的一些工作会显示在如图 1-28 所示的树形菜单的"工作"属性页中。

执行：主菜单＞分析＞运行分析，即可进行分析。

(8)查看结果

进行完结构分析后自动进入后处理模式，若此时想再修改模型必须转换到前处理模式。

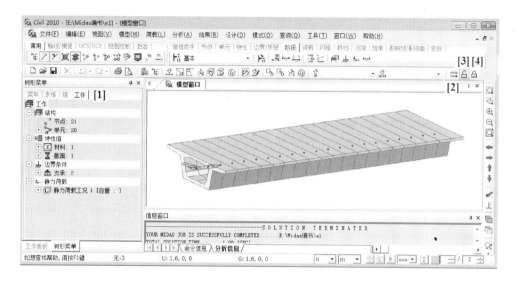

图1-28　前处理后情况

查看结构分析的结果主要是反力、位移、应力和内力的查看，可以查看某一个荷载工况的这些结果，也可以定义荷载组合再查看组合后的结果。这里仅一个荷载工况。查看结果的功能较多，这里仅给出位移结果。

执行：主菜单＞结果＞位移＞位移等值线，即可看到位移结果（图1-29）。

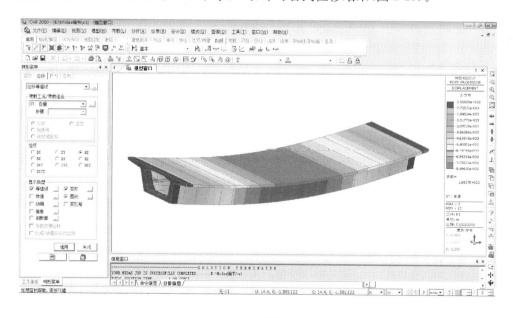

图1-29　位移等值线

1.8 小结

通过上面的例题我们可以看出，miads 操作比较方便。通过主菜单、树形菜单和工具条比较容易完成复杂的分析过程。本书为了叙述方便，许多命令只给出了通过主菜单来执行的操作方法，实际上许多命令可以通过主菜单、树形菜单、工具条、关联菜单、表格或 MCT 命令来执行，本书会在后续章节中陆续提及，这些执行命令的途径有时使用起来很方便，读者也会通过对 midas Civil 的逐渐熟悉而很快掌握。

学习 midas 的最好方法是多练习、上机操作。操作方面 step-by-step 式的实例较多，在官方网站和互联网的技术论坛中能够比较轻松找到。

第2章 midas Civil 建模功能

2.1 坐标系

midas Civil 软件使用中会用到如下几个坐标系的概念：全局坐标系、单元坐标系、节点标系和用户自定义坐标系。

全局坐标系是由 X、Y、Z 三轴满足右手螺旋法则的空间直角坐标系，用大写 X、Y、Z 表示三个轴的方向。通常利用该坐标系表达节点坐标、节点位移、节点反力及相关于节点的其他输入数据。启动 midas Civil 软件，在系统界面视窗区，将自动生成基准点，即全局坐标系的原点 $X=0$、$Y=0$、$Z=0$ 和全局坐标系统。其中 Z 轴的方向平行于重力加速度方向并与其反向。因此利用软件建立结构的计算模型时，建议做到结构的垂直方向与全局坐标系的 Z 轴平行，这样将有利于结构分析。

单元坐标系是局部坐标系，是由 x、y、z 三轴满足右手螺旋法则的空间直角坐标系统，可用小写 x、y、z 表示三个轴的方向。通常利用该坐标系表达单元内力、单元应力及相关于单元的其他输入和输出数据。单元坐标系与单元的类型密切相关，本书在单元介绍部分予以说明。

结构端部节点的约束（支撑）方向、弹簧支撑方向及节点的强制位移方向同全局坐标系的坐标轴方向不相吻合时，通常采用节点坐标系。节点坐标系也是由 x、y、z 三轴满足右手螺旋法则的空间直角坐标系统，可用小写 x、y、z 表示三个轴的方向。可以通过边界条件中的"节点局部坐标轴"来定义节点坐标系。

绝大多数实际结构的平面和立面是比较复杂的，但即使多么复杂的平面和立面也都是由规则的几何体组成的。因此用户可以为各几何体分别建立坐标系，在各自的坐标系上分别建模。用户坐标系是快速建立复杂模型的有效手段。在工具条点击图标可以在用户坐标系（UCS）和全局坐标系（GCS）之间切换。此外，将 UCS x-y 平面与格栅一起使用设定格栅线的格栅点可提供高效的建模环境。

定义用户坐标系的方法在 midas Civil 的在线帮助中有详细说明，操作路径为：主菜单>

模型＞用户坐标系（图2-1）。下面列举一个实例：定义用户坐标系使 XY 平面绕 Z 轴转动 $45°$。此时若在用户坐标系下定义3号节点 $(5,0,0)$，就会得到如图2-2所示的情况。

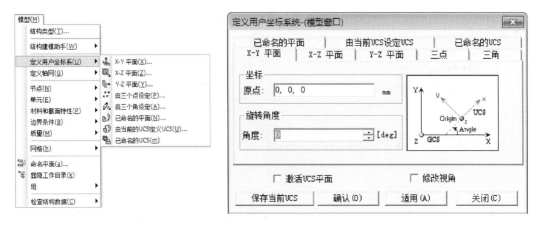

a)定义用户坐标系菜单　　　　　　b)定义用户坐标系对话框

图2-1　定义用户坐标系

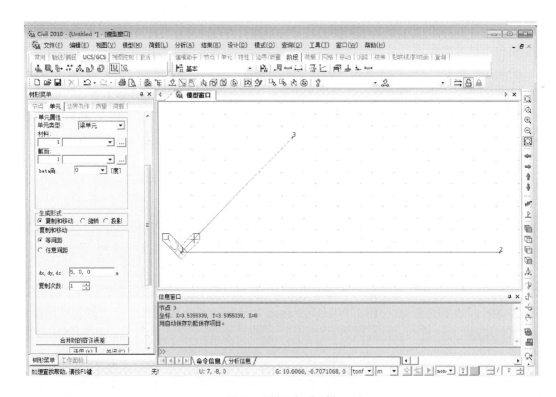

图2-2　用户坐标系示例

在全局坐标系、单元坐标系、节点坐标系和用户自定义坐标系这四个概念中：全局坐标系是整体坐标系，不可改变；单元坐标系主要用于单元计算结果的输入与输出，可以通过改变单元 β 角的方法改变；节点坐标系用来施加边界条件；用户坐标系用来建模。

2.2 单元介绍

这里只介绍桥梁工程中常用的单元。

2.2.1 桁架单元

1)单元介绍

桁架单元是线单元,在 midas Civil 软件里,所谓的线单元就是指杆单元、只受拉单元、只受压单元、梁单元及变截面梁单元的总称。平面单元(板形单元)是指平面应力单元、板单元、平面应变单元、轴对称单元及墙体单元等。

桁架单元是空间二力杆,它只能传递轴向的拉力和压力。通常利用该单元做空间桁架结构或交叉支撑结构的受力分析。一个单元有两个节点,每个节点有三个平动自由度。对于桁架单元、只受拉单元及只受压单元等只具有轴向刚度的单元而言,只有单元坐标系的 x 轴有意义,它是确定结构变形的基准,但利用 y、z 轴可确定桁架截面在视窗上的方向。midas Civil 软件可利用 β 角来表示单元坐标系的 y、z 轴方向。

在线单元的单元坐标系里,x 轴的方向将平行于节点 I 和节点 J 的连线方向。至于一个单元的两个节点哪个是 I 节点,哪个是 J 节点,可以通过显示单元的单元坐标系来确定(工具条中的显示框为 ▭),一般建立线单元时先点取的点为 I 节点。如果单元坐标系的 x 轴平行于全局坐标系的 Z 轴(即竖直杆件),β 角是全局坐标系 X 轴与单元坐标系 z 轴件的夹角。该角度的正负符号以单元坐标系的 x 轴为旋转轴依据右手螺旋法则来确定。如果单元坐标系的 x 轴与全局坐标系的 Z 轴不相互平行时,β 角是全局坐标系的 Z 轴与单元坐标系的 $x-z$ 轴所构成的平面间的夹角。图 2-3 给出了 β 角的概念,这个概念适用于所有线单元。可以通过工具条中的消隐来显示杆件的截面方向是否正确,如果不正确就通过更改 β 角来更改。修改操作通过主菜单>模型>单元>修改单元参数中的"单元坐标轴方向"进行。

2)单元相关功能

对桁架单元可以施加初拉力荷载,可以是体内预加力也可以是体外预加力。施加方法见预应力荷载部分的相关内容。

3)应用实例——平面桁架的建立

建立模型前,首先定义材料和截面,然后建立节点再建立桁架单元。操作过程如下。

(1)定义材料。定义方法同前,这里选择的材料为 Q235 钢材。

(2)定义截面。定义过程如图 2-4 所示,这里定义了 110mm×10mm 的等边角钢。因为选取的是数据库中的角钢,所以单位可以不预先改动。

(3)建立节点。首先更改单位,力的单位用 N,长度单位用 m。节点坐标可以通过电子表格导入。方法是:主菜单>模型>节点>节点表格,然后将预先填写好的电子表格数据粘贴进来。填写时注意 X、Y、Z 坐标的排列格式要同 midas Civil 格式,粘贴的位置也很重要(图 2-5)。

除了有节点表格还有其他表格,如单元表格等。这些表格中的内容可以拷贝到 Excel 中,修改后再粘贴回来,有时这样操作比在 midas 中修改模型快不少。

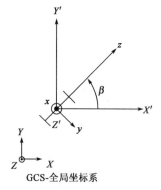

a) 竖直构件(单元坐标系的x轴平行于全局坐标系的Z轴)

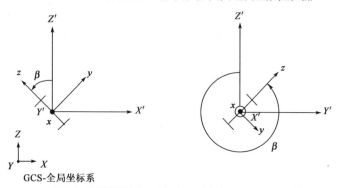

b) 水平或倾斜构件(单元坐标系的x轴与全局坐标系的Z轴不相互平行)

图 2-3 β角的概念

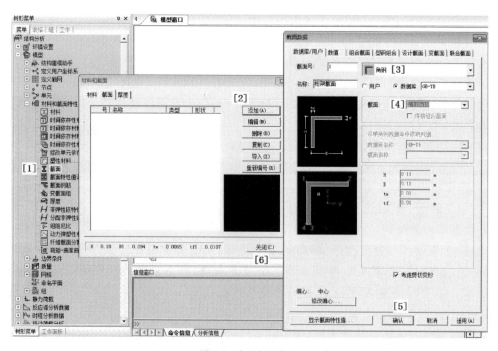

图 2-4 定义角钢截面

在此只导入了7个节点的坐标,另外7个通过复制的方法得到。方法:树形菜单>模型>节点>复制和移动,双击,选择所有节点,然后按图2-6所示操作。

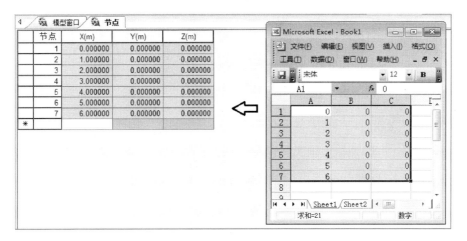

图2-5 导入节点坐标

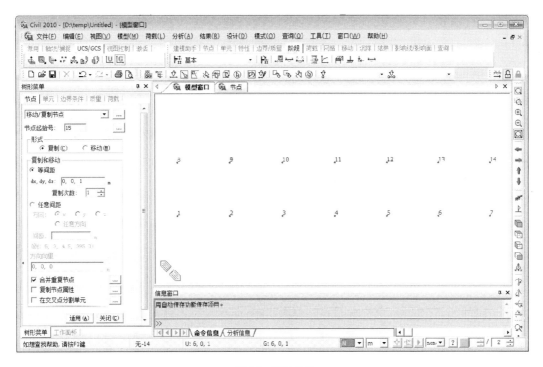

图2-6 复制节点

(4)建立单元。点取图2-6所示的树形菜单中的"单元"属性框,或在视图区点右键>单元>建立,即可看到单元建立的树形菜单。操作过程如图2-7所示,注意图中第5步是:先点一下节点连接框,变成淡绿色后,依次点取要连接的节点。

(5)定义结构类型为平面。因为是平面桁架,可以减少一些自由度。方法:主菜单>模型>结构类型>XZ平面。

(6)边界条件。按简支梁考虑,则约束1节点的X、Z平动自由度,约束7节点的Z平动自由度。

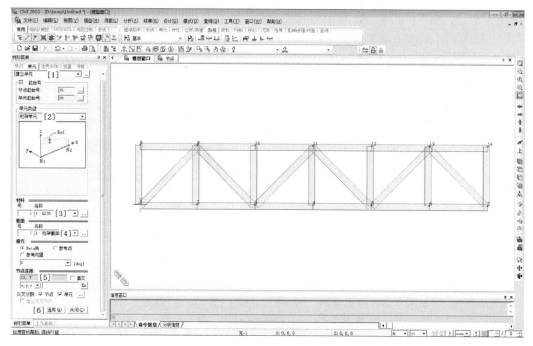

图 2-7 建立桁架

(7)定义荷载工况,施加荷载并求解(略)。

(8)查看结果。桁架单元是二力杆,其内力输出的结果就是轴力,应力输出的是轴向应力,轴向应力以使杆件受拉为正,受压为负。

2.2.2 只受拉桁架/钩/索单元

只受拉单元其节点自由度和单元坐标系与普通桁架单元相同。

只受拉单元有三种——只受拉桁架、钩单元和索单元。它们都只能传递轴向拉力。索单元可以模拟随张拉力大小刚度发生改变的索结构。

只受拉桁架单元没有初始拉间隙,或称初始拉间隙为零,即一旦承受拉力就起作用;钩单元具有一定的初始拉间隙,或称初始拉间隙大于零,即承受拉力且其拉变形值大于这个初始拉间隙后才起作用。图2-8给出了间隙的示意图。

如图2-9所示,在定义只受拉桁架时,可以填写最大容许压力和极限拉力,即只受拉桁架单元可以容许承受一定的压力荷载。定义钩时,可以填写拉间隙的大小。若为索单元,可以输入单元无应力索长L_u,或者索的初拉力,或水平力。

只受拉桁架、钩单元都是非线性单元,做静力分析的结构中包含非线性单元或非线性边界时需要进行迭代计算。做线性分析时,定义的索单元将转换为等效桁架单元;作几何非线性分析时(需要单独选项控制),定义的索单元自动转化为弹性悬索单元。索的等效桁架单元的随张拉力而变化的等效轴向刚度由一般弹性刚度和下垂(sag)刚度组成,即轴向刚度可以考虑对垂度影响的一次性修正,而非迭代求解。几何非线性分析时索结构的刚度需要通过多次迭代得到精确的刚度值。

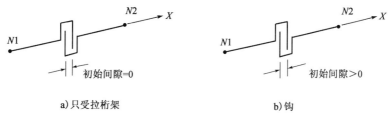

a) 只受拉桁架　　　　　　　　　　b) 钩

图 2-8　只受拉桁架和钩的初始间隙

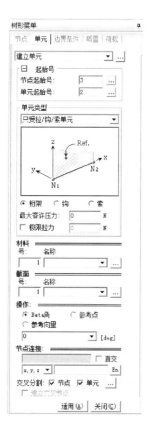
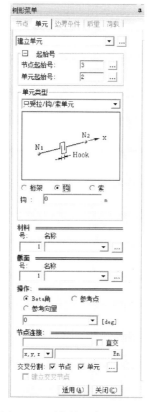
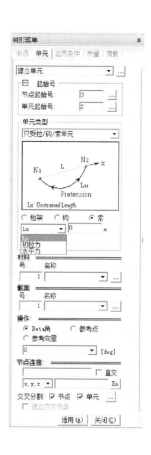

图 2-9　只受拉单元建立对话框

对于只受拉桁架、钩、索单元可以输入初始拉力荷载。

本书在非线性分析和斜拉桥部分还有对于这些单元的实例应用和论述。

2.2.3　只受压/间隙单元

对于只受压/间隙单元,其节点自由度和单元坐标系与普通桁架单元相同。

只受压单元有两种:只受压桁架和压间隙单元。它们都只能传递轴向压力。

只受压桁架单元没有初始压间隙,或称初始压间隙为零,即一旦承受压力就起作用;压间隙单元具有一定的初始压间隙,或称初始压间隙大于零,即承受压力且其压变形值大于这个初

29

始压间隙后才起作用。

在定义只受压桁架时,可以填写最大容许张力和极限压力,即只受压桁架单元可以容许承受一定的拉力荷载。定义压间隙单元时,可以填写初始压间隙的大小。

只受压桁架、压间隙单元都是非线性单元,它们可以输入初始拉力荷载。

2.2.4 梁单元

1) 单元介绍

梁单元由两个节点构成,每个节点有3个平动和3个转动共6个自由度,是"等截面或变截面三维梁单元"。它具有拉、压、剪、弯、扭的变形刚度(依据 Timoshenko Beam Theory)。梁单元与桁架单元具有相同的单元坐标系,β 角的定义也相同。

当梁截面面积沿长度范围内不发生变化(等截面梁)时,只需定义一个截面特性;当梁截面面积沿长度范围内发生变化(变截面梁)时,需要分别定义两端的截面特性。

利用 midas Civil 软件分析变截面梁时,截面面积、有效抗剪面积及截面的抗扭刚度都是单元轴向 x 轴的线性函数。而截面抗弯惯性矩沿 x 轴方向可由用户选择为1次、2次、3次函数。使用该单元时,如果想忽略该单元剪切变形的影响,可以在输入单元截面特性值时,不输入其有效剪切面积。

梁单元上作用的荷载有跨中集中荷载、分布荷载、温度荷载及预应力荷载等。

梁单元使用了 Timoshenko 梁理论(梁变形以前垂直于构件中性轴的截面,梁变形以后仍然保持平面,但不一定垂直于变形后的中性轴),该理论考虑了梁的剪切变形的影响。当截面边长大于梁轴长度的1/5时,剪切变形对结构内力影响较大。这时应该采用板单元,并细分单元,以得到精确的计算结果。

梁的抗扭刚度(Torsional Resistance)不能使用截面的极惯性矩(Polar Moment of Inertia)计算(圆形、圆筒形截面的抗扭刚度同截面的极惯性矩相一致),通常截面抗扭刚度采用试验方法确定。因此结构上扭转变形较大时,应特别注意抗扭刚度的输入是否正确。

2) 单元相关功能

(1) 释放梁端约束

midas Civil 的梁单元各个节点之间默认是刚接,如想铰接、滑动或滚动,则可以通过释放梁端约束(自由度)的方法实现。比如图 2-10a)所示桥梁,两端为简支悬臂梁,中间带挂梁,其力学图示如图 2-10b),那么就可以通过这个功能建立模型,需要在中跨两个铰接点处释放面内的旋转自由度。中间铰两侧单元只释放一侧单元的一个节点的自由度即可。

释放合适的旋转自由度即可得到铰接连接,释放平动自由度可以使单元在该节点处"滑动",同时释放一个平动和一个转动自由度即可得到"滚动"效果。

释放梁端约束的操作方法:主菜单>模型>边界条件>释放梁端部约束。释放时要先选好节点。

(2) 梁端部刚域

在钢结构构件的节点处往往有节点板,该节点处的刚度相对要连接的杆件很大,同时有可能各个杆件的轴线不交于一点(图 2-11)。钢或钢筋混凝土立柱与梁刚性连接时,角隅处存在梁柱效应,刚度很大,梁、柱变形时此处的交角基本不会变化,而用线单元建模时一般将梁、柱的轴线相连交于轴线延长线上(尽管截面可以有偏心),交点即节点,从而考虑不了这种梁柱的"重叠"(图 2-12)。有限元处理此问题的方法就是设置梁端部刚域或梁端部偏移,让连接处一定区域内杆件的刚度非常大(图 2-13)。

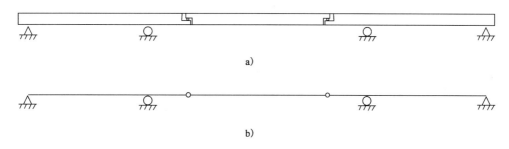

图 2-10 简支悬臂梁

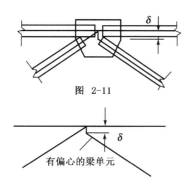

图 2-12 节点刚域及偏心

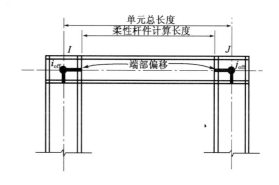

图 2-13 节点端部偏移

操作方法 1:主菜单＞模型＞边界条件＞设定梁端部刚域。
操作方法 2:主菜单＞模型＞边界条件＞刚域效果。

这两种方法中第一种是用户定义"刚域"范围或梁端部偏移量(节点偏心),第二种方法是程序根据梁柱的尺寸自动考虑刚域效应。两种方法的具体操作方法及注意事项在程序的在线帮助中有详细说明,此部分内容本书第三章也有进一步说明。

(3)预加力荷载

预加力荷载包括初拉力、梁单元预应力荷载和钢束预应力荷载。

梁单元可以施加初拉力。

操作方法:主菜单＞荷载＞预应力荷载＞初拉力荷载。

梁单元预应力荷载就是预应力钢筋张拉的等效荷载。

操作方法:主菜单＞荷载＞预应力荷载＞梁单元预应力荷载。

钢束预应力荷载需要定义钢束的空间形状、分配给的单元及张拉应力等,用这种方法可以考虑预应力的损失,是对梁单元的预应力荷载进行较准确计算的一种方法。本书后续章节给出了这种方法的操作例题。

(4)温度梯度与梁截面温度荷载

温度梯度用于输入梁或板单元顶面和底面的温度差,单元顶面和底面之间的温度直线过度。温度梯度分析适用于具有弯曲刚度的单元,如梁和板单元。

温度梯度操作方法:

从主菜单中选择荷载>温度荷载>温度梯度荷载。

在树形菜单的菜单表单中选择静力荷载>温度荷载>温度梯度荷载。

截面内部的温度分布为非均匀分布时,可以利用梁截面温度功能输入温度荷载。midas中不仅可以沿截面高度分段输入温度,而且可以输入沿截面横向的温度变化。与温度梯度的功能相比,温度梯度适用于上、下缘温度差在截面内呈线性分布的情况。但是对于钢混叠合梁桥、预应力混凝土箱形梁桥等,通常截面内的温度并非线性分布,因此需要沿高度输入不同的温度,而且对于用梁单元模拟的组合截面需输入考虑材料特性(弹性模量、热膨胀系数)差异的温度荷载。故像截面内温度非均匀分布或者组合截面时,利用梁截面温度的功能可以更真实的模拟截面内实际的温度分布情况。

midas程序中的温度计算考虑了温度自应力。

梁截面温度荷载操作方法:

从主菜单中选择荷载>温度荷载>梁截面温度荷载。

在树形菜单的菜单表单中选择静力荷载>温度荷载>梁截面温度荷载。

关于梁温度荷载的一些具体事项可参见在线帮助,本书第9章亦有操作实例。

3)应用实例——贝雷梁模型

在桥梁的现浇施工中,经常用贝雷梁和钢管立柱做成梁式支架。这里用梁单元模拟一个梁式支架,用来承受浇筑混凝土箱梁腹板的荷载,梁高1.6m,腹板宽度0.5m,跨度30m。拟横向单层普通型贝雷梁,纵桥向用9节。每节贝雷梁长3m,共27m长,两侧支点附近的梁体采用在桥墩上加支撑的方法施工。如图2-14所示为标准贝雷梁节段图。

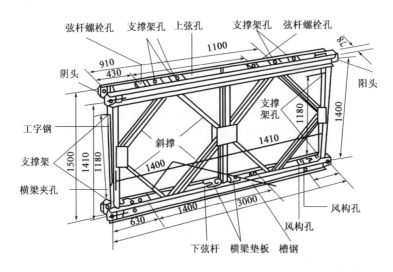

图2-14 贝雷梁(尺寸单位:mm)

贝雷梁的上下弦杆为双槽10截面,斜杆和竖杆为8号工字钢截面,长度方向销孔之间的中心距离为3m,高度方向销孔之间的中心距离为1.4m。贝雷梁各个节点之间用焊接连接,所以应该用梁单元模拟弦杆、竖杆和斜杆,节点处还要考虑刚域效应。各个节段之间在上下弦杆端头用销子连接,所以需要释放转动自由度。建模步骤如下:

(1) 导入Auto CAD DXF文件

首先在Auto CAD中建立一个节段贝雷梁的DXF格式的线框模型,然后导入到midas Civil中。如图2-15所示,以贝雷梁杆件的轴线为基准建立线框模型,在Auto CAD中建立模型时注意线段的方向要统一,比如连线时按先左端点后右端点、先上端点后下端点的顺序,这样导入midas Civil后单元局部坐标系统一,截面的方向一致,从而修改方便。模型的节点坐标最好是整数,比如让下弦杆左端点节点坐标为坐标原点,这样便于修改模型或与后来导入的模型衔接(DXF文件可以多次导入,也可以将其他模型合并)。在Auto CAD中线框模型在XY平面内,导入时要让模型绕X轴旋转90°角,以符合midas Civil的习惯。注意:导入前要更改midas Civil的单位,或在导入时用缩放功能。线框模型导入midas Civil时默认为梁单元。

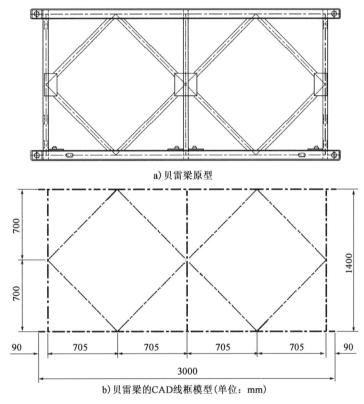

a) 贝雷梁原型

b) 贝雷梁的CAD线框模型(单位:mm)

图2-15 在Auto CAD中建立线框模型

具体操作:文件>导入>Auto CAD DXF文件,然后按图2-16操作。

(2) 定义刚域效果

如图2-14和2-15a)所示,腹杆(斜杆和竖杆)之间的连接有节点板,可将节点板范围内的杆件部分定义成刚域;腹杆与上下弦杆的连接是"重叠",将重叠部分定义成刚域。

操作方法:模型>边界条件>设定梁端部刚域。然后按图2-17所示的顺序操作,完成刚域设定后,刚域部分用绿线示出。依次将各节点处定义刚域,注意I节点和J节点的选择。

图2-17中选择的是单元坐标系。

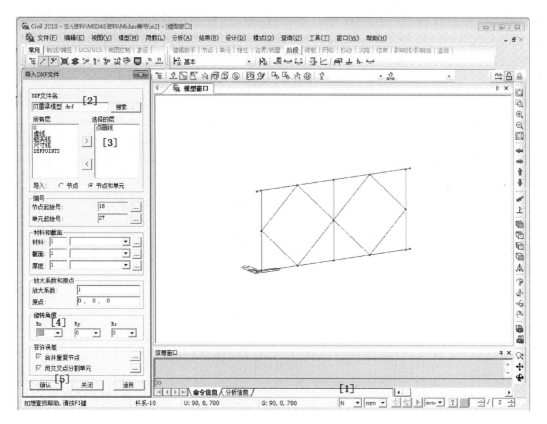

图 2-16 导入 DXF 模型

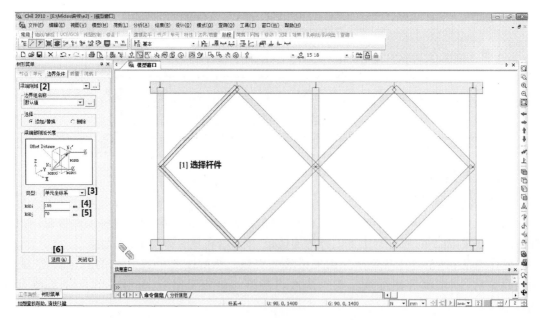

图 2-17 刚域设定

(3)释放梁端约束

一个节点两侧单元仅一个单元释放公用节点处的自由度即可。因为以后要通过拷贝得到桥长方向的其他杆件,所以仅释放图 2-17 所示右侧上下短弦杆的右节点 M_y 自由度(即绕 y 轴转动的自由度)即可。操作方法:模型>边界条件>释放梁端部约束,然后按图 2-18 操作。

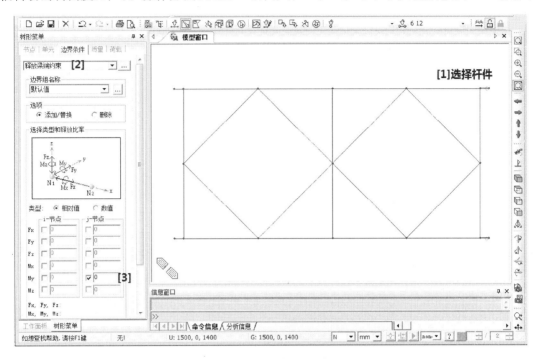

图 2-18 释放旋转自由度

操作完成后,释放端会出现一个绿色的小圆圈,表示释放成功。

(4)完成整个模型

通过单元的移动/复制功能完成其他 8 节段贝雷梁的建模。注意,图 2-19 所示的最右侧短弦杆右节点处要加约束条件,释放此点自由度计算时会出现此点 M_y 没有约束的警告,所以应删除此点的自由度释放。

(5)定义材料

材料还可以从其他模型中导入。操作方法:主菜单>模型>材料和截面特性截面>材料,然后按图 2-20 操作。

(6)定义截面

截面也可以从其他模型中导入。操作方法:主菜单>模型>材料和截面特性截面>截面,然后按图 2-21 操作。

也可以用图 2-22 所示的方法直接定义。

导入截面后发现有的杆件截面方向不对时,可以通过更改单元的 β 角来修改。

方法:选择截面方向错误的单元>右键点击视图区>单元>修改单元参数(图 2-23、图 2-24),得到浮动菜单。这个浮动菜单与树形菜单、主菜单之间很多功能一样。所以修改单元参数也可以用主菜单和树形菜单中的相关单元功能完成。

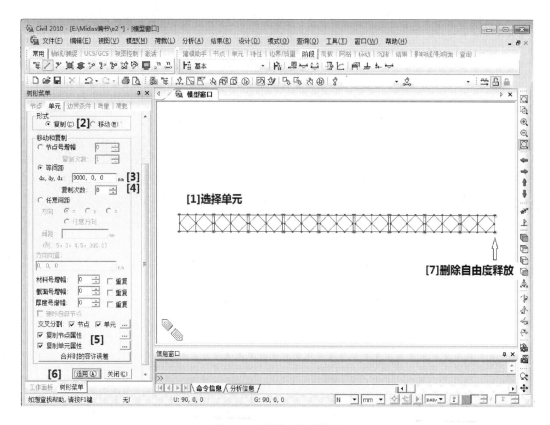

图 2-19　复制完成整个模型

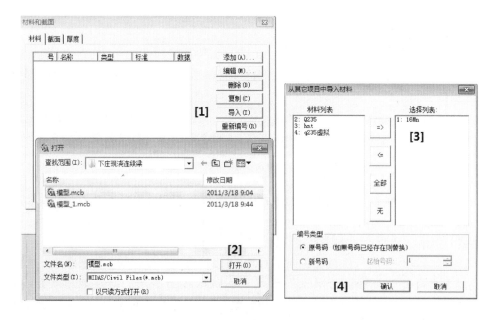

图 2-20　材料导入

第2章 midas Civil 建模功能

图 2-21 截面从其他模型导入

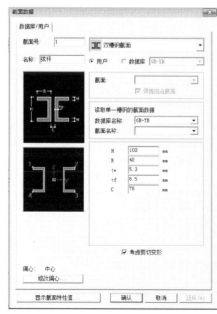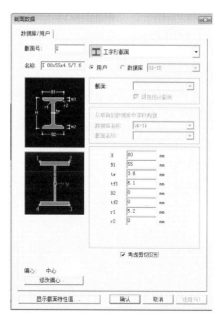

图 2-22 直接定义截面

（7）施加边界条件

选择下弦杆的最左节点，约束其三个平动自由度和 R_x 与 R_z 两个转动自由度；选择下弦杆的最右节点，约束其 D_y、D_z 平动自由度和 R_x 与 R_z 两个转动自由度。施加边界条件后的模型如图 2-25 所示，这里是按简支梁施加的边界条件。

（8）施加荷载

假设箱梁腹板混凝土荷载直接作用在上弦杆上，略掉了模板自重及施工荷载，考虑有 4 排贝雷梁承受腹板荷载。施加均布荷载在上弦杆上即可，每排贝雷梁承受的均布荷载大小为：

$$q = \frac{1}{4} \times 1.6\mathrm{m} \times 0.5\mathrm{m} \times 26\mathrm{kN/m^3} = 5.2\mathrm{kN/m}$$

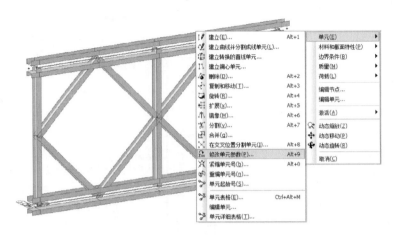

图 2-23 右击视图区得到的浮动菜单

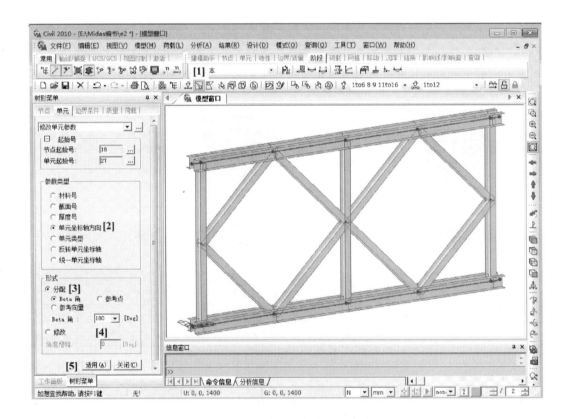

图 2-24 修改单元方向

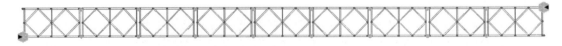

图 2-25 施加边界条件后的模型正视图

将此均布荷载按梁单元荷载施加。具体步骤如下：

①首先定义荷载工况。荷载＞静力荷载工况。在此定义了两个静力荷载工况，如图 2-26 所示。在图 2-26 中，荷载类型有很多种，定义成哪种荷载类型将影响按相关规范自动生成荷载组合的情况，因为自动生成荷载组合的依据为静力荷载的类型，所以当用户使用自动生成的荷载组合时，需要在此正确选择荷载工况类型。在此将浇筑的混凝土腹板自重和贝雷梁自重分别定义，将可以看到两种荷载单独计算的结果，也可自定义荷载组合（荷载组合系数可以自己设定），然后看组合的计算结果。

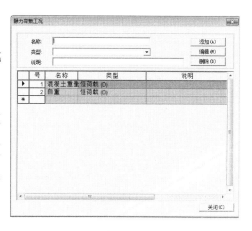

图 2-26 定义静力荷载工况

②施加钢结构自重。荷载＞自重，选择荷载工况为"自重"，在 Z 方向填－1，然后按"添加"按钮。

③施加梁单元荷载。先修改单位为 kN 和 m，然后操作：主菜单＞荷载＞梁单元荷载，再按如图 2-27 所示顺序操作。

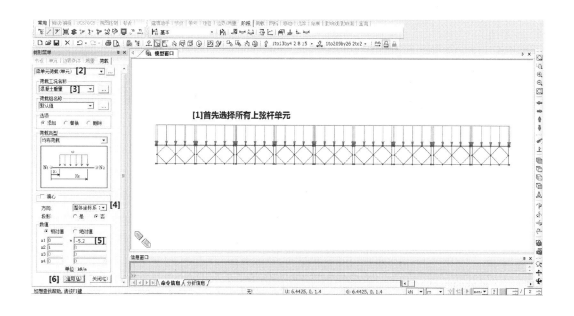

图 2-27 定义梁单元荷载

（9）求解

点击分析＞运行分析菜单或点击按钮 运行分析图标。

（10）查看结果

查看位移：主菜单＞结果＞位移＞位移等值线。如图 2-28 所示，查看的是混凝土腹板自重作用下的结构位移，单位在图 2-28 的右下角处。

查看内力:主菜单＞结果＞内力＞梁单元内力。梁单元的内力包括弯矩、剪力和扭矩,结果对应单元坐标系。

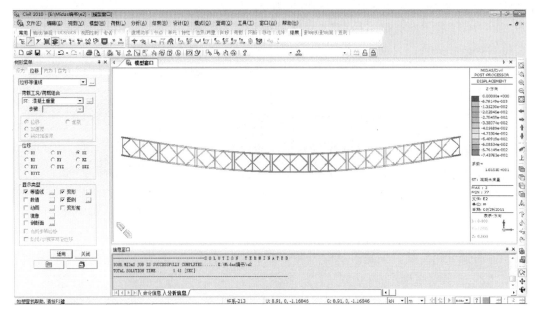

图 2-28 位移等值线

查看应力:主菜单＞结果＞应力＞梁单元应力。因为所有杆件都是细长的,截面刚度相对较小,虽然用的是梁单元模拟,但是弯曲应力较小,各个杆件的总应力主要由轴向应力提供。所以对由特别细长杆件组成的结构,无论节点是否焊接(往往认为钢结构的焊接节点为刚接点,而螺栓连接的节点为铰接点,确定刚接点还是铰接点主要看节点所连接的杆件在该点处有无相对转动),用桁架单元模拟往往误差也是可以接受的。

查看细部结果:主菜单＞结果＞梁单元细部分析,如图 2-29 所示。

表 2-1 给出了没有定义刚域及梁端约束与定义时结构的位移、应力对比,表中数据仅为混凝土箱梁腹板重力作用下的数值,组合应力是指"弯矩＋轴力"引起的应力和,拉应力为正,压应力为负。由表中数值可知:对由细长杆件组成的桁架结构,加刚域及释放自由度效果不明显。

刚域与释放梁端约束对计算结果的影响   表 2-1

项 目	刚域＋释放自由度	仅刚域	仅释放销子处自由度	不做任何处理
跨中最大竖向位移(mm)	74.4	74	74.6	74.3
跨中下弦杆组合应力(MPa)	162.9	163.5	161.4	162.0
跨中下弦杆轴力引起的应力(MPa)	134.1	133.9	134.3	134.1
跨中上弦杆组合应力(MPa)	−157.1	−158.2	−155.4	−156.3
跨中上弦杆轴力引起的应力(MPa)	−132.8	−132.8	−132.9	−133.0
支点竖杆组合应力(MPa)	−180.1	−180.5	−162.0	−162.3
支点竖杆轴力引起的应力(MPa)	−83.0	−83.2	−83.1	−83.3
支点斜杆组合应力(MPa)	94.4	92.9	80.7	79.6
支点斜杆轴力引起的应力(MPa)	57.2	57.1	57.7	57.7

实际的贝雷梁整体位移还包括销子与销孔之间的缝隙引起的位移。

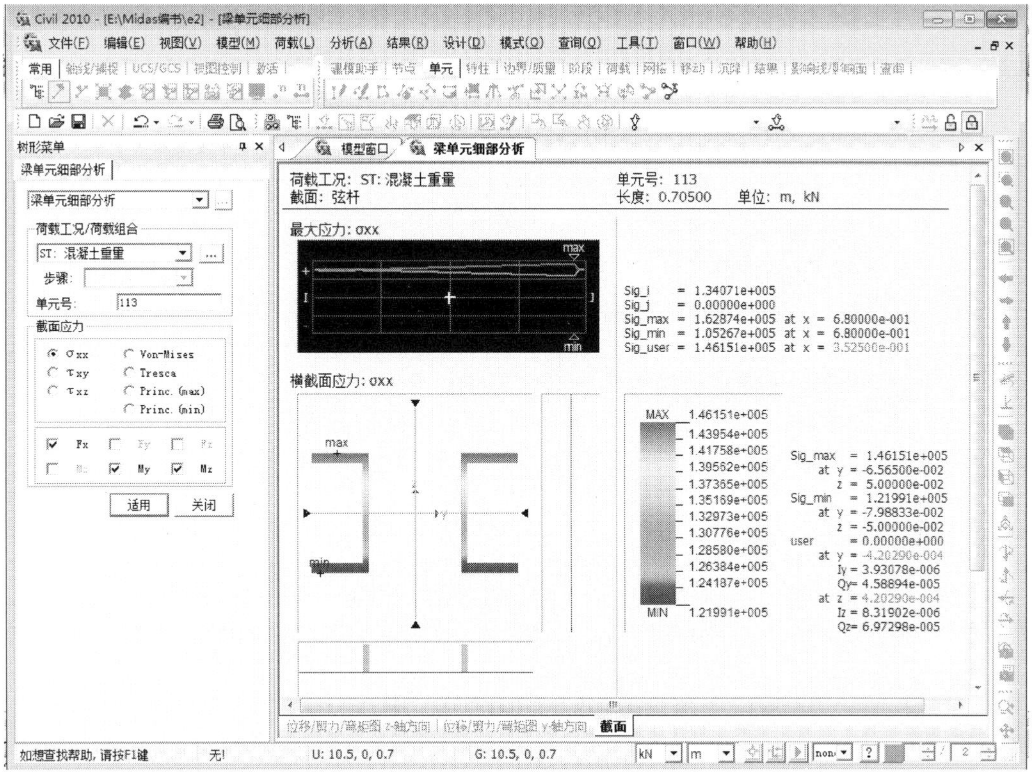

图 2-29 梁单元细部

2.2.5 板单元

1) 单元介绍

板单元是由同一平面上的 3~4 个节点构成的,具有面内和面外刚度(面内抗压、抗拉及抗剪刚度和厚度方向的抗弯及抗剪刚度),在工程中可以利用它解决平面张拉、平面压缩、平面剪切及平板沿厚度方向的弯曲、剪切等结构问题。

midas Civil 软件所采用的板单元,根据平面外刚度不同可以把单元划分成薄板单元(Kichhoff 理论)和厚板单元(Mindlin-Reissner 理论)两种,都属于小挠度弹性板单元。薄板(一般指厚宽比小于 1/10 的板)中横向剪切应力对变形的影响较小,而厚板中横向剪切应力对变形的影响较大,midas 的厚板单元考虑了横向剪切变形的影响。midas 对于薄板单元或厚板单元都能计算出比较准确的结果。

板单元需要输入板的厚度有两种,一是面内厚度,二是面外厚度。"面内厚度"是为了计算平面内的刚度(In-Plane Stiffness)而输入的厚度,"面外厚度"是为了计算平面外的刚度(Out-of-Plane Stiffness)而输入的厚度。一般对于实心板单元,面内、面外厚度取相同值,对于空心板单元就需要分别输入厚度。当程序计算板单元的自重时,采用的是面内厚度。如果用户只输入了面外厚度,程序取用该值。

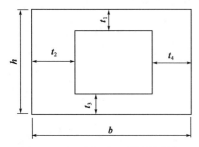

图 2-30 空心板面内、面外厚度计算

如图 2-30 所示,空心板的面内、面外厚度计算如下。

根据面积等效原理,面内厚度 t_i:

$$t_i = \frac{bt_1 + bt_3 + (t_2 + t_4) \times (h - t_1 - t_3)}{b} \quad (2\text{-}1)$$

根据刚度等效原理,面外厚度 t_0:

$$\frac{bt_0^3}{12} = \frac{bh^3}{12} - \frac{(b - t_2 - t_4) \times (h - t_1 - t_3)^3}{12}$$

（μ 为泊松比） （2-2）

板单元的自由度是以单元坐标系为基准,每个节点具有 x、y、z 轴方向的平动自由度和绕 x、y 轴旋转的旋转位移自由度。单元坐标系是由 x、y、z 三轴构成的,满足右手螺旋法则的空间直角坐标系。单元坐标系的方向类似于平面应力单元的坐标系统（图 2-31）。

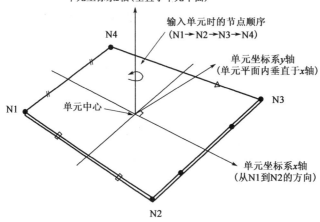

a) 四边形单元的单元坐标系

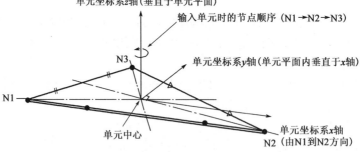

b) 三角形单元的单元坐标系

图 2-31 板单元的局部坐标系

3 节点三角形板单元仅有一个高斯积分点,每个节点的应力均通过该高斯积分点的应力外推计算而得。4 节点四边形板单元有四个高斯积分点,每个节点的应力均通过这四个高斯积分点的应力外推计算而得。利用四边形单元（四个点单元）划分结构,可得到较为精确的位移及应力的分析值;利用三角形单元（三个点单元）划分结构,虽然可以得到较精确的位移分析值,但得到的应力值的计算误差较大。所以为了得到精确的分析结果,通常采用四边形单元作为结构主单元,而三角形单元作为不同尺度单元间的过渡型单元。为了得到较好的计算结果和计算效率,利用板单元模拟具有曲面(带有曲率的面)的结构时,相邻单元间的夹角不得超过10°,当计算精度要求较高时,其夹角尽可能在2°~3°之间。

板单元长边与短边距离的比值,称为形状比(图2-32)。评价计算结果以应力为主时形状比不要小于1/3;评价计算结果以位移为主时形状比不要小于1/5。应力集中部位或计算精度要求较高的部位的有限元形状尽可能选用接近正方形的单元,同时要求详细划分局部结构。

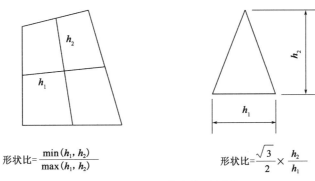

形状比 = $\dfrac{\min(h_1, h_2)}{\max(h_1, h_2)}$ 形状比 = $\dfrac{\sqrt{3}}{2} \times \dfrac{h_2}{h_1}$

图2-32 四边形和三角形单元的形状比

按以下方式输出板单元的单元内力及应力,其符号及方向依据单元坐标系或整体坐标系。
(1)在节点处输出单元内力(图2-33)
(2)在节点和单元中心处输出单位长度内力(图2-34)
(3)在节点及单元中心处输出截面上部和截面下部的应力(图2-35)
注意:在图2-33~图2-35中,输出的单元内力和应力依据单元坐标系,箭头指向为正(+)。
2)单元相关功能
板单元可以输入压力荷载、温度梯度荷载。

可以将压力荷载作用在板、平面应力、平面应变、轴对称或实体单元的边缘或表面,也可以修改或删除先前输入的压力荷载。

压力荷载可以按均匀分布或线性分布输入,程序将其自动转换为等效节点力。

板单元的压力荷载可以以整体坐标系或单元局部坐标系为基准输入,也可以按指定方向输入。当作用在面上时,荷载方向与给定坐标系的某一轴一致;当作用在边上时,荷载方向垂直于边(平面内方向)。荷载作用方向由外向内为正(+),反之为负(一)。作用在边上的荷载按线荷载输入。图2-36示出了板单元的压力荷载情况。

压力荷载操作方法:主菜单>荷载>压力荷载,如图2-37所示。
温度梯度荷载的施加及注意事项请参见梁单元及软件的在线帮助。
3)应用实例——变截面钢箱梁建模
图2-38为某变截面连续钢箱梁桥的支点和跨中横断面,支点梁高3m,跨中截面梁高1.8m,桥梁跨度48m+64m+48m,边腹板为斜腹板,顶板和底板上有闭口和开口的加劲肋,腹板上有开口加劲肋。梁底线按圆曲线变化,曲线半径300m。本例只建立中跨的一半模型,其余部分可以通过镜像和拷贝完成。

本例只是练习用板单元建立模型,例题中没有给出详细的尺寸,读者建立大致形状即可。

建模思路:先用梁单元建立支点截面的线框模型,然后拉伸成板,再用投影的方法得到梁底曲线。因是在曲面上投影,而且边腹板为倾斜,所以先建立跨中截面即最低截面为好。顶板及腹板的加劲肋用板单元模拟,底板因为要投影,所以其上的加劲肋不宜用板单元,这里拟用梁单元模拟加劲肋,那么需要在CAD中事先找好加劲肋在横截面上的位置,图2-38b)的底板分成多段,实线和虚线的公用端点就是加劲肋的位置。

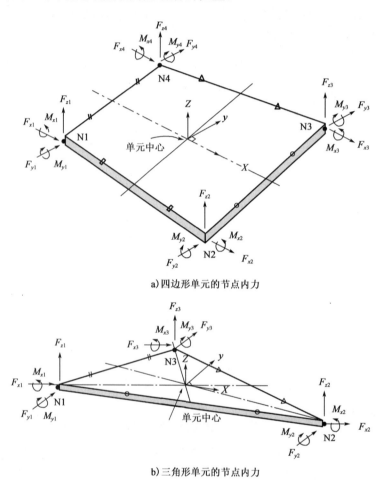

a) 四边形单元的节点内力

b) 三角形单元的节点内力

图2-33 板单元的各节点处的内力输出位置及符号规定

图2-38b)中的线(梁单元)沿着顺桥向拉伸即可得到面(板单元),那么顶板、顶板加劲肋(包括开口和闭口)、腹板、腹板加劲肋和底板都用板单元模拟;底板上的加劲肋用空间梁单元模拟,在图2-38b)中即为实线和虚线的公用端点,拉伸后得到线(梁单元)。

(1)在Auto CAD中建立图2-38b)所示的线框,注意横肋是不沿顺桥方向拉伸的。为了在midas中准确定位和便于旋转,在CAD中建立模型时底板中心的坐标为(0,0,0)。然后导入midas:首先在midas中将长度单位改为mm,导入时注意需要将模型绕X轴旋转90°,如图2-39所示,操作方法:主菜单＞文件＞导入＞Auto CAD DXF文件。

(2)将较长的梁单元分割成合适大小,以便拉伸后板单元接近正方形。先选择较长的梁单元,然后主菜单>模型>单元>分割。

(3)定义材料。

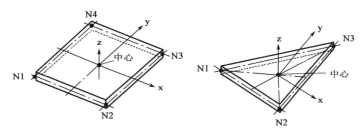

● 输出的单位长度内力值

a)输出内力位置

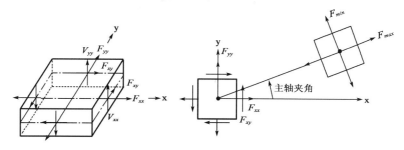

b)在内力输出位置上单位长度内作用的平面内力

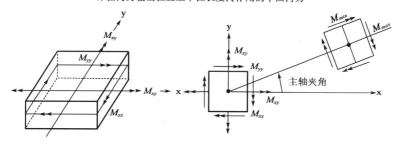

c)在内力输出位置上单位长度内作用的平面外弯矩

图 2-34 板单元的单位长度内力输出及符号规定

(4)定义板的厚度。主菜单>模型>材料和截面特性>厚度,如图 2-40 所示。

(5)扩展单元。可以根据板的厚度不同分别扩展,也可以全部扩展然后修改厚度。这里选择后者,如图 2-41 所示。主菜单>模型>单元>扩展。

(6)建立翼缘板下横向加劲肋并沿顺桥向拷贝,如图 2-42 所示。

建立:主菜单>模型>单元>建立,在树形菜单中:单元类型选择板>4 节点薄板>选择材料>选择厚度,然后点一下节点连接的空白处,变成淡绿色,再用鼠标依次点选单元的 4 个节点即可,顺时针或逆时针均可。

拷贝:主菜单>模型>单元>复制和移动,在树形菜单中:形式选择复制>等间距>dx=0,dy=2000,dz=0>复制 16 次>选择复制单元属性。

实际的钢箱梁桥的箱内也有横隔板,建立方法基本同翼缘板下横向加劲肋。

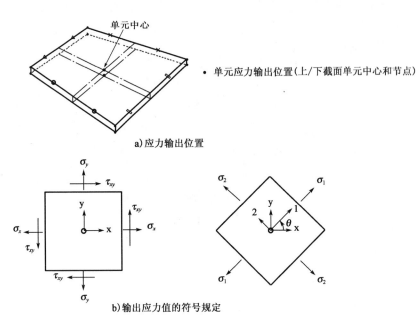

σ_x-单元坐标系上 x 轴方向轴应力；σ_y-单元坐标系上 y 轴方向轴应力；τ_{xy}-单元坐标系上 x-y 平面上的剪应力；σ_1-最大的主应力 $= \dfrac{\sigma_x+\sigma_y}{2} + \sqrt{\left(\dfrac{\sigma_x-\sigma_y}{2}\right)^2 + \tau_{xy}^2}$；$\sigma_2$-最小的主应力 $= \dfrac{\sigma_x+\sigma_y}{2} - \sqrt{\left(\dfrac{\sigma_x-\sigma_y}{2}\right)^2 + \tau_{xy}^2}$；$\theta$-最大主应力的方向对单元坐标系的 x 轴向的夹角

图 2-35 板单元的单元应力输出位置及输出值的符号规定

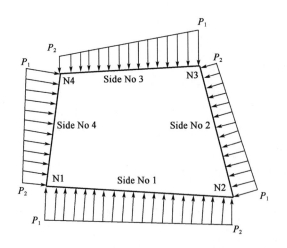

a) 压力荷载垂直作用于板、平面应力、平面应变、轴对称单元的边缘　　b) 压力荷载垂直作用于板单元的表面

图 2-36 板单元的压力荷载

第2章 midas Civil 建模功能

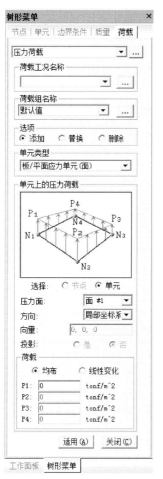
a) 在面上施加压力荷载

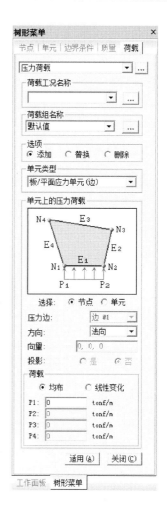
b) 在线上施加压力荷载

图 2-37 压力荷载施加

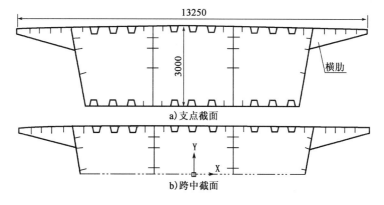

图 2-38 变截面钢箱梁的支点和跨中截面(尺寸单位:mm)

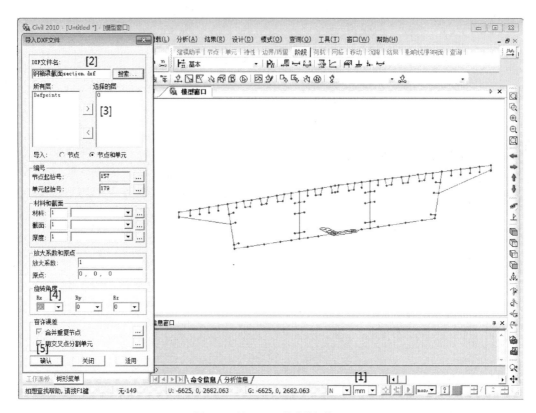

图 2-39 导入 DXF 格式线框模型

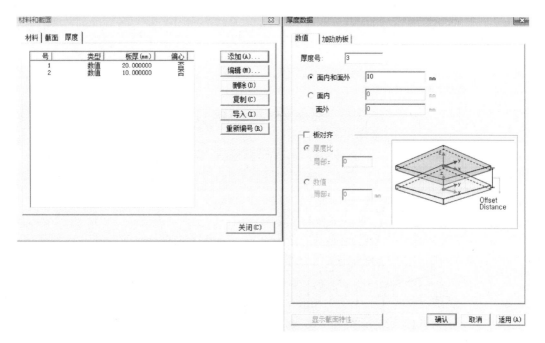

图 2-40 定义板的厚度

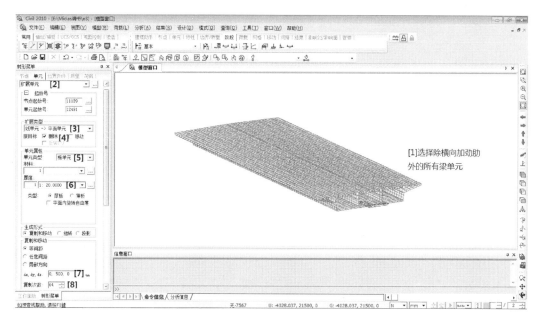

图 2-41 扩展单元

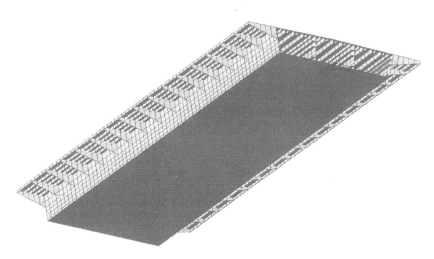

图 2-42 建立并复制翼缘板下横向加劲肋

(7)建立梁底板曲面。

方法是将底板上的节点投影到圆柱面上,单元就会投影到柱面上。因为两个边腹板是斜的,投影的方向也就是倾斜的,而底板上的其他节点是垂直投影(注意不是柱面的法向),所以分三次投影——两个边腹板和底板。

首先,如图 2-43 所示,选择底板上除了两端之外的所有节点(加亮显示的节点被选中)。先将视图调整到图 2-43 的形式,这时框选图示节点,就是将在桥梁行车方向上所有被框住的节点选中。图 2-43 中的第[4]步骤中,P_1 和 P_2 点的 Z 坐标本来应该是 -300,但是因为半径也是 300,这样 $Y=32m$ 的点无法投影,也就是说必须让被投影的点与投影后的点之间有一定的距离,所以选为 $-300.001m$。

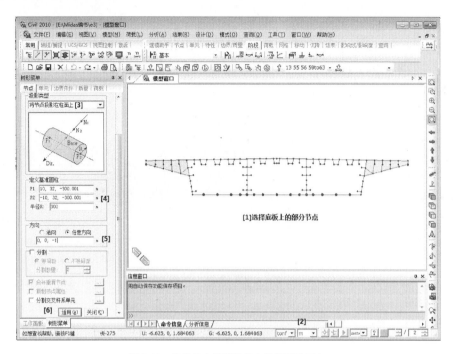

图 2-43 将底板中间部分节点投影到柱面上

其次,选择底板与左边腹板的公用节点,然后沿着腹板的倾斜方向投影到柱面上,腹板的倾斜方向可以通过查询斜腹板上的两点得到,如图 2-44 所示。与投影底板中间部分节点不同,图 2-44 中选择左腹板最底下的一系列节点,改变投影方向为(0.3044,0,−1.7205),然后点"适用"按钮。右侧腹板最下方的节点投影与此类似,只是投影方向为(0.3044,0,1.7205)。投影完成后的梁体如图 2-45 所示。

从图 2-45 中可以看到,梁高较高的梁体腹板的单元形状不好,应该进行细分。细分的方法:先选择要细分的单元,主菜单＞模型＞单元＞分割,对平面单元按合适的份数分割;因高度不同,各单元在高度方向上分割的份数不同,不同分割份数之间预留一部分过渡段单元,用主菜单＞模型＞网格＞自动网格平面区域,来划分过渡段单元,如图 2-46 所示。

(8)底板加劲肋的建立。

如前所述,因为要将底板上节点投影到圆柱面上,所以底板上的加劲肋没有用板单元模拟,而是要用梁单元模拟。当然如是等截面的箱梁,所有构件均可以用板单元模拟。

首先建立加劲肋梁单元的截面,开口加劲肋即是矩形截面,闭口加劲肋是槽形截面。定义这两种截面的方法如图 2-47 所示。操作路径:主菜单＞模型＞材料和截面特性＞截面。

在图 2-47 中,闭口加劲肋的偏心选择中-上部,开口加劲肋的偏心选择中—下部。建立梁单元可以直接在节点上连线,但是注意单元的 β 角为 180°,或先按默认建立再修改闭口加劲肋单元的 β 角为 180°,如图 2-48 所示。

(9)修改板单元的厚度。

先选择要更改厚度参数的单元,然后点开树形菜单的"工作"属性页,左键点住厚度特性直接拖拉到视图区即可。

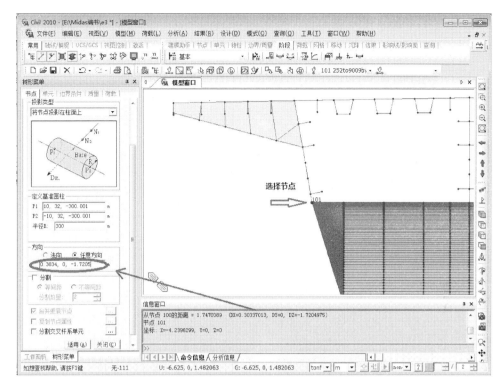

图 2-44 斜腹板的投影

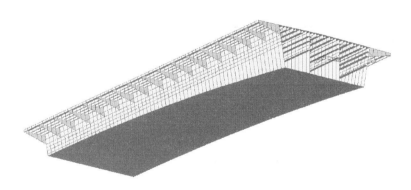

图 2-45 投影后的梁体

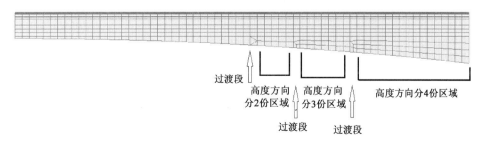

图 2-46 部分网格重新划分

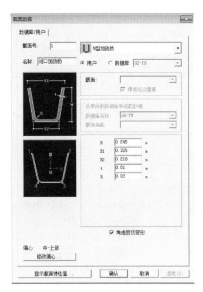 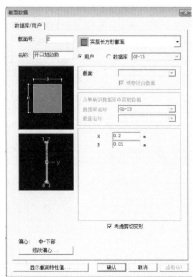

图 2-47 加劲肋截面

图 2-48 修改梁单元的 β 角

2.2.6 实体单元

1)单元介绍

本单元是分别利用 4 个节点、6 个节点和 8 个节点构成 3 维实体单元（Solid Element）。该单元可以有三角形锥体、三角形柱体和 6 面体等立体形状，而且每个节点都只具有 3 个坐标轴方向的平动自由度。实体单元应用了非协调性等参数理论，若单元的形状为矩形，使用非协调弯曲模式可显著地改善单元在平面内的弯曲性能，对于非矩形的六面体单元这种改善也有体现。利用六面体单元(8 节点)划分结构，可以得到较为精确的位移及应力的分析结果；利用四面体(4 节点)或三棱柱(6 节点)单元划分结构，虽然可得到较精确的位移结果，但得到的应力值的误差较大。所以为了得到较精确的分析结果，通常采用六面体单元作为结构的主单元，利用四面体单元或三棱柱单元作为不同尺寸单元间的过渡型单元。

实际工程中可以利用实体单元做实体（Solid Structure）结构和厚板壳（Thick Shell）结构

的受力分析。

该单元的自由度是以全局坐标系为基准,每个节点具有 X、Y、Z 轴方向的线性位移自由度。其单元坐标系是由 x、y、z 三轴构成的,是满足右手螺旋法则的空间直角坐标系。它是以单元的中心为原点,把编号为 1 的平面看作是板单元时,该单元的坐标方向就作为实体单元的坐标轴的方向。图 2-49 给出了常用的六面体单元的节点编号顺序及平面编号。

4 节点四面体单元仅有 1 个高斯积分点,6 节点五面体单元有 6 个高斯积分点,8 节点六面体单元有 8 个高斯积分点。体单元每个节点和单元中心处的应力均通过其所有的高斯积分点应力外推计算而得。

在结果>局部方向内力的合力中选择处于同一个平面内的一些实体单元的面,程序将输出这些面上的合力。按以下方式输出三维实体单元的单元内力及应力,其符号及方向依据单元坐标系或全局坐标系。

(1)在节点处输出节点单元内力(图 2-50)

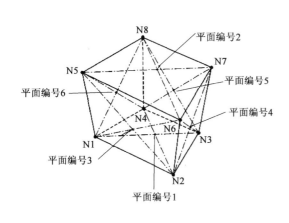
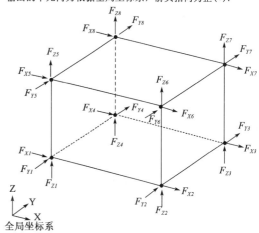

图 2-49 六面体单元的节点编号顺序及平面编号　　图 2-50 实体单元的节点内力输出位置及输出值的符合规定

(2)在节点和单元中心处输出三维应力(图 2-51)

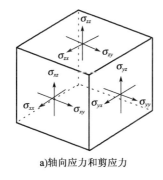
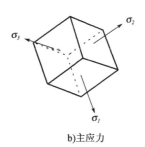

a)轴向应力和剪应力　　b)主应力

图 2-51 实体单元节点应力输出位置输出值的符合规定

σ_{xx}-单元坐标系的 x 轴方向轴向应力;σ_{yy}-单元坐标系的 y 轴方向轴向应力;σ_{zz}-单元坐标系的 z 轴方向轴向应力;$\sigma_{xz}=\sigma_{zx}$-单元坐标系的 x-z 轴方向的剪应力;$\sigma_{xy}=\sigma_{yx}$-单元坐标系的 x-y 轴方向的剪应力;$\sigma_{yz}=\sigma_{zy}$-单元坐标系的 y-z 轴方向的剪应力;σ_1、σ_2、σ_3-主轴 1、2、3 轴方向的主应力

2)单元相关功能

实体单元可以输入垂直于单元表面的压力荷载,如图 2-52 所示,图中箭头指向为正压力方向。

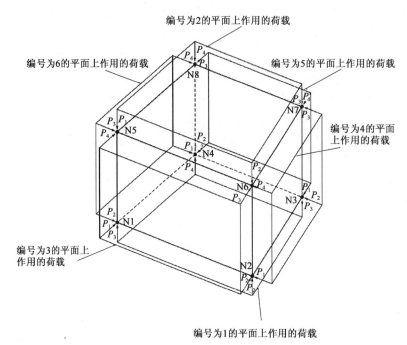

图 2-52 作用于三维实体单元表面上的压力荷载

3)应用实例——弯箱梁桥建模

某钢筋混凝土曲线连续箱梁桥,其截面形式如图 2-53 所示,桥中线曲线半径 300m,桥型布置为 30m+30m+30m,见图 2-54。本例要建立该桥的实体模型。

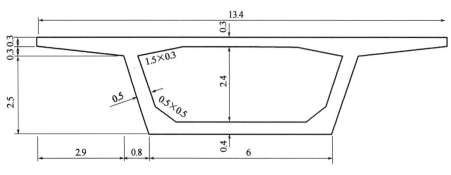

图 2-53 箱形截面(尺寸单位:m)

建模思路:首先建立箱梁截面的板单元模型,然后旋转成实体单元。施加边界条件需要用到定义节点坐标系。

(1)在 Auto CAD 中建立图 2-53 所示的截面,然后保存为 DXF 格式。画图时让底板底边的中点为坐标原点。

(2)导入截面,绕 X 轴、绕 Z 轴各转 $90°$,使截面在 YZ 平面内。

(3)将截面划分网格,主菜单>模型>网格>自动网格平面区域。如图 2-55 所示,网格尺寸选 0.2m。

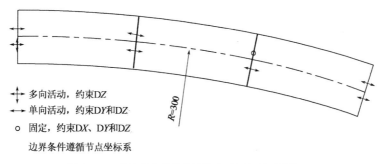

图 2-54　三跨连续曲线箱梁桥的平面布置(尺寸单位:m)

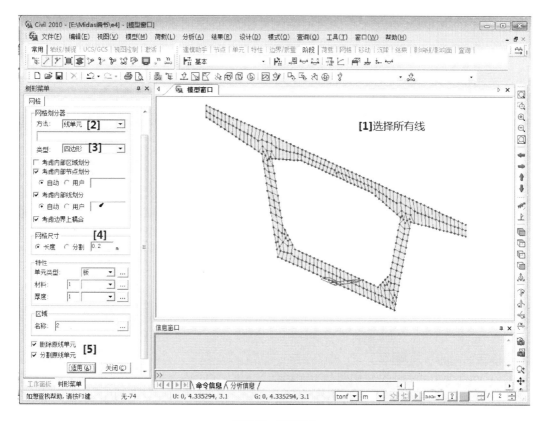

图 2-55　网格划分

(4)扩展单元。先将视图转换到 XY 平面,主菜单>模型>单元>扩展。如图 2-56 所示。在图 2-56 中的树形菜单上,扩展类型为平面单元→实体单元,原目标删除,生成形式为旋转,等角度,复制次数 90 次,旋转角度为梁长增加 0.5m 的角度,即 $\frac{360}{2\pi D}$,这里 $D=600$,旋转轴为 Z 轴,第一点(此时即曲线中心点)中填(0,-300,0),适用。这样得到了桥梁的一半模型,即 45m 长。

实际的曲线桥梁的腹板和底板是变厚的,本例中按等厚度建立模型。如考虑变厚则应先分段旋转,再调整厚度渐变段的节点坐标。

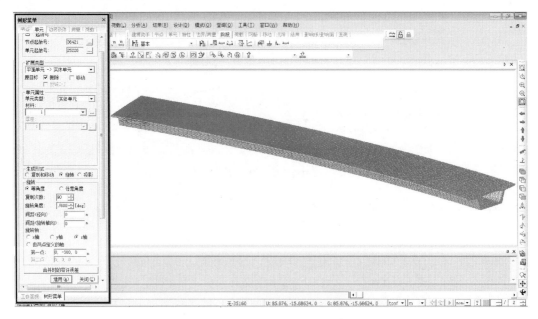

图 2-56　扩展单元

(5)施加边界条件。建模结束以后输入边界条件(图 2-54)。因为弯桥支座的可移动方向与曲线的切线方向一致,所以需要先定义该支座节点的局部坐标系,然后再输入边界条件。

首先,为了显示所输入的边界条件和节点坐标系,在"显示"里面进行相关设定。

①点击 显示。

②边界→一般支承为√。

③节点→节点局部坐标轴为√。

④点击 确认 。

其次,定义各支座的节点坐标系,先仅举一个节点的例子:

①在"模型"里选择"边界条件",选择"节点局部坐标轴",如图 2-57 所示。

②确认选择为添加/替换。

③在"定义局部坐标轴的输入方法"里选择"3 点"。

④点击 P0 输入栏变成绿色以后连续指定节点 179,36706,178。点击 适用(A) 。这里 179(P0)为需要施加支撑的节点,36706(P1)为节点坐标轴的 x 轴方向,178(P2)为 xy 平面内的点。

⑤定义了 179 节点的节点坐标系,如还有其他节点的节点坐标系与其相同,用 单选指定这些节点。

⑥点击 适用(A) 。

最后,用模型>边界条件>一般支撑即可施加边界条件,施加方法如同整体坐标系一样,但这时支撑的方向是按节点坐标系指定的。

第2章 midas Civil 建模功能

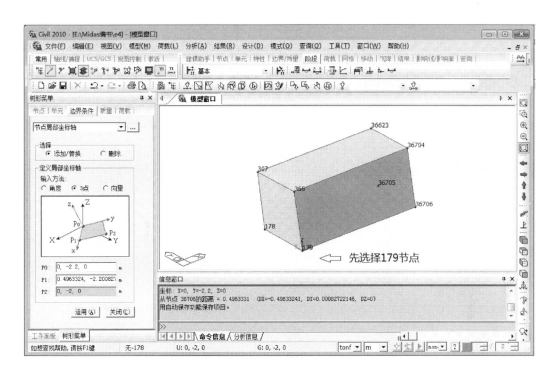

图 2-57 定义节点局部坐标轴

2.2.7 不同单元类型之间的连接

当模型中出现两种及以上的单元类型时,由于各个单元类型的节点自由度数不尽相同,此时就存在单元的连接问题,即自由度不协调的问题。比如板单元没有绕其单元坐标系 z 轴的旋转自由度,如与三维梁单元连接,那么其公用节点处对梁单元来讲就是缺少一个旋转约束而成铰接;同理由于实体单元没有旋转自由度,当板单元与实体单元连接,则很容易导致某个方向出现铰行为;而梁单元和实体单元连接时,三个方向都会出现铰行为(图 2-58)。

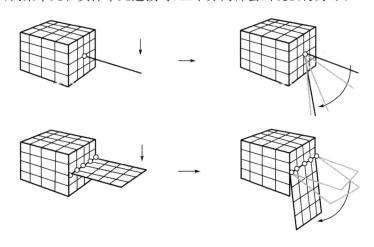

图 2-58 梁、板分别与实体单元直接连接

处理自由度不协调可以使用设置虚拟单元的方法,下面列举两个例子。

例如,对图 2-59 所示的结构,可以设置两个虚拟的梁单元,伸到两个分离的节点上,并释放这两个虚拟梁单元的转动自由度。梁单元中的弯矩就会以拉力和压力形成力矩的方式传递到与之相连的节点上。在实体单元和梁单元重叠的位置处也许有不实际的额外刚度,因为此处的材料有双倍的强度和密度,建模时要注意将这种影响可以控制在一个可允许的范围内。比较明智的处理方法是不应把这些传递的单元设置在模型应力比较集中的区域。同样用虚拟梁单元也可以模拟板壳和实体单元的连接,如图 2-60 所示。

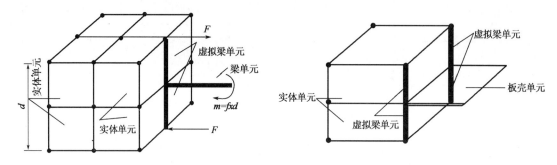

图 2-59　用虚拟梁单元消除梁与实体单元的自由度不协调　　　图 2-60　用虚拟梁单元处理板壳和实体单元的连接

midas Civil 在分析菜单的主控数据中可以自动考虑上述问题。

2.3　材料定义

2.3.1　一般材料定义

计算单元的刚度时需要输入材料特性和截面特性(或厚度)。midas Civil 可以分析各向同性和正交各向异性材料的结构。在进行静力材料非线性分析时,需要定义塑性材料模型。

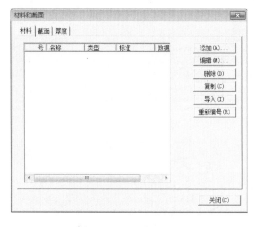

图 2-61　材料和截面对话框

这里的一般材料是指工程中常用的处于线弹性阶段属性的材料。点击模型>材料和截面特性>材料命令,弹出材料和截面对话框(图 2-61)。

可以添加新材料、编辑、删除和复制已经定义的材料,也可以从其他模型中导入材料。添加新材料时,需要给出材料编号、材料名称和类型。如图 2-62 所示,弹性数据中可以选择设计类型(混凝土、钢材、组合材料、用户定义)。这里选择的材料仅用于分析,设计时可另外选择材料。选择材料设计类型后可以选择国内外规范中的材料标准。正交各向异性材料定义只能在弹性数据中选择用户定义,并且不能选择规范。

材料的物理性不会因方向的不同而有所变化的特性称为各向同性,因方向的不同而有变化的称为各向异性。各向异性但对于正交平面对称的特性称为正交各向异性。例如,加固材料中使用的玻璃纤维属于正交各向异性材料。

正交各向异性材料,在正交三轴具有不同的弹性模量、线膨胀系数以及剪切系数、泊松比。此类材料一般需要通过试验来获得具体的特性值。

a) 各向同性材料　　　　　　　　　　　b) 正交异性材料

图 2-62　材料数据填写

使用正交各向异性材料时,需要注意的事项如下:

(1) 材料特性以单元的局部坐标轴为基准。当输入各向特性时,需要确认单元的方向。

(2) 不同单元类型适用的弹性模量成分如下。

线单元(桁架、梁):局部坐标轴 x 方向。

二维单元(板、平面):局部坐标轴 x、y 方向。

三维单元(实体):局部坐标轴 x、y、z 方向。

(3) 正交各向异性材料的泊松比要满足以下条件:

$$\frac{v_{xy}}{E_x} = \frac{v_{yx}}{E_y} \quad \frac{v_{xz}}{E_x} = \frac{v_{zx}}{E_z} \quad \frac{v_{yz}}{E_y} = \frac{v_{zy}}{E_z} \tag{2-3}$$

式中:　　E_x、E_y、E_z——杨氏弹性模量;

v_{xy}、v_{yx}、v_{yz}、v_{zy}、v_{zx}、v_{xz}——泊松比。

正交异性材料一般用于以下情况:

(1) 因配筋不同,局部坐标轴 x、y 的刚度不同的墙体。

(2) 因加固处理导致局部坐标轴 x、y 的刚度不同的桥面板。

中国规范的剪切模量和泊松比如下。

《混凝土结构设计规范》(GB 50010—2010):0.4×弹性模量,泊松比为 0.2。

《公路钢筋混凝土及预应力混凝土桥涵设计规范》(JTG D62—2004)：0.4×弹性模量，泊松比为 0.2。

《钢结构设计规范》(GB 50017—2003)：79000N/mm^2，泊松比为 0.3。

《公路桥涵钢结构及木结构设计规范》(JTJ 025—1886)：81000 N/mm^2，泊松比为 0.3。

线膨胀系数用于温度应力分析。

2.3.2 高级材料属性定义

1) 时间依存性材料

对混凝土材料可以指定与时间相关的属性，主要用于考虑混凝土徐变、收缩以及强度和弹性模量等龄期效应的水化热分析和施工阶段分析。

(1) 时间依存性材料(徐变/收缩)函数

当有试验数据可用时，用户可自定义混凝土材料随时间的变化特性(徐变和收缩)函数。

从主菜单中选择模型＞材料和截面特性＞时间依存性材料(徐变/收缩)函数。

从树形菜单的菜单表单中选择模型＞特性值＞时间依存性材料函数。

弹出时间依存性材料(徐变和收缩)函数对话框后点击添加，弹出图 2-63 所示对话框。需要填写用户自己命名的函数名称。徐变数据形式有三个选项：徐变度、柔度函数和徐变系数。

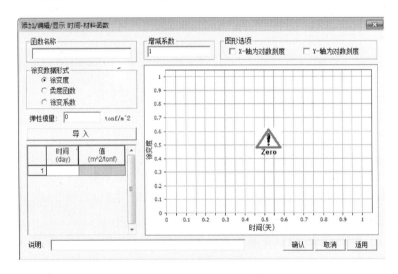

图 2-63　添加/编辑/显示时间依存材料函数对话框

徐变度：在不变的单位应力作用下的应变(不包含瞬时弹性应变)。

柔度系数：在不变的单位应力作用下的应变(包含瞬时弹性应变)。柔度系数＝瞬时弹性应变＋徐变度。

徐变系数：徐变与弹性应变的比。徐变系数＝徐变度×开始加载时的弹性模量。

徐变数据也可以导入，将经常使用的徐变系数存储为文件，当需要时导入使用。文件扩展名为.TDM，数据格式请参见 midas Civil 的在线帮助。

填写时间(以天为单位)和徐变度(或柔度系数和徐变系数)的值，即可在图 2-63 所示对话框中画出函数曲线。

自定义收缩函数的输入与此类似。

(2)时间依存性材料(徐变/收缩)

用户无法自定义时可根据国内外规范定义混凝土材料随时间的变化特性(徐变和收缩),这是最常用的方法。

从主菜单中选择模型＞材料和截面特性＞时间依存性材料(徐变/收缩)。

从树形菜单的菜单表单中选择模型＞特性值＞时间依存性材料。

在弹出的对话框中点击添加,出现图2-64所示对话框。需要填写名称和依据不同规范而异的参数。

图2-64 添加/编辑时间依存材料对话框

在图2-64所示对话框中可以选择的规范较多,用户可以根据工程实际选择。规范不同,需要填写的数据也不尽一样,参数的取值可参考相应规范。

(3)时间依存性材料(抗压强度)

依据设计规范或用户自定义混凝土材料的抗压强度或弹性模量随时间变化的曲线。

从主菜单中选择模型＞材料和截面特性＞时间依存性材料(抗压强度)。

从树形菜单的菜单表单中选择模型＞特性值＞时间依存性材料(抗压强度)。

在弹出的对话框中点击添加,出现图2-65所示对话框。需要填写名称和依据不同规范而异的参数。

(4)时间依存性材料连接

在定义了混凝土的收缩、徐变、强度及弹性模量发展等时间依存特性之后,还需要将这些特性与已经定义的材料连接,才能起作用。操作方法:

从主菜单中选择模型＞材料和截面特性＞时间依存性材料连接。

从树形菜单的菜单表单中选择模型＞特性值＞时间依存性连接。

弹出如图2-66所示对话框,在徐变和收缩中选择用户命名的收缩、徐变特性名称,在强度进展中选择用户自命名的抗压强度和弹性模量随时间发展的特性名称。如以前没有定义这些特性,还可以现在定义:点击徐变和收缩或强度进展后的 按钮即可弹出相应的定义对话框。

然后选择已定义的材料名称:左击要选择的材料名称,然后点 > 按钮即可选择到右边的"选择的材料"中。再点击 添加/编辑 ,定义完后点击关闭。

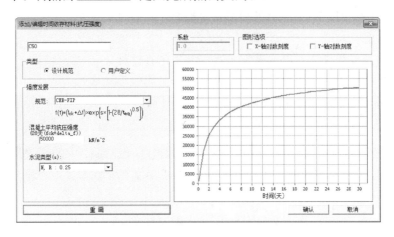

图 2-65 添加/编辑时间依存材料(抗压强度)

(5)修改单元依存材料特性值

修改各单元的理论厚度值或者体积与面积比。当不同的单元使用了同一种时间依存材料,或使用了变截面单元时,需要分别计算各截面的理论厚度或体积与表面积比(为了方便,建模时一般都是先将所有单元定义成一个非零理论厚度,然后在这里修改),此功能特别方便。

注意:在此输入的构件理论厚度不适用于施工阶段联合截面,应在施工阶段联合截面对话框中直接输入。

操作之前要先选择要修改的单元。操作命令:

从主菜单中选择模型＞材料和截面特性＞修改单元依存材料特性值。

从树形菜单的菜单表单中选择模型＞材料和截面特性＞修改单元依存材料特性。

在特性值工具条中点击 修改单元依存材料特性值。

在修改单元依存材料特性中有两个选择:一是修改构件的理论厚度,二是修改体积与表面积比(图 2-67)。

在图 2-67a)中选自动计算(由程序自动计算各构件的理论厚度)时,周长(u)的计算公式中 L_0 为外轮廓周长,L_i 为内轮廓周长,a 为要考虑内轮廓周长的比例系数。

图 2-66 时间依存材料连接

2)塑性材料定义

塑性材料用在材料非线性分析中,目前的 midas Civil 版本中静力材料非线性功能仅适用于板单元、实体单元、平面应力和平面应变单元。

midas Civil 提供 4 种塑性材料模型:Tresca、Von Mises、Mohr-Coulomb 和 Drucker-Prager。其中 Tresca 和 Von Mises 这两种模型适用于具有塑性不可压缩性的可锻金属材料。Mohr-Coulomb 和 Drucker-Prager 这两种模型适用于脆性材料,例如混凝土、岩石、土壤等,这两类材料的特性是具有体积塑性应变。

a)修改构件理论厚度　　　　　　　　　　b)修改体积与表面积比

图 2-67　修改单元依存材料特性

操作命令:

从主菜单选择模型＞材料和截面特性＞塑性材料。

从树形菜单的菜单表单中选择模型＞材料和截面特性＞塑性材料。

图 2-68 为定义钢材塑性材料的对话框,需要填写"初始单轴屈服应力"和"硬化"相关数据,如不勾选"硬化",则为理想弹塑性材料。

图 2-69 为定义混凝土和岩土塑性材料的对话框,需要填写初始内聚力(黏聚力)、初始摩擦角(内摩擦角)和硬化相关数据。

3)塑性材料定义说明

(1)弹塑性与非线性概念

土木工程中常用的钢材和混凝土等建筑材料一般都是弹塑性材料。弹塑性材料进入塑性的特征是,当荷载卸去以后存在不可恢复的永久变形。弹性变形在卸载后是完全可以恢复的,塑性变形在卸载后是完全不可以恢复的。线性材料指其应力—应变关系曲线是一条直线,非线性材料指其应力—应变关系曲线是一条曲线。非线性材料和弹塑性材料是不同的概念,弹塑性材料一般是材料非线性的。

a) Tresc各向同性硬化　　　　　　　b) Tresca随动硬化

c) Von Mises各向同性硬化　　　　　d) Von Mises随动硬化

图 2-68　钢材塑性材料定义

a) 摩尔—库伦材料　　　　　　　　b) DP材料

图 2-69　混凝土和岩土塑性材料定义

(2) 硬化概念

工程中大多数材料都存在一个比较明显的极限应力 σ_{s0}，应力低于 σ_{s0} 时，材料一般保持为线弹性。如应力达到 σ_{s0} 以后，应力不再增加，而材料变形继续增加，即变形处于不定的流动状态，如图 2-70a)所示，则称材料为理性弹塑性材料。如应力达到 σ_{s0} 以后，再增加变形，应力也必须增加，如图 2-70b)所示，则称材料是应变硬化的。

对于硬化材料，在一个方向(例如拉伸)加载进入塑性以后，在 $\sigma=\sigma_{r1}$ 时卸载，并反方向(压缩)加载，直至进入新的塑性，新的屈服应力为 σ_{s1}。如果 $|\sigma_{s1}|=\sigma_{r1}$，则称材料为各向同性硬化的。如 $\sigma_{r1}-\sigma_{s1}=2\sigma_{s0}$，则称材料为随动(运动)硬化的。如果处于上述情况之间，即 $|\sigma_{s1}|<\sigma_{r1}$，

同时 $\sigma_{r1}-\sigma_{s1}>2\sigma_{s0}$,则称材料为混合硬化的(组合)。各种不同情况的硬化表示如图 2-71 所示。

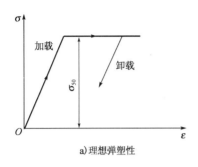
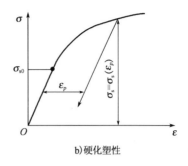

图 2-70　弹塑性加载曲线

(3)屈服准则

屈服准则是在一般(空间)应力状态规定材料开始塑性变形时的应力状态的准则。在应力空间上将各个方向的屈服点绘成一个曲面就是屈服面。

对金属材料,通常采用的屈服准则有 Von Mises 准则和 Tresca 准则;对混凝土和岩土材料常用的屈服准则有 Mohr-Coulomb 和 Drucker-Prager 准则。

①Von Mises 准则

在三维应力空间 Von Mises 屈服面函数可以表示为:

$$\frac{1}{6}[(\sigma_1-\sigma_2)^2+(\sigma_2-\sigma_3)^2+(\sigma_3-\sigma_1)^2]-\frac{1}{3}\sigma_{s0}^2=0 \quad (2\text{-}4)$$

式中:σ_1、σ_2、σ_3——三个主应力。

式(2-4)的几何意义是:在三维主应力空间内,初始屈服面是以 $\sigma_1=\sigma_2=\sigma_3$ 为轴线的圆柱面(图 2-72)。

②Tresca 准则

在三维应力空间 Tresca 屈服面函数可以表示为:

$$[(\sigma_1-\sigma_2)^2-\sigma_{s0}^2][(\sigma_2-\sigma_3)^2-\sigma_{s0}^2][(\sigma_3-\sigma_1)^2-\sigma_{s0}^2]=0 \quad (2\text{-}5)$$

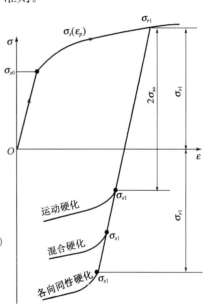

图 2-71　各种硬化塑性的特征

式(2-5)的几何意义是:在三维主应力空间内,初始屈服面是以 $\sigma_1=\sigma_2=\sigma_3$ 为轴线并内接于 Von Mises 圆柱面的正六棱柱面(图 2-72)。此式的力学意义是:当最大剪应力等于初始剪切屈服应力时,材料开始进入塑性变形。在 midas Civil 中,该准则适用于模拟延性材料,其屈服标准为:材料的最大剪切应力达到规定的限值时认为材料发生屈服。

③Mohr-Coulomb 准则

摩尔—库伦(Mohr-Coulomb)屈服准则的屈服函数:

$$\tau=c-\sigma_n\tan\varphi \quad (2\text{-}6)$$

或写成:

$$\sigma_1 - \sigma_3 + (\sigma_1 + \sigma_3)\sin\varphi - 2c\cos\varphi = 0 \tag{2-7}$$

式中：τ——剪切应力；

c——黏聚力（内聚力）；

σ_n——法向应力，即面上的正应力；

φ——内摩擦角。

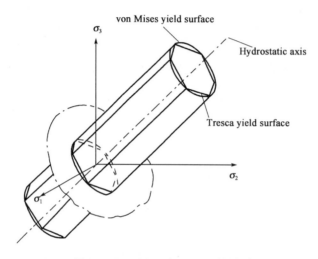

图 2-72 Von Mises 和 Tresca 屈服准则

摩尔—库伦准则基于这样的概念，即当任意面上的剪切应力和平均正应力达到临界组合时在材料中发生屈服。方程(2-7)是在主应力空间的锥形表面，在 π 平面（过原点且垂直于 $\sigma_1 = \sigma_2 = \sigma_3$ 的平面）上的屈服轨迹是不规则的六边形。

④Drucker-Prager 准则

Drucker-Prager 准则通过改进 Von Mises 屈服准则，并结合压力的影响而得（图 2-73）。屈服函数是一个光滑的圆锥方程。

$$\frac{2\sin\varphi}{\sqrt{3}(3-\sin\varphi)}I_1 + \sqrt{J_2} - \frac{6c\cos\varphi}{\sqrt{3}(3-\sin\varphi)} = 0 \tag{2-8}$$

式中：I_1——第一应力常量；

J_2——第二偏差应力常量。

(4) 硬化法则

硬化法则是用来规定材料进入塑性变形后的后继屈服函数（又称加载函数或加载曲面）在应力空间中变化的规则。对理想弹塑性材料，因无硬化效应，显然后继屈服面与初始屈服面相同。对硬化材料，与图 2-71 所示的不同硬化特征相对应，通常采用的硬化法则有：

①各向同性硬化法则

此法则规定，当材料进入塑性变形以后，加载曲面在各个方向均匀地向外扩张，但其形状、中心及其在应力空间中的方位均保持不变。各向同性硬化法则主要适用于单调加载情形。如用于卸载情形，它只适合于反向屈服应力 σ_{s1} 数值上等于应力反转点 σ_{r1} 的材料。

②随动硬化法则

此法则规定材料在进入塑性以后,加载曲面在应力空间作一刚体移动,但其形状、大小和方位均保持不变。如用于单调加载情形,它应该和各向同性硬化法则等价。如用于卸载和反向屈服情形,它只适合于 $\sigma_{r1}-\sigma_{s1}=2\sigma_{s0}$ 的材料。

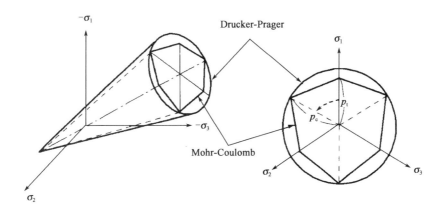

图 2-73　Mohr-Coulomb 和 Drucker-Prager 屈服准则

③混合硬化法则

为了适应材料一般硬化特性的要求,同时考虑各向同性硬化和随动硬化两种法则,就是混合硬化法则。该法则主要用于反向加载和循环加载情况。

在各向同性硬化和随动硬化法则中,用到材料的塑性模量,又称之为硬化系数,其计算公式:

$$E_{p}=\frac{EE_{t}}{E-E_{t}} \tag{2-9}$$

式中:E——材料的杨氏模量;

E_t——材料的切向模量,即 $d\sigma/d\varepsilon$。

在混合硬化法则中,用到混合硬化参数 M(midas 又称为滞回系数),是表现各向同性硬化在全部硬化过程中所占的比例,是介于 −1 和 1 之间的材料参数,$M<0$ 是为了适应软化的情况,midas 中是介于 0 和 1 之间的参数。如令 $M=1$,混合法则就退化成各向同性硬化法则,$M=0$ 时就成为随动硬化法则。所以在 midas 中硬化定义成"组合"即混合硬化时,滞回系数是可以填写的,而其他两种法则滞回系数是不用填写的。

(5)塑性材料参数填写说明

使用塑性材料必须先按图 2-62 定义一般材料特性,然后在图 2-62 中填写定义的塑性材料名称。

如果选择 Tresca 或者 Von Mises 模型,则输入初始单轴屈服应力,在工程上一般不再区分屈服点应力和比例极限应力,认为二者相同,为了安全起见也可以输入钢材的设计强度。

如果 Mohr-Coulomb 或者 Drucker-Prager 模型,则输入初始内聚力和初始摩擦角。初始内聚力即材料的黏聚力,初始摩擦角即材料的内摩擦角,二者应该根据试验测试得出,或没有条件时按相关规范及手册取值。

滞回系数代表硬化的程度,其取值方法在前面已经说明。

硬化系数为材料屈服后的切线刚度,计算公式为式(2-9)。

(6)使用材料非线性本构模型时的注意事项

程序目前提供的用于静力材料非线性分析的非线性本构模型有 Von Mises、Tresca、Mohr-Coulomb、Drucker-Prager 四种。四个模型都可以定义为各向同性硬化和随动硬化特性。但是随动硬化特性一般用于钢材等延性材料上,因此一般用于 Von Mises、Tresca 本构模型中,在 Mohr-Coulomb、Drucker-Prager 等脆性本构模型中很少使用。

目前 midas Civil 程序中的硬化特性用双折线定义,混合型硬化的应力路径如图 2-74 所示:

虽然钢材一般采用完全塑性本构模型(即理论弹塑性模型),但是要注意屈服后刚度为零容易造成不收敛。

混凝土等脆性材料的受拉和受压特性不同,一般受拉区段应使用裂缝模型。目前程序中没有提供裂缝模型和混凝土受压时非线性硬化模型。

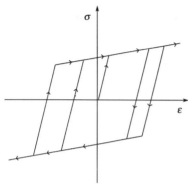

图 2-74 钢材混合型硬化的应力路径

2.3.3 材料表格

材料表格允许用户以电子表格形式输入或修改单元的材料特性(包括单元依存材料特性,如构件的理论厚度)。

midas Civil 软件中的表格工具提供了各种强大的内置功能,并且其最大的优势在于可以和 Excel 实现数据的双向交换。表格的内置功能可以参见在线用户手册中的表格＞表格工具。

操作路径：模型＞材料和截面特性＞材料表格。

2.4 截面定义

对桁架、只受拉、只受压、索、间隙、钩、梁单元等线单元,有限元分析模型中缺少截面信息,所以其截面数据需要用户给定。对板单元,模型中缺少厚度信息,其厚度需要用户给定。实体单元是根据空间布置的节点包围而成,几何信息全面,不需要输入截面和厚度数据。

对桁架、只受拉、只受压、索、间隙、钩等单元,截面特性是指其截面面积。使用这些单元进行结构分析时,在计算过程中仅使用截面面积数据,但为了显示截面形状(消隐功能),同时也要输入截面尺寸数据。

对梁单元,截面特性是指其截面面积、抗弯惯性矩、抗扭惯性矩、有效剪切面积和截面面积矩等。

midas Civil 可以利用以下三种方法输入截面特性:

(1)只输入截面的主要尺寸或导入截面,程序自动计算截面特性。

(2)选用规范数据库中的标准截面,程序自动计算截面特性。

(3)用户直接输入截面特性值。

截面特性中的数据计算依据的是单元坐标系。

2.4.1 普通截面类型

点击模型＞材料和截面特性＞截面命令，弹出材料和截面对话框(图 2-61)。再点击添加或编辑就弹出截面数据对话框。点击导入就可以从其他模型中导入截面(图 2-21)。也可以删除和复制截面。

在截面数据对话框中有数据库/用户、数值、组合截面、型钢组合、设计截面、变截面和联合截面等属性页，本节只介绍前五种截面。

在截面数据对话框中首先要填写截面号，这是用户自己设定的截面 ID 号，默认从 1 开始，该号在一个完整的计算分析中相当于所定义截面的身份证号码，具有唯一性，编号不能重复，但可以不连续，如同前述材料号一样。截面名称必须填写，也是用户自己定义的名字，可以是中文。

1) 数据库/用户属性页

选择第一个属性页数据库/用户，然后在截面号的右侧下拉条中(图 2-75)，选择截面形状。

在数据库/用户中选择数据库，就包含了许多国家标准的型钢截面，比如绝大多数的中国标准型钢截面都可以找到，不用自己再定义截面数据。若选择用户，那么读者就可以自定义截面数据(参照对话框中的图形输入)。先选择数据库，然后选择一种数据库中的截面，这时再点用户，那么截面的尺寸虽然仍然是刚才选择的数据库中的截面数据，但此时可以编辑了，这种功能有时比较方便。

定义双角钢或双槽钢截面时，在列表中指定截面形状并选择用户自定义。然后从"读取单一角钢(或槽钢)的数据"中选择单角钢(或槽钢)的数据及截面名称，或直接输入截面的主要尺寸。

2) 数值属性页

选择第二个属性页数值，然后在截面号的右侧下拉条中(图 2-75)选择截面形状。与第一个属性页不同，这里没有标准数据库截面可选，全部自己定义截面尺寸，然后点按钮 计算截面特性值 计算截面特性。此时的截面形状比数据库/用户属性页少了冷轧槽钢、U形加劲肋、带肋箱形、带肋管形和倒 T 形截面，但是多了一个任意截面。若选择了任意截面，那么就可从截面特性值计算器(SPC)中导入截面。如图 2-76 所示，点击 从SPC导入 按钮，导入 *.sec 格式的截面文件(在 SPC 中定义)。导入截面后，对话框中将显示导入的截面形状和特性值。关于 SPC，将在后面章节说明。选择了任意截面时，还可以直接输入截面特性值，midas 关于截面特性值的计算方法与说明可参见在线帮助手册中的模型＞截面部分。

图 2-75 截面形状选择

3) 组合截面属性页

选择第三个属性页组合截面，然后在截面号的右侧下拉条中选择组合截面形状。这里所谓的组合截面就是钢—混凝土组合截面，包括桥梁中较常使用的钢管混凝土(图 2-77)等。

在定义钢—混凝土组合截面时需要参照对话框中的图形输入混凝土截面和钢材截面的外形尺寸。在钢材数据中可以选择数据库和用户,即可以从数据库(含多国标准)中选择标准的钢材截面,也可以自定义钢材截面。

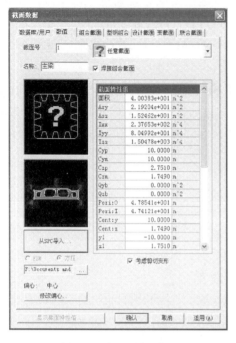

图 2-76　从 SPC 导入截面

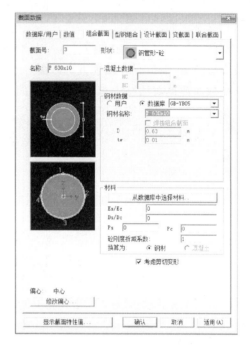

图 2-77　定义钢管混凝土截面

单击图 2-77 所示的 从数据库中选择材料... 按钮,选择材料数据库中的某一国家的钢材和混凝土的材料特性。以下各项将由程序自动计算:

E_s/E_c:钢与混凝土弹性模量之比。

D_s/D_c:钢材与混凝土重量(相对密度)之比。

P_s:钢材泊松比。

P_c:混凝土泊松比。

也可以不从数据库中选择材料,自己填写上述各项值。

混凝土刚度折减系数:换算刚度时,混凝土截面刚度的折减值,一般取 0.8~1.0。混凝土截面刚度折减就是弹性模量的折减,是考虑混凝土长期效应和混凝土徐变的影响,混凝土的弹性模量随时间的增长是降低的。在施工计算中,因为混凝土是新浇筑或龄期较短,一般不予折减;在设计计算中,要考虑长期效应,混凝土刚度折减系数一般取 0.85。

在 midas Civil 中,计算钢—混凝土截面刚度时,只能将混凝土截面换算为等效钢材截面。所谓等效就是作用力合力等效与重量等效。混凝土截面的面积等效为原来的 E_c/E_s 倍,其合力作用位置不变,并据此计算等效后总的截面特性。之所以等效,就是因为计算所用的力学公式要求截面是匀质的。

4)型钢组合属性页

选择第四个属性页型钢组合,然后在截面号的右侧下拉条中选择组合截面形状。这里所谓的型钢组合就是两种型钢的组合截面。midas 里给出的型钢组合包括了土木工程常用的型钢组合形式。用户需要填写截面 1 数据和截面 2 数据，即两种型钢的截面数据。两种型钢都可以从数据库中选择标准型钢或自己定义。

5）设计截面属性页

选择第五个属性页设计截面，然后在截面号的右侧下拉条中选择截面形状，再根据对话框中给出的图形填写截面数据。这里所谓的设计截面就是混凝土梁常用的截面，包括多种形式的箱形、T 形、工形、空心板和设计用数值截面等。在第一章的实例中使用了这种截面，这里只对一些选项作一下解释。

为了计算设计截面抗剪能力弱的区域的剪力，需要用户给出腹板的厚度及部位。

剪切验算：需要用户输入 Z1 和 Z3 的数值或选择自动。选择"自动"时，将验算设计截面对话框上所示的腹板的上端（Z1）和下端（Z3）位置处的剪力。Z1 和 Z3 的值是从截面的下缘向上起算的，例如，对单箱单室的箱形截面，Z1＝H03，Z3＝HI4＋HI5（图 2-78），Z2 是截面质心高度（从截面下缘向上起算）。各种设计截面的 Z1 和 Z3 值的规定详见软件的在线帮助手册相关内容（截面上的加深的虚线）。

腹板厚度，抗剪用最小：输入计算剪力引起的应力时所需的腹板最小厚度。需要输入或自动计算对抗剪有效的单元坐标系 y 轴方向的厚度 t_1、t_2 和 t_3。

t_1：剪切位置 Z1 位置处所有腹板厚度之合。

t_2：剪切位置 Z2 位置处所有腹板厚度之合。

t_3：剪切位置 Z3 位置处所有腹板厚度之合。

抗扭用最小：输入计算扭矩引起的应力时所需的腹板的最小厚度，可以是用户自己输入或程序自动计算。

抗扭用：用户输入或自动计算对抗扭有效的腹板最小厚度。

计算截面特性值网格尺寸：输入计算设计截面特性时划分的网格的大小，网格越小计算越精确。

表格输入：表格输入按钮可以让用户以表格的形式输入截面数据。设计截面需要输入的项目较多，以表格输入将更加方便，且可以复制到 Excel 表格里面。

选择的设计截面种类为设计用数值截面时，可以选择定义坐标（图 2-79）或从数据库和 SPC 导入的方法定义混凝土梁截面。定义坐标的方法中先定义的多边形 1 为截面最外的框，然后再定义内框，即多边形 2、多边形 3 等，内框不能再相互包含。

6）考虑剪切变形

在此勾选考虑剪切变形只对梁单元有效，包括单元坐标系中的 y 和 z 向的剪切变形。如前所述，midas Civil 中的梁单元依据 Timoshenko 梁理论，可以考虑横向剪切变形的影响。

没有输入有效剪切面积时，程序忽略该方向的剪切变形。

7）截面偏心

线单元的有限元模型是一条线，需要指定其截面。在模型窗口中显示的线单元是以截面哪个位置（图 2-80）为基准生成的是可以改变的，即所谓修改截面偏心问题。更改截面的偏心不会改变截面特性值，但会影响杆件的相对位置、截面重心位置等从而影响荷载作用位置，最终影响计算结果。即截面偏心影响荷载作用位置。偏心的默认值为截面质心，若要修改偏心的位置，可点击修改偏心按钮来实现（图 2-81）。使用消隐功能确认生成的截面形状。

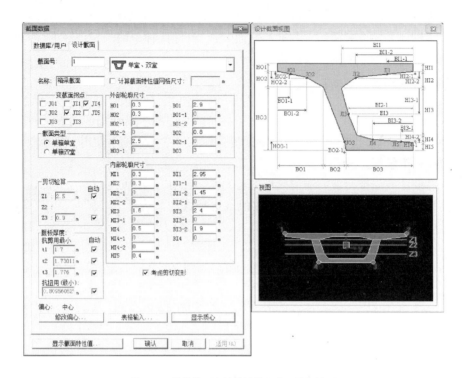

图 2-78 设计截面中的单箱单室截面数据填写

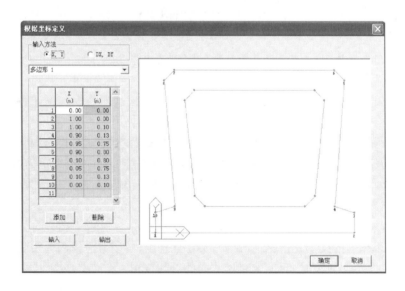

图 2-79 根据坐标定义截面

横向偏心：指定截面横向的偏心位置。选择"尺寸"的话，会显示在"偏心"中指定的位置。如果想将偏心指定为横向任意位置，选择"用户"，输入至"参考点"的相应距离即可。对于一般等截面只设定 I 端即可，故只有 I 端会被激活，对于变截面则 I、J 端都会被激活。

竖向偏心：指定截面竖向的偏心位置。变截面时可激活 J 端。

输入至"参考点"距离时,对话框中的中心位置不起作用,而是以用户偏心参考点为准;当用户偏心参考点设置为质心时,从质心向外为正(+);当用户偏心参考点设置为边界时,从边界向内为为正(+)。

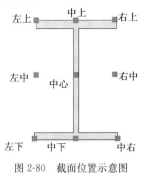

图 2-80 截面位置示意图

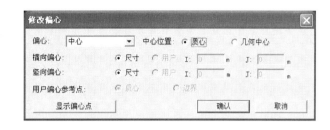

图 2-81 修改截面偏心对话框

2.4.2 变截面

线单元模型中任意两个节点处的截面I截面和J截面是可以变化的,但两端的截面必须是截面形状相同的,用户需要输入两端的截面名称和相关数据。可以选择的两端的截面形状有前述的数据库/用户、数值、设计截面和下节要介绍的联合截面所对应的截面(图2-82)。当选择了数据库/用户和数值对应的截面形状时,除任意截面需要用户直接输入两端截面特性值外,用户可选择数值、用户和数据库来输入两端截面。当选择设计截面和联合截面对应的截面形状时,用户除可以直接输入截面几何尺寸外,还可以选择导入 I 截面和 J 截面,但是这里导入的是在本模型事先定义的设计截面和联合截面对应的截面形状,不是从外部其他模型导入截面。

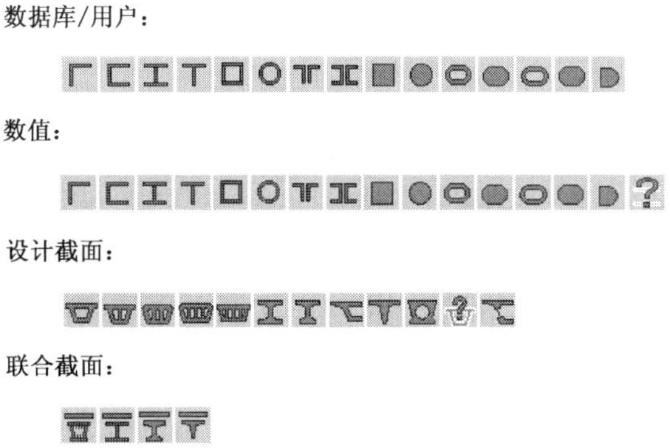

图 2-82 变截面可选的截面形状

一旦输入变截面构件两端的截面尺寸,即认为截面特性沿构件长度方向从 I 端到 J 端是变化的。程序默认为横截面积、有效抗剪面积和扭转惯性距沿单元局部坐标系 x 轴方向从 I 端到 J 端按线性变化;而抗弯惯性矩在截面改变方向上可以选择按线性、抛物线和三次曲线变化。所以,定义变截面数据时,还要输入对单元局部坐标系 y/z 轴的抗弯惯性矩沿单元长度方向的变化规律,可以选择一次方程、二次方程和三次方程。

注意，关于抗弯惯性矩的变化规律即选择方程的次数，需要根据抗弯惯性矩的计算公式（在线帮助手册的截面部分）确定。例如，对矩形截面，当宽度 B 是常数，高度 H 是变量时，则对 y 轴的惯性矩（$=BH^3/12$）由公式可以看出是按三次曲线变化的（面积是按线性变化的），而对 z 轴的惯性矩（$=B^3H/12$）由公式可以看出是线性变化。也就是说，此时应选择 I_{yy} 的变化（y 轴变化）＝"三次方程"，I_{zz} 的变化（z 轴变化）＝"一次方程"。但是对于复杂的截面，比如单箱单室设计截面，方程的次数是比较难以确定的，此时次数可以近似确定即可，前提是必须要定义变截面组。下面说明变截面组的定义。

定义了变截面后，建立单元时选择了该变截面，对每个单元来讲，其两个节点处的截面就是刚定义的截面 I 和截面 J，这样就会出现图 2-83 所示呈锯齿状单元的情况。而建模的本意是建立图 2-84 所示的光滑模型，即让模型最左端为 I 截面、最右端为 J 截面，要改变图 2-83 所示的情况，还必须定义变截面组。

图 2-83　没有定义变截面组的情况

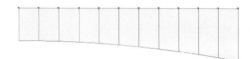

图 2-84　定义变截面组后的情况

定义变截面的操作路径：主菜单＞模型＞材料和截面特性值＞变截面组。

变截面组的功能将一些被定义为具有相同变截面特性的单元（比如像图 2-83 所示的单元）组成一个组，使其与单一的单元无关。原来单一构件的 I 端和 J 端变为变截面组的 I 端和 J 端。程序将自动计算内部各点的截面特性值。

总之可以看出，"变截面"只能定义一个单元的截面变化规律，"变截面组"能够定义一组单元（多个连续单元）的具有相同变化规律的变截面梁。定义变截面组时，首先要先针对一组单元定义一个变截面，这个变截面的 I 端截面形式为这一组单元 I 端截面形式，这个变截面的 J 端截面形式采用的这一组单元 J 端的截面形式，然后将这个变截面赋予给这一组单元。

下面列举一个实例说明。

(1) 定义变截面。操作过程：主菜单＞模型＞材料和截面特性值＞截面，在弹出的材料和截面对话框中点击添加，弹出截面数据对话框，选择变截面属性页。输入截面号和名称，在截面号右侧的下拉条中选择实腹长方形截面，在名称右侧选择用户，然后填写截面 I 的尺寸为 $H=1$，$B=0.6$，截面 J 的尺寸为 $H=2$，$B=0.6$。y 轴变化选三次方程，z 轴变化选择一次方程。截面偏心选择中—上部。

(2) 建立节点。在坐标原点建立节点 1，然后用移动/复制节点功能向 X 方向等间距复制 9 个节点，选择该节点，形式选择复制，等间距 $dx=1$，$dy=0$，$dz=0$，复制次数为 9，然后点适用。

(3) 建立单元。在树形菜单上方选单元，下拉条中选建立单元，点一下节点连接右侧编辑框，确认交叉分割单元被勾选，然后在模型窗口中点节点 1 和节点 10，就建立了 9 个单元。截面为刚才定义的变截面。此时显示截面（点消隐按钮），就会看到 9 个单元呈现成锯齿状。

(4) 定义变截面组。主菜单＞模型＞材料和截面特性值＞变截面组，定义组名称，点一下单元列表右侧编辑框,然后选择所有单元(一个变截面组内必须是同一变截面的单元),单元列表中就会出现选定的单元编号。在截面形状的变化中,z 轴选多项式,其后的次数填 1.8,其他不变。点添加按钮就会在该按钮之上的列表中添加了一个变截面组,同时得到图 2-84 所示的情况。在刚才添加的列表中点变截面组的名称,再点 转换为变截面 按钮,就会将该变截面组删除,同时为组内的每一个单元定义一个变截面。

"变截面组"对话框中的多项式,指该变截面组的截面在梁高(z 轴)和梁宽(y 轴)两个方向上变化曲线次数(如二次曲线变化,输入 2 即可),截面的各个部位均按此曲线次数变化。在组内两端点之间的单元可以按任意次数的抛物线变化梁高和梁宽,比如上例中就定义了高度方向的 1.8 次抛物线。

实际工程中的桥梁变截面区,截面的各个部位并不是都以相同的曲线次数来变化的,大部分是以不同的曲线次数来变化的。例如:上翼缘板为等厚度,下部翼缘板厚度以二次曲线变化,且腹板厚度是线性变化的情况。这种情况,仅仅使用"变截面组"的功能是不够的,还要用户将变截面组转换成变截面后,手动进行细部尺寸数据修改才能接近于实际的模型。使用"PSC 桥梁建模助手"就可以使截面的各个部位都以不同的次数来变化,能够建立出更接近于实际情况的模型。

现在说明为什么只要定义了变截面组,那么在定义变截面时的 y 轴变化和 z 轴变化选择的方程次数是无关紧要的:如果模型中只有一个长度不是很长的变截面单元,也就是该单元的两个节点距离较近,截面变化不大,此时梁截面对 y、z 两个轴的抗弯惯性矩变化也不会很大,无论方程的次数是一次、二次还是三次;变截面组就是相当于为该组中所有单元都定义了各自的变截面,那么对组内各个单元来讲,单元长度都不是很长,所以方程的次数也就没有多大关系了,显然单元划分得越小越好。

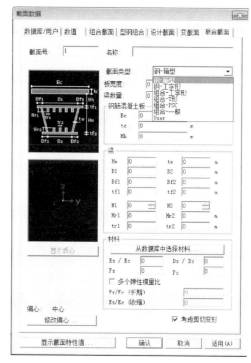

图 2-85 联合截面定义对话框

2.4.3 联合截面

联合截面用于模拟由多片纵梁组成的叠合梁中单片纵梁的截面特性,所以定义截面时对话框中显示的是单片纵梁形状。联合截面中的截面类型有:钢-箱型、钢-工字形、组合-工字形、组合-T 形、组合-PSC、组合-一般和用户自定义,如图 2-85 所示。前两种为钢混叠合,其他带"组合"二字的为混凝土梁和混凝土板的组合梁。组合-PSC 可以导入前述"设计截面"属性页中定义的截面作为联合前截面。组合-一般可以导入通过 SPC(截面特性计算器)定义(按不同材料特性)的联合截面。用户自定义可导入"数据库/用户"、"数值"属性页中预先定义的截面,作为联合前、后的截面。

1)钢混叠合截面刚度

midas Civil 按照换算截面特性计算钢混叠合梁的刚度,得到荷载作用下的内力和变形,对每个位置的正应力进行全截面积分得到该位置的轴力和弯矩。钢混叠合梁计算联合截面刚度时,将混凝土换算为钢材来计算。

对于混凝土板下面有多个钢梁的组合结构,考虑混凝土板整体性时,计算截面横向抗弯惯性矩使用的参数包括梁数量(在整个混凝土板宽度范围内钢梁的数量)、板宽度(多个钢梁上混凝土板的整个宽度)和钢梁之间的中心距 CTC。

钢混叠合梁联合后单纵梁(考虑整体再等效到单梁)截面特性 I_{xx} 的公式为:

$$I_{xx} = I_{xx-\text{单梁}} + \left[\frac{\text{板宽度} \times t_c^3}{6} \times \frac{\dfrac{G_c}{G_s}}{\text{梁数量}}\right] \quad (2\text{-}10)$$

式中:G_c——混凝土的剪切弹性模量;

G_s——钢材的剪切弹性模量。

钢混叠合梁联合后单纵梁(考虑整体再等效到单梁)截面特性 I_{zz} 的计算公式为:

$$I_{zz} = I_{zz-\text{单梁}} + \frac{\text{板宽度} \times t_c \times \left(\dfrac{\text{板宽度}}{4}\right)^2 \times \dfrac{E_c}{E_s} + 2 \times A_{\text{单梁}} \times \sum_{n=1}^{\text{梁数量}}\left(\dfrac{n-1}{2} \cdot \text{CTC}\right)^2}{\text{梁数量}}$$

$$(2\text{-}11)$$

式中:E_c——混凝土的弹性模量;

E_s——钢材的弹性模量;

$A_{\text{单梁}}$——单个钢梁的截面面积;

n——钢梁的根数。

而其他联合后截面特性如 A、I_{yy} 计算时的混凝土板宽度由 B_c 决定。

计算钢混叠合梁联合后截面的 I_{xx} 时,采用的弹性模量比并不是 E_s/E_c,是剪切弹性模量比 G_s/G_c,在数据库中选择材料时,自动会取用相应的泊松比。当用户直接输入多个弹性模量比时,泊松比自动取 0。

对钢-箱形和钢—工字形类型的钢混叠合梁可定义多个弹性模量比,并在不同荷载工况下能够使用不同弹性模量比。这样不通过施工阶段分析也能够近似考虑混凝土收缩/徐变对联合截面特性的影响(弹性模量的变化引起截面特性的的变化)。

定义多个弹性模量比就是除正常的弹性模量比外,增加了与"长期"和"收缩"对应的弹性模量比。定义后,可查看"长期"、"收缩"所对应的截面特性值,且自动生成"长期"、"收缩"命名的边界组名称。可与"分配边界转换给荷载工况/分析"功能配合使用。"分配边界转换给荷载工况/分析"功能允许在一个模型里不同的荷载工况条件采用不同的边界条件。该功能的执行命令为分析>分配边界转换给荷载工况/分析…。这样就可以在不同的荷载工况下采用不同的截面特性值(在截面特性调整系数中体现,详见 2.4.5 节)。

在定义组合-工字形等组合类型截面时,材料参数中的下角标 gd 代表混凝土梁,sb 代表混凝土板。

2)联合截面功能介绍

联合截面的功能比较强大,可以模拟钢混叠合结构和混混组合结构(公路规范 JTG D62—2004 关于组合梁专门提到了混混组合式受弯结构),用施工阶段联合截面模拟其结构的施工过程。强大的 SPC 组合截面定义功能,可以定义任意形状的组合截面(详见 2.4.4 节内容),因此可以准确地对组合梁结构进行施工阶段分析以及成桥状态下的静、动力分析。还可以用于 T 梁、箱梁翼缘加长、旧桥加固(混凝土梁加钢板或混凝土结构加厚补强),可以在联合后截面的混凝土板上配筋。

施工阶段联合截面(在施工过程中实现联合)可以使用这里定义的联合截面,也可以自定义联合前的截面,然后在施工阶段再联合。例如预弯组合梁可用施工阶段联合截面中的自定义组合截面功能来实现。预弯组合梁结构亦简称为预弯梁,是利用配置在混凝土里的钢梁的自身变形,对混凝土施加预应力的型钢混凝土结构。预弯组合梁一般为由预弯曲的工字形钢梁,一、二期混凝土组成的组合结构(图 2-86)。关于施工阶段联合截面内容将在施工阶段分析中介绍。

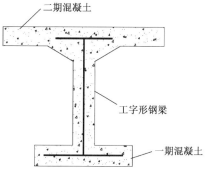

图 2-86 预弯组合梁

使用梁截面温度荷载功能可定义联合截面的温度梯度,并通过用户定义材料特性的方法,定义不同作用区域的材料特性。该功能可参考第九章温度荷载的内容。

剪力键的模拟可以采用连接单元。

2.4.4 自定义截面——截面特性值计算器(SPC)

对于一些特殊截面可以通过程序自带的截面特性计算器(SPC)功能来计算这些截面的截面特性值,并导入到程序中定义新的截面。截面特性计算器是有效、快速计算复杂截面截面特性的工具。SPC 是 Sectional Property Calculator 的简称,其各种功能简化了截面数据的输入,主要有:

(1)使用输入(Import)功能可以导入 Auto CAD 的 DXF 文件。
(2)SPC 可以对输入的截面进行完全自动的网格划分。
(3)能够计算由不同材料组成的联合截面。

命令:工具>截面特性计算器…。

启动的另外一种方法是直接在 midas Civil 的安装目录中运行 spc.exe 程序,该程序可以独立于 midas 运行。

启动后的界面如图 2-87 所示。关于 SPC 操作的详细说明请参见 midas 的随机文件 spc_manual.doc,本书只给出了操作的注意事项以及操作例题。

对于一般截面通过生成 Plane 形式截面来计算截面特性,对于薄壁结构采用 Line 形式生成截面并计算截面特性,如图 2-88 所示。

1)SPC 的设置

设定单位体系、显示/隐藏模型信息、设定颜色等可在工具条里点击 ▨(Setting),或者在 Tools>Setting 进行设定。设定的内容主要是单位体系、指定容许误差、显示选项和颜色设定等。若是从 Auto CAD 中导入 DXF 格式的截面,则单位一定要与画图时一致。

2)SPC 注意事项

(1)尽量采用数据库中提供的规则截面,利用截面特性计算功能计算截面特性值比 SPC 更好一些。

(2)对于 Plane 形式的截面,程序近似计算抗扭刚度导致计算结果有可能比实际的抗扭刚度小,用户可通过加大网格划分密度方法来提高结果的精确度。

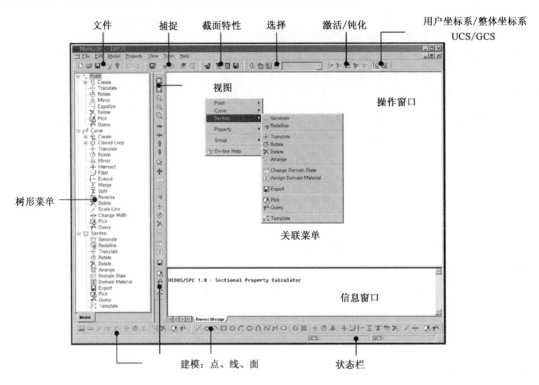

图 2-87 SPC 界面

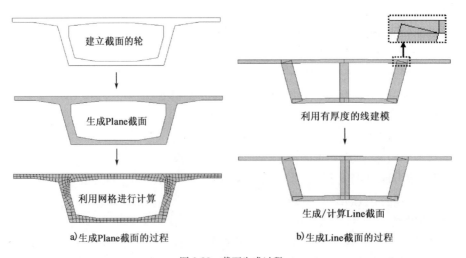

图 2-88 截面生成过程

(3)对于 Line 形式的截面,如薄壁截面,线的厚度很薄时几乎可以准确地计算其抗扭刚度。但如果是闭合截面(无开口截面),这种计算方式会导致其抗扭刚度的计算结果随着线厚度的增加而相对变小,所以对于不是薄壁截面的闭合截面,应尽量避免使用 Line 方式计算截面特性。而对于薄壁闭合构件通常建议使用 Line 形式截面模拟。使用 Plane 也可以准确计算薄壁截面的各项截面特性值,但因为 Plane 截面定义时需要已知截面的内外轮廓线,因此对于一些壁厚很薄的截面,可能因为得不到很好的网格划分而无法计算截面特性,即使可以计算截面特性,过细的网格划分在计算截面特性时会占用很长的时间,因此,比较而言,对于薄壁截面建议使用 Line 截面来模拟。

(4)用 Line 形式模拟薄壁闭合截面时,对闭合部分一定要使用 Model>Curve>Closed loop>Register 指定闭合,才可通过生成截面计算截面特性值,否则计算得到的抗扭刚度值是按非闭合薄壁截面的抗扭刚度计算方法得到的计算值。

(5)SPC 可以在一个窗口里任意地建立很多个截面,并分别进行分析,且可根据名称、位置、截面特性值等很方便地对截面进行搜索及排列。

(6)SPC 的建模窗口为 x-y 平面,构件的纵向为 z 轴。由 SPC 输出的 midas Civil 的文件中,程序会自动转换坐标轴。但是当用户在 midas Civil 中手工直接输入利用 SPC 计算的截面特性值时,应注意相对应的坐标轴。

(7)欲将 Auto CAD DXF 文件正常地导入(Import),DXF 的截面必须是在 x-y 平面内。

(8)对于由多个部分构成的 Plane 截面(需先生成截面),程序默认将内部设为非使用区域(即挖空,如图 2-89 所示)。若不是空心截面,则可利用 Model>Section>Change Domain State 功能,将默认的非使用范围设定为使用区域。调出此菜单,选择要定义的截面后点击 Apply 按钮。接下来程序会按照选择的截面所包含的各部分的顺序亮显询问是否使用。如要使用亮显的部分,则在操作窗口中点击鼠标左键(LB),如不使用则点击鼠标右键(RB)。欲选用全部的领域直接按 Enter 键即可,放弃按 ESC 键。图 2-89 上方的英文为 SPC 的命令提示。

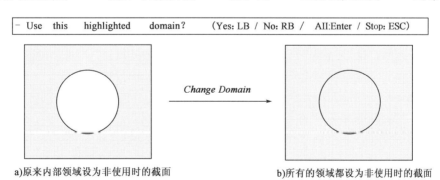

a)原来内部领域设为非使用时的截面   b)所有的领域都设为非使用时的截面

图 2-89 改变 Plane 截面默认

(9)当截面有不同材料组成时(可超过两种材料),需先定义材料名称和特性值,然后用 Model>Section>Assign Domain Material 为各区域选择材料。在赋予各区域材料特性时,应选择某个材料为基本材料,一般选择混凝土。

(10)若对截面的某些参数进行修改,例如改变其使用区域、旋转截面、修改线的厚度等会使以前计算的特性无效。所以更改之后用户需利用 Calculate Properties 菜单重新计算截面特性。

(11)midas Civil 后处理中查看梁单元的应力时,可以输出截面的上缘和下缘的应力结果,并用计算点1~4加以区分。目前 SPC 在自动输出数值型截面的应力计算点1~4时,采用的输出原则是:将形心轴上下两侧截面控制点(point)所处截面最宽位置,如图 2-90 所示的鱼腹截面,根据这个原则输出的是图示的1~4号位置的应力,即默认计算位置并非截面上、下缘位置。无论采用哪种原则来输出截面应力计算点位置,都要求截面轮廓线条不宜过长,尽量细化截面轮廓,尤其是对曲线轮廓的截面。因为由 SPC 计算得出的应力计算点1~4 都具有可以人为修改的功能,因此在使用前要先确认应力计算点位置再执行计算分析。

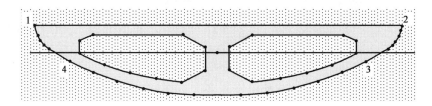

图 2-90　默认的鱼腹式截面的计算点

(12)目前版本的 SPC,Plane 形式截面和 Line 形式截面都可以导出 Section(＊.sec)文件。Line 截面可以在 midas Civil 中的模型＞截面＞数值＞任意截面中导入,而 Plane 截面除可以在任意截面中导入外,还可以在模型＞截面＞设计截面＞设计用数值截面中导入,此时需要指定设计用参数。

3)Plane 形式截面生成操作例题

Plane 形式截面生成的步骤如图 2-88 所示。可以直接在 SPC 中建立截面轮廓,但比较受欢迎的方式还是从 DXF 格式文件中导入截面的轮廓。导入 DXF 文件的步骤如下:

(1)在 Tools＞Setting 中选择与要导入的 Auto CAD DXF 文件中一致的单位体系。

(2)执行 File＞import＞Auto CAD DXF 命令导入 DXF。

(3)在 Model＞Curve＞Intersect 中进行交叉计算,以避免在 CAD 中存在没有被分割的线段。

(4)如果 DXF 文件中有圆曲线且有直线与之相切时,导入过程中因为圆曲线转换为折线,使原来的切线与圆曲线(已转换为多边形)不能相交,此时应使用 SPC 中延伸的功能使其相交。

(5)用 Model＞Section＞Generate 生成截面,并定义截面名称。

(6)用 Property＞Calculate Section Property 计算截面特性值,也可在上一步直接计算。

(7)保存并导出 Section 文件。

下面举例说明 Plane 截面的生成和导出。本例要生成的是图 2-90 所示的鱼腹式截面。操作步骤如下:

(1)在 Auto CAD 中建立鱼腹梁截面的线框模型,存成 DXF 格式。

(2)启动 SPC,设置长度单位为 cm,与 Auto CAD 中一致。

(3)执行 File＞Import＞Auto CAD DXF 命令,导入刚才建立的鱼腹梁 DXF 文件。如图 2-91所示。曲线以多段线代替,多段线的数量可由 Seting 对话框中的分割角度(Angle Step)控制。

(4)通过建立的轮廓线生成 Plane 截面。执行 Model＞Section＞Generate 命令,命令执行后在窗口左侧出现截面生成对话框(图 2-92)。在对话框中,Type 选择为 Plane,填写截面的Name,其他默认即可。为了生成截面,须选择决定截面形状的线,Select 按钮默认是处于执行状态的,可以点选也可以窗口选择。被选择的线会高亮显示,同时在信息窗口会提示选择了多少个对象。选好后点击 Apply 按钮完成 Plane 截面创建(图 2-93)。若在截面生成对话框中勾选 Calculate Properties Now,在 Plane 截面里,程序会自动计算并生成适当大小的网格后生成截面的特性值,若想控制网格的大小是不行的,须在下一步中指定。

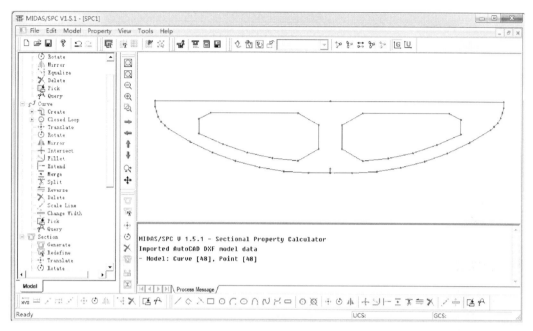

图 2-91 导入鱼腹式截面

(5)计算截面特性并导出 Section 文件。执行 Property＞Calculate Section Property 得到截面特性计算对话框(图 2-94),按图填写 Mesh Size 为 10cm,选择截面再点击 Apply,完成网格划分并计算其截面特性。网格如图 2-95 所示。通过执行 Property＞Display Section Property 或 Property＞List Section Property 可以查看或列表显示截面特性的值。

(6)输出截面。执行 Property＞Export Section,按图 2-96 填写和选择,最后按 Apply 即可。

(7)在 midas Civil 中导入并修改应力计算点位置。

在添加截面时选择数值属性页,截面类型中选择任意截面,然后点击从 SPC 导入按钮,导入刚定义的鱼腹梁截面,如图 2-97 所示。在图中可以注意到,导入截面的 3、4 应力计算点没有在截面的下缘,用户可以通过更改图示 y_3、z_3、y_4 和 z_4 数值的方法更改其位置。

对鱼腹梁截面,可以采用上述方法定义,也可以采用"根据坐标定义"的方法(图 2-79)。其实对很多没有提供的特殊截面,都可以用"根据坐标定义"的方法。

图 2-92 截面生成对话框

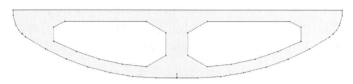

图 2-93 生成后的鱼腹梁截面

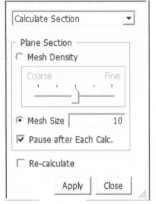

4)Line 形式截面生成操作例题

本例用 Line 形式模拟一个由三个工字钢组成的分离式截面。对于分离式截面,在钢结构中比较常见,如型钢组合截面,对于这种截面在 SPC 中模拟时,可使用 Line 型截面进行模拟,因为 Plane 型截面在模拟分离式截面时无法导出截面的 SEC 文件。Line 类型截面导出的 SEC 文件,只能在任意数值型截面中导入,且在单元消隐显示时只能显示 Line 中心线形状,不能显示截面厚度。操作步骤如下:

(1)启动 SPC,设置长度单位为 mm。

(2)先建立一个工字钢,执行 Model>Curve>Create>Line。建立上翼缘,按图 2-98a)填写和选择数据;建立腹板,按图 2-98b)

图 2-94 截面特性计算对话框

填写和选择数据;建立下翼缘,按图 2-98c)填写和选择数据。一定要注意线的宽度对齐位置 Alignment 的选择。

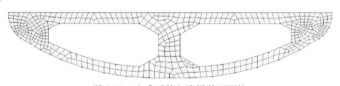

图 2-95 生成后的鱼腹梁截面网格

图 2-96 截面输出

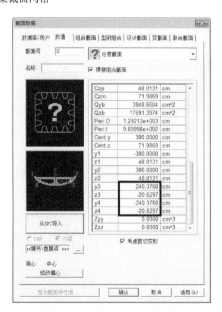

图 2-97 修改应力计算点位置

第2章 midas Civil 建模功能

(3)拷贝刚建立的工字钢。执行 Model＞Curve＞Translate,然后按图 2-99 填写和选择数据。

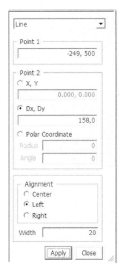
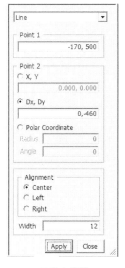

a)建立上翼缘　　　　　　b)建立腹板　　　　　　c)建立下翼缘

图 2-98　建立模型

(4)生成 Line 形式的截面。执行 Model＞Section＞Generate,选择决定截面形状的刚刚建立的所有的线。在如图 2-100 所示的生成截面的对话框里将 Type 选定为 Line,Name 栏输入分离式工字钢。为了在生成截面的同时计算截面特性值,需选择 Calculate Properties Now,然后点击 Apply 按钮。

图 2-99　拷贝模型　　　　　　　　图 2-100　生成 Line 形式的截面

(5)输出截面。执行 Model>Section>Export,选择输出格式为 midas Section File,选择截面,给出文件名,按 Apply 即可。

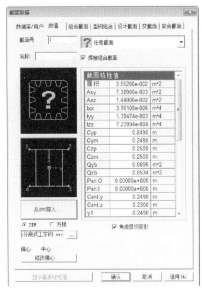

图 2-101　导入 Line 形式 SPC 截面

(6)导入到 midas,重新计算截面特性。在添加截面时选择数值属性页,截面类型中选择任意截面,然后点击从 SPC 导入按钮。如图 2-101 所示,选择 FEM 重新计算截面特性,以获得剪切面积 S_{ax}、S_{ay} 和抗弯惯性矩等的精确计算值。

Line 形式截面与 Plane 形式截面相比劣势在于:

(1)SPC 中无法提供剪切面积 S_{ax} 和 S_{ay},导入到 midas Civil 中需要采用 FEM 法重新计算截面特性才可以得到剪切面积。

(2)不能显示截面的实际厚度形状。

(3)截面定义比较复杂,要求指定每条线的线宽,对于闭合箱体部分必须准确定义闭合曲线,否则抗扭惯性矩计算错误。

(4)无法模拟组合截面。

(5)截面无法进行设计验算。

相比 Plane 形式的截面,Line 形式截面的优势在于:

(1)截面特性计算简便,不会出现计算量大而死机的情况。

(2)可以模拟分离式截面。

为了比较从 SPC 导入的截面与在 midas Civil 中按标准截面之间的截面特性的差别,这里按并排三个工字钢(没有分离,单工字钢的截面与上例完全相同)在 SPC 中重新建立,同时在 midas Civil 按型钢组合中的"H 型+板"建立同样的截面。图 2-102 是其截面特性的比较,这里在 SPC 中建立 Line 形式截面时没有按闭合截面考虑,可见其抗扭刚度差别很大。

5)在 SPC 建立任意形状的组合截面的方法

本例在 SPC 中建立哑铃型截面,钢管外径 1000mm,钢管及钢板壁厚均为 16mm,考虑钢材和混凝土两种材料。操作步骤如下:

(1)在 Auto CAD 中建立哑铃型截面,存成 DXF 格式。建立的线框模型及其尺寸如图 2-103所示,C1~C6 为线段的编号。

(2)启动 SPC,此时会出现图 2-104 所示的设置对话框,长度单位设为 mm,将 Angle Step 设为 5。DXF 文件中的圆形曲线,导入 SPC 后被代之以折线(多边形),为了让多边形更接近于圆形,这里设置了较小的分割角度(Angle Step)。

(3)执行 File>Import>Auto CAD DXF 命令,导入刚才建立的哑铃形 DXF 格式截面。

(4)指定线宽。对 Line 指定线宽用于模拟钢板厚度,这里所以线宽均为 16mm,命令为:Model>Curve>Change Width。在 CAD 中画图时,圆的直径为 500mm,这里应该将钢管的线宽度对齐位置 Alignment 设为 Left,中间钢板的 Alignment 设为中心。

(5)指定闭合曲线。命令:Model>Curve>Closed Loop>Register。如果 Line 部分是闭合曲线,还要通过定义闭合曲线功能将 Line 截面的闭合部分定义为闭合曲线。这里先指定

第2章 midas Civil 建模功能

图 2-103 所示的线段 1、3、4 和 6 为闭合曲线,再指定 2、3、4 和 5 为闭合曲线。按住 Ctrl 键再依次选取各个线段可以达到选择多条线段的目的。对本例不指定闭合也可,误差也不大。

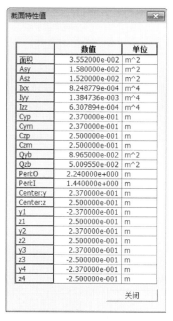

a) 按H形+板建立的截面特性

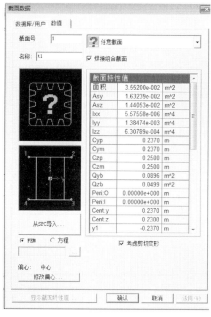

b) 导入的Line形式截面特性

图 2-102 标准截面特性与 Line 形式截面特性的比较

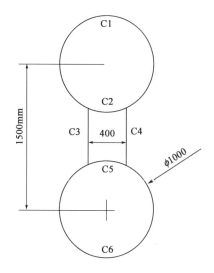

图 2-103 哑铃形截面的线框模型

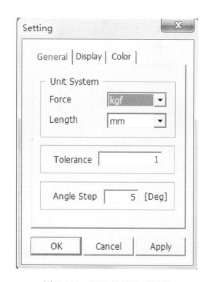

图 2-104 SPC 的设置对话框

(6) 定义材料参数。命令:Model>Material。其中弹性模量和重度只要保证几种材料的弹性模量比和重度比正确即可,可以不输入各参数的准确值,如图 2-105 所示,这里拟将混凝土作为基准材料,所以将弹性模量和重度都设定为 1,而钢材的弹性模量设为 5.97,重度设为

3.41,泊松比输入实际值。

(7)定义组合截面参数。命令：Model＞Section＞Composite Section＞Generate。如图 2-106 所示，按图输入组合截面的名称、子截面数量（最多 3 个）和组合截面换算截面特性计算时的基准材料。

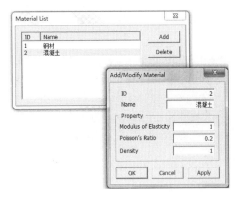

图 2-105　定义材料　　　　　　　　　图 2-106　定义组合截面参数

(8) 分别定义组合截面的各个子截面。命令：Model＞Section＞Composite Section＞Add Part。因为子截面数量限定为最多 3 个，这里子截面时需要特别注意。

采用 Line 类型定义钢管及钢板部分：选择所有线段，Part ID 为 1，Part Name 为"钢板"，材料为钢材，Apply。采用 Plane 截面类型定义核心混凝土：首先，选择两个钢管的所有线（即图 2-103 所示的 1、2、5 和 6 线段），Part ID 为 2，Part Name 为"内核混凝土 1"，材料为混凝土，点击 Apply。其次，选择图 2-103 所示的 2、3、4 和 5 线段，Part ID 为 3，Part Name 为"内核混凝土 2"，材料为混凝土，点击 Apply。各个子截面的定义如图 2-107 所示。

图 2-107　定义组合截面的各个子截面

(9)计算组合截面的截面特性。命令：Property＞Calculate Composite Property。设定组合截面特性计算的网格尺寸，可以以较薄位置构件的宽度或厚度作为计算特性用网格尺寸。

同时在信息窗口会给出如下提示信息:如果截面是分离式的组合截面,则组合截面的剪切面积、抗扭惯矩计算是错误的,需要自己准确计算这几个参数,然后在截面特性或施工阶段联合截面特性中手动修改。

(10)导出组合截面文件。命令:Model>Section>Composite Section>Export。导出类型为 midas Civil 截面文件(后缀 sec),选择组合截面的保存位置,点击组合截面的任意位置,最后点击 Apply。

(11)导入刚建立的组合截面。命令:模型>材料和截面特性>截面/联合截面/组合——一般。在 midas Civil 的联合截面中,选择组合——一般,导入刚刚生成的组合截面 SEC 文件,如图 2-108 所示。由组合——一般生成的联合截面,在定义施工阶段联合截面时,可以自动生成联合截面各子截面的相对位置关系和构件理论厚度。

再全部用 Plane 形式子截面(钢板和混凝土内核两个子截面即可,所有钢板为一个闭合的面)建立上面的哑铃型截面,得到的截面几何特性值如图 2-109 所示,与图 2-108 比较,两者在计算结果上稍有差别。

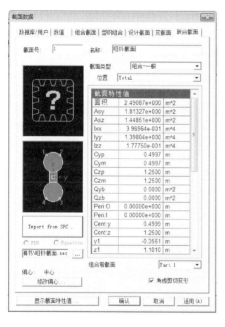
图 2-108 在 civil 组合——一般中导入组合截面 sec 文件

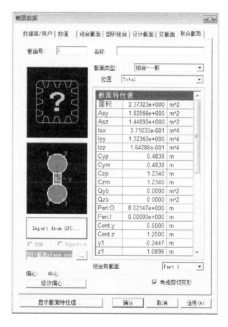
图 2-109 用全 Plane 形式子截面组合的截面特性

对哑铃型钢管混凝土结构只需要做成桥分析(不做分阶段施工分析)时,可直接使用程序中提供的标准截面来定义:把哑铃型截面分为 3 个部分(2 个钢管混凝土截面、1 个缀板截面),分别定义各个部分的截面后,在相对位置上建立平行的 3 根梁单元。再把 3 根梁单元用"刚性连接"连接成整体即可。

2.4.5 截面特性调整系数(此处针对软件的 2010 版,2011 版有变化)

截面特性调整系数用来调整线单元(桁架单元、只受拉单元、只受压单元、索单元、间隙单元、钩单元、梁单元)的截面特性,新截面特性=原截面特性×截面特性调整系数。执行命令为:模型＞材料和截面特性＞截面特性调整系数…,图 2-110 为截面特性调整系数对话框。

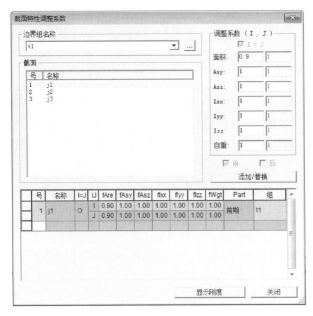

图 2-110 截面特性调整系数对话框

关于截面特性调整系数对话框中各项的含义请参见软件的在线帮助手册。

如果用 midas Civil 计算的截面几何特性(比如上节的 SPC 计算的截面特性)需要修正,可用此功能。另外因为截面特性调整系数可以定义在不同的边界组中,还可以实现下面两个功能:一是相同的截面在不同的荷载工况下可以有不同的截面特性,二是相同的截面在不同的施工阶段可以有不同的截面特性。

midas Civil 可以将一个或多个边界条件定义在一个命名的边界组中,以实现组中的边界条件同时施加或同时失效的功能,定义边界组的命令为:模型＞组＞定义边界组…。在使用边界组之前,需要先定义边界组及其名称,然后可以直接使用该边界组名称进行选择或激活该边界组。另外,还可以根据需要定义结构组、荷载组和钢束组,组功能主要用于选择、激活或钝化以及桥梁施工阶段的分析计算中。

这里给出一个实例来实现不同荷载工况截面特性不同的功能。有一由工字形钢梁和混凝土板组成的叠合简支梁,求其在短期和长期荷载作用下的变形情况。考虑两个荷载工况:一是施工刚结束,二是结构施工结束较长时间。操作步骤如下:

(1)定义联合截面。设置长度单位为 m,其他参数的填写和取值如图 2-111 所示。

在图 2-111 中,材料中点取按钮 从数据库中选择材料 ,钢材选择 GB 03(S)中的 Q235,混凝土选取 JTG 04(RC)中的 C50。考虑长期效应,混凝土的弹性模量乘以 0.85。对直线简支梁,混凝土的收缩只是影响其体积的减小,而对截面的刚度影响微乎其微,所以在 E_s/E_c(收缩)中仍然填写不变的弹性模量比。点击确认,就会自动生成两个边界组——分别命名为"长期"和"收缩"。

(2)定义材料。因为在联合截面中要将混凝土换算为钢材,所以这里仅定义钢材一种材料即可,定义为 GB 03(S)中的 Q235。注意在定义联合截面时,虽然指定了材料数据,但那时仅是为了计算弹性模量比和密度比,仅影响截面的几何特性,这里必须重新定义钢材材料。若是实际模型中需要定义多种材料,还要在树形菜单中使用拖放功能给联合截面单元赋予相应的钢材材料。

(3)建立有限元模型。这里定义一个计算跨度为 16m 的简支梁,单元数量为 20 个。仅定义了一种截面,单元的截面默认为 1,模型如图 2-112 所示。

(4)给模型施加简支梁的边界条件。因为是非施工阶段分析,不存在边界组的激活与钝化,而且是在所有荷载工况中起作用,这里的边界组名称选择"默认值"。若是其他复杂模型,还需要定义边界组的话,可以点击快捷键——边界条件对话框中边界组名称后的 按钮,可以直接进入到边界组定义对话框。

(5)定义两个荷载工况,一个命名为短期荷载,一个命名为长期荷载。荷载类型均为恒荷载即可。

(6)在不同的荷载工况中施加荷载。施加荷载时注意要选择不同的荷载工况名称,这里仅考虑自重,自重系数 $Z=-1$。

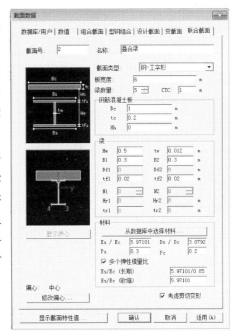

图 2-111 定义截面

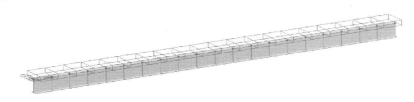

图 2-112 简支梁(单片)模型

(7)截面特性调整系数设定。执行命令为:模型＞材料和截面特性＞截面特性调整系数…。如图 2-113 所示,选择边界组名称、截面号(点一下即可),填写调整系数,勾选"后",点击添加/替换按钮。

这里的调整系数是在定义完联合截面后自动生成的,若不是联合截面则需用户自己填写。对于联合截面采用此功能时,可对于联合前、后截面进行特性调整。勾选"前"只针对联合前截面采用调整系数。勾选"后"只针对联合后截面采用调整系数。当同时勾选了前、后选项时,对于联合前、后截面均采用调整系数。对"$I=J$"只有选择了变截面时,才被激活。可对于 I/J 端分别定义特性调整系数。

(8)将截面调整系数分配给不同的荷载工况。命令为分析＞分配边界转换给荷载工况/分析…。如图 2-114 所示,在数据选择中勾选截面特性值调整系数,在边界组列表中选择边界组,给出名称,点击 添加/替换 按钮,最后在边界组组合中为不同的静力荷载工况选择适当的边界组组合。这里可以看到,在移动荷载分析、支座沉降分析、时程/反映谱/特征值分析和Pushover分析和时程非线性静力分析等静力荷载工况中都可以改变边界组。

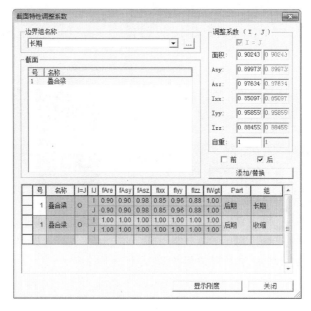

图 2-113 截面特性调整系数对话框

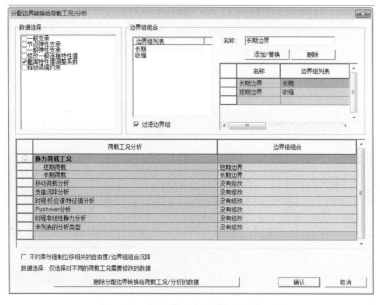

图 2-114 分配截面调整系数给荷载工况

因为在前面联合截面定义中,收缩对截面特性的影响没有考虑,刚好相当于短期效应,所以这里就将自动生成的收缩边界组定义在了短期效应计算中。在图 2-113 中看到,将自动生成的两个边界组(对应两组截面特性值调整系数)都指定给了相同的截面号 1,这时必须将这两个边界组(以截面特性值调整系数实现)分配给不同的荷载工况,否则报错。

(9)执行分析。从计算结果可以看出,两个荷载工况下的计算结果不同,说明截面特性调整系数起了作用。

本例中将考虑长期效应的混凝土的弹性模量乘以了0.85,若要用这种方法近似考虑徐变/收缩对结构的影响,可以自己计算调整系数,然后施加。考虑徐变/收缩对结构的影响的精确算法还是定义混凝土的时间依存特性,在本书的施工阶段联合截面中有实例说明。

另外需要注意,在此定义的截面特性调整系数,只对计算位移和内力时起作用,在计算应力时采用原来的截面特性值。如果计算应力时要考虑截面特性调整系数时,在主菜单的分析>主控数据对话框里选择"在应力计算中考虑截面特性调整系数"选项即可。

2.4.6 截面钢筋(此处针对软件的2010版,2011版有变化)

截面钢筋功能用来输入设计截面(即老版本的PSC截面)以及联合截面的普通钢筋数据和设计截面竖向预应力钢筋数据。可输入设计截面的纵向(顺桥方向)钢筋、抗剪钢筋、腹板竖向预应力钢筋、抗扭钢筋(抗扭箍筋和抗扭纵筋),联合截面的纵向钢筋等。输入的纵向钢筋,反映在计算截面刚度和截面设计中,还可以考虑钢筋对混凝土的收缩/徐变的影响,即在施工阶段分析控制中,勾选考虑钢筋的约束效果。

对应命令:从主菜单中选择模型>材料和截面特性>截面钢筋…,或者从树形菜单的菜单表单中选择模型>材料和截面特性值>截面钢筋…。

关于截面钢筋定义中参数的含义请参见在线帮助手册中的相关内容。但在设计截面抗剪钢筋定义时(图2-115)需要注意如下问题。

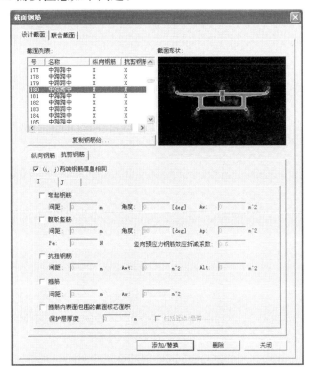

图2-115 设计截面抗剪钢筋输入

(1)对于弯起钢筋需要输入的是该截面处弯起钢筋的间距(横桥向间距)、弯起角度、弯起钢筋面积。实际的梁各个断面的弯起钢筋数量和面积是有差别的,并且许多弯起钢筋是由纵向钢筋弯起的,如果需要较精确模拟各个截面的弯起钢筋情况,必须定义足够多的截面,再分别定义这些截面上的弯起钢筋和纵向钢筋。若在同一截面的高度上有多根弯起钢筋,那么要填写的弯起角度和弯起钢筋的面积是这些钢筋的综合效果,原则是竖向合力相同。对斜截面抗剪需要按规范计算。

(2)对竖向预应力钢筋,其效应折减系数一般按《公路钢筋混凝土及预应力混凝土桥涵设计规范》(JTG D62—2004)第6.3.3条取0.6,主要是考虑目前我国由于施工工艺等的原因导致竖向预应力钢筋的预应力损失较大,永存预应力按调查统计约为有效预应力的60%。

(3)抗扭钢筋包括抗扭箍筋和抗扭纵筋,A_{wt}中输入抗扭箍筋单肢面积,A_{lt}中输入起抗扭作用的抗扭纵筋面积,间距为抗扭箍筋的间距。对于纵向抗扭钢筋不包含在设计截面纵向钢筋数据中,而是要在抗扭钢筋中单独定义。在设计截面纵向钢筋中输入的是仅提供抗弯作用的纵向钢筋数据,同样在抗扭钢筋中定义的箍筋数据也仅用来验算剪扭构件的抗扭和抗剪承载力。

(4)在箍筋数据定义中输入的是提高斜截面抗剪承载能力的箍筋数据。

(5)对于所有的箍筋数据输入的都是单肢箍筋截面积,程序计算时会按双肢箍筋进行计算。因此对截面可能配置多肢箍筋的情况要先将多肢箍筋面积按双肢箍筋面积进行换算后输入换算后的单肢箍筋面积。

(6)截面钢筋数据定义完成后,在分析中如果要考虑普通钢筋对截面刚度的影响以及对结构承载能力的影响还要在分析>主控数据中勾选"在计算截面刚度时考虑钢筋",如图2-116所示。否则程序在计算过程中不考虑纵向普通钢筋对截面刚度和结构承载能力的影响。

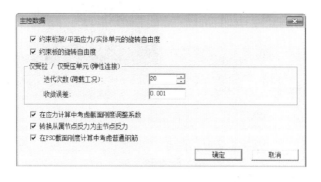

图2-116 主控数据设置

(7)输入的纵向钢筋,反映在计算截面刚度和截面设计中,同时可以考虑钢筋对混凝土的收缩/徐变的影响。考虑普通钢筋对混凝土收缩、徐变的影响,主要是施工过程当中的问题。程序通过"施工阶段分析控制"中的"考虑钢筋的约束效果"选项决定是否考虑普通钢筋对混凝土收缩、徐变的影响。

联合截面的配筋请参见8.8.8节。

2.4.7 截面表格

执行命令主菜单>模型>材料和截面特性>截面表格…,或从树形菜单的表格表单中选择表格>结构表格>特性值>截面,可以用电子表格显示截面数据,如图 2-117 所示。

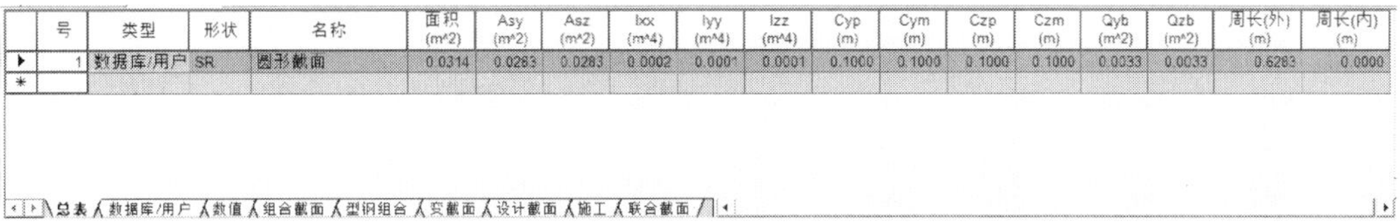

	号	类型	形状	名称	面积 (m^2)	Asy (m^2)	Asz (m^2)	Ixx (m^4)	Iyy (m^4)	Izz (m^4)	Cyp (m)	Cym (m)	Czp (m)	Czm (m)	Qyb (m^2)	Qzb (m^2)	周长(外) (m)	周长(内) (m)
▶	1	数据库/用户	SR	圆形截面	0.0314	0.0283	0.0283	0.0002	0.0001	0.0001	0.1000	0.1000	0.1000	0.1000	0.0033	0.0033	0.6283	0.0000
*																		

图 2-117 截面表格

图 2-117 中下方可以选择总表和按截面数据定义的方法分类的各分表格。不管截面是如何定义的,总表描述已定义的所有截面特性,要修改或增加截面数据,不能在总表中,要使用按截面数据定义的方法分类的各分表格。可以在 Excel 中按各个分表格数据格式填写数据,然后通过拷贝、粘贴的方式导入截面分表格中,截面分表格中的数据也可以拷贝到 Excel 中。为了确定格式,一般可先定义一个截面,再将截面分表格中的数据拷贝到 Excel 中,然后修改和增删,最后粘贴回截面分表格中。

2.4.8 厚度及厚度表格

厚度用来输入平面单元(平面应力单元,板单元)的厚度数据。执行的命令包括:

从主菜单中选择模型>材料和截面特性>厚度…。

从树形菜单的菜单表单中选择模型>特性值>厚度。

在图标菜单中单击厚度按钮。

关于厚度的定义请参见在线帮助手册及本书 2.2.5 中的板单元部分。

厚度表格是用电子表格来定义、修改或增删厚度数据,可以实现与 Excel 的数据交换。

2.5 节点和单元的直接建立

midas Civil 软件具有 CAD 程序的大部分功能,可以像画图一样非常容易地建立节点和单元,还可以直接或间接从其他 CAD 软件或有限元软件导入模型。

2.5.1 节点建立与修改

关于对节点的操作命令如图 2-118 所示,包括建立、删除、复制和移动、旋转、投影、镜像等。这个节点操作的菜单可以从主菜单>模型>节点、树形菜单>菜单>模型>节点或在模型窗口点击右键从关联菜单>节点中得到,图中左侧即为各种命令的工具条图标,可以从工具条中找到它们,图中右侧部分为这些命令的快捷键。

图 2-119 为节点建立的对话框,是执行节点建立命令后得到的,位于树形菜单中。图中最上方有单元、边界条件、质量和荷载属性页,就是说可以从这里点击它们来直接进行单元、边界条件、质量和荷载的有关操作。点一下图中“建立节点”右侧的下拉小三角,就可以列出类似图

2-118中的所有节点操作命令,可以从这里切换到其他节点操作命令,不用再从主菜单或其他地方执行。点击图中建立节点右侧的按钮将显示节点表格,可进入到用表格建立节点的方式。类似的快捷执行命令的方式很多,常用会对提高建模速度有很大的帮助。

图 2-118 节点操作菜单

图 2-119 建立节点对话框

建立节点可以直接输入坐标,选择复制次数,在距离中输入增量再点击适用按钮就可以一下子建立多个节点,按图中填写就是建立了 11 个节点,原始节点为坐标原点,向 X 方向复制了 10 次,每次距离为 100mm。点一下节点坐标输入栏就显示为浅绿色,表示这里的输入可以使用鼠标编辑功能,这样就可以用鼠标左键在模型窗口中直接拾取点来建立节点了,但前提是要能捕捉到点,设置好栅格(轴网)或已经有建立好的单元(可以捕捉单元的分割点,在状态条中设置)就能让鼠标捕捉到点。

直接输入坐标建立节点时,默认坐标系是全局(整体)坐标系。先定义好用户坐标系再转换到用户坐标系(在工具条中点击用户坐标系的图标按钮)时,输入的坐标就是按用户坐标系确定的,使用用户坐标系建立模型有时非常方便。

还可以用复制已有节点、分割已有节点(在两个节点间按相等或不相等的间距生成新的节点)等方法来建立新的节点,另外在复制单元的同时程序会自动生成构成单元的节点。节点建立过程中可能会出现节点号不连续的情况,这时可以通过对选择节点进行重新编号或紧凑节点编号来进行编辑。

其他节点的操作命令执行方式在软件的在线帮助中都有详细说明,这些命令大多也会在本书的后续章节中陆续用到,这里不再阐述。

2.5.2 单元建立与修改

在 midas Civil 中直接建立单元时主要使用两种方法:一是先建立节点,再利用刚建立的节点建立单元;二是使用栅格同时建立节点和单元。第二种方法因其效率较高而常被采用。这两种方法都需要先启动单元建立命令再操作。

关于对单元的操作命令如图 2-120 所示,包括建立、建立曲线并分割成线单元、建立转换的直线单元、建立偏心单元、删除、复制和移动、旋转、扩展、镜像等等。这个单元操作的菜单可以从主菜单>模型>单元、树形菜单>菜单>模型>单元或在模型窗口点击右键从关联菜单

>单元中得到,图中左侧即为各种命令的工具条图标,可以从工具条中找到它们,图中右侧部分为这些命令的快捷键。

在图 2-121 中,与节点建立时的对话框相似,最上方也是可以跳转到节点、边界条件、荷载和质量操作的属性页,从"建立单元"右侧的下拉小三角也可得到类似图 2-120 的单元操作命令项。建立的单元类型默认为"一般梁/变截面梁",可以点击其右侧的下拉小三角然后选择建立其他类型的单元,如桁架单元、板单元等。

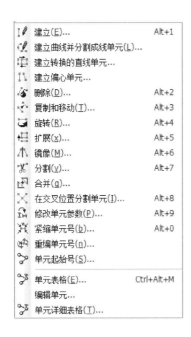

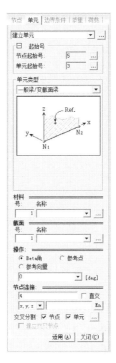

图 2-120 单元操作菜单   图 2-121 建立单元对话框

建立单元要确定其材料类型,可以在材料名称下方点击下拉小三角再选择已经建立的不同的材料名称,若此时还没有建立材料,则可以有两个选择:一是此时不建立材料,而所有单元都用默认的 1 号材料(此时 1 号材料也没有建立,但可使用材料号 1),等到建立了材料后,在计算之前到树形菜单的工作树中用选择单元>拖放的方式修改单元材料;二是单击材料名称后的按钮此时就建立材料,点击后就会出现材料定义对话框。

与确定单元的材料类型相似,也要为所建单元选择截面号(如果需要的话)。若在建立单元前已经建立好截面,这时可为要建立的单元直接选择截面名称;若此时还没有建立截面,也有两个选择:一是不管截面对错问题,先用默认截面号建立单元,以后等建立了截面后再修改;二是此时就建立截面,点击截面名称后的按钮就可以弹出截面建立对话框。

建立桁架单元等线单元时,为了确定其截面的方位,可以选择 Beta(β)角、参考点和参考向量三种方式中的任一种,默认是用 β 角来截面确定方位(可本章参考单元类型介绍部分),需要输入 β 角的值,一般选默认的零即可(如截面方向有误再修改 β 角的值)。

单击节点连接的空白区域后其底色变为浅绿色,说明可以用鼠标编辑功能,然后到图形窗口点击捕捉点就可建立单元了。虽然叫做节点连接,其实不一定有节点才能建立单元,有能被鼠标捕捉的点(即如前所述包括节点、单元上的捕捉点和栅格等)即可。也可以输入节点的坐标来确定单元要连接的节点。

建立线单元和平面单元均可以用鼠标编辑功能直接在模型窗口中选择节点或其他捕捉点,但是用"建立"命令建立实体单元必须有空间立体的节点才能建立,有时很不方便。直接在midas Civil中建立单元常用的方法还有复制、分割、镜像和扩展等。目前,软件提供平面单元的网格划分功能,网格划分可以生成平面单元。需要注意的是:使用镜像功能复制单元时,新生成的单元的局部坐标系方向与源单元的局部坐标系方向相反,因此需要调整单元的局部坐标系方向使得输出的单元内力方向统一。

用扩展命令是建立板特别是实体单元常用的方法。扩展命令的扩展类型包括节点→线单元、线单元→平面单元和平面单元→实体单元,即可以从节点扩展成线单元,从线单元扩展成面单元,从面单元扩展成实体单元。扩展的方式包括复制和移动、旋转和投影。

其他单元的操作命令执行方式在软件的在线帮助中都有详细说明,这些命令大多也会在本书的后续章节中陆续用到,这里不再阐述。

2.5.3 结构组

为了调取、修改、显示和输出一些具有相同或相似特征的构件,将组成该构件的一些节点和单元定义成一个结构组,也可以编辑和删除已建立的结构组。对复杂的模型,当分析和设计中需要反复使用某些单元和节点时,可以将其定义为一个结构组,然后可以直接使用该结构组名称进行选择(选择属性),或只激活该结构组(激活属性)。该功能可以用于定义桥梁各施工阶段的结构。

在生成结构组之前,需要先定义结构组的名称并选择组内的节点和单元,然后在树形菜单的组树中使用拖放功能将节点和单元赋予相应的结构组。

定义结构组的命令可以从主菜单中选择模型>组>定义结构组或在树形菜单的菜单表单中选择模型>组>定义结构组,也可以利用其他方式定义。

在桥梁建模助手中可自动生成预应力箱形桥梁的各结构组。在AutoCAD的DXF文件中不同的层导入midas后自动成为不同的结构组。

2.5.4 平面单元的网格划分功能

midas Civil可以通过自动网格划分得到平面单元,网格划分能力的强弱是评判现代有限元软件功能的一个重要指标。目前只能对平面单元划分网格,其他单元可用单元的分割功能达到细分单元的目的。

网格划分有两种方式:自动网格平面区域和映射网格4节点区域。网格只能对平面而不能对曲面进行划分。

1)自动网格平面区域

执行命令:模型>网格>自动网格平面区域,弹出的对话框如图2-122a)所示。

划分方法(如何围成待划分区域)有三个选择:节点、线单元和平面单元。选择节点(逆时针或顺时针点取均可)时,要用至少3个节点定义要生成平面单元的平面区域;选择线单元时,就是要对线单元围成的平面区域划分平面单元网格;选择平面单元时,就是对平面单元进行自动网格划分。也就是说采用自动网格平面区域的方法时,模型窗口中要有节点、线单元或平面单元,至少要有节点来定义平面区域。选择的节点、线单元或平面单元的编号出现在划分方法下方的编辑框内。

a)自动网络平面区域对话框　　　　　b)映射网络4节点区域

图 2-122　网格划分

网格类型有四边形、四边形+三角形和三角形三种。对平面单元的网格首选是仅有四边形,划分困难时可选择四边形+三角形的形式。如两种类型都不行时,可以就划分的平面区域进行调整,比如可将要划分的具有不规则形状的大区域分成数个小区域,让这些小区域中的大多数的形状是比较规则的,再选择四边形或四边形+三角形的类型分别划分网格,这样的目的是尽量避免三角形网格的生成。三角形网格的优点是对任何不规则的形状都可以划分网格。

勾选"考虑内部区域划分"时,如果划分区域内有其他内部区域,相应的内部区域也会生成网格。图 2-123 为勾选与否的区别示例。该项默认是不勾选的。

勾选"考虑内部节点划分"(默认是勾选的),划分网格时会考虑划分区域内的节点,即将这些节点作为区域内平面单元的节点。内部节点可以选择让程序自动识别划分区域内的所有节点或用户指定划分区域内需要考虑的节点。要划分网格的平面区域内节点的位置是任意的,这样我们就可以人为控制在划分后的网格中哪里有节点。例如,一个矩形截面钢筋混凝土梁[截面及配筋如图 2-124a)所示],要求用实体单元模拟混凝土,用桁架单元模拟钢筋。我们可以这样做:

(1)建立 8 个节点,位置为矩形截面的四个角点和四根钢筋所在位置的节点。

(2)用矩形的四个角点节点定义划分区域,对截面区域网格划分,确认勾选"考虑内部节点划分"选项。

(3)通过拉伸平面单元得到实体单元(扩展命令,由平面到实体,确认实体单元的材料为混凝土材料),同时也得到了一系列钢筋上的节点,连接钢筋位置上的节点得到用桁架单元模拟的钢筋(选择钢筋的材料)。

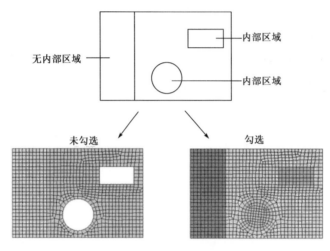

图 2-123 内部区域网格划分与否的不同

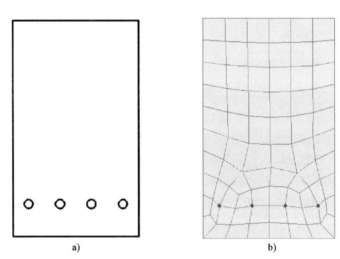

图 2-124 钢筋混凝土梁横断面及其网格

勾选"考虑内部线划分"(默认是勾选的),划分单元时会将划分区域内的线单元也进行划分,线单元的数量根据划分平面网格时输入的分割份数或长度确定。

勾选"考虑边界上耦合",程序会自动考虑相邻板单元的单元耦合,即将相邻板单元共节点,如图 2-125 所示。有限元各个单元之间是由节点连接的,边界不耦合会使相邻板单元之间不共节点,造成两部分是不相连的结果。

网格尺寸即平面单元边的大小,程序给出两种确定方法供选择其一:一是选择长度,那么就需要输入一个单元边长度的参考值,划分单元的边长与该值相等或接近;二是选择分割,那么需要输入划分区域边线分割的份数,所有边线无论长短均按此份数分割,区域内线单元的分割份数也是按此份数分割。若划分区域各边线长度相差较多,或区域内的线单元长度与区域边线长度相差较多而又需考虑该线单元的划分,则应该选择按长度确定网格尺寸,若选择按分割份数确定网格尺寸就会出现网格大小相差悬殊的情况。有时我们也可以利用网格悬殊这点来给应力集中的区域加密网格,例如有一块上面有一个三角形洞的板,需要对该板进行网格划分。三角形洞附近存在应力集中,应力变化幅度较大而需要较密网格,同时其它部位不需加密网格以减少单元的数量。此时,网格尺寸可以用分割的方法控制,分割份数为8,为了让内部线划分时单元大小比较接近,划分前将长的线单元分成了2份,效果如图2-126所示。如再优化图2-126中的网格可以在洞口周边再加合适长度的一圈辅助短线,此时注意勾选考虑内部线划分选项。

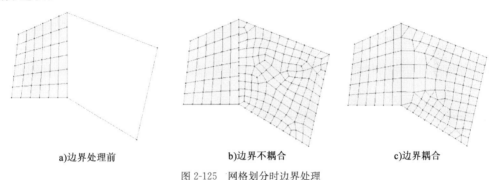

a)边界处理前　　　　　　b)边界不耦合　　　　　　c)边界耦合

图2-125　网格划分时边界处理

2)映射网格4节点区域

映射网格4节点区域使用时可以不预先定义节点、线单元或平面单元,只要让鼠标能够捕捉能围成4节点区域的4个点即可。四个角点可按顺时针或逆时针点取均可,但必须按顺序点取。点取的顺序决定四个角点的编号顺序依次为1、2、3和4,边用角点号码表示,比如连接1和2点的边命名为1-2等。

参数栏中有两个参数:分割和斜率。分割后面的编辑框要填写1-2边和1-4边的分割份数,对边的分割份数相同。1-2边(含3-4边)和1-4边(含2-3边)按份数分割,但每份的长度可以不同并且是渐变的,渐变的程度用斜率控制,如图2-127所示,斜率=最长份长度/最短份长度,图中斜率为5,最短份靠近1号角点。斜率为1表示等长度划分。

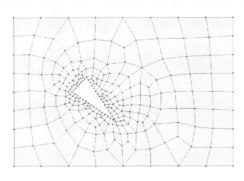

图2-126　控制网格划分

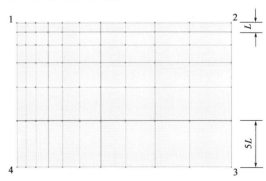

图2-127　映射网格划分

从图 2-127 可以看到用非 1 的斜率进行映射网格划分会出现形状不好的单元（可通过手工再修改），这种划分的好处是可以控制网格的疏密。

2.5.5 模型导入、导出与数据合并

midas Civil 具有从其他软件导入模型和导出模型到其他软件的功能，还可以与其他模型合并数据文件。

如图 2-128a)所示，可以通过导入 Auto CAD 的 DXF 文件来建立线单元、从 SAP2000 和 STAAD 中导入有限元模型或导入 MCT 命令文件建立模型。若导入前模型窗口中已有模型，则导入的模型可以添加到既有的模型中。

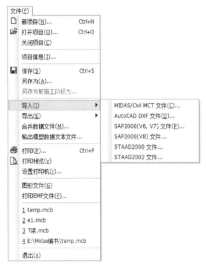

a)导入模型菜单　　　　　　　　　　b)导出模型菜单

图 2-128　导入和导出模型菜单

如图 2-128b)所示，可以导出自身模型成 MCT 文件和 Auto CAD DXF 文件。还有一个非常重要的功能是将框架单元(即梁单元)转化为实体单元或板单元(如图 2-128 所示，仅适用于 PSC 截面)，然后利用 midas/FEA 软件打开。转化为实体单元后的文件扩展名为 mcs，转化为板单元后的文件扩展名为 mcp，如图 2-129 所示。

a)梁单元转实体单元对话框　　　　　　b)梁单元转板单元对话框

图 2-129　将梁单元转化成实体或板单元

合并数据文件的功能可以实现模型的组装——不同的人员或相同人员在不同时间分别建立模型的一部分,然后再组装,这样往往可以提高建模效率。注意:不能合并荷载数据。命令为:文件>合并数据文件。

2.5.6 对象信息查询

建立的节点、单元信息和其他信息可以用主菜单上的查询菜单进行查询,可查询的项目如图 2-130 所示。将光标停留在节点或单元上也可看到节点或单元的基本信息。

2.5.7 检查结构数据

比较复杂的模型,特别是从 CAD 软件导入的模型和经过复制、移动或其他操作的模型,比较容易出现单元重复等的错误现象。midas Civil 提供了检查结构数据的功能,菜单如图 2-131所示。如果在同一位置存在两个以上单元,可用检查并删除重复输入的单元功能检查并删除重叠的单元。

图 2-130 查询菜单   图 2-131 结构数据检查菜单

本来应该是一个点,但由于建模误差,出现了节点距离很近的两个或更多的点,可以用节点合并功能(图 2-118 中的合并菜单),并选择合并范围。

平面或实体类型单元中与相邻单元不连接的边缘,即自由边。显示自由边功能用于检查平面单元中的建模错误。

实体类型单元中与相邻单元不连接的面,即自由面。显示自由面功能用于检查实体单元的建模错误。

根据视图方向,板单元垂直于单元坐标系 z 轴的两个面将显示两种不同的颜色。用户可以使用检查单元局部坐标轴功能方便地查看板单元的单元坐标轴,而不必分别查看每个单元的单元坐标轴。

2.5.8 建模注意事项

模型与实际结构的符合程度将直接影响到结构分析的准确性,所以选择正确的反映实际结构受力特征的单元类型和建模方法,是建立结构模型的最关键的因素。通常,结构分析的目的不同则所选择的单元类型和建模方法就可以不同。为了能够正确使用软件的单元来建模,本节介绍土木工程中常用单元的用途及注意事项。

1)节点建立注意事项

确定节点的位置时主要考虑的事项有结构的几何形状、结构的材料和截面形状等。通常需要在下列位置设置节点:

(1)需要得到分析结果的点。

(2)输入荷载时所需要的位置。

(3)刚度(截面或厚度)发生变化的位置及区域界线。

(4)材料发生变化的位置及区域界线。

(5)应力集中的地方及区域界线。

(6)结构的边界。

(7)结构的形状发生变化的位置或界线。

2)单元建立注意事项

对板单元和实体单元,单元的大小、形状及分布将直接影响结构的分析结果。因此,确定平面单元和实体单元的大小及布置方法时,在应力集中的地方或要求计算精确度较高的地方应细分单元。同时考虑好应力等高线的分布情况,尽可能做到按应力等高线来确定单元的疏密程度。通常需要细分单元的位置有以下几点:

(1)洞口等几何形状不连续的地方。

(2)荷载变化较大的位置,特别是集中荷载作用点附近。

(3)刚度或其他物理性质改变的位置。

(4)有不规则的边界条件的位置。

(5)可能发生应力集中的位置。

(6)对单元内力及单元应力的精度要求较高的部位。

确定单元的大小及形状时应考虑如下几个基本事项:

(1)单元的大小及形状尽可能保持一致。

(2)相邻两单元的大小值差不得超过1/2单元尺寸。

(3)计算应力时,单元尽量选用4节点单元(平面单元)或8节点单元(实体单元),这时单元的形状比尽量选用1:1,当不得已时单元的形状比可采用1:3。仅计算单元的刚度或计算单元的位移时,形状比可采用1:5。理想单元形状对四边形单元而言其内夹角为90°,对三角形单元而言其内夹角为60°。

(4)对四边形单元而言,节点尽可能在同一个平面上。不得已存在高差时,高差值对四边形长边之比不得超过1/100。

3)普通桁架单元使用注意事项

在实际工程中主要使用普通桁架单元模拟承受轴向拉力和压力的桁架结构。另外还可模拟忽略下垂(Sagging)效果的悬索结构,在实体单元中模拟钢筋,也可作为弹簧使用,如用来模拟土弹簧。普通桁架单元作为弹簧使用时,其刚度

$$k = \frac{EA}{l}$$

式中:E——弹性模量;

A——截面面积;

l——杆件长度。

桁架单元没有弯曲刚度,在其连接点上不存在旋转自由度。当只有桁架单元相连接时,应防止形成不稳定结构。该单元在与具有旋转刚度的其他单元相连接时,midas Civil 将自动锁定相应的旋转自由度,没有必要作防止发生奇异的特定措施。

4)只受拉和只受压单元使用注意事项

可以使用只受拉单元作忽略下垂(Sagging)效果的悬索结构或细长比较大而不能传递压力的交叉支撑结构。可以利用只受压单元作为结构间接触面或地基与基础的接触面的连接单元进行结构分析。对承受预应力的结构可以给单元输入预拉荷载值。

在线性静力分析时,索单元按等效桁架单元进行分析;在几何非线性分析时,索单元按弹性悬链线索单元进行分析。在建立索单元时,可输入索的初拉力或无应力索长 L_u,水平力,用于构建大位移分析用的初始拉力。当同时输入荷载>初始荷载>大位移>几何刚度初始荷载时,几何刚度初始荷载起控制作用。两种方法虽然均适用于大位移分析,但程序内初始拉力是按荷载处理,几何刚度初始荷载是按初始刚度处理的,其分析结果会不同。

当采用只受拉或只受压单元时,需注意随荷载大小和方向的不同,有可能单元的刚度不能发挥其作用。当只受拉单元的拉力小于容许最大拉力时,等同于桁架单元。但拉力大于容许最大拉力或受压时,单元刚度变成 0 且退出工作。相反,只受压单元的压力小于容许最大压力时,等同于桁架单元。但压力大于容许最大压力或受拉时,单元刚度变成 0 且退出工作。所以,采用此类单元时很容易发生奇异,要特别注意他们的受力情况。

只受拉单元与只受压单元属于非线性弹性单元,具有非线性特性,分析过程中需要进行迭代分析并判断收敛性。非线性分析是通过近似分析方法计算与前一步骤的位移比或内力比来判断其收敛性的,分析过程中将自动生成位移增量、荷载增量、能量增量等。程序通过位移增量来判断是否收敛,当位移增量小于特定值(收敛误差)时,认为收敛。通常收敛误差取 1/1000～1/100,程序默认取用 1/1000。

只受拉和只受压单元适用于一般线性分析、线性以及非线性施工阶段分析、材料非线性分析、几何非线性分析。但不能用于屈曲分析、P-Delta 分析、Pushover 分析、水化热分析。当进行特征值分析、反应谱分析、时程分析、移动荷载分析、支座沉降分析时,这些单元将自动转换成普通桁架单元进行分析。

只受拉和只受压单元没有弯曲刚度,在其连接点上不存在旋转自由度。当只有只受拉或只受压单元相连接时,应防止形成不稳定结构。该单元在与具有旋转刚度的其他单元相连接时,程序将自动锁定相应的旋转自由度,没有必要作防止发生奇异的特定措施。

5)梁单元使用注意事项

在工程中通常使用梁单元作为等截面或变截面的细长结构骨架(构件长度远大于截面尺度)的受力分析。由于梁单元上的每个节点都有 6 个自由度,也可以利用它作为具有不同自由度的单元连接处的荷载传递单元。

梁单元具有抗拉、抗压、抗剪、抗扭刚度。使用该单元时,如果想忽略该单元剪切变形的影响,可以在输入单元截面特性值时,不输入其有效剪切面积。当结构的扭转变形较大时,应特别注意抗扭刚度的输入是否正确。

在梁单元介绍一节中已经说明,程序对梁单元使用了 Timoshenko 梁理论,该理论考虑了梁的剪切变形的影响。对高跨比不太小的深梁，剪切变形将引起梁的附加挠度，并使原来垂直于中面的截面变形后不再与中面垂直，且发生翘曲（Timoshenko梁仍然认为是平面），这就是考虑剪切变形的原因。当剪切变形对结构影响不大时也可用Timoshenko梁模拟。当截面边长大于梁轴长度的1/5时，剪切变形对结构内力影响较大，翘曲明显，这时应该采用板单元，并细分单元，以得到精确的计算结果。

梁单元或桁架单元都属于线单元，它们把单元的截面特性理想化到单元的中和轴上。当采用这种单元时，没有考虑构件连接处的刚性域效果以及构件之间的中和轴偏离影响效果等。若想要考虑这些效果的影响，可以利用设置梁端偏心（刚域）的方法或采用调整几何约束条件的方法。

构件两端高度有变化时，可使用变截面单元。当构件是曲线梁时，应增加划分单元的个数，减小每个单元的长度，以提高计算精度。

当梁端部是铰连接或利用槽孔（Slot Hole）连接时，应利用程序的释放梁端约束功能，以模拟节点的实际约束条件。注意，几个梁单元以铰连接的形式相遇在一个节点上时，为了避免出现奇异（Singular Error），须对其中一个梁不释放梁端约束，对其他所有的梁都释放梁端旋转约束。

当节点自由度不同的单元相连接时，可把刚梁（Rigid Beam）单元（即刚度很大的梁单元）设置到节点上，能有效地防止发生奇异。所设置刚梁的刚度可取相邻单元刚度的 $10^5 \sim 10^8$ 倍。

在2.2.7节中说明了梁单元与实体单元连接时的位移协调问题，也需要特别注意。

用梁单元模拟特别细长的结构，当长度与截面高之比趋于无穷大时，会出现所谓"剪切锁定（shear locking）"问题，但实际的桥梁结构一般不满足这个条件，一般不会出现该问题。

6）板单元使用注意事项

在工程中一般使用板单元作为压力容器、挡土墙及桥梁板等结构的受力分析。板单元有薄板和厚板之分，其形状有四边形及三角形两种。板单元具有平面内抗压、抗拉及抗剪刚度和厚度方向的抗弯及抗剪刚度。

在板单元介绍一节，已经对板单元做了较多的说明，这里再强调的是：

（1）选用板单元时为了得到较好的计算结果和计算效率，尽可能使用4节点单元。利用板单元模拟具有曲面（带有曲率的面）的结构时，相邻单元间的夹角不得超过 $10°$，当计算精度要求较高时，其夹角尽可能在 $2° \sim 3°$ 之间。

（2）应力集中部位或计算精度要求较高的部位的单元形状尽可能选用接近正方形的单元，同时要求详细划分局部结构。

（3）理论上当板单元主要承受面外弯矩荷载时可选用薄板，当需要考虑面外剪切变形时可选用厚板理论。如果还是很难选择板类型时，可使用简化方法判断，即板单元模型的边长长度与厚度之比不超过10时选用厚板，反之则选择薄板单元。但通常情况下，用厚板的情况较多（误差仅为2%）。

（4）板单元的大小会影响分析结果的精度。避免板单元模型的剪切锁定问题，提高面内弯曲性能的方法是加密网格，加密到何种程度要看计算结果是否合理。剪力锁定仅影响受弯曲载荷的完全积分线性单元的行为。在受轴向或剪切载荷时，这些单元的功能表现很好。

7）实体单元使用及注意事项

实体单元可用作三维空间结构的受力分析，可以模拟实体结构或厚壳结构。按照单元的形状不同可分为四面体锥形单元、三棱柱单元和六面体单元等。

第2章 midas Civil建模功能

受压荷载方向可垂直于单元平面方向或者平行于全局坐标系的 X、Y、Z 轴方向输入数据。

实体单元没有旋转刚度，在连接点处没有旋转自由度。实体单元与其他没有旋转自由度的单元相互连接时，节点处将发生奇异。程序采用自动约束旋转自由度的方法解决了这一问题。实体单元同具有旋转刚度的梁单元或板单元连接时，应使用刚体约束条件（主节点和从属节点功能）或者刚体梁单元，保证单元间的连续性，防止奇异的发生。

单元的理想形状比根据单元的种类、单元的几何形状及结构形式不同而不同，形状比接近1时单元形状较为理想。如果单元形状为六面体时，尽可能做到内夹角为90°。实际情况下，难以达到这样的要求时可采用局部优化形状比的方法，即对一些应力集中现象较大或需要结果精度较高的部位，尽可能做到采用正六面体的有限单元。

单元的尺寸越小，其收敛性能越好。

实体单元应用了非协调性等参数理论。E. Wilson 提出的非协调等参元可以用来解决完全积分一阶单元的剪力锁定问题，对改进计算精度和提高计算效率很有意义。在弯曲问题中，用非协调模式可以得到与二次单元相当的结果，但是计算成本明显降低。然而，它们对单元的扭曲很敏感，所以必须保证单元扭曲是非常小的。在弯曲不重要的情况下，如一般的岩土问题，则不能使用非协调弯曲模式，程序的单元模式不能更改，所以用实体单元模拟岩土材料是不太合适的。

2.5.9 建模实例——实体单元建立预应力混凝土T形梁

本节实例仅给出了建模思路及较复杂步骤的操作过程，对简单的操作步骤以及前面例题已经使用的操作步骤不再详述。

一计算跨度32m的公路预应力简支T梁，横向共5片，边梁与中梁截面不同，跨中截面与支点附近截面不同。本例仅用实体单元建立一片中梁的模型，并考虑用桁架单元模拟预应力钢筋。中梁截面如图2-132所示，采用支点截面的梁长为两端各1m，从支点截面过渡到跨中截面的过渡段两端各2m，梁长32.6m。

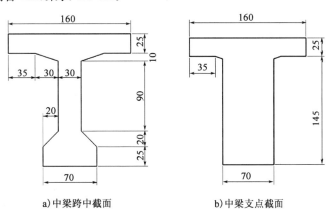

a) 中梁跨中截面   b) 中梁支点截面

图2-132 T梁中梁截面尺寸（尺寸单位：cm）

需要说明的是，midas Civil 的实体建模功能不是很强大，一般对这种公路桥梁采用梁格法用梁单元建立模型。这里用实体单元建模,只是为了锻炼建模技巧。

在建立较复杂的模型前,一定要先做规划,要考虑哪些因素、如何安排建立顺序、如何建立既准确又快速等。

操作步骤如下:

(1)在AutoCAD中建立如图2-133所示的半截面,并存成DXF格式,截面右下角点的坐标设置为(0,0,0)。将该点的坐标设置为坐标原点出于这样的考虑:一是导入到程序后各个节点的坐标比较规整,小数点后没有冗长的数字;二是考虑按坐标建立其他节点时或再次导入其他模型(或合并模型)时比较容易。图中的截面是跨中截面与支点截面的重叠,之所以这样建立主要是考虑以后有些交点是要用到的。建立一半的原因就是考虑结构完全对称,以后可以做镜像操作完成另外一半。图中实心粗线为跨中截面线框,虚线为支点截面线框,细线为辅助线,目的是得到交点,以备建模时利用。

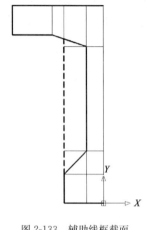

图2-133 辅助线框截面

(2)将刚才建立的DXF文件导入到程序中,注意单位要统一(以下尺寸单位均按m计),模型导入时要设置绕X轴旋转90°。

(3)在YZ平面内建立预应力钢筋模型,为了让图形显示清晰,这里只建立一条预应力钢筋。如果实际中有多条预应力钢筋,完全可以按这里的方法建立。

本例假设预应力钢筋的形状为圆形曲线,所以可使用命令模型>单元>建立曲线并分割成线单元,如图2-134所示。该命令可以建立圆弧、二次抛物线、三次曲线等。这里需要按坐标用三个点建立圆弧,可以在AutoCAD中建立辅助圆弧再量取三个点的坐标,这里的坐标为(0,0,1)、(0,16.3,0.15)和(0,32.6,1)。如实际的预应力钢筋形状比较复杂,可以用多段短线的方法或按坐标输入(可用表格法)或从AutoCAD中导入。分割数量取130份(线段长约0.25m)。因为对称建立完成后可以删除一半,这样我们只建立1/4模型即可。建立的预应力钢筋的单元类型为桁架单元。

(4)选择中面外的节点和线单元并将其钝化(目的是隐藏不显示),钝化的工具条按钮为 ▣ 。然后将剩下的XZ平面上的线单元向Y方向(即顺桥向)按距离16.3m拷贝一次,拷贝时勾选交叉分割节点和单元。

(5)按2-135a)建立5条线单元,注意勾选交叉分割节点和单元。用节点>投影>将节点投影在直线上将预应力钢筋上的节点在这5根线上投影,方向为法向,勾选分割交叉杆系单元,投影的节点分割刚建立的5根线。分5次投影,每次只能在一根线上投影,下次投影可用上次选择功能选择钢筋上的节点,如图2-135b)所示。

(6)网格划分。为了得到图2-136所示的截面变化位置,将XZ平面的截面线框单元分别向图示位置拷贝,距离分别为1m和3m。为了得到图2-137所示截面变化位置的竖向排列的节点,划分网格时要分区域划分,将刚才拷贝的线单元做区域边线。拷贝时注意交叉分割单元。有的区域内网格比较规整,可用直接建立板单元的方法;对其他区域的网格用自动网格平面区域的方法,考虑内部节点划分和边界上的耦合,注意不要选择内部线的划分(因为这里的辅助线较多)。划分时网格尺寸为0.26m,网格划分后如图2-137所示。在网格划分时对一些内部节点可以采取合并等处理措施,以便更好地划分网格。

(7)先激活所有单元,再删除做辅助用的线单元,模型中只剩下预应力钢筋单元、XZ平面上的线单元和板单元(网格用板单元建立)。然后钝化预应力钢筋单元。

(8)扩展板单元成实体单元,得到腹板一部分。所以将板单元向图2-133所示的截面左侧扩展0.15m(跨中腹板宽度的一半),将支点附近等厚度腹板部分再向左侧扩展0.2m,如图2-138所示。扩展时原目标选择移动。生成形式为复制和移动,方向为法向。

(9)建立腹板变化段。选择如图2-138所示"加亮选择的板单元",并将其用单元扩展命令扩展到图2-138所示的三个加黑节点定义的平面上,生成形式选择投影>将节点投影在平面上。扩展时原目标选择移动,方向向量为(−1,0,0)。

然后再将腹板变厚段最下层的板单元向 $X=-0.35$ 平面扩展投影,得到如图2-139所示模型。方向向量为(−1,0,0),即正 X 方向。

(10)完成腹板变厚段的下马蹄建模。在图2-139所示位置新建板单元,并将其扩展投影到三个加黑节点定义的平面上,方向为正 Z 向,即向量(0,0,1)。如图2-140所示,图中有一块无法用8节点或6节点体单元建立,只能用四面体单元建立。

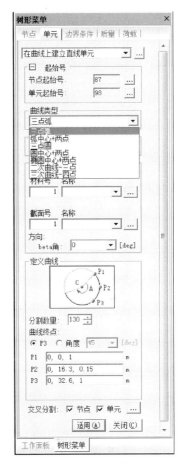

图2-134 建立曲线对话框

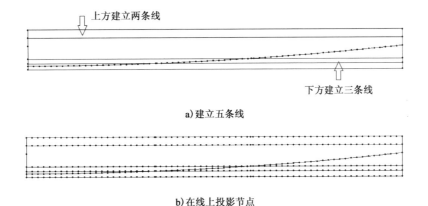

a) 建立五条线

b) 在线上投影节点

图2-135 建立网格区域内的节点

(11)完成腹板变厚及支点处等厚段翼缘板的建立。

首先将 XZ 平面上的线单元拷贝到 $Y=3$ 的平面(即腹板变厚起点平面)。按图2-141a)新建水平的板单元,并将其扩展投影到图中三个加黑节点定义的平面上,方向为正 Z 向。得到图 2-141b)所示的模型。复制线单元的目的就是得到第 3 个加黑节点。

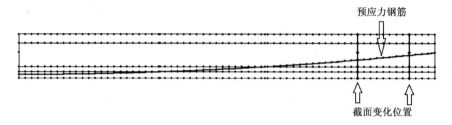

图 2-136 截面变化位置及预应力钢筋

图 2-137 T 梁中面网格(1/2)

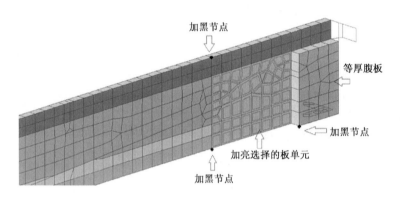

图 2-138 腹板一部及下马蹄一部

其次,将 XZ 平面上的翼缘板划分网格(这里可以直接建立板单元,单元划分后如图 2-142 所示),并将这时建立的板单元向顺桥向拉伸(即将板扩展成体),每次拉伸的距离为 0.25m。注意不是所有的拉伸距离都是 0.25m,距离不同时需要单独拉伸,与既有节点应该重合但没有重合时可能需要设置合并时的容许误差。扩展时原目标选择移动。

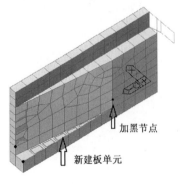

图 2-139 变厚腹板操作

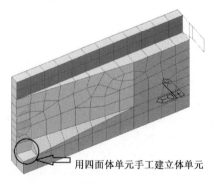

图 2-140 腹板变厚段下马蹄建立

(12)完成 T 梁建立。

首先,完成 1/4T 梁的其他部分。至此只剩下跨中截面的下马蹄未建立。下马蹄的下部建立采用第 8 步扩展复制的方法;上部 6 节点体单元用手工建立,也可用第 9 步的扩展投影法建立,但有些单元必须用手工建立。

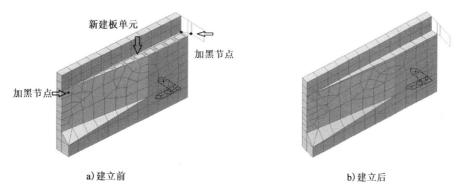

图 2-141　腹板变厚段翼缘板下部的建立

其次,用镜像单元的方法得到完整的 T 梁。删除除预应力钢筋外的所有线单元和板单元。检查模型是否有重复单元。模型如图 2-143 所示。

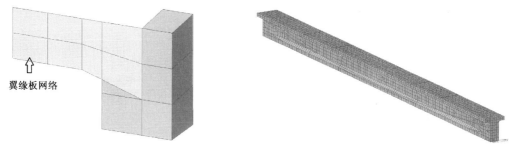

图 2-142　翼缘板截面网格　　　　图 2-143　单片 T 梁实体模型

单片 T 梁建立完成后,采用给桁架单元施加初拉力的方法施加预应力。施加预应力后,T 梁上拱,如图 2-144 所示。

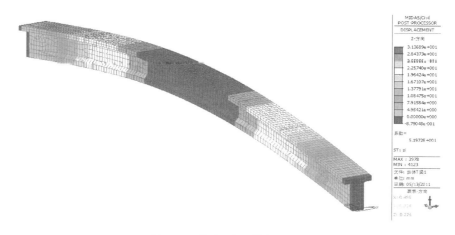

图 2-144　单片 T 梁上拱度云图

模型共有实体单元 5548 个,桁架单元 130 个。midas Civil 计算实体单元的速度也是非常快的。

2.6 建模助手

建模助手是 midas Civil 提供的快速建模的功能,为一些典型的结构模型提供了简便快捷的建模手段。图 2-145 给出了建模助手菜单。

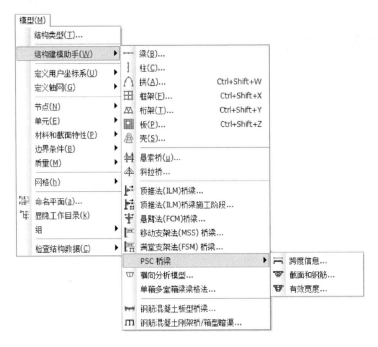

图 2-145 midas Civil 建模助手菜单

本节仅介绍建模助手中的一部分内容,斜拉桥建模助手将分别在第 14 章中介绍,悬臂法(FCM)桥梁等包括施工阶段分析的建模助手将在第 8 章施工阶段分析中介绍,单箱多室箱梁梁格法助手将在第 7 章桥梁活载加载中介绍。关于建模助手中各参数的详细说明可参考软件的在线帮助手册,这里介绍注意问题并给出部分实例。建模助手所能建立的模型绝大多数可以用手工实现,其建立的模型也可以用手工方法修改。

2.6.1 梁和柱建模助手

用梁建模助手可在同一条直线上自动生成一系列水平梁单元。各个单元可以定义各自的材料和截面,可选择是否自动赋予每个节点以简支边界条件,可以选择模型插入点,可以输入梁的布置方向(即输入梁绕全局坐标系的坐标轴 X、Y、Z 旋转的角度 α、β、γ)。插入点是指所建立的梁的原点在全局坐标系(用户坐标系)下的位置,可以输入坐标或用鼠标编辑的方法在模型窗口中点击确定位置。梁的原点可以指定,该点在建模助手窗口中显示为红色。

用柱建模助手可沿同一条直线自动生成一系列竖直的梁单元。可选择底部节点的支承条件(铰支、固定或无),其他选项与梁建模助手相同。

2.6.2 拱建模助手

用拱建模助手可自动生成由一系列梁单元组成的拱结构。实际桥梁拱轴线的线形常用的有三种:圆曲线、抛物线和悬链线。拱建模助手提供的拱的类型包括圆、等投影间距抛物线(抛物线线形1)、等间距抛物线(抛物线线形2)、等投影间距椭圆(椭圆形1)、等间距椭圆(椭圆形2)、等投影间距悬链线(悬链线1)、等间距悬链线(悬链线2)等,另外还可以用一般二次方程和三次方程定义拱轴线(图2-146)。在悬链线拱中需要输入拱轴系数,拱轴系数是拱脚恒载强度(荷载集度)与拱顶恒载强度的比值。

2.6.3 框架建模助手

使用框架建模助手可在三维空间内自动生成由梁单元组成的二维平面框架。下面举例说明框架建模助手的使用方法。下面的例子最终要在 XY 平面内建立一个框架:X 方向有 5 根纵梁,各纵梁间距为 1.8m;Y 方向有 6 根横梁,各横梁间距 2m。

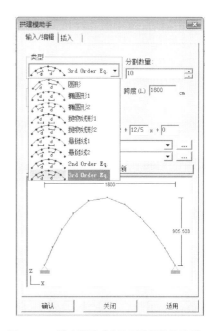

图 2-146 拱建模助手中的可选拱轴线线形

(1)首先建立框架纵横梁的交点方阵。如图 2-147 所示,开始时框架节点方阵只能建在 XZ 平面内。将长度单位设置为 m。在图 2-147a)所示的输入属性页左边的距离中输入 1.8,重复中输入 4,然后点击添加 X 坐标按钮;在右边的距离中输入 2,重复中输入 5,然后点击添加 Z 坐标按钮。这样就建立了 5×6 的节点方阵。

(2)根据节点方阵建立框架。在图 2-147b)所示的编辑属性页中,需要填写框架纵横梁的材料和截面,如之前没有建立材料和截面特性,可以在这里建立。建立材料和截面可分别点击其后的 ⃞ 按钮。选择单元的 β 角为 0,然后点击生成框架按钮。

(3)在模型窗口中插入刚建立的框架。在图 2-147c)所示的插入属性页中,默认的情况下,框架位图的左下角节点显示为红色,表示该点为原点,该点是可以改变的。插入点的坐标表示的就是原点在模型窗口坐标系中的位置。该位置也可以通过鼠标编辑的功能在模型窗口中点取节点或栅格点得到(即先在插入点坐标编辑框中点一下左键,底色变成淡绿后,将鼠标移到模型窗口点取)。因为要求是将框架建立在 XY 平面内,现在框架是在 XZ 平面内,所以需要将模型绕 X 轴旋转 90°,其他默认,最后点击确认即可。

建立模型后纵横梁的截面方向有可能有问题,此时可以通过更改单元的 β 角或其他单元参数来修正。

2.6.4 桁架建模助手

用桁架建模助手可自动生成由梁单元和桁架单元组成的桁架结构(上下弦为梁单元,竖杆和斜腹杆为桁架单元)。

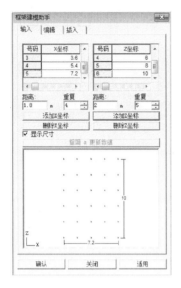  

a) 建立节点方阵　　　　　　b) 建立框架　　　　　　c) 在模型中插入框架的设置

图 2-147　首先建立节点方阵

在类型下的两个下拉框中,左边的用来选择桁架形式,右边的用来选择腹杆的形式。桁架的可选形式如图 2-148a)所示,腹杆的可选形式如图 2-148b)所示。

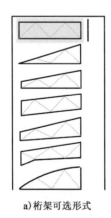 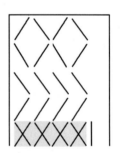

a) 桁架可选形式　　　　　　b) 腹杆可选形式

图 2-148　选择桁架及其腹杆的形式

下面举例说明桁架建模助手的使用,要求建立一斜吊杆的拱结构。斜吊杆拱桥的整体刚度大于竖吊杆的拱结构,内力分配更均匀,可节省材料,但是斜吊杆与拱肋和系梁的连接构造稍显复杂,施工时相对繁琐些。操作步骤如下:

(1)设置长度单位为 m,建立拱上弦杆的截面为箱形,下弦杆截面为实心矩形,材料为 C50

混凝土。斜吊杆的截面为实心圆形,材料为 Q345 钢材。

(2)启动桁架建模助手,在输入属性页中选择桁架的形式为拱形桁架,腹杆的形式选择 X 形。L 为桁架半跨的长度,这里输入 25(m)。H2 为桁架跨中高度,这里输入 5(m)。节间数量为半跨的节间数量,这里填 6。选择对称选项,若为非对称则只建立一半的桁架,这在图 2-149 所示的对话框位图中有显示(这里是显示即所得)。勾选选项"使用外侧-外侧尺寸"时,高度方向尺寸"为上下弦构件外边缘间距离,这里不勾选。如图 2-149a)所示。

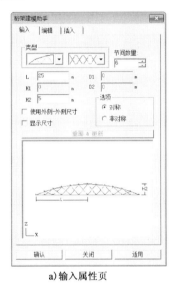 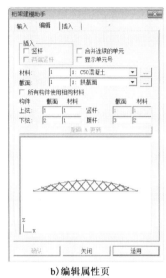 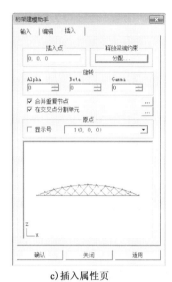

a)输入属性页　　　　　　　b)编辑属性页　　　　　　　c)插入属性页

图 2-149　桁架建模助手实例

(3)点击进入编辑属性页,如图 2-149b)所示。勾选插入竖杆会在各个节间中加入竖杆,这里不勾选此项。若之前没有定义材料和截面的话,可以在这里定义,建立材料和截面可分别点击其后的 ⋯ 按钮,即可弹出材料和截面定义对话框。为上弦杆(拱)、下弦杆(系梁)和吊杆(腹杆)选择合适的截面和材料,如图 2-149b)所示。合并连续的单元选项是在没有竖杆的情况下,合并因分配给竖杆的节点而分离的上弦和下弦,对拱形桁架没有此问题。

(4)点击进入插入属性页,如图 2-149c)所示。其中多数选项的含义前面已经说明,这里不再赘述。在插入属性页中,可以为选定(USE 下打勾)单元的某个节点释放梁端约束,在这里将拱脚与系梁的连接处释放了梁端约束,如图 2-150 所示。释放的梁端约束默认是 My。操作方法是点击图 2-150 左侧的分配按钮,弹出"分配释放梁端约束"对话框,每个单元有两行(每个节点对应一行),勾选"释放梁单元约束",然后在 Use 栏下对应单元的对应节点处打勾即可完成该节点的自由度释放。

(5)点击确认,得到图 2-151 所示的模型。如在空间上有多个拱架,可以通过拷贝完成。

2.6.5　板建模助手

用板建模助手可自动生成由板单元组成的矩形、圆形或半圆形板结构(在图 2-152 输入属性页中的类型1中选择),板单元上可有一个矩形或圆形孔洞(在图2-152编辑属性页中的类型2中选择)。生成的板单元的节点与原模型窗口上的梁单元相交时,将自动分割梁单元。当板上有孔洞时,只能用分割单元尺寸控制网格的大小,不容易控制网格的疏密。

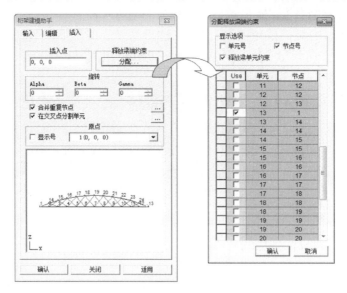

图 2-150　释放梁端约束

图 2-151　拱桥模型

2.6.6 壳建模助手

用壳建模助手可自动生成由板单元组成的棱锥、棱锥台、圆台、圆柱、球形或半球形壳结构。现举例说明壳建模助手的应用,建立如图 2-153 所示的储藏容器。

操作步骤如下:

(1)先建立半球形顶盖。如图 2-153a)所示,选择类型为半球形,半径 270cm,圆的分割数量为 20,高度方向分割数量为 6。材料如现在不想定义,可以随便输入一个编号即可,但以后要编辑材料。在插入属性页中各项均选择默认:插入点为(0,0,0),原点为(0,−270,0)。最后点击确认。

(2)建立圆柱形墙壁。如图 2-153b)所示,将圆台的 $R1$ 和 $R2$ 的值均填写为 270cm,高度 420cm,圆的分割数量为 20,高度方向分割数量为 12。这里注意,为了与半球形顶盖相衔接(连接处共节点),这里的圆的分割数量一定要与半球形中圆的分割数量一致。在插入属性页中:原点要与半球形一致,为(0,−270,0)。插入点为(0,0,−420)。其他各项均选择默认值。点击确认即可得到图 2-153 所示的模型。

第2章 midas Civil 建模功能

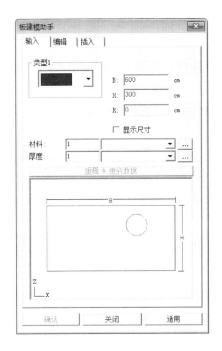
a) 输入属性页

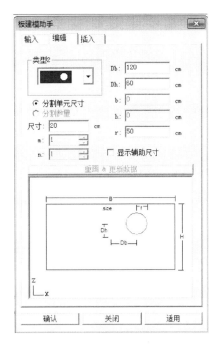
b) 编辑属性页

图 2-152 板建模助手

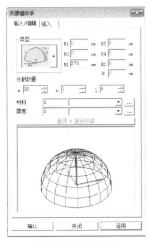
a) 建立半球形顶盖

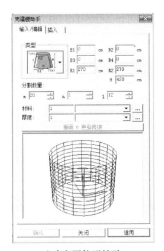
b) 建立圆柱形墙壁

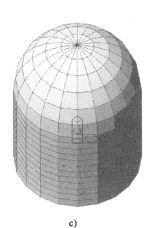
c)

图 2-153 用壳建模助手建立储藏容器

2.6.7 预应力混凝土(PSC)桥梁建模助手

使用 PSC 桥梁建模助手可以快速建立预应力混凝土桥梁的模型,包括桥跨布置信息、截面信息、普通(纵向和抗剪)钢筋信息、边界条件信息和有效宽度信息等,但是预应力钢筋的信息需要手工建立。可用截面类型包括设计截面中的单箱单室、双室、单箱三室、单箱多室、单箱多室 2、T 形、钢腹板箱梁类型。该建模助手的特点是建立的预应力混凝土桥梁截面中腹板、顶板和底板分别可以不同次数变化其厚度(变截面组功能无法解决此问题),以便建立出更精确的模型,还可以自动生成有效宽度信息。

PSC 桥梁建模助手需要完成以下三个方面的信息填写。

1) 跨度信息

在使用 PSC 桥梁建模助手之前,首先要确定桥梁的跨度信息(端部及中间支承的数量及位置、跨径等)。但这些信息程序是不能自动识别的,需用户自己定义。也就是需要先将桥梁的线模型建立好,即节点、单元和支撑情况(边界条件)必须先定义。在这里组成桥梁的梁单元必须方向一致,即所有梁单元的单元坐标系的 x 轴方向要一致。一个完整桥梁模型的所有单元必须是连续的,中间不能断开。如图 2-154 所示为跨度信息对话框。

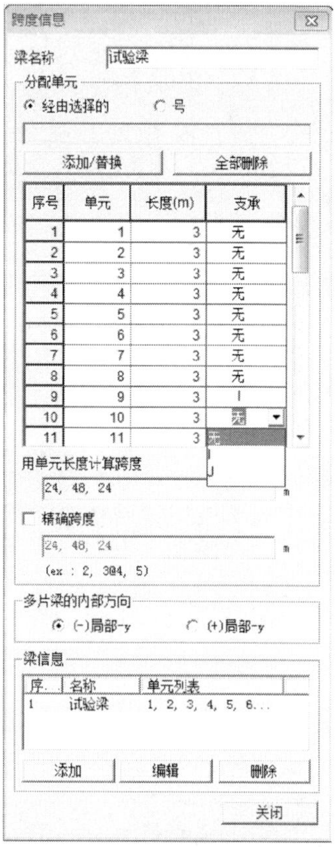

首先要填写梁的名称。分配单元有两种定义方式:一是在模型窗口中选择单元,二是直接添加单元号(用空格或逗号隔开)。选好单元或填好单元号后,点击按钮 添加/替换 ,即可在下面的列表中显示单元信息,包括单元号、单元长度和支撑。支撑是指单元的 I、J 两端有无一般支撑条件,I 端有则显示 I,J 端有则显示 J,都没有则显示无。可以点击某个单元的支撑单元格,出现下拉条,然后选择 I、J 或无。选择单元时支撑条件就会自动读入,如果这里修改了支撑条件,那么模型窗口中模型的边界条件是不会改变的,此处的支撑条件修改只影响跨度的计算。

分配单元中的跨度可由单元长度自动计算,也可以用户定义(即精确跨度)图 2-155。"用单元长度计算跨度"根据中间支撑条件确定跨度,从端点到第一个支撑点算为一跨,各个支撑点之间都算一跨。勾选"精确跨度"后,可以输入用户自

图 2-154 跨度信息对话框

定义的跨度,每跨跨度可以和"用单元长度计算跨度"不同,但跨度数要与"用单元长度计算跨度"中一致。第 n 跨尾端到梁起始端的距离在用户自定义跨度信息后,都将按式(2-12)来计算,定义变截面梁以及钢筋信息的输入、有效宽度系数的计算等都要用到该值。

$$L'_n = (L_{m1} + L_{m2} + \cdots + L_{mn-1}) + [L_n - (L_{s1} + L_{s2} + \cdots + L_{sn-1})] \times \frac{L_{mn}}{L_{sn}} \quad (2-12)$$

式中:L'_n——用户自定义的跨度信息后,梁起始端到第 n 跨尾端的距离;

L_n——按梁单元长度计算跨度时,梁起始端到第 n 跨尾端的距离;

L_{mi}——第 i 跨的按单元长度计算的跨度,即该跨单元长度之和;

L_{si}——第 i 跨的用户定义跨度,该跨没有自定义跨度时等于 L_{mi}。

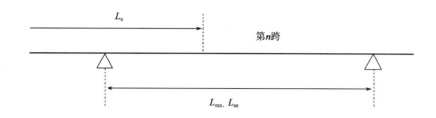

图 2-155　从梁起端到某截面的距离计算图示

"多片梁的内部方向"选项是为在计算 T 形梁截面的有效宽度系数时,区分两侧翼缘的位置,即 T 形截面的悬臂翼缘方向和内侧翼缘方向。在此选择质心至桥梁内侧的方向即可。

点击"添加"按钮,就会将上述跨度信息添加到梁信息栏中。最后关闭跨度信息对话框。

2)截面和钢筋

在此定义变截面梁和输入普通钢筋数据。使用 PSC 桥梁建模助手,可以使截面的各个部位(比如顶板、底板和腹板)都以不同的规律变化,所以能够建立出更精确的模型。使用 PSC 截面钢筋功能输入普通钢筋的数据(纵向、抗剪)时,是对每个截面一对一地输入钢筋数据的。特别是对变截面梁来说,用户将要进行重复的数据输入工作。而使用 PSC 桥梁建模助手,只输入一次钢筋数据,然后利用此数据程序自动进行单元分割,自动生成每个变截面相应的钢筋数据。

截面和钢筋对话框的截面属性页如图 2-156 所示。

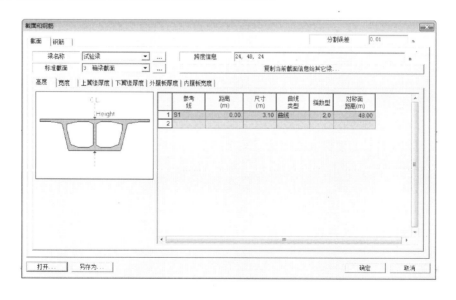

图 2-156　截面和钢筋对话框的截面属性页(单箱双室截面)

首先,选择梁名称,即在跨度信息对话框中定义的梁名称。通过梁名称可将跨度信息对话框中定义的所有信息传递过来。若之前没有定义跨度信息,可以点击梁名称右侧的 按钮,弹出如图 2-154 所示的跨度信息对话框来定义。

其次,选择标准截面,即选择之前定义的 PSC 桥梁的一个典型截面。如还没有定义标准截面,可以点击其右侧的按钮 ,进入截面定义对话框来定义。如前所述,可用截面类型包括设计截面中的单箱单室、双室、单箱三室、单箱多室、单箱多室 2、T 形、钢腹板箱梁类型。

第三,需要逐个填写各个控制截面的各项截面信息。对变截面梁,其控制截面是指截面变化规律发生变化的截面,比如直线和曲线的交界截面、腹板厚度发生变化的截面等。因为变化规律不同,所以高度、宽度、上翼缘厚度、下翼缘厚度、外腹板厚度和内腹板厚度都有自己相对独立的控制截面,当然它们的控制截面数量也是不同的。每个控制截面都需要填写参考线、距离、尺寸、曲线类型、指数型和对称面距离等内容,对上下翼缘厚度表单还有加腋变化选项需要选择。

控制截面的位置是通过先确定参考线,然后根据参考线到该截面的距离来确定的。程序默认的参考线为梁的起始与终结截面和有边界条件的截面,编号从梁起端(一般为模型窗口左端)开始到梁终端依次为 S1,S2,…。尺寸即该截面的高度(对应高度表单)、宽度(对应宽度表单)和上翼缘厚度(对应上翼缘厚度表单)等的数值。曲线类型是当前位置至下一个位置的曲线变化类型(曲线或直线)。指数型指曲线变化次数。对称面距离的计算比较繁琐,将在下面的实例中介绍。勾选"加腋变化"选项时,上下翼缘厚度变化的同时,加腋(倒角)长度也变化(图 2-157),我国大部分桥梁不勾选此选项。

a) 勾选加腋变化时倒角长度随着翼缘厚度变化　　　b) 不勾选加腋变化时倒角长度不变,仅位置改变

图 2-157　加腋(倒角)变化

点击图 2-156 中的 另存为 按钮可以将这里填写的截面信息存入 *.WZD 文件。如果模型窗口中还有其他模型并在截面信息中有了定义,那么可以使用 复制当前截面信息给其他梁 将刚才定义截面信息拷贝到其他梁。如果标准截面为单箱多室截面,则会像图 2-156 所示的那样有内腹板宽度表单。

截面和钢筋对话框的钢筋属性页又分为纵向钢筋表单和抗剪钢筋表单,纵向钢筋表单如图 2-158 所示。

在纵向钢筋表单中:首先,要选择梁名称。其次,定义纵筋的开始点与结束点,以确定其在顺桥向的位置。第三,填写纵向钢筋在梁截面上的信息,以确定纵筋的面积、位置和间距等信息。

纵筋的开始点位置可以由参考点以及参考点至开始点的距离确定。参考点可以是支点(即支座位置)或某跨跨长比例点,分别对应下拉条中的支座 i 和跨度 i。当选择跨度 i 时,其后的 $0.5×L$ 被激活,如图 2-158 所示,可以选择跨度 i 的起点、$\frac{1}{10}$ 点、$\frac{2}{10}$ 点等作为参考点。纵筋的结束点位置确定方法与开始点相同,如结束点的参考点与开始点的参考点是同一点时,勾选适用开始点选项即可。关于纵筋的直径、数量、位置和间距等与定义截面时截面钢筋的填写方法一样。

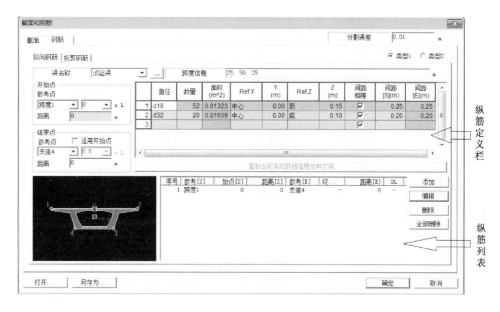

图2-158 纵向钢筋表单

开始点和结束点截面相同的顶板和底板纵向钢筋可以一起在图2-158的"纵筋定义栏"中定义,然后再点击添加按钮,将"纵筋定义栏"中的所有钢筋作为一个"组"加入到"纵筋列表中"。

截面和钢筋对话框的钢筋属性页中抗剪钢筋表单如图2-159所示。

抗剪钢筋表单的填写方法与纵向钢筋表单的填写方法基本一样,不同的仅是钢筋定义栏内容。抗剪钢筋中弯起筋、腹板钢筋、抗扭钢筋和箍筋等的定义方法与注意事项请参看软件的在线帮助手册以及本章2.4.6截面钢筋一节内容。

现举例说明截面和钢筋对话框的使用方法。图2-160为一三跨连续梁的一部分(没有边跨现浇段),两个中间支点。中跨长50m,两边跨长均为25m。标准截面(在此用梁端截面做标准截面)如图1-18所示,为单箱单室箱形截面。桥梁支点截面的高度6.0m,梁端截面和跨中截面高度均为3.1m,支点两侧各有1m的梁段是等高的,其余截面的高度按二次抛物线规律变化。顶板厚度是固定的。底板厚度和梁高的变化规律相同,一部分等厚,其余按二次抛物线规律变化。腹板厚度在支点附件较厚,到跨中附件变薄,中间直线过渡,这样在每个支点两侧各有两个截面发生腹板厚度的变化。

操作步骤如下:

(1)建立桥梁的梁单元模型,单元长度为8×3m+2×1m+16×3m+2×1m+8×3m,各单元的截面为图1-18所示的截面,截面偏心为中上。按图2-154建立边界条件。填写跨度信息对话框内容。

(2)启动截面和钢筋对话框。首先确定该对话框中截面属性页的高度、宽度、上翼缘厚度、下翼缘厚度和外腹板厚度等各个表单的控制截面。对高度表单,有2个梁端截面、4个支点附近梁底直线与曲线的过渡截面和1个跨中截面,共7个控制截面。对宽度和上翼缘厚度表单,各有2个梁端截面为控制截面。对下翼缘板厚度表单,控制截面与高度表单的相同。对外腹板厚度表单,共有10个控制截面,每个支点两侧各有两个梁端截面。

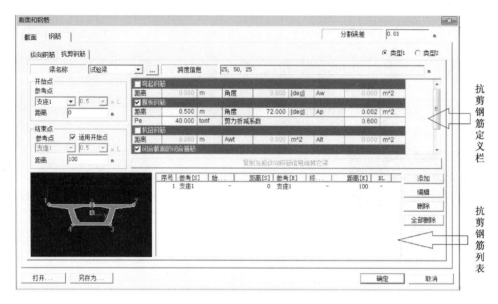

图2-159 抗剪钢筋表单

图2-160 等截面模型

(3)高度表单填写,如图2-161所示。本例参考线有S1~S4共四个,每个控制截面可以选其中任意一个做参考线。注意:对每个控制截面参考线选取不同,那么距离也相应不同。尺寸填写控制截面的高度。曲线类型和指数型分别填写从本控制截面到下一控制截面间的梁底曲线类型和曲线方程次数。曲线类型为直线的填写直线,不要填写一次曲线。

对称面距离栏中的数据也是控制从本控制截面到下一控制截面间的梁底曲线的。其填写方法如下:①对桥梁两端的控制截面填写0即可;②本控制截面到下一控制截面间是直线变化的,不用填写;③本控制截面到下一控制截面高度由高到低变化的,填写从参考线到下一控制截面间的距离;④本控制截面到下一控制截面高度由低到高变化的,填写从参考线到本控制截面间的距离。图2-162给出了高度表单定义完成后的效果。

(4)宽度和上翼缘厚度表单填写。

这两个表单中控制截面都是两个梁端截面,表单数据填写一样。图2-163为上翼缘厚度表单的填写数据。

(5)下翼缘厚度表单填写。

该表单的控制截面与高度表单相同,填写方法也相同,只是尺寸数据不同,表单数据如图 2-164 所示。

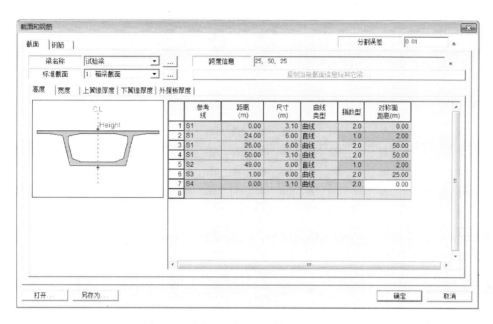

图 2-161 变截面梁截面和钢筋定义的高度表单

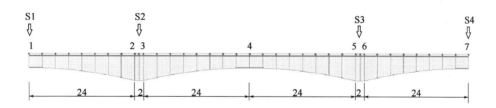

图 2-162 变截面梁高度表单定义完成后效果

图 2-163 截面属性页的上翼缘厚度表单数据

(6)外腹板厚度表单填写。

该表单的控制截面有 10 个,数据填写方法与宽度表单相同,表单数据如图 2-165 所示。图 2-166 为截面属性页定义完成后的梁段局部。

(7)纵向钢筋表单填写

本桥的普通纵向钢筋有顶板钢筋和底板钢筋,全部通长。定义后的表单数据如图 2-158 所示。

(8)抗剪钢筋表单填写。

抗剪钢筋表单内容包括弯起钢筋、腹板钢筋、抗扭钢筋、闭合截面的闭合箍筋(即截面钢筋中的"箍筋内表面包围的截面核芯面积")和箍筋数据的填写。在预应力混凝土箱形截面中:

	参考线	距离(m)	尺寸(m)	曲线类型	指数型	对称面距离(m)	加腋插入
1	S1	0.00	0.40	曲线	2.0	0.00	
2	S1	24.00	0.80	直线	1.0	2.00	
3	S1	26.00	0.80	曲线	2.0	50.00	
4	S1	50.00	0.40	曲线	2.0	50.00	
5	S2	49.00	0.80	直线	1.0	2.00	
6	S3	1.00	0.80	曲线	2.0	25.00	
7	S4	0.00	0.40	曲线	2.0	0.00	
8							

图 2-164 截面属性页的下翼缘厚度表单数据

	参考线	距离(m)	尺寸(m)	曲线类型	指数型	对称面距离(m)
1	S1	0.00	0.50	直线	1.0	0.00
2	S1	15.00	0.50	直线	1.0	0.00
3	S1	21.00	0.70	直线	1.0	0.00
4	S2	4.00	0.70	直线	1.0	0.00
5	S2	10.00	0.50	直线	1.0	0.00
6	S2	40.00	0.50	直线	1.0	0.00
7	S2	46.00	0.70	直线	1.0	0.00
8	S3	4.00	0.70	直线	1.0	0.00
9	S3	10.00	0.50	直线	1.0	0.00
10	S4	0.00	0.50	直线	1.0	0.00

图 2-165 截面属性页的外腹板厚度表单数据

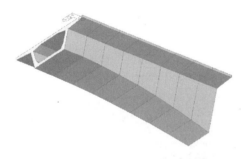
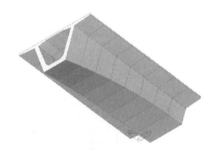

图 2-166 变截面梁部分梁段效果图(腹板、底板和梁高都变化)

①由于有预应力弯筋,普通弯起钢筋一般不设。

②腹板钢筋是竖向预应力钢筋,提供竖向压应力,对抵抗主拉应力和防止腹板开裂有帮助,一般都设。

③抗扭钢筋包括抗扭箍筋和抗扭纵筋,实际桥梁一般不单独设置抗扭钢筋,但此处是为了按规范计算截面的抗扭能力,本例由于混凝土箱形截面是大型的闭合截面,其本身的抗扭能力已经很大,所以这里不考虑抗扭钢筋的作用。

④闭合截面的闭合箍筋所对应数据也是为截面抗扭而填写,同样由于是大型箱形截面,没有绕整个截面闭合的箍筋存在,但是没有输入箍筋内表面包围的截面核芯面积(即闭合截面的闭合箍筋)计算用数据时,箱形截面的保护层厚度程序默认取值为腹板厚度的 1/2,T 形截面

的保护层厚度默认取值为 0。本例采用程序默认值。

⑤箍筋的布置本例是在每个腹板上配双肢箍筋。

本例抗剪钢筋的数据填写见图 2-167。开始点和结束点为桥梁的两个端面。

☐ 弯起钢筋								
距离	0.000	m	角度	0.000	[deg]	Aw	0.000	m^2
☑ 腹板钢筋								
距离	0.500	m	角度	72.000	[deg]	Ap	0.002	m^2
Pe	40.000	tonf	剪力折减系数				0.600	
☐ 抗扭钢筋								
距离	0.000	m	Awt	0.000	m^2	Alt	0.000	m^2
☐ 闭合截面的闭合箍筋								
保护层厚度	0.000	m	☐ 包括翼缘/悬臂					
☑ 箍筋								
距离	0.200	m	Aw	0.000	m^2	m^2		

图 2-167　抗剪钢筋表单数据

(9)点击图 2-161 中的 另存为... 按钮可以将这里填写的截面及钢筋信息存入 *.WZD 文件。点击确定按钮完成截面及钢筋的定义。

输入完成的钢筋数据也可在模型>材料和截面特性>截面钢筋对话框中查看，如图 2-168 所示。在图 2-167 中默认的小数点位数较少，有些较小的数据显示为 0，而在图 2-168 中默认的小数点位数较多，可以完整显示数据。

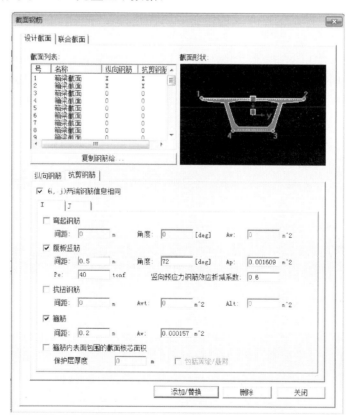

图 2-168　PSC 截面钢筋对话框

需要注意的是,建模助手建立的模型数据都会在树形菜单的工作属性页中显示,此时与手工建立的模型没有区别,手工建立的模型注意事项在此仍然适用。比如,这里用建模助手建立的截面钢筋数据,在分析中如果要考虑其对截面刚度的影响以及对结构承载能力的影响时,还要在分析＞主控数据中勾选"在计算截面刚度时考虑钢筋",否则程序在计算过程中不考虑纵向普通钢筋对截面刚度和结构承载能力的影响。

3)有效宽度

T形和箱形截面梁受弯时,由于剪力滞效应,翼缘板和顶板同高度上的正应力是不均匀的,离腹板越远越小。这种在同一纤维层上沿翼缘宽度变化的法向应力,需要高等材料力学方法求解。在有限元方法中,用梁单元无法考虑剪力滞问题,但可以用板单元或实体单元求解这种问题。为了在计算中应用初等材料力学方法求解,或在有限元中用梁单元求解,往往采用翼缘有效宽度或称翼缘计算宽度的方法,即令翼缘有效宽度内的法向应力体积等于原翼缘全宽的法向应力体积,并按有效宽度内的翼缘任一纤维层的法向应力值与同一纤维层的腹板内的应力值相同,来确定翼缘有效宽度。为了计算方便,在实际计算时,有效宽度按规范给出的公式进行计算。也可以这样认为:T形和箱形截面梁在抗弯计算中,若翼缘板和顶板只考虑有效宽度内的部分,其他部分不计入抗弯计算,此时就可以用初等材料力学理论计算。

在 midas Civil 中,在梁单元中考虑有效宽度的方法有两种:第一种方法是手动计算每个梁单元的 I_y 系数(考虑有效宽度后与未考虑有效宽度时抗弯惯性矩 I_{yy} 之比)、Z_top 系数和 Z_bot 系数(考虑有效宽度后中性轴位置修正系数,如图 2-169 所示),执行模型＞边界条件＞有效宽度系数,在图 2-169 所示系数中输入刚计算的三个系数。第二种方法是利用 PSC 桥梁建模助手自动计算有效宽度系数。

PSC 桥梁建模助手自动计算有效宽度系数采用的公式来自《公路钢筋混凝土及预应力混凝土桥梁设计规范》(JTG D62—2004)中的相关规定(可选规范中的中国规范仅此一个)。该建模助手可以自动计算有效宽度的截面类型包括设计截面中的对称箱形截面和对称 T 形截面。定义的有效宽度系数仅对程序中弯矩 M_y 引起的正应力 Sbz 和 Sig-xx 分析结果有影响,对其他分析结果没有影响。图 2-170 为 PSC 桥梁建模助手自动计算有效宽度系数的对话框。

图 2-170 中,比例系数是对于计算出来的有效宽度乘以比例系数,有效宽度乘以比例系数结果如果大于全宽的部分取全宽。点击显示计算结果按钮可以让考虑有效宽度后计算的惯性矩等结果以文本格式保存和输出。点击确定按钮,就会执行有效宽度的计算。

2.6.8 横向分析模型建模助手

桥面较宽时,荷载作用在桥上会有横向弯曲等问题,T 梁或箱梁桥的翼缘板以及箱梁的顶板需要在横桥向单独设计计算。横向分析模型建模助手可以根据桥梁的纵向梁单元模型自动生成横向分析模型。选择纵向模型的任意位置,利用该位置的截面数据自动生成二维横向分析模型。可以输入作用在横向分析模型上的荷载(恒荷载、移动荷载及其他荷载)、定义横向模型的预应力钢筋和普通钢筋。

第2章 midas Civil 建模功能

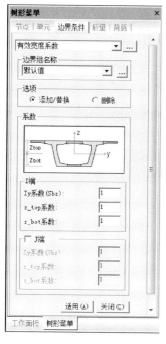

图 2-169 有效宽度系数定义

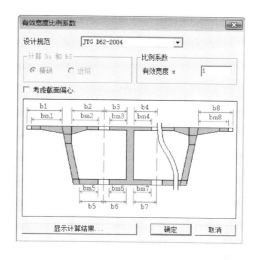

图 2-170 PSC 桥梁建模助手中有效宽度计算

使用该建模助手前,需要先建立桥梁的梁单元模型,其单元截面和材料须已经定义好。现以一个实例来说明该建模助手的使用方法,实例模型窗口中有一个是横向有 5 片 T 梁的简支梁梁格模型,如图 2-171 所示。T 梁的梁格模型中用设计截面中的 T 形截面建立 5 片 T 梁,其横梁用矩形截面建立,T 梁与横梁交叉处共节点。T 梁的梁格模型在此仅仅为了说明横向分析建模助手的使用,没有考虑中梁与边梁的差别以及跨中截面与支点截面的变化。

图 2-171 T 梁模型

横向分析模型建模助手如图 2-172 所示。启动横向分析模型建模助手后,需要做以下工作:

(1)确定需要计算的截面的位置。先选择单元以及单元的 I 端还是 J 端截面,然后点击"添加"按钮,此时选择位置的列表中就会显示刚才的选择情况,点一下列表的一行,就会在"横向模型视图"中显示该截面的线框横向计算模型。

对于 T 形截面的梁格模型,要建立多个 T 形梁截面组成的全截面横向分析模型。此时要勾选梁格模型选项来生成全截面模型,但此选项仅适用于截面为 PSC-T 形类型。勾选此项后,按顺序依次选择组成全截面的单元,然后点击"添加"即可。本例这里选择了 T 梁格的 5 个跨中单元的 J 端截面。

125

列表中的数据部分表示为×,说明还没有输入完生成横向分析模型的数据。输入所有表单(模型、荷载、钢束和钢筋)中的相应数据后,点击按钮 完成数据输入 ,列表中的数据处将会显示0,说明可以生成横向模型了。

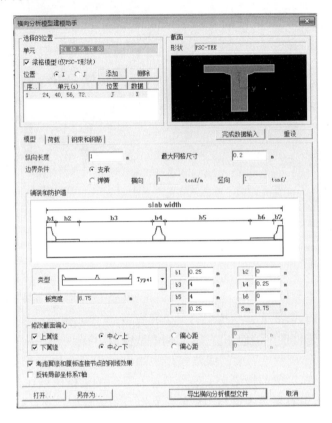

图 2-172　横向分析模型建模助手

(2)模型表单填写。纵向长度指选定截面在纵桥向的长度,一般选单位长度即可。边界条件是指横桥向腹板的支撑情况,边界生成在每个腹板的下端,最左侧生成的是横桥向固定铰支座,其他位置生成的是横向滑动支座。边界条件可选支撑或弹簧,选支撑则所有支座的横向和竖向约束都是完全刚性的;选弹簧则支座的横向和竖向是弹性的支撑,需输入刚度系数,该刚度系数需要考虑各腹板之间的相互影响,按空间计算取得。本例仅计算桥面板的受力情况,选择的是支撑。按图 2-172 输入桥面铺装、防护墙、中央分隔带的尺寸,程序将根据在这里输入的数据计算各个部分的荷载。通过修改截面偏心来设定是否设置横向模型的上、下翼缘截面偏心,如果横向模型有必要输入预应力钢筋时,软件的在线帮助中建议上部翼缘的偏心设置为中心—上。勾选考虑翼缘和腹板连接节点的刚域效果,以使计算更接近实际。

(3)荷载表单填写。

按图 2-173 填写荷载表单。注意,活荷载轮载 P 的计算需要考虑车轮接触面和轮载的分布宽度,外悬臂板和内部单向板的分布宽度计算方法不同,可参照 JTG D62—2004 中 4.1 条计算。这里没有考虑混凝土的收缩徐变以及横向风力的影响。

第2章 midas Civil 建模功能

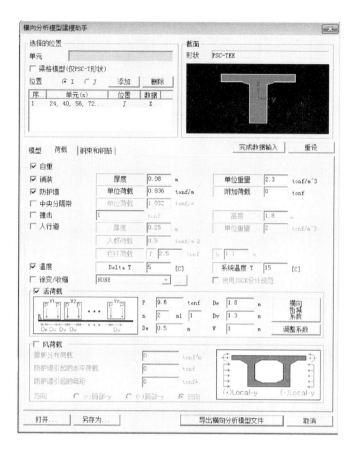

图 2-173 荷载表单

(4) 钢束和钢筋表单填写。

按图 2-174 填写钢束与钢筋表单。这里的钢束指横向预应力钢筋，对于多片 T 梁的公路桥梁一般没有横向预应力，在高速铁路的横向 4 片 T 梁中，为了保证横隔板将各片 T 梁连成整体，采用施加横向预应力的构造措施。这里为了说明横向预应力的施加方法，考虑了横向钢束。首先勾选钢束选项，再选择钢束特性值，如果预先没有定义钢束特性值或需要编辑原有特性值，点击右侧 ┄ 按钮。数量指输入预应力钢筋的数量（在模型表单输入的纵向长度范围内的钢束数量）。预应力荷载可输入应力或内力，内力是指钢束数量总的张拉力。张拉位置可选单端张拉和两端张拉。曲线类型可选样条或圆弧，通过钢束关键点坐标来输入钢束形状和长度。插入点是指钢束的起点，X 轴方向是指钢束长度方向，这里单元是指上翼缘板的单元。填写钢束关键点 Z 坐标时，其 0 点按模型表单中设置的上部翼缘的偏心设置（中心-上）。钢束的填写说明可参考在线帮助手册关于该建模助手中的内容以及荷载＞预应力荷载的有关内容。

普通钢筋也是指横向钢筋。首先填写分配的单元，可以在图 2-175 所示的横向模型视图中用 ▦ 框选或单选单元，然后点击 ▦ 即可。选好直径、数量和纵向间距后点击"添加"按钮。

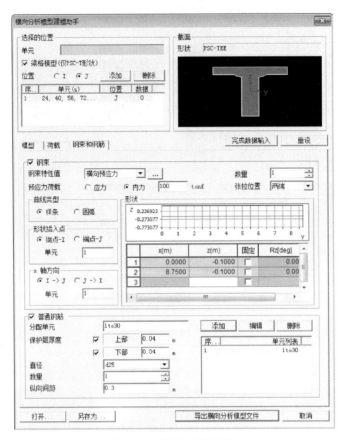

图 2-174 钢束和钢筋表单

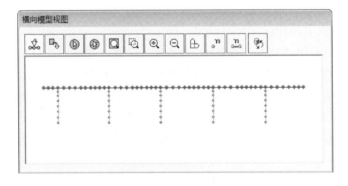

图 2-175 横向模型视图

(5)完成数据输入。

点击图 2-174 中的 [另存为...] 按钮可以将这里填写的信息存入 *.WZD 文件。所有数据输入结束后,点击对话框右上部的按钮 [完成数据输入],此时建模助手对话框左上侧列表数据栏处将显示 O 图标。确认数据后,点击对话框下端的按钮 [导出横向分析模型文件],将生成横向分析模型。新生成的模型保存在与原模型相同的文件夹里,文件名为(原模型名称)_(单元号)-(I 或 J 端).mcb。打开此文件计算即可。

2.6.9 钢筋混凝土板型桥梁建模助手

该建模助手可以通过输入一些基本数据自动生成采用板单元建模的钢筋混凝土板型桥影响面分析模型。下面通过一个实例来说明其用法,操作步骤如下:

(1)材料为 C50 混凝土,长度单位设置为 m。

(2)启动钢筋混凝土板型桥梁建模助手对话框,该对话框共有 3 个属性页——顺桥向、横桥向和荷载。

(3)填写顺桥向属性页,如图 2-176 所示。

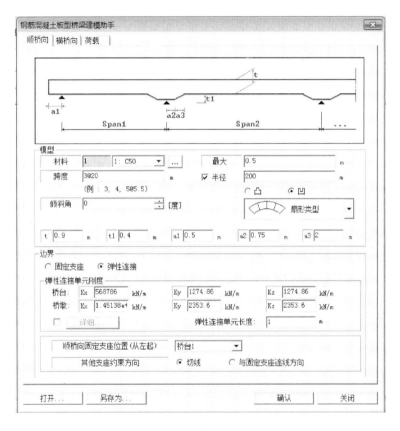

图 2-176 顺桥向属性页

该实例为 3×20m 曲线板桥,中轴线曲线半径为 200m。模型建立在 XY 平面内,倾斜角的含义与斜桥一样,这里取为 0。

关于边界条件,可有两种定义方式:一是定义成一般支撑(选图 2-176 中的固定支座),二是弹性连接。选择一般支撑时,弹性连接单元刚度的数据是不可用的,此时可以选择顺桥向固定支座(即约束桥轴向平动位移)设置在哪个桥台或桥墩上;可以选择其他支座的约束方向,即支撑点的局部坐标轴方向,如果这里定义不对,可以在建立完模型后手动修改约束方向。选择弹性连接时,可以定义弹性连接单元的长度(即板上的支点到桥墩台支座垫石顶面的距离),可以选择单元在其三个单元坐标轴的刚度(注意是单元的局部坐标系,这里无法精确更改单元局部坐标系的方向,可以建立完模型后再手工修改)。

(4)填写横桥向属性页,如图 2-177 所示。

选择横桥向类型,这里选择两边对称的第一类型。各个结构尺寸数据按图 2-177 填写。横桥向固定支座位置(从左起)的填写:首先,这项对一般支撑才有意义;其次,横桥向支座的数量由 n 控制(n 的含义见图 2-177);第三,这里要填写的是所有墩台上约束横桥向平动位移的支座位置。

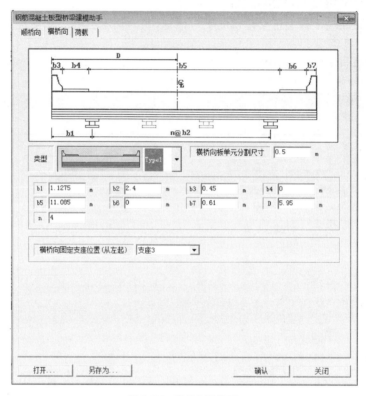

图 2-177 横桥向属性页

(5)填写荷载属性页,如图 2-178 所示。

首先,选择移动荷载规范,这里的中国规范有《公路工程技术标准》(JTG B01—2003)、和《铁路桥涵设计基本规范》(TB 10002.1—2005)。勾选"考虑荷载安全系数"用于承载能力极限状态分析,勾选不考虑荷载安全系数用于正常使用极限状态分析,两者也可以同时勾选。

其他各项按图 2-178 填写,荷载的问题将在第四章介绍。

(6)手工修改模型数据,完成模型建立。

手工修改的数据包括支座约束方向、弹性连接单元局部坐标系方向和板对齐方式等,修改后点击"确定"按钮,最后的模型如图 2-179 所示。建模助手自动考虑了按影响面加载的移动荷载、板上下面的温差引起的温度梯度和支座沉降。

2.6.10 钢筋混凝土刚架桥/箱形暗渠建模助手

输入一些基本数据,利用该建模助手程序将自动生成一般钢筋混凝土刚架桥、地下刚架桥、π形(斜腿)刚架桥以及地下暗渠等结构的分析模型,单元类型为板单元。下面利用该建模助手建立一个斜腿刚架桥模型,步骤如下:

(1)定义材料,设置长度单位为 m。

(2)启动钢筋混凝土刚架桥/箱形暗渠建模助手对话框,该对话框中有三个属性页,分别为顺桥向、横桥向和荷载。

图 2-178 荷载属性页

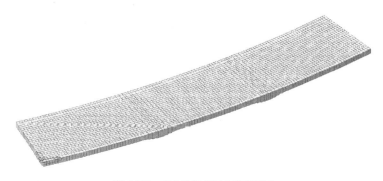

图 2-179 建立的板单元曲线桥模型

(3)填写顺桥向属性页,如图 2-180 所示。

斜腿刚架桥的梁和斜腿均为板单元,实际中斜腿往往由杆件组成,可以在模型建立后再通过模型的修改来达到目的。

(4)填写横桥向属性页,如图 2-181 所示。

(5)填写荷载属性页,如图 2-182 所示。

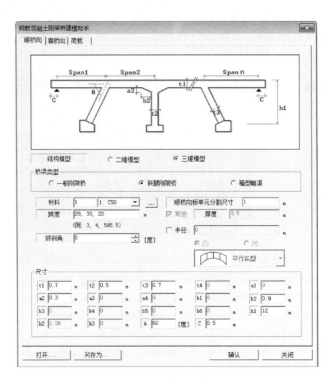

图 2-180 顺桥向属性页

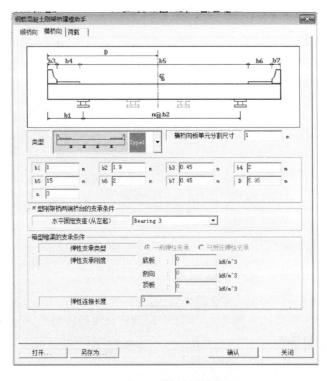

图 2-181 横桥向属性页

因为是刚架结构，支座沉降、合龙温度与一年中最高（最低）温度的差值、截面温度梯度和混凝土的收缩都会在结构中产生可观的应力。活载产生的土压力往往按换算为一定厚度的土层来考虑。

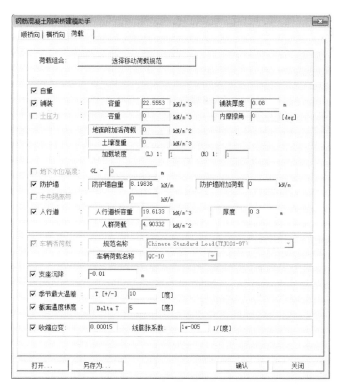

图 2-182　荷载属性页

（6）模型修改，完成模型的建立。修改的内容一般包括支撑条件和斜腿的形式等内容。图 2-183 为建立的模型。

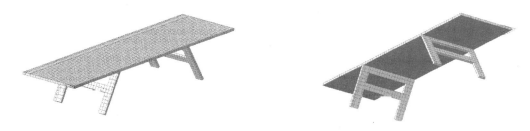

图 2-183　斜腿刚架桥模型

2.7　小结

midas Civil 的建模是直接建立有限元模型的，不存在几何模型，但是从本章内容可以看出其建模功能还是比较强的。本书在叙述操作命令时，一般都是从主菜单开始，midas Civil 执行操作命令还可以从树形菜单、浮动菜单和工具条等开始。学习建模需要经常的练习来逐步熟悉其建模理念。

第3章 边界条件

3.1 支承边界条件

图 3-1 为 midas Civil 边界条件的菜单。这里将边界条件分为三类：一是结构在基础上的支承，即支承边界条件；二是结构内部各部分之间的连接单元；三是其他边界条件。

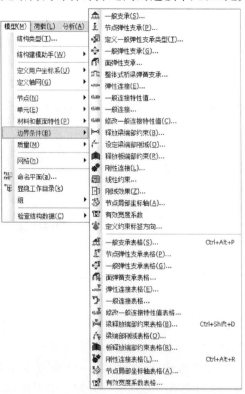

图 3-1 midas Civil 的边界条件菜单

3.1.1 节点坐标系

结构端部节点的约束(支撑)方向、弹簧支撑方向及节点强制位移方向与全局坐标系的坐标轴方向不吻合时,通常可采用节点坐标系。操作命令为模型＞边界条件＞节点局部坐标轴。如图 3-2 所示,定义节点坐标系可以通过旋转全局坐标系(角度)、三点和向量三种方法来完成。节点坐标系是定义在节点上的,定义时首先要选择节点。定义了节点坐标系的节点,当定义其边界条件时按节点坐标系来确定支承方向或连接单元的方向,即在赋予了节点坐标系的节点上输入约束条件时,程序内部自动将节点坐标系作为参照坐标系。

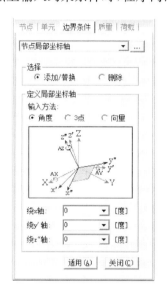 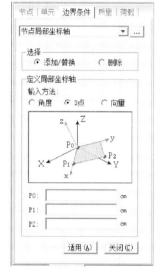 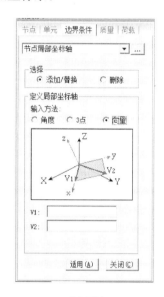

a) 角度法　　　　　b) 三点法　　　　　c) 向量法

图 3-2　定义节点坐标系

在图 3-2a)中,旋转角度以逆时针为正。先填写绕 X 轴转动的角度,得到 $x'y'z'$ 坐标系;再填写绕新的 y' 轴的旋转角度,得到 $x''y''z''$ 坐标系;最后填写绕 z'' 旋转的角度。如没有绕某个轴旋转则填写 0。比如节点坐标系仅要求绕整体坐标系 Z 轴旋转 $45°$,则绕 X 轴转动的角度为 $0°$,绕 y' 旋转角度为 $0°$,绕 z'' 旋转的角度为 $45°$ 即可,此时实际上 $x'y'z'$ 坐标系、$x''y''z''$ 坐标系与整体坐标系 XYZ 是重合的。

在图 3-2b)中,要输入三点 P_0、P_1 和 P_2 的坐标,这三点不一定就是节点,但若是节点,则可以用鼠标编辑功能在模型窗口中直接点选节点。P_0 点将被作为节点局部坐标系原点的坐标,P_1 为节点局部坐标系 x 轴上任意一点的坐标,P_2 用来确定节点局部坐标系 y 轴的正方向。P_1 和 P_2 连线方向与要得到的节点局部坐标系 y 轴的正方向的夹角小于 $90°$ 即可,矢量 P_1P_2 不一定平行于节点局部坐标系 y 轴。

在图 3-2c)中,通过两个矢量方向来确定节点局部坐标系。V_1 是以节点局部坐标系原点为起点的 x 轴方向的矢量,V_2 用来确定节点局部坐标系 y 轴的正方向。V_2 不一定与要得到的节点局部坐标系 y 轴的正方向平行,只要方向与其夹角小于 $90°$ 即可。

定义了节点坐标系的节点,其节点反力依据节点坐标系输出。

3.1.2 一般支承

一般支承的最一般的用法是用来约束边界节点的位移，也可用来约束结构内节点的某些自由度以达到某种特殊目的。

如图 3-3 所示的结构，用三维梁单元来模拟，荷载只有面内荷载。从图中可以看到，该计算模型如不考虑面外的倾覆问题，则只能在整体(全局)坐标系 XZ 平面内移动，是一个二维问题，这样我们就可以用一般支承功能约束所有节点的 Y 方向的平动自由度和绕 X 及 Z 轴转动的旋转自由度。当然也可以用模型＞结构类型＞X-Z 平面命令来达到同样的目的。

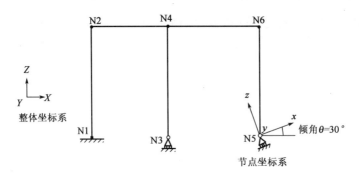

图 3-3　一般支承实例

将三维结构设置成二维结构后，那么每个节点就只有三个自由度：X 和 Z 方向的平动以及绕 Y 的转动自由度。节点 N1 处是固定支座，利用一般支承功能约束该节点的 X、Z 方向(整体坐标系)的平动以及绕 Y 的转动自由度。节点 N3 处是活动铰支座，仅约束其 Z 方向的平动。N5 处也是活动铰支座，但是该铰支座的活动方向与整体坐标系的 X 轴形成一个倾斜角。因此对该节点赋予约束条件时，在该节点上首先设置平行于支座活动方向的节点坐标系，而后利用一般支承功能约束沿节点坐标系 Z 方向的平动自由度。按角度法定义 N5 的节点坐标系，在绕 y 旋转角度处填写 30°，其他两个角度都为 0°即可。

	节点	Dx	Dy	Dz	Rx	Ry	Rz	组
	1	1	1	1	1	0	1	默认
	11	0	1	1	1	0	1	默认
*								

图 3-4　一般支承表格

也可以用一般支撑表格的方法定义一般支承边界条件。如图 3-4 所示，首先填写要施加一般支承边界条件的节点号，再依次填写 X、Y、Z 方向的平动以及绕它们转动的约束情况，约束填 1，不约束填 0，组是指该边界条件所在的边界组名称。若要施加边界条件的节点定义了节点坐标系，则此时填写的约束情况是在节点坐标系下的。

3.1.3 节点弹性支承

节点弹性支承为节点提供各个方向的(整体坐标系或节点坐标系)弹性支承。节点弹性支承分为线性、只受压、只受拉和多折线性 4 个类型。选择线性可为节点提供 xyz(节点坐标系，若没有在该节点定义节点坐标系，则为整体坐标系，下同)方向的平动以及绕它们转动的弹性约束，各个弹性约束的刚度值要求用户自己输入，输入 0 即表示没有约束。选择只受压(只受拉)则可为节点提供 xyz 方向的平动约束,但是当支反力为拉力(压力)时,该约束不起作用,相当于没有约束。选择只受压(只受拉)时需要用户输入刚度值和约束方向。约束方向可以用坐标轴的正负方向表示,也可用向量表示,比如向量(1,0,0)表示在 x 正向施加约束,向量(0,0,-10)表示在 z 轴负向施加约束。选择只受压(只受拉)时注意约束方向是很关键的,例如用只受压节点弹性支承模拟现浇支架时,混凝土重力方向为 $-z$,则只受压约束的方向应选择为 $-z$ 向,即地基在 $-z$ 向,此时支承才是受压的。

选择多折线性时,约束的刚度值可以是由多折线定义的,即可以是非线性的刚度(但是为弹性)。多折线分为非对称和对称两种类型:非对称时只可以输入 a~f 共 6 个点,各点的水平轴(位移轴)坐标要求依次增大,而各点竖轴的坐标要大于等于前面点的坐标值;对称时虽也是只输入 a~f 6 个点,但是由于对称相当于输入了 11 个点(对称点为原点),同样要求各点的水平轴坐标要求依次增大且大于 0,而各点竖轴的坐标要大于等于前面点的坐标值。定义多折线刚度时,超出给出的 6 个点(或 11 个点)定义范围部分的刚度保持最后一个刚度的斜率。如图 3-5 为两个填写实例。

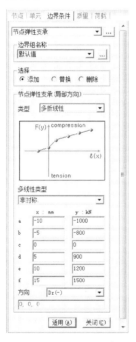 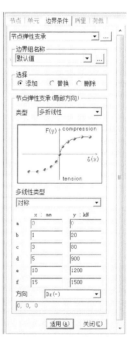

a) 非对称多折线性刚度　　　　　　　　b) 对称多折线性刚度

图 3-5　节点非线性弹性支撑

也可以用节点弹性支承表格来定义同样的边界条件,如图 3-6 所示,首先填写节点号,类型可以是一次方程(即线性)、只受压、只受拉和多线性,选择不同的类型填写的数据也不一样,在表中列出了所有数据项,不用填写数据显示为灰色,例如当选择多线性时,SDx 等刚度值是灰色的,不可填写。

通常在在整体坐标系下输入节点的弹性支承方向,如果节点已经定义了节点坐标系,则以节点坐标系为参照坐标输入弹性支承的方向。

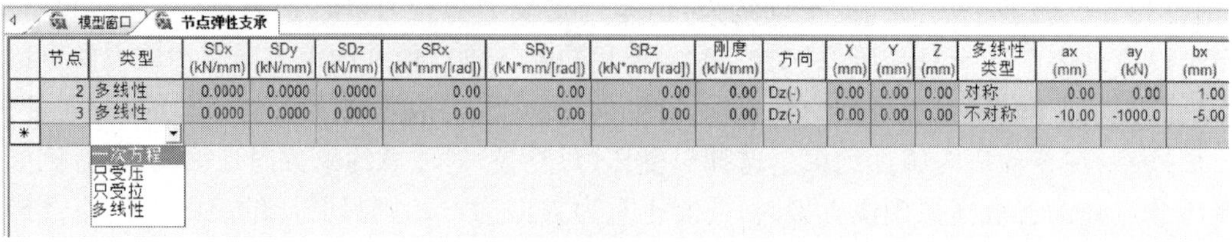

	节点	类型	SDx (kN/mm)	SDy (kN/mm)	SDz (kN/mm)	SRx (kN*mm/[rad])	SRy (kN*mm/[rad])	SRz (kN*mm/[rad])	刚度 (kN/mm)	方向	X (mm)	Y (mm)	Z (mm)	多线性类型	ax (mm)	ay (kN)	bx (mm)
	2	多线性	0.0000	0.0000	0.0000	0.00	0.00	0.00	0.00	Dz(-)	0.00	0.00	0.00	对称	0.00	0.00	1.00
	3	多线性	0.0000	0.0000	0.0000	0.00	0.00	0.00	0.00	Dz(-)	0.00	0.00	0.00	不对称	-10.00	-1000.0	-5.00
*																	

图 3-6 节点弹性支承表格

3.1.4 一般弹性支承

考虑各约束之间的耦合效果时可采用一般弹性支承，使用一般弹性支承前首先要通过模型>边界条件>定义一般弹性支承类型来进行定义。

例如对于柱式下部结构，如果想用弹性支承来模拟其对上部结构的作用，而且计算要求考虑柱的弹性约束耦合效果时可以应用一般弹性支承的功能来实现。此时定义柱的一般弹性支承类型可参考式(3-1)来定义。式中对角线以外的非零值即是考虑了某些自由度的相互影响、相互关联的效果。

$$\boldsymbol{K}=\begin{bmatrix} \frac{EA}{L} & 0 & 0 & 0 & 0 & 0 \\ & \frac{12EI_z}{L^3} & 0 & 0 & 0 & \frac{6EI_z}{L^2} \\ & & \frac{12EI_y}{L^3} & 0 & -\frac{6EI_y}{L^2} & 0 \\ & & & \frac{GJ}{L} & 0 & 0 \\ & \text{对称} & & & \frac{4EI_y}{L} & 0 \\ & & & & & \frac{4EI_z}{L} \end{bmatrix} \tag{3-1}$$

式中：E——柱材料的弹性模型；

G——柱材料的剪切弹性模型；

I_y、和 I_z——柱截面抗弯惯性矩，使用时注意方向；

J——柱截面抗扭惯性矩；

A——柱截面面积；

L——柱长。

需要注意的是，更精确更好的模拟下部结构以及基础的方法就是建立下部结构模型，并且考虑上下部结构的连接(如支座)、考虑地基的影响(比如对桩基础，用节点弹性支承考虑桩土相互作用，或直接建立桩和土单元)。

3.1.5 面弹性支承

面弹性支承是通过输入单位面积对应的弹簧刚度，自动生成板单元的多节点弹性支承或弹性连接单元。例如，对于板单元(或实体单元)类型的地基基础等构件定义边界条件时，需要对所有与地基接触的节点定义弹性支承边界条件。此时,每个单元的大小都将影响每个弹簧的刚度。手动定义弹簧单元是非常不方便的。可通过此功能只输入单位面积对应的地基弹性刚度,即可自动生成多节点的弹性支撑,并自动计算每个弹簧的弹簧刚度。

面弹性支承有两类:一是转换为节点弹性支承,二是分布弹性支承。二者的区别是,选择前者则只能自动将节点弹性支承或弹性连接定义在已有的节点上,并且自动转换为节点弹性支承或弹性连接;选择后者时才是真正的"面"弹性支承,面弹簧可定义在单元上,即非节点处也有弹性支承。如图 3-7 所示,在相同荷载作用下,两种类型约束导致结构的变形是不同的,但是当节点间的距离较小、单元尺寸较小时,两者的差别不大。

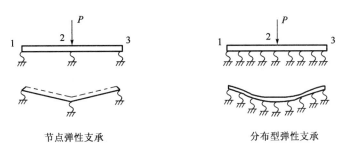

图 3-7 面弹性支承的两个类型

选择"转换为节点弹性支承"后又有两个选择,一是节点弹性支承,二是弹性连接。前者与前述节点弹性支承完全相同;后者是定义了一个弹性连接单元,单元的两个节点中一个是被约束节点,另一个在地基上固结,详细内容可参考下节所述的弹性连接。

下面列举实例说明面弹性支承的用法。实例 1 是一个 1m×1m×1m 的混凝土块(是其他结构的基础),置于地面上,地基反力系数(基床系数)为 60000kN/m³。表 3-1 给出了非岩石地基的地基反力系数,模拟地基作用时可参考。模拟该混凝土块与地基的连接步骤如下。

地 基 反 力 系 数　　　　表 3-1

地 基 种 类	地基反力系数(kN/m³)	地 基 种 类	地基反力系数(kN/m³)
软弱黏土	12000~24000	黏土砾砂土	48000~96000
中性黏土	24000~48000	黏土中密砂	32000~80000
硬黏土	48000~112000	密砂	64000~130000
松散砂	4800~16000	硬密砂	80000~190000
中密砂	9600~80000	泥砾砂	80000~190000
中性泥砂土	24000~48000		

(1)执行命令模型>边界条件>面弹性支承,得到如图 3-8 所示的对话框。

(2)面弹性支承的类型选择了"转换为节点弹性支承中的节点弹性支承"。当然也可以选择分布弹性支承,或"转换为节点弹性支承中"的弹性连接。

(3)先选择实体单元(可以一次选多个),然后在面弹性支承的单元类型中选择实体(面),

这样仅从右边的下拉条中选择合适的面即可。选中的面会像图 3-9 那样显示出虚框线（没有文字说明）。在单元类型中选择实体（节点）也可，但需要选择所有需要施加约束的节点，而且这些点必须在一个或几个单元的面上，一旦某个面上选择了一个节点，那其余也必须都选上，稍显麻烦。

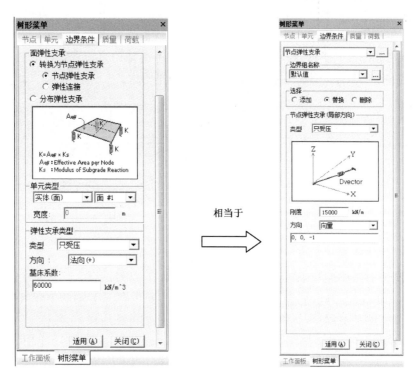

图 3-8 面弹性支承实例 1

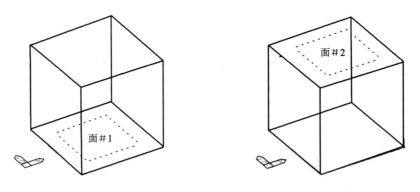

图 3-9 实体单元面号

（4）弹性支承类型选择只受压，对直接置于地基上的基础应该选择只受压类型。

（5）支承方向选择了面 #1 的正法向，其效果相当于在向量 (0, 0, −1) 方向施加了约束。

（6）基床系数填为地基反力系数 60000kN/m³。单击"适用"，完成约束的施加。

上面的操作在树形菜单的工作属性页中显示为图 3-8 右侧所示的节点弹性支承。其刚度自动计算后为 15000kN/m。刚度的计算方法如图 3-10 所示,图中一块方形板(或实体单元的面)置于地基上,用 4 个节点弹性支承模拟地基反力时,每个节点的有效面积为方板的 1/4。刚度 K 的计算方法为:

$$K = 基床系数 \times 有效面积 \tag{3-2}$$

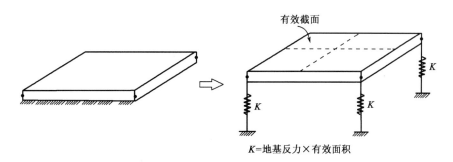

图 3-10 节点有效面积

此例中接触面为 1m×1m,共 4 个节点支承,则每个节点下的弹簧刚度为:

$$K = 60000 \times (0.5 \times 0.5) = 15000$$

若类型选择的是分布弹性支承,则树形菜单的工作属性页中显示为面弹簧,其面弹性支承表格如图 3-11 所示。

单元	类型	分布类型	局部坐标轴	面	边	宽度(m)	弹簧类型	基床系数和(kN/m^3)	组
2	实体单元	实体(面)		面 #1			只受压	60000.00	默认
*									

图 3-11 面弹簧表格

实例 2 为一梁置于地基上,用分布弹性支承模拟地基的支承作用。步骤如下:

(1) 执行命令模型>边界条件>面弹性支承,得到如图 3-12 所示的对话框。

(2) 选择分布弹性支承,单元截面中类型为杆系,弹性支承方向为局部坐标系 z 轴方向,宽度为 0.5m,弹簧类型为只受压,基床系数 80000kN/m^3。对杆系单元要输入支承的宽度,在此为接触面的宽度。在分布弹性支承中,支承的方向明确为局部坐标系,在此即单元坐标系。所以,如需要支承的杆系单元的单元坐标系不同,则需要分别定义分布弹性支承。

上面的问题当选择为"转换为节点弹性支承中的节点弹性支承或弹性连接"时,计算结果与分布弹性支承计算结果稍有差异。用分布弹性支承模拟地基,实际上地基就是弹性地基,使用的是文克尔(Winkler)弹簧模型。

3.1.6 整体式桥梁弹簧支承

中文版程序的在线帮助中没有此项,此处也不予介绍。感兴趣的读者可参阅程序的英文版的在线帮助。

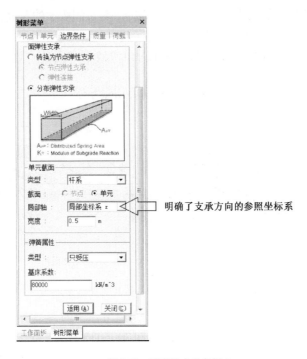

图 3-12 面弹性支承实例 2

3.1.7 弹性支承注意事项

弹性支承一般用来模拟地基对桥梁结构的作用,下面是一些注意事项:

(1)在分析阶段需要整合各构件的刚度矩阵,有时节点的某一自由度方向上由于缺少刚度成分将可能出现奇异(Singular Error)。为了防止发生这种错误,可在该方向上设置弹性支承,其刚度大小约取为 0.0001~0.001 倍的其他典型弹性支承的刚度值。软件为了防止上述奇异,自动赋置刚度大小不影响计算精度范围的弹性支承。即便如此,最好还是在整个结构缺乏约束的方向施加必要的约束,施加此约束的节点选择的原则也是尽量不影响计算精度。

(2)在面弹性支承中,弹性支承的刚度可以由基床系数与有效支承面积的乘积来确定,在计算节点弹性支承的刚度时可以参考该方法。表 3-1 给出了一些常见非岩石地基的基床系数的范围,具体取值应该由试验确定,在没有条件时可以参考附近地质勘探报告以及相关规范确定,或根据实际情况参考表中数值。比如地基对结构的影响非常重要,此时可以按表取基床系数的下限以策安全。

(3)弹性地基一般认为由相互独立的土弹簧构成,对直接置于地面或浅埋扩大基础,用面弹性支承或节点弹性支承比较合适。通常情况下,用非线性弹性支承更能反映地基作用的实际。桩基顶部的平动位移和转角是耦合的,并且其顶部变形受本身刚度以及地基的影响都很大。若不建立桩模型而用一般弹性支承模拟桩基时,各刚度计算要考虑桩基本身也要考虑地基情况。对桩基另外的模拟方法是建立桩模型,并以节点弹性支承模拟地基的水平作用和竖向作用,但支承刚度的计算需要根据相关规范确定。用弹性支承的方法模拟群桩时,要考虑群桩效应,也可以将群桩作为复合地基考虑。

第3章 边界条件

3.2 连接单元

连接单元主要用于结构与基础、结构两部分之间或杆件与杆件间连接的特殊单元,也称为边界单元。在 midas Civil 中连接单元主要有弹性连接单元和一般连接单元。弹性连接单元是把两个节点按用户所要求的刚度连接而形成的有限计算单元,在桥梁结构中的上部结构和下部桥墩之间的垫板、弹性地基梁下地基的接触面等都可以利用弹性连接单元建立计算模型。一般连接主要用于模拟减隔振装置、塑性铰和地基弹簧等。

3.2.1 弹性连接

弹性连接就是在两个节点之间建立弹性连接单元。虽然对两个节点可以利用桁架单元或梁单元连接,但这些单元不能充分反映各轴向及旋转方向的刚度。弹性连接单元具有 6 个参数,即 3 个轴向位移刚度值和 3 个沿轴旋转的转角刚度值,这六个刚度值以弹性连接单元单元坐标系为参考坐标系。弹性连接的定义如图 3-13 所示,执行的命令参考图 3-1。

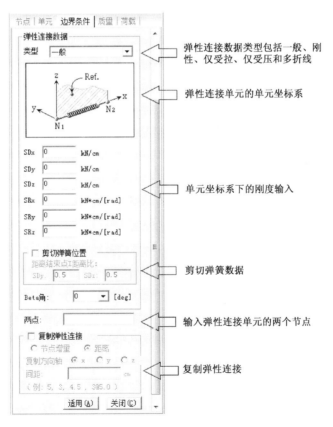

图 3-13 弹性连接定义

弹性连接单元有 5 种类型可以选择,包括一般、刚性、仅受拉、仅受压和多折线。单元坐标系在定义对话框中会显示(图 3-13),与其他线单元的单元坐标系相同,β 角的含义也相同,用来定义单元坐标系 y、z 轴的方向。

选择一般类型时,单元的 6 个刚度值都可以由用户自定义,不过这些刚度值的计算有时是较困难的。选择刚性类型,则连接刚度为整个模型中最大刚度的 10^6 倍。选择仅受拉或仅受压类型时,只需填写轴向的刚度。选择多折线类型时,弹性连接是非线性弹性,同时可以选择力-位移曲线为对称或不对称。弹性连接意味着单元加载和卸载沿着相同的曲线,没有能量的耗散。选择多折线类型时,每次只能定义一个方向(平动或转动)的刚度曲线。

另外还有一个可选项"剪切弹簧位置",这是只有在选择的类型中具有剪切刚度时才有意义的选项(即剪切型弹性连接才有),该项主要为了考虑弹性连接两端因剪力传递的弯矩而设。当弹性连接两端作用有弯矩和剪力时,弯矩通过弹性连接的旋转刚度传递,而剪力引起的弯矩则通过定义的剪切弹簧位置并经过计算后进行传递。假设弹性连接一端作用有一个剪力 F_z,如果勾选剪切弹簧位置选项,则剪力传递到弹性连接的另一端的同时,在另一端产生一个附加弯矩(即两端点的弯矩差值)$M=F_z \times$ 弹簧长度(此处的弹簧长度指弹性连接单元的两节点之间的距离),该弯矩与剪切弹簧的具体位置无关;如果不勾选该项,则剪力 F_z 传递到弹性连接的另一端,但在另一端不会产生附加弯矩,即此时剪力和弯矩相互独立,连接单元的两端点弯矩相同。

在定义剪切型(即具有单元坐标 y 或 z 方向的剪切刚度)弹性连接后,还需要指定剪切弹簧的具体位置,该位置用距离比的方式给出。"距离结束点 I 的距离比"后有 SDy 和 SDz 需要填写来确定剪切弹簧位置:在 SDy 中填入局部坐标系 y 轴方向的剪切弹簧位置(该位置到弹性连接 I 端的距离与单元长度之比);在 SDz 中填入局部坐标系 z 轴方向的剪切弹簧位置。这里的 I 端指弹性连接单元的起点(即 $I \rightarrow J$ 为单元坐标系 x 轴的正向)。剪切弹簧的位置影响的是荷载作用点的剪切荷载方向的位移,这个位移由 4 部分组成:

(1)荷载作用点在剪切荷载作用下的位移 δ_1。
(2)荷载作用点在剪切荷载作用下,由于节点转角位移引起的位移 δ_2=转角×单元长。
(3)弹性连接单元剪切变形引起的位移 δ_3=剪切荷载/弹性连接在该方向上的剪切刚度。
(4)弹性连接单元转动引起的位移 δ_4=弯矩/弹性连接在相应方向上的转动刚度×距离。此处弯矩=剪切荷载×距离,距离为荷载作用点到剪切弹簧具体位置的距离。

计算前三项位移之和可以通过让上述第 4 项中的距离为 0 来确定,再让第 3 项中的剪切刚度为无穷大就确定了前两项的位移值之和。下面给出一个一般类型弹性连接计算荷载作用点位移的实例,其具体定义内容可通过图 3-14 所示的弹性连接表格反映(也可以直接用表格定义),图中"节点 1"为 I 端。水平剪切荷载为 10kN(单元坐标系的 z 向),单元长度均为 1m,剪切荷载方向的位移计算结果如图 3-15 所示。

号	节点1	节点2	类型	角度	SDx (kN/m)	SDy (kN/m)	SDz (kN/m)	SRx (kN*m/[rad])	SRy (kN*m/[rad])	SRz (kN*m/[rad])	剪力弹性支承位置	距离比SD y	距离比SD z	组
1	2	3	一般	0.	100.0000	100.0000	100.0000	100.00	100.00	100.00	✓	0.00	1.00	默认
2	5	6	一般	0.	100.0000	100.0000	100.0000	100.00	100.00	100.00	✓	0.00	0.00	默认
3	8	9	一般	0.	100.0000	100.0000	100.0000	100.00	100.00	100.00	✓	0.00	0.10	默认
4	11	12	一般	0.	100.0000	100.0000	100.0000	100.00	100.00	100.00	✓	0.00	0.50	默认
5	14	15	一般	0.	100.0000	100.0000	100.0000	100.00	100.00	100.00	✓	0.00	0.80	默认
6	17	18	一般	0.	100.0000	100.0000	100000.00	100.00	100.00	100.00	✓	0.00	1.00	默认

图 3-14 弹性连接定义表格

第3章 边界条件

根据图 3-14 中刚度和距离比的定义,从图 3-15 的 6 号柱位移可以看出此时构成上述总位移的前两项位移为 0,从 1 号柱位移可以看出第 3 项产生的位移为 0.1(与计算式计算结果相同,因为距离比为 1 所以第 4 项为 0)。其他柱的位移均为第 3 和第 4 项之和,计算如下。

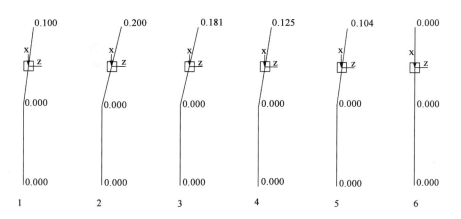

图 3-15 荷载作用下的位移

2 号柱:距离 $=(1-0)\times 1=1$,位移 $=0.1+10\times 1/100\times 1=0.2$;
3 号柱:距离 $=(1-0.1)\times 1=0.9$,位移 $=0.1+10\times 0.9/100\times 0.9=0.181$;
4 号柱:距离 $=(1-0.5)\times 1=0.5$,位移 $=0.1+10\times 0.5/100\times 0.5=0.125$;
5 号柱:距离 $=(1-0.8)\times 1=0.2$,位移 $=0.1+10\times 0.2/100\times 0.2=0.104$。

3.2.2 一般连接

一般连接单元主要用于结构的消能、隔振的动力非线性分析中。一般连接单元由连接两个节点的 6 种弹簧构成,如图 3-16 所示,包括一个构件轴方向的弹簧、两个剪切弹簧、一个扭转弹簧以及两个弯曲弹簧。其中只能对一部分弹簧选择使用。各弹簧基本上拥有线性特性,用户还可根据分析的需要进行选择来赋予其非线性特性。

一般连接单元与梁单元具有相同的单元坐标系。定义时首先要用命令模型>边界条件>一般连接特性值来定义命名的一般连接,然后用命令模型>边界条件>一般连接来将刚定义的一般连接将两个节点连接起来,还可以用模型>边界条件>修改一般连接特性值来修改。

在定义一般连接特性时,可选单元型和内力型。单元型又包括三种类型:弹簧、线性阻尼器以及弹簧和线性阻尼器。内力型包括:黏弹性消能器、间隙、钩、滞后系统、铅芯橡胶支座隔振装置以及摩擦摆隔振装置等 6 种类型。这些类型的一般连接

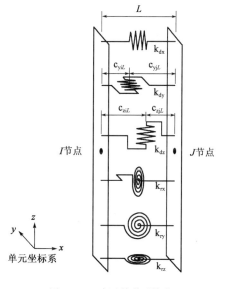

图 3-16 一般连接单元构成

会在以后的章节详细介绍（单元型在 10.3.5 节、13.3.3 节和 13.6.1 节中介绍，内力型在 13.8 节中介绍），下面仅通过实例就单元型中的线性弹簧做简单介绍。

首先定义弹簧的特性值，如图 3-17 所示。在图中，先给出名称，然后选择作用类型为单元。在线性特性值中将 6 个弹簧的刚度均填写为 100，剪切弹簧支承位置中的 D_y 和 D_z 均填写为 0.5。其他内容不填写。

其次建立与图 3-15 中 4 号柱完全一样的模型，只是将弹性连接单元换成上面定义的一般连接弹簧。施加同样的荷载，比较两者的位移结果。

从计算结果来看，这里的计算结果（图 3-18）与弹性连接的结果完全一样，说明一般连接中的弹簧如忽略其他特性而只给出线性特性值中弹簧的刚度时，其效果与弹性连接相同。剪切弹簧支承位置的含义与弹性连接中的"剪切弹簧位置"也是相同的。

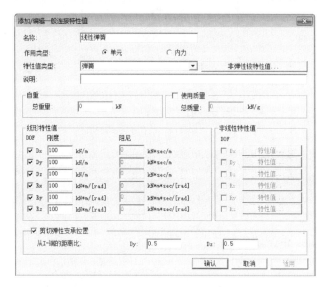

图 3-17 一般连接中的弹簧定义

图 3-18 位移结果

3.3 其他边界条件

midas Civil 中讲的边界条件是广义的边界条件，包括了结构在地基上的支承条件和结构各部之间的连接条件。前两节分别介绍了支承边界条件和连接单元，本节将介绍刚性连接、有效宽度系数、自由度释放、刚域、线性约束和约束标志方向等其他边界条件。

3.3.1 刚性连接

刚性连接实际上就是定义主从节点，用来束缚结构物之间的相对几何移动。强制某些节点（从节点）的某些自由度从属于某节点（主节点），包括从节点的刚度分量在内的从节点的所有属性（节点荷载或节点质量）均将转换为主节点的等效分量。

从节点的某些自由度被束缚于主节点，就是说这些从节点在这些被束缚的自由度上的位移与主节点相应自由度位移相等。主从节点的定义是通过约束方程的方法实现的，比如要让 2 和 3 号节点的绕 X 轴的转动位移从属于 1 号节点，则相当于在平衡方程中加入约束方程

$RX_2=RX_3=RX_1$,其中 RX_i 为 i 节点的绕 X 轴的转角。定义主从节点时节点的自由度必须是在整体坐标系下。定义主从节点的方法是：

首先，在模型窗口中选择一个或多个从节点。注意已经是被其他刚性连接定义为主节点的节点不能再被指定为从节点，一个从节点也不能从属于一个以上的主节点。

其次，执行模型＞边界条件＞刚性连接命令，得到如图 3-19 所示的对话框，指定主节点，再选择要连接的自由度，最后点击[适用]按钮。也可以先指定主节点、选择要连接的自由度，再选择从节点，最后点击[适用]按钮。

从图 3-19 中可以看到，刚性连接的类型有 4 种：刚体、平面 XY、平面 YZ 和平面 XZ。

刚性就是主节点和从属节点以三维刚体约束方式连接而成的形式，各节点之间将保持一定的距离。主节点与从属节点之间的相互约束方程式如下：

$$D_{Xs} = D_{Xm} + R_{Ym}\Delta Z - R_{Zm}\Delta Y$$
$$D_{Ys} = D_{Ym} + R_{Zm}\Delta X - R_{Xm}\Delta Z$$
$$D_{Zs} = D_{Zm} + R_{Xm}\Delta Y - R_{Ym}\Delta X$$
$$R_{Xs} = R_{Xm} \quad R_{Ys} = R_{Ym} \quad R_{Zs} = R_{Zm} \quad (3-3)$$
$$\Delta X = X_m - X_s \quad \Delta Y = Y_m - Y_s \quad \Delta Z = Z_m - Z_s$$

式中：D_{Xs}、D_{Ys}、D_{Zs}——从节点分别在 X、Y 和 Z 方向的平动位移；
R_{Xs}、R_{Ys}、R_{Zs}——从节点分别绕 X、Y 和 Z 轴转动的转角位移；
D_{Xm}、D_{Ym}、D_{Zm}——主节点分别在 X、Y 和 Z 方向的平动位移；
R_{Xm}、R_{Ym}、R_{Zm}——主节点分别绕 X、Y 和 Z 轴转动的转角位移；
X_m、Y_m、Z_m——主节点的坐标；
X_s、Y_s、Z_s——从属节点的坐标。

从约束方程可以看出，刚性连接的类型选择刚性类型时，从节点的所有自由度都被束缚。

平面 XY、平面 YZ 和平面 XZ 类型就是主节点和从属节点在同 X-Y 平面 Y-平面及 Z-X 平面相平行的平面上以平面刚体约束方式连接而成的形式。这种连接后，投影到平面上的各节点之间将保持一定的距离。

图 3-19 定义刚性连接

选择平面 XY 后的主节点与从属节点之间的相互约束方程式如下：

$$D_{Xs} = D_{Xm} - R_{Zm}\Delta Y$$
$$D_{Ys} = D_{Ym} + R_{Zm}\Delta X \quad (3-4)$$
$$R_{Zs} = R_{Zm}$$

选择平面 YZ 后的主节点与从属节点之间的相互约束方程式如下：

$$D_{Ys} = D_{Ym} - R_{Xm}\Delta Z$$
$$D_{Zs} = D_{Zm} + R_{Xm}\Delta Y \quad (3-5)$$
$$R_{Xs} = R_{Xm}$$

选择平面 XZ 后的主节点与从属节点之间的相互约束方程式如下：

$$D_{Zs} = D_{Zm} - R_{Ym}\Delta X$$
$$D_{Xs} = D_{Xm} + R_{Ym}\Delta Z \quad (3-6)$$
$$R_{Ys} = R_{Ym}$$

另外还可以单独选择某一个平动或转动自由度施加约束,比如单独勾选图 3-19 中的 DX 项,则在主节点与从属节点之间的相互约束方程式为 $D_{Xs}=D_{Xm}$。

建立约束方程后,在求解方程之前就消去从属自由度,用相应的主自由度代替,这样就减少了自由度数目和方程的求解规模。

建立结构计算模型时,可以利用刚体连接功能,减少结构的自由度个数,达到有效地缩短计算时间目的。例如作结构分析时,如果利用板单元建立楼板结构的计算模型,每一层结构模型都将需要输入大量的计算节点。即使单考虑平面内的自由度,就需要增加节点数×3 的自由度个数。如果需要建立几个层的楼板结构的计算模型,软件有可能超出其计算节点数,或者需要花相当长的时间来分析结构。通常结构的计算时间是和结构自由度数的平方成正比的,因此作结构分析时,应尽一切可能采用减少自由度个数的方案。

图 3-20 给出了一个刚性连接中的刚性类型应用的例子。该例是把方管结构利用两种单元建立计算模型,在需要精确分析的部位采用了板单元,并用较精细的网格划分单元,而在不需要精确分析的部位采用了梁单元,并把梁单元放置到方管的轴线上。为了保证精确分析部位端部的分析精度,并减少从节点的数量,还在精细板单元网格与梁单元之间建立了较粗网格的过渡段。梁单元和板单元利用刚性连接中的刚性类型连接,主节点在梁单元上,从节点在板单元上。本例当然也可以全用板单元模拟,在精细分析部位细分网格,而在不关心应力大小或不需精细网格就能足够反应受力状态的部位采用较粗糙的网格,但是这样建模后的总的自由度数也是较多的。两种方法都能满足计算需要的情况下,显然前者更经济。

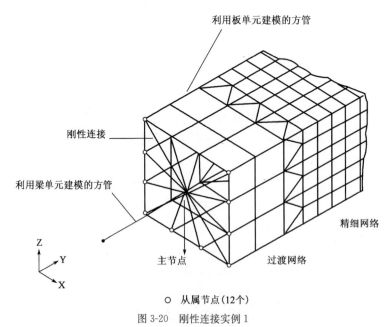

图 3-20 刚性连接实例 1

图 3-21 给出了一个刚性连接中的平面 XZ 类型应用的例子。该例是两个截面大小不同的柱偏心连接,两根柱都用梁单元模拟,两根柱的模型均在 XZ 平面内。为了考虑其偏心效

果,将从节点在 XZ 平面内的两个平动自由度以及绕 Y 轴转动的自由度连接到主节点上。

在任意平面内采用刚性连接功能时(图 3-21),必须至少做到约束平面内的两个方向的平动位移和沿垂直于该平面的轴旋转的转角位移。同样要求做到图 3-20 所示的所有方向上的自由度成分进行刚体连接时,必须做到约束全部的 6 个自由度。

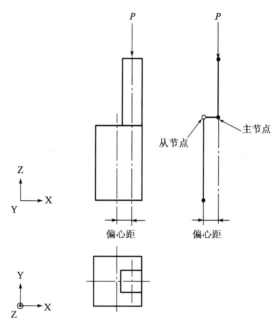

图 3-21 刚性连接实例 2

3.3.2 有效宽度系数

对混凝土 T 梁和箱梁,由于剪滞效应会使翼缘板、顶板或底板的同一高度上正应力分布不均。用梁单元模拟这些结构时,需要对计算出的应力加以修正,即考虑翼缘板、顶板或底板的有效宽度,对截面惯性矩进行相应的调整,最后进行应力计算。该功能对内力计算没有影响,仅对应力计算时,取用调整后的截面特性。

关于有效宽度系数在 2.6.7 节的"预应力混凝土(PSC)桥梁建模助手"中已经介绍,在线帮助手册中也有说明,这里不再赘述。

3.3.3 释放端部约束

单元与单元之间是通过节点连接的,一个单元上的荷载能否传递到相邻单元,是根据单元的自由度和端部约束条件而建立的。这里所谓的端部约束条件就是指单元自由度的约束情况,所以释放端部约束又称为释放自由度。利用单元端部释放功能就可以建立单元的约束条件。在已经释放约束的自由度上不存在相应的固端力,相应自由度上单元的刚度矩阵对结构总体刚度矩阵也没有贡献。可以利用单元端部释放功能的单元有梁单元和板单元。

下面以空间梁单元为例说明释放端部约束的实质。梁单元每个节点有 6 个自由度,默认这些自由度都是约束的,即相邻梁单元在公共节点处是刚接的。若释放掉某个单元某一个节

点的绕 y 轴(释放的是单元坐标系下的自由度)转动的自由度,那么该单元上的弯矩 M_y 就不会传递到与该单元公用此节点的单元上。这就相当于在 R_y 这个自由度上两紧邻单元没有"共节点"一样。从这个角度来说,我们也可以用"节点自由度耦合"方法达到释放端部约束的目的:先建立两个距离很近的节点,然后分别以这两个节点建立不同的梁单元,那么这两个单元之间应该没有任何端部约束条件,但可以通过将这两个节点刚性连接起来的方法建立端部约束条件,如建立的刚性连接没有连接 R_y 自由度,那么就相当于释放掉了 R_y 自由度。

梁单元两个节点的所有自由度都可进行单元端部释放。释放时还可以填写残留刚度来达到形成部分连接结构形式的目的。如果在梁单元的两节点上释放所有旋转自由度上,结构将形成桁架单元结构形式。图 3-22 为释放梁端部约束的对话框及实例。

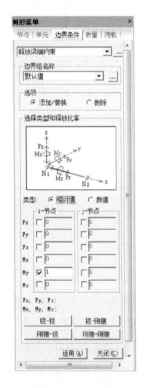
a) 用相对值表示刚度

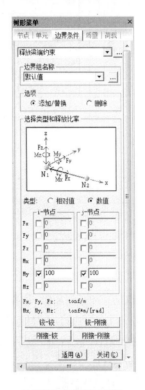
b) 用绝对数值表示刚度

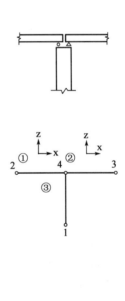
c) 释放梁端部约束示例

图 3-22 释放梁端部约束

在图 3-22 中,如想释放掉某个自由度或约束,就勾选该自由度或约束即可。勾选后还可以在其后输入释放后残留的约束能力(刚度)。释放后残留的约束能力可以用相对值表示也可以用绝对数值表示,当选择"相对值"时,输入释放后残留的约束能力的百分比,输入 1 就表示没有释放,输入 0 就表示完全释放;当选择"数值"时,输入释放后残留的约束能力的绝对数值大小。

图 3-22c)给出了一个释放梁端部约束的实例。实例取自一上承式拱桥的桥面系,立柱支撑于拱肋上,立柱上为多跨简支梁,要建立拱桥的全桥模型,需要模拟两孔简支梁在立柱支承时的受力情况。因为是简支梁,立柱上都是铰支座,所以单元①和单元②在节点 4 处的 M_y 均释放;因为单元①在节点 4 处还是活动的,并且单元①和单元②在柱顶不连续,所以还应释放

单元①在节点4处的平动自由度F_x。此处忽略了支座对立柱的偏心作用。

构成板单元的3至4个节点上,除了沿垂直于平面的轴旋转的自由度以外,在所有的自由度方向上都可以输入单元端部释放。如果在形成板单元的所有节点上输入平面外弯曲自由度方向的单元端部释放,结构将形成平面应力单元的结构形式。

执行释放单元端部约束命令时,应特别注意:

(1)利用单元端部约束释放和主从节点一样可以方便地实现梁单元之间的半铰、全铰和局部间断等情况。但主从节点之间的约束是相对于结构整体坐标的,而释放自由度是相对于单元坐标系的。如果单元处在整体坐标系里,应该特别注意释放约束的节点与单元坐标系之间的关系,以保证释放的是正确的自由度。

(2)当释放节点的约束不恰当时有可能发生奇异,因此必须充分理解整体结构的受力特征。

3.3.4 刚域

实际结构在端部存在偏心距或在梁柱交接处形成刚性域,如不考虑刚性域的影响,将导致实际变形和内力比计算结果小。midas Civil 软件为了考虑这种刚性域的效果,采取了以下两种解决问题的方法:

第一种方法是程序根据梁柱的尺寸自动考虑刚域效应。第二种方法是用户定义"刚域"范围或梁端部偏移量(节点偏心)。

1)自动考虑刚域效应

操作命令:主菜单>模型>边界条件>刚域效果。执行后弹出如图3-23所示的对话框。

在图3-23中,选择"考虑刚域效果",程序将基于构件尺寸的长度,自动计算刚域长度。

假设在刚性域内不存在弯曲变形和剪切变形时,影响弯曲变形和剪切变形的刚架的有效计算长度(即柔性杆长度)应该取为:

$$L_1 = L - Z_F(R_i + R_j) \tag{3-7}$$

式中:L——单元总长度,如图2-13所示;

R_i——刚架i端的偏移距离,如图3-24所示;

R_j——刚架j端的偏移距离;

Z_F——刚域修正系数。

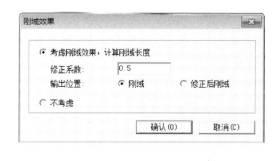

图 3-23 刚域效果对话框

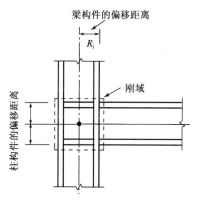

图 3-24 梁柱结合部产生的刚域

研究表明，若 $Z_F=1$，则所做分析会低估计结构的挠度，因此修正系数的取值范围为 0～1 之间，目的是减少刚域的长度，一般可取 0.5。

当选择"输出位置=修正后刚域"时，自重、分布荷载的大小及构件内力的输出位置取决于经修正系数调整后的距离。如果选择"输出位置=刚域"时，自重、分布荷载的大小及构件内力的输出位置取原节点区边缘(对梁，为柱的内侧面；对柱，为梁的下翼缘)。输出位置选择"修正后刚域"，并且修正系数取为 1 时，将相同于选择"刚域"命令；选择"修正后刚域"，并且修正系数取为 0 时，将相同于不考虑刚性域影响。总之，自重、分布荷载的大小及构件内力的输出位置总是在刚域外端处，在刚域内不计自重和分布荷载。

关于梁、柱构件的刚性域自动计算的方法，一般我们使用该功能时不必去管它，如确实需要知道是如何算的，可参考软件的在线帮助手册。使用刚域效果时应注意以下几点：

(1) 只有在梁和柱的构件连接部位考虑刚性域的作用。所谓柱构件就是指平行于 Z 轴方向的梁单元，梁构件就是指整体坐标系的 X、Y 轴形成的平面上布置的梁单元。所以刚域效果只能考虑梁构件和柱构件正交的情况。

(2) 刚性域不影响刚架的轴向变形和扭转变形，因此当计算轴向刚度和抗扭刚度时利用单元的全长 L 值(轴间距)。而计算单元的抗剪刚度和抗弯刚度刚度时，使用构件的修正后的计算长度 L_1 值。

(3) 输出位置选择"刚域"时，则修正系数只调整构件的有效计算长度，而不影响内力输出位置。

(4) 当柱端或梁端部的连接节点上输入释放自由度的条件而形成铰连接时，在该点上不考虑刚性域的作用。

2) 自定义设置梁端偏心

操作命令：主菜单＞模型＞边界条件＞设定梁端部刚域。执行后弹出如图 3-25 所示的对话框。

输入偏心距(梁端刚域长度)时，可以选择的类型有整体坐标系和单元坐标系。前者主要用于输入连接处的偏心距。后者主要应用于输入轴向的偏心距。

若选择整体坐标系，当计算单元的刚度、分布荷载跨度和自重时，对有刚域的单元仅使用单元的柔性部分，即使用两节点间的长度扣除刚域长度后作为单元的有效长度，在刚域内部分不计入刚度、分布荷载以及自重的计算。确定构件的内力输出位置或释放节点约束时的跨度也依据构件净跨度，即相关单元应扣除刚域长度。图 3-26 给出了一个节点各个坐标轴方向的偏心取值方法。

若选择单元坐标系，当计算单元的刚度、构件的内力输出位置和释放节点的自由度时与刚域效果功能中选择"刚域"命令达到的效果相同。此时，确定构件内力输出位置以及释放节点自由度时的跨度依据构件的净跨(即扣除刚域长度后的跨度)。计算分布荷载跨度和自重时，不扣除刚域长度，这时与刚域效果功能中选择"修正后刚域"命令，并让刚性域修正系数取为 0 时的效果一致，即对分布荷载和自重来说相当于没有定义刚域。

当柱端或梁端部的连接节点上输入释放自由度的条件而形成铰连接时，在该点上仍然考虑刚性域的作用，这与刚域效果功能是不同的。

3.3.5 线性约束

建立约束点(主节点)自由度和自由点(从属节点)自由度之间的约束关系方程，这里的约束点和自由点可以是模型中的任意点。其对话框如图 3-27 所示。

第3章 边界条件

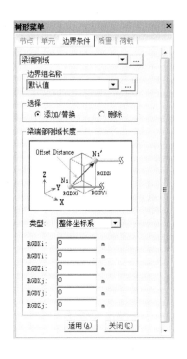
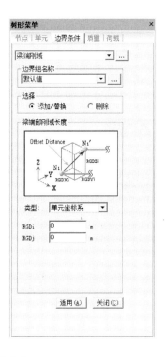

图 3-25 梁端刚域的自定义

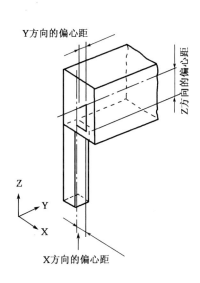

图 3-26 梁和柱的偏心连接

图 3-27 线性约束

第4章 荷载与分析控制

4.1 荷载

midas Civil 的荷载菜单包括各种静力荷载、动力荷载、温度荷载及施工阶段分析、移动荷载分析、水化热分析和几何非线性分析所需数据的输入功能等。本节只介绍部分静力荷载,其他类型的荷载会在后续章节用到时再详细介绍。

在 midas Civil 程序中做静力分析的步骤如下:
(1)在荷载>静力荷载工况中建立静力荷载工况名称。
(2)使用荷载菜单中的各种静力荷载输入功能输入荷载。
(3)当结构模型中有几何非线性单元时,需要在荷载>由荷载组合建立荷载工况中将建立的荷载组合生成荷载工况,然后在分析>主控数据中输入收敛条件。
(4)在分析过程中需要考虑 $P-\Delta$ 效应时,需要在分析>P-Delta 分析控制数据中输入收敛条件和计算几何刚度所需的荷载工况和荷载系数。
(5)点击分析>运行分析菜单或点击运行分析图标。

分析过程和结束的信息将显示在信息窗口中。分析成功结束之后,可以使用荷载工况和荷载组合在结果菜单中查看各种分析结果。

4.1.1 静力荷载工况

荷载必须属于某个荷载工况,分析结束后可在结果>荷载组合中相互组合这些分析结果。静力荷载工况的类型较多(图 4-1)。

在荷载组合命令中将根据各国设计规范中的规定,使用列表自动生成荷载组合。因为自动生成荷载组合的依据为静力荷载的类型,所以当用户使用自动生成的荷载组合时,需要在此正确选择荷载工况类型。遇到不常用的荷载类型,可在表中输入"用户定义的荷载"。自动生成荷载组合时不考虑用户自定义的荷载工况类型,需要用户手动调整荷载组合。

如不按规范自动生成荷载组合,定义荷载时到底选择属于哪个荷载工况类型一般没有太大的关系。在进行施工阶段分析时,程序内部将自动生成多个荷载工况(包括恒荷载、施工阶段荷载等)。故在定义荷载类型时,midas Civil 建议将施工阶段中激活的自重、二期恒载、预应力、临时荷载等的荷载类型定义为"施工阶段荷载(CS)",以防止在使用自动生成荷载组合时可能导致的重复考虑以上荷载。施工阶段荷载(CS)类型只在施工阶段分析中会被使用,对于施工阶段分析后的成桥阶段模型,该荷载不会发生作用,不论是否被激活。故在施工阶段中的激活和钝化的荷载一定要定义为施工阶段荷载(CS)。

关于荷载组合将在第 5 章介绍。

4.1.2 自重

midas Civil 对结构的自重荷载可以通过程序来自动计算。程序计算自重的依据是材料的重度、截面面积、单元构件长度、自重系数。

在定义自重时,首先要定义自重荷载的荷载工况名称,并定义自重所属的荷载组,然后输入自重系数即可。对于荷载系数,通常在 Z 方向输入 -1 即可,因为通常考虑的模型的重力作用方向都是竖直向下,而程序默认的整体坐标系 Z 的正方向是竖直向上的。如果自重作用时考虑结构的重度与材料定义时的重度不同,这里自重系数只要输入计算自重时要考虑的重度与材料定义的重度之比就可以了。图 4-2 中,计算自重时混凝土重度按 26kN/m^3 考虑,而定义材料时混凝土的重度为 25kN/m^3。

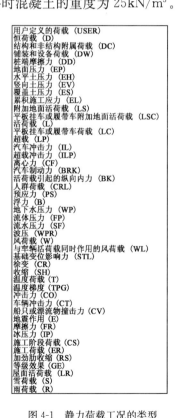

图 4-1 静力荷载工况的类型

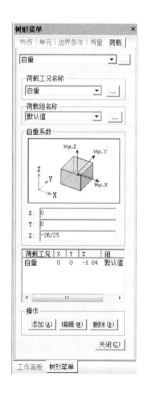

图 4-2 自重荷载定义

4.1.3 支座强制位移

在桥梁发生支座沉降、结构发生位移或把整体结构分析所得到位移值作为精确分析局部结构的边界条件时，可以使用支座强制位移功能。在 midas Civil 中将强制位移作为一种荷载工况考虑，因此强制位移可与其他荷载工况进行组合。如果对某节点赋予强制位移，相应的节点自由度自动被约束。被赋予强制位移的节点的特征类似于支座，对其他工况或荷载组合，均按支座处理。如果要想使其不适用于其他荷载工况,可使用分析>分配边界转换给荷载工况/分析命令。

强制位移一般在整体坐标系上输入，但如果在节点上已经附加了节点坐标系，也可以利用节点坐标系输入强制位移。

下面说明支座强制位移的使用方法。

1) 局部精确分析

受计算条件的限制，如果结构非常复杂，杆件特别多，我们往往只能用线单元模拟整个结构，但是用线单元分析结构的细部无法给出精确的分析结果。此时可以将要进行详细分析的部分拿出来用实体单元或板单元建立其分析模型，然后在局部详细模型的边界上，强制施加整体结构分析所得到的同样位置的位移值，作为精确分析局部结构的边界条件。这种分析方法能够有效降低分析的成本，同时能得到想要的结果。

如图 4-3 所示，要求对图示结构转角处的连接部位进行精密有限元分析。各个杆件的截面均为由 10mm 厚钢板焊接而成的 H 形，竖向杆件的截面为 400mm×200mm×10mm，长度方向水平杆件的截面为 280mm×160mm×10mm，宽度方向水平杆件的截面为 350mm×120mm×10mm。各个杆件的长度均为 3m，在顶层所有水平杆件上均作用有 10kN/m 的荷载。竖杆的底部为固结边界条件。整个分析过程可分为以下几个阶段。

(1) 用梁单元建立整体模型，施加荷载和边界条件，作整体结构的受力分析。

(2) 选择需要进行精密分析的连接部位（局部）和边界（本例 5 个边界），取出边界节点上的位移值。

(3) 详细模型用板单元建立，如图 4-4 所示。在详细模型的边界部位定义主节点和从节点，把主节点定位到每个边界截面的形心上，从节点为该截面上的其他节点，利用刚体连接功能连接主节点和从节点（图 4-5）。

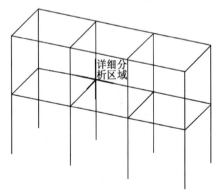

图 4-3 整体框架结构

(4) 把整体分析时得到的 5 个边界节点上的 30 个位移值（每个节点 6 个位移）输入到局部详细模型图的主节点上。为了避免由于应用刚体连接功能导致计算误差，尽可能做到边界位置远离需要精密分析结果的对象。一般精密分析区域边缘到主节点的距离为精密分析区域大小的一倍以上，就能保证分析的精度。

(5) 除了要输入整体结构分析得到的强制位移以外，还要输入细部分析时所应考虑的其他荷载。本例中忽略了自重，而其他外荷载又没有直接作用在要分析的细部区域，所以在板单元模型上除了边界上的强制位移,没有其他荷载。

用梁单元无法考虑细部的构造(图 4-6),进行整体计算后,与图 4-4 对应部分的梁单元应力计算结果如图 4-7 所示。

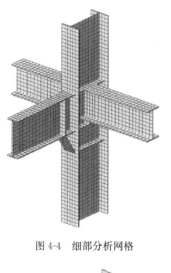

图 4-4 细部分析网格

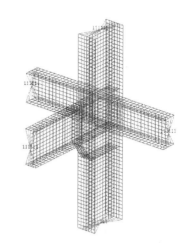

图 4-5 主从节点定义

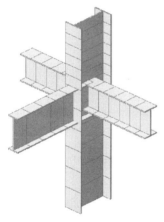

图 4-6 用梁单元模拟的细部

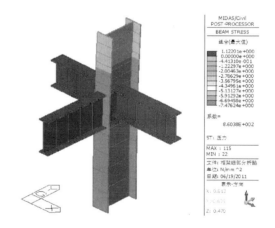

图 4-7 梁单元细部组合应力(MPa)

即便是微小的强制位移对结构的影响也很大,因此应该使用精确的位移值,并且尽可能输入节点的 6 个自由度的所有位移大小。在评价结构的安全性时,当测定结构的旋转位移有困难时,也可以仅测定结构的平动位移得到近似的分析结果。但这时应检查分析后的变形状态和实际的变形状态是否接近。所以在提取细部边界上的位移时,要取的有效数字位数要足够多(本例以 mm 为单元取了 6 位有效数字)。如图 4-8 和图 4-9 所示,分别给出了整体坐标系下 X 方向的平动位移和绕 X 转动的角位移,其他位移也要提取。提取时可用命令结果>位移>位移等值线,最好像图 4-6 那样将其他梁单元钝化。

将得到的位移按强制位移施加到板单元模型边界上的主节点上。下面说明在宽度方向的水平杆上施加 X 方向强制位移的方法:

(1)打开用板单元建立的细部模型,执行命令荷载>支座强制位移。
(2)定义荷载工况,名称为"强制位移",类型为恒荷载。

(3)选取要施加强制位移的节点。
(4)填写各项强制位移,例如 DX 可以直接从图 4-8 上查取。
(5)点击[适用]按钮,完成一个节点的强制位移输入。

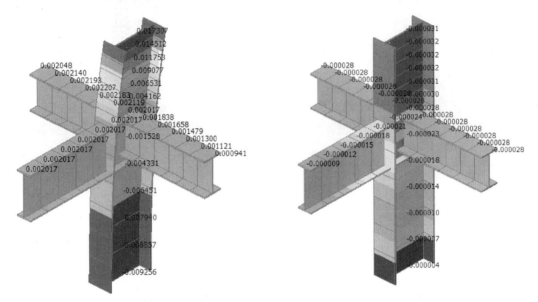

图 4-8　整体分析得到的 DX(mm)　　　　图 4-9　整体分析得到的 RX(mm)

如图 4-10 所示为在宽度方向的水平杆上施加 X 方向强制位移后的情况。用同样的方法在其他 4 个主节点上施加强制位移。执行分析,得到的应力图如图 4-11 所示。

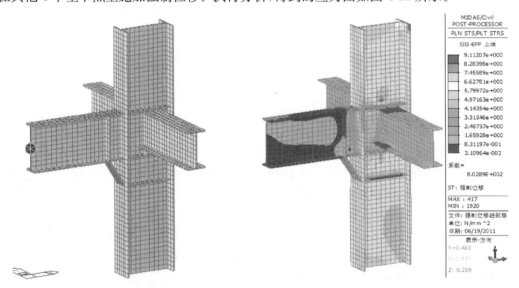

图 4-10　一个节点上的强制位移　　　　图 4-11　细部应力强度(MPa)

2)用支座强制位移做支撑位移分析

桥梁的基础可能发生竖向或水平的位移,此时可以用支座强制位移的功能来完成这样的分析。无铰拱对其基础的位移最敏感,并且拱肋的刚度越大由于基础变位导致的内力也越大。如图4-12所示的无铰拱发生图示的拱脚位移,此时拱肋中产生的内力与应力就可以用支座强制位移功能计算,图中$a=-0.2\mathrm{m}$,$b=0.01\mathrm{m}$,图4-13给出了计算结果中的应力分布。

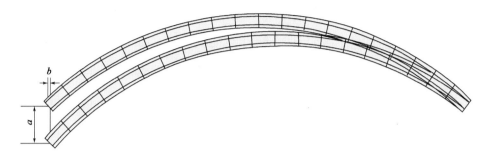

图4-12 拱脚位移

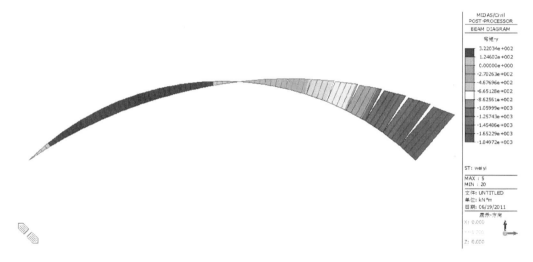

图4-13 拱肋弯矩图

3)专门的支座沉降分析

midas Civil中还专门提供了支座沉降分析的功能。一般来说支座沉降分析是将同时发生的沉降作为一个荷载工况来求解的,但当结构中多个支座可能发生沉降,但又可能不是同时发生,需要找出其最不利组合时可采用此功能。

支座较多时有可能发生沉降的支座组合会有很多种,用户手动定义各种可能的组合并找出最大和最小值的工作量会非常大,midas Civil提供了自动处理支座沉降问题的分析功能,用户只需输入有可能发生沉降的最少支座数和最多支座数以及沉降量,程序就会自动计算节点位移、反力以及桁架单元、梁单元、板单元和弹性连接单元的内力包络值,其他单元仅考虑其刚度不能输出支座沉降分析的包络结果。

通过支座沉降计算到的分析结果也可以和其他荷载条件结果进行组合。不同节点可以输入不同的沉降值,支座沉降的方向只能为整体坐标系Z轴方向,支座沉降组数量不能大于10,每个组内的沉降支座的数量是没有限制的。

自动处理支座沉降计算的命令菜单如图 4-14 所示。首先,执行命令荷载＞支座沉降分析数据＞支座沉降组来定义支座沉降组,如图 4-15 所示,沉降量的符号代表方向,负值为向下。其次,定义支座沉降荷载工况,执行命令荷载＞支座沉降分析数据＞支座沉降荷载工况,如图 4-16 所示。最后,定义反力组,即将定义的节点组选择定义成反力组,这是可选项。

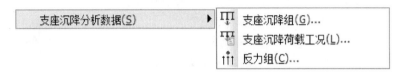

图 4-14　支座沉降分析数据菜单

图 4-15　定义支座沉降组

图 4-16　定义支座沉降荷载工况

在图 4-16 中共有三个支座沉降组,因为在 Smin 中填写了 1,在 Smax 中填写了 3,那么这三个组进行组合时,可以是其中的单独一个,也可以是其中的任意两个,还可以是三个的组合。这与移动荷载分析中的车道定义有些类似。

4.1.4　节点荷载

1) 节点体力

该功能可以将在节点上的节点质量、荷载转换的质量、结构质量转换成任意方向的节点荷载。可任意定义体力系数,最终的节点荷载＝质量×重力加速度 g×体力系数。在进行 Pushover 分析时,想要根据质量分配荷载时,可选择按荷载工况定义 Pushover 荷载,并选择节点体力工况即可。

例如,建立一个有10个单元的简支梁,节点号为1~11。先在模型＞结构类型对话框中选择将自重转换为质量,然后按图4-17定义节点体力:定义荷载工况、给定需要施加节点体力的节点、选择质量转换方式以及填写节点体力系数,最后点击"添加"按钮。计算得到的结果与自重计算结果是一致的。

2)节点荷载

节点荷载的类型包括节点集中力和节点集中力矩,并且参考坐标系一直为整体坐标系,不受定义的其他坐标系的影响。定义的节点荷载要属于某荷载工况和荷载组。图4-18为定义节点荷载的对话框。

图4-17 节点体力定义

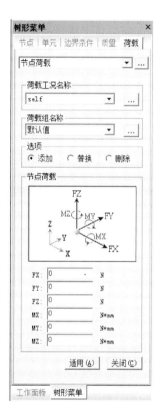

图4-18 节点荷载定义

4.1.5 梁单元荷载

这里讲的梁单元荷载是指可以直接定义在梁单元上的荷载和可以转换到(间接定义)梁单元上的荷载。包括:梁单元荷载、连续梁单元荷载、标准梁单元荷载、楼面荷载和装饰材料荷载。梁单元荷载也可以用表格的形式定义或修改。

1)梁单元荷载

该功能可以输入作用在梁单元上的荷载,包括集中荷载、集中力矩、均布荷载、均布力矩、梯形荷载和梯形力矩,其中梯形荷载和梯形力矩是沿梁长长度方向线性变化的梯形荷载或弯矩/扭矩,也可以修改或删除先前输入的梁单元荷载。荷载可以是偏心的,输入偏心距离后,程序将自动考虑偏心荷载的弯、扭矩效应,以方便定义风荷载等偏心作用于梁单元的荷载。荷载定义时的方向可以是单元坐标系的某坐标轴方向或是整体坐标系的某坐标轴方向。荷载方向中的投影决定梁单元荷载是沿整个梁长作用还是沿与荷载作用方向垂直的梁的投影长度作用,该功能仅用于荷载类型为"均布荷载"或"梯形荷载"且荷载方向是在"整体坐标系"时的情况。

2)连续梁单元荷载

这里的连续梁单元指的是连续的梁单元,不是梁桥类型中的连续梁。当几个梁单元连续连接在一起时(直线或曲线),利用该功能可选择连续线的两端点并输入连续的梁单元荷载。如沿梁长方向的荷载为三角或梯形荷载时,该功能是特别方便的。

3)标准梁单元荷载

该功能是输入标准的由楼面荷载传递到梁单元的荷载,也可以修改或删除先前输入的荷载。在二维框架分析中,使用该功能可以简便地输入由楼面传来的荷载。所谓标准荷载是指图 4-19 所示的 6 种荷载。例如,选择图 4-19 所示的两个三角形分布荷载+一个集中荷载时,出现图 4-20 所示的对话框。

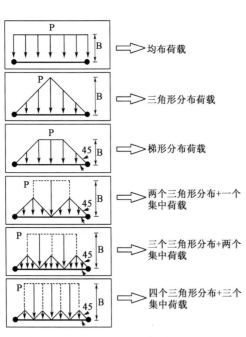

图 4-19　标准梁单元荷载

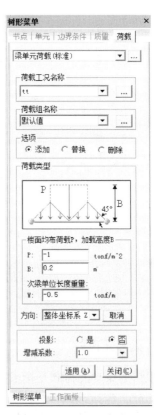

图 4-20　标准荷载示例

P 为楼面单位面积荷载,例如当梁上为墙体荷载时,可以输入墙体截面均布荷载。加载高度 B 的含义是指:有宽度为 B、单位面积重量为 P 的楼面重量作用在梁单元上,对均布荷载即相当于实际作用在梁单元上的均布荷载为 $B \times P$。比如楼面为单向板(板跨/板宽等于或大于 2 的四面支承板,或两面支承板)时,梁单元作为板的一面支承,B 应为板跨(或净跨)一半。计算时可以包含次梁重量,次梁单位长度重量 w 为次梁线长度重量。在被加载的梁单元两节点之间有一个次梁要用"两个三角形分布荷载+一个集中荷载"的方式,在被加载的梁单元两节点之间有二个次梁要用"三个三角形分布荷载+两个集中荷载"的方式,以此类推。

用标准梁单元荷载定义的荷载,从其荷载表格可以看出完全可以用梁单元荷载中的梯形荷载和集中荷载代替,学习其使用方法也可以从其荷载表格中得到启示。

4)楼面荷载

使用楼面荷载时,首先用荷载>定义楼面荷载类型定义,然后用荷载>分配楼面荷载施加。建立三维结构模型时,楼面可以用板单元定义,板单元的节点与支承它的梁单元共节点,雪荷载等按压力荷载施加在板单元上。这种方法可以替代专门定义楼面荷载,但是板单元和对应梁单元的网格要划分得细些,以保证精度。

5)装饰材料荷载

在梁单元的外面有其他装饰材料时,装饰材料的重量可以通过该功能定义。

标准梁单元荷载、楼面荷载和装饰材料荷载在桥梁工程中应用相对较少,程序中的这三种荷载定义是方便相应荷载的施加而专门设置的,在线帮助手册中有相应的说明。

4.1.6 压力荷载

这里的压力荷载是指作用在板单元或实体单元上的垂直于作用面(或边)的荷载。

1)压力荷载

压力荷载可以作用在板、平面应力、平面应变、轴对称或实体单元的边缘或表面。压力荷载可以按均匀分布或线性分布输入,程序将自动其转换为等效节点力。在单元上输入压力荷载前,必须选择单元。

板单元的压力荷载可以整体坐标系或单元局部坐标系为基准输入,也可以按指定方向输入。当作用在面上时,荷载方向与给定坐标系的某一轴一致;当作用在边上时,荷载方向垂直于边(平面内方向)。荷载作用方向由外向边为正,反之为负。作用在边上的荷载按线荷载输入。

实体单元的压力荷载方向垂直于表面。荷载作用由外指向单元表面时为正方向,反之为负。

关于板单元和实体单元上的压力荷载,2.2.5 和 2.2.6 节已分别有说明,也可以参考在线帮助手册的相关内容.。

2)平面荷载

使用平面荷载功能可以输入作用在板单元和实体单元上任意位置的荷载。在建模过程中,不必在荷载作用点位置建立节点和网格,只需指定荷载位置就可以施加平面荷载,减少了工作量和建模的繁琐。程序会根据板单元和实体单元的刚度自动将输入的平面荷载转换为节点荷载。

使用平面荷载前,应该先定义平面荷载类型,如图 4-21 所示。将定义的平面荷载类型施加到结构上的命令是荷载>分配平面荷载。

在图 4-21 中,定义平面荷载(可以是集中荷载、线荷载或面荷载)时的坐标系是 xy 平面坐标系,该平面坐标系是相对的,专门指荷载作用平面。到分配平面荷载时还要定义加载平面

（坐标系），如图 4-22 所示。定义加载平面可以用用户坐标系、已命名的平面或三点。用三点定义时，第一点为加载平面坐标系的坐标原点，第二点在该坐标系的 x 轴上，第三点在该坐标系 xy 平面的任意位置（非 x 和 y 轴上的点）。加载平面坐标系是用户定义的自定义坐标系，与整体坐标系的相对位置是任意的，其 x 轴不一定就是整体坐标系的 X 轴。在图 4-21 中确定荷载位置的坐标值，就是加载平面坐标系的坐标值，所以定义平面荷载类型时，要照顾到以后加载平面坐标系的定义。

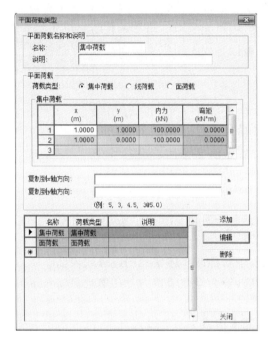

图 4-21　定义平面荷载类型

在图 4-22 中，定义加载平面也可以选择自动设置，包括用户坐标系和已命名的平面两个选项。这两个都需要事先定义。定义用户坐标系可参考 2.1 节的内容，定义已命名平面需要用到命令模型＞命名平面，如图 4-23 所示。用这两种自动设置的方法，设置后在图 4-22 中的三点坐标会发生相应的变化。无论用哪种方法定义加载平面，都需要注意加载平面坐标系与整体坐标系的关系。

图 4-22 中选择需要加载的单元有两种方法，一是选加载平面上的单元，二是选单元组。前者表示在加载平面上的所有单元均被"候选"，后者表示只有组中的单元被"候选"。这里说候选表示不是被选中的单元都会被加载，实际被加载的单元在这些选中的单元中，但是还必须是满足加载位置的要求（用图 4-21 所示的坐标定义的位置），即二者的交集才被加载。如还定义了图 4-22 中的节点定义加载区域，那么三者的交集才被加载。

对于大小和平面相对位置确定的面荷载，均可将其定义为平面荷载类型。比如汽车的车轮与桥面的接触面就是一个面荷载。因为定义加载位置的坐标不一定是节点位置，所以单元的网格也不必遵从加载面尺寸的大小。

定义、修改和分配平面荷载也可以用表格的形式。

第4章 荷载与分析控制

图 4-22 分配平面荷载

图 4-23 定义命名平面

4.1.7 流体压力荷载

流体压力荷载可以在板单元和实体单元的边缘或表面上定义流体压力荷载。流体压力荷载将转换为节点荷载，节点压力等于流体表面到节点的竖向距离乘以流体重度。

1) 静止流体的侧压力

静止流体侧压力的形式如图 4-24 所示，可以直接利用流体压力荷载的功能定义静止流体侧压力。

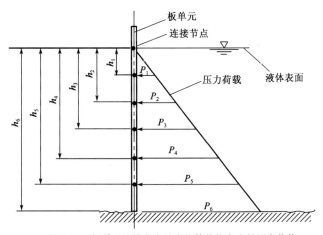

图 4-24 板单元连接节点处由流体势能产生的压力荷载

定义流体压力荷载的对话框如图 4-25 所示。在荷载类型中有线性荷载[图 4-25a)]和曲线荷载[图 4-25b)]两个选择。两种荷载对应的流体压力荷载计算公式在图中已经给定,填写对应参数后,程序可以根据高度和流体容重信息自动计算不同位置的压力荷载大小,并以压力荷载的形式施加在相应单元上。

a)　　　　　　　　　　　　　b)

图 4-25　流体压力荷载定义

对线性荷载类型,参考高度 H 的含义可以这样理解:$H=$ 在荷载变化方向上的结构物底面到液体表面的距离＋结构物底面处节点在荷载变化方向上的坐标。而 h 为计算点在荷载变化方向上的节点坐标,比如荷载的变化方向为 Z 向,则 h 为计算点的 Z 坐标。程序不允许 $H-h<0$,即 $H-h<0$ 的单元处不能施加流体压力荷载。例如,按图 4-25a)定义线性流体压力荷载,施加在图 4-26 所示的板单元上(竖向 6 个单元,每个单元在竖向的高度均为 1m,底端竖向坐标为 0),此时最上方节点的竖向坐标为 6,可得到图 4-26a)所示的梯形压力分布。最上层的压力是这样计算出的:

$$P = P_0 + g \times (H-h) = 8 + 10 \times (10-6) = 48 \text{kN/m}^2$$

对曲线荷载类型,H 的含义与线性荷载类型相同,x 是从液面向下起算的。注意曲线荷载是将单元按 3 等分之后加载,一个单元如果很长,其荷载形式就会接近直线,故单元分割得越细,其荷载形式就会越接近于曲线。图 4-26b)的压力分布是按图 4-25b)图定义的,结构同上例。液面在基底以上 2m,所以 $H=2$。液体底面处 $x=2$,则此处的压力为:

$$P = ax^2 + bx + c = 1 \times 2^2 + 1.8 \times 2 + 2 = 9.6 \text{kN/m}^2$$

2)流水压力

当需要计算水中结构物的抗流水冲击作用时,要计算流水压力。在我国现行的《公路桥涵设计通用规范》(JTG D60—2004)以及《铁路桥涵设计基本规范》(TB 10002.1—2005)中都有

作用在桥墩上的流水压力计算公式,二者都将流水对阻水物的流水压力近似按倒三角计算,合力计算公式是一致的:

$$P = KA\frac{\gamma v^2}{2g_n} \tag{4-1}$$

式中:P——流水压力(kN);

A——阻水面积(m^2);

γ——水的容重,清水取 $10kN/m^3$,对非常浑浊的水可取大些;

g_n——标准自由落体加速度(m/s^2);

v——水的流速(m/s);

K——阻水结构物的形状系数,其值如下:

方形　　　　　　　　　　　1.47
矩形(长边与水流平行)　　　 1.33
圆形　　　　　　　　　　　0.73
尖端形　　　　　　　　　　0.67
圆端形　　　　　　　　　　0.60

现在的问题:一是如何得到倒三角形的压力,二是各高度处的压力如何计算。

利用流体压力荷载功能得到的分布荷载,只能是在荷载变化方向上节点坐标小的压力也小,节点坐标大的压力也大。为了得到倒三角形的压力荷载(结构物底面压力为0),可以让图 4-25a)中的均布压力荷载 P_0 为负值,即:

$$P_0 = -g \times (H - h_{水底}) \tag{4-2}$$

按图 4-27a)填写数据,就可得到图 4-27b)的倒三角荷载,图中的结构物与图 4-26 相同。

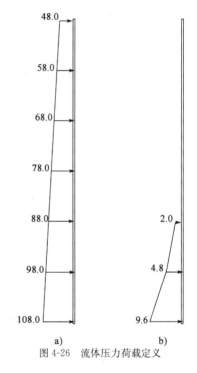

图 4-26　流体压力荷载定义

倒三角荷载的合力可表示为:

$$P = \frac{1}{2}[P_0 + g \times (H - h_{水面})] \times (h_{水面} - h_{水底}) \times B \tag{4-3}$$

式中:B——阻水面的宽度。

式(4-3)中合力 P 值可按公式 4-1 计算,将式(4-2)带入式(4-3),$h_{水面}$ 和 $h_{水底}$ 分别为水面和水底面处在竖向的坐标(为已知值),则在式(4-3)中只有 g 是未知的,从而可以求出等效流体容重 g 的值。等效流体重度 g 的值按公式推导为负,表示流水压力的方向。g 实际输入时取正值,但建模和施加时要特别注意方向的选择。

$$g = \frac{2P}{B(h_{水面} - h_{水底})^2} \tag{4-4}$$

H 的值不影响合力的计算,但影响合力作用位置,且要保证对任何位置 $H-h \geqslant 0$,可以取:

$$H = h_{水面} \tag{4-5}$$

这样流水压力就可以用流体压力荷载功能施加了,只是要注意压力荷载的方向。图 4-27b)显示的是压力图,箭头朝向就是荷载的施加方向,压力值为负也是表示方向的,其表示的方向与箭头表示的方向是一致的。

下面例举一实例来说明流水压力的计算。某圆形钢围堰,外径26.4m,从水底到水面的距离为11.16m,水流速度2m/s。

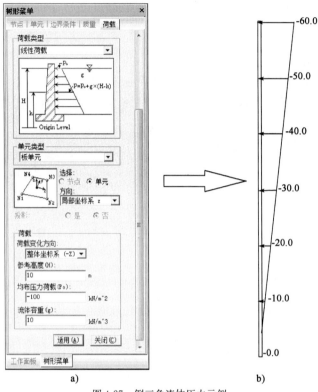

图 4-27 倒三角流体压力示例

根据式(4-1)计算流水压力:
$$P = KA\frac{\gamma v^2}{2g_n} = 0.73 \times 26.4 \times 11.16 \times \frac{10 \times 2^2}{2 \times 10} = 430\text{kN}$$

等效流体重度按式(4-4)计算:
$$g = \frac{2P}{B(h_{水面} - h_{水底})^2} = \frac{2 \times 430}{26.4 \times 11.16^2} = 0.26\text{kN/m}^3$$

建模时将水底面的竖向坐标定为0,参考高速 H 按式 4-5 计算:
$$H = h_{水面} = 11.16\text{m}$$

均布压力荷载 P_0 的计算按式 4-2,则:
$$P_0 = -g \times (H - h_{水底}) = -0.26 \times (11.16 - 0) = -2.9\text{kN/m}^2$$

建立圆形围堰的模型,这里没有考虑围堰内的构造,仅将围堰视为一个钢桶。施加的荷载如图 4-28 所示,施加的荷载为流体压力,方向为整体坐系 Y 向。因为是圆形围堰,所以注意方向下方的投影一定要选择"是"。最后的位移结果如图 4-29 所示,假设围堰底固结。

3)土压力

利用流体压力荷载功能还可以模拟侧向土压力,但需根据土压力的分布形状、大小以及作用位置等确定各个参数。根据挡土结构物的水平位移方向和大小,可将土压力分为静止土压力、主动土压力和被动土压力。对刚性挡土结构物,作用在其上的土压力都呈线性分布。但是对于图 4-30 所示的基坑临时支护,支护是分层进行,自上而下地边挖、边铺、边撑,此时作用于支撑上的土压力分布呈曲线形。

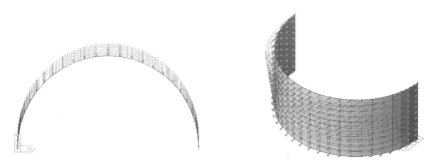

图 4-28　流水压力荷载

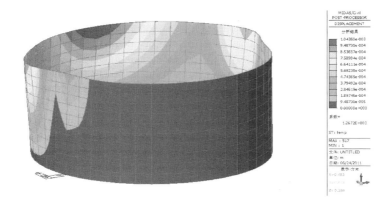

图 4-29　流水压力荷载下围堰的水平位移云图

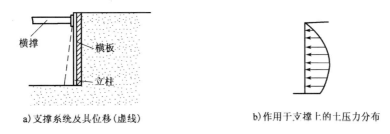

a) 支撑系统及其位移(虚线)　　　　b) 作用于支撑上的土压力分布

图 4-30　基坑支承上的土压力

静止土压力的分布如图 4-31 所示,图中 H 为挡土墙高度,γ 为土的重度,K_0 为静止土压力系数。如图 4-31a)所示,不考虑地下水时挡土墙底面的压力为 $K_0 \gamma H$,在用流体压力荷载模拟土静止压力时,"流体容重"应为 $K_0 \gamma$,参考高度应该填写为"$H+$挡土墙底面竖向坐标值"。如果挡土墙顶面以上还有土层(设高度为 h_0),则均布压力荷载 P_0 也应考虑静止土压力系数,其值为 $K_0 \gamma h_0$。如图 4-31b)所示,考虑地下水时,挡土墙上受到的压力可分为三部分考虑:一是水面以上的 h_1 高的土压力,作用范围为地面到水面之间,单独施加流体压力在 h_1 部分的挡土墙上;二是 h_2 部分的土压力,单独施加在 h_2 部分的挡土墙上,但需注意土的重度变化(应采

用有效容重 γ)、参考高度以及 P_0 的取值；三是 h_2 部分的水压力施加在 h_2 部分的挡土墙上，注意参考高度的取值。上述的第 2 和第 3 部分压力也可以换算成一部分同时施加在 h_2 部分的挡土墙上。因为参考高度与建模时的坐标有关，荷载施加后最好检查一下挡土墙底的压力是否正确。

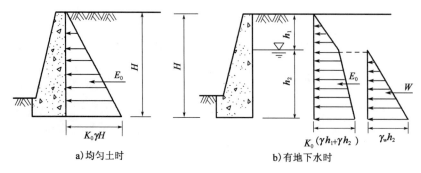

图 4-31　静止土压力的分布

下面举例说明有地下水时的静止土压力计算。挡土墙的形式和土压力分布如图 4-31b)所示，图中 $h_1=2.0\mathrm{m}, h_2=6.0\mathrm{m}$，土层全部为中砂，重度 $\gamma=18\mathrm{kN/m^3}$，有效内摩擦角 $\varphi=30°$，黏聚力土 $c=0$。假设在填土面上还作用有 $q=20\mathrm{kPa}$ 的均布荷载。静止土压力系数按砂性土的经验公式取为 $K_0=1-\sin30°=0.5$。建立如图 4-32b)所示的实体模型，挡土墙底的竖向坐标为 1，作用在挡土墙上的静止土压力用流体压力荷载模拟如下：

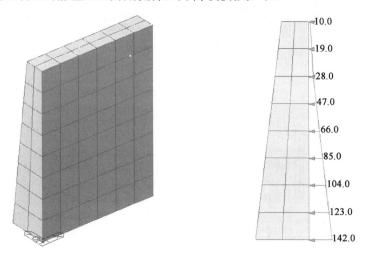

图 4-32　静止土压力计算示例(单位:kPa)

(1) 水面以上土压力

参考高度：$H_{c1}=2.0+6.0+1=9\mathrm{m}$；

均布压力荷载：$P_{01}=K_0 q=0.5×20=10\mathrm{kPa}$；

流体重度：$\gamma_1=K_0\gamma=0.5×18=9\mathrm{kN/m^3}$。

(2) 水面以下土压力

参考高度：$H_{c2}=6.0+1=7.0\mathrm{m}$；

均布压力荷载：$P_{02}=K_0(q+\gamma h_1)=0.5×(20+18×2.0)=28\mathrm{kPa}$；

流体重度：$\gamma_2 = K_0\gamma = 0.5 \times 18 = 9\text{kN/m}^3$。

(3) 静水压力

参考高度：$H_{c3} = 6.0 + 1 = 7.0\text{m}$；

均布压力荷载：$P_{03} = 0\text{kPa}$；

流体重度：$\gamma_3 = 10\text{kN/m}^3$。

分三部分施加流体压力荷载，注意水面以下部分的荷载是叠加的，如图 4-32b) 所示。用流体压力荷载模拟土压力的好处是不需知道压力荷载的具体大小，并能准确模拟挡土墙各部的荷载分布。施加流体压力荷载时，注意要选择好实体单元的面与施加方向。

目前我国公路和铁路桥涵规范中主动土压力采用库仑主动土压力，其分布如图 4-33 所示。用流体压力荷载的功能施加主动土压力时，其在水平方向和竖向的分力应分别施加。主动土压力的理论计算公式如下：

$$E_a = \frac{1}{2}\gamma H^2 K_a \tag{4-6}$$

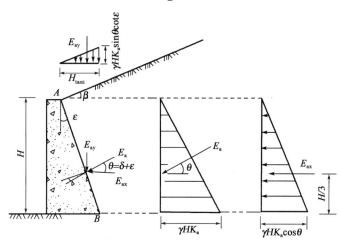

图 4-33　库仑主动土压力分布

$$K_a = \frac{\cos^2(\varphi - \varepsilon)}{\cos^2\varepsilon \cdot \cos(\delta + \varepsilon)\left[1 + \sqrt{\dfrac{\sin(\delta + \varphi)\sin(\varphi - \beta)}{\cos(\delta + \varepsilon)\cos(\varepsilon - \beta)}}\right]^2} \tag{4-7}$$

式中：γ、φ——墙后填土的容重及内摩擦角；

H——挡土墙的高度；

ε——墙背与竖直线的夹角；

δ——墙背与填土间的摩擦角；

β——填土面与水平面间的夹角；

K_a——主动土压力系数；

若定义 θ 角为合力 E_a 的作用方向与水平线的交角，则 $\theta = \delta + \varepsilon$。为了方便用流体压力荷载模拟主动土压力，将作用在墙背上的主动土压力分解成水平力 E_{ax} 和竖向分力 E_{ay}，则 E_{ax} 和 E_{ay} 都为线性分布：

$$E_{ax} = E_a \cos\theta = \frac{1}{2}\gamma H^2 K_a \cos\theta \tag{4-8}$$

$$E_{ay} = E_a \sin\theta = \frac{1}{2}\gamma H^2 K_a \sin\theta \tag{4-9}$$

下面举例说明主动土压力的模拟方法。某挡土墙如图 4-34a)所示,墙高 $H=5m$,宽度 5m,墙背倾角 $\varepsilon=10°$,填土为细砂,填土面水平($\beta=0$),$\gamma=19kN/m^3$,$\varphi=30°$,$\delta=\frac{\varphi}{2}=15°$,$\theta=\delta+\varepsilon=15°+10°=25°$。主动土压力系数可以按式(4-7)计算也可查表,$K_a=0.378$。建立如图 4-34a)所示的实体模型,挡土墙底的竖向坐标为 -2,水平向坐标为 -3,作用在挡土墙上的主动土压力用流体压力荷载模拟如下:

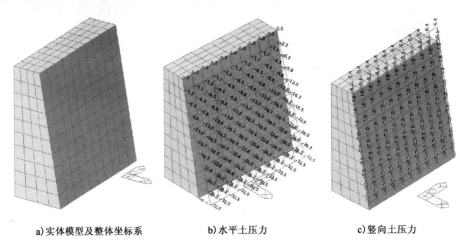

a)实体模型及整体坐标系　　b)水平土压力　　c)竖向土压力

图 4-34　库伦主动土压力示例

(1)水平土压力

参考高度:$H_{c1}=5.0-2.0=3m$;

均布压力荷载:$P_{01}=0kPa$;

流体重度:$\gamma_1=K_a\gamma\cos\theta=0.378\times19\times\cos25°=6.509kN/m^3$。

(2)竖向土压力

参考高度:$H_{c2}=5.0\times\tan10°-3.0=-2.118m$;

均布压力荷载:$P_{02}=0kPa$;

流体重度:$\gamma_2=K_a\gamma\sin\theta=0.378\times19\times\sin25°=3.035kN/m^3$。

施加荷载时为了调整压力方向,可以将流体重度输成负值,最后显示的压力也是负值是没有关系的,只要荷载的箭头方向正确就可以。最后施加的荷载如图 4-34 所示,为了清晰,将水平土压力和竖向土压力分开显示,实际施加时可以将两个土压力施加在一个面上。

如图 4-30 所示的多支承板桩,土压力不能按郎肯或库伦理论计算,试验结果证明这时的土压力呈中间大、上下小的抛物线形状分布,其变化在静止土压力和主动土压力之间。太沙基和派克(Peck)根据实测及模型试验结果,提出作用在板桩上的土压力分布经验图形,如图4-35所示,用折线代替曲线。图中,K_a 为主动土压力系数,δ 为墙与土间的摩擦角,c_u 为黏土的不排水抗剪强度。对这种按折线分布的土压力也可用流体压力荷载模拟,即用分层施加的方法,现以图 4-35c)所示的密砂情况举例说明。

某板桩的高度 H 为 5m,密砂重度为 19.5kN/m³,内摩擦角为 30°,墙与土间的摩擦角 δ 为 15°,查表得到主动土压力系数 K_a 为 0.301。建立板单元模型(图 4-36),模型底的竖向坐标为 0,作用在板桩墙上的土压力用流体压力荷载模拟如下。

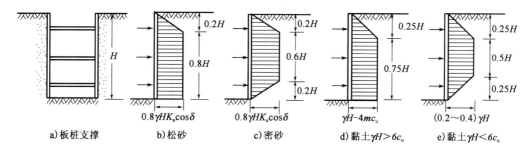

图 4-35 多支承板桩上的土压力分布

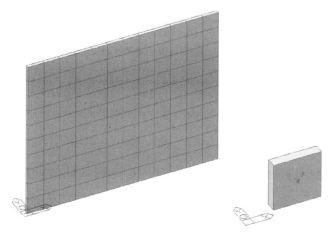

图 4-36 多支承板桩上的土压力示例模型

(1)上层

参考高度:$H_{c1}=0.2\times5.0+0.8\times5.0=5\mathrm{m}$;

均布压力荷载:$P_{01}=0\mathrm{kPa}$;

流体重度:$\gamma_1=0.8\gamma HK_a\cos\delta/(0.2H)=0.8\times19\times5\times0.301\times\cos15°/(0.2\times5)=22.1\mathrm{kN/m^3}$。

(2)中层

参考高度:$H_{c2}=0.6\times5.0+0.2\times5.0=4\mathrm{m}$;

均布压力荷载:$P_{02}=\gamma_1\times0.2H=22.1\times0.2\times5=22.1\mathrm{kPa}$;

流体容重:$\gamma_2=0\mathrm{kN/m^3}$。

(3)下层

参考高度:$H_{c3}=0.2\times5.0=1\mathrm{m}$;

均布压力荷载:$P_{03}=-22.1\mathrm{kPa}$;

流体重度:$\gamma_3=\gamma_1=22.1\mathrm{kN/m^3}$。

施加流体压力荷载后的情况如图 4-37 所示。下层的压力分布为倒三角形,为了使板桩的最底处的压力为 0,均布压力荷载应为 $P_{03}=-\gamma_3\times(H_{c3}-h_底)$,$h_底$ 为板桩底竖向坐标,此处为 0。施加流体压力荷载时,注意方向的选择:上层和中层的压力方向为整体坐标系的 Y 轴,而下层的压力方向为板单元(局部)坐标系的 z 轴。

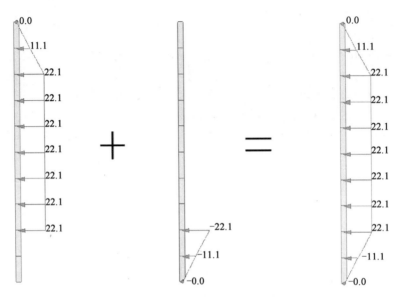

图 4-37 多支承板桩上的土压力分布模拟

4.2 分析控制选项

4.2.1 介绍

分析菜单如图 4-38 所示,midas Civil 作为桥梁结构的专用分析软件,强大的分析功能是其最大的特色之一。分析控制是对许多分析前的必要的设置,本章只介绍基本的分析控制,其他如 P-Delta 分析、屈曲分析等的分析控制会在后续章节介绍。

4.2.2 主控数据

主控数据用来输入不同自由度单元之间的自由度约束条件和非线性单元的分析条件。如图 4-39 所示为主控数据对话框。

勾选约束桁架/平面应力/实体单元的旋转自由度后,当这些没有旋转自由度的单元与有旋转自由度的单元连接时,会自动约束其转动自由度,默认为选择。当不勾选此项时,用户应自行考虑不同自由度单元之间连接时的自由度耦合问题。自行考虑位移协调的问题可参见 2.2.7 节内容。

图 4-38 分析菜单

板单元没有绕垂直于板平面轴向的旋转自由度,那么当板单元与其他单元(如梁单元)共同建模时,可能出现位移协调的问题,勾选约束板单元的旋转自由度,就是为了避免此问题,默认为选择。

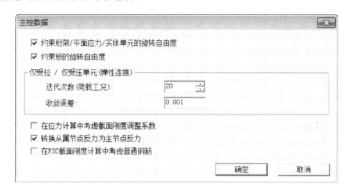

图 4-39　主控数据对话框

仅受拉/仅受压单元(弹性连接)属于非线性单元,求解时需要迭代,这里可以填写最大迭代的次数与收敛误差。如仅受拉单元(或仅受压单元)受超出规定的压力(或张力)时,该单元将退出工作状态。迭代分析过程中不包括已退出工作状态的单元的刚度。

在应力计算中默认是不考虑截面刚度调整系数的,勾选在应力计算中考虑截面刚度调整系数,则在应力计算时考虑截面刚度调整系数,即用调整后的截面特性值计算应力。请参见 2.4.5 节内容。

在 PSC 截面(设计截面)刚度计算中可以选择是否考虑普通钢筋对截面特性的影响。在进行截面设计时,因为需要进行 PSC 截面验算,该项必须勾选。注意默认是不勾选的。

4.2.3　分析选项

在分析选项对话框中可以设置求解器和分析所需内存。这里的求解器包括选择要执行的静力分析方法以及多处理器的个数。

选择适当的分析方法会提高分析的效率。Skyline 是结构分析程序中普遍采用的求解器,该求解器可以使用于任何分析方法、任何大小的模型,并与系统设置无关。Multi Frontal Sparse Gaussian 是一种高性能的求解器(MFSG),适用于求解大型模型及使用了板单元或实体单元的模型,是 MIDAS 默认的求解器。在使用 Multi Frontal Sparse Gaussian 求解器时,选择一个以上的处理器(CPU)可以提高分析的速度。如两个处理器时,分析时间可减少 30%～40%,但是分析的效率不是随着处理器个数的增加而线性提升的,处理器的个数增加到一定数量,效率就不再提升。处理器的最大个数是计算机中 CPU 所拥有的线程数,比如目前 Intel I7 处理器是 4 核 8 线程,就可以指定用 8 个处理器。如实际的处理器个数少于指定,程序会自动按实际的最多处理器个数设置。

如图 4-40 所示,用户可以指定计算机分配的内存大小,通常选择程序自动获取内存大小进行计算为宜。选择自动,则程序将确定计算机的内存状态后使用恰当的内存进行分析。通常仅利用系统内存的一部分进行分析时,才需自己设定,可以指定的最大内存量与计算机本身内存有关。

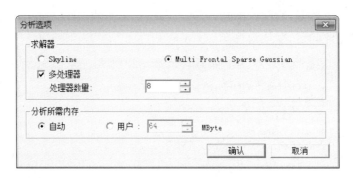

图 4-40　分析选项

4.2.4　运行分析

建立完模型，施加边界条件和荷载之后，就可以运行分析。执行运行的快捷键为 F5，也可以点击工具条中的 按钮。

4.2.5　批处理

批处理的对话框如图 4-41 所示。该功能可对几个结构模型连续执行结构分析，点击添加按钮，添加要执行的数据文件，点击运行后各个文件就会按顺序执行。

图 4-41　批处理对话框

4.2.6　导入分析结果

其他结构分析程序的分析结果可以用此功能导入程序后，用后处理功能进行校核。操作步骤如下：

（1）把准备好的其他格式的模型数据文件从文件菜单中导入；

（2）保存为 mcb 格式。

（3）然后把准备好的以"fn. sar"格式保存的分析结果文件导入。这时候文件的扩展名不必一定是'sar'。只要格式是相同的，文本文件也能导入。

关于如何生成"fn. sar 文件"这一问题可参见 midas Civil 在线帮助手册。

第5章 结果与输出

建模过程中的所有输入工作只有在前处理模式才有可能,而荷载组合、反力、位移、构件内力、应力等分析结果的查看和整理工作则可在后处理模式中进行。前、后处理模式的转换通过工具条上的 和 来切换,前者为前处理模式,后者为后处理模式。在成功执行计算分析之前,后处理模式的工具条是灰色的,成功执行计算分析之后,程序自动进入后处理模式。

对应于强大的分析功能,midas Civil 同样提供了全面、灵活的数据输出方式,用户可以方便直观地查看分析、设计结果。同时,也可以动态地生成计算书,并根据需要自行对输出数据格式进行编排,适用于不同结构类型的分析输出。

midas Civil 的结果与输出功能多集中在主菜单＞结果菜单中(工具条上也有"结果"子工具条),如图 5-1 所示,图中没有列出所有子菜单,仅包含了"应力"、"时程分析结果"和"分析结果表格"三个子菜单。

对应不同的分析功能,其查看分析结果所需的菜单是不尽相同的,比如 Pushover 分析需要在设计＞静力弹塑性(Pushover)分析菜单中参看分析结果。因为各章的实例分析都给出了对应的查看结果的方法,所以本章不再详细阐述各种分析如何查看结果,而是从整体上对程序的后处理功能进行介绍。

5.1 查看分析结果

5.1.1 荷载组合

midas Civil 利用结果＞荷载组合功能可对静力分析、移动荷载分析、动力分析、水化热分析、非线性分析及各施工阶段分析所算出的所有结果进行任意组合,并可将组合的结果在后处理模式以图形或文本形式输出。为了进行荷载组合,需要将不同的荷载定义在不同的荷载工况中(定义时需特别注意荷载类型,因其影响自动荷载组合)。已利用荷载工况组合的荷载组合还可以与其他荷载组合进行重新组合。由荷载组合建立荷载工况的命令为荷载＞由荷载组合建立荷载工况。

图 5-1　结果菜单

运行结果＞荷载组合命令后弹出如图 5-2 所示的对话框。荷载组合可以有三种定义方式，一是从其他文件中导入以前的组合（通过点击图 5-2 中的 _____导入_____ ），二是根据相关规范自动生成（通过点击图 5-2 中的 _____自动生成(A)_____ ），三是自定义。

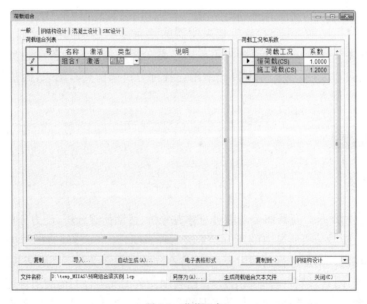

图 5-2　荷载组合

第5章 结果与输出

首先在如图5-2所示的对话框中选择一般、钢结构设计、混凝土设计或SRC设计,不同的选择之间"荷载组合列表"中的内容稍有不同。

自定义荷载组合时,在图5-2的上方选择"一般"属性页,然后依次给出组合的名称,在"激活"栏中选择合适的项,"类型"栏中选择组合方式(相加、包络、ABS、SRSS等),最后在"荷载工况和系数"分组框内选择荷载工况并填写对应的组合系数。

根据相关规范自动生成时,在图5-2的上方选择"钢结构设计"、"混凝土设计"或"SRC设计"属性页中的一个,然后点击图5-2中的 自动生成(A)... 按钮,在弹出的对话框中选择相应规范和组合的内容,然后点击"确定"即可。图5-3为选择"混凝土"、规范选择JTG D60—2004时对应的对话框。

5.1.2 分析结果图形输出

在运行分析后,可以用图形显示包括荷载组合在内的所有工况变形图、内力/应力图等分析结果。除了特殊的分析查看结果方法外,midas Civil后处理功能的一般使用步骤如下:

(1)点击 后处理模式将程序的环境转换为后处理模式。

(2)利用结果菜单或工具条的图标导入后处理功能。

(3)画面左侧出现对话框后,选择相应荷载工况/荷载组合条件,若要输入新的荷载组合条件可利用右侧的 键。

(4)在内力组成选择栏对位移、构件内力及反力的方向成分进行指定。

(5)在显示形式选择栏对等值线图、变形图、数值显示等画面表现形式进行指定,若要进行变更时可利用相应选择栏右侧的 键。

(6)在所有模型中只想在画面上显示某一部分时,可利用视图>选择功能对该部分进行选择后,再利用视图>激活>激活功能将其激活。

(7)点击 适用 键,则反映上述指令的后处理结果就会在画面上显示出来。

(8)导入其他后处理功能时,与使用用主菜单相比,利用对话框上的各后处理功能表单和功能目录表或利用图标菜单会更为便利。

下面仅以实体单元的应力云图来说明分析结果的图形输出。成功执行计算分析之后,进入后处理模式,执行结果>应力>实体单元应力命令,然后在左侧的对话框中,选择要输出的荷载工况以及应力种类后,勾选"显示类型"分组框中的"等值线",然后点击其右侧的 键,弹出如图5-4所

图5-3 选择荷载组合

图5-4 等值线细部设置

179

示的对话框,选择按单色线显示等值线,就会显示如图 5-5 所示的等值线图。选择填充涂色,就会出现如图 5-6 所示的应力云图。

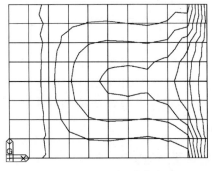

图 5-5 应力分布的等值线图

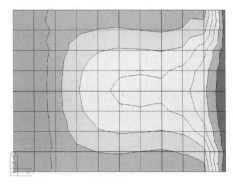

图 5-6 应力分布云图(填充涂色)

结构变形的显示比例是可以调整的,运行结果＞位移＞位移等值线命令后,弹出如图 5-7 所示的对话框,点击"变形"后的按钮，可在弹出的如图 5-8 所示对话框中对变形显示比例进行设定。默认情况下显示比例是程序自动计算得到的值。

图 5-7 查看位移对话框

图 5-8 详细设定变形显示比例

对几何非线性分析、施工阶段分析等具有加载阶段或施工阶段的模型,可以利用节段/步骤时程图表功能按阶段或步骤输出位移结果,对梁单元和桁架单元还可以按阶段或步骤输出内力和应力结果。这种功能可以画出位移等分析结果按阶段或步骤的变化趋势图形。

通过梁的细部分析(结果＞梁单元细部分析),生成梁的变形形状、剪力图(SFD)、弯矩图(BMD),并给出截面的应力分布图,如图 5-9 和图 5-10 所示。但移动荷载分析不能进行梁细部分析。

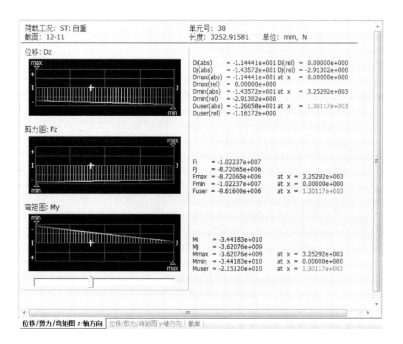

图 5-9 位移、剪力与 Z 轴方向的弯矩图

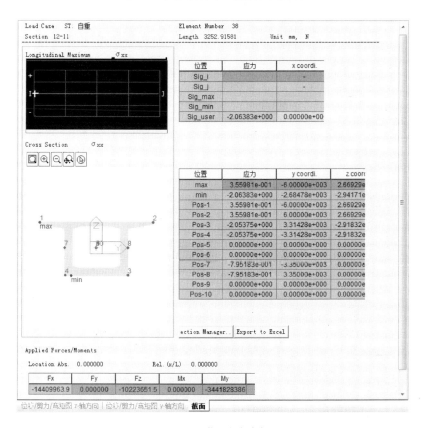

图 5-10 截面应力分布

在图 5-9 中，拉动图下方的标尺可以查看梁单元内部任意位置的位移与内力。

从图 5-10 可以看出，梁单元细部分析可以给出截面上某些位置的应力，这些应力可以通过点击按钮"Export to Excel"输出到 Excel 中。

5.1.3 分析结果表格

图 5-1 中给出了分析结果表格的子菜单，多数分析结果都可以以电子表格的形式输出，这些表格一般都可以导出到 Excel 中。图 5-11 给出了梁单元内力表格的形式。注意结果表格都是有一定格式的。

单元	荷载	位置	轴向(kN)	剪力-y(kN)	剪力-z(kN)	扭矩(kN*m)	弯矩-y(kN*m)	弯矩-z(kN*m)
1	自重	I[19]	0.00	0.00	0.00	0.00	0.00	0.00
1	自重	J[20]	0.00	0.00	6.53	0.00	-1.08	0.00
2	自重	I[20]	-129.95	28.34	-365.64	-75.12	-3.25	-20.56
2	自重	J[21]	-129.95	28.34	-343.76	-75.12	388.68	-51.88
3	自重	I[21]	-217.09	30.77	-327.98	-75.07	393.42	13.57
3	自重	J[22]	-217.09	30.77	-300.51	-75.07	844.37	-30.59
4	自重	I[22]	-292.83	32.32	-281.52	-64.69	847.57	23.74
4	自重	J[23]	-292.83	32.32	-254.05	-64.69	1231.84	-22.64
5	自重	I[23]	-361.50	30.64	-233.55	-53.32	1234.40	26.61
5	自重	J[24]	-361.50	30.64	-206.09	-53.32	1549.84	-17.36
6	自重	I[24]	-420.63	25.97	-184.98	-41.58	1551.79	25.05
6	自重	J[25]	-420.63	25.97	-157.51	-41.58	1797.53	-12.21
7	自重	I[25]	-467.30	19.46	-136.16	-29.72	1798.93	21.26
7	自重	J[26]	-467.30	19.46	-108.69	-29.72	1974.61	-6.67
8	自重	I[26]	-499.38	11.96	-87.23	-17.81	1975.52	16.35
8	自重	J[27]	-499.38	11.96	-59.76	-17.81	2080.98	-0.82
9	自重	I[27]	-515.62	3.97	-38.24	-5.87	2081.43	10.83
9	自重	J[28]	-515.62	3.97	-10.77	-5.87	2116.60	5.13
10	自重	I[28]	-515.42	-4.18	10.75	6.07	2116.59	4.98

图 5-11 梁单元内力表格

另外"内力合计表格"功能使用户可以方便地查看指定梁单元、指定荷载工况和指定梁单元内力分量的分析结果。

5.2 数据文件输出

在计算完成后会自动生成一个 jobname.out 的文件，其中 jobname 为分析数据文件名。该文件中包含了一些默认输出的分析信息。

利用命令结果＞输出文本结果可以根据需要输出部分或全部分析结果到 jobname.anl 中，执行该命令后，程序会一步一步提示用户选择输出的内容，具体请参见程序的在线帮助。

5.3 计算书生成器

在 2011 版的 midas Civil 程序中的树形菜单中，增加了一个"计算书"属性页用来将计算书内容登记到计算书目录树中，如图 5-12 所示。在程序的工具菜单中，有一个"动态计算书生成器"命令，利用该命令可以"动态"地生成计算书。midas Civil 的计算书功能具有开放性、可重复调用等特点，用户可以根据自己的习惯确定计算书的格式，又可以重复调用已确定的格式，提高制作计算书的效率。

建立新的计算书时的流程为：

第一步：将计算书内容登记到计算书目录树中。

第二步：运行动态计算书生成器，点击"新文件"后将登记内容拖放到计算书中。

第三步：保存计算书文件。当生成计算书后修改了模型时，可以利用工具＞动态计算书生成器命令，选择更新的项重新生成即可。

修改已经存在的计算书的流程为：

第一步：通过参考数据库调用同类型桥梁（模型）的计算书目录。

第二步：运行动态计算书生成器，点击"打开文件"将参考数据库调用的计算书 word 文件打开。

第三步：利用工具＞动态计算书生成器命令，选择更新的项，重新生成即可。

动态计算书生成器的使用方法在程序的在线帮助中有详细的说明，此不赘述。

图 5-12　树形菜单

第6章 midas Civil 配套软件介绍

在 midas Civil 的工具菜单中有几个配套的小软件,包括 MCT 命令窗口、截面特性计算器(SPC)、文本编辑器、图形编辑器、转换 EMF 文件为 DXF 文件、钢束形状生成器、地震波数据生成器和材料统计等,本章就其中的部分小软件做简单的介绍。

6.1 命令窗口

MCT 是 Midas Civil Text 的缩写,是文本型的数据格式。MCT 中包含很多命令,用户可单独使用 MCT 命令建立模型,例如节点坐标,材料属性,截面数据,指定位移模式和设计参数等。通过 MCT 文件,用户可以更方便地输入模型数据,该数据可以和已有的建模数据整合在一起。midas Civil 的模型数据也可以导出成 MCT 格式。

MCT 的命令有一百余条,其格式在程序在线帮助的"MCT 命令"一节中有详细的说明。因为 MCT 命令格式是固定的,并能完成建模和求解,所以可以通过 MCT 命令对 midas Civil 进行间接的二次开发。比如可以通过 VB、VC++等开发出小程序来完成特定的功能,执行后可得到 MCT 格式的文件,再调用 midas Civil 予以执行。

执行工具>MCT 命令窗口后,得到如图 6-1 所示的 MCT 命令窗口对话框。

在图 6-1 中,MCT 命令下拉条中包含了所有 MCT 命令,可以通过按钮 [插入命令] 来将下拉条中当前的命令格式插入到窗口中,图中插入了节点生成的命令,其格式如下:

```
*NODE    ; Nodes
; iNO, X, Y, Z
```

第一行为命令名称,第二行为前一行命令所需数据的格式。所有的 MCT 命令都以 * 开头,后面紧跟命令名称,没有空格。在任何位置出现分号,其后的数据将被视为注释。所有标点符号都必须是英文的半角字符,不能是中文标点符号。数据前面的空格是可有可无的。根据上面的命令格式,我们就可以填写出下面在坐标原点(0,0,0)建立 10 号节点的可执行的命令:

第6章 midas Civil 配套软件介绍

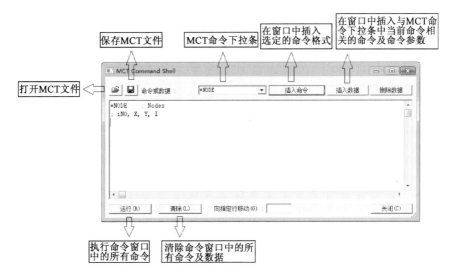

图 6-1 MCT 命令窗口

因为分号以后的内容被视为注释,所以上面命令也可以写成:

```
*NODE
   10, 0, 0, 0
```

其他的命令与此类似。

与插入命令按钮不同,[插入数据]按钮是在窗口中插入与下拉条中当前的命令相关的命令及命令参数(数据)。如在下拉条中的命令为"*VERSION",点击[插入数据],可在窗口中插入下面的内容:

```
;
; MIDAS/Civil Text(MCT) File.
; Date : 2011/7/2
;
*VERSION
   7.8.0
```

如在下拉条中的命令为"*ELEMENT","插入数据"会将现有模型中的所有单元信息插入到窗口中,点击[插入数据],可在窗口中插入下面的内容:

```
*ELEMENT    ; Elements
; iEL, TYPE, iMAT, iPRO, iN1, iN2, ANGLE, iSUB, EXVAL, iOPT(EXVAL2) ; Frame Element
; iEL, TYPE, iMAT, iPRO, iN1, iN2, ANGLE, iSUB, EXVAL, EXVAL2, bLMT ; Comp/Tens Truss
; iEL, TYPE, iMAT, iPRO, iN1, iN2, iN3, iN4, iSUB, iWID              ; Planar Element
; iEL, TYPE, iMAT, iPRO, iN1, iN2, iN3, iN4, iN5, iN6, iN7, iN8      ; Solid Element
; iEL, TYPE, iMAT, iPRO, iN1, iN2, REF, RPX, RPY, RPZ, iSUB, EXVAL   ; Frame(Ref. Point)
    1, BEAM , 1,    1,    13,  12,   0
    2, BEAM , 1,    1,    12,  11,   0
    3, BEAM , 1,    1,    11,  10,   0
    4, BEAM , 1,    1,    10,  13,   0
```

从上面的命令可以看出模型中仅有 4 个梁单元。如果现有模型中没有单元，那么按上面的命令执行将不会插入任何信息，包括命令格式。因此在修正总体模型时，插入数据命令是比较方便的。

下面列举一个实例说明 MCT 命令的使用。在进行预应力混凝土桥梁的分析时，需要将各个钢束的形状布置信息输入，但因为钢束数量较多，一根一根地输入会相当耗时，使用 MCT 命令会使该工作简单许多。首先用一般的方法输入一根典型钢束形状布置（方法可参见第 8 章相关内容），然后打开 MCT 窗口，在命令下拉条中找到 * TDN－PROFILE 命令，点击 插入数据 按钮，会得到该钢束形状布置的信息，对照刚才输入时的方法［图 6-2a)］和命令窗口中的注释，就可以知道命令格式及参数的含义，如图 6-2 所示。

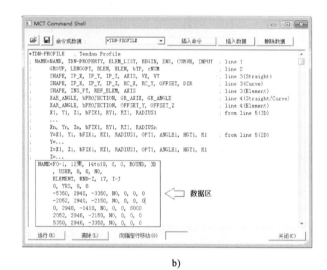

图 6-2 钢束形状布置对话框及对应 MCT 命令

在图 6-2 中，先将右边的 MCT 命令窗口中的"数据区"内容拷贝下来，粘贴到命令窗口的最后，再修改其内容即可定义其他类似的钢束形状。这样做比较繁琐，新版的 midas Civil 在工具菜单中有一个"钢束形状生成器"，可以从 DXF 格式的文件中读取钢束信息，然后生成 MCT 格式的信息，可大大方便钢束形状的输入。

6.2 钢束形状生成器

定义预应力钢束形状可以用钢束形状生成器，也可以用荷载＞预应力荷载＞钢束布置形状命令。这里介绍钢束形状生成器的使用方法。

钢束形状生成器可以将 DXF 格式的钢束转换为 MCT 数据文件，通过在 midas Civil 中读取该 MCT 文件，自动生成钢束布置形状。

启动钢束形状的方法为菜单＞工具＞钢束形状生成器,或直接在 midas Civil 的安装目录运行程序 ReadDrawing.exe,其对话框如图 6-3 所示。

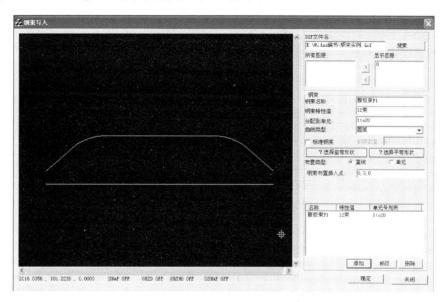

图 6-3 钢束形状生成器

利用钢束形状生成器生成钢束布置形状的顺序为:读取钢束形状 DXF 文件→指定钢束属性→选择钢束的竖弯、平弯曲线→指定形状类型→选择插入点→添加生成钢束布置形状 MCT 文件→midas Civil 中读取该 MCT 文件生成钢束布置形状。具体可以按下述步骤进行操作:

1)在 AutoCAD 中画出钢束的布置,并另存为 DXF 格式

钢束的竖弯和平弯曲线应分别画出,当然也可以利用设计给出的钢束布置图。但是应该注意以下问题:

(1)钢束竖弯和平弯曲线的开始点及终点的 X 坐标要一致。

(2)钢束竖弯和平弯可以用样条曲线或多段线,注意钢束线必须是连续的。如竖弯或平弯曲线为"直线＋圆弧"的多条线,有时为了防止钢束形状错误,需用 PEDIT 命令将其合并成一条线;如为折线形式,则只要求连续即可。

(3)画钢束的竖弯和平弯曲线是要注意单位的选择,要与 midas Civil 模型中的单位一致。

(4)钢束曲线要另存为 DXF 格式文件(AutoCAD2000 或以前版本),在一个文件中可以有多条钢束曲线。

2)读取 DXF 文件

启动钢束形状生成器,点击图 6-3 所示右上方的按钮 搜索 ,找到该文件并打开,在"所有图层"显示列表中选择钢束形状所在层,双击该层或选中该层,再点击右侧按钮 > ,这样在右边的"显示图层"栏中就会有选中的层(即钢束所在的层),在图 6-3 所示的左边图形窗口区就会看到钢束曲线。利用鼠标的滚轮可以缩放钢束曲线。

3)指定钢束属性

填写钢束名称、钢束特性值(Property)、所分配到的单元(Element ID)和曲线类型(Curve Type)。钢束特性值使用命令荷载＞预应力荷载＞钢束特性值来定义(参见第 8 章)。曲线类型可以选择样条曲线(Spline)和圆弧(Arc)，如何选择取决于在 DXF 文件中是如何画钢束曲线的。

标准钢束(Typical Tendon)在这里可以不选。勾选此选项后，在右侧还输入预应力钢筋的数量，此时程序就会认为输入了多根相同形状(具有代表性的标准钢束)的预应力钢筋。用户在进行桥梁的初步设计时，用此功能代替三维钢束形状的输入，可节省很多工作时间。

4) 选择钢束的竖弯形状和平弯形状

钢束竖弯形状定义过程如下：

点击按钮 [?选择竖弯形状]，使按钮图标变为 [→选择竖弯形状]，则处于选择状态，用鼠标在图 6-3 所示的图形窗口中点选或框选竖弯钢筋线，选中的显示为红色。鼠标选择曲线过程中，点击线段一次为选择，再次点击为取消选择，点击次序对生成钢束坐标没有影响。

选择完毕后再点击 [→选择竖弯形状]，则按钮图标又变为 [√竖弯已选择1条]，就说明此根钢束的竖弯形状已选择完毕。按钮图标中最后的数字表示选择的线的条数。

同样的操作方式选择平弯形状。选中的平弯线以黄色显示。

5) 选择钢束形状类型(Tendon Shape)

这里有两个选项——直线(Straight)和单元(Element)。一般对直线桥梁选前者，对曲线桥梁选后者。

选择"直线"后，可直接填写插入点坐标，再点击"添加"就完成了一根钢束的形状输入。程序会根据输入的平弯和竖弯曲线合成一条空间曲线，插入点的坐标就是该空间曲线的起点(X 坐标小的端点)在计算模型中的整体坐标。注意对旧版的钢束形状生成器，插入点坐标＝结构中钢束起点的实际整体坐标—钢束端点在 CAD 中的坐标(X 坐标竖弯与平弯一致，Y 坐标取平弯曲线起点的 Y 坐标，Z 坐标取竖弯曲线起点的 Z 坐标)。

选择"单元"后"钢束导入"对话框的界面有所改变，如图 6-4 所示，此时以单元 x 轴作为钢束坐标系 x 轴。钢束坐标原点就是钢束起始点，要输入其在整体坐标系下的位置坐标。钢束布置插入点可以指定单元的 I 端或 J 端作为参考插入点，该单元要在后面输入其单元号。

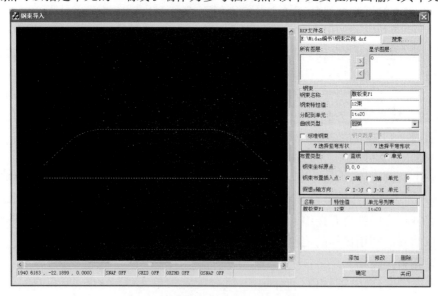

图 6-4　钢束形状类型为单元后界面改变

假想 x 轴方向用来指定钢束坐标系 x 轴,选择 I→J 表示钢束的 x 轴方向定义为从单元的 I 端到 J 端的方向;选择 J→I 表示钢束的 x 轴方向定义为从单元 J 端到 I 端的方向。该单元默认与形状插入点中的单元号相同。

6)生成 MCT 格式的钢束形状信息

按照上面的方法逐根将每根钢束的竖弯、平弯信息和钢束特性等信息添加到钢束列表中,点击确定,则钢束列表中的钢束信息自动转换为 MCT 格式文件,该 MCT 文件保存在与钢束形状 DXF 文件同一目录下,文件名称与导入的 DXF 文件名称相同。点击确定按钮后,生成的 MCT 文件自动用默认的文本编辑器打开,如图 6-5 所示。

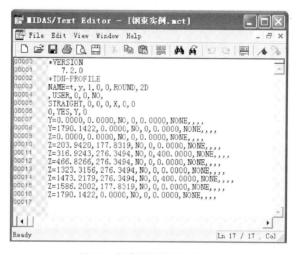

图 6-5　钢束形状的 MCT 格式

7)完成钢束形状信息的输入

在 midas Civil 中确认当前单位体系与 DXF 文件的长度单位一致后,打开工具>MCT 命令窗口,如图 6-6 所示,在弹出的对话框中点击[打开]按钮,打开上步生成的 MCT 文件,然后点击"运行"按钮,就完成了钢束形状的输入。钢束特性值必须是事先定义好的才能运行。

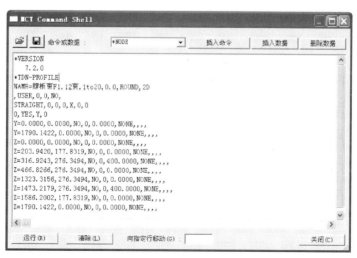

图 6-6　执行钢束形状的 MCT 命令

钢束形状生成器可以独立于 MIDAS 环境运行,其版本也在不断更新中。

除了官方的钢束形状生成器,在输入钢束形状时还可以利用其他 MIDAS 钢束输入助手,类似的小工具软件可以在互联网上找到。

6.3 截面特性值计算器 SPC

参见 2.4.4 节内容。

6.4 文本编辑器

midas Civil 自带的文本编辑器(MIDAS/Text Editer)是一款 MIDAS 专用的纯文本编辑器,可以打开和编辑 MIDAS 系列程序软件生成的各种类型的文本文件,其界面如图 6-7 所示。可以用不同的颜色将普通文本、MCT 命令和数值等不同的字段区分开来,设置字体和颜色的命令为 View>Configure,如图 6-8 所示。

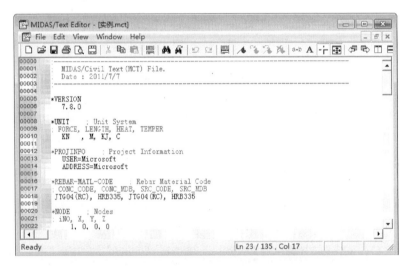

图 6-7 文本编辑器

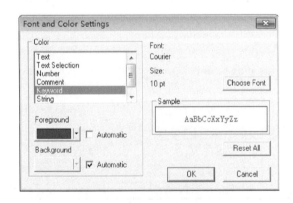

图 6-8 文本编辑器中的设置

第6章 midas Civil 配套软件介绍

文本编辑器的操作方法和普通文本编辑器类似,支持诸如"新建"、"保存"、"打印"这些在窗口环境下运行的基本功能。

6.5 图形编辑器

MIDAS 图形编辑器是和 MIDAS 系列程序相连接的矢量图形编辑器,用来编辑和打印各种类型的图形文件。图形编辑器可以自由添加和编辑由 midas Civil 生成的各种 *.BMP 和 *.EMF(增强图元文件)文件。它还可以为用户生成精确的报告文件,具有和微软公司 PowerPoint、Word 相类似的绘图功能。其界面如图 6-9 所示。详细的操作说明请参见软件的在线帮助手册。

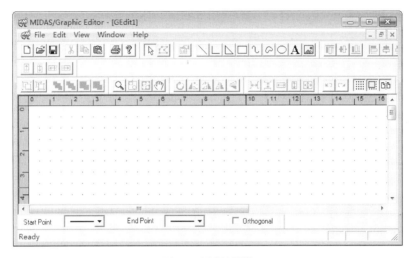

图 6-9 图形编辑器

6.6 转换 EMF 文件为 DXF 文件

可以用命令工具＞转换 EMF 文件为 DXF 文件将 EMF 格式的文件转换为 AutoCAD 的 DXF 格式的文件,并且同时生成相同文件名的 DWG 文件。可以用命令文件＞图形文件得到模型或结果的 EMF 格式矢量图形文件。可以用命令文件＞打印 EMF 文件来打印 EMF 格式文件。

EMF 是设备独立性的一种格式,也就是说 EMF 可以始终保持着图形的精度,而无论用打印机打印出何种分辨率的硬拷贝。EMF 虽然可以保持图形的精度,但不支持动画效果。

6.7 地震波数据生成器

地震波数据生成器可以根据历史上的地震波加速度记录数据或自定义的地震波加速度数据生成时程荷载函数,可以将地震波加速度数据转换为地震反应谱,还可根据十余种规范生成设计反应谱曲线。

1)根据地震波历史记录生成时程荷载函数

midas Civil 内置的地震数据库中的历史记录包括 1940—1971 年北美 30 多条实测地震记录以及 1978—1995 年日本 18 条实测地震记录。通过执行命令工具＞地震波数据生成器＞

Generate＞Earthquake Record，弹出图 6-10 所示的对话框。

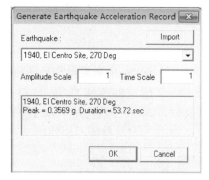

图 6-10　Earthquake Record 对话框

可以从图中的下拉条中选取地震加速度记录，Amplitude Scale 后输入振幅比例用于调整地震波的峰值，Time Scale 后输入时间比例用于调整持时。然后点击 OK 按钮得到生成的地震波，如图 6-11 所示。

通过 File＞Save 命令可以将生成的地震波存成扩展名为"sgs"的时程荷载函数文件。

从这里生成的所有加速度地震波的数据是统一的，加速度用 g（重力加速度）表示，初始时间间隔 0.02s。使用振幅比例和时间比例可以改变时间步长和振幅的初始值，之后生成新的数据。

2）根据自定义地震波生成时程荷载函数

根据自定义地震波生成时程荷载函数的步骤如下：

(1)将自定义的地震波数据按图 6-12 所示的格式输入到一个文件中，然后保存为扩展名为"dbs"的文件。

在图 6-12 所示的文件中，第一行的"＊＊1"是固定格式，不能修改，其后可以加对地震波的注释。自定义的地震波数据必须从第二行开始，每行的第一个数据为时刻，其后为地面运动的加速度，之间用逗号隔开。注意编辑文件的编辑器必须是无格式的纯文本编辑器或可以存成纯文本文件的编辑器，如微软的记事本、写字板或 midas Civil 的文本编辑器以及 TextPad 等比较专业的文本编辑器。

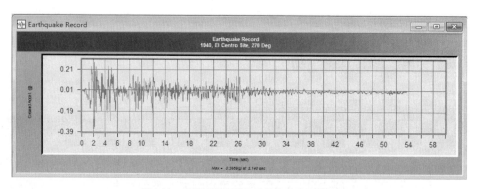

图 6-11　根据历史记录生成的加速度地震波

在 midas Civil 的安装目录 Dbase 文件夹下有 60 多个地震波数据文件（＊.dbs）可以参考。

(2)运行命令工具＞地震波数据生成器＞Generate＞Earthquake Record，点击对话框的右上角按钮 Import ，导入在上步生成的扩展名为 dbs 的文件（图 6-13）。必要时可以在对话框中调整地震波数据的加速度峰值及时间步长，然后点击 OK 按钮，生成如图 6-14 所示的自定义的地震波。最后通过 File＞Save 命令可以将生成的地震波存成扩展名为"sgs"的时程荷载函数文件。

3）根据地震波历史记录生成反应谱

第6章 midas Civil 配套软件介绍

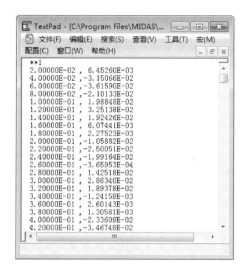

图 6-12 地震波数据文件(*.dbs)

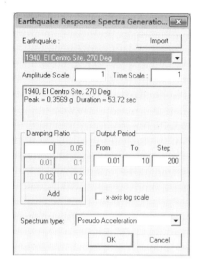

图 6-13 反应谱生成对话框

运行命令工具＞地震波数据生成器＞Generate＞Earthquake Response Spectra,弹出如图 6-13 所示的对话框。从图中上面的下拉条中选取地震加速度记录,定义阻尼比、谱曲线的起止时间和时间间隔,选择谱的类型,最后点击 OK 就可生成与图 6-14 类似的反应谱。

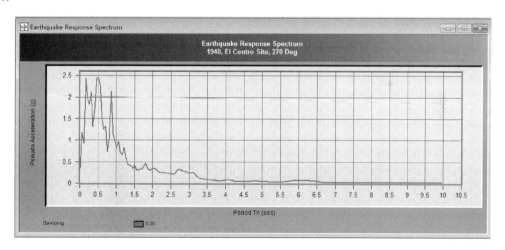

图 6-14 根据历史地震波数据生成的加速度反应谱

4)根据自定义地震波生成反应谱

用与前面同样的方法生成自定义波的 dbs 文件,然后导入。定义阻尼比、谱曲线的起止时间和时间间隔,选择谱的类型,最后点击 OK 就可生成自定义波的反应谱。

5)生成设计反应谱

可以根据所选规范得到设计反应谱曲线,图 6-15 列出了可选的规范。

在图 6-15 中选择 China(JTJ 004—89)后弹出图 6-16 所示的对话框,根据规范说明填写数据,点击 OK 即可得到图 6-17 所示的设计反应谱曲线。

193

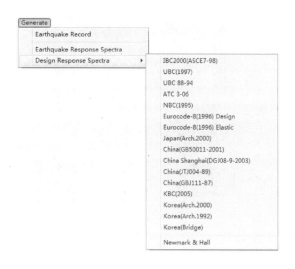

图 6-15 生成设计反应谱菜单   图 6-16 设计反应谱生成对话框

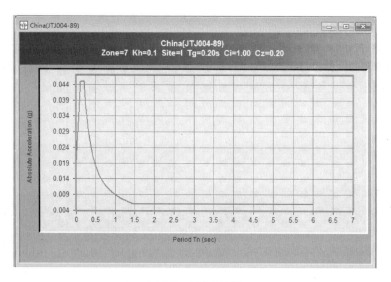

图 6-17 设计反应谱

6.8 材料统计

材料统计功能可以根据所有单元的单元类型、材料类型和截面形状等生成材料用量的统计数据并输出。其主要功能包括：

(1) 根据材料特性/截面特性的数量生成材料统计。
(2) 自动计算构件的长度、面积、质量和体积。
(3) 区分钢构件的轧制截面和组合截面。

(4) 根据钢板厚度自动计算组合截面的质量和面积。

(5) 计算混凝土构件的混凝土体积。

(6) 提供整个模型中每种材料特性的每种单元形状的质量总计。

(7) 提供整个模型的质量。

执行命令工具＞材料统计得到如图 6-18 所示的材料统计对话框。只有模型中有单元时，在图 6-18 所示的"选择输出的文件"下方才会出现可以勾选的项目，并且与模型中单元类型相关。比如图 6-18 就是模型中只有桁架单元与梁单元时的情况，点击确认后得到如图 6-19 所示的材料统计数据，其数据文件的扩展名为 *.bom。模型中只有板单元时的材料对话框如图 6-20 所示。

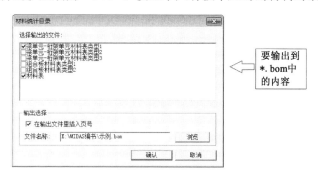

图 6-18　材料统计对话框

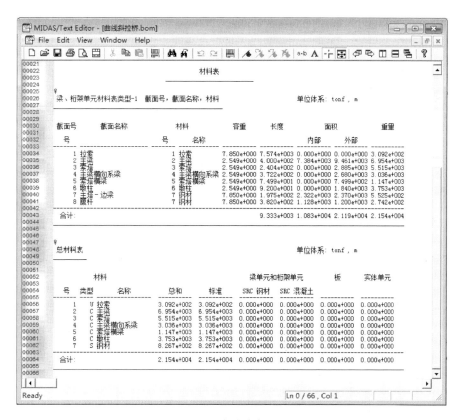

图 6-19　材料统计输出内容

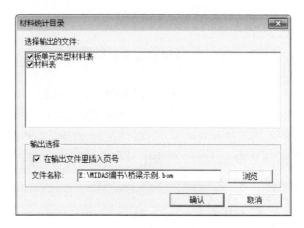

图 6-20　板单元材料统计对话框

6.9　其他工具

在安装目录下，还有一些小的工具软件没有嵌入到程序的菜单中，比如 AppPKPM.exe 可以实现转换 PKPM 数据文件的功能（图 6-21），Converter.exe 可以实现多种数据格式文件的转换（图 6-22），ConverterA2F.exe 可以实现 MIDAS/FEA 文件的生成（图 6-23）等。

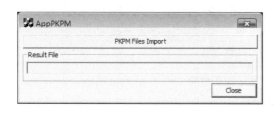

图 6-21　转换 PKPM 文件

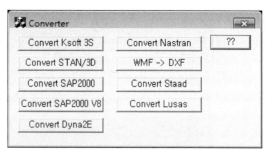

图 6-22　数据文件转换

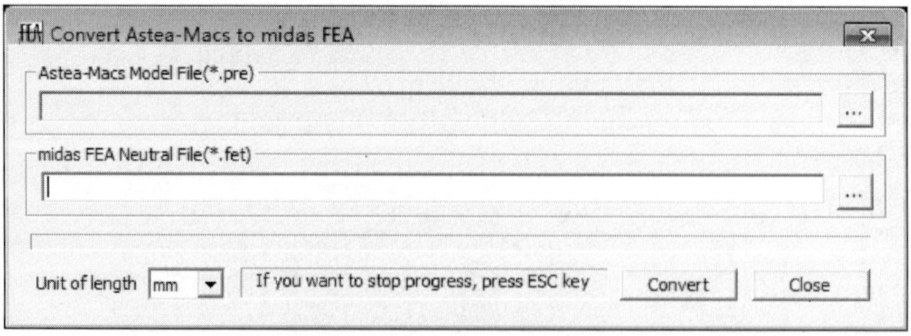

图 6-23　生成 MIDAS/FEA 文件

第7章 桥梁移动荷载分析

移动荷载分析是指沿着车辆荷载的移动路径,对车辆移动的全部过程进行结构分析,求出各位置的最大、最小内力值,作为结构设计和结构验算的依据。

midas Civil 移动荷载分析的主要功能如下:

①计算移动荷载工况下的挠度、内力、反力的影响线或影响面。

②使用计算得到的影响线或影响面,计算已知车辆移动荷载下的最大、最小节点位移,内力,支座反力等。

影响线是指当单位荷载沿车道(通过梁单元定义)移动时,通过静力分析求出的各节点的内力分析结果。影响面是指在板单元的各节点上施加单位荷载,通过静力分析求出各节点的内力分析结果。对实体单元无法直接进行移动荷载分析,而只能通过设置辅助梁单元或辅助板单元进行。

通过计算,可以得到各移动荷载工况作用下位移、内力或支座反力的最大和最小值(包络值),并且可以与其他荷载工况进行组合。因为每个移动荷载工况作用下有最大、最小两个分析结果,同样,荷载组合后的结果也有最大、最小两个结果。分析结果有节点位移、支座反力、桁架、梁、板单元的构件内力等,其他形式的单元只能考虑其刚度效应,不能输出其移动荷载分析结果。程序中将根据规范名称、结构形式、跨度等信息自动考虑冲击系数后加载车辆荷载,并输出最不利荷载的布置。

移动荷载工况的数量没有限制。midas Civil 输入的车辆荷载的方向要与整体坐标系的 Z 轴方向相反,因此桥梁结构模型的重力方向要与整体坐标系的 $-Z$ 轴方向相同。

midas Civil 的移动荷载分析的步骤如下:

(1)先建模。车道单元用梁单元(可使用变截面梁单元)模型,车道面单元用板单元模型。

(2)考虑车辆移动的路径及设计车道数、车道宽等因素,把车道和车道面布置于结构模型上。

(3)定义车辆荷载。车辆荷载既可以使用规范中的标准车辆荷载,也可以输入用户自定义的车辆荷载。

(4)定义移动荷载工况。
(5)进行分析。
(6)将车辆荷载工况和其他静力、动力荷载工况进行组合。
只计算影响线或影响面时,进行到第二步骤即可。

7.1 车道定义

首先选择移动荷载规范,否则无法进行移动荷载分析。从主菜单中选择荷载＞移动荷载分析数据＞移动荷载规范。在树形菜单的菜单表单中选择移动荷载分析＞移动荷载规范。

可以选择多国规范和横向移动荷载,如图7-1所示。

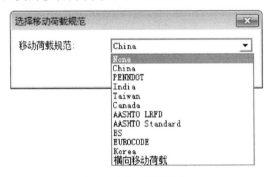

图7-1　定义移动荷载规范

在midas Civil中文版中默认的移动荷载规范为中国规范,包括公路、铁路、城市桥梁设计规范中的移动荷载,用户也可以自定义车辆。

midas Civil软件中定义的车道必须在梁单元上,也就是没有梁单元车道是无法定义的。各车道可以是直线的或曲线的、平行的或是交叉的。车道可以布置在一系列梁单元(包括变截面梁单元)上,也可以布置于与梁单元有一定偏心距离的线上(图7-2)。在midas Civil中将定义车道位置时使用的参照系(梁单元)称为车道单元。定义车道时偏心距ECC(eccentricity)是有正负的,这与车道单元的选择顺序有关(如图7-3中对话框中的位图)。

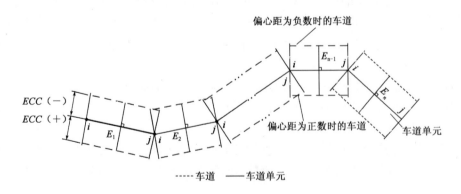

图7-2　车道和车道单元

第7章 桥梁移动荷载分析

车辆荷载通过定义的车道施加在车道单元上，偏心的处理方式为：首先将车辆荷载移到车道单元上，然后附加扭矩。偏心距随选择的参照物（车道单元）的不同而不同，所以顺桥向车道的偏心距离可输入不同的值。因为可以附加偏心，所以理论上车道单元的选择可以是任意的梁单元，但是为了减少误差，应该让偏心最小。移动荷载分析结果的准确性与荷载作用点的距离划分有很大关系，如果需要得到更准确的结果，需要细分车道单元。

定义车道的命令：从主菜单中选择荷载＞移动荷载分析数据＞车道…在树形菜单的菜单表单中选择移动荷载分析＞车道。

如选择的是中国规范，得到车道对话框后选择添加，即可得到如图 7-3 所示的对话框。如果已经定义了车道，还可以选择编辑、删除或复制。如在规范中选择"横向移动荷载"，则得到图 7-4 的对话框。需要注意的是，对于不等跨的连续梁桥，非局部荷载的冲击系数应取最大值，即取较小跨（边跨）跨长计算冲击系数。在 midas 新版本中，Civil 提供两种用于计算冲击系数的跨度，一种是这里输入的跨度，另外一种是由程序根据影响线自动计算 L。选用哪种方法，在分析＞移动荷载分析控制＞冲击系数＞规范类型＞其他规范"跨度的计算方法"中选择。当用户选择"影响线加载长度"时，这里输入的跨度不起作用。国内规范规定在大跨度桥梁上汽车荷载应考虑纵向折减，可通过图 7-3 中的比例系数来输入纵向折减系数。当需要考虑

图 7-3　车道定义

纵向折减系数时，可通过选择单元来定义不同位置的折减系数。

关于车道的详细定义可参考 midas Civil 的在线帮助手册，本章最后也给出了实例，这里不再详细说明。

在 midas Civil 中移动荷载分析最快的方法就是定义车道，用影响线加载的方法。所以对用板或实体单元建立的模型，定义辅助梁单元，然后在梁单元上定义车道是非常可取的方法。

在如图 7-5 所示的等高度钢箱梁桥中，可以通过下面的方法得到车道单元：预先在横断面上实际的车道位置留出一个节点，然后拉伸整个截面，就会得到沿顺桥向（行车向）定义车道单元所需的节点，最后用梁单元连接这些节点即可。如果还考虑混凝土桥面板，那么可以通过将顶板的板单元向上拉伸成实体单元，然后再用梁单元连接混凝土板顶面的车道位置的节点即可。注意这里的梁单元纯粹为定义车道而设，应

图 7-4　设计车道线

该没有重量,截面可以任选,但截面刚度要很小(定义成小截面,材料的弹性模量很小,以不影响计算结果为依据)。

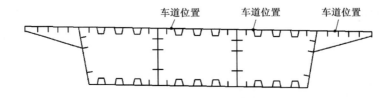

图 7-5　板单元上的辅助车道单元定义

对变截面的钢箱梁(板单元)或混凝土箱梁(实体单元)也可以定义辅助梁单元来实现车道定义,此时的处理方法可以这样:对板单元模型,可以先在车道位置的正上方建立线单元,将线单元分割成合适的大小以便得到节点,然后将这些节点投影到箱梁顶板上,再对顶板进行网格划分,那么这些投影的点就成了板单元的节点,然后再根据这些节点建立辅助梁单元即可。图 7-6 和图 7-7 给出了一个投影节点的小例子。对实体单元模型,先将顶板用板单元建立,然后按上述方法操作得到投影节点,划分网格,再由板单元拉伸得到实体的顶板,最后在顶板顶面建立辅助梁单元。或者在建立实体模型时,通过分割单元或其他的方法直接得到建立辅助梁单元所需节点。可能的话,还可以在实体单元建立的箱梁模型顶板上"覆盖"一层很薄的板单元(刚度很小),然后建立车道面。建立辅助车道单元的方法会有很多,读者可根据模型的实际情况建立,对 midas Civil 的操作越熟练,建模技巧和策略就会越多些。

用辅助梁单元建立车道时,很容易实现偏心 ECC 为 0,这样的计算精度较高。

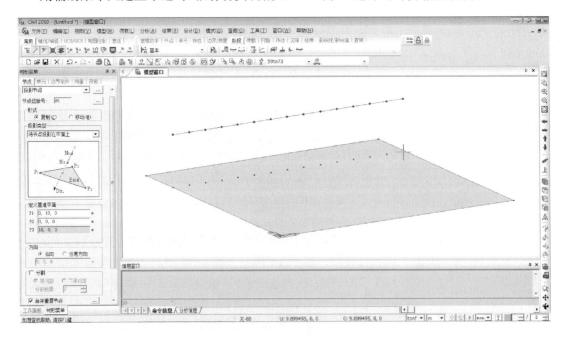

图 7-6　节点投影到板单元上

第7章 桥梁移动荷载分析

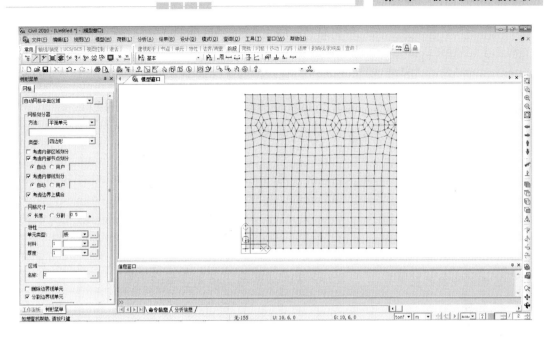

图 7-7 对板进行网格划分

7.2 车道面定义

车道面一般用于移动荷载平面分布效果较大的刚架或板式桥梁中,车道面由车道面单元和车道节点组成(图 7-8)。影响面是指在板单元的各节点上施加单位荷载,通过静力分析求出的各节点的分析结果(位移、反力、构件内力),计算影响面的过程称为影响面分析。为了减少计算量和保证运行空间,在程序中仅输出车辆移动的车道面和用户选择的一些板单元的影响面分析结果。

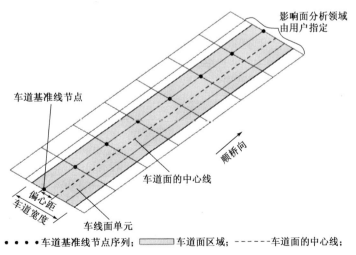

图 7-8 车道面单元和车道基准线节点

车道面单元必须是板单元。车道面单元由车道宽、车道基准线节点和偏心距离组成,可以重复输入车道,还可以输入各跨度的冲击系数。由车道基准线节点和偏心距决定车辆荷载移动的路线。以顺桥向为基准,若车道面的中心在车道基准线节点的右侧,则为正(+)的偏心距;若车道面的中心在车道基准线节点的左侧,则为负(-)的偏心距。车道基准线节点应输入车道面内的节点。因为以输入的节点顺序决定车辆行进方向,所以必须正确输入节点顺序,并且不允许重复输入。另外可以输入每个节点所属的跨度,程序根据输入的跨度自动计算冲击系数。

车道面和车道一般不同时定义。定义车道面的命令:从主菜单中选择荷载>移动荷载分析数据>车道面…。在树形菜单的菜单表单中选择移动荷载分析>车道面。

因为影响面分析的数据庞大,在 midas Civil 中默认提供的分析结果为车道面内的板单元。但如果用户想输出车道面外的板单元的分析结果,可用 midas Civil 的选择功能选择相应板单元,然后使用下面的命令增加或减少板单元:从主菜单中选择荷载>移动荷载分析数据>用于影响面的板单元…。在树形菜单的菜单表单中选择移动荷载分析>用于影响面的板单元。

用这种影响面加载方法进行移动荷载分析的效率很低,计算和显示速度都很慢。对桥梁结构来讲,移动荷载分析一般用上节所述的车道加载的方法。关于车道面定义的详细说明请参见 MIDAS 在线帮助手册的相关内容。

7.3 车辆定义

定义车辆的命令:从主菜单中选择荷载>移动荷载分析数据>车辆…。在树形菜单的菜单表单中选择移动荷载分析>车辆。

当选择了中国规范后,运行上述命令得到如图 7-9 所示的车辆定义对话框,可以选择添加标准车辆或用户定义车辆。

选择添加标准车辆后,规范包括如图 7-9 所示的新旧四种专业规范。对新的公路桥梁规范和城市桥梁规范,荷载分为车辆荷载和车道荷载。车道荷载用在桥梁的整体分析中,一般是在顺桥向车道上整个桥梁都布置的;车辆荷载用在桥梁的局部分析中,比如 T 梁或箱梁桥翼缘板的受力计算。选择标准车辆后,只要在车辆荷载类型中选择了正确的荷载类型(可以从图示中判断),其他都不需要填写了。在图 7-9 中,P_k 和 q_k 的值根据桥梁计算跨度 L(在车道定义中需要填写桥梁跨度)自动计算,不需用户输入。

对铁路桥梁荷载,荷载类型包括特种中-活载活载(SL)、普通中-活载(NL)和客运专线用的列车荷载——ZK 活载(HL)。从图示上就可以分辨出到底选择了哪一种荷载类型。普通中-活载用于桥梁整体计算,特种中-活载用于桥梁部件的计算,比如道碴槽板的设计计算。

当选择用户定义后,可以有如图 7-10 所示的汽车、列车/特殊车辆和人群荷载三种荷载类型供选择。

如果最初规范选择的是"横向移动荷载",那么定义车辆时只有用户定义可以选择,如图 7-11 所示。

第7章 桥梁移动荷载分析

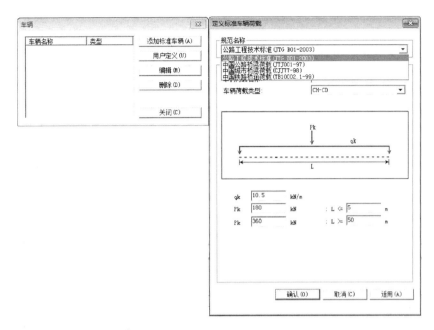

图7-9 规范选为中国规范时的标准车辆定义

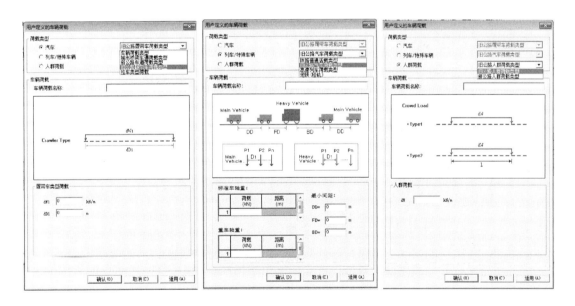

图7-10 规范选为中国规范时的自定义车辆定义

还可以将要加载的车辆定义成车辆组。同一个车辆荷载组内的车辆将分别加载在桥梁上，程序做出分析比较后，为用户提供最大最小值。同一车辆荷载组内的车辆也可以同时加载，但必须符合相应规范的要求。国外某些设计规范要求按上述进行分析，国内各种桥梁的设计规范中均没有上述分析要求，因而采用国内规范定义移动荷载时，不需要定义车辆荷载组。

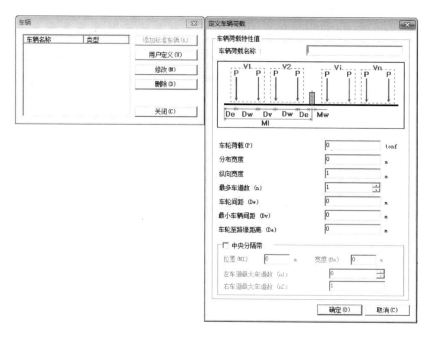

图 7-11　规范选为"横向移动荷载"时的车辆定义

7.4　移动荷载工况定义

进行移动荷载分析,最后必须用已经建立的车辆荷载和车道生成移动荷载工况。定义移动荷载工况的命令:从主菜单中选择荷载＞移动荷载分析数据＞移动荷载工况…。在树形菜单的菜单表单中选择移动荷载分析＞移动荷载工况。

执行上述命令后,得到如图 7-12 所示的系列对话框。点击左边对话框中的"添加",得到中间对话框,点击中间对话框中的"添加",得到右边对话框。

图 7-12c)的子荷载工况对话框中:车辆组下拉框中包含已经定义的车辆组,可以不直接定义车辆组,默认每一个车辆都是一个车辆组。系数用来输入车辆荷载组荷载的增减系数,这个系数默认是 1,最后计算时所有车辆组中的车辆荷载都要乘以该系数,在后处理中将动载转换成等效静载(方法参见本章算例)时,导出的车辆荷载要乘以该系数。

当车辆定义成公路桥梁规范或城市桥梁规范中的标准车辆时,程序自动根据荷载工况中的车道数进行荷载的横向折减,横向折减系数用户是可以更改的。而当车辆定义成铁路规范中的标准车辆时,横向折减系数需用户自己填写在如图 7-12 所示的子荷载工况对话框的系数中。用户自定义车辆时,默认是按公路规范折减。图 7-12 中间的对话框给出了与车道数有关的城市桥梁与公路桥梁的横向折减系数,城市桥梁与公路桥梁稍有不同。横向折减系数是相应规范中给定的,主要是考虑随着桥梁横向布置车队数的增加,各车道内同时出现最大荷载的概率减小。在后处理中将动载批量转换成等效静载时,车辆荷载要乘以该横向折减系数作为等效静载。

关于移动荷载工况定义的详细说明请参见 midas Civil 在线帮助手册的相关内容。

第7章 桥梁移动荷载分析

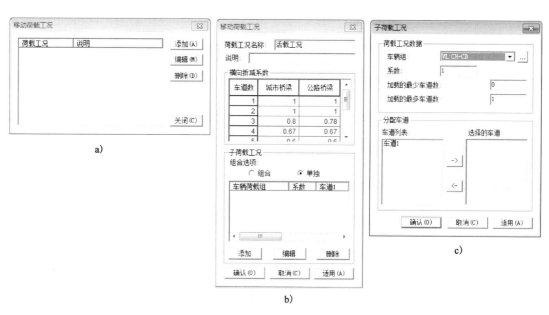

图 7-12 定义移动荷载工况

7.5 移动荷载分析控制

在移动荷载分析控制选项中输入移动荷载分析的方法和分析结果的输出位置。移动荷载分析时,程序默认所有的车轮通过所有指定车道上的点。

命令:从主菜单中选择分析＞移动荷载分析控制…。移动荷载分析控制的对话框如图 7-13 所示。

选择中国规范后,荷载控制选项中的加载位置有两个可选项,一是影响线加载,二是所有点。选择前者影响线加载时,车轮只加载在使各节点内力发生最大最小值的位置。即当前后车轮位于影响线符号不同的区域时,忽略负值(或正值),只加载在正值(或负值)区域。该方法的结果将比实际结果稍大一些。选择后者所有点时,与影响线的正、负符号无关,各集中荷载依次沿车道行进,加载到能加载的所有点上(包括节点和按图 7-13 所示的"每个线单元上影响线点数量"定义的线单元影响线分析位置),此时其他车轴的集中荷载没有处于节点时使用内插方法计算影响线或影响面值。一般采用规范中的标准车辆时用影响线加载方式,而用户自定义车辆时用所有点加载方式。

关于冲击系数的计算要首先选择合适的规范,然后选择不同的结构形式按相应规范公式计算冲击系

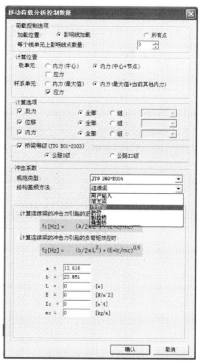

图 7-13 移动荷载分析控制对话框

数。冲击系数计算说明和计算公式参数的意义请参见相应规范和 midas Civil 的在线帮助手册。

7.6 公路空心板桥分析实例

在公路和城市桥梁中，传统计算活载的方法是先计算荷载横向分布系数，目的是将荷载的空间效应转化到单梁上，即将空间问题转化为平面问题，然后对单梁（板）进行设计计算。用 midas Civil 可以直接分析空间问题，不必再计算荷载横向分布系数。

1）桥梁概况

某公路预应力简支空心板梁桥，计算跨度 22.3m，梁长 22.96m（图 7-14）。横向有 9 片空心板，板间用铰缝连接，边板和中板截面尺寸如图 7-15 和图 7-16 所示。边板和中板的两端各有 1.435m 长的区段未设横向连接铰缝，截面也与跨中间截面不同。板间的横向中心距 1.25m，桥宽 10m，按两车道考虑，设计荷载等级为公路—Ⅰ级。要求确定桥梁竣工验收做车辆加载试验时，与设计荷载等效的加载车辆荷载。这里不考虑自重等其他荷载而只考虑车辆荷载。

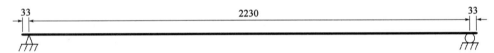

图 7-14 空心板梁（尺寸单位：cm）

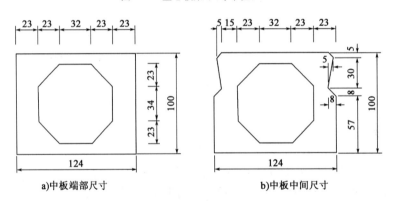

图 7-15 中板的截面尺寸（尺寸单位：cm）

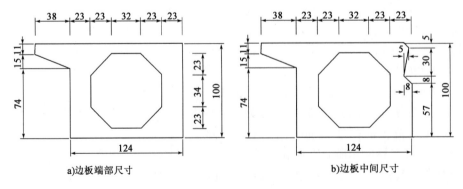

图 7-16 边板的截面尺寸（尺寸单位：cm）

2)梁格法介绍

对公路铰接空心板桥,可以用"梁格法"来分析。在英国 E. C. 汉勃利著、郭文辉翻译的《桥梁上部构造性能》(1982年,人民交通出版社)一书中对梁格法的概念进行了较详细的解释。梁格法得到的结果是偏于保守的。

如图7-17a)所示的板式桥,它可用一个等效梁格(图7-17b)来代表。为了分析目的,把分散在板的每一区段内的弯曲和抗扭刚度假定集中于最邻近的等效的梁格内。板的纵向刚度集中于纵向梁内,而横向刚度则集中于横向梁内。理想的梁格必须是这样,即当原型板和等效的梁格承受相等的荷载时,这两个结构的挠曲将是恒等的,而且在任一梁格内的弯矩、剪力和扭矩将等于该梁所代表的板部分的截面上应力的合力。事实上由于结构的两种类型的不同特征,这个设想只能是近似的。

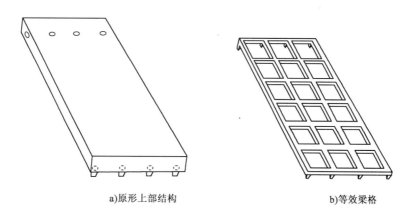

a)原形上部结构 b)等效梁格

图 7-17

对于空心板梁桥,完全可以用上述梁格法来计算:每一片空心板都用一根顺桥向的纵梁模拟,即将原型板梁中心线作为纵向梁格,既方便又自然合理。各片纵梁间的连接用虚拟的短横梁模拟(其重量为零),这样对单片空心板来讲,就相当于用一根带有短横梁的纵梁来模拟,类似"鱼骨式"模型(图7-18)。对空心板梁格来讲,虚拟横梁的间距应大致等于纵梁间的中心距为宜。纵梁把原型空心板的拉伸刚度、竖向抗弯刚度、自由扭转刚度及质量分布集中于一身,一个虚拟的短横梁代表了纵梁一半截面、范围为短横梁间距的一段"构件"的横向抗弯与传递剪力能力,其截面沿其本身长度方向的变化如图7-18a)所示。

实际各片板梁之间用铰缝连接,忽略其横桥向的弯矩传递作用,而只考虑传递剪力,即铰接,所以短横梁的外侧节点应该释放绕纵梁(主梁,即空心板)转动的自由度。短横梁的截面是如图7-18a)所示变化的,但是其长度很短,没有必要按实际变截面模拟,而近似按平均截面即工字形截面来考虑(图7-19)。图7-19中,工字形截面翼缘板厚度等于$b/2$处倒角厚度,工字形截面腹板厚度等于图左侧腹板厚度一半。有时为了简单,将横梁定义成其他抗弯惯性矩差不多的等效截面或干脆将横梁定义成刚臂。从实际计算与实测的结果来看,定义成上述工字形截面比较符合实际情况,定义成刚臂则导致在横向上剪力传递过多,致使距离加载点较远的板梁受力偏大,但是这种误差往往也是可以接受的,特别是新建桥梁。

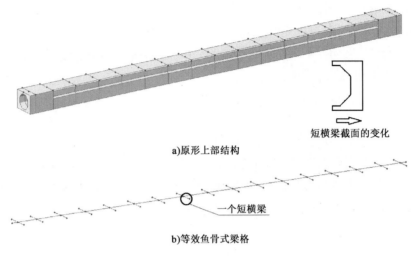

a)原形上部结构

b)等效鱼骨式梁格

图 7-18　单片空心板的模拟

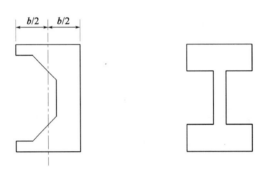

图 7-19　虚拟短横梁截面的模拟

3)模型建立

(1)在 AutoCAD 中建立网格模型

根据桥梁的实际情况及上述分析,首先在 AutoCAD 中建立格子模型(图 7-20),尺寸单位为 m,存成 DXF 格式。格子的各条线可以是通长的,只要导入 midas Civil 时设置"用交叉点分割单元"即可将格子在交点处分割成多个单元。当然如图 7-20 所示的梁格也可以直接在 midas Civil 中建立。

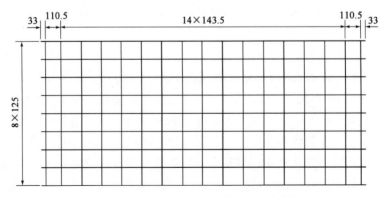

图 7-20　在 AutoCAD 中建立的梁格模型(尺寸单位:cm)

(2)定义材料

启动软件,更改系统单位为 kN 和 m。定义材料为 C50 混凝土。

(3)定义截面

要定义的截面包括中板端部截面、中板中部截面、左侧边板端部截面、左侧边板中部截面、右侧边板端部截面、右侧边板中部截面和横梁截面。除横梁截面外,其他截面均用设计截面中的设计用数值截面。命令:模型＞材料和截面特性＞截面＞添加＞设计截面＞设计用数值截面＞定义坐标。要填写多边形 1 和多边形 2 的数据(图 7-21～图 7-26)。

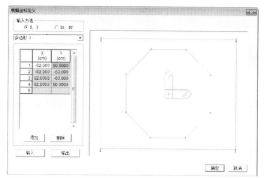 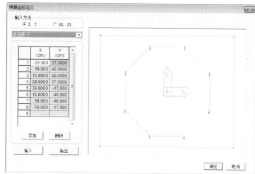

图 7-21　中板端部截面的内外多边形角点坐标

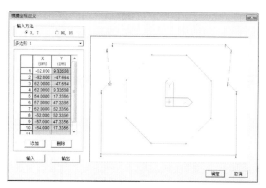 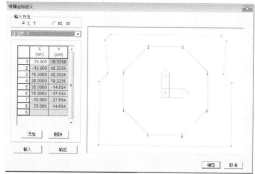

图 7-22　中板中部截面的内外多边形角点坐标

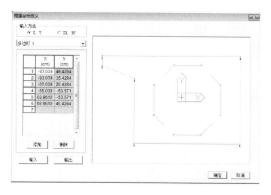 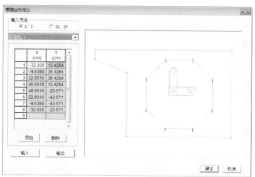

图 7-23　左边板端部截面的内外多边形角点坐标

将所有截面偏心设为中－上部。图 7-21～图 7-26 中截面内外多边形的坐标可以这样操作：先在 Autocad 中画好这些多边形，通过将 DXF 格式的数据文件导入，通过节点表格得到角点坐标列表，拷贝然后再粘贴(Ctrl＋V)到图 7-21～图 7-26 所示的坐标列表中。对角点坐标操作时注意多边形角点编号是按逆时针来编的。

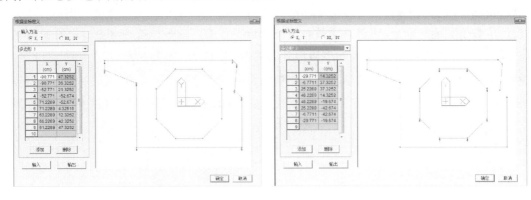

图 7-24　左边板中部截面的内外多边形角点坐标

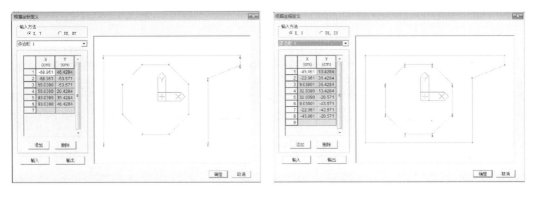

图 7-25　右边板端部截面的内外多边形角点坐标

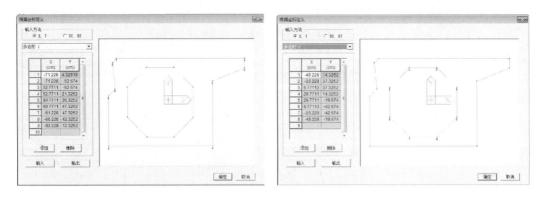

图 7-26　右边板中部截面的内外多边形角点坐标

定义横梁截面(图 7-27)，命令：模型＞材料和截面特性＞截面＞添加＞数据库/用户＞工字形截面。

截面普通钢筋可以通过模型>材料和截面特性>截面钢筋来定义,但是对全预应力结构和部分预应力中的 A 类构件,只考虑活载的成桥弹性加载(正常使用阶段,混凝土未开裂)的情况,不考虑普通钢筋的作用不会产生多大的误差,因为钢筋的换算面积与混凝土截面面积比较是很小的,对结构的刚度贡献有限。同样,体内的预应力钢筋的预加力作用也可不计,因其在混凝土未开裂的情况下对截面刚度没有多大贡献。当然考虑这些钢筋的作用最好。

横梁的截面因为本来就是近似的,所以没有考虑端部与中部横梁间距不同而截面应有的差别。

(4)导入 DXF 格式的梁格模型

命令:文件>导入>AutoCADDXF 文件,注意单位的统一,这里坐标系不需旋转。然后将图 7-20 横梁全部分割成两等分,如图 7-28 所示。分割横梁的目的是为了释放自由度来模拟铰缝的连接作用,纵梁的单元数量已经较多,不必再细分。

因为就定义了一种材料,那么导入模型后所有单元都默认是这种材料。虚拟横梁是没有重量的,所以还应该定义一种重量为零的材料,但考虑到本例只计算活载效应,所以这里没有再定义这种重量

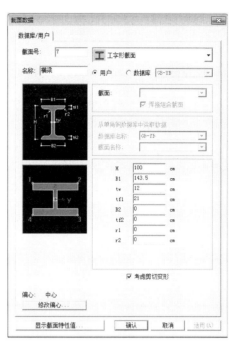

图 7-27 横梁截面定义

为零的材料。定义的截面有多种,必须重新指定各个单元的截面,这个工作可以用拖放的方式实现(图 7-29):先选择要改变截面的单元,在树形菜单中的工作树中,点击适当的截面,然后拖放到模型窗口即可实现截面的修改。最后模型如图 7-30 所示。

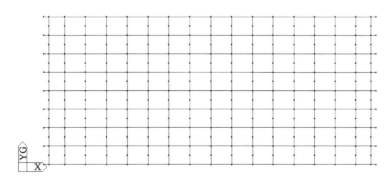

图 7-28 导入梁格模型

(5)施加边界条件

选取纵梁支撑处的节点,向 $-Z$ 方向拷贝这些节点,$DZ=0.5m$。然后将每一个拷贝的点与原点刚性连接,约束每一个拷贝的点。这里可以直接约束纵梁的支撑节点,因为没有建立下部结构的模型,之所以拷贝支撑节点再约束,就是为了美观,与实际结构的支撑位置看起来相同。刚性连接就是建立主从节点,这里从节点的 6 个自由度位移与主节点完全相同。

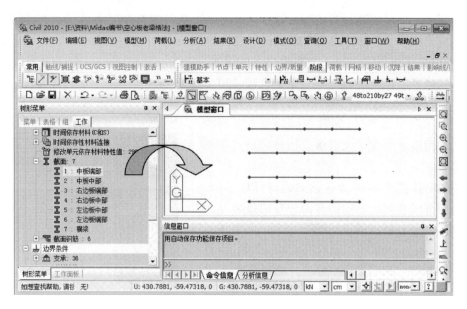

图 7-29 截面拖放

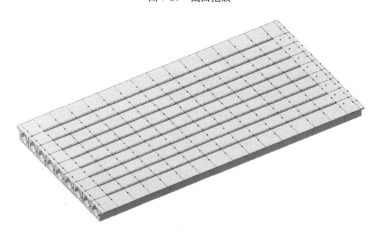

图 7-30 总体梁格模型

每一片空心板都用板式橡胶支座支撑,各片空心板在横桥向用铰缝连接后,不可能绕竖轴转动,也不可能绕自身轴线转动(如图 7-28 所示 X 轴),同时沿 Y 与 Z 轴的平动也是不可能的。那么对任意一根纵梁,一端要约束 DX、DY、DZ、RX 和 RZ,另一端要约束 DY、DZ、RX 和 RZ。这里没有定义节点坐标系,那么节点坐标系默认就是整体坐标系。各片纵梁的约束方式相同。命令用模型>边界条件>一般支撑。

4)定义车道

车道的定义应该按照相关规范给出,此处按《公路工程技术标准》(JTG B01—2003)执行,如图 7-31 所示。右侧车道的距离右侧路缘石 0.5+1.8/2=1.4m,另一车道距离右侧路缘

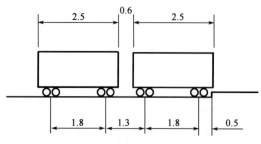

图 7-31 车辆荷载横向布置(尺寸单位:m)

石 4.5m。

对照桥梁的设计图纸,并按照车道偏心尽量小的原则,一个车道定义在如图 7-28 所示的下数第二片纵梁上,且向下偏心 0.475m;另一车道定义在如图 7-28 所示的下数第四片纵梁上,且向上偏心 0.125m。

第一车道定义:执行荷载>移动荷载分析数据>移动荷载规范,选中国规范。更改长度单位为 m。

目的要让如图 7-28 所示的下数第二片纵梁所有单元作为车道单元,执行荷载>移动荷载分析数据>车道…点击添加,按图 7-32 填写数据:车道名称为第一车道,选择车道单元,车辆移动方向为往返,偏心距离为 0.475,车轮间距按默认的 1.8,桥梁跨度填 22.3,按"两点"选择车道单元,先点击对话框中上面的编辑框成浅绿色,再在模型窗口中按图示点"第一点"和"第二点",选择跨度起点为"第一点",然后点击确定,完成第一车道的定义。

第二车道定义:将如图 7-28 所示的下数第四片纵梁所有单元作为车道单元,按第一车道的定义方式定义,但偏心距为 -0.125。关于偏心正负号,要参考图 7-32 中对话框中的位图。

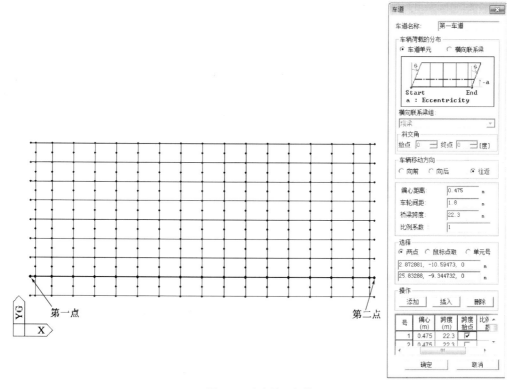

图 7-32　定义第一车道

5)定义车辆

本例题的分析目的是确定与设计荷载等效的加载车辆,所以应该先定义设计荷载,即标准的公路—I级车道荷载,再自定义加载车辆荷载。等效的原则可以先选择一根受力较大的纵梁(一般为加载侧的边梁或与其相邻的中梁),让两种荷载作用下其跨中最大位移相等或其跨中最大拉应力相等,一般以最大位移为准确定加载车辆。

先按设计荷载加载,提取受力较大的纵梁的最大位移,然后再通过试算确定加载车辆。这里作为桥梁移动荷载算例,仅自定义加载车辆来说明车辆的定义方法。

执行荷载＞移动荷载分析数据＞车辆…。点击用户定义,按图7-33填写数据,最后点击确定,完成自定义车辆。荷载类型选择"汽车",其后选择"车辆荷载类型",这里是自定义车辆荷载,所以要选择"车辆荷载类型"。填写车辆荷载名称为"加载车辆"。然后按对话框中的位图指示填写根据试算确定好的轴重和轴距。这里在P♯下先填前轴重45,在D♯下填写前轴与中轴的轴距3.225,点击添加,再同样的方法填写其他轴重及轴距。在最后的轴距中空白再点添加,就表示添加结束(图7-33)。这里仅定义了一辆加载车,采用红岩牌自卸汽车,三轴,轴距3225mm+1325mm,加载车轴重依次为45kN、100kN和100kN,共重245kN。

6)定义移动荷载工况

执行命令:荷载＞移动荷载分析数据＞移动荷载工况…。在出现的对话框中单击"添加",填写移动荷载工况的名称,子荷载工况的组合选项选择"单独"。点击"添加"按钮,出现子荷载工况对话框(图7-34),车辆组为默认(就一个默认车辆组),系数为1,加载的最少车道数填1,加载的最多车道数填2,分配车道为两个车道全选择(用→按钮选择),单击确认,关掉刚才打开的所有对话框。两车道没有横向折减。

图7-33 自定义车辆

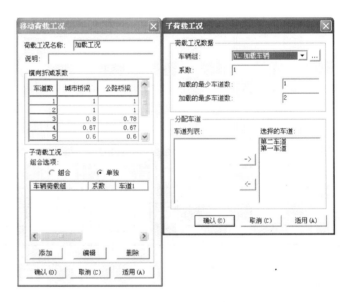

图7-34 定义移动荷载工况

7)移动荷载分析控制选项

本例施加的加载车辆荷载不考虑荷载冲击系数。其他移动荷载分析控制选项选择"默认"。

8)计算结果

执行"运行"命令。在后处理中,可像查看静止荷载那样查看结果,比如查看竖向位移,执行命令:结果＞位移＞位移等值线,如图7-35所示,在荷载工况/荷载组合中选择"MVmin:加载工况",位移选择 DZ,勾选等值线、变形和图例,点击适用得到位移云图。注意这时看到的云图不是汽车荷载作用在某一个加载位置时的位移云图,而是对任何节点来讲都是其可能出现的最不利位移的云图,即位移包络图。同样,像查看静止荷载结果一样查看梁单元的应力和内力,也是得到应力和内力的包络图。

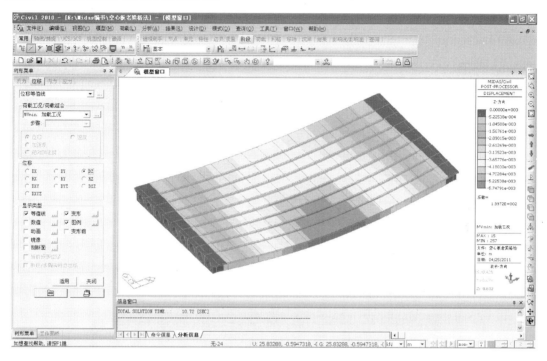

图 7-35 查看绝对最大位移

如想查看车辆移动到哪里时,某节点的位移最大或某单元的内力或应力最大,需用"移动荷载追踪器"。启动移动荷载追踪器的命令:结果＞移动荷载追踪器。图 7-36 就是用移动荷载追踪器查看加载侧边板跨中(跨中节点号为 28)最大位移的情况,可以看到图中第一车道车辆向右行驶,第二车道车辆向左行驶,该处最大竖向位移为 5.6455mm。要想确定此最大位移出现时,加载车在整个结构中的作用效果,需将此移动荷载转换成静载,然后定义静力荷载工况,施加这些转换来的静载,再分析计算一遍即可。转换来的静载(包括轴重及加载位置)即为本例所求。

9)批量转换成静载

命令:结果＞批量转换移动荷载为静力荷载,图 7-37 为执行此命令后树形菜单。

最终要将节点 28 竖向位移最大时对应的动荷载转换成等效静载,车轮作用位置不变,按静载计算后其位移要与动载一致。图 7-37 中,第 1 步填写批量转换的名称,第 2 步选择类型为位移,第 3 步勾选"最小位移",第 4 步填写节点号为 28,第 5 步勾选 DZ,第 6 步点击"添加",第 7 步勾选添加的项目,第 8 步点击适用,得到一个 MCT 格式的文件(图 7-38)。

该文件定义了一个静力荷载工况,并将等效的静力荷载施加在相应的梁单元上。目前 2011 版软件批量转换动载后,梁单元荷载的格式是有问题的,要将如图 7-38 所示的梁单元荷载格式修改成如图 7-39 所示的格式才能被 midas Civil 执行,图 7-39 中加亮显示的部分就是要加上的内容。

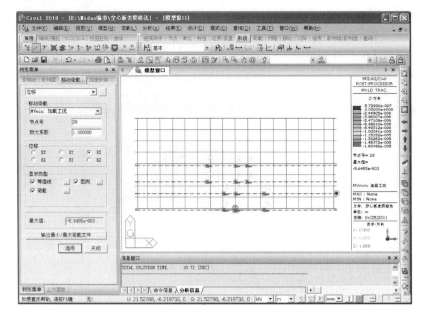

图 7-36 用移动荷载追踪器查看边板跨中最大位移与相应车辆载位置

图 7-37 批量转换移动荷载

图 7-38 直接得到的静力荷载文件

动载批量转换成静力荷载时,需要注意以下问题:

(1)如果定义了荷载冲击系数,那么导出的梁单元荷载等于汽车荷载乘以荷载冲击系数。

(2)如果车道数大于 2,则移动荷载分析时自动附加横向荷载折减系数,导出的梁单元荷载等于汽车荷载乘以横向折减系数;

(3)如在子荷载工况对话框(图 7-34)中将系数定义成了非 1 的数值,则导出的梁单元荷载等于汽车荷载乘以该系数。

10)板式桥梁格划分原则

在本例中使用了梁格法分析装配式空心板桥,这种方法思路清晰,计算速度很快。由于上部结构形状和支点布置多样化,对于选择梁格网格来说,难以得到正确而一般的规律。然而,某些上部结构和荷载的提纲挈领的特性应该牢记。

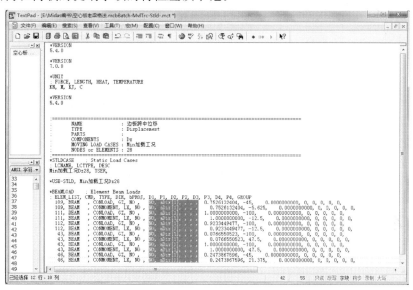

图 7-39　直接得到的静力荷载文件(加亮部分)

(1)从设计者需要结构怎样工作来考虑,使梁格重合于设计受力线(也就是说应该平行于预应力或梁构件,沿着边梁及支座上的受力线等)。

(2)对整体式板桥,从结构原型内的力是怎样分布来考虑,以图 7-40 所示横截面的扭转剪力流为例,在板边缘处的垂直剪力流所形成的垂直剪力分量 S_x 由边缘的梁格承受。将原型与梁格二者尽可能精确的做成等效,使每根边缘梁格承受的剪力必须接近于上部结构边缘处垂直剪力流的合力,对于实体板边距约为 0.3 倍的高度。

(3)对整体式的板桥,纵向构件的总数可以从 1(若板很窄可视为一根梁那样工作的)到大约为 20 之间的任何数目(若上部结构很宽,由设计说明是否经济和困难而定)。设置构件时,其间隔要小一些,接近于 2~3 倍板高,因为这样板内荷载的局部传播就不考虑了。如果要输出数据表示出局部的最大数值,则对于各向同性板纵向杆件的最大间距不得超过 1/4 有效跨径,对于正交异性板,可以选用的间距为集中荷载作用时杆件所承受者不超过荷载的 40%。横向构件的间距必须足够小到这样程度,以致沿纵向构件的荷载分布用许多集中荷载来代表能达到合理的精确度,也就是间距约小于 1/4 有效跨径。在突变区内,例如在内支点附近,则需要更小的间隔,如图 7-41 所示。

(4)一般来说,横向梁对纵向构件应该成直角(即使是斜交桥),除非它受力的方向是斜交的。但斜交角度小于 20°时,因为角度小,斜交梁格(图 7-42a)接近正交梁格,计算精度也可以接受的,而使用斜交梁格又比较方便,所以可以使用斜交梁格。对于大角度的斜交桥,根据它的荷载传递特性,建议选用正交梁格(图 7-42b),而且配筋时也尽量向正交方向配筋。对国内常见的装配式斜交空心板桥,其梁格常用正交网格,每片空心板用一根纵梁模拟,横向连接用垂直于纵梁的虚拟横梁模拟,网格以接近正方形为好。横向和纵向构件的间距接近相同,可使荷载静力分布较为灵敏。

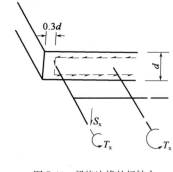

图 7-40　梁格边缘的扭转力

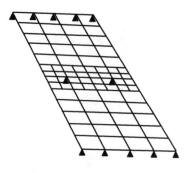

图 7-41　有内点时在突变区域加密

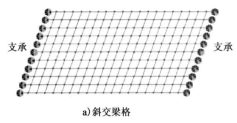

a) 斜交梁格　　　　　　　　　b) 正交梁格

图 7-42　斜交与正交梁格

(5)若上部结构斜度很大,或支座互相靠近,支座的压缩性在局部剪力上有相当的影响,则应充分注意。

(6)在梁格分析中,无疑地假设集中荷载代表分布于由构件所代表的整个宽度上的荷载。有时,对具有单独点支承的上部结构最好用两种独立梁格来研究。首先,用整个上部结构的稀粗的网格来研究跨间的弯矩分布。然后,再用细密的网格仅代表支点周围的小范围。作用于这个较小范围的梁格边界上的力和位移是沿用稀粗的网格内同一点的力和位移的输出值。

11)其他问题

(1)对公路 T 梁桥仍然可以采用上述的梁格法计算,但 T 梁桥一般都有横梁联系各片主梁,此时的横梁按其实际的截面模拟即可(一般为矩形截面),翼缘板间的横向连接用与空心板类似的"虚梁"模拟,注意"虚梁"的重量(即 T 梁翼缘板的重量)在 T 形主梁中已经计算不可重复。由于横向荷载主要靠横梁传递,此时也可近似地不考虑翼缘板的横向连接,即不设"虚梁"。

(2)定义支座时尽量遵循一排支座中只约束其中一个支座在 X、Y 方向的自由度的原则(否则温度荷载结果会偏大)。多支座时一般可不约束旋转自由度。板式橡胶支座尽量用弹性支承模拟,特别是需考虑动力特性时,其刚度取实际的值。在没有支座的资料时,可以用一般支承模拟,一般不会产生很大的误差。弯桥时应注意支座的约束方向(设置节点局部坐标系)。

(3)定义移动荷载的车道时,有人建议应尽量选择按分布移动荷载,即按"横向联系梁"法定义车道。此时应将所有的横向联系梁定义为一个结构组,并在定义车道时选择该结构组。详细请参见程序的在线帮助。

定义车道时最好定义两次车道，一次按横向偏载定义，一次按横向中间向两边定义。对应的移动荷载工况要定义偏载和居中两个工况。一般情况下偏载控制设计。

7.7 铁路 T 梁桥实例

本例计算的桥型为铁路低高度简支梁桥，梁长 32.6m，计算跨度 32m。梁体为 T 形梁，梁高 2.05m。横桥向共两片 T 梁，桥宽 3.9m。T 梁混凝土强度等级为 C60。

铁路 T 案模型如图 7-43 所示，两片 T 梁之间的连接为横隔板，没有模拟翼缘板的连接。为了精确模拟截面的特性，这里采用了变截面。该桥为单线，只有一个车道，此处按两个车道定义，每个车道上的车辆荷载为实际值的一半。在自定义车辆时，可参考如图 7-44 所示敞车 80 的定义。其他步骤和内容与上节基本一致，这里不再赘述。

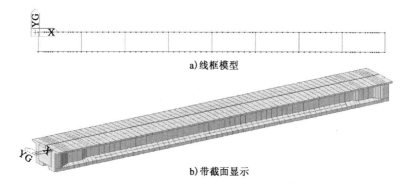

图 7-43 铁路 T 梁模型

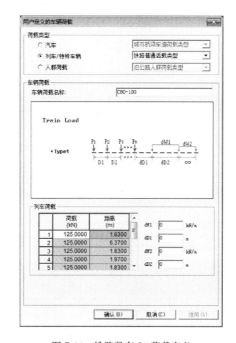

图 7-44 铁路敞车 80 荷载定义

7.8 单箱多室箱梁梁格法建模助手

对国内城市和公路桥梁中常见的多片装配式空心板桥和多片式 T 梁(小箱梁)桥,采用上述的梁格法分析是可行的,这已经被加载实验所证实。对单箱多室桥梁也可以采用梁格法,即采用所谓"剪力—柔性梁格"分析,虽然剪力—柔性梁格在理论上严格地模拟单箱多室桥梁的性能不是很有效,但由于其易于理解、计算速度快的特点,并能保证一定的分析精度,还是被较广泛地使用。用梁格分析单箱多室桥梁的理论在由英国 E.C. 汉勃利著、郭文辉翻译的《桥梁上部构造性能》(1982 年,人民交通出版社)一书的第五章中有较详细的介绍。

用梁格分析单箱多室桥梁遇到的主要问题有:一是如何切分截面得到网格(梁格),二是刚度的计算与分配。刚度的计算与分配比较繁琐,midas Civil 提供的单箱多室箱梁梁格法建模助手极大地方便了用户,采用该梁格法建模助手,对于单箱多室箱梁桥、斜交桥、曲线梁桥可自动生成梁格模型。

下面通过一个实例来说明单箱多室箱梁梁格法建模助手的使用方法。一(20+30+30+20)m 的连续梁,其横断面如图 7-45～图 7-47,斜交的角度为 28°,用单箱多室箱梁梁格法建模助手建立该桥的模型。本例为预应力混凝土桥梁,因这里仅考虑在活载作用下的内力与变形,所以没有考虑预应力钢筋与普通钢筋的作用,也没有考虑混凝土收缩、徐变等的影响。

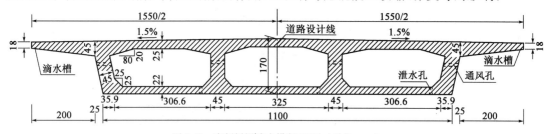

图 7-45 实例桥梁跨中横断面(尺寸单位:mm)

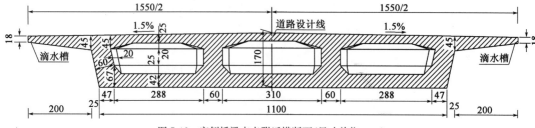

图 7-46 实例桥梁支点附近横断面(尺寸单位:mm)

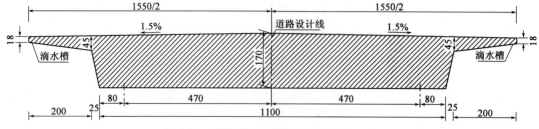

图 7-47 实例桥梁支点横断面(尺寸单位:mm)

1) 建模准备

首先定义材料和标准截面。因不考虑预应力钢筋,这里定义的材料仅为普通 C50 混凝土和重度为 0 的 C50 材料。之所以定义重度为 0 的 C50 材料,是因为考虑模拟没有重量只有刚度的虚拟纵、横梁的需要。

定义的标准截面会在本建模助手中用到,类型可选择为"单箱多室"、"单箱多室 2"或"设计用数值截面"的设计截面(只有设计截面中的这三种类型才会被该助手识别,对单箱单室或单箱双室也用这三种截面形式,因室数可改),图 7-48 为定义跨中截面的数据(未考虑横坡,对截面进行了简化),支点附近截面和支点处的实心截面定义与此类似。支点处的实心截面也可以先用支点附近的截面代替,模型建立完成计算之后再用自定义截面来替换。跨中截面和支点附近截面的腹板和底板的厚度不同,在过渡段程序会按变截面处理。

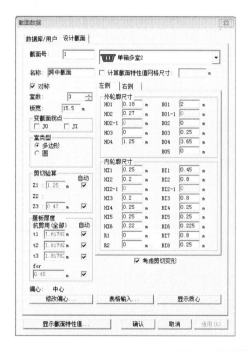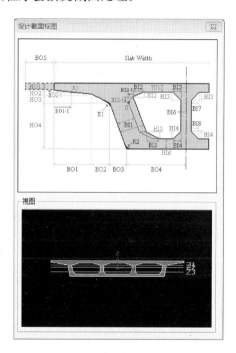

图 7-48　实例桥梁跨中截面定义

2) 定义布置信息

运行命令模型>结构建模助手>单箱多室箱梁梁格法,得到如图 7-49 所示的对话框。

"材料"先按默认,对虚拟纵、横梁的材料以后再更改。

"跨度信息"本例填为 20,2@30,20,中间的间隔可以是空格或英文的逗号。

"斜交角"本例为 28°,斜交角为斜交桥梁的倾斜角度,即图 7-49 对话框中位图上的 a1,a2…am,输入范围为 −45°~+45°,逆时针方向为正。各跨斜交角度不等时,点击"详细设置"按钮来分别定义。

"偏移"即图中的 offset,是从参考线(路线中心线)到截面中心线(桥梁中心线)的距离。

"梁格划分"选正交或斜交是针对斜交桥来讲的,可参考图 7-42,默认为正交。

对于曲线桥梁需要给出弯桥半径等,多曲线桥梁可同时组合直线与曲线段。

建模助手的边界生成功能可根据桥梁结构空间自动赋予结构支座局部坐标和空间布置位置。在如图 7-49 所示对话框的"边界条件"分组框中，可以选择"整体型"、"支座型"和"混合型"。"整体型"即同时建立桥墩(台)和梁体；"支座型"即不建立下部结构，桥梁支座可用一般支承或弹性支承模拟；"混合型"是指在桥台位置处与下部结构通过支座连接，桥墩与上部结构连为一体的整体型。由于实际结构的复杂多样，"整体型"和"混合型"建立的模型往往需要修改。本例选择了"支座型"，同时认为支座的刚度无穷大，即选择了一般支承。

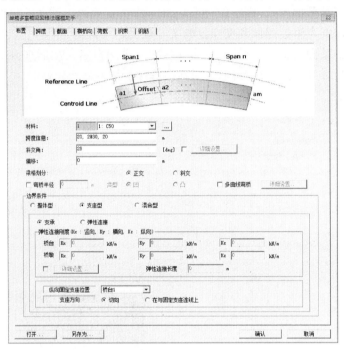

图 7-49　梁格建模助手对话框中的"布置"属性页

选择了"支座型"后，还要确定"纵向固定支座位置"及"支座方向"。"纵向固定支座位置"可以在其右侧的下拉条中选择"桥台 1"、"盖梁 1"、"盖梁 2"……"桥台 2"，来确定纵向固定支座的位置。"支座方向"有两个选择，如图 7-50 所示，程序会根据选择来调整约束节点的节点局部坐标。

a)切向　　　　　　　　　　　　b)在于固定支座的连线上

图 7-50　支座方向

3)定义跨度信息

该助手的"跨度"信息属性页如图 7-51 所示，根据前面定义的跨度数，该属性页中会先出现"跨度1"、"跨度2"……现以第一跨为例说明如何定义跨度信息。

如图7-51所示,"跨度"和"类型"两项不能修改,由程序根据上一个属性页的定义自动确定。Db2/Db1/De1/De2中的数据用来根据对话框的视图,定义支点处的盖梁厚度。"虚拟横梁间距"用来输入虚拟横梁的间距(默认值为$0.1L,L=$跨度$-$Db1$-$De1)。虚拟横梁用来模拟各片纵梁的横向连接,其截面由程序根据前面定义的截面情况自动给出。"横隔板"用来指定实际横隔板(如果有的话)的位置以及厚度,可根据逗号来指定多个横隔板的位置。对于变截面的情况,可点击 截面分配 按钮,来指定各个变截面控制位置处的截面(前面需事先定义),如图7-52所示。对等截面的情况,可以勾选"等截面",然后选择截面。

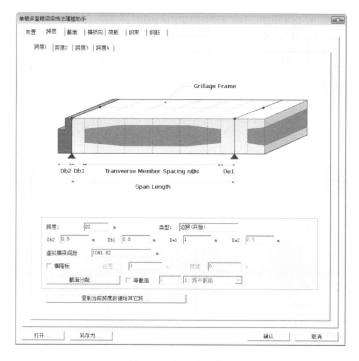

图 7-51 定义跨度信息

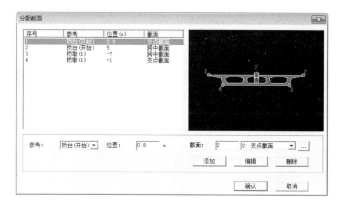

图 7-52 截面分配

4)定义截面信息

截面信息属性页如图 7-53 所示,在此属性页中用户需要给出各个标准截面(纵向主梁截面)的分割数量与分割方式。下面以前面定义的标准截面"跨中截面"为例说明纵向主梁截面的分割方式。

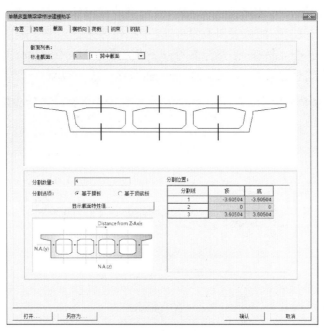

a)基于腹板分割截面

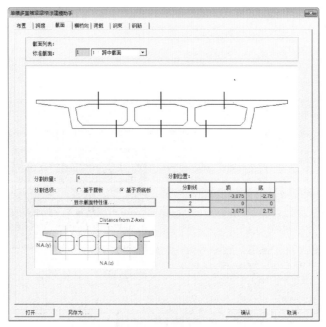

b)基于顶底板分割截面

图 7-53 定义截面信息

在图7-53中,首先选择要分割的标准截面。"分割数量"根据截面的室数确定,用户不能编辑修改。分割选项有两个,一是"基于腹板",如图7-53a)所示,二是"基于顶底板",如图7-53b)所示。截面的分割涉及分割后的截面特性如何与分割前的截面匹配,是否匹配是这种(单箱多室梁格法)计算方法成败的关键,下面做简单的说明与讨论,详细的理论请参见上述英国E.C.汉勃利的《桥梁上部构造性能》一书。

单箱多室箱梁截面在纵向的分块一般采用基于腹板分割截面这种方法,此时纵梁位置与纵向腹板重合,有时会在悬臂边缘处设一虚拟纵梁(如图7-54所示,但在本建模助手中无法直接实现,需建立好模型后手工修改),以便于计算悬臂处的荷载。对于具有斜腹板的箱梁,斜腹板对应的纵梁设在水平投影的中心处。如图7-54所示,若箱梁整体抗弯惯性矩为I_z,腹板数为n_z,则中间单片纵梁抗弯惯性矩近似取I_z/n_z,在翼板端部设虚拟纵梁,其抗弯刚度取1/2翼板的抗弯刚度。若箱梁整体抗扭惯性矩为I_t,则中间单片纵梁抗扭惯性矩近似取$I_t/(n_z-1)$,不计翼板端部所设虚拟纵梁的抗扭能力。剪切面积近似等于腹板横截面面积。

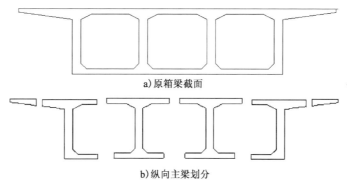

图7-54 单箱多室梁格划分

若横隔板相当多,横梁位置应与横隔板重心重合;若横隔板间距较大,则必须增加虚拟横梁,较密的虚横梁间距可使结构模型具有连续性。但箱梁除了在端部支座上方设置端横隔板外,往往是不设中横隔板的。若有横隔板或横梁,则按T梁来计算其真实刚度。

基于腹板分割截面,由于边梁上有翼缘板的存在,各片梁的重心就会出现不在同一水平面上的现象,显然分摊到纵向梁格的惯性矩必须绕整体上部结构的主轴来计算。基于顶底板分割截面的方法,可以使各片纵梁的重心主轴基本与分割前整体上部结构的主轴重合,这样会使计算精度提高。但是对顶板远宽于底板的情况,基于顶底板分割截面的方法是不合理的,这种情况下,应采用基于腹板分割截面的方法,虽然精度受到一定的损失。

还有一种程序没有提供的截面分割方法,就是在腹板的中间将腹板切开,这样腹板的一半宽度就分配给了左右两个小"箱梁"。这种分割方法也是可以考虑的。

在程序中,无论采用基于腹板分割还是采用基于顶底板分割,都需确定分割线的位置,其数值可以编辑,其数据是从整体截面的中心向两边起算的,向右为正。分割完成后还可以通过点击 显示截面特性值 按钮来查看各分割出来的纵梁截面的特性值大小。

5)定义横桥向信息

如图7-55所示,"横桥向"信息主要是用来确定桥面宽度方向的布置情况以及桥墩台支座布置方式。

对桥墩或桥台,"D"为桥梁中心线至($+$)Y方向的最外侧支座中心的距离,"间距"为横向支座间距,即从($+$)Y方向的最外侧支座开始起算,其他支座到相邻支座的Y方向的垂距。本例各支座的间距如图 7-56 所示。

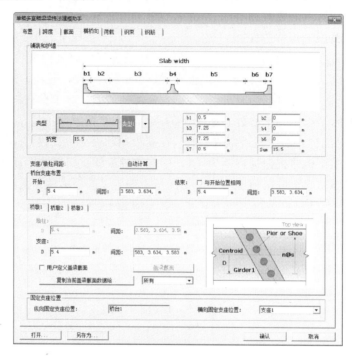

图 7-55 定义横桥向信息

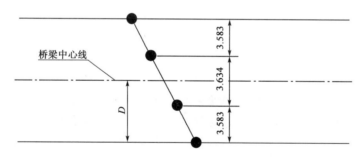

图 7-56 支座间距的含义

6)定义荷载信息

如图 7-57 所示,"荷载"信息主要定义自重、铺装、防撞护栏、中央分隔带、人行道等静力荷载工况并定义相应的荷载,同时也可以定义活荷载、支座沉降、温度作用、温度梯度和风荷载等。其中定义活荷载需要先定义"移动荷载规范",然后勾选"活荷载",再点击"定义车道"按钮定义车道,车道定义的对话框如图 7-58 所示。

勾选"支座沉降"会自动生成成桥支座沉降荷载工况,同时需注意沉降量输入负值。

7)其他信息

"钢束"和"钢筋"属性页在本例中用不到,其填写方法请参见程序的在线帮助,这里不再赘述。

按上述定义了必要的信息后,可以单击"确认"来建立单箱多室桥梁的模型,但是往往还需要对模型进行必要的修改,比如修改边界条件、个别截面替换以及增加虚拟边构件和横向构件等。

图 7-57　定义荷载信息

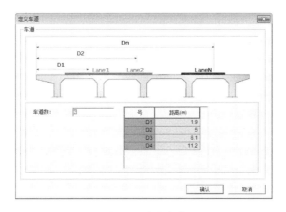

图 7-58　定义车道

为了验证单箱多室箱梁梁格建模助手建立模型的精度,一般采用实体单元建立同样的模型,并加载,然后比较二者的计算结果。

8)曲线箱梁桥的模拟

曲线箱梁多见的是单箱单室或多室的截面形式,可以用上节的建模助手来建立模型,也可以自己建立梁单元模型。自己建立梁单元模型时,可以选择单梁模型,也可以用梁格模型。

为了确定约束方向,首先定义支座节点处的节点局部坐标系,且可以输出节点局部坐标系方向的反力结果。按单梁模型时可选择按多支座或单支座模拟,按多支座模拟时,推荐在支座位置沿竖向建立多个弹性连接单元,单元下部固结或连接下部结构,上部节点间设置刚臂并与主梁连接;按单支座模拟时,推荐将支座扭矩方向约束,然后根据计算得到的扭矩和支座间距,手算支座反力。建立单梁模型时,要准确计算支座是否脱空、主梁扭矩、下部结构墩身横向弯矩。因为主梁沿长扭矩分布、支座反力的不均匀分布、各墩身的横向弯矩分配是由各墩的横向抗弯刚度决定,且与相邻联有关系,所以最好建立包含下部结构以及多支座的空间模型。用梁格模型可以较准确地模拟支座反力的不均匀分布及判断支座是否脱空,但注意如果设计中未设置拉力支座,在各种荷载组合下,支座绝对不能出现负反力(脱空),否则整个结构的其他内力均是错误的。

用梁格时,各梁格的扭矩,应该同时考虑各梁格的剪力差,手动计算全截面的扭矩,并按全截面的扭矩做抗扭验算。开口杆件与闭口杆件的抗扭能力相差很多,使用梁格法时需要特别小心,模型与实际结构的抗扭能力要匹配。另外,箱梁的剪力滞效应在梁格中也不能很好地反映,所以对剪力滞效应明显的结构不能使用梁格法。

第8章 施工过程分析

超静定桥梁的施工方法、顺序以及过程往往决定其成桥的内力,而我国桥梁规范中配筋是按内力进行的,所以桥梁的施工阶段分析是极其重要的。

悬索桥、斜拉桥和预应力混凝土连续梁等桥梁结构的施工过程中会发生体系转换,施工过程中临时墩、临时拉索等临时结构的设置与拆除、上部结构和桥墩的支承条件的变化对结构的内力和位移会产生非常大的影响。另外,施工过程中随着混凝土材料的材龄发生变化,构件的弹性模量和强度也会发生变化。混凝土徐变、收缩、老化,预应力钢束的松弛等都会引起结构内力的重分配并对位移产生影响。桥梁的最不利应力有可能发生在施工过程中,所以除了对桥梁的成桥阶段进行验算外,对桥梁的施工过程也应进行承载力验算。

8.1 预应力荷载

预应力荷载的菜单如图 8-1 所示,可以用来定义梁单元预应力荷载、初拉力荷载和钢束预应力荷载。

图 8-1 预应力荷载菜单

8.1.1 梁单元预应力荷载

梁单元预应力荷载就是施加在梁单元上的预应力等效荷载,其对话框如图 8-2 所示。

预应力钢筋的形状由通过三个偏心点的二维曲线决定。假设偏心点在单元局部坐标系的 x-z 平面内,且预应力钢筋的拉力在其整个长度上是相同的。预应力的损失需先算出,从锚下控制应力中扣除预应力损失后得到有效预应力,再乘以钢筋的面积就是张拉力。若想让程序自动计算预应力各项损失,应该使用"预应力钢束的预应力荷载"。

8.1.2 初拉力荷载

初拉力荷载只能施加在桁架单元、只受拉单元(钩、索)或只受压单元(间隙)中。输入正的为拉力,输入负的为压力。初拉力荷载作为一种荷载必须属于某个荷载工况,其作用的机理类似于温度荷载。

索单元定义时输入的初拉力对索单元进行非线性分析时的等效刚度有影响,而这里定义的初拉力仅作为一种拉力荷载作用在结构上。在进行线性静力分析时,索单元定义时输入的初拉力对分析不起作用。

在荷载＞初始荷载中输入的初始荷载一般用于非线性分析及动力分析,以后的章节会予以介绍。

8.1.3 初拉力体外类型荷载工况

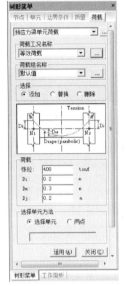

图 8-2 梁单元预应力荷载

该功能用于输入桁架单元的体外类型的初拉力荷载来进行一般静力分析。该功能不能与 P-Delta 分析、屈曲分析同时进行,也不能与钩/间隙单元同时使用。定义初拉力体外类型荷载工况,必须要先定义初拉力荷载,如图 8-3 所示。图中的静力荷载工况中须先定义了初拉力荷载,该荷载工况才能在左边栏中显示。

如果不将初拉力荷载所在的静力荷载工况转化为体外类型荷载工况,那么初拉力荷载为体内类型,初拉力的体外类型与体内类型是有区别的。

若为体内类型,程序将把初拉力以变形的方式加载到单元上,类似于给单元加升降温荷载,单元内的最终拉力与单元两端的锚固条件或连接情况有关。例如,当单元两端完全锚固时,单元的压力或拉力等于所加载的初拉力;当单元两端完全自由时,单元内的拉力或压力为 0。

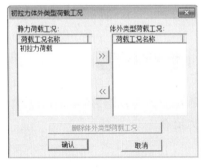

图 8-3 初拉力体外类型荷载工况

若为体外类型,程序将把初拉力荷载以荷载的方式加载到单元上,在求解之前就在单元的两端节点上施加了一个恒定力。无论单元两端的锚固条件或连接情况如何,该单元的内力就是初拉力。

8.1.4 钢束特性值

定义预应力钢束的预应力荷载有三个步骤:首先定义钢束特性值,其次定义钢束布置形状,最后施加钢束预应力荷载。

定义钢束特性值的对话框如图 8-4 所示。点击左面对话框的添加按钮就弹出右侧的"添加/编辑钢束特性值"对话框。

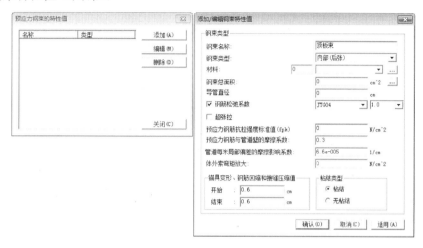

图 8-4　钢束特性值对话框

钢束类型可以选择内部(先张)、内部(后张)和外部,分别对应先张法的体内预应力钢束、后张法的体内预应力钢束和体外束。钢束总面积可以直接输入,或者点击其后的 ⋯ 按钮,然后选择钢绞线公称直径与束(根)数,由程序自动计算钢束总面积。

钢筋松弛系数可供选择的规范较多,选择我国公路规范时,在其后选择钢筋松弛系数:对 I 级松弛(普通松弛)选 1.0,对 II 级松弛(低松弛)选 0.3。选择我国铁路规范时,其后的松弛系数需要根据《铁路桥涵钢筋混凝土和预应力混凝土结构设计规范》(TB 10002.3—2005)中的 6.3.4 条第 5 款计算。

预应力钢筋与管道壁的摩擦系数等参数可按相关规范中提供的系数填写,注意规范不同其取值不同。黏结类型可选黏结或无黏结,两者在计算截面特性值时有区别。对有黏结类型,注浆以后,用考虑钢束面积的换算截面来计算截面特性值。对无黏结类型,张拉完钢筋后,用不考虑管道面积的混凝土截面来计算截面特性值。

其他数据可以参考相关规范和设计图纸选取。

8.1.5　钢束布置形状

我们需要将每一钢束的空间布置形状、插入位置、分配给的单元等信息都输入进去,该功能由钢束布置形状完成。直接利用该功能将所有的预应力钢束信息都输入是一件相当繁琐的事,在较新程序版本中的工具菜单里提供了钢束形状生成器,可以实现将在 AutoCAD 中画出的钢束竖向和水平形状较方便地生成钢束信息的功能(参见第 6 章 6.2 节)。另外还可以通过 MCT 命令,实现钢束信息的拷贝和修改,可以大大提高输入的效率。

钢束布置形状的对话框如图 8-5 所示。点击添加按钮,会弹出如图 8-6 所示的"添加/编辑钢束形状对话框"。还可以对已经定义的钢束形状进行编辑、删除、修改钢束特性值、复制和移动。在图 8-6 中,首先给出钢束的名称,然后选择钢束组和钢束特性值。钢束组是一系列钢束的组合，可以实现同时钝化或激活，可以通过点击其后的 按钮来定义，或从模型＞组＞定义钢束组来定义。定义钢束组后可以查看每个钢束组的钢束的坐标、应力、损失，只有钢束特性值相同的情况才能定义组。分配给的单元可以从模型窗口中直接选择。

图 8-5　钢束布置形状对话框

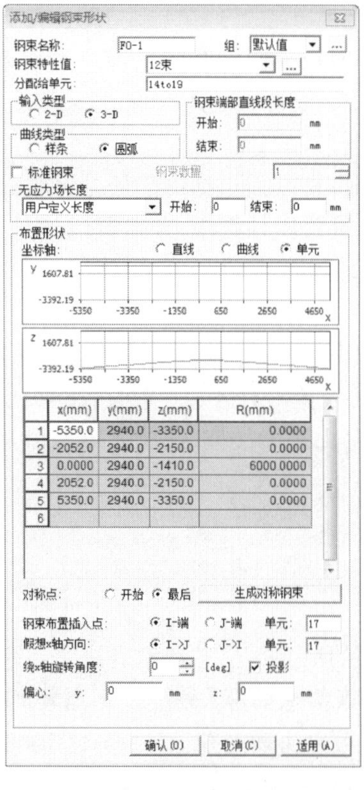

输入类型可以是 2D 或 3D，选择 2D 就是在二维平面内按照平弯和竖弯分别输入钢束的形状，选择 3D 就是在三维空间中输入钢束的形状，每个点都要输入空间坐标。一般我国习惯按 2D 输入。

勾选标准钢束后，还要在其后填写标准钢束的数量 n，程序会认为输入了 n 条形状相同的钢束(标准钢束)。该功能一般用于初步设计，进行结构初算时，可使用标准钢束功能，即将沿桥横向对称布置的多根预应力钢束简化为一根标准钢束来模拟。程序在计算预应力荷载时按照标准钢束的 n 倍来计预应力荷载大小，计算截面特性时也会按 n 个孔道和 n 束钢束来计算换算截面特性。标准钢束对于确定钢束形状是非常方便的，初步定义好桥梁中心线上的钢束后执行分析，根据分析结果判断钢束布置形状(主要是竖向形状)、钢束数量、预应力荷载是否满足结构的验算要求。如果基本满足验算要求，再按准确的横向位置布置每根钢束。如果不满足验算要求，通过调整标准钢束的形状再进行分析。

无应力场是指在钢束的锚固端或构件端部，钢束引起的压应力没有传递到构件上、下端的情况。无应力场功能可以实现《公路钢筋混凝土及预应力混凝土桥涵设计规范》(JTG D62—2004) 6.1.7 的功能。

图 8-6　添加/编辑钢束布置形状对话框

在曲线类型中选择定义钢束形状的方法，midas Civil 程序提供样条法和圆弧法。选用样条法时，要定义钢束布置的各控制点(最高、最低和反弯点)，程序自动生成连接各点的曲线，生成的方法为使样条在各位置的曲率半径为最小。选择圆弧法时，要定义钢束布置的各控制点

(最高、最低和反弯点),在各点给出钢束曲线的半径,圆弧与两端的直线相切。

布置形状中的坐标轴用来在输入钢束形状时选择钢束坐标系 x 轴的形状,有直线、曲线和单元三种方式可供选择。对直线桥应该选择直线方式,对圆曲线等有固定曲率半径的曲线桥应该选择曲线方式,对位于缓和曲线等曲率半径不定的曲线桥应该选择单元方式。

当选择单元方式定义钢束时,钢束走向与单元轴线走向一致,且钢束的投影长度与单元长度相同。midas Civil 中只有直梁单元,因此模拟曲线桥时只能是"以直代曲",这样当选择单元方式定义钢束来模拟曲线桥且曲率较大时,计算结果的误差也会大一些。曲线曲率较大的情况建议使用曲线方式来定义钢束。

钢束形状的准确性是和梁单元划分的疏密程度相关的,因为除了在钢束布置形状中输入的控制点坐标外,程序还会自动计算每个单元内四分点位置处钢束形状的控制坐标。所以在钢束的转角处应尽量细分单元。对于自身对称的钢束,可以用对称点功能自动生成对称部分的数据。

输入倾斜的腹板束坐标时,可以先输入竖直平面内的坐标(y 设置为恒定值,只改变 z 坐标),然后再绕桥梁纵轴旋转。斜腹板钢束的输入可参见 8.5.3 节中的"追加钢束布置"。

关于钢束布置形状的其他问题,在 8.4 节有实例应用及说明,另外程序的在线帮助手册中也有详细的填写说明。

8.1.6 钢束预应力荷载

定义了钢束布置形状后,还要定义给钢束施加的预应力,通过定义钢束预应力荷载来完成此任务,其对话框如图 8-7 所示。

所有已经定义的钢束都会显示在预应力钢束栏中,从中选择一个或多个钢束定义其张拉类型、张拉力以及注浆时间。

张拉力类型可以是应力也可以是内力。先张拉后有三个选择:开始点、结束点和两端。当选择先张拉开始点时,则开始点处的张拉力必须输入大于 0 的数据,此时若结束点处的张拉力输入为 0,则表示单端张拉,即仅张拉开始点。当选择先张拉结束点时,则结束点处的张拉力必须输入大于 0 的数据,如果此时开始点处输入 0,表示钢束张拉形式为一端张拉(结束点)。无论选择先张拉开始点或结束点,如果两处输入的张拉力均大于 0 就表示两端张拉。

在如图 8-7 所示的对话框中,还可以指定管道注浆的施工阶段,程序会自动考虑管道注浆引起的截面特性的变化。注浆后选 0,表示"下 0 个施工阶段"开始注浆,即张拉该钢束的当前施工阶段的开始时刻就注浆。"下 n 个施工阶段"表示在张拉该钢束后的第 n 个施工阶段的开始时刻注浆。

在进行施工阶段分析时,后张法预应力混凝土结构在管道注浆前按扣除管道面积后的净截面计算其截面特性,注浆后按考虑钢束换算面积后的换算截面计算其截面特性。如在"施工阶段分

图 8-7 钢束预应力荷载施加

析控制"选项中选择截面特性为常量,则程序始终按全截面(毛截面)进行计算,不考虑管道与预应力钢筋对截面的影响,默认是注浆后考虑钢束对截面的影响。

8.2 施工阶段荷载

这里讲的施工阶段荷载包括荷载＞施工阶段荷载菜单中所列的施工阶段时间荷载和施工阶段徐变系数两项内容。

8.2.1 施工阶段时间荷载

为了考虑构件间的材龄差异,并反映到材料的时间依存特性(徐变、收缩、强度的变化等)中,要给构件施加时间荷载。其对话框如图 8-8 所示。

图 8-8 施工阶段时间荷载

施加时间荷载前需要先选择单元,然后填写天数(天数可以不是整数),最后点击"适用"按钮。在进行施工阶段分析时,各个节段混凝土的浇筑时间、先后顺序不同,也可以用激活新节段的时间以及其材龄来表示这种时间差。但有时用时间荷载非常方便,比如悬臂施工时两个 T 构开始的时间不同。在合龙前,两个 T 构不会相互影响,但合龙后由于徐变效应完成的情况不同而相互影响。在定义两个 T 构的施工阶段时可以先不考虑这个时间差,在合龙的那个施工阶段给先施工的整个 T 构施加时间荷载即可。

8.2.2 施工阶段徐变系数

该功能是将徐变系数作为荷载直接分配给单元。

midas Civil 中支持徐变的方法有两种计算方法。一是直接定义各个单元在各施工阶段的徐变系数(即施工阶段徐变系数),并在不同的施工阶段将其激活;二是利用徐变函数(在定义材料时间依存性时定义)通过积分方法计算徐变效应。当同一个单元同时使用了上述两种方法时,程序优先使用施工阶段徐变系数。直接定义各单元的徐变系数时,要注意输入的各个施工阶段的徐变系数是不同的,必须保证其准确性。

到底采用哪种方法做施工阶段分析,在施工阶段分析控制中可以指定,默认是不使用"施工阶段徐变系数"。

8.3 桥梁施工阶段的构成及注意事项

1)桥梁施工阶段的构成

midas Civil 中的施工阶段类型有基本阶段、施工阶段和最终阶段三类,各类的特点如下:

(1)基本阶段(模式)

没有定义施工阶段时按基本阶段模型进行分析,定义了施工阶段时基本阶段模型用于定义、编辑或修改边界组、单元组和荷载组等。

(2) 施工阶段

在施工阶段中,定义在施工各个阶段要激活或钝化的结构组、边界组和荷载组等。各结构组中的单元、边界组中的边界条件和荷载组中的荷载是同时激活或钝化的。在该阶段不能修改结构组数据,但边界组和荷载组在施工阶段模式中修改会比在基本模式中修改更方便一些。

(3) 最终阶段

最终阶段是最后的施工阶段,程序将最终施工阶段模型作为成桥阶段模型进行其他荷载分析,如移动荷载分析、反应谱分析以及时程分析等。

midas Civil 使用的施工阶段的构成如图 8-9 所示。用每个阶段的持续时间就可以方便地定义施工阶段,可以定义持续时间为零的施工阶段。每个施工阶段默认有开始和结束步骤(最后步骤),每个阶段内在开始和结束步骤间可以有若干个附加子步。单元组和边界组只能在每个阶段的开始步骤激活,边界组激活时可选择边界位置是变形前还是变形后,荷载组可选择在开始、结束或子步内激活或钝化。

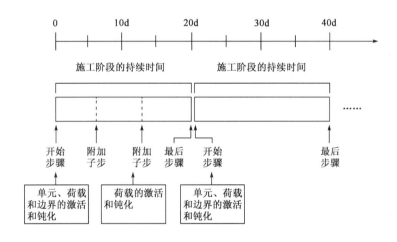

图 8-9　施工阶段的构成示意图

在 midas Civil 中考虑材料时间依存特性的施工阶段分析的步骤如下:

①建立结构整体模型,包括材料、截面、荷载和边界。

②在模型＞材料和截面特性＞时间依存材料(徐变/收缩)和模型＞材料和截面特性＞时间依存材料(抗压强度)中输入材料的时间依存特性值,然后在模型＞材料和截面特性＞时间依存材料的连接中将时间依存材料特性与定义的一般材料连接起来。

③定义各施工阶段的结构组、荷载组和边界组。

④按实际施工顺序和工期定义施工阶段(利用定义的结构组、荷载组和边界组)。

⑤在分析＞施工阶段分析控制中选择施工阶段分析中要考虑的时间依存特性,并输入计算徐变所需的迭代次数以及其他的一些选项。

⑥点击分析＞运行结构分析或点击工具条中的按钮运行结构分析。

⑦结构分析结束之后,可以利用结果中的各种后处理功能查看分析结果。

2)桥梁施工阶段定义注意事项

(1)施工阶段划分的原则

一般是将单元或边界发生变化的时刻作为前后两个施工阶段的界限,并将单元或边界条件发生变化的时间定为一个阶段的开始。对单元和边界条件不发生变化,只是荷载的加载或卸载时间不同的情况,可将荷载在子步内激活或钝化,这样可以减少施工阶段数。定义子步还可以较为精确地计算混凝土的收缩和徐变。

(2)最终施工阶段

最终施工阶段是可以设定的,在如图 8-10 所示的对话框左上角位置,可以设定最终施工阶段为最后的施工阶段(默认),也可以设定其他某一个施工阶段为最终施工阶段。施工阶段分析将分析到被指定为最终阶段的阶段,并将最终阶段模型视为成桥阶段模型。对成桥阶段模型可进行其他荷载工况的分析、反应谱分析和时程分析等。

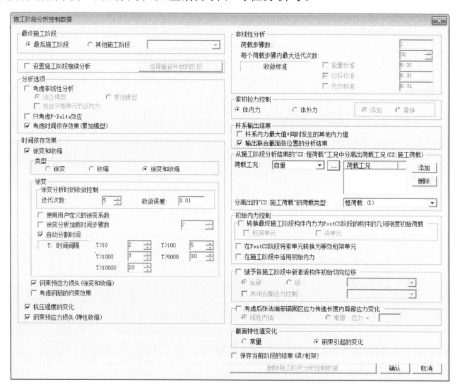

图 8-10 施工阶段分析控制数据对话框

(3)施工阶段接续分析

对已分析完的施工阶段分析模型,对第 N 个阶段的荷载条件等进行修改后,可以从第 N 阶段开始接续运行施工阶段分析。点击 选择重新开始的阶段 按钮,在施工阶段列表中选择重新开始的阶段,在这里勾选的阶段,将作为接续开始点保存结果。

(4)非线性施工阶段分析

这里讲的非线性是指几何非线性,当施工阶段中结构有可能发生大变形时,施工阶段分析中就要考虑几何非线性问题。所谓几何非线性问题就是指结构的变形很大,以至于必须修正模型的位置,否则计算结果的误差很大或根本就是错误的。

要考虑施工阶段的非线性分析,必须勾选考虑非线性分析,然后选择独立模型还是累加模型、是否只考虑 P-Delta 效应,然后在如图 8-10 所示的对话框的右上角的非线性分析选项中确定荷载步骤数、每个荷载步内的最大迭代次数以及收敛标准。

非线性施工阶段分析的内容在第 11 章中有较详细的说明。

(5)时间依存特性

混凝土的收缩、徐变以及强度发展变化等时间依存特性在材料中定义,在施工阶段,用户只需定义混凝土单元激活时的材龄。在同一施工阶段中同时激活具有相同材龄的单元时,它们的时间历程将会完全相同,如它们的时间历程不同,可以给某些单元施加时间荷载(荷载>施工阶段荷载>施工阶段时间荷载)。在如图 8-10 所示的施工阶段分析控制数据对话框中的"时间依存效果"区域内,可以进行一系列的设置。

底模拆除前的混凝土因不参与结构的受力,可认为没有刚度并作为重力(湿重)荷载处理。混凝土单元激活后其弹性模量等与激活时的材龄有关,激活后作为结构的一部分参与受力。注意混凝土单元激活的同时其自重就被激活,其湿重荷载一定要同时钝化,因为在任意施工阶段激活的荷载如果没有钝化则始终存在于模型中。

(6)施工阶段荷载工况

进行施工阶段分析时,程序会自动生成以下 9 个荷载工况。

①CS:恒荷载。恒荷载工况包括除预应力、徐变和收缩之外施工阶段中激活的所有荷载的作用效应。

②CS:施工荷载。用来查看"CS:恒荷载"中的某个荷载的作用效应。如图 8-10 所示,当在施工阶段分析控制数据中定义了"从施工阶段分析结果的'CS:恒荷载'工况中分离出荷载工况(CS:施工荷载)"时,分离出来的荷载工况的作用效应就不包括在"CS:恒荷载"中了,而是包括在"CS:施工荷载"工况中。如果没有在施工阶段分析控制数据中定义分离荷载工况,"CS:施工荷载"工况中没有任何结果。

③CS:钢束一次。钢束一次指钢束张拉力对截面形心的内力引起的效应。对位移结果,就是用预应力等效荷载考虑结构的约束情况后计算出的实际位移;对内力结果,是用钢束预应力等效荷载在"基本结构"上计算的内力,与原结构的约束和刚度无关,即所谓"一次内力";对应力结果,就是用一次内力计算的应力。

④CS:钢束二次。钢束二次指钢束预应力在超静定结构中引起的预应力二次效应,即次内力引起的效应。对反力结果,为由预应力等效荷载计算的次反力;对内力结果,为由于预应力在超静定结构多余约束处产生次反力引起的内力,即次内力;对应力结果,为次内力引起的次应力。预应力在结构中产生的总效应如下。

位移:钢束一次结果;

反力:钢束二次结果;

内力和应力:钢束一次结果+钢束二次结果。

⑤CS:徐变一次。徐变一次和徐变二次是 midas Civil 程序内部为了计算方便创造的名称。徐变一次是与钢束一次相对应的,但只有徐变一次结果的位移有实际意义。

⑥CS:徐变二次。徐变二次即徐变变形引起的超静定结构徐变二次力效应。徐变在结构中产生的总效应如下。

位移:徐变一次结果;

反力:徐变二次结果;

内力和应力:徐变二次结果。

⑦CS:收缩一次。收缩一次和二次也是 MIDAS 程序内部为了计算方便创造的名称。仅收缩一次的位移结果有实际意义。

⑧CS:收缩二次。收缩二次即收缩变形引起的超静定结构的次内力效应。收缩在结构中产生的总效应如下。

位移:收缩一次结果;

反力:收缩二次结果;

内力和应力:收缩二次结果。

⑨CS:合计。合计是上述 8 个工况中所有具有实际意义的效应的合计结果。注意,施工阶段分析结果中,并不是输出的作用效应都有实际意义(虽然有非 0 的数值结果),只有包含在"CS:合计"工况中的作用效应才有实际意义。

定义荷载前要定义荷载工况,如在荷载工况的荷载类型中将荷载定义为"施工阶段荷载(注意不是施工荷载)",则该荷载只能作用在施工阶段中,而其他荷载类型既可以作用在施工阶段中,也能作用在成桥阶段中。施工阶段结果可与成桥阶段的各荷载工况的分析结果进行组合(成桥阶段的静力荷载工况在工况名称前面都标有 ST)。需注意的是,当自重所在荷载工况中荷载类型不是"施工阶段荷载"时,自重既参与到施工阶段分析中,也参与到成桥阶段分析中,此时不要将二者重复组合。从这个角度来说,进行施工阶段分析时最好将自重定义为"施工阶段荷载",而不是"恒荷载"。

(7)索初拉力控制

在施工阶段分析控制对话框中有"索初拉力控制",这里的体内力与体外力与预应力混凝土中的体内束和体外束类似。初拉力荷载的施加方式为荷载>预应力荷载>初拉力荷载。

选择体内力,就将索的初拉力视为内力,以初始变形的方式施加在结构中。在拉索阶段,索两端连接的构件发生变形,拉索长度相应发生变化,所以拉索内力也会发生变化。

选择体外力,就将索的初拉力视为外力,以集中力的方式施加在与索两端连接的构件上。因此在拉索阶段,索的初拉力大小与初拉力值相同(而选体内力的话二者不同)。

施加初拉力以后,如再有其他荷载作用(不同时间),单元的初拉力无论是选择体内还是体外,其内力都将随着结构的变化(荷载变化、边界变化以及结构构件变化等)而发生变化。选体外力类型并有其他荷载与初拉力同时激活时,拉索内力要也达到输入的初拉力值,有可能出现不合理的结果,故建议激活初拉力时,不建议同时激活其他构件或其他荷载。

(8)初始内力控制

在施工阶段分析中,可将最后施工阶段最后一步骤的构件内力转化为初始内力,形成成桥阶段结构的初始几何刚度,转化的方法是在如图 8-10 所示的对话框中勾选"转换最终施工阶段构件内力为 PostCS 阶段的构件的几何刚度初始荷载"。转化的初始内力可在荷载>初始荷载＞小位移＞初始单元内力(CS)中查看。对悬索桥、斜拉桥进行正装施工阶段分析后，可将最后一阶段的索单元内力作为几何刚度，进行成桥荷载的分析。

当单元中作用了转化来的"初始单元内力(CS)"，又作用"初始单元内力"，则"初始单元内力"起作用；只有当勾选了"在施工阶段中适用初始内力"一项时，无论任何情况都会优先取用"初始单元内力(CS)"。

(9) 新激活构件的初始切向位移

以悬臂拼装施工为例，已经施工的节段发生了下挠的变形，那么对于悬臂拼装方法来讲，由于各节段都是事前预制好的，新拼段应该是在前面节段变形后的形状上拼装的，也就是悬拼段沿着已施工的悬臂段的切线方向施工。midas Civil 考虑这种问题的方法是赋予构件初始切向位移，就是要对即将施工的悬拼段考虑悬臂端已发生的位移，此时新构件虽未参与受力却已发生变形。

对于悬臂浇筑施工方法，新浇筑段一般不在已浇筑段变形的切线方向施工，新节段前端底模高程是可以调整的。所以对悬臂浇筑的施工方法一般不勾选如图 8-10 所示的赋予各施工阶段中新激活构件初始切向位移一项，那么此时得到的在所有荷载作用下的累计位移，不包括施工时赋予的切向位移，仅包括由荷载引起的累计位移。所以这个选项会影响结构最终预拱度的设置。

(10) 后张法端部锚固区应力传递长度内局部应力变化

如图 8-10 所示的对话框右下角位置的"后张法端部锚固区应力传递长度内局部应力变化"选项，只有在钢束布置形状里输入无应力场参数的情况下才能使用。按我国规范计算时，可不输入该项。

(11) 应力重新分配率

单元钝化时应力重新分配率为 100% 表示将钝化构件的应力全部分配到剩余构件中；重新分配率为 0% 表示被钝化构件的应力不分配给剩余构件。

(12) 边界组激活时"变形前"与"变形后"的选择

仅对边界条件中的"一般支承"才可选择"变形前"或"变形后"激活，对其他类型的边界条件不起作用。

激活边界组时，选择了"变形前"表示将位置已经发生变化的边界节点使用强制位移的方法强行"拉回"到建模位置后再赋予约束。选择"变形后"表示将边界节点约束在已经发生变形后的位置。

(13) 截面特性值变化

在图 8-10 的右下角有一个"截面特性值变化"分组框。如选择"钢束引起的变化"，程序在计算截面特性时会考虑预应力钢束孔道引起的变化，若某个施工阶段还没有张拉预应力钢束和注浆，那么在计算的时候截面特性是扣除孔道的，如果选择了"常量"，则不考虑预应力钢束孔道引起的截面特性的变化。

8.4 悬臂法桥梁施工阶段分析

悬臂法施工阶段分析应该正确反应桥梁实际的施工顺序。施工阶段分析中各施工阶段的定义,在 midas Civil 里是通过激活和钝化结构组、边界组以及荷载组来实现的。midas Civil 中悬臂法桥梁施工阶段分析的一般步骤如下：

(1)定义材料和截面。
(2)建立结构模型。
(3)定义并构建结构组。
(4)定义并构建边界组。
(5)定义荷载组。
(6)输入荷载。
(7)布置预应力钢束。
(8)张拉预应力钢束。
(9)定义时间依存性材料特性值并连接。
(10)定义施工阶段。
(11)运行结构分析。
(12)确认分析结果。

悬臂法施工的桥梁阶段分析可以用一般"手工"方法,也可以用建模助手。用建模助手比较简单方便,可以自动完成上述步骤的 2~10 项；用一般方法可以更加详细、准确地建模和定义施工阶段。

8.4.1 用一般功能作悬臂法桥梁施工阶段分析

这里以一座三跨连续梁的悬臂浇筑施工过程分析来说明使用"一般方法"的步骤。

1)实例桥梁的基本情况

某跨度为 40m+65m+40m 公路预应力钢筋混凝土箱形连续梁桥,桥梁顶板宽 16.74m,底板宽 8.24m,采用单箱单室截面,按 1.8 次抛物线梁高自跨中 1.8m 过渡至墩顶 3.8m。桥面单向横坡 1.5%。混凝土强度等级为 C55,钢束为低松弛钢绞线,其标准抗拉强度为 1860MPa,锚下控制张拉应力 0.72×1860MPa=1339.2MPa。跨中及墩顶标准截面如图 8-11 所示,桥梁的分段情况如图 8-12 所示。施工大致顺序为：下部结构→安装墩旁施工支架,安装主墩处永久支座、临时固结措施→在支架上现浇 0 号块→张拉 0 号块预应力→在 0 号块上拼装挂篮→浇筑 1 号块→张拉 1 号块预应力→移动挂篮……浇筑 7 号块,同时搭设并预压边跨现浇支架→张拉 7 号块预应力→拆除边跨现浇支架上的压重,浇筑边跨段混凝土,拆除所有挂篮→搭建边跨合龙吊架,同时加用水箱做的压重,中跨合龙段同步施加相应的压重→安装合龙段劲性骨架→浇筑边跨合龙段混凝土,同时卸载边跨相当于混凝土重量的压重→张拉边跨合龙钢束→拆除边跨现浇支架及边跨吊架,卸掉中跨合龙段的部分压重,每侧留下相当于中跨合龙段重量一半的压重→拆除墩顶临时固结措施→安装中跨合龙段吊架,安装中跨合龙段劲性骨架→浇筑中跨合龙段混凝土,同时卸载压重→张拉剩余预应力→拆除中跨合龙段吊架→施工桥面及其他附属设施。

2)定义材料和截面

(1)设定单位。定义截面和材料之前,应先将单位体系设置好(工具＞单位体系),长度单位设置为 cm,力的单位设置为 kN。

(2)定义材料。定义预应力箱形梁(C50)、桥墩(C40)、钢束(钢绞线)的材料。

(3)定义桥墩截面。预应力混凝土连续梁施工阶段分析时,桥墩的影响不大,可以不用建立桥墩模型;对连续刚构桥,桥墩是要建立的。本例虽为连续梁桥,但为了完整仍建立了中间两个主桥墩模型。主桥墩的截面为哑铃形截面,如图8-13所示。因为标准截面中没有此截面类型,所以用SPC自定义截面,然后再导入,如图8-14所示。

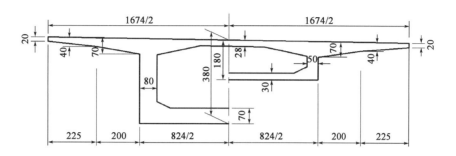

图8-11 桥梁典型截面(尺寸单位:cm)

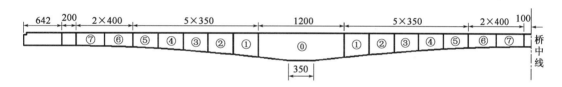

图8-12 桥梁节段的划分(尺寸单位:cm)

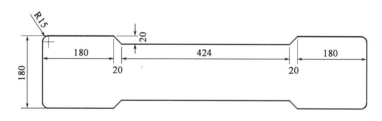

图8-13 主桥墩截面(尺寸单位:cm)

下面可以分别建立箱梁的跨中和墩顶截面,然后再定义变截面。本例建立主梁截面和模型用"PSC桥梁"建模助手,以便详细考虑腹板和底板厚度的变化。所以这里仅定义一个墩顶截面作为"标准截面",截面的尺寸如图8-11所示。主梁截面顶板为单面横坡,要想准确建立截面只能用SPC自定义,但是"PSC桥梁"建模助手中只能使用如图8-14所示上方的"设计截面"类型。所以这里将墩顶截面简化一下,保持桥梁纵向中线梁高为3.8m,去掉横坡将桥面变成水平,同时保证翼缘板和顶板的厚度无变化。墩顶截面的定义及截面数据如图8-15所示。图8-16给出了原带横坡截面(用AutoCAD计算)与不带横坡截面(midas Civil计算)的截面特性的比较,可见二者的差别非常小,说明简化截面的方法是可行的。

图 8-14 主桥墩截面定义(尺寸单位:cm)

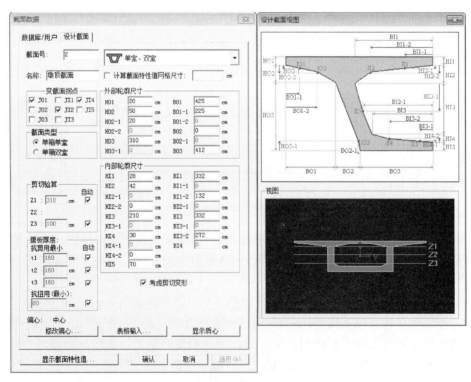

图 8-15 主梁墩顶截面建立

墩顶截面的偏心修改为中—上部。

3)用"PSC桥梁"建模助手建立主梁模型

a) AutoCAD计算　　　　　　　　b) midas Civil计算

图 8-16　主梁墩顶截面特性的比较

(1)建立主梁的单元。按照图 8-12 建立主梁单元,每个单元长度暂定为节段长。注意 0 号块要用支点位置和直线与抛物线分界位置分成多个单元。支点处的边界条件是为了"PSC 桥梁"建模助手识别跨度信息而施加,没有实际意义,建立好模型后要删除。各个单元的方向要一致。建立的单元如图 8-17 所示,各个单元长度和各节点的相对坐标可由图 8-12 得到。

图 8-17　主梁单元建立

(2)跨度信息。

执行命令主菜单＞模型＞结构建模助手＞PSC 桥梁＞跨度信息。

按图 8-18 执行操作:填写梁名称、在模型窗口中选择所有单元、检查分配单元列表中的信息无误后点击 添加/替换 按钮,其他选择默认后点击下方的 添加 按钮,最后关闭对话框。

(3)执行命令主菜单＞模型＞结构建模助手＞PSC 桥梁＞截面和钢筋。

控制截面是截面开始发生变化的截面,对梁的高度应该有 10 个控制截面,各个高度控制截面的数据如图 8-19 所示。

因为全桥等宽,对桥梁的宽度有两个控制截面,其数据如图 8-20 所示。

上翼缘厚度即指顶板厚度,全桥均为 28cm,所以也有两个控制截面,数据如图 8-21 所示。

下翼缘厚度即指底板厚度,由跨中的 0.3m 按 1.8 次抛物线过渡到墩顶截面的 0.7m,控制截面数与梁高相同,也是 10 个。底板数据如图 8-22 所示。

箱梁腹板厚度0～4号梁段采用0.8m,7号梁段采用0.5m,5～6号梁段由0.8m直线过渡到0.5m,梁段的编号如图8-12所示。根据截面开始发生变化的截面为控制截面原则,腹板厚度控制截面有10个,其数据如图8-23所示。

需要说明的是:

(1)因为桥梁是对称的,所以可以只建立一半的模型,然后镜像。

(2)施加的边界条件是为了得到"参考线",建好模型后应该删除。

(3)普通钢筋与竖向及横向预应力钢筋对施工阶段分析(竖向线形控制)影响一般不计,截面有效宽度的影响很小时往往也不需考虑。

(4)用单梁建立模型分析曲线桥、斜桥等非对称桥梁结构时,必须准确模拟支座的实际位置。本桥虽然每个桥墩、台上均为双支座,但直桥可以用单支座模型。考虑到活载的偏载问题,这里用双支座。

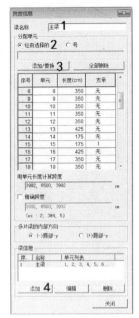

图8-18 主梁跨度信息

	参考线	距离(cm)	尺寸(cm)	曲线类型	指数型	对称面距离(cm)
1	S1	0.00	180.00	直线	1.0	0.00
2	S1	842.00	180.00	曲线	1.8	842.00
3	S1	3817.00	380.00	直线	1.0	0.00
4	S2	175.00	380.00	曲线	1.8	3150.00
5	S2	3150.00	180.00	直线	1.0	0.00
6	S2	3350.00	180.00	直线	1.0	3350.00
7	S2	6325.00	380.00	直线	1.0	0.00
8	S3	175.00	380.00	曲线	1.8	3150.00
9	S3	3150.00	180.00	直线	1.0	0.00
10	S4	0.00	180.00	直线	1.0	0.00

图8-19 主梁梁高控制截面数据

	参考线	距离(cm)	尺寸(cm)	曲线类型	指数型	对称面距离(cm)
1	S1	0.00	1674.00	直线	1.0	0.00
2	S4	0.00	1674.00	直线	1.0	0.00

图8-20 主梁梁宽控制截面数据

	参考线	距离(cm)	尺寸(cm)	曲线类型	指数型	对称面距离(cm)	加腋插入
1	S1	0.00	28.00	直线	1.0	0.00	
2	S4	0.00	28.00	直线	1.0	0.00	

图8-21 主梁上翼缘厚度控制截面数据

(5)模型建立好以后,应该检查截面是否模拟准确,要检查梁高、顶板厚、腹板厚以及底板厚度是否正确。

(6)齿板和横隔板(因在支座上,此处可不考虑)混凝土重量按集中荷载考虑。

	参考线	距离(cm)	尺寸(cm)	曲线类型	指数型	对称面距离(cm)	加腋插入
1	S1	0.00	30.00	直线	1.0	0.00	☐
2	S1	842.00	30.00	曲线	1.8	842.00	☐
3	S1	3817.00	70.00	直线	1.0	0.00	☐
4	S2	175.00	70.00	曲线	1.8	3150.00	☐
5	S2	3150.00	30.00	直线	1.0	0.00	☐
6	S2	3350.00	30.00	曲线	1.8	3350.00	☐
7	S2	6325.00	70.00	直线	1.0	0.00	☐
8	S3	175.00	70.00	曲线	1.8	3150.00	☐
9	S3	3150.00	30.00	直线	1.0	0.00	☐
10	S4	0.00	30.00	直线	1.0	0.00	☐

图 8-22 主梁下翼缘厚度控制截面数据

	参考线	距离(cm)	尺寸(cm)	曲线类型	指数型	对称面距离(cm)
1	S1	0.00	50.00	直线	1.0	0.00
2	S1	1242.00	50.00	曲线	1.0	0.00
3	S1	1992.00	80.00	直线	1.0	0.00
4	S2	2000.00	80.00	曲线	1.0	0.00
5	S2	2750.00	50.00	直线	1.0	0.00
6	S2	3750.00	50.00	曲线	1.0	0.00
7	S2	4500.00	80.00	直线	1.0	0.00
8	S3	2000.00	80.00	曲线	1.0	0.00
9	S3	2750.00	50.00	直线	1.0	0.00
10	S4	0.00	50.00	直线	1.0	0.00

图 8-23 主梁腹板厚度控制截面数据

4）修改主梁模型

（1）加入横隔板

在用"PSC桥梁"建模助手建立主梁模型时，要求梁单元是连续的，导致横隔板截面无法输入，现在需要修改主梁模型，将横隔板截面加入。本桥在箱梁中墩的墩顶设置宽度 2.5m 横梁（设有过人洞），在中跨跨中设置 0.5m 厚的横隔板，边跨端横梁跨度 1.5m。中墩墩顶横梁截面如图 8-24 左半侧所示。中跨跨中横隔板及边跨端横梁截面相同，如图 8-24 右半侧所示。两个截面都用 SPC 自定义的方法建立，然后导入，过程此处从略。

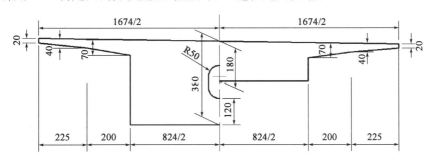

图 8-24 横隔板截面(尺寸单位:cm)

（2）建立桥墩

建立桥墩模型，墩高 9.123m。

（3）双支座建立

采用双支座模拟箱梁的支承时，先在支座中心的顶、底位置处各建立一个节点，两节点之间的距离等于支座的高度。然后将顶节点与主梁上对应节点之间建立刚性连接,并将支座顶节点作为从节点。在支座的顶、底节点之间建立弹性连接的一般类型来模拟永久支座,弹性连接的刚度按支座各方向的实际刚度输入。底节点与桥墩顶节点刚性连接起来,没有建立桥墩的按一般支承固结。

定义前先建立4个边界组,名称分别为1号墩永久支座、2号墩永久支座、3号墩永久支座和4号墩永久支座。该桥没有桥台,只有4个桥墩,从左至右依次编号为1、2、3和4号桥墩。

全桥的模型如图8-25所示。

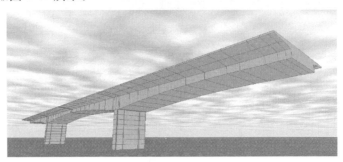

图8-25 全桥模型

5) 建立结构组

这里假设两T构同时施工并经过同样的施工阶段直到合龙段。因为在施工阶段梁段的安装和拆除是通过结构组的激活和钝化命令来完成的,所以应该将同时施工的单元定义为一个结构组。本例不考虑两个T构施工时间的差异,所以建立结构组时没有区分左右两个T构的对应梁段的不同,而是将它们定义成了一个结构组,比如"主梁节段1"就包括了两个T构的4个1号块。

运行命令主菜单＞模型＞组＞定义结构组,定义结构组包括桥墩、主梁节段0～主梁节段7、边跨现浇段、边跨合龙段以及中跨合龙段。

定义的结构组还要分配给包含的梁段单元。方法是先在模型窗口中选择单元,然后将组树形菜单中的某个结构组拖放到模型窗口中,图8-26就是将主梁节段6分配给对应的梁段单元。

在组树形菜单中双击某个结构组,则该结构组将被选择。这样可以检查结构组的定义。

6) 定义时间依存性材料并与材料连接

为了考虑混凝土徐变、收缩以及抗压强度的变化,下面定义材料的时间依存特性。为了方便数据的输入先将力的单位改为N,长度单位改为mm。

运行命令主菜单＞模型＞材料和截面特性＞时间依存性材料(徐变/收缩)。点击"添加"按钮,然后按图8-27填写数据。这里的构件理论厚度与截面有关,这里先暂定10mm,以后再修改。

运行命令主菜单＞模型＞材料和截面特性＞时间依存性材料(抗压强度)。点击"添加"按钮,然后按图8-28填写数据。

运行命令主菜单＞模型＞材料和截面特性＞时间依存性材料连接。将刚才定义的混凝土徐变、收缩特性以及强度进展与箱梁的材料连接。

第8章 施工过程分析

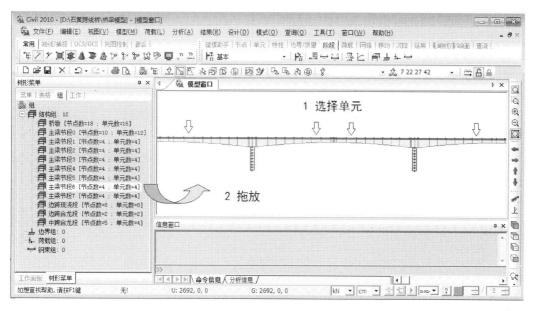

图 8-26 将结构组分配给对应单元

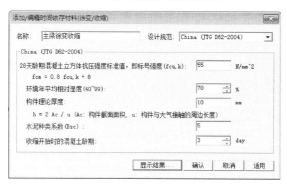

图 8-27 主梁混凝土徐变和收缩定义

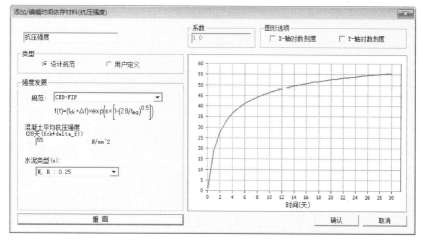

图 8-28 主梁混凝土抗压强度变化定义

247

运行命令主菜单＞模型＞材料和截面特性＞修改单元依存材料特性,弹出如图 8-29 所示的对话框,选择所有主梁单元,然后点击适用按钮。

7）建立边界组并输入边界条件

需建立的边界组：墩底永久支承、2 号墩 0 号块临时固结、3 号墩 0 号块临时固结、1～4 号墩永久支座、2 号墩 0 号块支架、3 号墩 0 号块支架、3 号墩临时限位和左、右边跨现浇段支架。

墩底永久支承中的边界条件包括：1、4 号桥墩处支座底节点的固结以及 2、3 墩底固结,均为一般支承类型。

2、3 号墩 0 号块临时固结的边界条件包括：2、3 号墩顶节点与对应支座顶、底节点以及对应主梁节点的刚性连接,墩顶节点为主节点。

1～4 号墩永久支座内的边界条件前面已经说明。

2 号和 3 号墩 0 号块支架内的边界条件包括两个桥墩顶 0 号块对应节点的竖向一般支承。

3 号墩临时限位内包括 3 号墩顶对应主梁节点的纵向水平位移约束。

左、右边跨现浇段支架内的边界条件包括：1、4 号墩对应主梁节点的一般支承,约束 3 个平动自由度；边跨现浇段所有单元对应的其他节点的一般支承,仅约束竖向平动位移。本例没有考虑边跨现浇支架的沉降,那么边跨现浇段单元的最终预拱度应该等于支架变形预拱度与施工阶段计算预拱度的和。考虑到张拉边跨合龙预应力时边跨现浇段可能起拱,所以可用只受压类型的弹性支承模拟边跨现浇支架,而这样又会因变成非线性分析而致使线性叠加原理失效,从而可能导致计算误差,所以这里采用的是一般支承模拟边跨现浇支架,试算支架是否托空（支承受拉）,对托空的节点则不设置支承。

8）建立荷载组

荷载包括各节段（没有 0 号块）底模拆除前的混凝土湿重、激活节段单元后自重、挂篮（吊篮）荷载、预应力荷载、压重和二期恒载。首先建立这些荷载对应的荷载工况,荷载类型均为施工阶段荷载,如图 8-30 所示。

图 8-29 修改主梁单元的材料时间依存特性

图 8-30 荷载工况定义

下面定义荷载组并施加荷载：

(1)自重

自重是单元激活后自动施加的。用命令模型＞组＞定义荷载组定义一个名为自重的荷载组，然后用命令荷载＞自重定义自重荷载，荷载工况为"自重"，荷载组为"自重"，自重系数 z 填 -1.0。

(2)挂篮(吊篮)荷载

挂篮荷载的施加与湿重类似。首先定义荷载组：2号墩1～7节段施工挂篮、3号墩1～7节段施工挂篮、左右边跨合龙吊篮和中跨合龙左右吊篮。挂篮作用在前一节段的悬臂前端。

挂篮重力暂按600kN考虑，吊篮暂按200kN考虑(桥梁设计图纸要求挂篮按600kN控制，吊篮按200kN控制)。

为了确定挂篮荷载的大小与作用位置，需要对挂篮的作用情况进行较详细的分析。下面的分析以菱形挂篮为例，其他类型的挂篮与此基本一致(如三角挂篮)或类似(如牵索式挂篮)。

挂篮对主梁的作用可用图8-31来表示。由于混凝土湿重是由挂篮传递到已浇筑梁段上的，所以图中 W 为正在浇筑的梁段混凝土湿重＋施工荷载＋模板(包括底模、侧模和内模)及其支承架的重量。作用于挂篮上的直接荷载包括主桁架自重和由前吊带传递的 $W/2$。挂篮荷载对主梁的作用应该是向下的 $F_1+W/2$ 和向上的 F_2。对主梁用线单元模拟的情况，一般可以假设 F_1 和作用在已浇筑梁段底板上的 $W/2$ 的作用位置相同，所以按一个力 $F_1+W/2$ 考虑，其作用点也近似认为在已浇筑梁段悬臂的最前端。F_2 的作用位置由挂篮尺寸来定。挂篮确定后，F_1、F_2 和 W 的值是可以计算出来的，其作用位置也是确定的，这样就可以精确模拟挂篮荷载。但通常情况下对挂篮荷载进行如下的简化：将 F_2 的作用位置前移到挂篮的前支点，与 F_1 的作用位置相同，同时附加一个弯矩 $M=F_2\times e$(e 为挂篮前后支点的距离)。这样，挂篮荷载就包括前支点的竖向荷载(挂篮全部重量＋正在浇筑混凝土的湿重)和一个弯矩。因为混凝土湿重单独考虑，所以此时实际的挂篮荷载是作用在已浇筑梁段悬臂前端的竖向力(挂篮全部重量)和一个附加弯矩 M。显然 M 的值在空挂篮状态与浇筑混凝土状态是不相同的，为了便于挂篮前移(通过钝化后面的力，激活前面的力来完成)，一般将该 M 值也分成两部分，一是由挂篮重量引起，一是由混凝土湿重引起。挂篮重量引起部分属于挂篮荷载工况，混凝土湿重引起部分属于混凝土湿重工况。

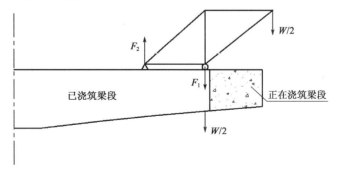

图8-31 挂篮荷载示意图

对空挂篮进行计算，可以得到对应的 F_1 和 F_2 的大小。对于本例，采用的是菱形挂篮，最后计算得到挂篮荷载的竖向力为600kN，附加弯矩为800kN·m。

施加挂篮荷载需要一个荷载组接着一个荷载组地施加,例如施加作用在2号墩两侧3号块上的挂篮荷载:荷载类型"节点荷载";荷载工况为"挂篮荷载";荷载组为"2号墩3节段施工挂篮";竖向集中荷载大小$F_Z=-600\text{kN}$,左侧附加弯矩$-800\text{kN}\cdot\text{m}$,右侧附加弯矩$800\text{kN}\cdot\text{m}$;荷载作用点在2号块的悬臂前端。

(3)节段湿重

混凝土浇筑时其处于流动状态,在养生阶段,由于在挂篮上其本身处于零应力状态,所以在其对应单元激活前可以认为是纯粹的荷载,通过挂篮施加在已浇筑的梁段上。荷载的作用位置由挂篮的支承位置决定,这里认为是作用在相邻已浇筑梁段的悬臂前端。0号块及边跨现浇段的湿重是由其支架承受的,合龙段的湿重由压重考虑,所以,节段湿重仅考虑1～7号块浇筑与养生状态对其前段的湿重荷载。将最大悬臂处的压重放在这个荷载工况中。

需建立的荷载组:2号墩1～7号段湿重、3号墩1～7号段湿重和左右中跨压重。左右边跨压重荷载是随着边跨合龙段混凝土的浇筑逐步卸载的,而且浇筑时间短,所以不再单独考虑。左右中跨压重是在边跨合龙时起作用的,中跨合龙时也不单独考虑。

施加的湿重荷载如前所述包括竖向集中力和附加弯矩,需要根据节段的体积和挂篮尺寸来计算,本例的计算结果列于表8-1中。

节段湿重荷载计算　　　　　表8-1

节段号	1	2	3	4	5	6	7	中跨压重
体积(m³)	53.3	49.9	46.9	44.4	41.7	44.3	42.5	—
重度(kN/m³)	25	25	25	25	25	25	25	—
湿重系数	1.04	1.04	1.04	1.04	1.04	1.04	1.04	—
集中力(kN)	1385.8	1297.4	1219.4	1154.4	1084.2	1151.8	1105.0	375
弯矩(kN·m)	2771.6	2594.8	2438.8	2308.8	2168.4	2303.6	2210.0	—

施加2号墩左右两个1号块的湿重其大小为1385.8kN,位置是两个0号块的悬臂前端,左侧的弯矩为$-2771.6\text{kN}\cdot\text{m}$,右侧的弯矩为$2771.6\text{kN}\cdot\text{m}$,荷载类型是节点荷载,荷载工况为"节段湿重",荷载组为"2号墩湿重节段1"。其余类推。湿重荷载施加后如图8-32所示。

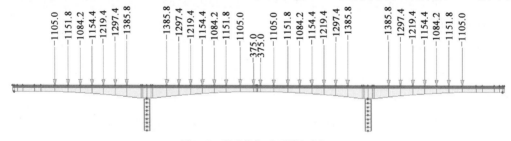

图8-32　湿重荷载(未示附加弯矩)

(4)预应力荷载

这里的预应力荷载指的是纵向预应力钢筋产生的荷载。要把每一钢束产生的预应力荷载在确定的施工阶段中激活,首先要定义它们的钢束特性值、钢束形状和钢束预应力荷载。在定义钢束预应力荷载时,要指定钢束所在的荷载工况和荷载组,以方便在正确的施工阶段激活。可以把同时激活(即同时张拉)的钢束定义在一个荷载组内。

首先定义钢束特性值。本例主桥纵向预应力钢筋有两种：一是 15 根 $\phi^s15.20mm$ 钢绞线一束的钢束，二是 19 根 $\phi^s15.20mm$ 钢绞线一束的钢束。钢绞线的标准强度为 1860MPa，松弛率不大于 0.025，弹性模量 195GPa，锚下控制应力 1339MPa。管道摩阻系数 0.17，管道偏差系数 0.0015/m，钢束回缩和锚具变形每端 6mm。按上述参数的取值填写如图 8-33 所示的两个对话框。特别注意图 8-33 中的"预应力钢筋抗拉强度标准值（f_{pk}）"自动取值是否正确。

 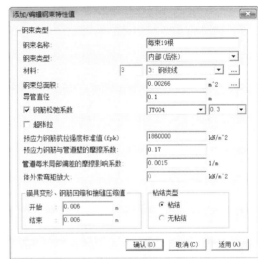

图 8-33 钢束特性值定义

其次，定义每一钢束所在的荷载组，这些荷载组包括：2、3 号墩各自的 0～7 号块的顶板悬浇束；中跨顶板连续束；中跨底板连续束；边跨顶板连续束；边跨底板连续束。最后定义钢束形状和钢束预应力荷载。

(5) 二期恒载

桥面为 10cm 厚沥青混凝土，桥面净宽 16m，则桥面每延米重为 $0.1 \times 16 \times 23 = 36.8$ kN。防撞墙及其他设施每延米重 15.2kN。所以二期恒载为 $36.8 + 15.2 = 52$ kN/m。建立名称为"二期恒载"的荷载组。

二期恒载这样定义：荷载类型为"梁单元荷载"中的均布荷载，荷载工况为"二期恒载"，荷载组为"二期恒载"，荷载方向为整体坐标系 Z 向，荷载数值中的 $W = -52$ kN/m。

9) 钢束形状定义

每一束钢束的形状都得定义。定义钢束形状有三种方法：一是直接利用如图 8-6 所示的钢束形状对话框；二是用"钢束形状生成器"；三是利用 MCT 命令直接定义钢束形状。其中利用"钢束形状生成器"是最简便的方法，其使用方法在 6.2 节已经给出了详细的说明并附有实例，这里不再赘述。对于形状完全相同只是位置不同的钢束可以用拷贝的方法生成，然后修改插入点坐标。下面仅就中跨底板合龙束 MB1（图 8-34）和边跨底板合龙束 SB1（图 8-35）的定义方法加以简单说明，其他钢束与此类似。

首先在 AutoCAD 中画出 MB1 的竖弯和平弯曲线，注意单位要与 midas Civil 中一致，然后存成 DXF 文件。MB1 在中跨和龙段共有 4 束，形状完全与竖向的位置一样，仅平面位置不同，所以仅定义其中一束，其余三束可以由此拷贝得到。启动钢束形状生成器，MB1 的起点正好是单元的节点,"布置形状"可以选"单元",可以按图 8-34 填写数据,然后点击添加按钮,最后点击确定就会得到该钢束形状定义的 MCT 命令,在 MCT 命令窗口运行即可。

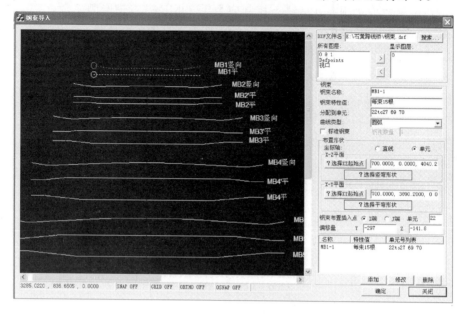

图 8-34 钢束 MB1 形状定义

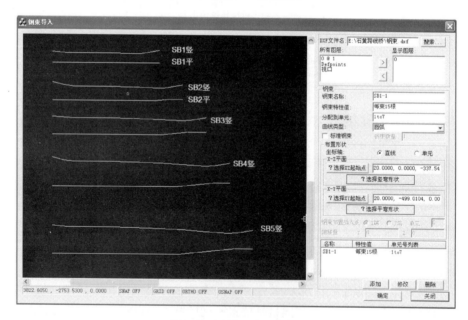

图 8-35 钢束 SB1 形状定义

在 AutoCAD 中画钢束竖弯和平弯曲线时的平面为 XY 平面,X 为钢束长度方向坐标,Y 为梁高度或宽度方向坐标,到钢束形状生成器后会自动转换。注意 AutoCAD 中同一钢束的起点和终点的 X 坐标要一致,否则可能出错,至于各个控制点的绝对坐标是没有关系的,可以在任意位置。"布置形状"中的"坐标轴"选择"单元"时,钢束起点(X 坐标最小的点)默认的插入点为单元 I 端（I 节点）或 J 端（J 节点），要通过"偏移量"来调整钢束起点的竖向与平面位置，要注意单元截面的偏心的影响。"偏移量"的数值计算要通过钢束的具体布置确定。

钢束 SB1 的起点距离单元的 I 节点 20cm，此时"布置形状"选"直线"比较好，因为这样可以填写插入点坐标。插入点坐标即是钢束起点在桥梁模型中的绝对坐标。在图 8-35 中不能填写插入点的坐标，默认插入点为 (0,0,0)，更改插入点坐标要通过树形菜单＞工作＞张拉钢束＞钢束形状＞右击 SB1＞特性值来完成，如图 8-36 所示。也可以通过 MCT 命令来完成修改。

钢束的复制通过命令荷载＞预应力荷载＞钢束布置形状来完成，先选择被复制的钢束，再点击"复制和移动"按钮，如图 8-37 所示。然后通过编辑复制的钢束来更改其位置，两个边跨的钢束完全对称时，可以只定义一边，然后通过（修改）复制→编辑的方法，来得到另一边跨的钢束。"复制和移动"功能可以源钢束为参考，指定新钢束的分配单元和插入单元，如果需要一次性复制生成多根钢束，那么只需指定多组分配单元和插入单元增加到单元列表中就可以了。如选择"自动调整钢束长度"，程序根据分配单元的长度自动调整复制生成的钢束的长度，调整原则为根据重新分配单元的长度与源钢束分配单元长度的比值等比例放大钢束长度。

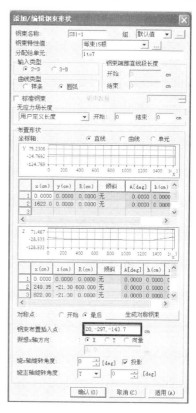

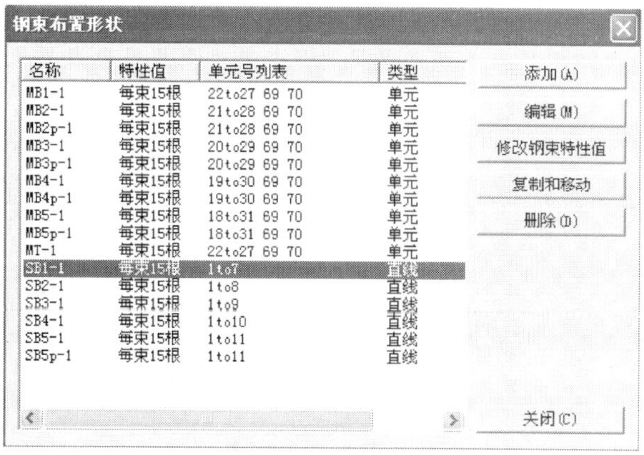

图 8-36 钢束 SB1 的插入点修改

图 8-37 钢束复制

下面说明一下左边跨的钢束如何复制到右边跨对称的位置，选取的钢束为边跨底板合龙束 SB1，该钢束是通过"直线"的方式定义的，左端锚固点（插入点）距离所在单元的 I 端 20cm。复制的步骤如下：

（1）运行命令荷载＞预应力荷载＞钢束布置形状，弹出图 8-38 左面的对话框。选择钢束

SB1-1，然后点击按钮 [复制和移动]，弹出图 8-38 右面的对话框，点击 [确定] 按钮，即可在左面图中的钢束列表中增加钢束"SB1-1-复制"。

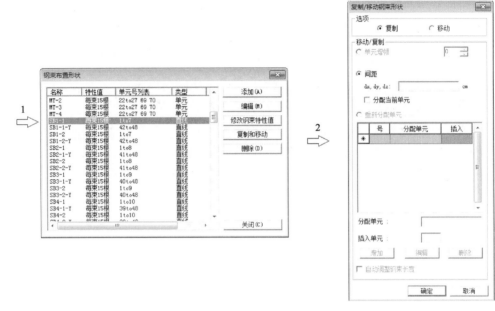

图 8-38 复制钢束

这里要说明的是，可以利用图 8-38 的"复制/移动钢束形状"对话框进行多种形式的复制和移动，用法比较简单，具体方法说明可参见在线帮助手册，这里不再赘述。这里不做任何其他操作，只点击"确定"按钮即可。

(2) 在钢束列表中选择刚生成的钢束"SB1-1-复制"，点击 [编辑] 按钮，弹出与图 8-36 基本一样的对话框（仅钢束的名称不同），在对话框中修改钢束名称、填写分配的单元，"对称点"后面选择"开始"，再点击 [生成对称钢束]。在平弯和竖弯表格中删除掉原来的布置形状，图 8-39 给出了原钢束与复制钢束的坐标对比。选择"开始点"的原因是原钢束的"开始点"为插入点。

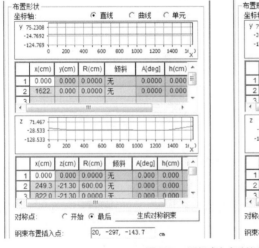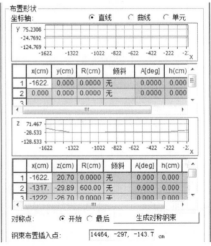

图 8-39 原钢束与复制钢束的对比

(3)按图 8-39 更改钢束布置插入点坐标,该坐标为模型整体坐标系下的插入点坐标。可以看到这里仅需更改 X 坐标即可。

最好的方法是用 MCT 命令窗口来修改,方法是:运行工具>MCT 命令窗口,在下拉条中找到命令 *TDN-PROFILE>点击插入数据,按钮,最后保存文件,如图 8-40 所示。得到的钢束形状文件为 MCT 格式,可以用文本编辑器进行复制和修改。

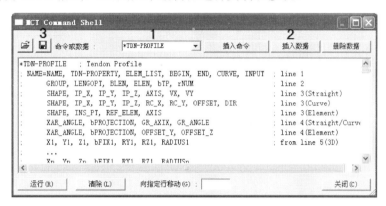

图 8-40 用 MCT 命令窗口得到钢束定义的文件

用 MCT 命令来修改的前提是必须清楚数据格式。了解数据格式可以参考软件的在线帮助手册中的"MCT 命令"内容,也可以先用一般的复制→编辑的方法先修改一束,比较原来的钢束,看看哪些地方数据有变化,怎么变化的,然后对其他钢束采用类似的方法修改。

如果钢束竖向布置形状相同,但关于桥梁纵向中心线正对称,即钢束在横桥向布置位置不同,那么对于没有平弯的钢束可以直接采用输入间距的方法来实现钢束的复制/移动,对于有平弯的钢束可以先更改插入点的 Y 坐标(反号),然后将平弯曲线控制点的所有 Y 坐标反号。

关于顺桥向某个对称面对称的两根钢束,首先通过钢束复制功能在对称位置建立钢束,然后将复制生成的钢束的坐标轴方向反向,如"i-j"改为"j-i",同时将插入单元由首单元改为尾单元。

通常梁高是变化的,因此在布置底板束时,钢束的布置形状与梁高的变化规律有关。如果人为查找钢束坐标各个控制点的坐标,势必增加钢束输入的工作量。因此程序对变高梁底板束的布置提供了一个方便的功能——钢束布置时选择 bottom 的功能。通过输入少数控制点的 x 和 z 坐标,然后在钢束布置形状中勾选 BOT 选项,则两个 BOT 点间的钢束距离梁底的距离保持一致,如果两个 BOT 点 z 坐标至截面底缘的距离不同,程序自动按线性变化模拟。

定义完所有 168 束钢束后,可以显示钢束的形状和位置以便检查输入是否有误,如图 8-41 所示为所有钢束的布置情况。

10)钢束预应力荷载定义

midas Civil 中每一钢束的形状都必须定义,并给每一钢束施加预应力荷载。定义过程如图 8-42 所示。

(1)选择荷载工况名称。
(2)选择荷载组名称。
(3)选择钢束,一次可以选多个。
(4)将选择的钢束添加到"已选钢束"栏中。

(5)选择张拉力是按应力施加还是按内力施加。
(6)选择两端张拉。

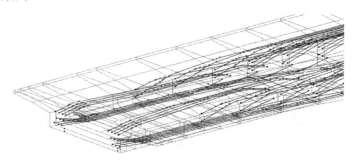

图 8-41　部分钢束位置及形状

(7)填写张拉应力或内力,并选择压浆阶段。
(8)点击"添加"按钮,完成所选钢束预应力荷载的施加。

11)施工阶段定义

前面已经给出了桥梁施工的大致顺序,现根据施工的顺序定义施工阶段。先将各个施工阶段的大致内容说明如下:

(1)施工阶段 1(0 号块施工)

激活的结构组:2、3 号桥墩以及对应的 0 号块。

激活的边界组:2、3 号桥墩墩底约束以及其上对 0 号块的临时固结约束。

激活的荷载组:0 号块上的预应力,挂篮以及 1 号块对应混凝土湿重。

(2)施工阶段 2(1 号块施工)

激活 1 号块对应单元,钝化上一施工阶段的挂篮及混凝土湿重荷载,激活相应预应力荷载、挂篮以及 2 号块对应混凝土湿重荷载。

(3)施工阶段 3~7(2~6 号块施工)

重复施工阶段 2 的步骤,模拟张拉预应力、挂篮行走和浇筑混凝土的过程。

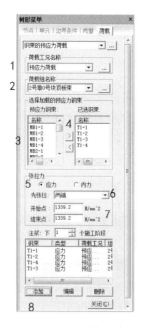

图 8-42　给钢束施加预应力荷载

(4)施工阶段 8(7 号块施工)

激活 7 号块对应单元,钝化上一施工阶段的挂篮即混凝土湿重荷载,激活相应预应力荷载;激活边跨现浇段单元以及对应的临时支承边界组。

(5)施工阶段 9(边跨合龙)

开始时激活吊架及压重荷载,待边跨合龙段混凝土达到强度后张拉边跨合龙段预应力、拆除边跨吊架并卸载全部边跨压重及部分中跨压重、钝化边跨现浇段支架约束、激活 1 号和 4 号墩永久边界条件。

(6)施工阶段 10(拆除墩顶临时固结)

钝化 2、3 号墩顶临时固结,激活 2、3 号墩顶永久边界条件。

(7)施工阶段 11(中跨合龙)

开始时浇筑中跨合龙混凝土,待达到强度后,钝化压重及吊架、张拉中跨合龙预应力。

(8)施工阶段 12(桥面施工)

施加二期恒载,并考虑 10 年后的结构受力及变位情况。

在上述施工阶段中假设:移动挂篮、绑扎钢筋到浇筑完每一节段的混凝土需时 4 天,即从第 5 天开始计入混凝土湿重;混凝土养生并达到张拉要求需时 6 天,则施工每一节段(1~7 号块)需 10 天。

定义施工阶段的方法如下:运行命令荷载＞施工阶段分析数据＞定义施工阶段。弹出"施工阶段"对话框后点击"添加"按钮,可弹出"设定施工阶段"对话框。注意工具栏中"定义施工阶段"按钮后面必须是"基本"时才能进行施工阶段的定义与编辑。下面以施工阶段 1 为例说明施工阶段定义的方法。

如图 8-43 所示,首先定义施工阶段的名称和持续的天数,如需在本施工阶段中添加子步,可以用图中右上角的分组框完成。每个施工阶段的荷载激活或钝化都默认有开始和最后两个时间点,如在本施工阶段所持续的时间内还有其他时刻荷载发生了变化,那么就应该定义子步骤或者拆成两个或多个施工阶段。

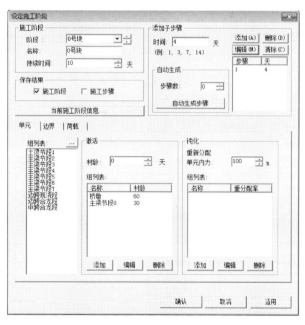

图 8-43　设定施工阶段(单元属性页)

在"设定施工阶段"对话框的下半部分有三个属性页——单元、边界和荷载。单元属性页用来定义结构单元的激活与钝化。需激活某结构组单元,则首先在结构组列表中点选该结构组,在"激活"分组框填写混凝土激活时的"材龄"(对钢结构单元的激活"材龄"是没有意义的,可不填),然后点击该分组框的"添加"按钮;需钝化某结构组单元,也是先选择该结构组,然后在"钝化"分组框内选择"重新分配单元内力",再点击下面的"添加"按钮,"重新分配单元内力"的含义前已说明。

如图 8-44 所示为第一施工阶段的边界设定,激活了 2、3 号桥墩墩底的支承和墩顶与 0 号块的临时固结。因为这些边界条件需在设计位置激活,所以选择"变形前"激活。

图 8-44　设定施工阶段(边界属性页)

如图 8-45 所示为第一施工阶段的荷载设定。自重和 0 号块的预应力都在阶段开始激活,这里认为挂篮和混凝土湿重一起激活,混凝土湿重在第 4 天后激活。混凝土的养生且达到张拉条件的时间为 6 天(强度和弹性模量均有要求)。注意自重只在第一施工阶段激活即可,其他施工阶段不必再激活自重。最后点击"确认"来完成该施工阶段的定义。

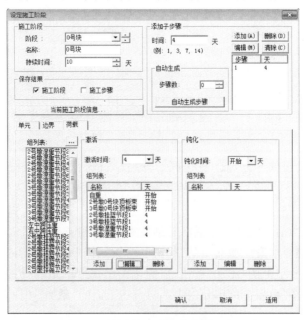

图 8-45　设定施工阶段(荷载属性页)

其他各个施工阶段的定义与此类似,即首先给出名称、持续时间、确定是否添加自步骤,然后依次填写单元、边界和荷载三个表单来设定单元、边界和荷载的激活与钝化情况。

最后的施工阶段定义情况如图 8-46 所示,此时可以通过"编辑/显示"按钮来对各个施工阶段进行编辑修改。

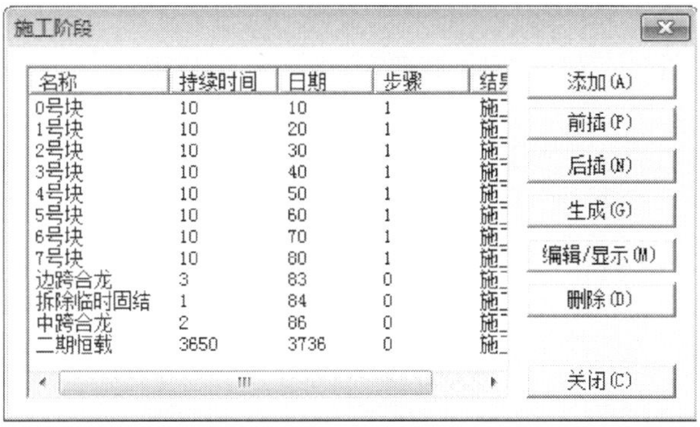

图 8-46 施工阶段定义

施工阶段定义完成后,在施工阶段工具条 的下拉条中选择基本阶段以外的施工阶段时,在工作树形表单中,用户可以一目了然地查看当前施工阶段中激活和钝化了的结构组、边界组和荷载组。另外,在施工阶段工具条中按顺序变换施工阶段时,用户可以在模型窗口中即时确认施工阶段的变化情况。

12)运行结构分析

完成建模和定义施工阶段后,可对"施工阶段分析控制数据"进行设定,比如在施工阶段分析选项中可选择"是否考虑材料的时间依存特性和弹性收缩引起的钢束应力损失",并指定分析徐变时的收敛条件和迭代次数等。

将上述所有的内容定义完成后,便可以执行"分析",点击工具栏中的 按钮即可。

8.4.2 悬臂法(FCM)桥梁建模助手

应用悬臂法桥梁建模助手可由程序自动生成用悬臂法施工的预应力箱型桥梁的单元、边界条件、钢束的布置以及各施工阶段。对于非对称施工、两侧跨度不同、变截面按多项式变化、孔道灌浆的时间调整等可以反映实际施工状况的要求,都可以通过悬臂法桥梁建模助手来实现。关于使用悬臂法桥梁建模助手的步骤以及功能的详细介绍可参见程序用户手册"高级应用例题"中"使用建模助手做悬臂法桥梁施工阶段分析",另外在线帮助手册中也有很细致的说明。本节仅对悬臂法桥梁建模助手作较简单的介绍与说明,仍然以上面的三跨连续梁为例说明使用悬臂法桥梁建模助手的步骤以及功能。

1)设定单位体系

单位设定同前面"一般功能"方法。

2)定义材料及截面

材料的定义同"一般功能"方法,这里的截面指桥墩截面,箱梁截面的定义可在建模助手中进行。

3)建模助手的"模型"属性页

执行命令主菜单>模型>结构建模助手>悬臂法(FCM)桥梁,弹出如图 8-47 所示的对话框。

图中左上角的"类型 1"和"类型 2"用来指定是否由建模助手输入箱梁的截面和钢束形状,在"模型"属性页中没有意义,可以暂时不管。

"桥墩数"指的是桥梁"内部"桥墩的个数,不包括桥台或相当于桥台的桥梁两端的桥墩。例如这里填写 2 表示是 3 跨连续梁,有 2 个内部桥墩。

"桥墩截面"这里只能输入一个,如为多个截面或变截面,只能以后修改。

"施工持续时间"指的是施工一个标准桥梁节段的所需的时间,包括支模、绑扎钢筋、布置钢束管道、浇筑混凝土以及养生的时间。现场浇筑时,输入的施工持续时间应大于构件的初期材龄。这个时间对多数桥梁节段都是正确的,如个别节段施工时间不同,则可先按此定义,执行完建模助手以后再修改。

零号块的总长度可由 P.T. 后的数据定义,B 后面输入的是梁高不变的部分的长度。如果零号块结构比较复杂,可以通过先勾选再点击 详细 按钮来定义。本例墩顶零号块有 2.5m 厚的单一横隔板,先点选零号块 1,然后按图 8-48 所示的顺序定义零号块的详细数据,零号块 2 的数据按相同的方法定义。零号块 1 和零号块 2 分别对应左 T 构和右 T 构,两个都定义完成后,点击下面的"确定"按钮。

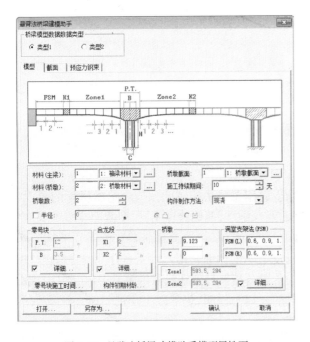

图 8-47 悬臂法桥梁建模助手模型属性页

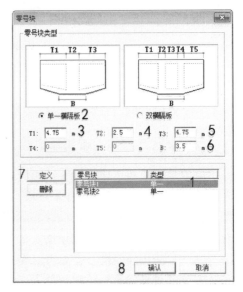

图 8-48 零号块细部定义

变截面组的范围在合龙段详细设定中确定,程序通过用户指定合龙段左右两侧的等高截面数以及其他信息(包括节段的划分情况以及零号块的数据)来定义变截面组。先勾选再点击合龙段 详细 按钮,弹出图 8-49 对话框。本例共有 3 个合龙段,从左往右依次命名为合龙段 1、合龙段 2 和合龙段 3。先点选其中一个,然后按图 8-49 填写数据。其他合龙段按相同的方法定义。

截面组的曲线形状在 Zone 详细定义中确定,定义过程与上面类似,如图 8-50 所示。

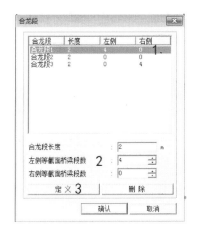

图 8-49 变截面组的范围定义

图 8-50 变截面的曲线形状定义

点击 零号块施工时间 后可在弹出的对话框中输入各桥墩零号块的施工时间间隔,最左侧的桥墩零号块为 1 号。该功能仅用于各个桥墩两侧的节段(T 构)不同时开始施工时,用来输入各桥墩的零号块与第一桥墩零号块的施工时间差,即定义时间荷载。

点击 构件初期材龄 后可在弹出的对话框中输入各构件的初期材龄,单位为天,如图 8-51 所示。初期材龄是指构件从开始浇筑到开始受力的时间差。桥墩的初期材龄较长是因为桥墩两侧搭设支架或托架施工零号块需要较长时间。零号块的初期材龄较长是因为拼装挂篮和对挂篮进行加载实验需要较长的时间。

图 8-51 构件初期材龄定义

4)建模助手的"截面"属性页

定义箱梁截面时用到"截面"属性页,截面数据输入方式有两种,即类型 1 和类型 2。

选择类型 1 时如图 8-52a)所示,可以根据截面视图填写数据。视图左半边为跨中截面,右半边为零号块截面,分别对应变截面组的两端截面尺寸。挂篮重 P 为挂篮本身重,不含混凝土湿重,相应的偏心距 e 的含义与计算方法和前述"一般方法"中相同。混凝土湿重一般都要考虑,应勾选该项。图 8-52a)中的数据是程序初始设定的,不是本例数据。

如果已经定义了跨中截面、支点截面和横隔板截面,就可以用类型 2 的方式来定义全桥截面,如图 8-52b)所示。但是,只有这三个截面为"设计截面(SPC)"时才可以,横隔板指的是墩顶横隔板。需说明的是这里指定了类型 1 或类型 2,那么钢束的形状定义也相应分为类型 1 或类型 2。

5)建模助手的"预应力钢束"属性页类型 1

数据类型选择了类型 1 时,建模助手对话框的"预应力钢束"属性页如图 8-53 所示。

在图 8-53 中,首先应该勾选"预应力钢束和张拉控制应力",否则程序认为没有预应力钢束，即表示结构为不布置预应力钢束的混凝土结构。

钢束特性值的定义可以是在启动建模助手以前，也可以通过点击⋯按钮即时定义。对话框中只要求填写顶板束和底板束的钢束特性值，实际是顶板束和底板束都可能有多种特性值，此时可以先随便填写，以后再修改。

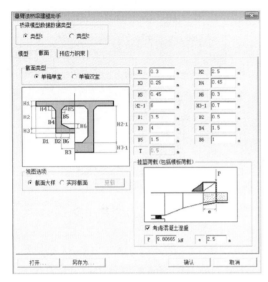 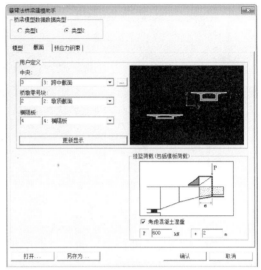

a)用类型1定义箱梁截面　　　　　　　　　　b)用类型2定义箱梁截面

图 8-52　悬臂法桥梁建模助手截面属性页

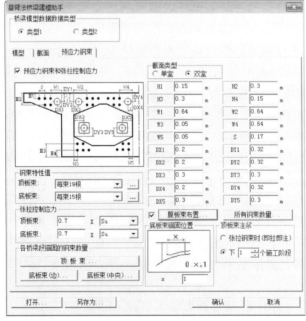

图 8-53　悬臂法桥梁建模助手预应力钢束属性页类型 1

第8章 施工过程分析

张拉控制应力默认是 $0.7Su$，Su 是钢束的标准强度（极限抗拉强度），也可以选择钢束的设计强度 Sy（屈服强度），前面的系数是可以更改的。

在"各桥梁段锚固的钢束数量"分组框有三个按钮，用来分别定义在各桥梁段上锚固的顶板束和底板束数量。点击 [顶板束] 按钮弹出如图 8-54 所示的对话框，某节段的锚固数量指的是半个箱梁上的数量，实际数量应该乘以 2，并且钢束关于桥梁纵向中心线正对称。在顶板束锚固数量对话框中选择"相等"时，表示各桥墩桥梁段上布置的顶板束相同。选择"不等"时，可分别输入各桥墩桥梁段上布置的顶板束。底板束实际是底板合龙束，其定义分为边跨底板合龙束和中跨底板合龙束，定义方法与顶板束类似。

勾选并点击按钮 [腹板束布置]，弹出如图 8-55 所示的腹板钢束横向布置对话框，用来完善腹板束的布置。程序默认腹板束的截面特性值与顶板束相同。

图 8-54　顶板束锚固数量

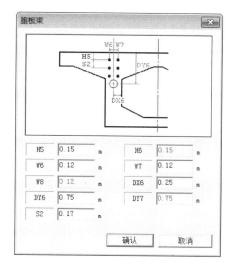
图 8-55　腹板束锚固数量

点击 [所有钢束数量] 按钮，将弹出所有钢束纵向布置（各桥梁段锚固数量）对话框。选择"不等"时，顶板束可按桥墩输入不同数量。底板束可按跨度输入不同数量。腹板束默认为各桥梁段相同。钢束数量对话框中的顶板束和腹板束数量之和必须与顶板束锚固数量对话框中的数量相符（程序将腹板束默认为顶板束）。钢束数量对话框中的底板束数量必须与底板束锚固数量对话框中的数量相符。

在"顶板束注浆"分组框，可以选择张拉钢束时即拉即注（即对于每个施工阶段，张拉钢束后均立即注浆），也可以选择在下 n 个施工阶段注浆。例如，$n=1$ 表示在张拉完本施工阶段的钢束后，在下一施工阶段的第一天开始注浆；$n=2$ 表示施工完两个桥梁段后，在施工第三个桥梁段的第一天注浆。当顶板束预留管道注浆后，截面特性值的计算将考虑钢束和管道的换算后的截面，因此注浆的时期将决定使用换算截面的时间。

这里的顶板束注浆包含腹板束注浆。底板束的注浆，程序默认为在成桥阶段一次完成。程序默认的钢束张拉顺序为腹板束、顶板束、底板束（边跨）、底板束（中间跨）。

6）建模助手的"预应力钢束"属性页类型 2

数据类型选择了类型 2 时，建模助手对话框的"预应力钢束"属性页如图 8-56 所示。在图

8-56中,首先应该勾选"预应力钢束和张拉控制应力",否则程序认为没有预应力钢束。

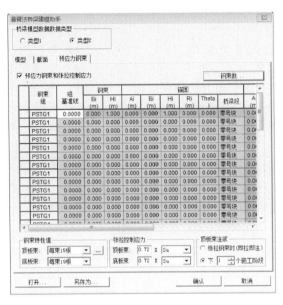 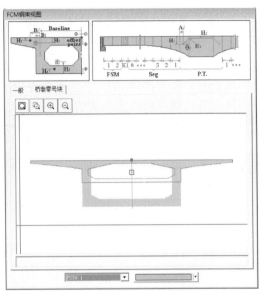

图 8-56 悬臂法桥梁建模助手预应力钢束属性页类型 2

点击 钢束数 按钮,弹出如图 8-57 所示的对话框。将钢束设定为组的话,可以按组来查看钢束的坐标、应力、预应力损失等。在悬臂法桥梁建模助手中,根据钢束类型自动将钢束定义为 6 个组,用来确定截面上各个位置的钢束数。

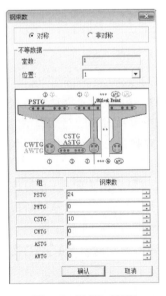

图 8-57 钢束数对话框

选择"对称"表示截面上的钢束是左右对称配置的。"不等数据"区中的"室数"为箱梁截面的室数,"位置"用来选择钢束的配置位置,即第几个腹板位置。对于单箱单室,对称配置钢束时"位置"只有一个,非对称配置时,因左右腹板的配束会不同,所以"位置"会有两个,其中左侧腹板的位置为 1。各组的含义见表 8-2。

填写好各个位置的钢束数后点击"确定"按钮,就会在如图 8-56 所示的对话框中出现钢束数据,但此时的数据均为 0,下一步需要根据实际情况编辑修改各个钢束的数据。钢束的数据以电子表格的形式出现,可以先用 EXCEL 做好后再粘贴回来。下面说明钢束数据中各项的含义。

(1)组基准线(Baseline)

为了确定截面上的具体位置,每根钢束都需先根据图 8-56 右边的参考图示输入各钢束组的基准线位置,即图中 Baseline 的数值,然后再填写该钢束的 B_i 值(即钢束位置到"组基准线"的距离)和 H_i 值(即钢束到顶板或底板的距离)即可确定钢束位置。各组一般只定义一个 Baseline 即可,例如定义 PSTG 时,以其中的一个 PSTG 钢束为基准,通过调整钢束的间距 B_i

值,就可以非常便利地输入剩余的 PSTG 钢束。

钢 束 组 含 义　　　　　　　　表 8-2

组 名 称	含 义	组 名 称	含 义
PSTG	零号块顶板钢束	CWTG	中跨的腹板钢束
PWTG	零号块腹部钢束	ASTG	边跨的底板钢束
CSTG	中跨的底板钢束	AWTG	边跨底腹板钢束

(2)"钢束"栏数据

在钢束栏内有两个参数 B_i 和 H_i,用来确定钢束的中间点在相应截面上的位置。B_i 为截面横方向上钢束与基准线间的距离。以基准线为准,左侧为(+),右侧为(-)。基准线输入为 0 时,则输入截面的中心到钢束的横向距离。H_i 为从截面顶面或底面到钢束的竖直方向的距离。以截面顶面为准输入竖向距离的钢束组有 PSTG 和 PWTG,以截面底面为准输入竖向距离的钢束组有 ASTG 和 AWTG。

(3)"锚固"栏数据

对于 PSTG、PWTG、CSTG 和 CWTG 等自对称的钢束,"钢束"栏数据确定其在对称点所在截面的位置,"锚固"栏数据则确定其在锚固点所在截面的位置。A_i、B_i、H_i、R_i 和 θ_i 的含义可以参考图 8-56 右侧的图示。"桥梁段"为包含锚固点的桥梁段,默认值为零号块,若锚固点不在零号块,则选择相应桥梁段即可。可供选择的桥梁段,是根据"模型"属性页对话框中输入的桥梁段数量而自动生成的。

(4)"FSM 锚固"栏数据

对于 PSTG、PWTG、CSTG 和 CWTG 等自对称的钢束,一般不会在边跨现浇段锚固,所以"FSM 锚固"栏数据仅对边跨合龙钢束组 ASTG 和 AWTG 起作用。锚固点所在桥梁段仅有边跨现浇段,其他数据的含义与"锚固"栏数据相同。

图 8-58 给出了一个边跨底腹板钢束数据定义的例子,对应的钢束竖曲线如图 8-59 所示。

钢束组	组基准线	钢束		锚固					FSM锚固					
		B_i (m)	H_i (m)	A_i (m)	B_i (m)	H_i (m)	R_i (m)	θ_i	桥梁段	A_i (m)	B_i (m)	H_i (m)	R_i (m)	θ_i	桥梁段
AWTG1	3.2000	0.600	0.200	0.000	0.600	1.000	0.000	25.00	Seg5	0.200	0.600	0.800	20.00	30.00	FSM-1

图 8-58　钢束数据定义示例

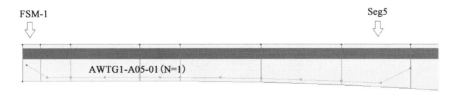

图 8-59　钢束数据定义示例竖曲线

填写钢束形状数据时,图 8-56 右侧的钢束视图会发生变化,以便观察定义的钢束在截面上的位置是否正确。各个钢束组的颜色不同,在小方框中的钢束代表锚固端。

7)建模助手说明

采用建模助手建立悬臂法桥梁的施工阶段分析的优势是速度快、功能强大,大部分工作可以自动完成。对于非对称施工、两侧跨度不同、变截面按多项式变化、孔道灌浆的时间调整等可以反映实际施工状况的要求,都可以通过悬臂法桥梁建模助手来实现。

但建模助手建模时有很多默认的限制,往往不能直接得到期望的模型。比如由于采用变截面组定义截面,会导致截面的细部尺寸与实际有偏差。又比如,在钢束形状比较复杂时,利用建模助手定义的钢束形状一般都会有问题而需手工修改。此时可以先利用建模助手功能完成建模的大部分工作,然后对建模助手建立的模型进行局部修改与完善,最终得到需要的模型。

8.4.3 查看分析结果

对于施工阶段分析的结果,可查看到某一施工阶段为止所累积的全部构件的应力和位移,也可查看某一单元随施工阶段的应力和位移的变化。

1)利用图形查看应力和构件内力

首先在工具条后面的下拉条中选择施工阶段,然后执行命令结果>桥梁内力图。在"荷载工况/荷载组合"分组框选择要看的"步骤",荷载工况一般选择"CS:合计"。图形类型可选应力或内力,X 刻度可选距离和节点。桥梁单元组中为原来定义的结构组,也可以重新定义新的结构组(必须在前处理中的"基本"阶段中定义),如果想查看所有主梁的应力和内力,需要将所有主梁单元定义为一个组。

如果要详细查看指定位置的应力图形,将鼠标放在图形的指定位置按住鼠标拖动,则鼠标滑过的范围将被放大。在图形中按鼠标右键选择全部放大则图形将恢复到最初状态。

使用结果>阶段/步骤时程图形功能查看某单元在各施工阶段的位移、内力和应力变化图形。图 8-60 给出了定义阶段/步骤时程图表函数的过程,图 8-61 为节点 20 的位移时程。有时为了比较,可以定义多个时程函数,然后一起显示。

在图 8-61 所示的"施工阶段/步骤时程图形"上按鼠标右键将弹出浮动(关联)菜单,使用浮动菜单中"以文本形式保存图形"功能可将各施工阶段应力、内力和位移等的变化保存为文本形式。

2)利用表格查看应力和构件内力

使用表格查看施工阶段分析时,可以利用纪录激活对话框按单元、荷载、施工阶段、单元上应力输出位置等分类查看。图 8-62 为运行命令结果>分析结果表格>梁单元>内力后弹出的激活记录对话框。

3)查看预应力钢束信息

可以查看的预应力钢束信息包括各个施工阶段的预应力损失、钢束坐标、伸长量等。图 8-63 给出了可以查看钢束信息的菜单内容。

执行结果>分析结果表格>预应力钢束>钢束预应力损失命令后可以显示图 8-64 所示的表格,其中的"钢束组"为程序自动生成,可以通过下拉条来选择需要的钢束名称与施工阶段。

另外,对预应力钢束的预应力损失还可以用图表来显示,midas Civil 查看各施工阶段钢束在考虑预应力损失后的张力变化图表使用的命令为结果＞钢束预应力损失图表。在图8-65所示的"钢束预应力损失图表"对话框中可以用"施工阶段"下拉条选择施工阶段。钢束在各施工阶段张力的变化可以点击 动画 按钮用动画查看。

图8-60　定义阶段/步骤图表函数

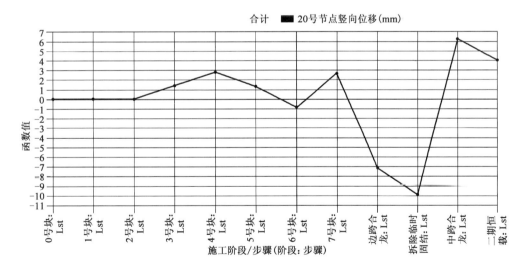

图8-61　20号节点的施工阶段/步骤时程图形(竖向位移,单位:mm)

4) 查看预拱度

悬臂法施工查看预拱度的命令为结果＞悬臂法预拱度,其子菜单如图8-66所示。可以利用图形或表格来查看预拱度,但都需首先执行"悬臂法预拱度控制",如图8-67所示。

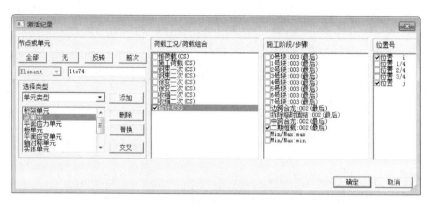

图 8-62　用表格查看内力时的激活记录对话框

图 8-63　结果菜单中的预应力钢束子菜单

单元	位置	应力 (考虑瞬间损失):A (kN/mm^2)	弹性变形损失:B (kN/mm^2)	比值 (A+B)/A	徐变收缩损失 (kN/mm^2)	松弛损失 (kN/mm^2)	应力(考虑所有损失)/ 应力(考虑瞬间损失)	端部有效钢束数
钢束组[T1-1的应力损失,在施工阶段[0号块]								
钢束组	T1-1	阶段		二期恒载	适用			
13	I	1.0993	-0.0006	0.9995	-0.0035	-0.0095	0.9877	1.0000
13	J	1.1454	0.0008	1.0007	-0.0026	-0.0126	0.9875	1.0000
14	I	1.1454	0.0009	1.0008	-0.0025	-0.0126	0.9875	1.0000
14	J	1.1632	0.0010	1.0008	-0.0025	-0.0139	0.9867	1.0000
15	I	1.1655	0.0008	1.0007	-0.0010	-0.0140	0.9878	1.0000
15	J	1.1632	0.0007	1.0006	-0.0011	-0.0139	0.9877	1.0000
16	I	1.1454	0.0008	1.0007	-0.0026	-0.0126	0.9875	1.0000
16	J	1.0993	-0.0006	0.9995	-0.0035	-0.0095	0.9877	1.0000
65	I	1.1632	0.0007	1.0006	-0.0011	-0.0139	0.9877	1.0000
65	J	1.1655	0.0008	1.0007	-0.0010	-0.0140	0.9878	1.0000
66	I	1.1632	0.0010	1.0008	-0.0025	-0.0139	0.9867	1.0000
66	J	1.1454	0.0009	1.0008	-0.0025	-0.0126	0.9875	1.0000

图 8-64　钢束预应力损失表格

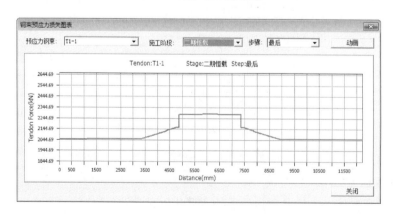

图 8-65　钢束预应力损失图表

第8章 施工过程分析

为了输出预拱度,首先应定义"桥梁主梁单元组"、"支承节点组"和"合龙段单元组"。在悬臂法桥梁建模助手中自动生成输出预拱度所需的组,如采用一般功能建立悬臂施工,施工阶段分析则需手工建立。"桥梁主梁单元组"一般为所有主梁单元(组中仅含单元不含节点),"支承节点组"中的节点位置是自动计算预拱度的依据,一般选择主梁中有支承的节点,"合龙段单元组"为所有合龙段的单元。这些组可在建立模型后建立(模型＞组＞定义结构组)。

图 8-66　悬臂法预拱度子菜单　　　　图 8-67　悬臂法预拱度控制对话框

5)关于预拱度的讨论

(1)施工控制计算时是否考虑 1/2 静活载产生的位移

对普通钢筋混凝土受弯构件,《公路钢筋混凝土及预应力混凝土桥涵设计规范》(JTG D62—2004)第 6.5.5 条中明确规定:当由荷载短期效应组合并考虑荷载长期效应影响产生的长期挠度超过 $l/1600$ 时,应设置预拱度,其值等于结构自重和 1/2 可变荷载频遇值计算的长期挠度之和。但对预应力混凝土受弯构件没有关于 1/2 静活载的规定,而是说:当预应力产生的长期反拱值大于按荷载短期效应组合计算的长期挠度时可不设预拱度,小于时要设预拱度,其值取用荷载短期效应组合的长期挠度值与预应力长期反拱值之差,也即使桥梁的上拱值保持活载频遇值的长期挠度值。

《铁路桥涵钢筋混凝土和预应力混凝土结构设计规范》(TB 10002.3—2005)第 4.1.4 条规定,对预应力混凝土梁,当由恒载(含预应力)及静活载的竖向挠度大于 15mm 或跨度的 1/1600 时应设置预拱度,其值等于恒载及 1/2 静活载(即不考虑列车竖向动力作用)所产生挠度之和。

采用悬臂施工的混凝土桥梁一般为大跨度预应力混凝土梁,其预拱度的设置比较复杂,设计这些桥梁时其预拱度的设置应按上述规定办理。桥梁施工图设计中给出的设计线形是否考虑了上述预拱度是问题的关键。在施工控制计算时的预拱度与设计规范规定的预拱度是两个概念,施工控制的主要目的之一就是让施工后的成桥线形(考虑长期效应)与设计线形一致,而采取的措施就是施工中不断调整底模的高程或者说是设置预拱度(或称预抛高)。

(2)"悬臂法预拱度"与"一般预拱度(图 8-68)"的区别

两种方法都可以查看程序的预拱度分析结果,但在预拱度图形显示上略有差别,主要表现在以下几个方面:

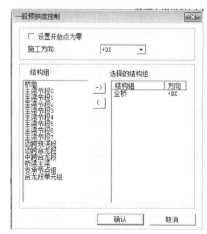

图 8-68　一般预拱度控制

第一,在绘制预拱度图形时,两种方法都必须通过各自的预拱度控制对话框定义主梁单元组。两者在定义主梁单元组时是有区别的,一般预拱度控制中要求定义的主梁单元组中包含单元以及对应的节点,并且需要指出施工方向。

第二,在绘制预拱度图形时,每个节点都对应两个预拱度值,即当前阶段施工前的支模预拱度和当前阶段施工完毕后的剩余预拱度。这两个预拱度值在横轴上,以"N:n 数值 1/数值 2"的形式出现。图 8-69 为"悬臂法预拱度"图形的示例,此时的"数值 1"位置上的数据为支模预拱度。而对"一般预拱度"图形,"数值 2"位置上的数据为支模预拱度。

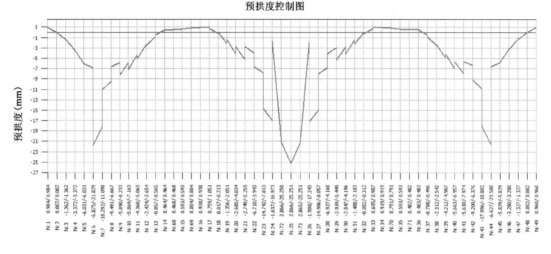

图 8-69 悬臂法预拱度图形示例

支模预拱度为支模时应考虑的预拱度量。剩余预拱度为浇筑混凝土后拆模时,在该位置应发生的位移。

第三,"一般预拱度"图形中忽略了某些节点的剩余预拱度(图 8-70),造成两者的图形有少许的差别,但是两种预拱度的结果数值是完全一致的。

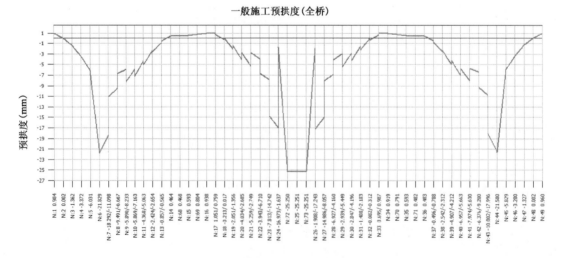

图 8-70 一般预拱度图示例

第8章 施工过程分析

第四，一般预拱度还可以查看悬臂拼装时所需的制作预拱度，只要在"施工阶段分析控制"对话框中选择了"赋予各施工阶段中新激活构件初始切向位移"，则在输出一般预拱度结果时会同时输出施工预拱度和制作预拱度。而"悬臂法预拱度"结果仅输出施工预拱度。

(3) 制作预拱度和施工预拱度

在钢结构或预制混凝土结构悬臂拼装施工中，因为新节段是预制好的，形状固定了，那拼装是必然沿着前阶段已经施工的桥梁段(已经挠曲)的切线方向进行的。在施工过程中，当沿着前一阶段施工的桥梁段的切线方向添加新的桥梁段时，对后续的节点会产生"假想"位移。该"假想"位移是由已施工梁段挠曲变形引起的，是几何问题，与新拼装桥梁段的自重荷载无关，可以通过几何关系求出的。此时，结构真实的位移(也称为总位移)是由自重以及其他荷载作用产生的纯位移和"假想"位移构成的。那么各节点的总位移曲线的反向曲线即为制作预拱度曲线，按悬臂拼装施工的桥梁预拱度应该为制作预拱度。

在悬臂浇筑施工中，新节段现场浇筑前要调整该节段前端的底模高程，不是沿着前阶段已经施工的桥梁段的切线方向进行施工，这样就消除了前述的"假想"位移。此时，结构真实的位移是由自重以及其他荷载作用产生的纯位移，那么各节点的总位移曲线的反向曲线即为施工预拱度曲线，按悬臂浇筑施工的桥梁预拱度应该为施工预拱度。

midas Civil 中进行悬臂拼装施工阶段分析时，要在"施工阶段分析控制"对话框中选择"赋予各施工阶段中新激活构件初始切向位移"，然后再从"一般预拱度"中查看制作预拱度。

在分析结果中可分别输出各个施工阶段的纯位移和总位移，命令为结果>位移>位移等值线。如图 8-71 所示，"当前步骤位移"表示当前施工阶段发生的位移；"阶段/步骤总位移"表示包含假想位移在内的累计总位移。没有选择该两项时，输出的是累计纯位移。因为包含假想位移，所以只有在"施工阶段分析控制"对话框中选择了"赋予各施工阶段中新激活构件初始切向位移"后，"阶段/步骤总位移"才可用。

图 8-71 查看总位移

8.5 顶推法(ILM)桥梁施工阶段分析

8.5.1 概述

顶推施工法是在沿桥轴方向的台后设置预制场地，分节段预制梁体，并用纵向预应力筋将预制节段与已完成的梁段连成整体，然后通过水平千斤顶施力，将梁体向前顶推出预制场地，之后继续在预制场进行下一节段梁的预制，直至全桥完成。采用顶推法施工的预应力混凝土连续梁桥的上部结构施工工序见图 8-72。

顶推法施工的连续梁是逐节建造逐节向前推移的，在顶推过程中，随着梁跨的跨数越多，结构的体系不断转换为高次超静定结构。梁内各个截面在移动过程中，所承受的弯矩正负方向交替出现，这些内力是不断变化的。为此，顶推法施工常需要在结构内设置能拆除的临时束，这些束在连续梁最终体系受力状态时是并不需要的多余束。顶推过程中梁最不利受力常在梁尚未到达墩顶而悬出长度最大的时刻，为了减小结构内力，顶推梁常使用较混凝土梁更轻的钢导梁。一旦顶推施工的连续梁桥正确就位后，其二期恒载、活载内力即可按连续梁进行计算。

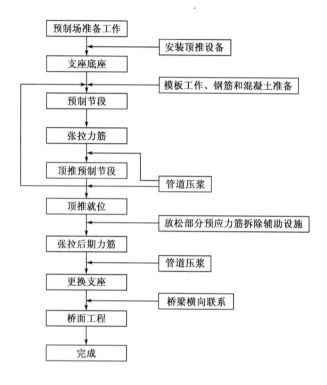

图 8-72 顶推法施工过程

使用顶推法施工的桥梁必须做施工阶段分析，在施工阶段分析中需要考虑不同混凝土材龄桥梁段的徐变和收缩以及各施工阶段边界条件的变化等。

使用建模助手功能建立的顶推法桥梁模型通过两个建模助手（顶推法桥梁模型建模助手，顶推法桥梁施工阶段建模助手）来完成。在顶推法桥梁模型建模助手中自动生成钢束的布置、截面定义及施工阶段分析所需的模型数据，在顶推法桥梁施工阶段建模助手中定义顶推阶段的施工阶段。顶推法桥梁建模助手的输入内容，数据可以 WZD 格式的文件保存，所以结束了建模助手也可以重新调出输入内容重新确认数据和修改数据。

使用建模助手作顶推法施工桥梁施工过程分析的大致步骤为：
(1)定义材料和截面。
(2)使用顶推法桥梁建模助手建模。
(3)使用顶推法桥梁施工阶段建模助手定义施工阶段。
(4)运行结构分析。
(5)查看结果。

程序用户手册"高级应用例题"中有"顶推法桥梁施工阶段分析"例题。本节将通过该例题对使用建模助手功能和使用一般功能做顶推法施工阶段分析的步骤作简单介绍。

8.5.2 前期工作

1)实例桥梁的基本情况

桥梁为预应力混凝土箱形连续梁,跨度为7×50m,桥宽12.315m,采用顶推法施工。标准截面如图8-73所示。

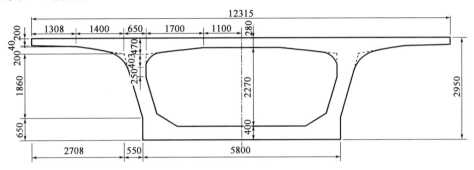

图 8-73 标准截面(尺寸单位:mm)

图8-74为桥梁节段划分图。钢束布置如图8-75和图8-76所示。钢束分为先期束和后期束,先期束布置在上、下翼缘板内,承受施工时的自重和施工荷载,在顶推过程中逐步张拉。后期束在完成顶推后布置腹板内。张拉先期束时,张拉周期一般为两段或三段。本例题采用两段张拉一次,输入钢束时要分别定义先张拉的钢束和后张拉的钢束。图8-77给出了钢束张拉的示意图。先期束是每两段张拉锚固一次,底板和顶板束锚点不在同一节段端部。

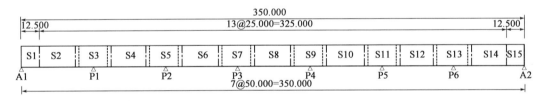

图 8-74 桥梁段划分图(尺寸单位:m)

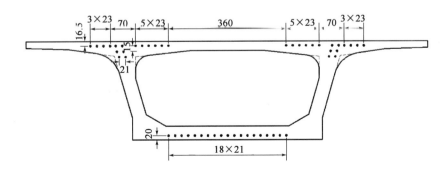

图 8-75 支点截面钢束布置(尺寸单位:cm)

预应力混凝土箱梁的混凝土强度等级为 C40,钢束为公称直径 15.2mm 的钢绞线,标准强度 1860MPa,控制张拉力为 0.7 倍的标准强度。

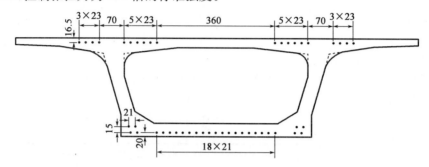

图 8-76　跨中截面钢束布置(尺寸单位:cm)

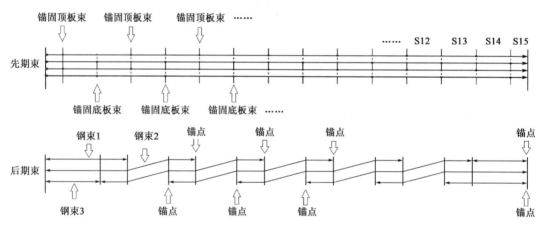

图 8-77　钢束张拉示意

为了减小箱梁施工时发生的较大的负弯矩,一般在主梁前端设置较轻的钢导梁。钢导梁的长度一般为跨度的 70% 左右,刚度为预应力箱形梁刚度的 10% 左右。确定钢导梁的刚度和长度时应根据桥梁跨度、刚度和自重选择最优的截面。钢导梁的形式如图 8-78 所示,截面为工字形,梁高从最高的 2.95m 降到最低的 1.25m。需要说明的是,本示例中预应力混凝土箱梁采用梁单元,钢导梁只要符合刚度和长度要求即可,所以简化为工字形。实际的箱梁在横桥向较宽,钢导梁要防止侧倾,一般做成双主梁,并在双主梁之间加横向连接。

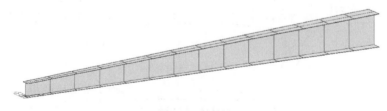

图 8-78　钢导梁

2)定义材料和截面

定义预应力钢束材料、钢导梁材料和混凝土材料,如图 8-79 所示。定义的截面有钢导梁变截面(图 8-80)和预应力混凝土箱梁截面(图 8-81)。

图 8-79 材料定义

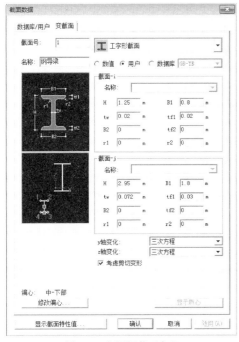

图 8-80 钢导梁截面定义　　　　　图 8-81 箱梁截面定义

3)定义时间依存材料特性值

为了考虑徐变和收缩的影响(图 8-82)以及弹性模量的变化(图 8-83),需要定义时间依存材料特性值。建立模型后,"构件的理论厚度"可以根据箱型梁截面面积和周长由程序自动计算。

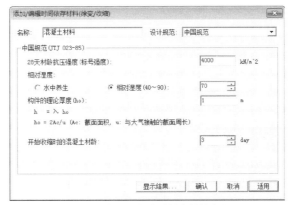

图 8-82 箱梁材料收缩徐变特性定义

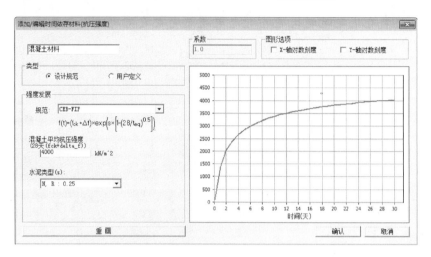

图 8-83　箱梁材料抗压强度发展情况定义

如图 8-84 所示，将刚才定义的时间依存性材料特性和箱梁混凝土材料连接，然后修改构件的理论厚度（图 8-85）。

图 8-84　时间依存性材料连接

图 8-85　修改构件理论厚度

因为上述操作在前面内容中有较详细的说明，所以这里仅给出了简单说明。

8.5.3　顶推法桥梁模型建模助手

使用"顶推法桥梁建模助手"可以建立包含钢导梁在内的桥梁模型，并能快速简便地布置钢束。下面介绍"顶推法桥梁建模助手"的使用方法。

运行命令模型＞结构建模助手＞顶推法（ILM）桥梁，弹出如图 8-86 所示的对话框。在

"桥梁模型数据类型"分组框有两个选择——类型1和类型2,该选择仅对钢束的定义方式有影响。如图8-86所示的对话框中有三个属性页(或称表单)——"顶推法模型数据"、"顶板束和底板束"以及"腹板束"。下面分别予以介绍。

1)"顶推法模型数据"属性页

图8-86的对话框即为"顶推法模型数据"属性页内容。

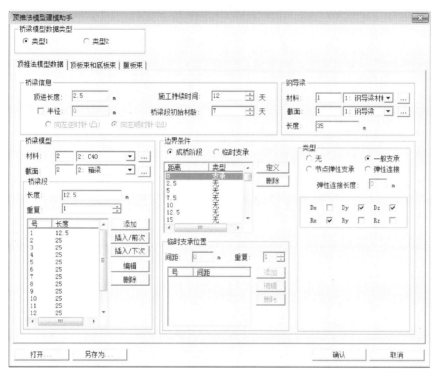

图8-86 顶推法模型数据属性页

在"桥梁信息"分组框中:"顶进长度"指每次顶进的长度,这里为2.5m。"施工持续时间"为一个桥梁段的施工时间,包括绑扎、支模、混凝土浇筑、养生、拆模、拆除脚手架及顶进的时间,一个桥梁段为一次施工的梁长,即在后台制作的桥梁段的长度。一个桥梁段构成一个施工阶段,一个桥梁段往往需要分几次顶进。"桥梁段初始材龄"是指从浇筑混凝土开始到顶进该桥梁段之前的时间,也是该桥梁段单元参与结构分析时的混凝土材龄,该项主要用于计算混凝土的徐变和收缩以及预应力的损失。这里将各主梁的施工持续时间定为12天,混凝土初始材龄定为7天。如果用顶推法施工的桥梁为圆曲线桥梁,则要输入曲线半径。用顶推法施工的桥梁一般为直线、等高、等跨度(单跨跨度较小)的桥梁,也有少量的曲线桥,但为了方便顶进,往往要求曲线必须是较大半径的圆曲线。桥梁为曲线桥时,单元长度、桥梁段长度、钢导梁长度均应输入箱梁中心线弧长。

钢导梁的长度一般为每次顶进的长度的倍数,生成变截面钢导梁的模型时,程序自动将钢导梁定义为变截面组,因此即使由顶进长度将钢导梁分割成很多单元,钢导梁仍然会保持在截面定义中定义的变截面形状。这里钢导梁的总长为35m,所以将生成14段钢导梁截面。

顶推法桥梁建模助手中默认的顶进方向为从右到左,而桥梁始点默认为右侧桥台支座。

定义桥梁段长度时,各个桥梁段应该按由左往右的顺序填写并添加。本例的桥梁段共 15 个段 ($L=12.5+13@25.0+12.5=350.0$m)。在"桥梁段"分组框中,先填写桥梁段长度和重复次数,然后点击"添加"按钮。中间 13 段的长度均为 25m,所以长度填 25,重复次数填 13。每个桥梁段的长度要求为每次顶进长度的整数倍,混凝土箱梁单元的长度等于每次顶进长度。

在"边界条件"分组框中定义成桥阶段的桥墩和桥台位置的边界条件、后台制作场台座以及临时桥墩的位置和边界条件。

(1)成桥阶段边界条件

定义完桥梁段后,会在"边界条件"分组框的成桥阶段下面出现"距离=0,2.5,5,…350"的一栏数据,各数据右侧的"类型"均为"无"。"距离"数据正好都是每次顶进长度的整数倍,每个数据对应一个节点,则单元的长度是 2.5m;"类型"是指边界条件的类型,所以每个单元的节点都可以施加边界条件。

对成桥阶段来讲,"距离=0,50,100,150,200,250,300,350"的点均有一般支承类型的边界条件。选择这些点(按住 Ctrl 键可以一次选择多个点),然后在右侧的"类型"分组框中选择"支承",勾选 DY、DZ 和 RX,再点击 定义 按钮,就会在这些点上定义边界条件。成桥后所有点都没有约束 DX 是不行的,这里这样定义边界条件的原因是考虑到施工过程的影响,成桥阶段的边界条件在最终施工阶段还要再做修改,加上 DX 约束。

(2)临时支承边界条件

如图 8-86 所示,在"边界条件"分组框中选择"临时支承",然后就可以进行施加临时支承边界条件的操作了。

首先,确定临时支承的位置,如图 8-87 所示,临时支承的位置包括两个临时墩和制梁台座。这些位置的确定都是从最左端的桥台-1 起算,这里先确定桥台-2 的位置,再确定两个临时墩的位置以及台座的支承位置。这里将制梁台座分为 4 个支承点:从台座左端起算依次距离为 0,10,20,25。则"临时支承位置"共有 7 个(桥台-2+2 个临时支墩+4 个台座支点),操作步骤如图 8-88 所示。

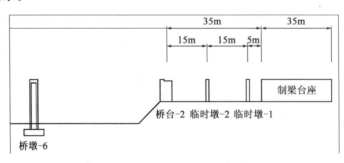

图 8-87 临时墩与后台制作场布置

其次,要添加临时支承。因为临时墩和台座这些边界只能承受压力不能承受拉力,所以应选择只受压边界条件,用弹性连接的形式施加,仅约束其竖向平动位移。为了让结构在施工过程计算中不会出现约束不足的情况,这里将桥梁终点桥台-2 位置施工阶段边界条件定义为铰支,约束了其 DX 位移,这样在顶进过程中,相当于桥台-2 位置的节点(是变化的)均由程序自动施加 DX 约束。操作过程可参考图 8-89,只受压的刚度这里输入了一个极大数,目的是让其竖向的变形对施工产生的影响可以忽略不计。

2)"顶板束和底板束"属性页

这里主要是定义顶板束和底板束的形状,在定义形状之前需先定义"钢束特性值"。定义钢束特性值需先决定钢束为内部束还是外部束,然后输入钢束的截面面积、孔道直径、松弛系数、钢束与孔道间的摩擦系数、钢束每延米长局部偏差摩擦系数、极限抗拉强度、屈服强度、张拉方法以及锚具变形和预应力钢筋内缩值。这些参数可以在相应的桥梁规范或设计图纸中找到。顶板束、底板束和腹板束的钢束特性值定义如图 8-90 所示。

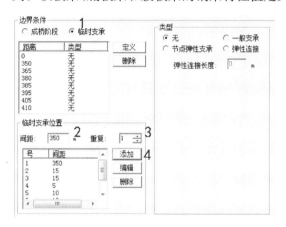

图 8-88 临时边界条件位置确定

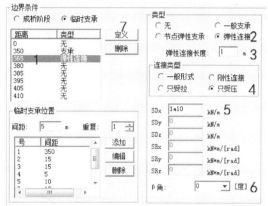

图 8-89 施加临时约束

在图 8-86 中点击"顶板束和底板束"属性页,得到如图 8-91 所示的对话框,在最上方选择"类型 1"。"类型 2"为直接输入直线和曲线构成的钢束布置数据的方式定义钢束形状,这里不再介绍。在"箱梁形状"中选择"单箱单室"截面形状,如不想用建模助手定义钢束形状,而用一般功能定义钢束形状,可选择"无",表示此时不定义钢束形状。

在"钢束张拉顺序"分组框中,布置方式可选择"2Cycle"或"3Cycle"。"2Cycle"表示从左起每间隔 1 根钢束分别张拉底板束和顶板束,例如先张拉 1、3、5…号钢束,然后张拉 2、4、6…号钢束,或者反之。"3Cycle"表示从左起每间隔 2 根钢束分别张拉底板束和顶板束,例如先张拉 1、4、7…,然后张拉 2、5、8…号钢束,最后张拉 3、6、9…号钢束,或者其他顺序。

钢束 A 为如图 8-91 所示的顶板束,其布置方式中选择了"2Cycle"时,张拉顺序可选择 1st 和 2nd(选择 1st 时,表示先张拉钢束 A 的奇数号钢束;选择 2nd 时,表示先张拉偶数号钢束);若其布置方式中选择了"3Cycle"时,可选择 1st、2nd 和 3rd(选择 1st 时,表示先张拉钢束 A 的第 1、4、7…号钢束,然后张拉 2、5、8…,最后张拉 3、6、9…号钢束;选择 2nd 时,表示先张拉张拉 2、5、8…号钢束,然后张拉 A 的第 4、7…号钢束,最后张拉 3、6、9…号钢束;选择 3rd 时,表示先张拉张拉 2、5、8…号钢束,然后张拉 3、6、9…号钢束,最后张拉 1、4、7…号钢束)。

图 8-77 的上半部分给出了顶板束和底板束的张拉示意。这里选择"2Cycle"中的 1st,以顶板为例,即先张拉锚固在第一梁段的 1、3、5、7、9 钢束,再张拉通过第一段但锚固在第二段后端(默认的顶进方向为从右到左,梁段的右端为后端)的 2、4、6、8、10 钢束;接下来,就是张拉通过第二段但另一端锚固在第三段后端的 1、3、5、7、9 钢束(它们是第一梁段的 1、3、5、7、9 钢束的接长),这样依此类推下去。即选择了布置方式,各个钢束的锚固位置和长度也就确定了。

钢束 B 为如图 8-91 所示的底板束,其张拉顺序说明同钢束 A。

张拉控制应力默认是 $0.7Su$,Su 是钢束的标准强度(极限抗拉强度),也可以选择钢束的设计强度 Sy(屈服强度),前面的系数是可以更改的。

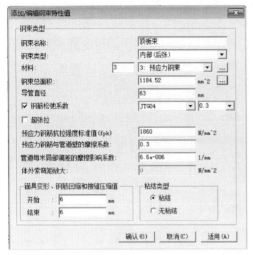
a)顶板束钢束特性值定义

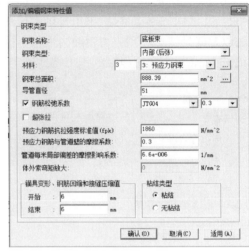
b)底板束钢束特性值定义

c)腹板束钢束特性值定义

图 8-90 钢束特性值定义

顶板束和顶板束一般均为直线束,没有平弯和竖弯,随着桥段的顶进,钢束不断接长。如钢束有平弯则需用一般功能定义,即用 荷载>预应力荷载>预应力钢束的形状功能定义,或用"钢束形状生成器"定义。

3)"腹板束"属性页

腹板束为后期束,本例题中沿桥梁全长以一定的周期交叉布置两排四根钢束,在桥梁的始点和终点位置处三个桥梁段内另外添加一排两根钢筋束,如图 8-92 和图 8-77 所示。沿桥梁全长以一定的周期交叉布置的钢束可以使用顶推法桥梁施工阶段建模助手中腹板束表单输入，在桥梁的始点和终点位置处另外添加的钢束可以使用钢束布置形状功能输入。

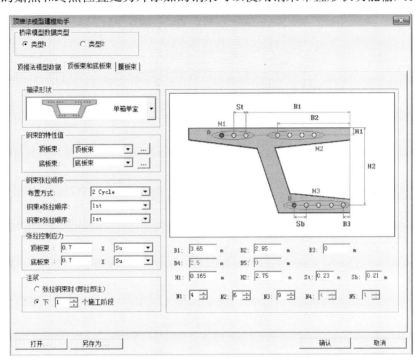

图 8-91　顶板束和底板束属性页

如图 8-93 为"腹板束"属性页。在定义顶板和底板束时，"桥梁模型数据类型"中已经选择了"类型 1"，那么此时也只能选择"类型 1"。

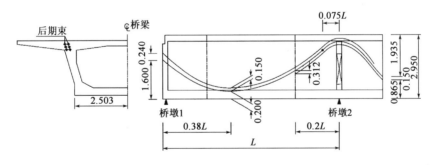

图 8-92　腹板束布置图(尺寸单位：m)

根据图 8-92 所示的腹板束的布置形状，这里在"类型"分组框中选择"类型 2"。

图 8-93 所示的"位置"区内，Ey 和 θ 的含义已经表示出来了：Ey 为腹板束平面距离截面中心的距离，θ 为腹板束平面与截面的 XZ 平面的夹角。腹板束在一个腹板中本来为 2 列，为了方便使用建模助手，这里将腹板束等效简化为 1 列，如图 8-94 所示。所谓等效这里指腹板束的钢束面积不变，重心位置不变。

参数 H、G1～G3、C 用来确定钢束控制点的竖向位置，S1～S3 用来确定纵向位置，仅用于类型 2 的 a 和 b 为钢束在锚固端的直线段长度。L1 和 L2 为桥梁的跨度，其余跨的钢束布置与此相同，在钢束形状"类型 2"的图示(图 8-93)中可以看到。

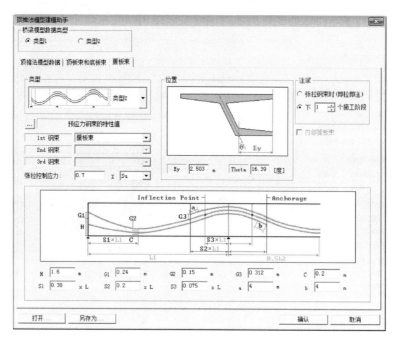

图 8-93 腹板束属性页

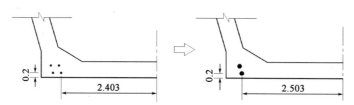

图 8-94 腹板束简化(尺寸单位:m)

有的钢束无法用建模助手的功能来完成,此时需要用一般功能来完成。如前所述,需使用"钢束布置形状"功能追加始点和终点的腹板束。首先激活所需的桥梁段,然后参照图 8-95 输入钢束位置。因为是倾斜腹板,可先按竖直腹板定义,然后再绕 X 轴旋转 θ 角(腹板的倾斜角度),注意 θ 角的正负号,负号表示逆时针旋转,勾选"投影"可保证控制点的 Z 坐标不变。图 8-96 给出了一根钢束的形状布置数据,其他追加钢束可以由此拷贝而成。追加钢束的张拉方式等"钢束预应力荷载"内容需手工输入,这里从略。

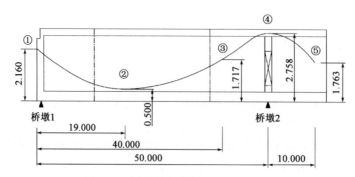

图 8-95 追加的腹板束布置(尺寸单位:m)

点击图8-93下方的"确定"按钮,即可完成"顶推法模型建模助手"。使用"顶推法模型建模助手"建模时,程序将自动生成钢导梁和桥梁段结构组、最终施工阶段和制作场的边界组、张力和自重荷载组。施工阶段也已经定义,若此时需要输入追加的荷载或边界条件时,可在基本模式或施工阶段模式下中进行,但单元数据修改只能在基本模式下进行。

图8-97为用建模助手结合一般功能建立的箱梁模型。

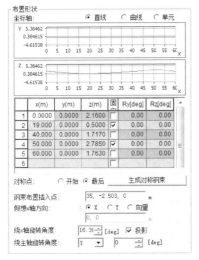

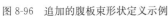

图8-96 追加的腹板束形状定义示例

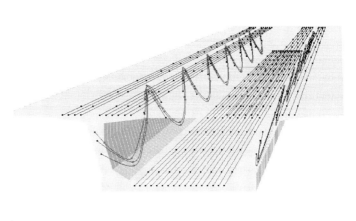

图8-97 建模助手建立的模型

8.5.4 顶推法桥梁施工阶段建模助手

利用"顶推法桥梁施工阶段建模助手",程序可自动生成考虑了边界条件变化的各个施工阶段。使用该建模助手的基本过程如下。

1)启动顶推法施工阶段建模助手

运行命令模型＞结构建模助手＞顶推法(ILM)桥梁施工阶段,弹出如图8-98所示的对话框。

2)成桥阶段边界组

在如图8-98所示的对话框中指定成桥阶段桥台和桥墩的边界组为"最终"。

在"顶推法模型建模助手"中自动生成的边界组有两个,名称分别为"最终"和"临时"。在"顶推法模型建模助手"中,虽然可以定义边界组的支撑类型和位置,但不能使程序完全识别桥墩和桥台的位置。选择此项并与"顶进方向"等选项一起使程序能够识别钢导梁放置的桥墩和桥台位置,并将其与放置容许误差相结合,分别计算放置前和放置后的结构。

3)顶进方向

为了确定顶进方向,需要确定"参照节点"、"开

图8-98 顶推法施工阶段建模助手

始节点"和"结束节点"。对曲线桥还要给出曲线半径并选择逆时针顶进还是顺时针顶进。

顶进"参照节点"选择为钢导梁的前端(1 号节点),"开始节点"定义为开始顶进时钢导梁的前端放置的位置即桥梁右侧终点(节点 155),"结束节点"定义在开始节点左侧的任意节点即可(这里选择节点 153),桥梁段将从开始节点开始向结束节点方向顶进。

midas Civil 中,可以使用两种方法建立顶推法桥梁模型,即建模助手方法和一般方法。本建模助手与"顶推法桥梁模型建模助手"既有关联又相互独立,虽然在顶推法桥梁模型建模助手中已经定义过顶进方向和弯桥半径,但为了使本建模助手同样适用于使用一般方法定义顶推法桥梁模型的情形,在本建模助手中需要重新给出顶进的方向和弯桥的半径。如果使用"顶推法桥梁模型建模助手"建立了模型,则在本建模助手中输入的顶进方向和半径必须与"顶推法桥梁模型建模助手"中输入的相同。另外,"顶推法桥梁模型建模助手"的顶进方向程序默认为从右向左,用户不能修改。使用一般方法定义顶推法桥梁模型时,顶进方向可由用户定义。

4) 放置容许误差

桥墩的位置与桥梁段的边界条件位置在建模过程中会产生误差,在"放置容许误差"中输入容许误差(T),则在此范围内的支座误差将被忽略。

桥墩间距与顶进长度之和不同时,将产生偏心距离。顶进到支座时,钢导梁前端节点的位置和边界条件的位置(支座位置)不一致时,可以忽略其偏心距离(e)的容许误差(T)。注意偏心距离不能大于容许误差,图 8-98 中有偏心距离(e)的容许误差(T)的示意图。

5) 顶进信息

"顶推法桥梁模型建模助手"中自动定义了 17 个施工阶段,这些施工阶段中仅有结构组和荷载组的激活与钝化,需要在其中加入顶进信息来完成边界组的激活与钝化。这里需要一个一个输入各施工阶段的顶进信息并生成各施工阶段变化的边界条件。

(1) 第 1 施工阶段顶进信息定义

首先点选如图 8-98 所示的阶段栏中的"施工阶段 1",然后点击按钮 定义 ,弹出如图 8-99 所示的对话框。

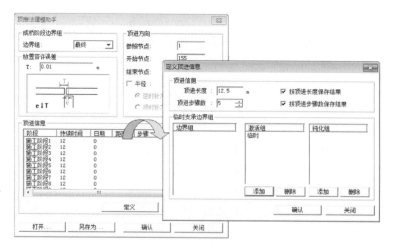

图 8-99 定义顶进信息

在图 8-99 的对话框中,在顶进长度中填写 12.5m,顶进步骤数中填写 5,勾选两个保存结果的选项。然后在"边界组"中点选"临时"边界组,再点击 添加 按钮,最后点击"确认",完成第 1 施工阶段的顶进信息输入。

因为第 1 桥梁段的长度为 12.5m,而每次顶进的长度为 2.5m,所以在施工阶段中的施工步骤数输入 5,使每一步骤的顶进长度为 2.5m。第 1 桥梁段经历了在制作场张拉钢束、自重开始发生作用的步骤(对应施工阶段 1)以及顶进 12.5m 的 5 个施工步骤(对应施工阶段 1-1～施工阶段 1-5)共 6 个施工步骤。

输入第 1 个桥梁段的顶进信息时,需激活制作场和辅助墩的边界条件,在以后的施工阶段中该边界条件一直处于激活状态直到被钝化处理。

开始顶进前的情况如图 8-100 所示。桥梁段 1 是从其前端离开台座开始计算顶进距离的,当其后端顶出台座后,后续桥梁段又开始顶进,同时桥梁段 1 也一起往前顶进。在第一施工阶段,桥梁段 1 的顶进长度为 12.5m。

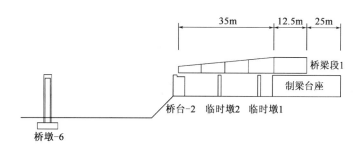

图 8-100 开始顶进前的示意图

(2)第 2～第 14 施工阶段顶进信息定义

因为施工阶段第 2～第 14 的桥梁段的长度均为 25m,所以可以同时定义这些施工阶段。按住 Ctrl 键,同时点击施工阶段 2～14,单击 定义 按钮。在弹出的对话框中,在顶进长度中填写 25m,顶进步骤数中填写 10,勾选两个保存结果的选项。最后点击确认完成第 2～14 施工阶段的顶进信息输入。

(3)第 15 施工阶段顶进信息定义

最后一个桥梁段为桥梁段 15,长度 12.5m。该桥梁段的最右端最终应被顶进到桥台支座位置,所以最后一个桥梁块的实际顶进长度应为最后一个桥梁段长与制作场到桥台的距离之和,即 47.5m,此顶进距离可参考图 8-100。

在"顶进顶进信息"对话框中,顶进长度中填写 47.5m,顶进步骤数中填写 19,勾选两个保存结果的选项。最后点击"确认",完成第 15 施工阶段的顶进信息输入。

虽然桥梁段 15 与桥梁段 1 的长度均为 12.5m,但是桥梁段 15 从其前端离开台座,整个结构一直受力,并且不断变化。后续施工阶段也没有新的桥梁段生成了,所以桥梁段 15 的顶进距离应为 47.5m,才能顶到位。

(4)第 16 施工阶段顶进信息定义

施工阶段 16 是张拉后期束的施工阶段,其边界条件与施工完桥梁段 15 时的边界条件完全相同,只是激活了后期束荷载。所以只需保存分析结果不用输入顶进信息。另外,将施工过程中激活的辅助墩和制作场的临时边界组以及钢导梁结构组做钝化处理。

(5)第17施工阶段顶进信息定义

施工阶段17是给腹板束注浆的施工阶段,同样只需保存分析结果不用输入顶进信息。

顶进信息定义完成后,点击图8-97所示的"确定"按钮,完成"顶推法桥梁施工阶段建模助手"。

6)施工阶段查看

用建模助手定义完施工阶段后,可以查看一下各个施工阶段,以便了解定义的施工过程是否与实际的施工过程相同。

图8-101给出了施工阶段1和施工阶段2中结构组和边界组的变化情况。图8-101a)显示的是导梁在桥台-2和临时墩上,桥梁段1在台座上的情景;图8-101b)显示的是向前顶进2.5m后的情况;图8-101c)显示的是桥梁段1完全顶出台座,桥梁段2已经施工完毕但还在台座上的情景。

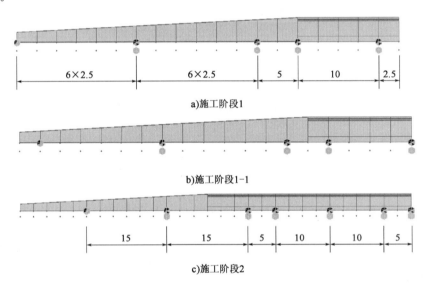

图8-101 部分施工阶段的结构组与边界组(弹性连接未示出)(尺寸单位:m)

桥梁段的顶进是通过边界条件的激活与钝化来完成的,单元的位置是不动的。在两个建模助手中,仅手工输入了两个边界组,其余均为程序自动生成。

实际情况下,台座上的梁段多数情况下是不受力的,即应该每个节点上都有支承。本例中的台座仅提供4个支承。

7)修改施工阶段

前面定义的成桥阶段的永久边界条件中没有定义DX约束。在施工过程中的每个阶段,相当于桥台-2位置的节点均施加了DX约束,到下一施工阶段又通过激活和钝化的功能改变了施加DX约束的节点,以达到"顶进"的目的。到施工阶段16时,桥梁段全部顶进完成,施加的边界条件为成桥阶段的边界条件,是没有DX约束的,所以需要在施工阶段16和施工阶段17中施加DX约束。实际的桥梁的固定支座在桥墩-3上,所以DX约束应该施加在桥墩-3对应的节点75上。

确定处于基本模式 或是相应施工阶段模式。选择75节点,执行模型＞边界条件＞一般支承,边界组名称选择为"施工阶段16-变形前0",然后添加DX。再选择节点75,边界组名称选择为"施工阶段17-变形前0",然后添加DX。刚选择的两个边界组名称都是自动生成的,并且在最后两个施工阶段中激活。

考虑长期效应,将施工阶段17的持续时间改为1000天。

8)输入二期恒载

二期恒载的大小按沿桥梁全长布置线荷载31.5kN/m考虑,荷载类型按梁单元荷载。二期恒载是桥梁顶推完成后的成桥阶段施加的,所以在施工阶段17腹板束管道压浆后施加即可,这里考虑在压浆后15天后施加二期恒载。

首先定义名称为"二期恒载"的静力荷载工况,然后再定义名称为"二期恒载"的荷载组。选择所有箱梁单元,分别指定刚定义的荷载工况和荷载组,施加31.5kN/m的梁单元荷载(荷载＞梁单元荷载)。在施工阶段17增加一个持续时间为15天的子步骤,然后在第15天结束时将二期恒载荷载组激活,如图8-102所示。

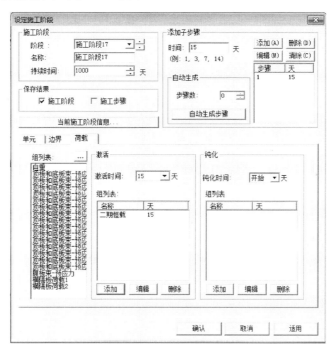

图8-102 在施工阶段17施加二期恒载

9)输入横隔板重量荷载

边横隔板和中横隔板设在支承的位置,忽略其对梁的抗弯能力的贡献,而仅当成荷载施加在结构上。可在建立模型时不考虑横隔板而在顶进的过程中将其按位置不断变化的荷载考虑,因此支座处主梁截面与一般截面相同,但需添加横隔板自重。

在某个施工阶段包含横隔板的桥梁段被激活时,应该将横隔板重力施加上。假设所有横隔板都是与桥梁段一同制作一同顶进的,所以只要将其重力作用在被激活的施工阶段即可,只要不做钝化处理,一直存在于其他施工阶段。不同的施工阶段边界条件不断变化,而荷载作用位置不动相当于荷载被向前移动。

因为横隔板的纵桥向宽度为 2m,在相应的梁单元位置输入 2m 长的荷载。两个端横隔板重力为 763kN,6 个中横隔板的重力为 516.2kN,则对应的均布荷载分别为 381.5kN/m 和 258.1kN/m,见图 8-103。各个横隔板重力荷载都是在浇筑完成的施工阶段被激活,需要定义 8 个荷载组,分别在桥梁段 1(SEG1)、桥梁段 3(SEG3)、桥梁段 5(SEG5)、桥梁段 7(SEG7)、桥梁段 9(SEG9)、桥梁段 11(SEG11)、桥梁段 13(SEG13) 和桥梁段 15(SEG15),浇筑完成还在台座上时的施工阶段激活。定义过程可参见二期恒载的输入,这里从略。

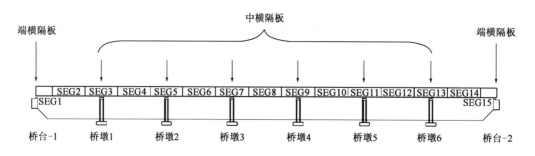

图 8-103　横隔板重力激活位置

10) 运行分析

在"施工阶段分析控制数据"中全部按默认处理,执行运行分析(按 F5 或点击)。

8.5.5 使用一般功能做顶推法桥梁施工阶段分析

使用一般功能做顶推法施工阶段分析的步骤如下:
(1) 建立包含钢导梁在内的成桥阶段模型。
(2) 定义各施工阶段将被激活和钝化的结构组、边界组、荷载组。
(3) 定义各施工阶段,包括各施工阶段的边界条件和荷载条件。
(4) 定义成桥阶段荷载(二期恒载、活荷载、风荷载、地震荷载等)。
(5) 执行分析。

下面就上节的实例如何用一般功能进行分析做简单介绍。

1) 截面、材料定义

即执行 8.5.2 节的"前期工作"。

2) 建立包含钢导梁在内的桥梁模型

(1) 首先建立钢导梁单元

单元长度 2.5m,共 14 个单元。单元的截面类型为之前定义的工字形变截面(截面偏心为中-下部),需要通过定义变截面组来完成钢导梁截面的定义。

(2) 建立所有主梁单元

在钢导梁的右侧建立所有箱梁单元,单元长度 2.5m,每跨 20 个单元,共 7 跨。

(3) 复制节点

桥梁段的顶进是通过对支承于其下方边界条件的激活和钝化来实现的,每次顶进一个单元的长度,所有主梁单元和钢导梁单元在顶进的过程中都被支承过。所以应该在所有单元下建立只受压的支承,需要复制所有主梁节点到主梁下部。这里的复制距离为 1m。

3)定义结构组

在制作场预制各桥梁段并按一定时间养生后顶进,所以可以假设所有桥梁段的初期材龄相同(这里按 7 天)。在顶进每个桥梁段时,因为影响小,顶进期间内可以不考虑徐变和收缩(即可以认为每次顶进过程中的持续时间为 0)。顶进完一个桥梁段之后,将一个桥梁段的顶进时间加载到已顶进的桥梁段上计算徐变和收缩。即可以将一个桥梁预制段定义在一个结构组内,所以应建立相当于钢导梁和桥梁段个数之和的结构组。为了以后查看结果方便,将所有主梁定义为一个结构组,命名为"桥梁主梁"。

需建立的结构组如图 8-104 所示。

图 8-104　需定义的结构组

4)定义荷载组

荷载组是在施工过程中一起激活或钝化的,需要建立的荷载组如图 8-105 所示。图中先期钢束的张拉均在台座上进行,荷载组"桥梁段 n 钢束"是指在桥梁段 n 养生时间达到后张拉并锚固于该段的先期钢束产生的荷载。

钢束的定义包括钢束特性值定义、钢束布置形状定义和钢束预应力荷载定义。

5)定义边界组

每顶进 2.5m 就是一个施工阶段,每个施工阶段都有自己的边界组需要激活,并在下一施工阶段钝化。桥梁段 1 的长度为 12.5m,顶进长度为 2.5m,则该桥梁段从预制到全部顶出台座需要 6 个(放置在制作场时+顶进 12.5m/2.5m时)边界组,桥梁段 2～14 的顶进各需要 11 个边界组,桥梁段 15 的顶进需要 20 个(实际顶进 47.5m)边界组。所以总共需 169 个边界组。

6)定义施工阶段

各个施工阶段激活的结构组、荷载组和边界组见表 8-3。

在施工阶段工具条中选择特定施工阶段则相应的施工阶段的结构组、边界组、荷载组将被激活。边界组和荷载组在施工阶段模式中修改会比在基本模式中修改更方便一些。所以最好先按表 8-3 定义好"空"的施工阶段,然后再一一添加数据。

图 8-105　需定义的荷载组

使用顶推法施工的桥梁每顶进一段桥梁结构的边界条件都会发生变化,所以必须按施工阶段定义边界条件,其定义也是比较复杂的。

下面仅就施工阶段 1 和施工阶段 1-1 的边界组定义加以说明,其他与此类似。

各阶段激活的组　　　　　　　　　表 8-3

施工阶段	结构组	荷载组	边界组	备注
施工阶段 1	钢导梁、桥梁段 1	自重、桥梁段 1 钢束、横隔板荷载 1	BG1	桥梁段 1 预制完成,准备顶进,材龄 7 天,持时 0
施工阶段 1-1			BG1-1	桥梁段 1 顶进 2.5m,持时 0
施工阶段 1-2			BG1-2	桥梁段 1 顶进 5m,持时 0
施工阶段 1-3			BG1-3	桥梁段 1 顶进 7.5m,持时 0
施工阶段 1-4			BG1-4	桥梁段 1 顶进 10m,持时 0
施工阶段 1-5			BG1-5	桥梁段 1 顶进 12.5m,持时 5 天
施工阶段 2	桥梁段 2	桥梁段 2 钢束	BG2	桥梁段 2 预制完成,准备顶进,材龄 7 天,持时 0
施工阶段 2-1			BG2-1	桥梁段 2 顶进 2.5m,持时 0
施工阶段 2-2			BG2-2	桥梁段 2 顶进 5m,持时 0
施工阶段 2-3			BG2-3	桥梁段 2 顶进 7.5m,持时 0
施工阶段 2-4			BG2-4	桥梁段 2 顶进 10m,持时 0
施工阶段 2-5			BG2-5	桥梁段 2 顶进 12.5m,持时 0
施工阶段 2-6			BG2-6	桥梁段 2 顶进 15m,持时 0
施工阶段 2-7			BG2-7	桥梁段 2 顶进 17.5m,持时 0
施工阶段 2-8			BG2-8	桥梁段 2 顶进 20m,持时 0
施工阶段 2-9			BG2-9	桥梁段 2 顶进 22.5m,持时 0
施工阶段 2-10			BG2-10	桥梁段 2 顶进 25m,持时 5 天
……	……	……	……	……
施工阶段 15	桥梁段 15	桥梁段 15 钢束、横隔板荷载 8	BG15	桥梁段 15 预制完成,准备顶进,材龄 7 天,持时 0
施工阶段 15-1			BG15-1	桥梁段 15 顶进 2.5m,持时 0
……	……	……	……	……
施工阶段 15-19			BG15-19	桥梁段 15 顶进 47.5m,持时 5 天
施工阶段 16		腹板钢束	BG16	钝化钢导梁,张拉腹板束(后期束),持时 0
施工阶段 17		二期恒载	BG17	施加二期恒载,持时 1000 天

(1)施工阶段 1 边界条件定义

此时桥梁预制段 1 在台座上,钢导梁在临时墩和桥台-2 上。定义的边界条件如图 8-106 所示,图中主梁仅示出了桥梁段 1,实际情况如图 8-100 所示。

参照图 8-100,在两个辅助墩的位置及台座上均施加了竖向只受压弹性支承(刚度非常大),约束了钢导梁及主梁上对应节点的 DY 和 RX,桥台-2 处的钢导梁节点约束了 DX、DY、DZ 和 RX 位移。

第8章 施工过程分析

图 8-106　施工阶段 1 的边界条件(BG1)

（2）施工阶段 1-1 边界条件定义

整个结构向右顶推了 2.5m，桥梁段 2 还没有施工。边界条件如图 8-107 所示。

图 8-107　施工阶段 1-1 的边界条件(BG1-1)

定义施工阶段时，在上一级施工阶段中被激活的组在当前施工阶段中如没有进行钝化处理，表示该组仍处于激活状态。施工阶段 1-1 的结构组和荷载组与施工阶段 1 相同，所以不必对施工阶段 1 的结构组和荷载组做钝化处理。边界组中激活 BG1-1 的同时要钝化 BG1。

边界条件的激活可以选择"变形前"和"变形后"，因为本例顶推施工中所有的支撑均为刚性支承，支承的位置均不会动，所以所有边界的激活均应在"变形前"的位置。

结构组和荷载组的定义可参见表 8-3 以及顶推法建模助手部分的说明。

8.5.6　查看分析结果

查看分析结果的方式有两种，即查看到特定施工阶段所有构件的应力和位移的方式和查看某个单元在各施工阶段应力和位移变化的方式。

1）最后施工阶段的应力图形

查看最终（施工后 3 年）桥梁中应力的命令为结果＞桥梁内力图，各选项如图 8-108 所示。最终的组合应力图形如图 8-109 所示，在应力图形上右击鼠标，可弹出如图所示的浮动（关联）菜单，在关联菜单中选择用文本形式保存图形则生成文本形式的图形文件数据。在图形上按住左键，然后拖动会放大拖过的区域。查看后按鼠标右键选择缩小则恢复到上一级放大状态。

图 8-108　桥梁内力对话框

291

2)某个单元的内力、应力或位移的时程数据图形

使用结果＞阶段/步骤时程图形功能查看某单元在各施工阶段的位移、内力和应力变化图形。图8-110给出了定义阶段/步骤时程图表函数的过程，图8-111为节点35的位移时程。有时为了比较，可以定义多个时程函数，然后一起显示。

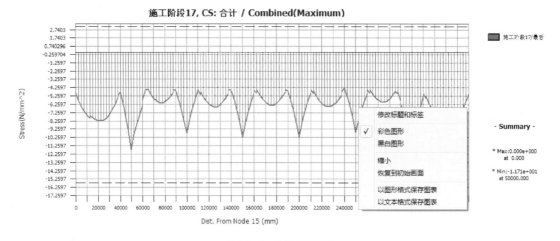

图8-109　最终组合应力

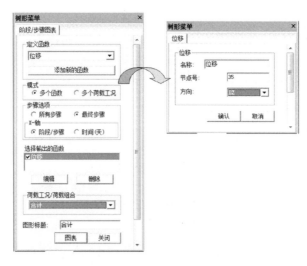

图8-110　位移时程函数定义

3)钢导梁变形

钢导梁的前端最大变形是我们比较关心的，可以使用结果＞阶段/步骤时程图形功能查看其前端节点在各施工阶段的位移、内力和应力变化图形。

首先将施工阶段选择为"施工阶段15-19"，这是钢导梁被钝化前的最后施工阶段，然后与图8-109类似方法定义钢导梁前端节点(节点号为1)DZ位移时程函数，最后点击"图表"按钮，得到图8-112所示的图形。

4)其他数据结果查看

其他数据查看的方法还有许多，比如，可用结果＞钢束预应力损失图表来查看预应力在各

个施工阶段损失等情况。除了图形方法显示结果数据以外,还可以用表格的形式(结果＞分析结果表格)。

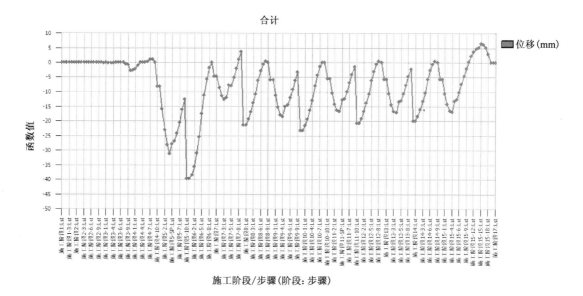

图 8-111　节点 35 的位移时程

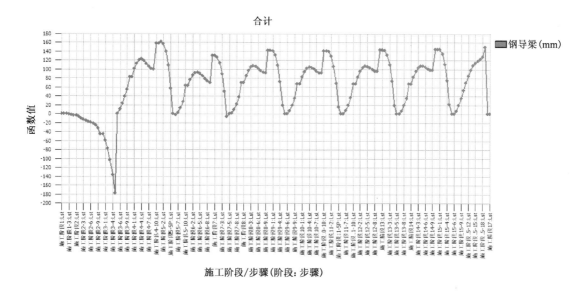

图 8-112　钢导梁前端的位移时程

在预应力箱形桥梁成桥阶段,需要做恒载、活荷载、温度荷载、支座沉降等作用下的验算。施工阶段荷载以外的荷载与施工阶段荷载的组合可以在最终阶段内进行。将施工阶段荷载赋予荷载分项系数与其他荷载做荷载组合并查看荷载组合作用下的内力。

8.6 移动模架法(MSS)桥梁建模助手

移动支架法和移动模架法是有区别的,前者是在可以移动的支架上组拼预制节段,然后张拉预应力成为整体,预制节段之间可以是湿接缝也可以是胶接缝;后者是在可以移动的模板和支架上现浇混凝土,然后张拉。两种方法既可以施工简支梁也可以施工连续梁,若施工的是连续梁,一般为跨度较小的等跨、等高多跨连续梁。midas Civil 中的移动模架建模助手主要用于多跨连续梁的施工阶段分析,而且梁是现浇的。对于在移动支架上进行预制节段拼装的施工方法,可参照移动模架法进行施工阶段分析。

施工阶段分析中各施工阶段的定义,在 midas Civil 里是通过激活和钝化结构组、边界组以及荷载组来实现的。使用移动模架法建模助手进行移动模架法桥梁施工阶段分析的步骤如下,其中移动支架法建模助手能帮助用户自动生成下列 2~8 项步骤。

(1)定义材料和截面。
(2)建立结构模型。
(3)定义并构建结构组。
(4)定义并构建边界组。
(5)定义荷载组。
(6)输入荷载。
(7)布置预应力钢束。
(8)张拉预应力钢束。
(9)定义时间依存性材料特性值并连接。
(10)运行结构分析。
(11)确认分析结果。

移动支架法的施工阶段分析必须正确反应其施工顺序。下面通过一个实例来简单说明"移动支架法(MSS)桥梁"建模助手的用法。

1)准备工作

某 4×30m 连续梁采用移动模架法施工。采用移动模架法施工的桥梁是随着模架的前移一段一段的施工的,每段的长度一般为一跨跨长(L)或比一跨跨长稍长一些。

每段长度采用比 L 稍长是为了将各段间的接缝设在恒载弯矩较小的位置,比如采用 $1.2L$ 或 $1.25L$。接缝的位置是梁的薄弱部位,所以这种在恒载弯矩较小处设置断缝的施工方法对成桥结构受力较好。这样做的缺点是在接缝的两端可能会发生端部位移差,为了防止产生端部位移差,一般将正在施工的桥梁跨的混凝土湿重和模板自重通过后横梁传送到已经施工完成的预应力箱形梁的悬臂部分。如图 8-113 所示,通过后横梁传递到已施工并张拉预应力的梁段上的荷载为 $Rc+MSS$,即新浇筑混凝土湿重传递的反力和移动模架自重传递的反力。本例采用这种施工分段方法。

采用每段长度等于 L 的施工方法也是很普遍的,这样做不会在接缝处产生错台。因为支承反力均由桥墩提供,所以接缝两端不会产生相对位移。缺点是接缝位置正好在最大负弯矩的截面上。midas Civil 不能直接用建模助手实现这种施工方法,但可以先按每段长度大于 L,然后再修改的方法间接实现。

(1)定义截面

标准截面按设计截面类型定义(图 8-114),支点截面为实心截面,外形与标准截面相同(图 8-115)。用建模助手时还需输入施工缝截面,这里为了简单采用标准截面,并将其命名为"接缝截面"。注意这里的截面偏心要为"中—下部"。

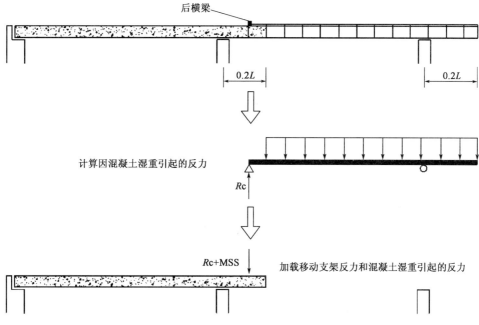

图 8-113　作用于后横梁上的反力

图 8-114　标准截面定义

图 8-115　支点截面定义

(2)定义材料

从相关规范的材料库中选取 C50 作为主梁材料,Strand1860 作为预应力钢筋材料。定义主梁材料的收缩、徐变以及强度发展特性(图 8-116 和 8-117),并与主梁材料连接,等到建立好模型后再修改单元依存材料特性。

(3)定义钢束特性值

钢束特性值的定义如图 8-118 所示。

图 8-116　主梁材料的收缩、徐变特性定义

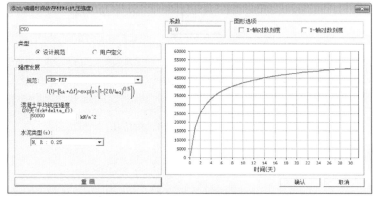

图 8-117　主梁材料的强度发展特性定义

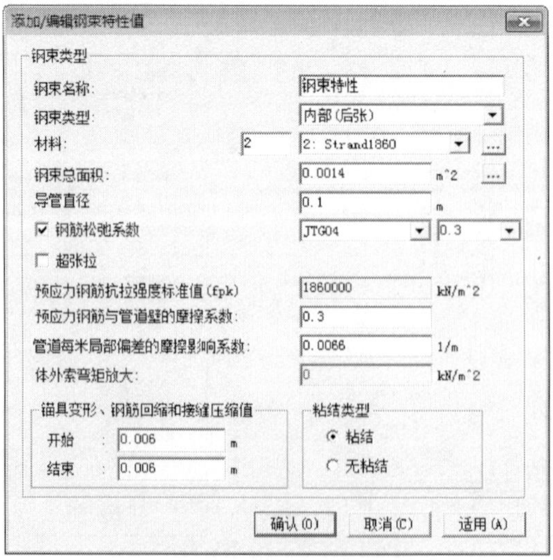

图 8-118　钢束特性值定义

2)"模型"属性页

执行命令模型＞结构建模助手＞移动支架法(MSS)桥梁,弹出如图 8-119 所示的对话框。在对话框中的"桥梁模型数据类型"分组框可选"类型 1"或"类型 2"。两者在输入截面和钢束布置上的方式不同。类型 2 能够直接输入定义好的截面,所以能够定义多室的箱梁截面,能够直接输入直线和曲线组成的钢束布置。这里的截面已经定义好,所以选择"类型 2"。

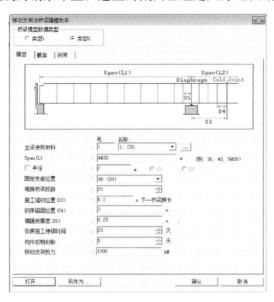

图 8-119 模型属性页

本实例连续梁为 4 跨一联,仅有一个固定支座。"固定支座位置"用来确定其位置,图 8-119中的 90(30)表示从桥梁的起点到固定支座的距离为 90,该固定支座左侧的桥梁跨度为 30m(括号内数字仅为用户寻找支座方便而设)。

"施工缝的位置(S3)"后填写的数据是一个系数,图 8-119 中的 $S3=$系数×下一桥梁跨长。如前所述,施工缝应该在恒载弯矩最小的地方为好,所以一般该系数在 0.2 左右。

"钢束锚固位置(S4)"后填写的数据是图 8-113 所示"后横梁"的位置到施工缝的距离。"横隔板厚度(S5)"为横隔板厚度的一半。应该满足条件 $S3 \times L2 - S4 > S5$ 的条件,即施工缝不能与横隔板重叠。

本例题桥梁将支模、绑扎钢筋以及布置钢束套管所需时间假设为 15 天,将混凝土浇筑和养生的时间假设为 5 天,即将施工每个桥梁段所需的时间假设为 20 天。如有的施工阶段持续时间与此不同,只能在以后修改。使用移动模架法建模助手,程序自动计算出"各跨施工持续时间"与"构件初期材龄"的差作为添加步骤,并计算出"移动支架反力"与混凝土湿重引起的反力之和(图 8-113),将其在添加步骤结束时刻(本例为 15 天)加载到"后横梁"的位置,该力在下一施工阶段钝化。

"移动支架反力"是由移动模架自重引起的"后横梁"处的反力 MSS(图 8-113),该力由用户自己计算后输入。也可以将其输为 0,然后将移动模架的自重换算到新浇筑的混凝土湿重中。

3)"截面"属性页

截面属性页如图 8-120 所示,对"类型 2"需要用户定义三个截面,即"中央"、"施工缝"和"横隔板"截面。这三个截面之前已经定义,从下拉条中选取合适的截面即可。默认情况下采用施工缝截面的长度为 2×S4("后横梁"到施工缝的距离),位置在施工缝的两侧,如图 8-121 所示。"横隔板"截面的长度为 2×S5,位置在支点的两侧。其余截面均为"中央"截面。如果实际截面与默认的有出入,可以在执行完建模助手后修改。

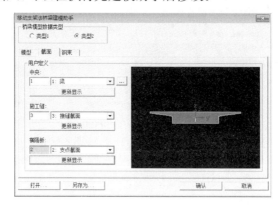

图 8-120　截面属性页对话框(类型 2)

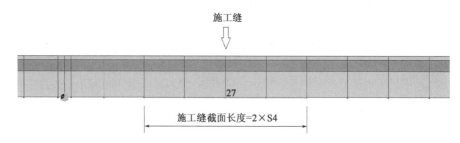

图 8-121　施工缝截面的位置与长度

4)"钢束"属性页

钢束属性页如图 8-122 所示,在图中左上角选择"类型 1"和"类型 2"钢束的输入方式是不同的。

在图 8-122 中,N 的值表示在某个截面高度上布置的钢束"层数",比如 $N=1$,就表示在任意截面上只能截到一层钢束,此时从侧面看各个钢束都在 XZ 平面内投影,并且重合,只能看到一条钢束。此时代表各"层"钢束之间距离的 G1~G6 数据都不可用。

默认情况下,每个腹板上都有"两列"钢束的锚固(图 8-123)。在图 8-122 左下角的位图表示了 3 个参数的含义:Eyi 为从截面的中心到图 8-123 所示"两列"钢束中间的距离;Theta 1 为腹板的倾斜角度,在直腹板时输入 0;ai 为"两列"钢束之间的距离。

按图 8-122 输入的钢束每跨都对应 4 根钢束,虽然只输入了竖弯曲线,程序还能够自动将钢束平弯。这里输入的钢束往往还需要进一步的修改完善。

5)施工阶段查看

按上述步骤操作,本例自动生成了 5 个施工阶段,前 4 个施工阶段每个施工一跨,第 5 个施工阶段为空,用来手工添加持续时间和后期荷载等。图 8-124 示出了第 1 个施工阶段 CS1 和第 2 个施工阶段 CS2 的定义情况。

移动模架法建模助手可以自动完成大部分工作,但是许多细节还需要用一般功能进行修改与完善。

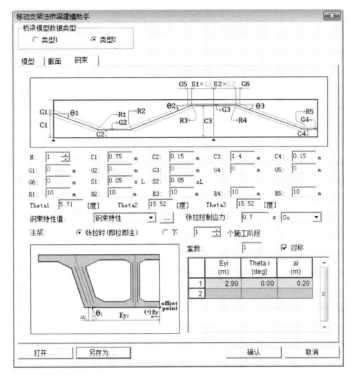

图 8-122 钢束属性页对话框(类型 2)

图 8-123 第一跨钢束布置在横断面上的投影

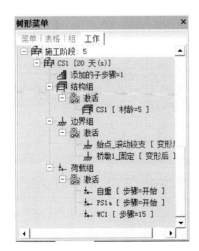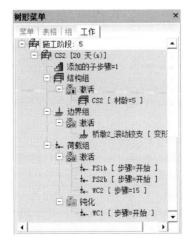

图 8-124 第 1 和第 2 施工阶段定义

8.7 满堂支架法(FSM)桥梁建模助手

满堂支架法(FSM)桥梁建模助手主要用来建立逐孔施工的连续梁,与移动模架法(MSS)桥梁建模助手很相似,不同点一是前者可以建立变截面桥梁而后者只能建立等高度梁;二是两者的支架形式不同,并且前者没有"后横梁",而后者往往需要"后横梁"传力。

执行命令模型>结构建模助手>满堂支架法(FSM)桥梁,弹出如图 8-125 所示的对话框。与移动模架法(MSS)桥梁建模助手很相似,在对话框中也有"模型"、"截面"和"钢束"三个属性页。图 8-125 左上角的"桥梁模型数据类型"需选择"类型 1"和"类型 2",会导致三个属性页的输入方式不同。因为"类型 2"更通用(比如能够定义多室的箱梁截面),所以这里仍以"类型 2"为例对该建模助手加以简单说明,有些参数的填写说明与移动模架法建模助手相同,这里就不再赘述。

1)模型属性页

在图 8-125 中,勾选"使用变截面"则可自动生成变截面的梁,曲线 1(即 S1 段曲线)和曲线 2(即 S2 段曲线)方程的次数是可以设定的,但同时要保证在"截面"属性页中"支座"截面和"横隔板"截面的高度相同,而且比"中央"截面的高度要高。变截面长度($S1+S2$)不能大于跨度。

2)截面属性页

选择"类型 2"时需要用户指定跨中、支点和横隔板截面(设计截面类型),注意截面偏心应该为"中-上部"。

3)钢束属性页

该属性页的填写方法与移动模架法基本一致,只是注意截面偏心在中-上部,钢束定位参数所标识的位置与移动模架法不同,图 8-126 给出了一个钢束属性页对话框中数据的填写例子,图 8-127 为其中一个自动生成钢束形状的实例。

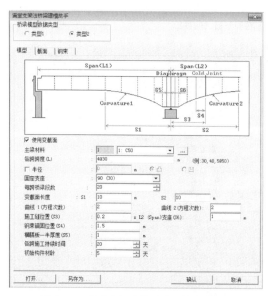

图 8-125 满堂支架建模助手的模型属性页

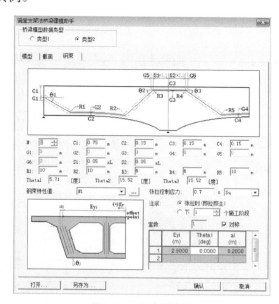

图 8-126 钢束属性页

满堂支架法建模助手可以自动完成许多工作,但是许多细节还需要用一般功能进行修改与完善。

图 8-127　自动生成的钢束实例

8.8　施工阶段联合截面

8.8.1　概述

联合结构是指由钢材和混凝土两种不同材料的构件,或者即使是一种材料(如混凝土),但强度和材龄不同的构件联合所构成的结构。这种结构往往要考虑施工过程的影响。传统的分析方法是对联合前的各构件分别建立不同的模型,联合时对各构件进行刚性连接,用叠加的方法计算各种荷载效应。这种方法在进行静力分析时误差比较少,但考虑徐变和收缩等进行时间依存性分析时,就会产生很大的误差。为了提高考虑材料时间依存特性时,联合截面分析结果的准确性,midas Civil 提供了对联合截面进行施工阶段分析的方法。

进行联合截面施工阶段分析时,定义联合截面的方法有三种,即"标准"、"用户"和"一般截面"。"标准"联合是指利用截面数据库中提供的"联合截面"或"组合截面"等已知联合前后各截面特性值的截面来定义的方法。"用户"联合是指利用截面数据库中提供的其他截面并由用户来定义其在不同的施工阶段进行联合的方式。"一般截面"联合只针对用 SPC 自定义的组合截面,然后按联合截面中的"组合-一般"导入的截面。

可用施工阶段联合截面功能进行施工过程分析的联合结构通常有:

1)钢—混组(叠)合梁

钢—混组(叠)合梁是由外露的钢梁(常用工字形或箱形)与混凝土桥面板形成的组合结构,在混凝土板和钢梁之间设置剪力键,以保证在使用荷载作用下混凝土板与钢梁共同受力,共同变形(图 8-128)。因为 midas Civil 的联合截面中有常用的工字形或箱形两种形式,所以这类结构通常使用程序中的联合截面来模拟建模,即"标准联合"。

2)钢管混凝土结构

钢管混凝土结构是由普通混凝土填入薄壁圆形钢管内而形成的组合结构。这种结构借助混凝土增强钢管的稳定性,借助钢管对核心混凝土的约束作用,使核心混凝土处于三向受压状态,从而使得核心混凝土具有更高的抗压强度和变形能力。这类结构通常使用程序中的组合截面来模拟。

3)预弯组合梁结构

预弯组合梁结构利用配置在混凝土里钢梁的自身变形,对混凝土施加预应力的型钢混凝土结构,如图 8-129 所示。预弯组合梁由预弯曲的工字形钢梁、一、二期混凝土组成,亦简称为预弯梁。它具有钢结构、钢筋混凝土结构及预应力混凝土结构的特点。这类结构通常需要用联合截面中的"组合-一般"截面功能来实现。利用"组合-一般"截面可以导入通过 SPC(截面特性计算器)定义(按不同材料特性)的联合截面。

使用施工阶段联合截面,可以以图形和表格的方式给出组合梁各施工阶段各位置内力和换算截面内力、各位置的截面应力以及结构位移。

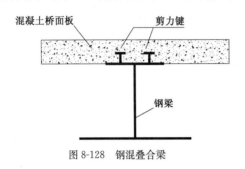

图 8-128 钢混叠合梁

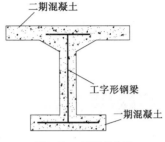

图 8-129 预弯组合梁

8.8.2 施工阶段联合截面用法

如前所述,MIDAS 中联合截面是指钢-混组合或混-混组合的截面。施工阶段联合截面就是将截面组件在不同的施工阶段中分别激活,以达到模拟组合结构的施工过程的目的。其建模步骤与一般的施工阶段分析建模步骤类似,只需在此基础上再定义联合截面的施工阶段即可。其定义步骤如下:

(1)定义材料和截面。
(2)定义时间依存性材料特性(可选项)。
(3)建立结构模型(几何形状、边界条件、荷载)。
(4)定义施工阶段。
(5)定义施工阶段联合截面。
(6)在施工阶段分析控制选项中勾选"输出联合截面各位置的分析结果"再运行分析。

定义施工阶段联合截面需执行命令主菜单＞荷载＞施工阶段分析数据＞施工阶段联合截面,弹出"施工阶段联合截面"对话框,点击"添加"按钮,弹出"添加/编辑施工阶段联合截面"对话框,如图 8-130 所示。

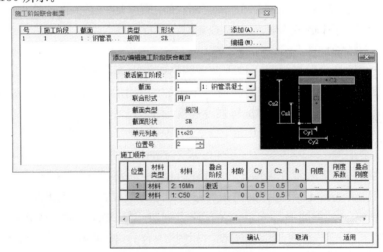

图 8-130 定义施工阶段联合截面

"激活施工阶段"是指为"单元列表"中的单元选择在哪个施工阶段被激活,"单元列表"中的单元是不能直接编辑填写的,而是由在其下面选择的"截面"数据来决定的,即以选择的"截面"为截面的所有单元都会自动出现在"单元列表"中。因此,在不同施工阶段激活的单元即使截面完全一样,也要定义成不同的截面编号和名称(只要截面编号不同即可,但是为了方便区分往往将名称也定义为不同),以方便在不同施工阶段被激活。这里选择的截面可以是任何截面。

"截面"用来在已经定义的截面列表中,选择要进行联合截面施工阶段定义的截面。此时"截面"特性值虽**不用于分析**,但会影响模型的消隐效果。在"用户"联合情况下,此处选择的截面会影响联合后截面的形心位置,从而由于截面偏心可能影响荷载作用位置。在建模时建议采用联合后截面来建模。如果采用其他截面建模,那么在定义荷载作用位置时要针对建模采用截面和联合后截面的相应位置做相应的调整。

"联合形式"可以选择"标准"和"用户",含义如前所述。程序能根据所选截面确定是"标准"还是"用户",比如所定义的截面中没有符合"标准"条件的截面,那这里只能选择"用户"形式。

"截面类型"和"截面形状"由程序自行确定,不可编辑。

"位置号"中输入截面中参与联合的截面组件个数。选"用户"联合形式时,程序无法判断截面中的组件个数,需用户自己填写。对"标准"的联合形式没有该项。如果对于一个预应力箱形截面要分成几个部分进行浇筑的话,可指定相应数量的位置号来进行分析。

"施工顺序"分组框用来定义各位置号截面组件相应的特性值、各截面组件相对形心位置、叠合时的施工阶段和刚度调整数据。此处的特性值是用来进行结构分析的,所以数据要准确。

"位置"栏显示各个联合截面组件的位置编号,其实质就是确定各组件在联合截面中的位置。位置编号的顺序对"标准"的联合形式是由程序确定的;对"用户"的联合形式,则可用各个组件的形心位置来决定。

"材料类型"用来确定各截面组件的材料类型,栏中有两个选择,可以选择"单元"或"材料"。选择"单元",将采用建立单元时定义的材料作为该截面组件的材料;选择"材料",右侧的"材料"栏被激活,用户可以在此选择相应的材料,此时与定义单元的材料无关。对于由不同材料构成的联合截面,需要特别注意这里是选择单元还是材料,因为对于温度荷载或结构自重的计算,材料的类型不同,其结果会存在很大差异。

"叠合阶段"用来指定各联合截面位置上的组件在哪个施工阶段被激活。

"材龄"用来输入各联合截面位置的组件被激活时的材龄。初期强度、徐变系数、收缩特性等与这里所输入的材龄有关,模型若要考虑材料的时间依存性,对该部分的输入需要特别注意。一般输入开始承受荷载的材龄,即徐变开始时的材龄即可。像钢材等不考虑时间依存特性的材料输入任何值都没有关系,一般输入 0 即可。考虑了混凝土材料的抗压强度发展,那么该材料组件就是以此处定义了"材龄"时间后所具备的刚度来开始受力的;而对于只考虑自重不考虑刚度的组件,其初期材龄输入可为 0 天,程序内部会按 0.001 天计算时间依存性材料的强度和刚度(随时间变化的弹性模量公式随规范不同而不同)。如果不定义材料的强度发展曲线,也可将混凝土的湿重按梁单元荷载考虑,等拥有刚度后参与工作时(即截面联合时),输入参与工作时的材龄,并将先前作用的梁单元荷载在相应施工阶段钝化。在定义施工阶段时,也有输入材龄的选项,但若定义了联合截面的施工阶段,则程序会以定义联合截面施工阶段中所输入的数据为准来进行分析。

"Cy、Cz"用来定义各组成部分(各联合截面组件)形心至基准点距离,即确定各个组件的相对位置,也即重新形成参与计算分析的联合截面。对"用户"联合形式,程序默认基准点为在"截面"项所选截面(赋予给单元的截面为联合后截面)的左下角点(参考图8-129中的视图)。对"标准"联合形式,在定义截面时各位置的相对位置已被自动输入,因此没有在这里重新输入的必要。

"h"为各联合截面位置的构件理论厚度,用于计算混凝土的收缩徐变特性,数值可以随便定义,然后再修改。在"施工阶段联合截面"对话框中点击"全部更新"按钮,则程序根据定义的联合截面尺寸,自动计算构件理论厚度。

"刚度"用来输入各位置组件截面的特性值。当联合形式为"标准"时,各位置的截面特性值程序会自动输入,否则由用户直接输入。

"刚度系数"为对刚度的调整系数。程序会根据各位置的刚度特性值以及材龄,计算联合后截面的特性值。但对于抗扭刚度和有效剪切面积,由于计算方法与截面的具体形状相关,故这里只是将各位置的抗扭刚度和有效剪切面积进行算术叠加。用户可在计算联合后截面的抗扭刚度和有效剪切面积后,用这里的刚度系数来调整。

"叠合刚度"为在相应施工阶段已经联合的截面的刚度。

8.8.3 联合截面分析数据——联合前荷载工况

MIDAS Civil 在做联合梁桥分析时,不用施工阶段联合截面功能,也能考虑截面联合前后刚度的变化。即可以通过定义"联合前荷载工况"将有些荷载工况下的荷载作用在联合前的截面上。定义"联合前荷载工况"的命令为荷载＞联合截面分析数据＞联合前荷载工况,在弹出的对话框中指定联合前截面承受的荷载工况,如图8-131所示。

图 8-131 定义联合前荷载工况

图 8-131 中,右侧栏选择的荷载工况即被指定为联合前截面承受的荷载,点击确定即可完成定义。

若想删除刚才的定义,可以再次执行上面的命令,此时的按钮 删除联合截面分析数据 已经不是灰色的而是可以执行的了,点击该按钮即可删除所有刚定义的联合桥梁结合前荷载工况。

另外对联合截面,要想实现相同的截面在不同的荷载工况下具有不同的截面特性,可以使用截面特性调整系数功能。

8.8.4 钢混组合梁分析实例

某钢混组合梁连续梁桥,跨度为 45m＋55m＋45m,右半幅标准截面如图8-132所示。桥面板为钢筋混凝土板,主梁和横梁均为工字钢。混凝土强度等级 C40,型钢材料为 Q345。施工过程为先架设主梁与横梁(组焊),然后分段现浇桥面板,混凝土板浇筑顺序如图8-133所示。

为了简化建模,这里忽略了桥面横坡,并将桥面板厚度视为 250mm,主梁和横梁均为等截面。

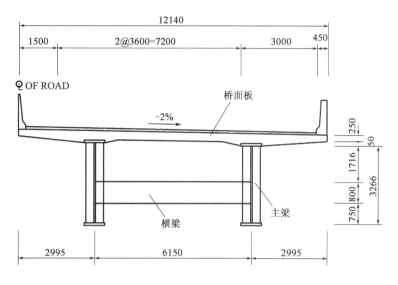

图 8-132　钢混组合梁标准断面(半幅桥,尺寸单位:mm)

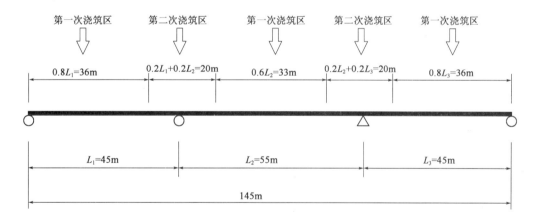

图 8-133　桥面板浇筑顺序及范围

1)定义材料

定义混凝土和钢材两种材料,对混凝土材料定义时间依存性(收缩、徐变及强度发展)。

2)定义截面

主梁截面采用联合截面,为了考虑施工阶段,各个施工阶段定义不同名字但截面特性值完全相同的截面。如图 8-133 所示,将第一次浇筑桥面板的区域定义为一个截面类型 Sect-1,将第二次浇筑桥面板的区域定义为另一个截面类型 Sect-2,截面的定义如图 8-134 所示。定义了施工阶段联合截面,那么图 8-134 中"材料"分组框的数据就没有意义了,因为该截面不参与结构计算。横梁截面类型采用"数据库/用户",对截面进行用户定义的偏心使其与主梁的相对位置正确,截面的定义如图 8-135 所示。

3）建立模型

根据图 8-132 和 8-133 建立桥梁分析模型,第一次浇筑桥面板的区段主梁截面用 Sect-1,第二次浇筑桥面板的区段主梁截面用 Sect-2。建立的模型如图 8-136 所示。

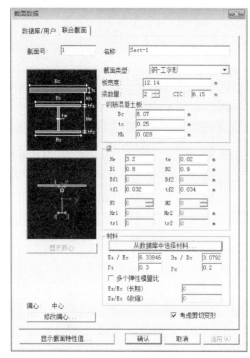

图 8-134　主梁联合截面　　　　　　　　图 8-135　横梁截面定义

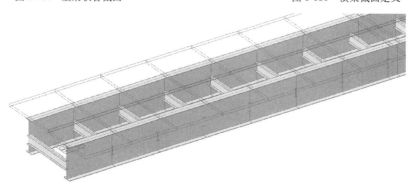

图 8-136　桥梁模型局部

浇筑过程的模拟在施工阶段联合截面中进行,所有结构一次激活,所以只定义一个结构组即可。该结构组名称为"所有单元",用拖拽功能将所有单元指定给该组。

结构物的所有边界条件一次性在第一施工阶段被激活,所以定义所有边界条件都属于名称为"所有支承"的边界组。本例桥梁的边界条件如图 8-137 所示。

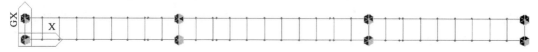

图 8-137　桥梁边界条件

对于薄壁构件,采用梁单元模拟时,一般都要考虑翼缘板的有效宽度问题,midas Civil 用"有效宽度系数"功能考虑该问题。考虑有效宽度来估算应力时,在有效宽度系数功能里输入全截面的 I_{yy} 值和有效宽度的 I_{yy} 值之比即可。翼缘板的有效宽度可根据有关规范规定手工计算,然后再计算截面的 I_{yy}。本例有效宽度系数的计算见表 8-4。

有效宽度系数计算　　　　　　　　　　　　　　　表 8-4

区　段	有　效　宽　度	截面惯性矩 I_{yy}		有效宽度比值 I_{yy_2}/I_{yy_1}	对应边界组
		全宽度 (I_{yy_1})	有效宽度 (I_{yy_2})		
边跨跨中	5.653	0.4696905	0.4628585	0.985	有效宽度 1
支座处	5.117	0.4696905	0.4530761	0.965	有效宽度 2
中跨跨中	5.839	0.4696905	0.4659784	0.992	有效宽度 1

有效宽度系数作为边界条件,可定义在边界组中以便同时激活或钝化。这里定义两个边界组,名称分别为"有效宽度 1"和"有效宽度 2"。主梁截面为 Sect-1 单元的有效宽度系数所在边界组为"有效宽度 1";主梁截面为 Sect-2 单元的有效宽度系数所在边界组为"有效宽度 2"。图 8-138 即为有效宽度系数的定义。

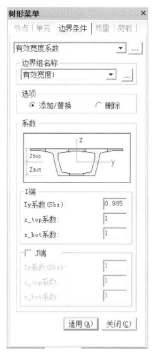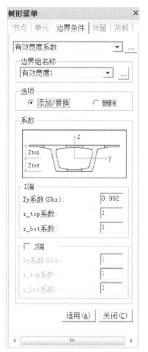

图 8-138　定义有效宽度系数

执行命令模型>边界条件>有效宽度系数,弹出图 8-138 所示的对话框。先选择边跨跨中区段内单元(包括两个边跨内截面为 Sect-1 的单元),在图 8-138 中选择名称为"有效宽度 1"的边界组,填写 I_y 系数为 0.985,最后点击"适用"按钮即可。用类似的方法定义中跨跨中和支点处单元的有效宽度系数,中跨跨中单元包括中跨截面为 Sect-1 的单元,支点处单元为截面 Sect-2 的单元。

为了施加自重荷载,需定义自重荷载工况和荷载组。为了在最后的施工阶段激活二期恒载,需定义名称均为"二期恒载"的荷载工况和荷载组。然后按梁单元荷载施加二期恒载,大小为 18.7kN/m。混凝土湿重用材龄为 0 的方法,所示不需定义其荷载组。

4)定义施工阶段

根据实际的施工顺序和混凝土桥面板和钢梁不能在同一施工阶段激活的原则来定义施工阶段。

施工阶段 1:将所有钢梁架设完成,支座布置完成,钢梁承受自重。因为没有将钢梁单独定义成结构组,所以这里激活的是联合截面的所有单元,然后在施工阶段联合截面中再将桥面板混凝土改为在下一施工阶段激活。因为此时结构中只有钢梁,所以可将本阶段的持续时间定义为 0。

施工阶段 2:浇筑除了中支座附近以外的混凝土桥面板,即浇筑图 8-133 中所示的第一浇筑区段,开始时混凝土桥面板处于流动状态,到开始浇筑第二区段混凝土桥面板时本施工阶段结束。如前所述,上述过程在施工阶段联合截面的定义中完成。假设本施工阶段持续时间为 10 天,即当第二次浇筑混凝土时,第一次浇筑的混凝土已经有 10 天的龄期。本阶段没有结构组和荷载组的激活与钝化,激活边界组"有效宽度 1"。

施工阶段 3:第二次浇筑混凝土,开始时新浇筑混凝土处于流动状态。本阶段持时 10 天,没有结构组和荷载组的激活与钝化,激活边界组"有效宽度 2"。浇筑过程也是在施工阶段联合截面的定义中完成。

施工阶段 4:施加二期恒载,持续时间为 3650 天。没有结构组、边界组的激活与钝化。

5)定义施工阶段联合截面

按施工阶段中的描述,需定义两个施工阶段联合截面,分别如图 8-139 和 8-140。因为有两种材料,所以在材料类型中选择了"材料"。截面理论厚度可以不输入任何值或随便输入一个正值,点击"确认"就可自动计算。对钢材,将理论厚度改为了 0。混凝土开始激活时的材龄均为 0。

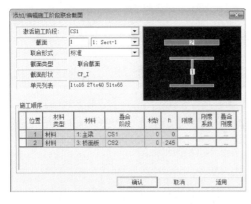 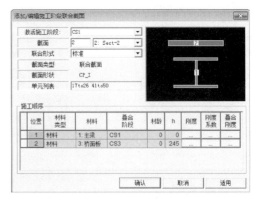

图 8-139 定义第一个施工阶段联合截面　　图 8-140 定义第二个施工阶段联合截面

6)运行分析并查看结果

施工阶段分析数据中默认勾选"输出联合截面各位置的分析结果"选项。按 F5 或点击按钮运行分析。

用结果＞内力＞梁单元内力图命令查看最终弯矩，确定查看的施工阶段为第 4 施工阶段 "CS4"，荷载工况为"合计"，施工步为"最后"，结果如图 8-141 所示。

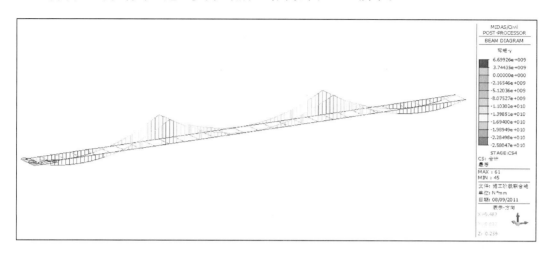

图 8-141　最终的弯矩图

8.8.5　混混组合梁分析实例

为了减少架设时的吊装重量，有的 T 梁施工采用先预制并架设 I 形梁，然后再浇筑桥面板的方法。下面的例子就是利用施工阶段联合截面的方法模拟混混组合梁的施工过程。

为了便于分析，这里将先预制的 I 形梁简化为矩形梁，后浇筑的桥面板也是等厚度的。若不考虑活载以及边梁与中梁的差别，则横向各片 T 梁的受力都一样，所以这里仅考虑一片 T 梁，结构形式为简支。

图 8-142 为联合后 T 梁(主梁＋桥面板)的截面，简支梁的跨度为 20m。施工过程为先架设预制的主梁，然后浇筑桥面板，等桥面板龄期达到 30 天以后，再施工桥面及附属设施(用二期恒载代表其重量)，二期恒载的大小为 15kN/m。

1)定义材料

主梁和桥面板为同一种材料，均为 C50 混凝土。对混凝土材料定义时间依存性(收缩、徐变及强度发展)。

2)定义截面

联合后的 T 形截面不是"联合截面"或"组合截面"，主梁和桥面板的联合形式应该用"用户"形式。为了应用施工阶段联合截面，首先应该定义

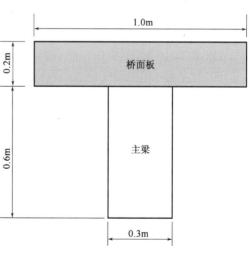

图 8-142　联合后的 T 梁截面

联合后的 T 形截面(按图 8-142 数据定义"数据库/用户"类型截面)，如图 8-143 所示。需要注意的是此时给各单元赋予的截面特性值并不用于分析，但在消隐处理时能够反映截面的形状

(但在"将结构自重转换为质量"和定义"梁截面温度"时,此处赋予的截面特性是起作用的,应该特别注意)。

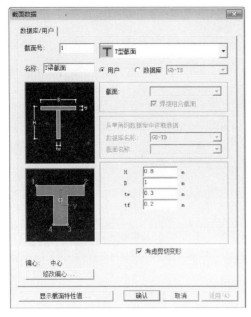

图 8-143 联合后的 T 梁截面定义

因为联合的形式为"用户",则各个截面组件的特性值需要用户自己填写,这里为了避免手工计算,再分别定义主梁和桥面板截面以得到其截面特性值。

3)建立分析模型

建立有限元模型,单元长度均为 1m。截面类型为上面定义的 T 形。

将所有单元定义为一个结构组,命名为"全部单元"。

定义一个边界组,施加简支梁边界条件,所有边界条件都属于该边界组。

定义两个荷载工况,再定义两个荷载组,然后分别定义自重荷载和梁单元荷载。

4)定义施工阶段

施工阶段 1:架设主梁,加边界条件,施加自重荷载。在此激活的结构组是以联合后 T 梁为截面的,不能单独激活主梁。施工过程在施工阶段联合截面再重新定义。

本阶段的持续时间是没有关系的,只要在施工阶段联合截面中将主梁的激活材龄填写正确即可。

施工阶段 2:浇筑桥面板。本阶段开始时混凝土处于流动状态,结束时混凝土达到一定强度(由所定义的时间依存特性决定强度发展)。这个过程在施工阶段联合截面中完成。

边界组和荷载组没有变化。本阶段的持续时间为从浇筑桥面板到其达到足够强度承受二期恒载的作用,设为 15 天。

因为所有结构组在施工阶段 1 中都激活,所以本阶段也没有结构组的激活与钝化,仅有持续时间即可。

施工阶段 3:施加二期恒载,持续时间 3650 天。

5)定义施工阶段联合截面

这里只有一跨简支梁,所有桥面板是一起浇筑的,仅定义一个施工阶段联合截面即可。定义如图 8-144 所示。

在输入"位置 1"和"位置 2"的刚度时,点击刚度栏内的 按钮,弹出图 8-145 所示的"局部刚度"对话框。此时可以直接输入数据,但是比较繁琐。也可以点击左下角的 按钮,然后在弹出的"输入截面刚性"对话框中选择截面。

注意当构件的理论厚度不能自动计算时(点击图 8-146 中的"全部更新"按钮出错),需手工计算填入,计算公式按相应规范。

6)运行分析并查看结果

按 F5 或点击 按钮运行分析。最后的变形如图 8-147 所示。

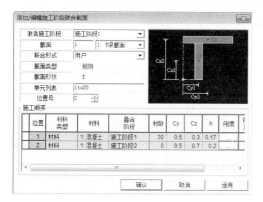

图 8-144 施工阶段联合截面定义　　　　图 8-145 联合截面组件刚度输入

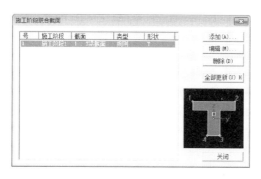

图 8-146 施工阶段联合截面对话框

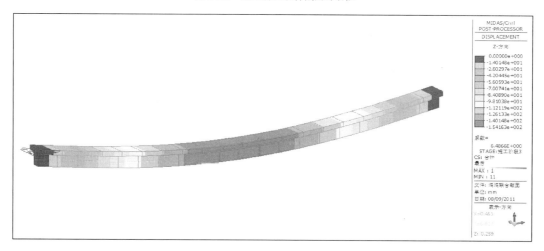

图 8-147 最终变形

8.8.6 钢管混凝土分析实例

使用施工阶段联合截面定义单钢管的钢管混凝土截面可以有两种选择：一是选择组合截面中的"钢管形—混凝土"；二是定义一个圆形截面（混凝土）和一个管形截面（钢），然后再将其联合。前者可以用"标准"联合形式,后者只能用"用户"联合形式。如果是哑铃形截面或其他较复杂的钢管混凝土截面,则可先在SPC中自定义组合截面,然后用联合截面中的"组合——一般"截面功能来实现,此时可用"一般截面"或"用户"联合的形式。

这里给出两个裸拱实例,一个为单钢管裸拱,另一个为哑铃形截面裸拱,目的是说明如何用施工阶段联合截面模拟钢管混凝土施工过程。两个裸拱的拱轴线一样,且都为无铰拱。承受的荷载仅为自重和一个吊重:开始为空钢管,后来在空钢管内灌注处于流动状态的混凝土,最后混凝土达到一定强度后在跨中施加一个1000kN的吊重。钢材为Q345,混凝土强度等级为C50。两个例子的几何模型与材料完全一样。

1)定义材料

定义C50混凝土、Q345钢材以及它们组成的组合材料三种材料。定义混凝土材料的时间依存性(收缩、徐变及强度发展)特性。

2)定义截面

这里定义5种截面(图8-148),分别是外径为1m的实心圆截面、外径为1m壁厚0.1m的钢管截面、外径为0.8m的实心圆截面、钢管形—混凝土类型的组合截面(外径1m,钢管壁厚0.1m)和哑铃形截面(联合截面中的组合——一般类型)。其中的前三种用来做单钢管裸拱的"用户"联合的形式;组合截面用来做单钢管裸拱的"标准"联合的形式;哑铃截面为在2.4.4节定义的截面,用来做"一般截面"联合。

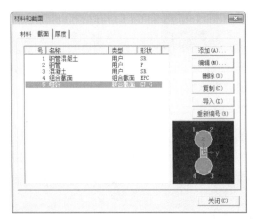

图8-148 裸拱截面定义

3)建立模型

先建立三个节点(0,0,0)、(25,0,10)和(50,0,0),然后执行模型>单元>建立曲线并分割成线单元命令,用三点弧建立裸拱,分割数量为30。截面号为1,材料为钢材。

定义一个名称为"所有单元"的结构组,包含所有单元。

定义一个名称为"所有支承"的边界组,然后定义无铰拱边界条件,所有边界条件均属于该边界组。

定义两个荷载组,名称分别为"自重"和"吊重"。再建立一个荷载工况,命名为"最终荷载"。分别定义自重荷载(属于自重荷载组)和吊重荷载(属于吊重荷载组)。

4)定义施工阶段

施工阶段1:架设空钢管,加边界条件,施加自重荷载。对应激活"所有单元"结构组、"所有支承"边界组和"自重"荷载组。

激活"所有单元"结构组就意味着将空钢管和混凝土一起激活,所以这里的定义要在施工阶段联合截面定义中更改。在"施工阶段联合截面"定义中设定的内容与"施工阶段"定义的内容冲突时,以施工阶段联合截面为准。

因为本阶段是钢结构,施工持续时间为0。

施工阶段2:灌注混凝土。施工持续时间30天。

因为灌注混凝土在"施工阶段联合截面"中定义,所以本阶段实际上就填写一个持续时间,其他内容不填。持续时间就是混凝土养生时间。

施工阶段 3:施加吊重荷载,施工持续时间 0 天。

5)定义施工阶段联合截面

分三种情况求解:一是"用户"联合形式的单钢管,二是"标准"联合形式的单钢管,三是"一般截面"联合形式的哑铃截面。三种情况不能同时存在于一个模型中,所以必须三次求解。

(1)用户联合形式

定义一个施工阶段联合截面,如图 8-149 所示。

填写图 8-149 中的数据时,截面选择外径 1m 的实心圆截面目的是为了显示时截面外形正确,并且方便填写 Cy 和 Cz 的数值,该截面是不参与计算的,但模型窗口中的裸拱截面也必须也是该截面!

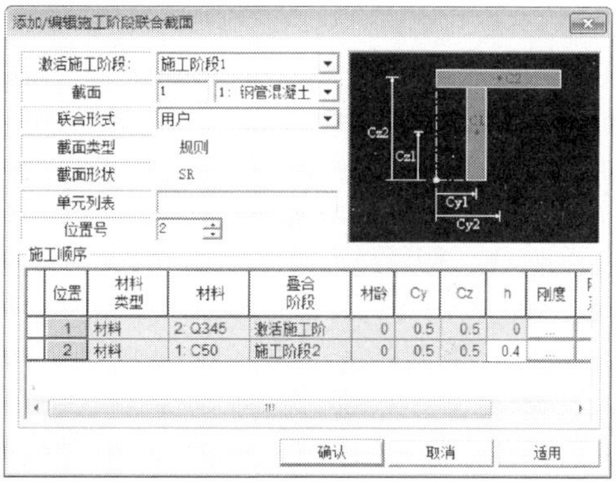

内核混凝土截面的理论厚度为按公式 $h = 2A_c/u$ 计算,其中 A_c 为截面面积,u 为截面与大气接触的周边周长。

钢管和内核混凝土的刚度采用从 2 号截面和 3 号截面输入的方法得到(参见上节实例)。

图 8-149 用户联合的施工阶段联合截面定义

(2)标准联合形式

将文件另存为另一个文件名。首先将模型的材料改为组合材料,截面改为组合截面。定义一个施工阶段联合截面,如图 8-150 所示。

在图 8-150 中,截面选择了组合截面,这要与模型中单元列表中单元的截面一致,刚度自动计算。混凝土核心的理论厚度手工计算。混凝土内核在施工阶段 2 的开始处于流动状态,所以龄期设为 0。

(3)一般截面联合形式

将文件另存为另一个文件名。

首先将模型的材料改为混凝土,截面改为哑铃截面。其次将施工阶段更改如下:

施工阶段 1:不变化。

施工阶段 2:浇筑上下圆钢管内的混凝土,持续时间 5 天。实际任何结构组、边界组和荷载组不变化,仅持续 5 天时间。

施工阶段 3:浇筑中间缀板内的混凝土,持续时间 25 天。实际任何结构组、边界组和荷载组不变化,仅持续 25 天时间。

施工阶段 4:施加吊重荷载,施工持续时间 0 天。

定义一个施工阶段联合截面,如图 8-151 所示。

在 2.4.4 自定义截面—截面特性计算器(SPC)中,哑铃截面被定义成三个部分——钢管壁与中缀板壁、上下圆钢管内核心混凝土和中缀板内的混凝土。在图 8-150 中,将截面指定为哑铃截面后,这三部分被自动定义为三个"位置",并且排列顺序与 SPC 中定义 Part1、Part2 和 Part3 的顺序相同。

如果想让所有内核混凝土一起激活，则必须在自定义截面时将其定义为一个"Part"。

位置 2 的内核混凝土刚激活时材龄为 0，表明开始时处于流动状态，到激活该处混凝土的施工阶段的最后，其龄期达到该施工阶段的持续时间。位置 3 的内核混凝土激活时，由于激活材龄为 0 而处于流动状态，此时位置 2 的混凝土龄期已经达到 5 天。

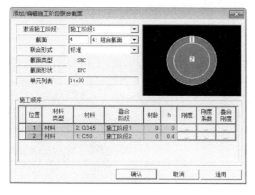 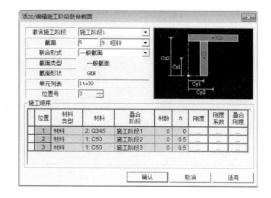

图 8-150　标准联合的施工阶段联合截面定义　　　图 8-151　一般截面联合的施工阶段联合截面定义

对哑铃形截面的内核混凝土，其理论厚度有的不能自动计算。关于混凝土徐变对钢管混凝土结构的影响与普通结构不同，其分析方法可参考有关文献。

对"一般截面"联合，各个组件（Part）的刚度程序自动计算。

6）运行并查看结果

共有 3 次运行分析，它们的前 4 步完全一样，只是定义的施工阶段联合截面不同。下面的计算结果也是分三次计算得到的。

第一次和第二次分析的结果完全相同，最终位移如图 8-152 所示。第三次分析结果如图 8-153 所示。

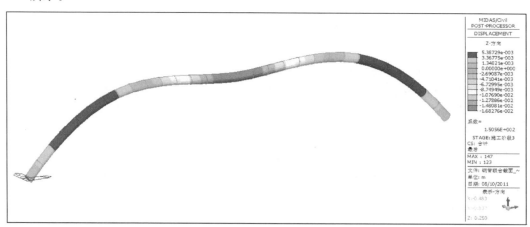

图 8-152　第一次和第二次分析的最终位移

8.8.7　预弯组合梁分析实例

预弯组合梁是一种预应力混凝土结构，它是将一根屈服强度较高的工字型钢梁按一定要求的拱曲线做成预弯钢梁，然后把钢梁的两端搁置在支座上，并在离两端约 1/4 跨度的位置上作用一对大小相等的集中力(预弯力),使预弯钢梁产生一定的预弯弯矩。在预弯弯矩的作用下,钢梁下缘处于受拉状态,在这种受拉状态下将钢梁下翼缘用高等级混凝土包裹住。待混凝土强度达到设计强度的90%以上时,卸去作用于钢梁上的预弯力,则钢梁将发生回弹,从而使包裹钢梁下缘的混凝土(称一期混凝土)受到预压应力。待梁体运输就位之后,再浇筑钢梁腹板两侧及上翼缘混凝土(称为二期混凝土),于是就构成了预弯预应力混凝土梁。预弯组合梁的工艺过程如图 8-154 所示。

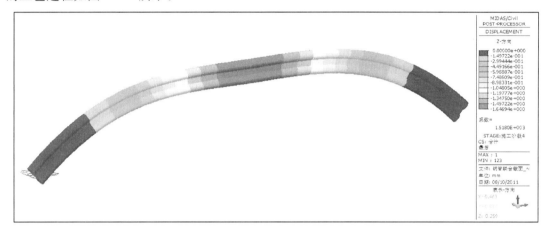

图 8-153 第三次分析的最终位移

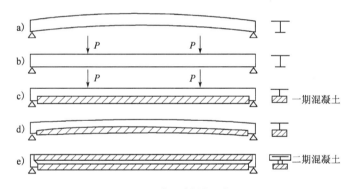

图 8-154 预弯组合梁的工艺过程

预弯预应力混凝土梁与预应力混凝土梁有所不同,预弯预应力混凝土梁采用预弯的钢梁具有较大的抗弯刚度,除在回弹时对一期混凝土施加预压应力外,钢梁本身也承担相当部分的荷载弯矩。特别在一期混凝土开裂之后,钢梁的抗弯作用可以使应力产生重分配,从而延缓裂缝的发展。

下面就用施工阶段联合截面功能实现预弯预应力混凝土梁简支梁的施加过程。

1)实例基本资料

某预弯组合简支梁计算跨度 41.46m,截面如图 8-155 所示。钢梁顶、底板采用 38mm 厚钢板,腹板采用 30mm 厚钢板,材质均为 Q345 钢。一期混凝土为下翼缘,采用 C50 混凝土;二期混凝土为腹板及顶板,采用 C30 混凝土。承受的二期恒载为 10kN/m。预弯力大小为 800kN,作用于距离支座 10m 的地方。

2) 自定义截面

将图 8-155 中左边的组合梁截面稍加修改后存成 DXF 格式，如图 8-156 所示。图中将型钢作为线处理，下翼缘做了封闭处理。

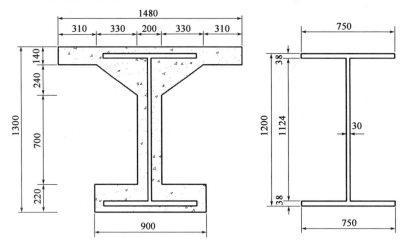

图 8-155 预弯组合梁截面(尺寸单位:mm)

启动 SPC 导入截面。然后按下面操作：

(1)定义型钢线的宽度，腹板为 30mm，上下翼缘板为 38mm。

(2)定义材料参数。这里拟将二期混凝土作为基准材料，所以将其弹模和容重都设定为 1；钢材的弹模设为 6.867，容重设为 3.14；一期混凝土的弹模设为 1.167，容重设为 1。泊松比都输入实际值。

(3)定义组合截面参数，即输入组合截面的名称、子截面数量(最多 3 个)和组合截面换算截面特性计算时的基准材料(这里为二期混凝土材料 C30)。

(4)分别定义组合截面的各个子截面，如图 8-157 所示。共 3 个 Part；Part1 为型钢；Part2 为一期混凝土；Part3 为二期混凝土。

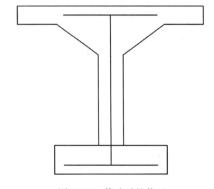

图 8-156 修改后的截面

图 8-157 组合截面的 Part 定义

(5)计算组合截面特性然后导出。

3) 导入截面

通过命令模型＞材料和截面特性＞截面＞添加＞联合截面＞组合——一般＞Import from

SPC，来导入上面定义的截面。

4）定义材料

定义 C30、C50 和 Q345 三种材料，分别定义并连接 C30 和 C50 的时间依存材料特性，包括混凝土的收缩、徐变和强度发展。

5）建立模型

建立简支梁模型，单元类型为梁，材料选择为 C30，截面为导入的组合截面。

定义一个名为"AllE"的结构组，包含所有单元。

定义一个名为"AllC"的边界组，建立简支梁边界条件，属于该边界组。

定义三个荷载工况和三个荷载组，施加自重、二期荷载和预弯力，分别属于 3 个荷载工况和荷载组。

6）定义施工阶段

根据预弯组合梁的施工过程，共需建立 5 个施工阶段。

CS1：激活钢梁（需激活 AllE 结构组），施加边界条件（激活 AllC 边界组），施加自重荷载（激活自重荷载组）以及预弯力（激活预弯力荷载组），持续时间为 0。

CS2：持续时间 5 天。

CS3：钝化预弯力荷载组，持续时间 0。

CS4：持续时间 25 天。

CS5：施加二期荷载，持续时间 3650 天。

7）定义施工阶段联合截面

定义施工阶段联合截面，如图 8-158 所示。

激活施工阶段为 CS1，即在第一个施工阶段就激活所有单元。

截面选择从 SPC 导入的预弯组合梁（注意模型窗口中单元的截面也必须是该截面），那么默认的联合形式就是"一般截面"。在 SPC 中定义截面时分为了 3 个 Part，则此时的位置数就是 3。

"施工顺序"分组框内，位置的编号与在 SPC 中定义的 Part 的顺序相同，按相应的顺序选择材料。一期混凝土的激活时间为 CS2 的开始，激活龄期为 0 以便使一期混凝土开始只是荷载而没有刚度贡献。CS2 结束 CS3 开始时，一期混凝土龄

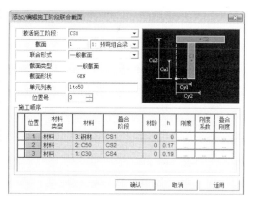

图 8-158　施工阶段联合截面定义

期为 5 天，达到了一定强度，CS3 阶段仅卸载预弯力 P，将 CS3 的持续时间设定为 0。CS4 开始时浇筑二期混凝土，仍然考虑新浇筑混凝土开始仅是荷载，所以激活的材龄为 0。一期和二期混凝土组件的理论厚度程序可以自动计算。对"一般截面"联合，组件的刚度自动取得，不必用户自己计算。

8）运行分析与查看结果

运行分析然后查看各个施工阶段的结果。图 8-159 为 CS1 的位移图，可以看出此时仅有工字钢截面。

图 8-160 为施工完一期混凝土的后位移,可以看出此时的截面为"工字钢+下翼缘板"。
图 8-161 为施工完二期混凝土的后位移,可以看出此时的截面为全截面。

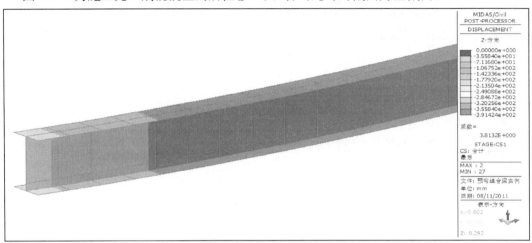

图 8-159　第 1 施工阶段位移(局部)

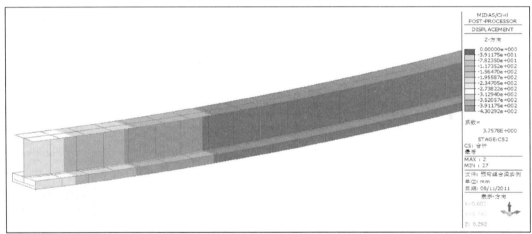

图 8-160　第 2 施工阶段完成时的位移(局部)

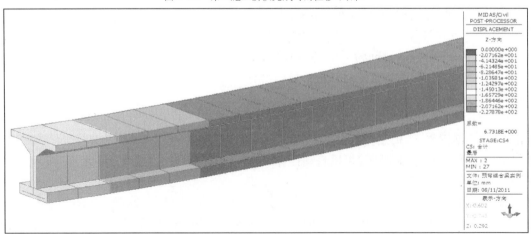

图 8-161　第 4 施工阶段完成时的位移(局部)

8.8.8 施工阶段联合截面注意事项

强大的 SPC 组合截面定义功能,可以定义任意形状的组合截面,因此可以准确地对组合梁结构进行施工阶段分析以及成桥状态下的静、动力分析。还可以用于 T 梁、箱梁翼缘加长、旧桥加固(混凝土梁加钢板或混凝土结构加厚补强)。

使用施阶段联合截面功能时注意以下事项。

1)建模时梁单元的截面属性对施工阶段联合截面分析的影响

梁单元截面属性和材料要在建立模型(定义梁单元)时指定,同时在定义施工阶段联合截面时也要指定各个组件及其材料(也相当于重新定义截面属性)。进行施工阶段联合截面分析,在模型窗口建立单元时最好使用联合后截面,这样可以根据实际的结构轮廓保证结构的边界条件准确定位。另外,模型建立时赋予单元的截面属性影响以下内容:

(1)梁截面温度加载时加载中心为单元质心,默认的参考加载截面质心为单元定义时截面属性的截面质心,而非按施工阶段联合截面中的截面特性计算的截面质心。

(2)温度计算时的材料属性为单元定义时指定的材料特性。

(3)当选择将自重转换为节点质量时,程序按单元定义时的截面属性和材料属性计算由结构自重产生的节点质量。而计算结构自重荷载时,是按施工阶段联合截面中的截面特性和材料特性来真实的计算结构的自重。

2)组合梁的预应力问题

对于后张预应力结构,程序默认预应力分配单元被激活后,则预应力单元内的孔道即已被扣除。

对于组合梁,当后叠合部分布置有后张预应力钢束时,则因为在先激活位置预先扣除了孔道面积,造成先激活部分的截面特性计算错误,而在预应力混凝土梁被激活后,截面特性恢复为正确。此时,要慎用施工阶段联合截面功能,当预应力钢筋比较多,对截面刚度影响较大时,可以采用原始的组合梁模拟方法:分别建立各位置梁结构,通过刚臂连接(刚性连接)各位置形成整体来考虑。

对于先张预应力结构和体外预应力,程序可以准确模拟。

3)组合梁温度梯度

可以使用梁截面温度梯度功能定义组合截面的温度梯度,并通过用户定义材料特性的方法,定义不同作用区域的材料特性。关于组合截面的温度梯度可参考第 9 章内容。

4)使用梁单元内力图和梁单元应力图查看结果的特别说明

在梁单元内力查看时,可以分别显示各位置(part n)承担的内力,也可以显示组合结构(total)的内力。

在梁单元应力查看时,可以分别显示各位置(part n)的截面应力,因为组合截面(total)应力没有实际意义,因此程序不提供组合截面(total)应力的查看。

5)组合梁截面换算截面特性与材料属性的关系

(1)对于数据库中组合截面,换算为钢材的截面特性,建模材料必须是组合材料。如8.8.6 中的标准联合例题。

(2)对于钢混组合梁截面,都是将混凝土截面换算为钢截面,因此建模时应该使用钢材建模。如8.8.4中的例题。

(3)对于混混组合截面以及自定义的组合一般截面,则需根据实际指定的基准材料建模,截面特性也是换算为基准材料的截面特性。如8.8.5中的混混组合以及8.8.6和8.8.7中的一般截面联合例题。

另外,对组合结构进行施工阶段联合截面模拟,则还需单独建立钢、混材料用于在施工阶段联合截面赋予给不同位置准确的材料信息。

6)联合截面配筋

可以在"模型>材料和截面特性>截面钢筋"中对联合截面定义混凝土部分的普通钢筋数据,但仅限于"联合截面"的"标准"联合,即联合后的截面必须是截面定义(模型>材料和截面特性>截面>添加>联合截面)时"联合截面"的部分类型,如8.8.4中的"钢—工字形"截面。联合截面配筋如图8-162所示。

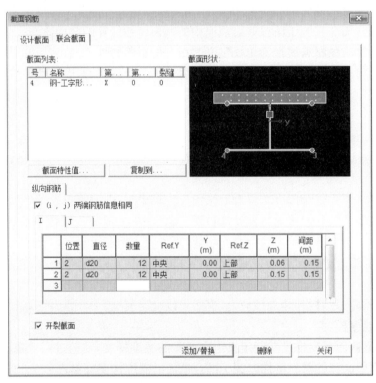

图8-162 施工阶段联合截面配筋

在如图8-162所示的联合截面配筋中,勾选"开裂截面"后,分析时将不考虑负弯矩区域混凝土的作用,只考虑钢筋的作用。因为能够进行联合截面配筋的截面受限(如8.8.7中定义的组合梁就不行),同时在施工阶段联合截面定义中没有钝化功能,对下缘混凝土开裂的情况,施工阶段联合截面的定义还需完善。

7)施工阶段联合截面自动更新构件理论厚度时的注意事项

只针对标准的施工阶段联合截面自动更新混凝土位置的构件理论厚度h值,对用户自定义的施工阶段联合截面的构件理论厚度h取值为0。因此当模型中有用户定义施工阶段联合截面时,慎用自动更新构件理论厚度h值功能。

8) 钢混组合梁应力计算

按照换算截面特性计算组合梁的刚度,得到荷载作用下的内力和变形,根据此内力计算换算截面的各应力输出点的应力,然后根据各位置的实际材料类型,除以组合梁截面基准材料与相应位置实际材料的弹模比得到该位置真实的应力。然后对每个位置的正应力进行全截面积分得到该位置的轴力和弯矩。

9) 联合结构的 PSC 设计问题

对联合结构进行 PSC 设计时,设计材料采用"PSC 设计材料"中定义的混凝土材料,因此无法对钢混叠合结构进行设计验算。PSC 设计仅适用于联合前后混凝土材料相同的预应力混凝土联合结构的设计验算,而且得到的设计验算结果都是针对联合后截面而言的。

10) 施工阶段联合截面定义时,同一个阶段可以同时激活两个位置的截面

在 V7.20 及以前的版本中一个施工阶段只能激活一个位置的截面,因此如果有两个位置截面需要同时激活,需要将这两个截面在 SPC 中建立分离式截面,用一个截面来模拟,即将同时激活的两个截面按一个截面来考虑。使用分离截面虽然可以准确模拟组合结构的刚度,但无法准确查看每个分离位置的截面应力。

在同一施工阶段可以同时激活多个位置的截面,这在哑铃形钢管拱、T 梁湿接缝模拟时非常方便。

第9章 温度问题

9.1 温度荷载

9.1.1 温度荷载定义

midas Civil 中对所有单元都能进行温度变化分析,温度变化产生热应变和热变形,如热变形受到约束,将导致构件中产生温度应力和温度内力。热应变等于材料的线性热膨胀系数和单元温度变化(温差)的乘积。材料的线性热膨胀系数由材料的本身性质决定,可在定义材料时定义。

图 9-1 为 midas Civil 程序的温度荷载菜单,可以考虑 5 种温度荷载的施加方式,这几种不同的温度荷载分别适用于不同的温度荷载定义。前 4 种为线性温度荷载,第 5 种为非线性温度荷载。温度荷载工况定义时其荷载类型为"温度"或"温度梯度",否则不能计算。而施工阶段的施加的荷载类型应为"施工阶段荷载(CS)",所以施工阶段不能进行温度荷载分析,只能是施工阶段结束后的 PostCS(成桥阶段)施加。

图 9-1 温度荷载菜单

1)系统温度

当整个结构温度从初始(参考)温度变化至指定温度时,为了做热应力分析,需输入最终温度或称系统温度。即系统温度减去初始温度等于结构的温度变化(温差)。在 midas Civil 程序中,既可以赋予整个结构相同的最终温度,也可以赋予结构的不同部分以不同的最终温度。建议在初始温度中输入 0℃,在系统温度中输入整体升温或降温的温度。

定义系统温度需运行命令荷载>温度荷载>系统温度。如图 9-2 所示,定义系统温度时,要为其指定荷载工况和荷载组。初始温度默认为 0,要修改时可以点击图 9-2 中"初始温度"后面的按钮,也可以执行命令模型>结构类型,然后在弹出的对话框中修改初始温度,如图 9-3 所示。在图 9-2 中给出"最终温度"后,点击"添加"按钮,即可定义系统温度。

系统温度适用于整个结构的整体升温或整体降温，常用来输入季节温差和昼夜温差，季节温差和昼夜温差均等于"最终温度"减去"初始温度"。在每个荷载工况中的温度荷载可以不同，即可以在不同的荷载工况中设置不同的温度荷载。例如，当需要分别计算成桥前后的温差变化和成桥后年度的温差变化的影响时，可定义两个荷载工况名称，分别输入不同的系统温度温差，程序将分别计算不同温差的影响。

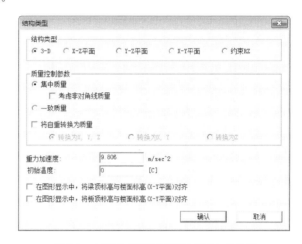

图 9-2　系统温度定义　　　　　　　　图 9-3　在"结构类型"对话框中修改初始温度

2）节点温度

节点温度适用于对被选择节点的整体升、降温作用，主要用于输入沿单元长度方向（如梁长度方向）的温差。定义节点温度需运行命令荷载＞温度荷载＞节点温度，如图 9-4 所示。

系统温度用于整个结构的整体升降温，而节点温度则用于定义个别节点的整体升降温。定义节点温度之前必须先选择要施加节点温度荷载的节点，然后选择所在荷载工况和荷载组。如图 9-4 所示，定义节点温度也要输入"初始温度"和"最终温度"。这里的"初始温度"仍是整个结构的初始温度，"最终温度"是所选节点的最终温度。定义了节点温度的节点可以显示其节点温度荷载。

节点荷载的作用下，共用该节点的单元都会产生温度应变，只是作用范围为单元长度的一半。

3）单元温度

单元温度适用于对选择单元的整体升、降温作用，主要用于输入各单元的温升和温降，是对节点温度的补充。例如，可用于地下结构的上板单元和侧墙单元的温差不同时。

定义单元温度需运行命令荷载＞温度荷载＞单元温度，如图 9-5 所示。定义之前要选择单元，然后选择所在荷载工况和荷载组，"初始温度"仍是整个结构的初始温度，"最终温度"是所选单元的最终温度。

单元温度的作用范围仅为本单元的长度范围，这与节点温度是不同的。下面给出两个实例来说明节点温度和单元温度的不同。

实例一：如图 9-6 所示的双悬臂梁，左侧作用节点温度，右侧作用单元温度。各个单元的截面形状、材料和单元长度（等于 1m）都一样，节点温度荷载的温差和单元温度荷载的温差均为 $10℃$，线膨胀系数为 10^{-5}，从计算结果可以看出其差别。

实例二：将如图9-6所示的双悬臂梁中的梁单元扩展成板单元,节点温度作用位置向约束方向移动1m,其他条件不变,模型和计算结果如图9-7所示。

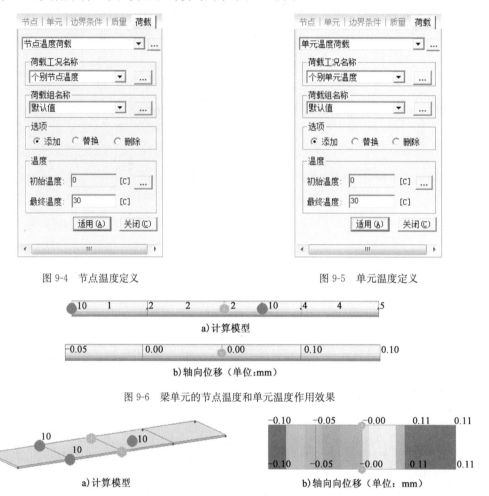

图9-4 节点温度定义　　　　　　　　图9-5 单元温度定义

图9-6 梁单元的节点温度和单元温度作用效果

图9-7 板单元的节点温度和单元温度作用效果

4)温度梯度

温度梯度分析适用于具有弯曲刚度的单元,如梁单元和板单元。这里的温度梯度是线性的,主要用于计算温度梯度引起的弯矩。

定义线性温度梯度需执行命令荷载＞温度荷载＞温度梯度。如图9-8和图9-9所示,首先应选择单元,然后为要定义的温度梯度荷载指定荷载工况和荷载组。对梁单元,需要输入沿单元局部坐标系 y 轴和 z 轴方向截面边缘间的距离(Hy 和 Hz)和温度差($T2y-T1y$ 和 $T2z-T1z$);对板单元,温度梯度可用板上下面的温度差($T2z-T1z$)和板厚表示(Hz)。顶面和底面之间的温度用直线过渡。可以选择截面的高度(Hz)或宽度(Hy),也可以自己定义其数值。其中高度和宽度的数值没有具体物理概念,只要温差和高度(宽度)的比值相等,即梯度相等时,计算结果会相同。对梁单元,横向温度梯度和竖向温度可以同时定义,应变计算结果为两者的矢量和。

第9章 温度问题

图 9-8 梁单元的竖向线性温度梯度

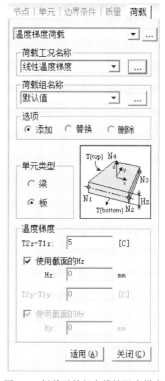

图 9-9 板单元的竖向线性温度梯度

例如在梁单元局部坐标 Z 向定义温度梯度 10℃（即温度差 $T2z-T1z$ 输入为 10℃），则说明该单元在上部温度为"初始温度加 5℃"单元下部温度为"初始温度减 5℃"，即上下缘温差 10℃，结果是上翼缘为 5℃，下翼缘为 -5℃；而非上翼缘为 10℃，下翼缘为 0℃，如图 9-10 所示。如果上翼缘为 10℃，下翼缘为 0℃时，应在系统温度中的初始温度输入 5℃，然后在温度梯度中输入 10℃。温度梯度与结构的初始温度没有关系。

当需要给板单元施加沿厚度方向折线形温度变化（类似梁截面温度荷载）时，可将折线温度等效为"温度梯度荷载+单元温度荷载"。等效方法为将折线温度等效到板单元厚度中心上的弯矩和轴力，然后再等效为"温度梯度荷载+单元温度荷载"。

温度梯度产生的等效弯矩如下：

$$M = \alpha EI \frac{\Delta T}{h} \quad \text{梁单元}$$

$$M = \frac{\alpha E t^3 \Delta T}{6(1-v)h} \quad \text{板单元}$$

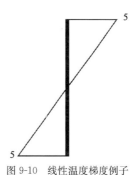

图 9-10 线性温度梯度例子

式中：α——线性热膨胀系数；
  E——弹性模量；
  I——绕梁单元相应中和轴的惯性矩；
  ΔT——单元两边缘（最外面）间的温度差；
  h——单元截面两边缘间的距离；
  t——板厚；

υ——泊松比。

5）梁截面温度

温度梯度适用于上、下缘温度差在截面内呈线性分布的情况，即温度梯度只能模拟线性温度梯度。但是在日照、骤然降温等温度荷载作用下，梁截面内的温度变化一般是非线性的，并且在竖向和横向均存在非线性温度梯度，需要沿截面高度和宽度输入不同的温度分布。梁截面内部的温度分布为非线性分布（折线型的温度梯度变化）时可以利用"梁截面温度"功能输入温度荷载。midas Civil 中不仅可以沿截面高度分段输入温度（每段都为线性分布），而且可以输入沿截面横向的温度变化。

对于用梁单元模拟的组合截面，需输入考虑材料特性（弹性模量、热膨胀系数）差异的温度荷载。利用梁截面温度的功能可以更真实地模拟组合截面内实际的温度分布情况。

midas Civil 程序中的温度计算中，考虑了温度自应力。梁截面温度与结构的初始温度有关。

定义非线性温度梯度需执行命令荷载＞温度荷载＞梁截面温度。如图 9-11 所示，首先为

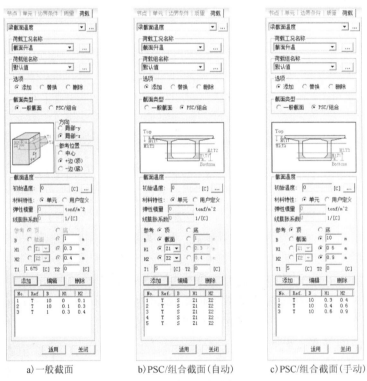

a）一般截面　　b）PSC/组合截面（自动）　　c）PSC/组合截面（手动）

图 9-11　非线性温度梯度定义

要定义的非线性温度梯度荷载指定荷载工况和荷载组。在"截面类型"分组框中，可以选择"一般截面"或"PSC/组合"。选择"一般截面"后，可根据截面手动输入 B 值以及相应的温度梯度，根据截面的 B 值变化，可分割多个温度点输入。选择"PSC/组合"后，可根据截面自动考虑截面宽度 B 值［也可以选择用手动输入 B 值，如图 9-11c）所示］，无需分割多点温度，此时的计算方法为：将截面沿高度自动按 0.1m 的高度分割后，自动输入内插的温度值。（截面突变的地方，将始终分割一个点，如图 9-12 所示）。因为温度值是内插的，所以温度变化点的参考位置（H_1 和 H_2 值）和对应温度值（T_1 和 T_2）还是要输入的。

用"梁截面温度"功能可以定义沿梁高方向或梁宽方向的温度变化,这种温度变化可用多段(最多 5 段)线性温度输入,每段线性温度需要输入的参数包括 B、$H1$、$T1$、$H2$、$T2$(图 9-11),每输入一段后点击"添加"按钮,再继续输入下一段,直到将所有多段线性温度输入完毕,最后选择该梯度温度作用的梁单元,点击"适用"按钮就完成了定义。梯度温度分成几段取决于梯度温度变化点的数量和梁截面变宽点的数量。对于截

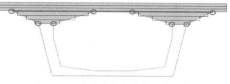

图 9-12 自动考虑非线性温度梯度

面中材料也发生变化的梁,例如联合截面或组合截面,还需要用"用户定义"的方式考虑材料特性的变化,输入每段线性温度荷载时的材料特性,应依据截面位置不同而输入不同的材料特性。"材料特性"这里是指弹性模量和线膨胀系数,可以选择为单元的材料,也可以自定义。

需要注意的是对于空心截面,温度荷载实际作用宽度一定要扣除空心部分截面宽度影响,比如在箱形截面的腹板位置处,应输入腹板厚度之和。截面高度位置的温度值为实际温度值,不是相对于系统温度的相对值。

9.1.2 线性温度梯度荷载实例

如图 9-13 所示的刚架施工时温度是 20℃,试求冬季当外侧温度为 −30℃、内侧温度为 −20℃时 A 点的竖向位移。已知水平杆与竖杆长度均为 4m,热膨系数为 0.00001,各杆均为矩形截面,高度 $h=0.4$m。

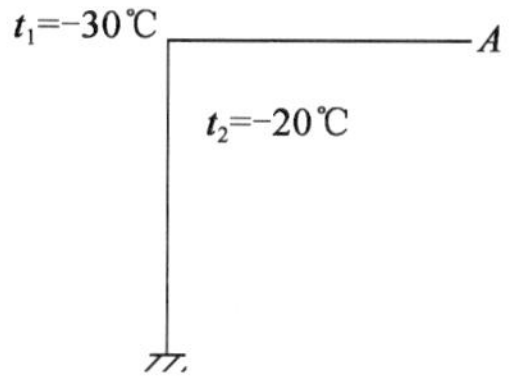

1)建立模型

包括建立节点和单元、定义截面和材料、施加边界条件。

2)定义线性温度梯度

(1)定义静力荷载工况,命名为"线性温度梯度",荷载类型为"温度梯度(TPG,TG)"。

图 9-13 线性温度梯度实例

(2)定义初始温度为 20℃,系统温度为 0℃。这里用初始温度代表安装温度,然后施加系统温度使结构整体均匀降温 20℃,再施加温度梯度。

(3)对温度梯度荷载,本例实际上可等效为刚架内侧为 0℃,外侧为 −10℃,或内侧为 5℃,外侧为 −5℃。在图 9-8 所示的对话框中,温度梯度 $T2z-T1z$ 中填写为 −10℃(初始温度不影响温度梯度荷载计算结果)。

注意梁单元的局部坐标系的方向影响计算结果,如图 9-14 所示。

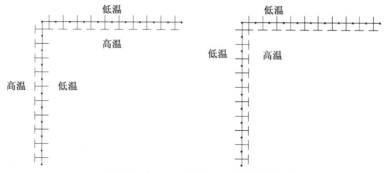

图 9-14 温度梯度中单元局部坐标方向的影响

3)运行分析并查看结果

9.1.3 非线性温度梯度荷载实例

1)实例一:预应力混凝土箱梁的竖向温度梯度输入(一般截面)

某预应力钢筋混凝土单箱单室箱梁的截面定义数据如图 9-15 所示,桥面铺装为混凝土,顶板宽度 10m,顶板厚度为 0.3m,腹板厚度为 0.5m,最小梁高为 2m。

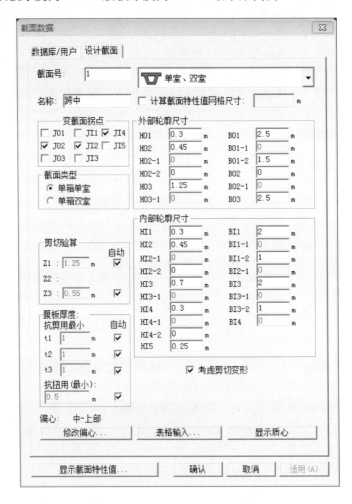

图 9-15 箱梁截面定义数据

根据《公路桥涵设计通用规范》(JTG D60—2004)4.3.10 定义其截面温度梯度(图 9-16)。根据规定,此例中 $T_1=25℃$,$T_2=6.7℃$,$A=0.3m$。定义非线性温度梯度时,温度荷载实际作用宽度 B 的取值很重要。此例中,顶板厚度 0.3m,顶板宽度为 10m,则图 9-16 中的 T_2 点在顶板中,从 T_2 点以下还有 0.2m 的范围器宽度为 10m。腹板的厚度为 0.5m,则在腹板范围内 $B=1m$。则在图 9-16 中"A"的范围内存在顶板和底板的交汇,因 B 值不同,所以"A"的范围内的温度梯度应该为两段线,总共为 3 段折线。

用"一般截面"类型定义非线性温度梯度[图9-11a)],以箱梁顶面为基准,本例的温度梯度数据定义如下:

(1)$B=10, H_1=0, H_2=0.1, T_1=25, T_2=6.7$。
(2)$B=10, H_1=0.1, H_2=0.3, T_1=6.7, T_2=1.675$。
(3)$B=1, H_1=0.3, H_2=0.4, T_1=1.675, T_2=0$。

温度1.675℃根据内插法得到,用"一般截面"类型定义非线性温度梯度时,忽略顶板与底板之间的倒角。图9-17a)为用"一般截面"类型定义了非线性温度梯度后的三段线的显示。

2)实例二:预应力混凝土箱梁的竖向温度梯度输入("PSC/组合"截面)

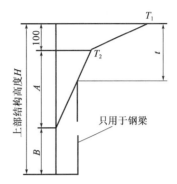

图9-16 公路规范中的温度梯度(单位:mm)

上例的截面为"设计截面"类型,所以也可用"PSC/组合"类型定义其梁截面温度。此时,温度荷载实际作用宽度B可以自动取值(选择"截面"),但是温度变化点的参考位置和对应温度值还必须手工输入。在两个温度变化点之间,程序将截面沿高度自动按0.1m的高度分割后,自动输入内插的温度值。(截面突变的地方,将始终分割一个点,如图9-12所示)。所以,此处仅输入两组数据即可(上例输入三组数据是因为B值变化)。截面偏心为顶对齐,梁截面温度梯度数据为:

(1)$B=$"截面"$, H_1=0, H_2=0.1, T_1=25, T_2=6.7$;
(2)$B=$"截面"$, H_1=0.1, H_2=0.4, T_1=6.7, T_2=0$。

图9-17b)为用"PSC/组合"类型定义了非线性温度梯度后的显示,可以与上例进行对比它们之间的区别。

图9-18为实例一、二的竖向温度变形比较。

a)按"一般截面"定义的非线性温度梯度

b)按"PSC/组合"定义的非线性温度梯度

图9-17 非线性温度梯度

3)实例三:联合截面的竖向温度梯度输入

可以使用梁截面温度梯度功能定义组合截面的温度梯度,并通过用户定义材料特性的方法,定义不同作用区域的材料特性。

在定义梁截面温度荷载时,要注意梁截面温度荷载实际上是针对联合后截面定义的,因此建议在建模时采用的截面形式为联合后截面。如果建模时采用的截面不是联合后的截面且截面偏心采用底对齐时,在定义梁截面温度荷载时温度荷载应以梁截面底部为准输入;当建模时采用的截面不是联合后的截面且截面偏心采用顶对齐时,在定义梁截面温度荷载时温度荷载应以梁截面顶部为准输入,且在这两种情况下,梁截面温度荷载作用的高度、作用截面宽度、作用位置材料特性均应以联合后截面为准。

联合截面施加非线性温度梯度荷载时,如考虑材料的变化,必须在定义"梁截面温度"荷载时选"用户定义"材料并赋值。

如图 9-19 为一个联合截面的定义数据,按图 9-16 定义非线性温度梯度。图 9-16 中 t 值为混凝土桥面板的厚度。图 9-20 为联合截面梁在非线性温度梯度下的变形。

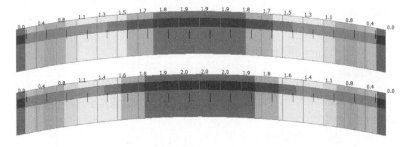

图 9-18　实例一和实例二的竖向温度变形比较(单位:mm)

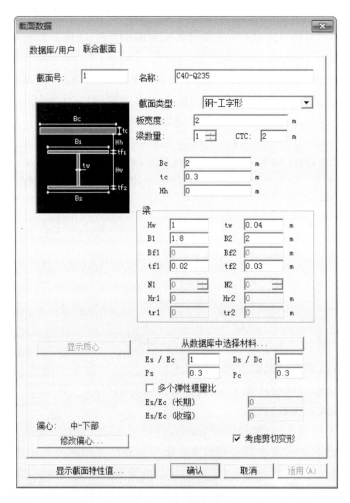

图 9-19　联合截面数据

桥面为 100mm 厚沥青混凝土铺装,用"PSC/组合"类型,用户自定义材料,截面偏心为顶对齐,梁截面温度梯度数据为:

(1) $B=$ "截面", $H_1=0$, $H_2=0.1$, $T_1=14$, $T_2=5.5$, 材料按"用户定义", 即混凝土。
(2) $B=$ "截面", $H_1=0.1$, $H_2=0.3$, $T_1=5.5$, $T_2=1.83$, 材料按"用户定义", 即混凝土。
(3) $B=$ "截面", $H_1=0.3$, $H_2=1.35$, $T_1=1.83$, $T_2=1.83$, 材料按"用户定义", 即钢材。

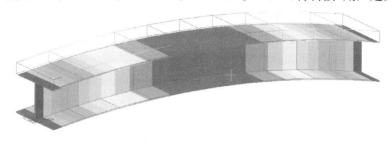

图 9-20 联合截面梁在非线性温度梯度下的变形

9.2 水化热分析

9.2.1 计算原理

1) 概述

目前大体积混凝土、高强混凝土以及耐久性混凝土正被广泛应用于实际工程中。根据工程实测资料,大体积混凝土裂缝一般出现在混凝土浇筑初期。这段时间内,由于水泥水化反应速率较快,混凝土核心位置将很快达到峰值,形成混凝土内部和表面的巨大温差,易形成贯穿裂缝。因此对大体积混凝土内部温度场进行预测,避免过大的内外温差造成温度裂缝,对大体积混凝土的施工具有重要的指导意义。

在水化反应初期,混凝土表面温度低于内部温度,这种温差使混凝土表面发生张拉应力,产生表面裂缝。水泥水化热达到最高值后会产生降温过程并引起混凝土的收缩,收缩受到外部(地基或结构)表面约束,使温度下降阶段内部收缩变形大于表面,所以在混凝土内部发生张拉应力,导致内部出现裂缝。

目前对大体积混凝土还没有一个统一的定义,但同一般混凝土构件相比,大体积混凝土具有形体庞大、水泥水化热引起的温度应力较大的特点。必须采取措施解决水化热及其引起的体积变形问题,否则会出现不可忽视的开裂问题,这样的混凝土可视为大体积混凝土。需要做水化热分析的大体积混凝土的尺寸标准与结构形式、使用材料、使用条件有关。一般认为水泥水化热引起的混凝土内外最高温差在 25℃ 以上的混凝土结构,就必须考虑其水化热问题。具体到尺寸上,一般来说板厚超过 80~100cm 时,底部固定的墙厚超过 50cm 时均需做水化热分析。在桥梁工程中的大体积混凝土一般为群桩的承台、大跨度桥梁的 0 号块等。对渡槽,虽然其混凝土方量不大,构件的厚度也较小而达不到上述标准,但是因其对裂缝要求较高,所以往往也要进行水化热分析。

为了防止结构中出现过大的温度变化和引起较大的拉应力,应对大体积混凝土结构进行温度控制,即控制基础温差(即基础与浇筑层之间的温差)和层间温差(上下层之间的温差)。应用有限元法计算温度应力时,应考虑荷载、温度变化、徐变和自生体积变化所引起的节点荷载增量。

在大体积混凝土中，为防止过大的温差和拉应力，要采取必要的温度控制措施。主要的温控措施有以下几方面：

(1)采取合理的结构形式和适当的分缝、分块方案，以减少结构内部的相互约束，释放内部应力。

(2)沿高度分层施工，并在两层之间设置几天的间歇期，使之自然散热，减少基础温差和层间温差。

(3)降低混凝土入模温度。采用集料预冷、冷水搅拌等，使入模温度降低。

(4)采用低热高强水泥，使水化热量降低，减少混凝土的绝热温升值。

(5)设置冷却水管，降低混凝土的内部温度。

(6)采用具有自生体积膨胀的水泥或外加剂，利用自生体积膨胀来抵消混凝土中的温度收缩变形。

(7)进行表面养护，防止表面附近过大的温差和水分散失引起的干缩应变，同时也要防止寒潮袭击。

(8)尽可能在低温季节施工。

(9)提高施工管理水平和施工质量，保证上述温控措施的实现。

2)热传递分析

水化热分析由温度分布分析(热传递分析)和温度应力分析两个部分组成。温度分布分析是计算节点温度随时间的变化量，即计算因水泥水合过程中发生的放热、对流、传导引起的节点温度变化。温度应力分析是使用热传递分析得到的各时间段的节点温度分布以及材料随时间变化的特性、混凝土随时间变化的收缩、混凝土随时间和应力变化的徐变等，计算大体积混凝土各施工阶段应力。

(1)关于温度场的一些基本概念

温度在时间域和空间域的分布称为温度场，可表示为 $T=T(x,y,z,t)$。若温度不随时间变化($\frac{\partial T}{\partial t}=0$)称为稳定温度场。若温度沿 z 向不变($\frac{\partial T}{\partial z}=0$)称为平面温度场。

在任一瞬时，连接温度场内相同温度值的各点，就得到此时刻的等温面。沿等温面的切向温度不变，而垂直等温面的法向，温度的变化率最大。表示一点最大增温率的矢量称为温度梯度，即 $\nabla T = i\frac{\partial T}{\partial x} + j\frac{\partial T}{\partial y} + k\frac{\partial T}{\partial z}$。

在单位时间内通过单位面积的热量称为热流密度，即 $q = \frac{1}{S}\frac{dQ}{dt}$。一点的最大热流密度矢量是沿等温面的法线且指向降温方向。根据热传导定律，热流密度与温度梯度成正比且方向相反，即 $q = -\lambda \nabla T$。λ 称为导热系数，单位为 $W/(m \cdot ℃)$。

混凝土结构在实际工作条件下的热传导微分方程可表示为 $\frac{\partial T}{\partial t} = \frac{\lambda}{c_p \rho}\nabla^2 T + \frac{\partial \theta}{\partial t}$，其中 c_p 为质量定压热容(即单位质量物体升温一度时所需的热量)，ρ 为物体的密度，θ 代表绝热温升(即将搅拌好的混凝土置于边界绝热的条件下，使水化热发出的热量全部用于提高自身温度)。绝热温升 θ 常用经验公式表示，例如某混凝土的 θ 表示为 $\theta = 27(1-e^{-0.384\tau})$，当龄期(天)$\tau = \infty$ 时，$\theta = 27℃$，表示该混凝土的内热源在绝热的条件下可使其升温 $27℃$。

确定瞬态非线性混凝土结构的温度场,有限单元法是目前运用最为广泛的方法,究其原因主要有两个:第一,其计算精度可随单元划分来控制,且充分利用计算机资源,是一种极易推广、效率极高的方法;第二,目前有成熟的商用有限元计算软件,能满足不同用户的不同要求。有限单元法求解瞬态温度场的实质是将空间域离散为有限个单元体,并在单元体的指定点设置节点,使相邻单元的有关参数具有一定的连续性,并构成一个单元的集合体以代替原来的结构。选择单元温度插值函数来确定单元内节点的温度,将节点温度代入引入边界条件的热微分方程,然后对所有单元的节点进行总体合成,求解以时间 t 为变量的常微分方程组即可。要最终求解大体积混凝土的温度场,还需知道初始条件(时间边值条件)和边界条件(空间边值条件,即混凝土表面与周围介质如空气、基岩之间的温度相互作用规律)。已知初始条件即已知瞬时整个物体上物体的分布。边界条件一般分为三类:

第一类边界条件,混凝土表面的温度是时间的已知函数。一定深度范围内的基岩边界可视为温度恒定,属于这类边界条件。

第二类边界条件,混凝土表面热流量是时间的已知函数。若热流密度为 0,则为绝热边界。

第三类边界条件,已知混凝土表面对流热交换情况。

热传导微分方程中所要求解的未知函数是温度 T。第一类边界条件直接给出了边界值;第二类边界条件给出了在边界上 T 的导数值 $\frac{\partial T}{\partial t}$;第三类边界条件中,$T$ 和 $\frac{\partial T}{\partial t}$ 均未知,只给出了 T 和 $\frac{\partial T}{\partial t}$ 之间的关系式。在工程上,第三类边界条件常常遇到,如混凝土结构表面与水、空气的接触。

目前 midas/Civil 中的水化热分析里只有实体单元(solid element)和桁架单元(truss element)可用于热传递。

(2)热传导

热传导可以定义为完全接触的两个物体之间或一个物体的不同部分之间由于温度梯度而引起的内能的交换。热传导遵循傅立叶定律:

$$q^n = -\lambda \frac{dT}{dx} \tag{9-1}$$

$$Q = -\lambda A \frac{\partial T}{\partial x} \tag{9-2}$$

式中:q^n——热流密度(W/m^2);

Q——热传导量(W);

λ——热导系数[$W/(m \cdot ℃)$],负号表示热量流向温度降低的方向;

A——面积。

$\frac{\partial T}{\partial x}$——温度梯度。

一般来说,饱和混凝土的热导系数的取值范围为 1.21~3.11,混凝土热导系数有随温度增大而减小的趋势,但是在大气温度范围内不会有明显的变化。

(3)对流

热对流是指固体的表面与它周围接触的流体之间,由于温差的存在引起的热量的交换。热对流可以分为两类:自然对流和强制对流。热对流用牛顿冷却方程来描述:

$$q^n = h(T_s - T_B) \tag{9-3}$$

式中：h——对流换热系数[W/(m²·℃)]；

T_s——固体表面的温度(℃)；

T_B——周围流体的温度(℃)。

热对流作为一种面载荷，施加于实体单元的表面。首先需要输入对流换热系数和环境流体温度，程序将计算出通过表面的热流量。h 与流态、物体的几何形状及接触面积、流体的物理性质、对流接触面的平均温度、位置等很多因素有关，所以很难用公式表示。一般来看，大体积混凝土的温度分析中用到的对流问题主要是以混凝土表面与大气的热交换形式进行的，所以可以使用风速为变量的经验公式，比如 Saetta 通过试验建议在风速小于 5.0 m/s 时，可按公式(9-4)计算对流换热系数。

$$h = 5.6 + 4.0v \tag{9-4}$$

式中：v——风速(m/s)。

(4) 发热

热源是为了模拟水化过程中发生的热量而定义的，大体积混凝土由水化热引起的单位时间、单位体积的内部发热量可以通过将绝热温度上升式微分，再乘以比热和密度来计算。

绝热温升：

$$\theta = K(1 - e^{-\alpha \tau}) \tag{9-5}$$

单位时间、单位体积的内部发热量：

$$g = \frac{1}{24} \rho C K \alpha e^{-\alpha \tau/24} \tag{9-6}$$

式中：K——绝热最高上升温度(℃)；

α——反应速度；

τ——时间(d)。

(5) 管冷

管冷是把管道埋设在混凝土结构内，通过循环管道内的低温流体进行热交换，来降低水化热引起的温度上升。这种热交换的形式是流体和管道表面之间对流引起的热交换，流体在管道内循环后上升温度。流体和管道之间对流产生的热传递量如下：

$$q_{\text{conv}} = h_p A_s (T_s - T_m) \tag{9-7}$$

式中：h_p——管道的流水对流系数[W/(m²·℃)]；

A_s——管道的表面积(m²)；

T_s, T_m——管道表面和冷却水的温度。

(6) 初始温度、环境温度和固定温度

初始温度是指浇筑混凝土时的水、水泥、集料的平均温度，是进行分析的初始条件。

环境温度是指混凝土浇筑后养护过程中的周围温度，可以输入固定温度（第一类边界条件），也可以输入时间的合适函数形态。

固定温度是热传递分析的边界条件，在分析过程中其值保持不变。热传递分析时，若没有输入节点的对流条件或固定温度，那么该分析将被视为是在没有热传递的绝热状态下进行分析。对称模型可取一半模型分析，此时在对称面上为绝热边界条件。

3) 热应力分析

通过热传递分析可以得到大体积混凝土施工过程的温度场分布情况,大体积混凝土在水化热产生的温度作用下是否产生裂缝还要看应力的大小,通过热应力分析得到温度应力的大小。热应力分析与混凝土的施工过程密切相关,温度应力分析是使用热传导分析得到的各时间段的节点温度分布以及材料随时间变化的特性、混凝土随时间变化的收缩、混凝土随时间和应力变化的徐变等,计算大体积混凝土各施工阶段应力。

9.2.2 水化热分析步骤

在 midas Civil 中做水化热分析的步骤如下:

(1)在模型>材料和截面特性>时间依存材料(徐变/收缩)和模型>材料和截面特性>时间依存材料(抗压强度)中输入材料的时间依存特性值,然后在模型>材料和截面特性>时间依存材料的连接中将时间依存材料特性与定义的一般材料连接起来。

(2)在荷载>水化热分析数据中输入水化热分析必要的数据(环境温度函数、对流系数函数、定义及分配热源、定义对流边界和施工阶段,如图9-21所示)。

图9-21 水化热分析数据菜单

(3)在分析>水化热分析控制中输入积分常数和初始温度,并决定应力输出位置以及是否考虑徐变和收缩。

图9-22 水化热分析控制

midas Civil 程序中进行水化热分析时,要设置"水化热分析控制",对应命令为分析>水化热分析控制,其对话框如图9-22所示。

(4)点击分析>运行结构分析。

(5)结构分析结束之后,可以利用结果中的各种后处理功能查看分析结果。

9.2.3 水化热分析实例

1)相关资料

某特大桥,其主桥主墩承台最大尺寸长、宽、高分别为42.5m、15m、5m,混凝土强度等级为C30,施工时最低气温为5℃,平均气温为10℃。

承台混凝土配合比为 C:W:S:G=1:0.533:2.513:3.62:0.011。混凝土拌和方式采用自动配料机送料,拌和站集中拌和,混凝土泵输送混凝土至模内。混凝土中的水泥用量为300kg/m³,水化热 $Q=250$J/kg,混凝土比热 $c=0.96$J/(kg·℃),混凝土密度 $\rho=2423$kg/m³。

桥址区位于亚热带大陆季风性气候地区,年平均气温17.6℃,极端最高气温为40.1℃,极端最低气温为−9.7℃。

施工分两次完成,第一次和第二次浇筑厚度均为2.5m,每次浇筑间隔时间为7d。

2)模型建立

(1)定义材料

执行主菜单＞模型＞材料和截面特性＞材料,按图9-23定义两种材料[注意单位为kgf(1kgf=9.80665N),m]。

图9-23 定义材料

(2)定义承台混凝土的强度发展,如图9-24所示(注意单位为kN,m)。对应命令为主菜单＞模型＞材料和截面特性＞时间依存性材料(抗压强度)。如果有强度发展的实测数据,应该在图9-24的"类型"分组框中选择"用户定义",如图9-25所示。自定义混凝土强度发展曲线时,时间表示的是从混凝土浇筑到计算点时的持续时间,弹性模量和强度表示的是到此时间点时混凝土的弹性模量和强度。

(3)定义承台混凝土的收缩徐变特性。对应命令有两个,一是主菜单＞模型＞材料和截面特性＞时间依存性材料(收缩/徐变),如图9-26所示。二是主菜单＞模型＞材料和截面特性＞时间依存性材料(收缩/徐变)函数,运行该命令后弹出的对话框如图9-27所示,点击"添加"按钮,在弹出的图9-28所示的对话框中自定义徐变曲线或收缩应变曲线(自定义收缩曲线需在图9-27中选择"收缩应变"属性页)。

特别需要注意的是,按规范定义混凝土的徐变曲线(图9-26)时,需要用到构件理论厚度的简化公式,由于水化热分析的实体结构与杆系结构有很大区别,对实体结构这样计算混凝土的徐变特性会产生较大的误差。比较好的方法是进行加载试验,根据实验数据得到徐变函数(徐变度、柔度函数或徐变系数),然后自定义徐变特性。对混凝土的收缩特性也应该采用试验确定的方法。

第9章 温度问题

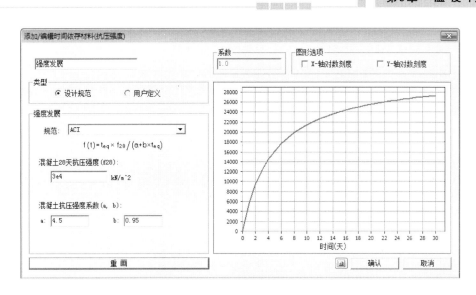

图 9-24 按规范定义强度发展

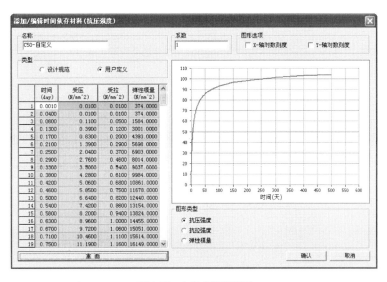

图 9-25 自定义强度发展

图 9-26 用规范定义混凝土收缩徐变特性

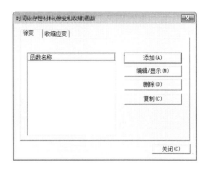

图 9-27 自定义混凝土收缩徐变特性

在图 9-28 所示的自定义徐变系数曲线中,横轴的时间表示的是从混凝土浇筑到计算时间点的持续时间。对采用同一种混凝土材料,但激活时间不同的两组构件,需要定义两种材料,以及与材料和结构组激活时间相对应的徐变特性曲线。对收缩特性依然。

(4)时间依存性材料连接,如图 9-29 所示,对应命令为主菜单＞模型＞材料和截面特性＞时间依存性材料连接。

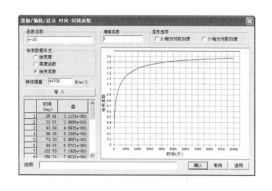

图 9-28　自定义徐变系数曲线

图 9-29　时间依存材料连接

(5)建立承台和地基的实体模型

地基模型的大小要能够正确反映混凝土水化热传播的过程,必要时可以通过试算判断。这里取地基的厚度为 3m,长宽方向每侧也比承台大出 3m。建模可采用由板单元扩展成实体单元的方法。这里没有考虑承台底桩的影响。根据对称性(模型几何形状、边界、荷载均对称),可以将整体模型取 1/4 来计算,如图 9-30 所示。

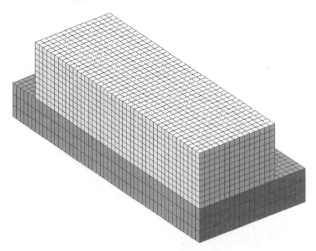

图 9-30　承台和地基的 1/4 模型

单元形状可以建成同结构形状类似,对于应力变化较大的区域以及用户关心的部位可以将单元的大小分割得小一些密一些。地基部分的单元不必划分得太细,划分单元的原则之一为同一单元内的应力变化不要太大。模型建立时或建立后,给承台和地基赋予不同的材料,图

9-30中用不同的颜色区分材料。

3)定义组

因为计算水化热以及相应温度应力需考虑施工过程,所以需要将在不同阶段施工的单元定义在不同的结构组中,同样也需建立不同的边界组。

(1)结构组定义

需建立"地基"、"第一次浇筑承台混凝土"和"第二次浇筑承台混凝土"3个结构组。为了准确定义各结构组混凝土的厚度,需要在网格划分时就规划好单元的尺寸。

(2)边界组定义

定义的边界组有:地基边界条件、对称条件、固定温度条件和对流边界(包括:第一层混凝土侧模对流边界、第一层顶面对流边界、第二层混凝土侧模对流边界、第二层顶面对流边界)。

地基边界条件用于温度应力分析,属于结构分析中的边界条件。在地基的非对称面边界位置输入固结边界条件,有底面和两个侧面,顶面不约束。三维实体单元没有转动自由度,所以仅需约束三个平动自由度即可(一般支承)。

对称边界条件也属于结构分析中的边界条件,在承台和地基的对称面上输入正对称的边界条件。因为正对称面上的反对称力为0,对实体单元,所谓的正对称边界条件就是在与X轴垂直的对称面上仅约束X方向的平动自由度,在与Y轴垂直的对称面上仅约束Y方向的平动自由度。

固定温度边界条件和对流边界属于热分析中的边界条件,在进行"水化热分析数据"中定义,这里仅给出组的名称。

4)水化热分析控制

建立了结构模型之后输入热传导分析所需的参数,首先进行水化热分析控制。对应命令为分析>水化热分析控制,其对话框如图9-22所示。

最终施工阶段:决定哪个施工阶段为最终施工阶段,即分析到哪个预定义的施工阶段就停止施工阶段分析。因为还没有定义施工阶段,所以这里可以先选择默认的"最后施工阶段",如需修改,则等定义完成施工阶段之后再返回这里修改即可。只有在最终施工阶段,才能与其他荷载工况(如地震、移动荷载等)进行组合。本例选择了"最后施工阶段"。

积分系数(时间离散系数):输入热传导分析所需的时间离散系数,详见在线帮助。本例填写为0.5。

初始温度:水化热反应前的温度,指浇筑混凝土时的水、水泥、集料的平均温度。最终的结构温度等于水化热导致的温度上升和初始温度之和。本例为10℃。

徐变和收缩:水化热分析的最终目的是求解应力,检验是否存在混凝土在建筑的初期开裂,所以还通常考虑混凝土的强度发展、混凝土的收缩现象与徐变现象以及自重荷载(一般是仅有的外力荷载)的影响。在图9-22所示的"水化热分析控制"对话框中,要勾选"徐变和收缩",并在"类型"中选择"徐变和收缩"。这里程序提供两种徐变分析方法,一是"一般",二是"有效系数"。当选择"一般"时,需按规范或自定义徐变曲线,在图9-26所示的"时间依存材料特性(收缩/徐变)"对话框中点击"显示结果"按钮,即可显示按规范定义的徐变系数曲线(图9-31)。选择"有效系数"时,不需要定义徐变曲线(如图9-32所示,仅需定义phi1和phi2的值),程序通过弹性模量折减的方法来近似考虑徐变。本例由于没有实测数据,故按规范定义混凝土的收缩和徐变特性。

使用等效材龄和温度：混凝土凝固过程中发生的材料特性的变化可以用温度和时间的函数形态表示。为了反映这种现象，采用了等价龄期和积算温度的概念。日本规范中计算弹性模量的变化时使用绝对材龄，计算收缩和徐变时使用等效材龄。其他的国外规范一般与日本相反。如果勾选此项，表示计算收缩和徐变以及弹性模量的变化时使用等效材龄和积算温度，否则程序使用绝对材龄。等效材龄默认使用 CEB-FIP Model Code 中的方法计算，积算温度是根据成熟度理论利用 Ohzagi 公式计算的。

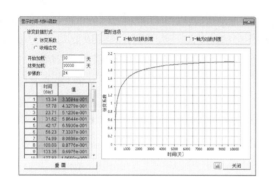

图 9-31 徐变系数曲线

图 9-32 有效系数法计算徐变

5）水化热分析数据

一般可按图 9-21 依次定义，即依次执行图 9-21 中各菜单命令。

(1)环境温度函数

环境温度函数，又称外界介质温度函数，在土木工程中一般输入大气温度函数。该函数将用于计算热流密度 q[式(9-3)]。严格来讲，该温度应该是随时间变化的，应定义成时间的函数。如图 9-33 所示，midas/Civil 中该函数可以定义成常量、正弦函数或自定义曲线。但在施工时没有大气温度数据的情况下，也可近似取大气平均温度。本例取常量 10℃。

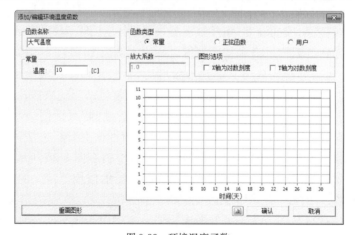

图 9-33 环境温度函数

第9章 温度问题

(2) 对流系数函数

输入对流边界面的对流系数的变化函数,即对流换热系数。对流边界面是指混凝土表面、施工缝表面等。混凝土表面暴露,没有模板或保温层时,可以采用经验公式计算,例如式(9-4),由于经验公式较多,计算结果也不尽相同或相近,要特别注意公式的使用条件。

当混凝土表面有模板或保温层时,可用混凝土表面模板或保温层的传热系数 β 来等效对流换热系数。

$$\beta = \frac{1}{\sum \frac{\delta_i}{\lambda_i} + \frac{1}{\beta_q}} \tag{9-8}$$

式中:β_q——空气层的传热系数,取 $23[W/(m^2 \cdot K)]$;

δ_i——各保温层材料厚度(m);

λ_i——各保温层材料导热系数$[W/(m \cdot K)]$,见表 9-1。

式(9-8)计算的传热系数还需按表 9-2 修正,本例没有考虑修正。

几种保温材料导热系数 表 9-1

材料名称	密度 (kg/m³)	导热系数 λ_x [W/(m·k)]	材料名称	密度 (kg/m³)	导热系数 λ_x [W/(m·k)]
建筑钢材	7800	58	矿棉,岩棉	110~200	0.031~0.05
钢筋混凝土	2400	2.33	沥青矿棉毡	100~160	0.033~0.05
水		0.58	泡沫塑料	20~50	0.035~0.052
木模板	500~700	0.23	膨胀珍珠岩	40~300	0.019~0.042
木屑		0.17	油毡		0.05
草袋	150	0.14	膨胀聚苯板	15~25	0.042
沥青蛭石板	350~400	0.081~0.105	空气		0.03
膨胀蛭石	80~200	0.047~0.07	泡沫混凝土		0.10

传热系数修正值 表 9-2

	保温层种类	K_1	K_2
1	仅由容易透风的材料组成(如草袋、稻草板、锯末、砂子)	2.6	3.0
2	由易透风材料组成,但在混凝土面层上再铺一层不透风材料	2.0	2.3
3	在易透风保温材料上下铺一层不透风材料	1.6	1.9
4	在易透风保温材料上下各铺一层不易透风材料	1.3	1.5
5	仅由不易透风材料组成(如油布、帆布、棉麻毡、胶合板)	1.3	1.5

注:K_1——一般刮风情况(风速小于 4m/s)下的传热系数修正值;

K_2——刮大风情况下的传热系数修正值。

在本例中,需要定义两个对流换热系数:

混凝土的顶面按覆盖 4cm 厚的草袋考虑,其对流系数为:

$$\beta_1 = \frac{1}{0.04/0.14 + 1/23} = 3.0W/(m^2 \cdot ℃) = 10.9kJ/(m^2 \cdot h \cdot ℃)$$

侧面混凝土,按 2cm 厚木模考虑,其对流系数为:

$$\beta_2 = \frac{1}{0.02/0.23 + 1/23} = 7.7\text{W}/(\text{m}^2 \cdot \text{°C}) = 25.6\text{kJ}/(\text{m}^2 \cdot \text{h} \cdot \text{°C})$$

每一层均对应自己的侧面和顶面对流换热系数,所以在程序中定义了四个对流系数函数,均为常量,其名称为"一层侧面对流换热系数"、"一层顶面对流换热系数"、"二层侧面对流换热系数"、"二层顶面对流换热系数"。

(3)单元对流边界

将前面定义的大气(环境)温度和对流边界条件赋予混凝土表面。注意,与大气接触的混凝土表面边界条件是随施工阶段而发生变化的。对流边界条件组共定义了4个。第一层混凝土侧模对流边界定义如下[图9-34a)]。

边界组名称:第一层侧面对流边界;

对流边界:一层侧面对流换热系数;

环境温度函数:大气温度;

选择:根据选择的节点。选择的节点为第一层混凝土的侧面节点,不包含对称面上的节点,如图9-34b)所示。最后点击图9-34a)中的"适用"按钮。

a) 定义对流边界

b) 节点选择

图9-34 第一层混凝土侧模对流边界定义

第一层顶面对流边界、第二层混凝土侧模对流边界和第二层顶面对流边界按上面类似的方法定义,最后如图9-35所示。

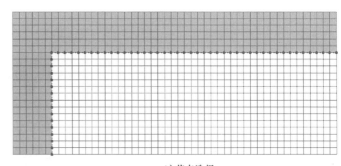

图9-35 对流边界定义后的"工作"表单

第一阶段和第二阶段混凝土的接触面在浇筑第二阶段混凝土时不再与大气直接接触,而是成为内部混凝土通过混凝土介质传热,所以仅将其定义为一个边界组用来模拟第一层浇筑完成后的对流边界,浇筑第二层后将该边界组钝化即可。

在承台的对称面上为绝热边界条件,不定义对流边界和固定温度即可。

(4)固定温度

对温度不随时间变化的单元赋予固定温度条件。本例中,地基的侧面(不含对称面)、顶面(不含承台下方的地基顶面)和底面输入固定温度,其温度值定义为10℃。

(5)热源函数

热源函数描述的是混凝土水化过程的放热状态,热源函数由水泥种类和水泥单位体积使用量决定。如图9-36所示,函数类型可以选择常量、设计标准和用户定义,一般选择设计标准。

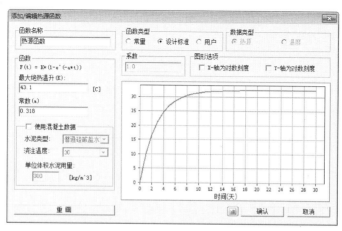

图9-36 放热函数定义

在图9-36中,可以有两种方法确定最大绝热温升 K 和常数 a(称为导温系数或热扩散率):一是直接输入其数值,其中 K 最好通过实测得到,a 是与水泥品种、密度和导热系数有关,取值可按表9-4。二是在图9-36中勾选"使用混凝土数据",然后选择水泥类型、浇筑温度和单位体积水泥用量,由程序自动计算 K 和 a。

假定在混凝土周围没有任何散热条件、没有任何热损耗的情况下,将水泥和水水化后产生的水化热量,全部转化为温升后的最后温度,称为最大绝热温升,用 K 表示。在没有实测数据时,可用式(9-9)和式(9-10)之一计算:

$$K = \frac{(m_c + kF)Q}{c \cdot \rho} \tag{9-9}$$

$$K = \frac{m_c \cdot Q}{c \cdot \rho}(1 - e^{-at}) \tag{9-10}$$

式中:K——混凝土最大绝热温升(℃);

m_c——混凝土中水泥(包括膨胀剂)用量(kg/m³);

F——混凝土活性掺合料用量(kg/m³);

k——掺合料折减系数。粉煤灰取 0.25~0.30;

Q——水泥28天水化热(kJ/kg),查表9-3;

c——混凝土比热,取 0.97[kJ/(kg·k)];

ρ——混凝土密度,取 $2400(kg/m^3)$;

e——常数,取 2.718;

t——混凝土的龄期(d);

a——系数,随浇筑温度改变,查表9-4。

不同品种、强度等级水泥的水化热　　　　　　　　　表9-3

水泥品种	水泥强度等级	水 化 热 $Q(kJ/kg)$		
		3d	7d	28d
硅酸盐水泥	42.5	314	354	375
	32.5	250	271	334
矿渣水泥	32.5	180	256	334

系　数　a　　　　　　　　　表9-4

浇筑温度(℃)	5	10	15	20	25	30
a	0.295	0.318	0.340	0.362	0.384	0.406

本例中,计算得到最大绝热温升为43.1℃,a 取 0.318,如图9-36所示。

(6)分配热源

选择所有承台混凝土单元,将前面定义的热源函数分配给承台混凝土单元。

(7)冷管

此例中先按没有冷管分析,根据计算结果判断是否需要加冷管。

(8)定义水化热分析施工阶段

使用前面定义的结构组和边界组定义施工阶段,输入水化热分析时间。首先将浇筑第一阶段混凝土定义为第一施工阶段(CS1)。

本例第一施工阶段(CS1)的定义如图9-37所示,定义水化热分析施工阶段的方法与第8章类似。

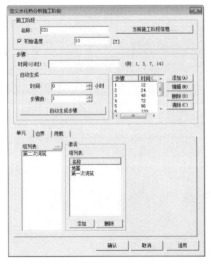 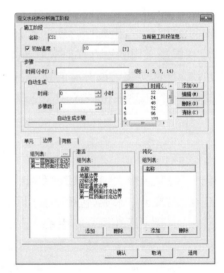

图9-37　第一施工阶段(CS1)定义

初始温度:用来定义该阶段被激活结构的初始温度。即该初始温度优先于分析＞水化热分析控制中的初始温度。地基和基础的初始温度会不同,不同阶段浇筑的混凝土的初始温度也会由于混合时间、冷却集料的使用等有所不同。如果在这里未输入初始温度,程序将自动使用分析＞水化热分析控制中的初始温度来计算。

步骤:用以小时计的时间来定义,有两种方法。一是直接在"时间(小时)"后的编辑框中输入每个步骤的累计用时,以空格或逗号间隔;二是用自动生成的方法,先给出总的累计时间,再给出步骤数,然后点击"自动生成步骤"按钮。本例第一施工阶段按 12、24、48、72、96、120、144 和 168 定义步骤,总的累计时间为 7d。

单元/边界/荷载:激活或钝化前面定义的结构组/边界组/荷载组。

第二施工阶段(CS2)的定义如图 9-38 所示。

图 9-38　第二施工阶段(CS2)定义

本例第二施工阶段按 12、24、48、72、96、120、144、168、360 和 720 定义步骤,本阶段总的累计时间为 30d。

在第二施工阶段的开始钝化了第一层混凝土顶面的对流边界。第二层顶面的对流边界和所有侧面的对流边界保持不变,工程上的实际情况是养生一段时间后就会拆除侧模,顶面的保温覆盖物也会去掉。如按这样的实际情况考虑,每层混凝土都需要增加表面暴露对流边界条件,因为边界组的激活和钝化均发生在该施工阶段的开始时间,所以要增加施工工况(阶段)的定义。

在施工过程中还可以激活或钝化静力荷载,并且可以选择其激活或钝化时间。注意:水化热施工阶段分析中考虑的静力荷载工况的荷载类型必须是施工阶段荷载。自重荷载在"水化热分析控制"中已经包含,这里不需重复定义。

定义完每个施工阶段后,可以通过点击图 9-37 和 9-38 所示对话框中的 [当前施工阶段信息] 按钮来查看刚定义的施工阶段的信息。

定义完所有的施工阶段后,可以通过执行荷载＞水化热分析数据＞选择显示施工阶段或工具条中的 [基本] 来查看定义的分析过程。可以先将边界条件等都显示出来,以便于查看。

6）运行分析

7）查看分析结果

本例题中因为混凝土内外温差引起的内部约束是产生应力的主要原因，内部约束是因混凝土在温度荷载作用下产生不规则的体积变化引起的。在混凝土浇筑初期，因表面和内部较大的温差引起膨胀变形，从而使混凝土表面和内部分别产生拉应力和压应力。水化热引起的温升达到最高值后混凝土开始降温，所以在浇筑后期，与初期材龄时相反混凝土内外将产生收缩变形差。因为内部的收缩变形比外部大，所以内部产生拉应力，外部产生压应力。内部约束引起的应力大小与结构内部和外表面温差成比例。另外，具有不同材龄的混凝土的热传导特性各不相同，因此由不同材龄混凝土组成的结构的水化热分析也是比较复杂的问题。

图9-39　结果＞水化热分析子菜单

在midas Civil中可以使用图形、表格、图表、动画等多种手段查看各施工阶段的水化热分析结果，图9-39为结果＞水化热分析子菜单。图9-40为某阶段的温度分布（结果＞水化热分析＞温度），图9-41为与之对应的应力分布执行（结果＞水化热分析＞应力）。

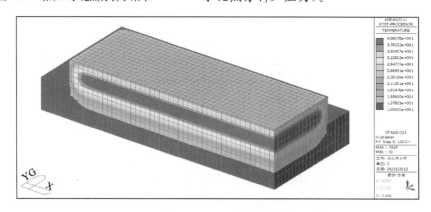

图9-40　某阶段的温度分布

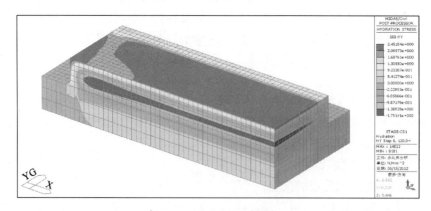

图9-41　某阶段的应力分布

通过结果＞水化热分析＞图表可以得到某点的温度或应力变化的时程图形，可以清楚地看到该点温度或应力随时间变化的规律。下面简要介绍定义过程：

(1)运行结果＞水化热分析＞图表命令，在图9-42中点击"添加"按钮，在弹出的"节点定义"对话框(图9-43)中定义节点或选择单元上的节点，然后在"应力"分组框中选择要显示的应力类型，最后点击"确认"。可以选择多个节点。

(2)定义了节点及对应的应力类型后，会在如图9-42所示的"定义的节点"栏中显示，勾选其中的一个，然后选择图标内容，选择X轴(横轴)类型，最后点击"适用"按钮，得到如图9-44所示的时程图形。在图中，可以通过点击图下方的"应力和抗拉强度"、"应力"、"容许抗拉强度"、"温度"和"拉应力比"来变换时程图的内容。

图9-42 结果图标定义

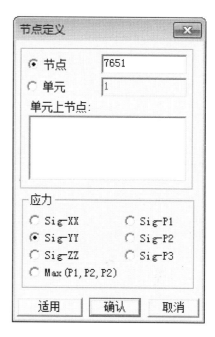

图9-43 节点定义

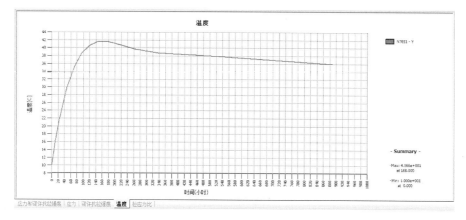

图9-44 时程图形

8) 管冷设置

从上述分析结果可以看出，内外的温差大于 25℃，混凝土的应力超出了施工中的容许拉应力，应该采取措施。主要的措施是设置冷管。

这里假设把冷却管设置在距基础底部 1.0m 和 3.5m 高的位置，共两层冷管。下面仅就第一层混凝土的冷管设置进行说明，第二层混凝土的冷管设置与此基本一致。为了输入数据的方便，将第一层混凝土相应位置的节点选择后激活。注意冷管数据只能设置在已有的节点上，所以在建立模型时就应该考虑到冷管的设置位置问题，即在设置冷管的位置建立相应节点。

运行命令荷载＞水化热分析数据＞管冷，在图 9-45 所示的对话框中填写数据。

名称：第一层管冷；比热：4.2kJ/(kN·℃)；容重：10kN/m³；流入温度：5℃；流量：1.2m³/h；流入时间：开始 CS1 0h 结束 CS1 120h；管径：0.027m；对流系数：1338kJ/(m²·hr·℃)；选择：两点。按图 9-46 所示的路径定义冷管。第二层冷管的设置与此类似。

对比图 9-44，从图 9-47 所示的 7 651 节点的温度时程可以看出，设置冷管后承台的内外温差明显下降。

图 9-45 管冷定义

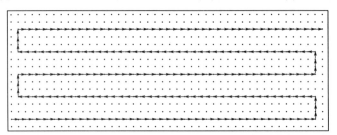

图 9-46 冷管平面布置图

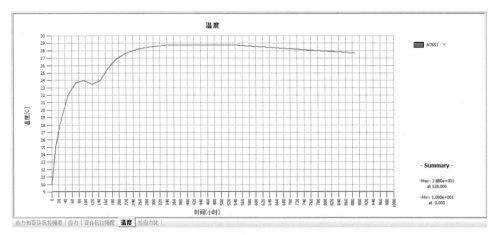

图 9-47 布置冷管后的温度分布时程图

9.3 日照温差效应分析

日照温差效应受到桥址地域、桥梁走向、季节、截面形式等的影响,按规范给出的统一的温度梯度显然不够准确。midas/Civil 软件的水化热计算功能方便、快捷,不但能够计算出温度分布,而且能够直接得到温度应力。利用水化热分析功能还可以对箱梁的日照温差效应进行分析,本节仅介绍一下思路和主要步骤。

9.3.1 混凝土桥梁结构的热交换

置于大气中的桥梁热交换包括吸收太阳总辐射热、与周围空气发生对流以及本身内的热传导等,所以桥梁结构表面温度和内部温度分布是瞬时变化的。其边界三种主要的热交换有:①吸收太阳辐射热量和边界的热辐射;②与周围空气的对流;③内部的热传导。

外边界的热交换主要是对流与辐射,周围空气与桥梁的外边界时刻都通过对流传递热量。太阳的辐射对桥梁的影响作用很大,桥梁结构白天吸收的热量大于放出的热量,使其温度升高;夜晚放出的热量大于吸收的热量,使其温度降低,因而温度分布有两个极值。

辐射分为长波辐射和短波辐射两种,短波辐射就是我们平常说的太阳辐射,它由太阳的直射和天空的散射组成,它受云、大气透明度等天气条件影响。长波辐射主要是热辐射,尽管长波辐射强度比短波辐射强度小很多,但在夜间,桥梁外边界与周围环境的热交换主要是热辐射。置于自然环境中的混凝土箱梁与周围环境发生的热交换见图 9-48。

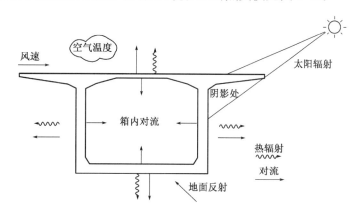

图 9-48 箱梁热交换示意图

混凝土桥梁结构与外界的热交换可以归纳为如下三种类型。

(1)太阳辐射:太阳辐射经过地球大气层的吸收、反射和散射以后,到达混凝土结构表面,一部分被混凝土吸收,另一部分被反射回去。太阳辐射的能量主要集中在可见光波段范围内,由于可见光波长比一般物体的热辐射波长要短,因此太阳辐射也叫短波辐射。

(2)辐射换热:同自然界的其他任何物体一样,混凝土结构通过其表面以电磁波形式向外界发出热辐射,同时又不断地吸收地表、大气及周围物体发出的热辐射,这种辐射与吸收的综合结果就是混凝土结构与外界的辐射换热。这种形式热辐射称为长波辐射。

(3)对流换热:当混凝土表面温度与周围流体(空气)温度不同时,流体流过混凝土表面或表面附近流体各部分之间相对运动的过程，都伴随有表面与流体之间的热量传递，即对流换热。

在进行热分析前，必须知道箱梁截面的几何尺寸、混凝土的热工参数以及太阳辐射强度等。从气象部门可以得到水平面上的太阳直射通量和散射通量，倾斜面上的辐射通量则根据其与水平面的几何关系来求出。

9.3.2 热源及热交换公式

1）对流换热

热对流是指固体的表面与他周围接触的流体之间，由于温差的存在引起的热量交换。对流换热的热量主要与接触面的性质、大小、流体的速度、流动空间以及流体与接触面间的温度有关。单位面积上的换热量可用公式(9-3)计算，其中对流换热系数与风速、物体表面光洁度以及物体的几何形状有关，通常由试验或经验公式来确定。

2）传导换热

热传导直接由程序计算。热传导在材料一定的情况下，其导热性能不随外界环境的变化而变化。

3）气温日变化过程

气温日变化(即一天中每个时刻的温度)具有周期性及非对称性，在缺乏实测时程温度数据时，可用三角函数来拟合，比如公式(9-11)。

$$T_a = 0.5(T_{max} - T_{min})\sin(t - 9 \times 15°) + 0.5(T_{max} + T_{min}) \quad (9-11)$$

式中：T_{min}——日最低气温(℃)；

T_{max}——日最高气温(℃)；

t——计算时刻。

4）太阳辐射天文参数计算

(1) 太阳常数

在晴天，太阳辐射是混凝土桥梁结构从外界吸收能量的主要来源。太阳以高达5 770K的表面温度，向外发出巨大的辐射能。早期人们认为单位时间内投射到地球大气层上界垂直于太阳射线的单位面积上的太阳辐射能是一个定值，并将其称为太阳常数。

由于地球绕太阳公转的轨道是椭圆形的，太阳位于椭圆的一个焦点上，因此日地距离在一年中是不断变化的，1月初日地距离最近，7月初日地距离最远，只有4月初和10月初才等于平均日地距离。所谓"太阳常数"实际上是随日地距离的变化而变化的。不过最近距离和最短距离之差仅约3.3%，由于到达地球大气层外界的太阳辐射强度与日地间距离的平方成反比，所以在地球近日点和远日点时的辐射强度有约6.7%的差别。不同时期到达地球大气层上界的太阳辐射强度是缓慢变化的，可以通过引入一个系数对太阳常数进行修正，来表示一年中太阳辐射强度随时间的这种变化。对于土木工程计算来说，可以足够精确地按经验式(9-12)计算一年中不同日期地球大气层上界的太阳辐射强度(即太阳常数)。

$$I_0 = 1367[1 + 0.033\cos(360° \times N/365)](kW \cdot m^{-2}) \quad (9-12)$$

式中：N——自1月1日起算的日序数。

(2) 太阳倾角和时角

由地心指向日心的连线与地球赤道平面的夹角称为太阳赤纬,或称太阳倾角。地球绕太阳公转的轨道平面称黄道面,而地球的自转轴称极轴。由于极轴与黄道面不是垂直相交的,而是呈 66.5°夹角,并且这个角度在地球公转过程中不论是大小还是在空间的方向都始终维持不变,因此太阳倾角将随着地球在公转轨道上位置的不同而发生变化,在春分和秋分时刻等于零,而在夏至和冬至时刻出现极值,分别为+23.45°和−23.450°,太阳倾角在一年中的变化可按经验公式(9-13)计算。

$$\delta = 23.45°\sin[360° \times (284 + N)/365] \tag{9-13}$$

尽管事实上是地球沿轨道绕太阳公转,但为了叙述方便,假定地球不动,而认为太阳绕地球转动,这种假定的太阳绕地球运动称为"视运动"。某一时刻日心到地心连线所在的子午圈与地球上观察者所在的子午圈之间的夹角,称为该时刻的太阳时角,每天 24 小时太阳"视运动"旋转 360°,相当于太阳时角每小时变化 150°但是,由于地球公转轨道是椭圆形的,所以太阳时角应按真太阳时计算,真太阳时与我们平常所习惯的平均尺度的平太阳时的差值称为时差。此外,各地因经度不同而时间不同,而我国统一采用北京时间即东经 120°子午线时间作为计时标准,因此首先需要经过经度订正,将北京时间订正到地方时,即平太阳时。所以,真太阳时 t 可按式(9-14)计算。

$$t = 北京时 - \frac{(120° - 地方经度)}{15°} + t_d \tag{9-14}$$

式中:t_d——表示时差,按经验公式(9-15)计算。

$$t_d = 0.165\sin2\theta_N - 0.025\sin\theta_N - 0.126\cos\theta_N \tag{9-15}$$

式中:θ_N——表示随日序数变化的日角,按 $\theta_N = 360° \times (N-81)/364$ 近似计算。

在真太阳时的中午 12 点,日地连线与观察者所在的子午圈处于同一平面,此时太阳时角为零。规定太阳时角以上午为正,则其计算公式为式(9-16)。

$$\tau = (12 - t) \times 15° \tag{9-16}$$

(3)太阳高度角和方位角

相对于地面上的观察者,太阳在天空半球内的位置可以由太阳方位角和高度角两者所完全确定。太阳方位角 α_s 为自地面观察者至太阳的连线在地平面上的投影与正南方向的夹角;太阳高度角 β_s 指自地面观察者至太阳的连线与观察者所在的地平面的夹角。与某些文献不同,这里规定太阳方位角以由南转向东为正,向西为负,即上午为正,下午为负;这样就与数学上角度以逆时针方向为正的一般规定一致,在三角函数计算时不必先进行角度转换,以方便计算。太阳方位角 α_s 和高度角 β_s 按公式(9-17)和公式(9-18)计算:

$$\cos\alpha_s = (\sin\varphi\cos\delta\cos\tau - \cos\varphi\sin\delta)/\cos\beta_s \tag{9-17}$$

$$\sin\beta_s = \cos\varphi\cos\delta\cos\tau + \sin\varphi\sin\delta \tag{9-18}$$

式中:φ——地理纬度,以北纬为正。

在式(9-17)中令太阳高度角 $\beta_s = 0$,可得日出日没时的太阳时角为:

$$\tau_{r,s} = \pm[180°\arccos(-\tan\varphi\tan\delta)]/\pi \tag{9-19}$$

("+"号对应日出的时角,"−"号对应日没的时角)

再根据式(9-16),即可求得日出日没的真太阳时 t_r 和 t_s,分别为:

$$t_r = 12 - [12\arccos(-\tan\varphi\tan\delta)]/\pi$$

$$t_s = 12 + [12\arccos(-\tan\varphi\tan\delta)]/\pi \tag{9-20}$$

(4)太阳入射角

太阳入射角必为受照射表面外法线和太阳光线之间的夹角,如图 9-49 所示。计算太阳入射角的目的是判断翼缘板的遮荫作用。

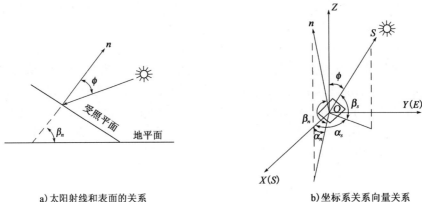

图 9-49 受照表面上的太阳入射角

$$\begin{aligned}\cos\phi = &(\sin\varphi\sin\beta_n - \cos\varphi\cos\alpha_n\cos\beta_n)\sin\delta + (\cos\varphi\sin\beta_n + \\ &\sin\varphi\cos\alpha_n\cos\beta_n)\cos\delta\cos\tau + \sin\alpha_n\cos\beta_n\sin\tau\end{aligned} \tag{9-21}$$

式中参数的含义见图 9-49。

5)太阳辐射

(1)太阳直接辐射

从太阳发出的辐射穿过地球大气层时,被大气层所吸收和反射,透射的那部分直接射到地球表面称为太阳直接辐射。考虑地面获得太阳辐射强度的变化,太阳射线到达地球大气层上界的辐射强度,一年内有微小波动,近似按式(9-22)计算:

$$I = I_0\left(1 + 0.033\cos\frac{360°N}{365}\right) \tag{9-22}$$

地面上垂直于太阳射线平面上的直接辐射强度 I_m 可按下式近似计算:

$$I_m = 0.90^{m t_u} I \tag{9-23}$$

式中:t_u——大气浑浊度因子,在晴空洁净大气情况下的变化范围在 1.8~3.3 之间,夏季取偏高值,冬季取偏低值;

m——经气压修正的大气光学质量。

$$m = \frac{k_a}{\sin\beta_s} \tag{9-24}$$

式中:k_a——不同海拔高度的相对气压(kPa)。

确定太阳直接辐射强度的关键因素在于确定大气浑浊度因子 t_u 或者大气透明度系数 ρ,在确定此值后,就能拟合到某个具体条件下的太阳直接辐射强度。

(2)太阳散射

大气层中散射的太阳辐射,从天穹的各个方向辐射到地球表面的结构物上,它与壁面的方位角、是否处于阴影状态无关,主要和太阳高度角、天气的浑浊程度以及壁面的倾角 β 相关。

如果已知水平面上的散射强度 I_d,则任意壁面所受的散射强度为：

$$I_d = (0.271I - 0.294I_m)\sin\beta_s \quad (9-25)$$

$$I_\beta = I_d(1 + \cos\beta)/2 \quad (9-26)$$

散射强度的变化是复杂的,不能简单化。散射辐射强度和太阳高度角及大气透明程度有关。当大气透明度不变时,在晴朗的日子里,随着太阳高度角增大,到达观测地点上空的太阳直接辐射增强,散射辐射也相应增强。相反,太阳高度角减小时,直接辐射减弱,从而散射也减弱。这是因为天空散射辐射主要就是大气对空中太阳直接辐射进行散射及反射而产生的。针对大气透明度这一因素而言,当大气透明度很高,即浑浊度较低时,也会出现直射越大,散射就越小的情况。本文考虑最不利情况,假定大气透明度不变。

（3）地面反射

桥梁结构物总是位于地表面之上,因此,特别在桥梁的底面会受到地面反射的影响。对于与地面倾斜的接受面,反射辐射强度可以按式(9-27)得出：

$$I_f = \rho^*(I_m + I_d)(1 - \cos\beta)/2 \quad (9-27)$$

式中：ρ^*——地面的反射系数,一般可近似取为 0.2；

β——壁面的倾角(°)。

综上所述：由太阳辐射引起的热交换热流密度 q_s 可表示为：

$$\begin{aligned} q_s &= \alpha_t I_t \\ I_t &= I_\alpha + I_\beta + I_f \end{aligned} \quad (9-28)$$

式中：α_t——表面对太阳辐射的吸收率,α_t 主要与颜色和表面状况(光洁度)有关,准确值需要通过试验确定；

I_α、I_β、I_f——分别表示投射到斜面上的太阳直接辐射强度、任意壁面所受的散射强度、任意倾斜受面的反射辐射强度。

6）长波辐射

长波热辐射的大小主要取决于箱梁表面温度、空气温度、湿度等。箱梁表面温度越高,与大气之间的温差就越大,长波热辐射就越大。如果空气湿度越大,大气辐射就越强,长波热辐射就越小。夜晚,特别是凌晨,箱梁表面与空气温度都下降,并且两者之间温差减小,因而长波热辐射很小。

任何温度高于绝对零度的物体都具有热辐射能力,根据斯蒂芬(J. Stefan) 波尔兹曼(D. Boltzmanm)定律：黑体的辐射能力与其绝对温度的 4 次方成正比,即：

$$E = C_0 T^4 \quad (9-29)$$

式中：C_0——斯蒂芬—波尔兹曼常数,约为 5.67×10^{-8}[W/(m² · K⁴)]。

式(9-29)对于灰体也适用(如果物体对于任一波长的热辐射都具有相同的吸收率,称其为灰体),混凝土桥梁可近似视为灰体,但需要加以修正。即：

$$E = \varepsilon \cdot C_0 T^4 \quad (9-30)$$

式中：ε——物体的黑度。

根据基尔霍夫(Kirchhoff)定律可知,灰体的吸收率等于同温度下的黑度,对于箱梁表面有:$\alpha_r = \varepsilon_r$(α_r、ε_r 分别为箱梁表面辐射吸收率和黑度)。

由此,可得到大气热辐射能为:

$$E_a = \varepsilon_a \cdot C_0 T_a^4 \tag{9-31}$$

结构表面热辐射能为:

$$E_r = \varepsilon_r C_0 T_r^4 \tag{9-32}$$

以上两式中:ε_a——大气的长波辐射率,近似可取 1;

ε_r——混凝土箱梁表面的黑度(辐射率),混凝土取 0.88,沥青混凝土取 0.98。

T_a、T_r——大气和混凝土箱梁表面的绝对温度(K)。

则混凝土箱梁表面所能吸收的大气热辐射能为:

$$E_a = \varepsilon_r \varepsilon_a C_0 T_a^4 \tag{9-33}$$

通常把 E_r 和 E_a 两者之差称为有效辐射,记为 F,即:

$$F = \varepsilon_r C_0 (T_r^4 - \varepsilon_a T_a^4) \tag{9-34}$$

令 T_B、T_s 分别表示大气和混凝土箱梁表面的绝对温度,即 $T_a = T_B + 273$,$T_r + T_s + 273$,又辐射热交换引起的热流密度 q_r 等同于有效辐射,即:

$$q_r = F = \varepsilon_r C_0 [(T_s + 273)^2 + (T_B + 273)^2](T_s + T_B + 546)(T_s - T_B) \tag{9-35}$$

令:

$$h_r = \varepsilon_r C_0 [(T_s + 273)^2 + (T_B + 273)^2](T_s + T_B + 546)$$

则:

$$q_r = h_r (T_s - T_B) \tag{9-36}$$

当 $T_s < T_B$ 时,即箱梁表面温度小于外界大气温度,此时,$q_r < 0$ 表示箱梁表面吸收热量;反之表示箱梁表面温度在长波辐射中损失热量。

9.3.3 日照温差效应分析应用

由上节可知,可将太阳辐射(或称短波辐射,包括太阳直接辐射、地面反射和散射)、对流和热辐射(长波辐射)统一转换为热流密度,施加到边界上。在 midas Civil 中,热流密度按公式(9-3)计算,通过定义环境温度函数、对流系数函数和单元对流边界三个步骤来完成数据的输入,其本来目的是计算对流散热。对于短波和长波辐射,可分别单独定义环境温度函数和对流系数函数,然后分别通过施加单元对流边界的方式完成荷载施加,也可以根据$(T_s - T_B)$对短波和长波辐射以及对流散热是一样的特点,先将$(T_s - T_B)$的乘子相加,然后统一施加热流密度荷载的方法进行。$(T_s - T_B)$的值是负值就表示结构是吸热的,T_s 由程序计算,T_B 需要手工输入(数值应根据公式(9-11)计算,然后按用户定义的方式输入,此处输入常量是不合适的)。此时不需要输入热源函数。

另外一种考虑方法是将太阳辐射热定义为用户自定义的热源函数,在箱梁的表面额外定义一层"虚拟"单元(没有刚度和重量),然后将该热源函数分配给"虚拟"单元。将对流边界分配给实际结构的表面单元。图 9-50 给出了一个矩形截面梁用该方法计算的结果。

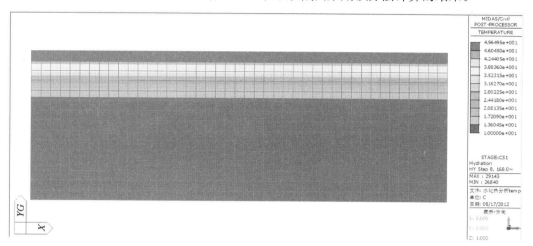

图 9-50　用热源函数模拟辐射热后的温度场

按上述方法分析时,需要定义只有一个施工阶段的"施工过程"(热分析边界条件变化时,需定义多个施工阶段),在其中一下激活所有边界、荷载和单元,并设置要计算的时间步骤和总的累计时间。

第10章 结构动力分析

10.1 动力分析模型

10.1.1 概述

在现代结构设计中,通常需要考虑两类荷载的作用——静力荷载和动力荷载。动力荷载就是大小、方向或作用点随时间而改变的任何荷载,而在动力作用下结构的反应亦即所产生的位移、内力、应力和应变也是随时间而改变的。可以认为静力荷载仅仅是动力荷载的一种特殊形式。由于荷载和响应随时间而变化,显然动力问题不像静力问题那样具有单一的解,而必须建立相应时程中感兴趣的全部时间的一系列解答,因此动力分析显然要比静力分析更为复杂,且更消耗时间。动力问题与静力问题的一个更重要区别,就是动力问题要考虑由于结构的加速度所引起的惯性力,结构或构件上的动力作用的大小(或者说显著与否)直接与惯性力大小和惯性力随时间变化情况有关,如果惯性力与荷载相比达到不可忽略的程度,那么就要进行动力分析。在动力作用下,结构会在静平衡位置附近往返地运动,即振动。振动的产生,有的是由结构本身固有的原因引起的,如转动机器转子的偏心所引起的振动;有的是外界干扰所引起的,如地震作用、风荷载作用、爆炸荷载的作用、车辆行驶中由于桥面不平顺引起的车辆及车辆引起的桥梁的振动等。结构动力学的研究对象正是工程结构的各种振动问题。而结构动力学的研究目的就是要认识和了解工程结构的振动规律,并据此指导工程结构的设计实践及其他相关工作。有效地减轻甚至避免振动给工程结构造成的影响与破坏,是结构动力学研究的目的及意义所在。结构在振动情况下的刚度、强度和稳定性是结构动力学研究的基本内容。

结构在动荷载下的响应规律,与结构的质量、刚度分布和能量耗散等有关。结构的动力特性包括结构的自振频率、结构的振型和结构的阻尼3个方面。对于不同的结构,只要它们的动力特性相同,则在相同的动荷载作用下它们的动力响应(位移、速度、加速度等)的规律都是一样的,这和静力分析是不同的。

10.1.2 结构动力模型

结构动力分析方法的首要任务是建模,建模的过程是对问题去粗取精、去伪存真的过程。模型是抽象的,但能反映问题的本质。建立桥梁动力分析模型时,往往需要采用 3D 模型,有时需将主梁、桥墩、支座(边界连接)等都模拟出来。对一些大型复杂结构,可以先利用有限元法建立系统的数学模型,然后再利用试验数据修改数学模型,使得修改后模型的输出与试验数据一致。

1)集中质量和一致质量

在结构振动过程中的任一时刻,确定体系全部质量位置或变形状态所需的独立几何参数的个数,称为体系的动力自由度,简称自由度。这些独立的参数是动力分析的基本未知量,它们是线位移或角位移。按照体系的动力自由度的数目,将结构体系分为单自由度体系(即 1 个自由度)、多自由度体系(自由度数等于或大于 2)及无限自由度体系。实际结构的质量都是连续分布的,都属于无限自由度体系。

为了便于求解,在 midas Civil 中将连续分布的质量用集中质量(Consistent Mass)法或一致质量(Lumped Mass)法进行离散。一般情况下两者给出的结果相差不多,当自由度很多时,这两种模型差别不大,宜采用集中质量矩阵;当结构自由度较少时,要用一致质量矩阵,否则误差很大。

一致质量矩阵的质量是按实际分布情况考虑的,集中质量矩阵假定单元的质量集中在节点上,这样得到的质量矩阵是对角阵。因为质量矩阵积分表达式的被积函数是插值函数本身的平方项,而刚度矩阵是插值函数导数的平方项,因此在相同精度要求条件下,质量矩阵可用较低阶插值函数,而集中质量矩阵正是这样一种替换方案。集中质量矩阵还可以减少方程自由度。另外一致质量矩阵求出的是结构自振频率的上限。

将建立的模型进行质量转换,midas Civil 对应的命令为模型>结构类型>将结构的自重转换为质量,可以选择不转换、按集中质量法转换或按一致质量法转换。其中按集中质量法转换是一般桥梁的选择,计算省时,但不能考虑扭转振型;选择一致质量法的优点是通用且可以考虑扭转振型,但比较耗时。

2)阻尼

使结构自由振动的振幅稳定地减小的作用称为阻尼。由于阻尼,振动体系的能量可由各种机制耗散,经常是多于一种的机制同时呈现。能力耗散的机制包括材料重复弹性变形的热效应、固体变形时的内摩擦等。

midas Civil 程序中目前提供四种阻尼的计算方法:

(1)直接输入各振型阻尼。直接输入各振型的阻尼,所有振型也可以采用相同的阻尼。混凝土结构阻尼比一般取 0.05,钢结构一般取 0.03。

(2)质量和刚度因子法,一般称为瑞利阻尼。midas Civil 程序中确定瑞利阻尼,要用户自己选择感兴趣的频段的两阶振型的频率或周期,感兴趣的频段的确定要根据作用于结构上的外荷载的频率成分和结构的动力特性综合考虑。

(3)应变能因子法。根据用户在命令材料和截面特性>组阻尼比中指定的阻尼比计算各振型的阻尼比,大部分结构的阻尼矩阵是一种非典型的阻尼,故无法分离各振型。所以为了在进行动力分析时反映各单元不同的阻尼特性,应使用变形能量的概念来计算各振型的阻尼比。

(4)单元质量和刚度因子法。单元质量和刚度因子可对特定的构件以及边界部位输入阻尼比,所以对结构中有阻尼比不同的材料或设置减隔振装置的情况也适用。不同的单元定义成不同的结构组,输入各自的阻尼比。在进行振型叠加法时,根据组阻尼比进行分析以后查看各个模态的阻尼比。

3)边界条件

midas Civil 程序中的边界条件包括基础的支承与桥梁构件之间的连接(如支座),边界条件对结构动力分析的影响巨大。

4)影响结构动力特性的因素

桥梁结构动力特性是反映桥梁结构本身所固有的动力特性,主要内容包括结构的固有频率、阻尼系数和振型等一些基本参数,主要由结构形式、质量分布、结构刚度、材料特性和构造连接等因素决定。结构状况的变化,如结构刚度的改变、裂缝的产生以及约束条件的变化等,必然引起结构的各种动力参数,如固有频率、振型和阻尼等的变化,进而使结构显示出与正常结构相区别的动力特性。

国内多名学者研究了预应力梁所施加的预应力对梁振动的影响,推导了含预应力因素的计算公式,指出预应力对低阶模态频率的影响相对高阶大,且预应力越大,对梁振动的影响也就表现越明显。

实际上,预应力对结构的影响主要是看结构的刚度和质量分布以及能量耗散等有无明显的变化,预应力影响的只是结构的几何刚度,并不改变其质量状态。一般认为,体内预应力对正常使用下桥梁结构动力性能的影响可忽略不计;对体外预应力结构,其预应力对结构的动力性能的影响不可忽略。

10.2 特征值分析

特征值分析也叫自由振动分析,是用于分析结构固有的动力特征。通过特征值分析,可以得到结构的动力特性,包括振型形状、固有周期和频率、振型参与系数、振型参与质量和振型方向因子等,它们是由结构的质量和刚度所决定的。

10.2.1 基本概念

1)振型参与系数

每个质点质量与其在某一振型中相应坐标的乘积之和与该振型的主质量(或者说该模态质量)之比,即为该振型的振型参与系数。振型参与系数以百分比的形式表现,反映该振型对总振型(多振型的叠加)的影响。在用模态叠加法计算结构动力响应时,用来反映每一阶振型参与动力响应的程度,某个系数比较大,说明对应的振型对整个响应的贡献比较大。在结构的振动响应中,由于高阶振型的参与系数小,所以一般可以忽略高阶振型的影响。

2)有效质量与有效质量系数

某一振型的某一方向的有效质量为各个质点质量与该质点在该一振型中相应方向对应坐标乘积之和的平方。一个振型有三个方向的有效质量,而且所有振型平动方向的有效质量之和等于各个质点的质量之和,转动方向的有效质量之和等于各个质点的转动惯量之和。

第10章 结构动力分析

如果计算时只取了几个振型,那么这几个振型的有效质量之和与总质量之比即为有效质量系数。这个概念是由 E. L. WILSON 教授提出的,用于判断参与振型数足够与否。抗震规范中规定结构分析中振型有效质量在平动方向的总和要占总质量的 90% 以上,是为了尽可能包含对分析结果有影响的大部分主要振型。

质量成分根据 6 个自由度成分,可以输入为 3 个平动质量成分和 3 个转动质量成分。这里的转动质量成分是由旋转质量惯性引起的,在抗震设计中,地震是以线方向地震加速度加载的,所以转动质量成分对抗震设计的动力反应是没有直接影响的,但如果结构是非对称(质量中心和刚度中心不一致),则会使振型有一些变形,对动力反应也会有间接影响。当结构的所有节点质量位置没有被约束时,总有效质量和结构的总质量相同。当任意质量的节点自由度被约束时,它的质量可以反映在总体质量中,但是其质量成分不能反映到有效质量中。因此,若要评价各个振型有效质量对总质量所占的百分比的时候,输入的质量成分的自由度是不能受到约束的。

3)振型参与质量

某一振型的主质量(或者说该模态质量)乘以该振型的振型参与系数的平方,即为该振型的振型参与质量。振型参与质量表示各振型方向质量的有效值,因为计算振型参与质量时考虑了振型的符合,所以振型参与质量也可能出现零值。所有振型的各方向有效质量之和与结构的整体质量相同。

10.2.2 midas Civil 程序中输入质量的方法

midas Civil 程序中输入质量的位置有三处:

(1)用命令主菜单>模型>结构类型,可以将单元自重自动转换为质量,转换方式有集中质量和一致质量。

(2)用命令主菜单>模型>质量>将荷载转换为质量,可以将多种荷载转换为质量(图10-1)。

(3)用命令主菜单>模型>质量>节点质量,可以手动输入质量(图10-2)。

图 10-1 荷载转换质量

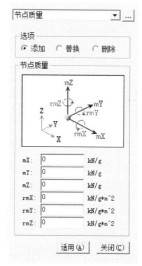

图 10-2 输入节点质量

10.2.3 midas Civil 程序中特征值计算方法

midas Civil 程序中特征值计算方法有"特征向量法"和"多重 Ritz 向量法",其中特征向量法又提供了"子空间迭代"法和"Lanczos"法。从主菜单运行命令分析＞特征值分析控制,会弹出"特征值分析控制"对话框。

1) 子空间迭代法

子空间迭代法是求解大型矩阵特征值问题的最常用最有效的方法之一,它适合于求解部分特征值解,被广泛应用于结构动力学的有限元分析中。由于系统的自由度很多,同时在研究系统的响应时,往往只需要了解少数较低的特征值及相应的特征向量,所以子空间迭代法是效率较高的解法。

子空间迭代法是假设 r 个起始向量(采用移频法,通过特征值的移动和已收敛的特征向量的移出,使 r 保持在较小的数值,从而显著提高计算效率和改进收敛速度)同时进行迭代(通过求解减缩广义特征值问题)以求得矩阵的前 $p(\leqslant r)$ 个特征值和特征向量。如果 r 不是足够大,则一方面可能漏掉可能激起的振型,另一方面又可能引入不可能激起的振型。

一致质量不能用子空间迭代法。

图 10-3 为子空间迭代法对应的特征值分析控制对话框。需要用户指定所要计算的振型数量、频率范围的上限和下限及一些特征值控制参数。一般情况下仅需指定所要计算的振型数量即可。

图 10-3 特征值分析控制对话框(子空间迭代法)

2) 多重 Ritz 向量法

多重 Ritz 向量法认为结构动态响应是空间荷载分布的函数,考虑动力荷载的空间分布(假设各单自由度体系下的荷载分布形状与选择的初始荷载向量相似),可以避免漏掉可能激起的振型和引入不可能激起的振型,能够显著提高计算效率。在计算结构动力响应时,用相同数目的振型进行叠加,Ritz 向量直接叠加法可以有比子空间迭代法更高的精度,这是由于后者包含了实际不被激起的振型。子空间迭代法求出结构的前 r 阶振型,而 Ritz 向量直接叠加法求出的是和激发荷载向量直接相关的振型。因此,用振型分解反应谱法和振型叠加法进行结构动力分析时,一般建议采用 Ritz 向量法进行结构的振型分析。

图 10-4 为多重 Ritz 向量法对应的特征值分析控制对话框。

首先需要在"初始荷载工况"右侧的下拉条中选择，即选定初始荷载向量，然后再指定该初始荷载向量对应的"初始向量数量"，即所要生成的 Ritz 向量数量。midas Civil 中用户可以选择多个初始荷载向量，并对各初始荷载向量分别指定所要生成的 Ritz 向量数量。用户可以选择的初始荷载向量包括：沿整体坐标系 X、Y 和 Z 方向的地面加速度引起的惯性力、用户所定义的所有静力荷载工况以及非线性连接单元的剪切内力。

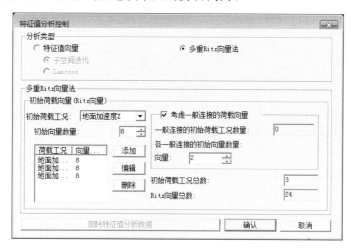

图 10-4　特征值分析控制对话框（多重 Ritz 向量法）

沿整体坐标系 X、Y 和 Z 方向的地面加速度引起的惯性力（即从下拉条中选择地面加速度 X、地面加速度 Y 和地面加速度 Z）用于计算地面加速度引起的位移相关的 Ritz 向量，比如选择"地面加速度 X"并且初始向量仅为 1 的话，则仅捕捉 X 方向的加速度激发的动力贡献大的振型。对于反应谱分析，必须在初始向量中添加质量自由度方向的加速度荷载。对于时程分析，在每个荷载工况或任意时程工况使用的加速度荷载中，一个初始向量是必须的。

选择静力荷载工况用于计算具有特殊分布要求的动力荷载对应的 Ritz 向量，一般也可以选择恒载、活载、风荷载或用户自定义荷载。

当模型中有非线性连接单元时，勾选"考虑一般连接的荷载向量"项后，"一般连接的初始荷载工况数量"自动选择为独立的非线性变形数量，即非线性连接的单元数量乘以相应一般连接单元的非线性特性值的剪切成分数（如若包含了 DY 和 DZ 两个成分，则应乘以 2）的总和，如果没有非线性连接单元，则该项为 0。

用一般连接模拟减隔震支座或阻尼器的计算模型，进行非线性振型叠加法时程分析时，采用多重 Ritz 向量法进行特征值分析要给每一个独立的非线性变形一个额外的初始荷载向量。否则向量组中就可能不包含能激发此非线性变形的 Ritz 向量，导致系统的响应中缺少一般连接构件的非线性变形所产生的影响。处理的方法之一就是勾选"考虑一般连接的荷载向量"，如图 10-5 所示，此时程序会自动计算出模型中有多少个独立的非线性变形，并自动给每一个独立的非线性变形赋予初始荷载向量。方法之二是自定义能够激发期望非线性变形的静力荷载工况，然后通过添加"初始荷载工况"来实现给每一个独立的非线性变形一个额外的初始荷载向量的目的，如图 10-6 所示。

初始荷载工况总数等于初始荷载工况数量加非线性连接的初始荷载工况数量。Ritz 向量总数等于所有初始向量总数（包括非线性连接的初始荷载向量）。

如果分析后的结果显示振型参与质量达不到规范所规定的 90%，则需适当增加"Ritz 向量总数"数量重新进行分析。

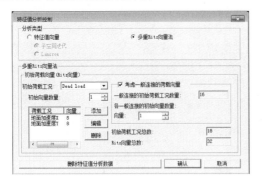 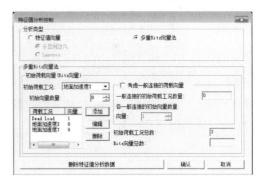

图 10-5　特征值分析控制对话框(有一般连接单元)　　图 10-6　特征值分析控制对话框(考虑静力荷载工况)

3) Lanczos 法

Lanczos 方法和 Ritz 向量法的共同特点是直接生成一组 Lanczos 向量或者 Ritz 向量，对运动方程进行缩减，然后求解缩减了的运动方程的特征值问题，避免了迭代步骤(采用直接叠加法)，从而具有更高的计算效率。适合解大模型的特征值问题。

Lanczos 法和 Ritz 向量法本质上一致，但是在实际计算中，由于计算机的截断误差和舍入误差，导致数值上的不稳定性(例如虚假的多重特征值现象)，因此妨碍了 Lanczos 方法的实际应用。20 世纪 70 年代以后，很多研究工作者提出了不少 Lanczos 向量的重正交技术以调高其算法的稳定性，Ritz 向量法从这个意义上说可以是这种，但由于它改变了 Lanczos 向量的算法公式，导致以后求解的不是对角矩阵的特征值问题，而是一般矩阵特征值问题。

图 10-7 为多重 Ritz 向量法对应的特征值分析控制对话框。

图 10-7　特征值分析控制对话框(Lanczos)

10.2.4　特征值分析注意问题

(1) 因为复杂的板单元、实体块单元容易诱发局部振动模态，所以进行特征值分析时使用等效的梁单元会效果更好一些。

(2)特征值分析时,越高的模态误差越大。

(3)特征值分析时,适当的网格划分应为相应模态每个周期长度内使用10~20个节点。如图10-8所示为一悬臂梁的第5阶模态,该模态形状为两个周期长度,所以将该悬臂梁划分为20~40个节点比较合适。

(4)特征值分析时不要只检查一个模态,应检查多个模态,从而判断结果的正确性。

(5)做动力分析和屈曲分析后检查结果时,首先要查看特征值分析结果。板单元和实体单元模型一定要查看是否存在局部模态。

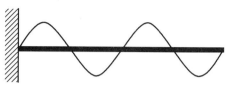

图 10-8　悬臂梁的第 5 阶模态

10.2.5　特征值分析实例

本实例仅为了说明 midas Civil 中进行特征值分析的操作过程。

1)模型建立

某简支板梁桥,横向共有 8 片中板、2 片边板。建立梁格模型,建立方法与 7.6 节基本一样,不同点为梁的跨度和截面以及支座的模拟。

每片板梁下有两个板式橡胶支座,模拟两个支座的方法如图 10-9 所示(图中仅给出了一片梁的支承示意,其他板梁与此相同)。首先在板式橡胶支座的上下中心建立两个节点,下节点固结,上节点与板梁单元的对应节点刚性连接,支座则用弹性连接模拟。弹性连接的刚度对特征值分析的影响很大,所以必须能够真实地反应实际的支承情况。

2)质量输入

建立自重、二期恒载和护栏 3 个荷载工况,按恒荷载输入自重荷载、二期恒载和护栏重量荷载。二期恒载和护栏重量荷载都按梁单元荷载输入。

(1)将自重转换为质量。运行模型>结构类型,在弹出的对话框中完成转换,如图 10-10 所示。

(2)将荷载转换为质量。使用模型>质量>荷载转换为质量功能来转换,如图 10-11 所示。

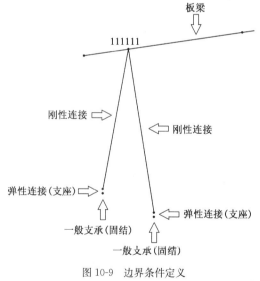

图 10-9　边界条件定义

3)特征值分析控制数据

进行特征值分析前必须执行命令分析>特征值分析控制,控制数据如图 10-12 所示。这里采用 Ritz 向量法进行结构的振型分析。如果分析后振型参与质量达不到《建筑抗震设计规范》(GB 50011—2001)所规定的 90%,则需适当增加频率数量重新进行分析。查看振型形状可用命令结果>振型与周期,查看振型参与质量用命令结果>分析结果表格>振型与周期。图 10-13~图 10-15 为前三阶振型,图 10-16 为振型参与质量表格。

用命令结果>分析结果表格>振型与周期还可以看到振型参与系数和振型方向因子。

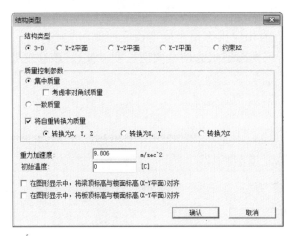 

图 10-10　自重转换为质量　　　　　　　图 10-11　荷载转换为质量

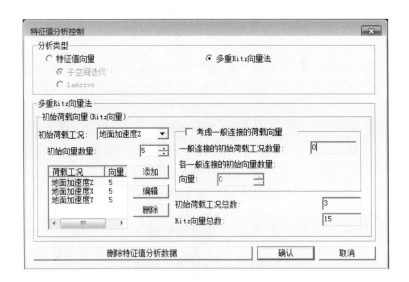

图 10-12　特征值分析控制数据

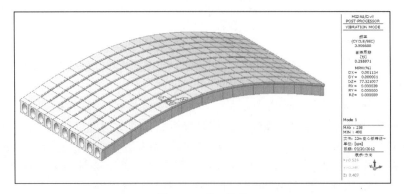

图 10-13　第一振型

第10章 结构动力分析

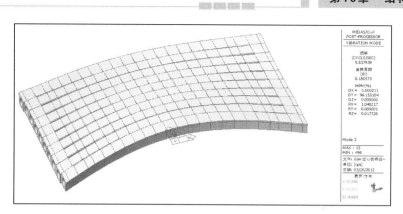

图 10-14 第二振型

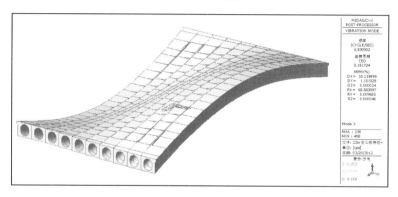

图 10-15 第三振型

模态号	TRAN-X 质量(%)	TRAN-X 合计(%)	TRAN-Y 质量(%)	TRAN-Y 合计(%)	TRAN-Z 质量(%)	TRAN-Z 合计(%)	ROTN-X 质量(%)	ROTN-X 合计(%)	ROTN-Y 质量(%)	ROTN-Y 合计(%)	ROTN-Z 质量(%)	ROTN-Z 合计(%)
1	0.00	0.00	0.00	0.00	77.32	77.32	0.00	0.00	0.00	0.00	0.00	0.00
2	0.00	0.00	96.16	96.16	0.00	77.32	1.05	1.05	0.00	0.00	0.02	0.02
3	10.22	10.22	1.15	97.31	0.00	77.32	68.58	69.63	0.01	0.01	0.00	0.02
4	89.57	99.79	0.12	97.43	0.00	77.32	7.82	77.45	0.09	0.10	0.03	0.04
5	0.02	99.82	0.02	97.44	0.00	77.32	0.00	77.45	98.75	98.85	0.00	98.90
6	0.00	99.82	0.00	97.44	0.00	77.32	0.00	77.45	0.00	98.85	0.00	98.90
7	0.18	100.00	0.00	97.44	0.00	77.32	0.00	77.45	53.79	53.90	0.00	98.90
8	0.00	100.00	0.01	97.45	0.00	77.32	0.56	78.01	0.00	53.90	0.01	98.91
9	0.00	100.00	0.00	97.45	0.00	77.32	0.02	78.04	0.00	53.90	0.13	99.04
10	0.00	100.00	2.50	99.94	0.00	77.32	0.02	78.05	0.00	53.90	0.00	99.04
11	0.00	100.00	0.00	99.94	0.31	77.63	0.02	78.07	0.00	53.90	0.11	99.15
12	0.00	100.00	0.00	99.94	8.97	86.60	0.00	78.07	0.00	53.90	0.01	99.16
13	0.00	100.00	0.05	99.99	0.00	86.60	3.67	81.74	0.86	54.76	0.00	99.16
14	0.00	100.00	0.00	99.99	0.00	86.60	0.05	81.79	12.09	66.86	0.00	99.16
15	0.00	100.00	0.00	99.99	11.11	97.71	0.00	81.80	0.00	66.86	0.00	99.16

图 10-16 振型参与质量

10.3 阻尼

如前所述,振动体系的能量耗散是多机制的、复杂的,甚至表面上完全相同的两个结构但耗散能量的能力却可能相差很远。因为耗散的能量很难估计,而我们笼统地用阻尼系数来综合考虑结构的全部能量耗散机理,所以严格地讲只能通过试验方法得到其数值的大小。但对实际结构,除了共振反应外,阻尼在结构的反应中没有起到重要的定量作用,所以我们通常根据建筑材料的类型采用平均的阻尼比。如 10.1.2 中所述,混凝土结构阻尼比一般取 0.05,钢结构一般取 0.03。也有学者给出了更加细致的阻尼比取值建议,比如对预应力混凝土结构取 2%～5%,钢筋混凝土结构取 4%～7%,焊接钢结构取 2%～4%,螺栓连接的钢结构取 4%～7%,木结构取 5%～10%。当结构中既有钢构件又有混凝土构件时,可分别定义钢构件组组阻尼比与混凝土构件组组阻尼比,然后由程序计算各阶振型阻尼比。钢混叠合梁桥可使用介于 2%～5%之间的阻尼比,如 4%。

10.3.1 振型阻尼

阻尼比的大小对结构的影响是非常关键的,实际结构的振型阻尼比的数值一般均小于 15%。一般情况下各振型采用相同的阻尼比,但实际测试数据表明,结构高阶振型的阻尼比一般大于低阶振型的阻尼比。使用 midas Civil 程序时,可以为所有的振型指定一个统一的阻尼比,也可以为不同振型指定不同的阻尼比,各振型的阻尼比之间是不相关的。

振型阻尼比可以应用于反应谱分析、振型叠加法时程分析和直接积分法时程分析。

1)反应谱分析时振型阻尼的定义

需要注意的是,进行反应谱分析时,可以有 3 个地方输入阻尼,并且是有优先顺序的,具体可参见抗震一章中的反应谱分析。

运行命令荷载＞反应谱分析数据＞反应谱荷载工况,勾选"适用阻尼计算方法"和"修改阻尼比",然后点击"阻尼比计算方法"按钮,弹出如图 10-17 所示的对话框。这里的"修改阻尼值"是指修改规范设计反应谱中的阻尼比 0.05。

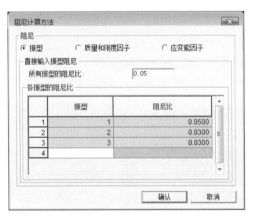

图 10-17 反应谱分析中振型阻尼比定义

在图 10-17 中,首先选择"振型",然后填写"所有振型的阻尼比",再填写各振型的阻尼比。填写了各振型阻尼,计算时对应的振型就采用这里填写的值,没有填写的振型就用所有振型的阻尼比。

2)时程分析时振型阻尼的定义

运行命令荷载＞时程分析数据＞时程荷载工况,点击添加,在弹出的对话框中选择"振型阻尼",定义方法同上面的反应谱分析中的振型阻尼比定义。

10.3.2 质量和刚度因子

1)主振型的概念

结构系统在任意初始条件下的响应是多个振型的迭加,当激振频率等于某一阶固有频率时,系统的振动突出为主振动,系统的振型由该阶主振型决定,其他阶的振型可忽略不计。所以从这个角度讲,结构所有的振型(仅为局部杆件振动的情况除外)都是主振型。主振型与固有频率一样只决定于系统本身的物理性质,而与初始条件无关。

在实际的桥梁结构中,来自外界的激振荷载的频率一般不可能正好等于或接近结构的某一固有频率,更多的情况是结构的响应是多振型参与的综合效果,有些振型的有效参与质量占总质量比重较大,对结构的振动影响显著,一般将这些振型称为主振型。在空间三个方向上都有不同的主振型。

2)瑞利阻尼

质量和刚度因子阻尼实际就是瑞利阻尼,即将阻尼表现为质量矩阵(M)和刚度矩阵(K)的线性组合,即:

$$C = \alpha M + \beta K \qquad (10-1)$$

其中的 α 和 β 是瑞利阻尼中的比例因子,其数值在 midas Civil 中有两种输入方法,一是直接输入,二是从模态计算。第二种方法要求用户输入两个主振型的频率(或周期)和各自振型对应的阻尼比,程序将根据这些输入的值自动计算质量和刚度的比例因子。

工程上一般在确定比例因子时使用的阻尼比相等,但要注意的是两个自振频率的取值。因为各主振型的频率(或周期)不同,其数值又直接影响比例因子的计算结果,所以选择的两个主振型必须是对结构振动影响最大的。确定瑞利阻尼的原则是:选择的两个用于确定常数 α 和 β 的频率点要覆盖结构分析中感兴趣的频段,感兴趣的频率的确定要根据作用于结构上的外荷载的频率成分和结构的动力特性综合考虑。在频段 $[\omega_i, \omega_j]$ 内(图 10-18),阻尼比略小于给定的阻尼比 ζ(在 i,j 点上 $\zeta=\zeta_i=\zeta_j$),这样在该频段的结构反应将略大于实际的反应,这样的计算结果对工程设计而言是安全的,如果 ω_i 和 ω_j 选择的好,则可避免过大设计。在频段 $[\omega_i, \omega_j]$ 以外,阻尼比将迅速增大(瑞利阻尼的特点),这样频率成分的振动会被抑制,所以这部分是可以忽略的。但是如果 ω_i 和 ω_j 选择的不合理,频段 $[\omega_i, \omega_j]$ 以外有

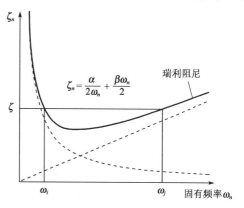

图 10-18 瑞利阻尼

对结构设计有重要影响的频率分量时,则可能导致严重的不安全。因此,简单地采用前两阶自振频率来确定常数的方法是不合适的。一般 ω_i 取为基频(去掉局部振动振型),ω_j 则在对结构的动力反应有显著贡献的高阶振型中选取。

从物理意义上讲,质量比例阻尼的假设意味着存在有外部支承的阻尼器,一般用于模拟空气等外部阻尼对结构的影响;刚度比例阻尼一般用于模拟结构振动能量释放到地基的效果,容易夸大高阶振型的阻尼效果。使用瑞利阻尼可以用较大的时间积分步长获得稳定的数值结果。

图 10-19 反应谱分析中瑞利阻尼定义

3)反应谱分析

在图 10-17 中选择"质量和刚度因子",则对话框会变成如图 10-19 所示的形式。比例因子可以选择"直接输入"或"从模态计算",图 10-19 中即是按第二种方法输入的。图 10-19 中选择的两个主振型为两个水平方向的质量贡献最大的,对应的阻尼比为给定的 0.05。

在反应谱分析和振型叠加法时程分析中,是将动力方程分解为各振型的动力方程后再叠加计算的,所以使用瑞利阻尼时,需要通过质量和刚度比例因子计算其他振型的阻尼比。

4)时程分析

图 10-20　时程分析中瑞利阻尼定义

运行命令荷载>时程分析数据>时程荷载工况,点击添加,在弹出的对话框中的阻尼计算方法下拉条中选择"质量和刚度因子",即可定义时程分析时的瑞利阻尼,如图10-20 所示。时程分析包括振型叠加法和直接积分法,虽然这里定义瑞利阻尼的方法是一样的,但是程序的处理机理是不一样的。振型叠加法时程分析需要计算各个振型的阻尼比,直接积分法时程分析则是使用质量和刚度比例因子的值直接构建阻尼矩阵,见公式(10-1)。

在直接积分法非线性时程分析中使用瑞利阻尼,当结构超过弹性极限进入屈服阶段时,如果瑞利阻尼矩阵 C 中依然使用初始刚度矩阵,则会夸大阻尼的影响。这是因为使用"质量和刚度因子"法计算阻尼矩阵时,阻尼值与刚度矩阵相关,而产生非弹性铰时结构的刚度矩阵将发生变化。midas Civil 中提供了使用更新的刚度矩阵计算瑞利阻尼矩阵的功能,即在图 10-20 所示对话框最下方的"更新阻尼矩阵"中选择"是"。程序默认选项为"否",即不更新阻尼矩阵,是为了使非线性分析更容易收敛。该选项只有同时选择下列选项时才会被激活:

(1)"分析类型"选择"非线性";

(2)"分析方法"选择"直接积分法";

(3)"阻尼计算方法"选择"质量和刚度因子"法或"单元质量和刚度因子"法。

10.3.3　应变能因子

对混凝土结构和钢结构,其阻尼比都给出了建议。但由不同的材料组成的结构的阻尼比会不同,另外结构中往往也会根据需要设置阻尼装置,此时,在 midas Civil 中可使用基于应变能理论的振型阻尼计算方法,即指定各单元(在材料和截面特性按组指定"组阻尼比")的阻尼比。

midas Civil 中,可根据各单元的阻尼比利用变形能量的概念来计算结构各振型的阻尼比,使反应谱分析和振型叠加法时程分析中可以考虑不同材料的不同阻尼比的影响。直接积分法时程分析中使用应变能理论计算各振型的阻尼比后会构成结构总阻尼矩阵,因此计算时间会比振型叠加法时程分析的时间要长。

因为基于应变能方法计算结构阻尼时需要使用结构的模态,因此必须进行特征值分析,无论是反应谱分析还是时程分析。

1)反应谱分析

进行反应谱分析时,应变能因子法中指定单元阻尼比的步骤如下:

(1)定义结构组或边界组,对应命令模型>组>定义结构组和模型>组>定义边界组。

(2)给不同的结构组、边界组或材料定义阻尼比,对应命令模型＞材料和截面特性＞组阻尼比:应变能因子,如图 10-21 所示。这里可以指定单元和边界的阻尼比,可选类型包括材料、结构组和边界组。若仅按不同的材料来定义不同的阻尼比,可以不用定义结构组。若某个单元属于某个结构组并按结构组定义了其阻尼比,同时又按材料定义了其阻尼比,而且两者是矛盾的,此时可以点击图 10-21 下方的按钮"重复定义时阻尼比优选项"来设置重复定义时的优先顺序。

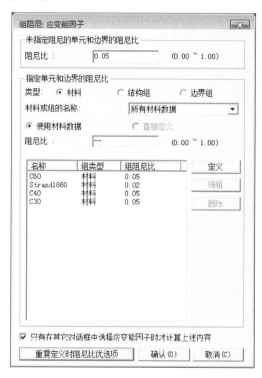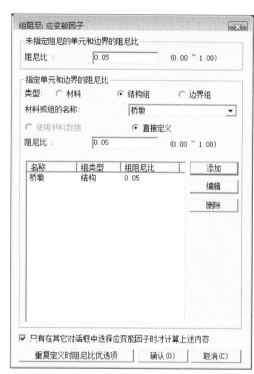

图 10-21 定义组阻尼比(应变能因子)

(3)在反应谱荷载工况定义中的阻尼计算方法中选择"应变能因子"方法,对应命令荷载＞反应谱分析数据＞反应谱荷载工况,勾选"使用阻尼计算方法"和"修改阻尼比"选项,再点击"阻尼比计算方法"按钮,在弹出的对话框中选择"应变能因子"方法。

注意:要勾选"修改阻尼比"选项,因为设计反应谱使用的阻尼比为 0.05,不同材料构成的结构各振型的阻尼比结果不会是 0.05,应根据规范的公式进行修正。

上述步骤中第一步不是必须的,因为可以根据材料来定义组阻尼比。第 2 步是必须的,因为"应变能因子"法只有先定义了组阻尼时才起作用。

注意:当模型中有"一般连接"构件并为其定义了组阻尼比时,做反应谱分析时(应变能因子方法),该构件将采用一般连接特性值中输入的有效阻尼计算。

2)时程分析

进行时程分析时,使用应变能因子法定义阻尼的步骤如下:

(1)定义结构组或边界组,如下一步仅按材料定义组阻尼比,则可不定义结构组或边界组,直接进行下一步。

(2)根据材料、结构组或边界组定义组阻尼比,方法和说明同上面的反应谱分析。

(3)在时程荷载工况定义中的阻尼计算方法中选择"应变能因子"方法,对应命令荷载>时程分析数据>时程荷载工况,在"添加/编辑时程荷载工况"对话框中的阻尼计算方法中选择"应变能因子"。

注意:当模型中有"一般连接"构件并在一般连接特性值对话框中为其定义了有效阻尼,同时又为该构件定义了组阻尼比时,当做时程分析时,该构件的两个阻尼将叠加。

3)各振型阻尼比的输出

当选择应变能理论计算结构各振型的阻尼比时,无论反应谱分析还是时程分析,程序的后处理中会输出各振型的阻尼比。对应命令为结果>组阻尼计算的各振型阻尼比,弹出的对话框如图10-22所示。

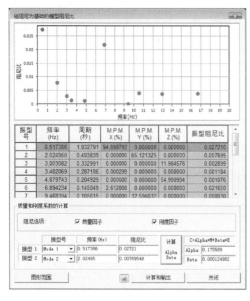

图10-22 组阻尼为基础的模型阻尼比

图10-22的下方还有根据应变能理论计算的各振型阻尼比计算质量因子 α 和刚度因子 β 的功能。

10.3.4 单元质量和刚度因子

该方法仅适用于直接积分法的时程分析。

"单元质量和刚度因子"法是由单元阻尼矩阵直接构建结构总体阻尼矩阵的方法,单元阻尼矩阵的计算方法目前采用刚度比例型阻尼。

在程序中使用单元瑞利阻尼方法的步骤如下:

(1)定义结构组或边界组,如下一步仅按材料定义组阻尼比,则可不定义结构组或边界组,直接进行下一步。

(2)根据材料、结构组或边界组定义组阻尼比,方法和说明同上面的反应谱分析。

(3)在时程荷载工况定义中选择"直接积分法"并在阻尼计算方法中选择"单元质量和刚度因子"方法(荷载>时程分析数据>时程荷载工况)。

单元质量和刚度因子法只有定义了组阻尼时才起作用。

10.3.5 线性阻尼器

在定义一般连接特性时,可选单元型和内力型。单元型又包括三种类型:弹簧、线性阻尼器以及弹簧和线性阻尼器。这里的弹簧在定义了非线性铰特性值后就是非线性一般连接单元,就是将弹簧视为单元(非线性构件),通过定义"铰"的内力—变形关系即材料非线性来反映弹簧的非线性特性,具体在抗震一章中介绍。这里仅介绍"线性阻尼器"以及"弹簧和线性阻尼器"。

"线性阻尼器"就是阻尼力与速度成正比关系,没有刚度,仅与速度有关。在 midas Civil 中运行命令模型>边界条件>一般连接特性值,点击"添加"按钮,在弹出的如图10-23所示的对话框中,"作用类型"选择"单元",在"特性值类型"对应的下拉条中选择"线性阻尼器",然后填写质量数据以及 6 个(或少于 6 个,至少 1 个)成分的有效阻尼即可。

"弹簧和线性阻尼器"就是在线性阻尼的基础上又附加了一个线性弹簧。在"添加/编辑一般连接特性值"对话框中,"作用类型"选择"单元",在"特性值类型"对应的下拉条中选择"弹簧和线性阻尼器",然后填写质量数据以及 6 个(或少于 6 个,至少 1 个)成分的有效刚度和有效阻尼数据即可,如图 10-24 所示。

图 10-23 线性阻尼器数据定义

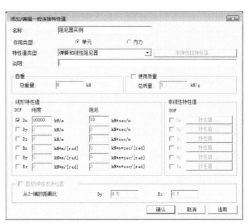

图 10-24 弹簧和线性阻尼器数据定义

10.4 桩土共同作用

10.4.1 基础刚度的模拟

在桥梁结构的计算分析特别是动力分析中,往往需要建立整体计算模型,即包含上部结构、支座、墩台和基础以及基础与地基的共同作用。即使是静力分析,有时基础在荷载作用下的变位也是必须要考虑的。

桥梁的常见基础形式一般为扩大基础、沉井基础和桩基础,其中桩基又可分为单桩、单排或多排桩和群桩(桩径小但数量多、间距小,相互影响是必须考虑而不能忽略的)。群桩相当于复合地基应按整体基础考虑。单排或多排桩是指各桩之间的间距较大,相互影响较小或可以忽略相互影响的情况,此时每根桩均可按单桩考虑。

扩大基础通常适用于承载力较高的土体或岩石,直接作用在土体或岩石上,将桥墩或桥台上的集中力和弯矩分配到足够大的面积上,以使其持力层在它允许承载力范围内承受这些荷载。在这些荷载中,侧向力是由基础底部表面上的摩擦力和地表以下基础竖向表面的被动土压力联合来抵抗的。通常设计扩大基础是为了支承桥墩或桥台传下的力和弯矩,设计时不考虑上拔,对滑移也有较大的抵抗能力,所以基底和侧面的土体的非弹性行为通常不显著,可以使用线弹性土弹簧来模拟土体对扩大基础的作用,甚至由于地基的承载能力较高而采用完全固结的支承形式。

沉井基础通常用于水中大型结构的基础,适用于有较深淤泥、软土层或水较深的情况。施加给单个桥墩的力和弯矩,通过沉井底部直接传递给支撑它的土层或岩层,水平力则通过沉井嵌入土中的竖向表面的被动土压力来承受。由于土体的承载面积和沉井本身的刚度很大,所以由沉井把力传递给其周围的土体时,可以忽略土体的非弹性行为。因此,可以用线弹性土弹簧来模拟沉井周围土体的作用,有时也简单地将墩底固结。

桥梁的基础中以单排桩、多排桩和单桩的情况最常见。多排桩用于大型桥梁上,一般是多排桩上为刚性承台,桥墩支承在刚性承台上。在较大的荷载如地震荷载作用下,桥墩边界应是弹性约束,而不是刚性固结。对桩基边界条件进行精确模拟要涉及桩土共同作用问题,若桩土共同作用不考虑其非弹性问题,仅将桩周土的作用看成线弹性土弹簧,则可以用规范中的"m"法解决。

注意:进行动力分析特别是抗震分析等外部动力荷载很大时,土的抗力取值比静力大,一般取 $m_{动}=(2\sim3)m_{静}$。

模拟桩土作用的方法大致有两种:一是将桩、承台和土体整体建模,土体用实体单元模拟,看成弹塑性材料并用适当的弹塑性材料模型(如 D-P 材料)模拟,桩、承台和土间用接触单元连接;二是将土看成土弹簧,用 midas Civil 程序中的线弹性弹簧(节点弹性支承)、线弹性或非弹性一般连接单元(带非弹性铰的弹簧单元可以用于模拟结构的特定部位的塑性变形或者地基的塑性变形)来模拟。第二种方法又可以分为两类,一类是算出整个桩基在土面处的水平、竖向和转动刚度,然后直接在土面处施加弹簧单元,这样就没有桩了,如图 10-25 所示;另一类是将一定厚度的土层的刚度系数计算出来,然后在这层土的中间处施加弹簧,即用土弹簧(弹性或非弹性)模拟土体的作用,而用梁单元模拟桩(注意:一般将梁单元的抗弯刚度取实际值的 0.8 倍以考虑长期效应)。

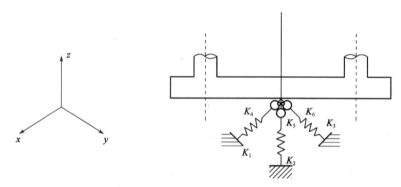

图 10-25 用六弹簧模拟桩土的共同作用

K_1、K_2、K_3 分别为 x、y、z 方向上的拉压弹簧;K_4、K_5、K_6 分别为 x、y、z 方向的转动弹簧

六弹簧的刚度可以根据土体的参数来计算,或者用桩顶荷载除以桩顶位移来得到,桩顶荷载为桥墩、台传递下来的荷载,桩顶位移可以根据这些荷载来计算,桩顶位移计算方法可参考桥梁墩台基础方面的教材。用梁单元模拟桩、用等代土弹簧模拟桩周土的作用的方法将在 10.4.2 节中介绍。

10.4.2 用 m 法计算等代土弹簧刚度

埋置于土中的桩受力后将产生包括竖向、侧向和转角的位移,同时桩身受有轴向力、剪力和弯矩。桩的竖向位移将引起桩侧土的摩阻力和桩底部的竖向土抗力,桩身的水平位移和转动将引起桩侧土的水平抗力。因此,土中桩受力后产生的内力和变形,不仅与桩身刚度有关,且与土的抗力大小有关。

1)土的弹性抗力及其分布规律

土中构件受力后发生位移使土压缩,土对构件则产生了抗力,如将土视为弹性变形介质,引入文克尔(E. Winkler)假设,即假定土抗力与压缩量成正比,则称此抗力为土的弹性抗力。土中的桩在水平方向产生位移后,引起的水平方向土抗力设为σ_x,根据上述假定,水平土抗力的表达式为:

$$\sigma_x = C_y X \tag{10-2}$$

式中:σ_x——单位面积的水平土抗力(kPa);

X——桩身某点的水平位移(m);

C_y——桩侧土的水平地基系数(kPa/m)。

地基系数的含意是使单位面积的土产生单位压缩时所需施加的力。或者说土产生单位压缩时,土对构件在单位面积上的抗力(kPa/m)。水平地基系数C_y,则是桩侧某点发生单位水平位移时,土对桩在单位面积上的抗力。由试验得知,水平地基系数C_y的大小,不仅与土的类别、性质有关,而且随入土深度y变化。关于C_y随深度y的变化规律可假定在地面处为零,地面以下随深度按比例增加,即$C_y = my$,其中m为比例系数。由于地基系数采用的比例系数为m,故常称"m"法。我国《铁路桥涵地基和基础设计规范》(TB 10002.5—2005)和《公路桥涵地基与基础设计规范》(JTG D63—2007)都采用"m"法计算水平地基系数C_y。

除上述水平土抗力外,桩在竖向力作用下,桩底土也产生竖向压缩,因此桩底(或其他基础底面)土有竖向土抗力σ_h。根据土的弹性抗力假定(文克尔假定),竖向土抗力的表达式为:

$$\sigma_h = C_0 \Delta_h \tag{10-3}$$

式中:σ_h——土面下h深处桩底(或基底)土的单位面积的竖向土抗力(kPa);

Δ_h——桩底土层竖向压缩量(m);

C_0——桩底土层的竖向地基系数(kPa/m)。

竖向地基系数C_0,对非岩石类土,当入土深$h \leqslant 10$m时,按$C_0 = 10m_0$计;当入土深$h > 10$m时,按$C_0 = m_0 h$计,其中m_0为竖向地基系数C_0的比例系数。当桩底(或基底)土层为岩石时,C_0则不随入土深h改变,而与基底岩石强度有关。

上述水平地基系数C_y和竖向地基系数C_0式中的比例系数m和m_0值,应采取试验实测值,如无实测资料时,可按《公路桥涵地基与基础设计规范》(JTG D63—2007)、《铁路桥涵地基和基础设计规范》(TB 10002.5—2005)或其他规范采用。

2)土弹簧刚度计算

(1)计算宽度b_0。

试验分析可知,桩在水平外力作用下,除桩身宽度范围内桩侧土受挤压外,在桩身宽度以外一定范围内的土体也受到一定影响,对不同截面形状的桩,其影响范围也不同。将空间受力问题简化为平面问题,并考虑不同截面形状,将桩的设计宽度(或直径)换算成一个与受力情况相当的矩形截面宽度b_0,称为基础侧面土抗力的计算宽度。计算宽度b_0按表10-1取值。

基础侧面土抗力的计算宽度 b_0(m)   表 10-1

基础平面形状		矩形	圆形	圆端形
单个构件的直径或与水平力 H 作用方向相垂直的宽度大于或等于 1m 时	由单个构件[图 10-26a)]或位于水平外力 H 作用面内数个构件组成的基础[图 10-26b)]	$b+1$	$0.9(d+1)$	$\left(1-0.1\dfrac{d}{D}\right)\times(D+1)$
	由位于与水平外力 H 相垂直的同一平面内 n 个构件组成的基础[图 10-26c)]	$n(b+1)$，但不得大于 $D'+1$	$0.9n(d+1)$，但不得大于 $D'+1$	$n\left(1-0.1\dfrac{d}{D}\right)\times(D+1)$ 但不得大于 $D'+1$
单个构件的直径或与水平力 H 作用方向相垂直的宽度小于 1m 时	由单个构件[图 10-26a)]或由位于水平外力 H 作用面内数个构件组成的基础[图 10-26b)]	$1.5b+0.5$	$0.9(1.5d+0.5)$	$\left(1-0.1\dfrac{d}{D}\right)\times(1.5D+0.5)$
	由位于与水平外力 H 相垂直的同一平面内 n 个构件组成的基础[图 10-26c)]	$n(1.5d+0.5)$，但不得大于 $D'+1$	$0.9n(1.5d+0.5)$，但不得大于 $D'+1$	$n\left(1-0.1\dfrac{d}{D}\right)\times(1.5D+0.5)$ 但不得大于 $D'+1$

注：表中 b_0、b、d、D、D' 均以 m 计。

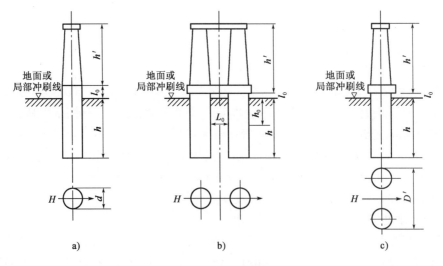

图 10-26 基础(桩或沉井)

(2)土弹簧的水平刚度系数。

各层土对桩的水平刚度系数可按照桩所环绕的等效体积来计算：

第一层土水平刚度系数：

$$K_1 = \frac{1}{2}(m_1 h_1) h_1 b_0$$

第二层土水平刚度系数：

$$K_2 = \frac{1}{2}(2m_2 h_1 + m_2 h_2) h_2 b_0$$

第 n 层土水平刚度系数：

$$K_n = \frac{1}{2}(2m_n \sum_{1}^{n-1} h_i + m_n h_n) h_n b_0 \tag{10-4}$$

式中：h_n——第 n 层土层厚度。

(3) 土弹簧的竖向刚度系数。

在轴向压力荷载 P 的作用下，桩身将发生弹性压缩，同时桩顶荷载通过桩身传到桩底，因而桩底土层也将受到压缩。这两部分压缩之和等于桩顶的轴向位移。但埋于土中的桩与桩侧土紧密接触，桩相对于土向下位移，就产生土对桩向上作用的摩阻力。因此，桩顶的外荷载由桩表面的总摩阻力 P_s 和桩底土的支撑力 P_p 共同承受。在荷载 P 的作用下，P_s 和 P_p 并非成定比分配，而是与荷载 P 的大小、桩底土层的情况及桩长等因素有关。

就荷载 P 的大小而言，当 P 不很大时，由于桩的上部轴力 P_y 较大，引起桩的变形也较大，因而桩侧土的摩阻力先得到发挥，而桩下部变形较小，摩阻力发挥也较小。桩底土层的支承力尚未得到发挥。当荷载 P 较大时，桩底土也将产生压缩变形，因而桩底土的支承力也将得到发挥，P 越大，P_p 所占比例也随之增大。这一点已经被实例资料证明。

就桩底土层而言，桩底为坚硬土层及岩层（即柱桩情况），因其强度大、变形小，在荷载 P 的作用下，桩的沉降量很小，桩底承载力 P_p 就能充分发挥，而此时桩侧土摩阻力发挥作用尚很小，因此桩底阻力所占比例很大（或全部由它承担）；对置于一般土层的摩擦桩，则在桩侧摩阻力充分发挥的基础上，桩底土的阻力才可能发挥出来。亦即当 P 足够大时，桩底支承阻力才能充分发挥出来。

就桩长因素而言，对支承于基岩上的长桩，当桩身穿过一定强度的厚土层时，有相当部分的荷载是通过桩身传递给侧向土层。此时，确定桩承载力时可适当考虑桩侧摩阻力。如不计此项就偏于安全。而对于很长的摩擦桩，由于桩身压缩变形很大，在桩底支承反力尚未达极限值时，对于某些上部结构其桩顶位移可能已超过容许值，但传递到桩底的荷载却很微小，故在确定桩容许值承载力时，不宜对桩底取值过大。

了解桩侧摩阻力的影响因素、研究其沿桩身的分布规律，对摩擦桩的受力分析、合理确定桩的容许承载力等是很重要的。影响桩侧摩阻力的因素，除与桩土间相对位移有关外，尚与桩侧土的性态和桩侧法向应力 σ_x 有关，计算很复杂，故为简化计算，常近似地假设打入桩摩阻力在地面处为零，沿桩入土深度增加，摩阻力呈线性增加；而对钻孔桩则可近似的假设沿桩身呈均匀分布。关于桩底支承阻力对于支承在岩层上的柱桩，桩底阻力的极限值取决于岩石的抗压强度。

单桩的竖向极限承载力是由桩侧极限摩阻力和桩底土阻力两部分组成的，可按桥梁规范中给出的公式计算。

求出极限承载力后，再根据桩与土的相对位移，即可近似得到土弹簧的竖向刚度系数。摩擦桩的桩土的相对位移值在没有计算的情况下，一般取 6mm 左右。

(4) 抗震分析中地震波荷载的输入位置。

如图10-27，地震时的地面运动 u_g 导致了结构的响应（结构自身位移为 u，总位移为 u_1），基础是随地面一起运动的，所以不应该直接承受地震荷载，其作用就是为桥墩、桥台提供抗力。地震荷载应该施加在地面处的墩底或台底。

10.4.3 桩土作用分析

考虑桩侧土对桩的影响可按下面的方法进行。

首先，应该将桩长范围内的土层分层，计算每层土的弹簧刚度系数，分层的原则是：

①不同类型的土分成不同的层；

②在同类型的土层中再进行分层，计算每层土的刚度系数；

③桩的上部土层分得要密一些，即土层要薄些，下部土层可以分得厚些。

其次，将桩进行单元划分，划分的原则是保证每层土的中间有一个对应的节点，以便施加节点弹性支承或一般连接中的弹簧单元。

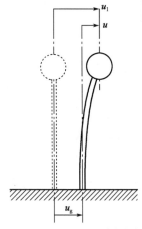

图10-27 地震引起的单自由度体系的运动

节点的弹性支承与一般连接中的弹簧单元都可以表现为非线弹性的特性，但是这里计算的土弹簧刚度系数为定值，土弹簧是线弹性的。

第三，在桩身设置水平土弹簧，整体坐标系 X 和 Y 两个方向的弹簧刚度系数一样。

对于竖向弹簧，其刚度系数可以根据实际情况按上节的讨论计算，但实际确定起来比较繁琐，所以往往通过将桩底固结的方法简单处理或在桩底施加一个弹簧，其刚度等于竖向承载力除以竖向相对位移（比如6mm）。将桩底固结的方法似乎有些"草率"，但这是早期的普遍做法，且这样处理有其合理的地方，不仅是因为我们多数情况下只关心桩顶的水平位移，而且一般情况下往往也是符合实际的。

图10-28为某连续梁桥整体建模的例子，其桩侧有 X、Y 方向的土弹簧，桩底固结。

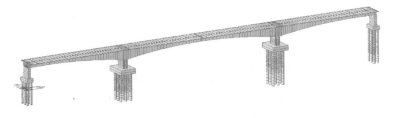

图10-28 某连续梁桥的整体模型

10.5 时程分析方法

10.5.1 时程分析的步骤

时程分析是计算动力荷载作用下结构响应的方法。时程分析的本质是求解结构动力微分方程式(10-5)，是将动力作用以时间函数的形式引入微分方程，并通过相应的积分方式得到结构每一个时刻的响应以及响应的变化情况。时程分析的积分方式是关键的问题之一，

midas Civil中时程分析可以使用的积分方式为振型叠加法和直接积分法。

$$M\ddot{u}(t) + C\dot{u}(t) + Ku(t) = F(t) \tag{10-5}$$

式中：　　　M——质量矩阵；

　　　　　　C——阻尼矩阵；

　　　　　　K——刚度矩阵；

　　　　　$F(t)$——动力荷载；

$u(t)$、$\dot{u}(t)$、$\ddot{u}(t)$——分别为相对位移、速度和加速度。

midas Civil 中做时程分析的步骤如下：

(1)利用模型＞质量菜单中各种输入质量的命令建立模型的质量数据。

(2)在分析＞特征值分析控制对话框中输入特征值分析所需的各种控制数据。

(3)在荷载＞时程分析数据＞时程荷载函数中输入时程荷载函数名称和时程荷载数据。

(4)在荷载＞时程分析数据＞时程荷载工况中输入荷载工况名称、时程分析和输出所需的数据、阻尼比等数据。

(5)输入动力荷载，可以选择"节点动力荷载"、"地面加速度"、"时变静力荷载"。

当时间荷载函数用于输入节点动力荷载时，在荷载＞时程分析数据＞节点动力荷载中输入荷载工况名称、荷载函数名称、作用方向、到达时间等数据。

当时间荷载函数用于输入地面加速度荷载时，在荷载＞时程分析数据＞地面加速度中输入荷载工况名称、各方向荷载函数名称后，点击操作命令。

当时间荷载函数用于将静力荷载转换为时变静力荷载时，在荷载＞时程分析数据＞时变静力荷载中输入荷载工况名称、荷载函数名称、作用方向、到达时间等数据。

(6)点击分析＞运行结构分析或点击工具条，运行结构分析。

(7)查看分析结果。

结构分析结束之后，利用"结果"菜单中各种后处理功能查看分析结果，或将其与其他静力荷载分析结果组合起来。所有的分析结果都提供分析控制时间内的最大值和最小值。当需要查看各时间步骤的结果，可利用结果＞时程分析结果命令，输出时程分析的文本或图形结果。

10.5.2 振型叠加法

振型叠加法利用振型的正交性将动力方程式(10-5)分解为各振型的动力方程，即采用振型坐标对微分方程组解耦，使其成为每个振型独立微分方程，然后对每个振型(实际上常取前几阶振型)运用杜哈梅积分进行求解，一般可采用分段积分法。其基本思想是利用结构自由振动的振型，将结构的动力学方程组转化成对应广义坐标的非耦合方程，然后单独求解各方程，最后求得各振型的响应后再进行线性组合以得到结构总体的响应。

振型叠加法结果的精确度受振型数量的影响。一般的说，在外力作用下结构通常只激起较低的一部分振型，而大多数高阶振型分量很小，可以忽略不计。对 n 阶动力方程，起主要作用的是其前 q 阶振型，且 $q \ll n$。因此振型叠加法的关键是确定 q 和特征值分析。

振型叠加法具有一定的局限性：首先振型叠加法只适用于线性系统的分析，对于非线性系统，叠加原理不再适用；其次该方法也不适合分析局部受高频冲击荷载作用的系统响应，因为此时系统响应的高频分量不可以忽略，为保证有足够高的计算精度，q 必须取得很大，计算系统的固有振型将花费大量的计算时间;最后,阻尼最好为振型阻尼。

振型叠加法适用于线弹性结构的地震反应分析,也可以求解仅含有边界非线性的非线性地震反应分析(快速非线性分析),具体请参见本书抗震一章的相关内容。

使用振型叠加法进行时程分析时的注意事项如下:

(1)分析时间(或分析步骤数)影响总的分析时间。

(2)分析时间步长影响分析结果的正确性,不宜大于基本周期的 1/10,且不应大于输入的时间荷载数据的时间间隔。

(3)要做特征值分析,因为计算中需要结构的前 q 阶固有周期,选择的振型数量 q 非常关键,直接影响计算的精确度。

(4)要注意的是时程分析中的振型叠加与反应谱分析中的振型组合不同,时程分析中的振型叠加是各振型在各时间步上的线性组合,而反应谱分析中的振型组合方式有 SRSS、CQC、ABS 等(反应谱分析在 13.2 节中介绍)。

(5)要选取适宜的动力荷载,特别是地震波的选取要满足地震动三要素(频谱特性、有效加速度峰值和持续时间)的要求。

(6)阻尼最好为振型阻尼、瑞利阻尼。

10.5.3 直接积分法

直接积分法又称逐步积分法,是随着时间的进展通过逐步积分直接计算结构的动力响应的方法。直接积分法与振型叠加法不同,无需先进行特征值分析(但是阻尼计算方法为直接振型法和应变能因子时,因计算结构阻尼时需要使用结构的模态,所以需要先进行特征值分析以求得模态)。

直接积分法的计算过程是:假设 $t=0$ 时刻的状态向量(位移、速度和加速度)是已知的,即初始条件已知。将时间求解域 $0 \leqslant t \leqslant T$ 进行离散,即可由已知 $t=0$ 时刻的状态向量计算 $t=0+\Delta t$ 时刻的状态向量,进而计算 $t=t+\Delta t$ 时刻的状态向量,直至 $t=T$ 时刻终止,这样便可得到动力响应的全过程。在这种方法中,后次的求解是在前次解已知的条件下进行的。在时间间隔 Δt 内,位移、速度和加速度的变化规律及其间的关系是假设的,给予某种假设,就可由前一状态推知下一状态,即对时间做不同的插值处理。采用不同的假设得到不同的直接积分方法。目前,在工程中和计算机程序中最常用的有中心差分法、常加速度法、线性加速度法、Newmark 法、Wilson-θ 法等多种方法,而其中以 Wilson-θ 法和 Newmark 法应用最广。评价逐步积分法的优劣标准是收敛性、计算精度、稳定性、计算效率,midas Civil 在求解瞬态动力分析问题时采用 Newmark 这种隐式时间积分法。

使用 Newmark 法需要确定两个积分参数 γ 和 β,γ 和 β 是按积分精度和稳定性要求而确定的参数。当 $2\beta \geqslant \gamma \geqslant 0.5$ 时,Newmark 法为无条件稳定。但是,如果 $\gamma > 0.5$ 则会引入误差,这些误差与阻尼和周期延长有关。大结构的计算模型可能包含小于积分时间步长的周期,因此有必要选择一个对所有时间步长都是无条件稳定的数值积分方法。时间步长的限制可按公式(10-6)确定:

$$\frac{\Delta t}{T_{\min}} \leqslant \frac{1}{2\pi\sqrt{\frac{\gamma}{2}-\beta}} \qquad (10\text{-}6)$$

式中：T_{min}——结构的最小振动周期。

midas Civil 中直接积分采用 Newmark 法，需要输入 γ（程序中为 Gamma）和 β（程序中为 Beta）两个相关参数。有三种方法输入这两个参数：

(1)加速度常量：假定结构的加速度在每个时间步骤中未发生改变，相应的 Gamma＝0.5、Beta＝0.25 为程序默认值，自动输入且不能改变。基于该假定，时间步的大小不会影响解的稳定性。由于加速度常量法分析结果稳定，因此程序推荐（默认）使用该方法输入。

(2)线性变化加速度：假定结构的计算度在每个时间步骤中线性变化，相应的 Gamma＝0.5、Beta＝1/6 自动输入且不可编辑。基于该假定，当时间增量值大于 0.551 倍的结构最小周期时，分析结果会变得不稳定。

(3)用户输入：用户直接输入 Gamma 和 Beta 值。

时间积分常数的取值不同，对应的逐步积分法不同，表 10-2 给出了不同参数对应的逐步积分法。

不同时间积分常数对应的逐步积分法　　　　表 10-2

参 数 取 值	对 应 的 逐 步 积 分 法	稳 定 性 条 件
$\gamma=0.5, \beta=0.25$	平均常加速度	无条件稳定
$\gamma=0.5, \beta=1/6$	线性加速度法 （$\theta=1$ 时的 Wilson-θ 方法）	$\Delta t \leqslant 0.551 T_{min}$
$\gamma=0.5, \beta=0$	中心差分法	$\Delta t \leqslant \dfrac{1}{\pi} T_{min}$

使用直接积分法时的注意事项如下：

(1)分析时间（或分析步骤数）影响总的分析时间。

(2)分析时间步长影响分析结果的正确性，不宜大于基本周期的 1/10，且不应大于输入的时间荷载数据时间间隔。

(3)要选取适宜的地震动力荷载，地震波的选取要满足地震动三要素（频谱特性、有效加速度峰值和持续时间）的要求。

(4)阻尼计算方法建议使用瑞利阻尼。

(5)时间积分常数的取值：常加速度不发散且恒稳定，线性加速度根据具体情况有可能不收敛，建议使用常加速度时间参数。

(6)当外载荷为冲击荷载，激起振型很多时，应采用直接积分法；非线性动力响应问题则一般只能采用直接积分法。

10.5.4 多点激励分析

大跨度桥梁的桥墩间距较大时，或者桥墩坐落在不同的场地上时，作用在桥墩上的地震波有可能发生时间上的延迟，或者作用的地震波的特征周期、峰值加速度都也有可能不同。此时应该给不同的桥墩以不同的地震波或者给到达时间的延迟，即应考虑行波效应和局部场地效应。对点激励分析就是给不同支座输入不同的地面运动的分析方法，midas Civil 可以进行多点激励分析，具体请参见本书 13.7 节。

10.5.5 时程荷载工况中选项的说明

运行命令荷载＞时程分析数据＞时程荷载工况会弹出如图 10-29 所示的对话框,对话框中有的选项已经在前面说明,下面仅对其中的部分时程分析选项给出说明。另外读者还可以参考程序的在线帮助手册中的内容,在本书的抗震一章中也有实例及说明。

图 10-29 时程分析荷载工况选项

1)关于分析类型选项

图 10-29 中的"分析类型"分组框中有"线性"和"非线性"两个选项,该选项将直接影响分析过程中结构刚度矩阵的构成。非线性选项一般用于定义了非弹性铰的动力弹塑性分析和在一般连接中定义了非线性连接(非线性边界)的结构动力分析中。当定义了非弹性铰或在一般连接中定义了非线性连接(非线性边界),但是在时程分析工况对话框中的分析类型中选择了"线性"时,动力分析中将不考虑非弹性铰或非线性连接的非线性特点,仅取其特性中的线性特征部分进行分析。

只受压(或只受拉)单元、只受压(或只受拉)边界在动力分析中将转换为既能受压也能受拉的单元或边界进行分析。如果要考虑只受压(或只受拉)单元、只受压(或只受拉)边界的非线性特征进行动力分析,应该使用边界条件＞一般连接中的间隙和钩来模拟。

2)关于分析方法选项

图 10-29 中的"分析方法"分组框中有"振型叠加法"、"直接积分法"和"静力法"三个选项。这三个选项是指解动力方程的方法。

振型叠加法是将多自由度体系的动力反应问题转化为一系列单自由度体系的反应,然后再线性叠加的方法。其优点是计算速度快节省时间,但是由于采用了线性叠加原理,原则上仅适用于分析线弹性问题,当进行非线性动力分析时或者因为装有特殊的阻尼器而不能满足阻尼正交(刚度和质量的线性组合)时,是不能使用振型叠加法的。

直接积分法是将时间作为积分参数解动力方程式的方法。直接积分法的优点是可以考虑刚度和阻尼的非线性特点,计算相对准确,但是因为要对所有时间步骤都要积分,所以分析时间相对较长。

静力法是使用动力分析方法模拟 Pushover 分析(静力弹塑性分析)的方法。也可以用于确定静力荷载作用下(使用时变静力荷载方法)结构的铰状态。之所以称为静力法,是因为求解过程中忽略了动力方程中的加速度和速度项,而位移和荷载项也没有了真正意义上的时间概念,只有荷载控制和位移控制中的步骤概念。时程分析中的静力法与 Pushover 分析相比,其优点是:

(1)可控制正反两个方向上的位移,这样更接近于实际地震的振动(Pushover 分析的位移是单方向的);

(2)用户定义铰特性值更自由,并且可通过定义纤维截面更详细地确认截面内破坏情况。

3)关于时程类型选项

有瞬态和周期两个选项,这两个选项是指动力荷载的类型以及分析中荷载的使用方法。"瞬态"一般用于无规律的振动(例如地震荷载)。选择该项时,分析时间长度是由输入的"分析时间"控制的。"周期"一般用于有规律的振动(例如简谐振动),选择该项时,时间荷载可只定义一个周期。例如:周期为 1 秒的无衰减的正弦波荷载,如果用户想要分析一直重复振动的结果,那么可以在定义时间荷载时只定义 1 个周期长度的时间荷载(即时间荷载长度为 1 秒),然后在时程荷载工况对话框中的"分析时间"中输入 1 秒,在"时程类型"中选择"周期",程序分析结果就会给出循环加载的效果。当然,也可以在定义时间荷载时重复定义多次循环,在时程荷载工况对话框中的"分析时间"中输入很长的时间,在"时程类型"中选择"瞬态",两者效果是相同的。

4)关于加载顺序选项

当前时程荷载工况要在前次荷载工况(可以是时程荷载、静力荷载、最后一个施工阶段荷载、初始内力状态)作用下的位移、速度、加速度、内力状态下继续分析,则在定义当前时程荷载工况时要选择"接续前次"选项。

(1)荷载工况选项

在荷载工况列表中可选择的前次荷载工况有 TH(时程荷载)、ST(静力荷载)、CS(最后一个施工阶段荷载),但前提是这些荷载工况已经存在。

当前次荷载工况为时程荷载时(例如前次为 TH1,当前为 TH2),并且要想按照 TH1→TH2 的顺序进行连续分析时,TH1 和 TH2 的"分析类型"和"分析方法"选项的选择需要一致。

当前次荷载工况为 ST 或 CS,且定义了非弹性铰做动力弹塑性分析时,要注意 ST 或 CS 的荷载要在弹性范围内。当前次荷载工况为时程荷载时,则不需要求前次时程荷载工况的结果处于弹性阶段的要求。

(2)初始单元内力表格选项

该选项可定义时程分析的初始条件(内力、初始几何刚度),一般可用于有初始恒荷载作用的地震作用的弹塑性时程分析,即先做静力分析获得结构的初始内力,程序会使用该内力状态构成结构的初始刚度矩阵,然后做时程分析。同荷载工况选项中的说明一样,内力表格中的内力值要在弹性范围内。

(3)累加位移/速度/加速度结果

不选此项时,查看本荷载工况的结果时只输出本荷载工况作用的结果;选择此项时,查看本荷载工况的结果时包含了前次荷载工况最终步骤的影响。程序只要选择了加载顺序选项,程序计算当前荷载工况时就会考虑前次荷载工况的影响,该选项(不选时)仅是为了方便用户想查看不受前次荷载工况影响的当前荷载工况作用结果。所以该选项仅影响结果的输出,不影响内部计算过程。

(4)保持最终步骤荷载不变

保持前次荷载工况最终步骤时的荷载不变,加到本次荷载工况各荷载时间步骤中。

5)非线性分析迭代控制中"容许不收敛"选项

在如图 10-29 所示对话框的"非线性分析控制参数"分组框中,勾选"迭代计算",然后点击 [迭代控制] 按钮,会弹出如图 10-30 所示的迭代控制对话框。

一般其他程序当分析过程不收敛时将退出分析,但是有时用户需要看前面已经收敛步骤的结果,所以本程序增加了该选项(勾选图 10-30 中的"容许不收敛"),即使分析过程中不收敛也让分析继续进行下去。

10.5.6 时程荷载函数

运行命令荷载>时程分析数据>时程荷载函数,当时程荷载是随机振动荷载时,在弹出的对话框中点击"添加时程函数"按钮(当时程荷载是谐振动时,在弹出的对话框中点击"添加谐振荷载"按钮),将会弹出如图 10-31 所示的对话框,然后在其中输入时程荷载数据,即指定时程分析时的时程加载函数。

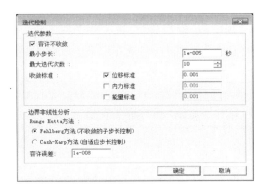

图 10-30　迭代控制选项

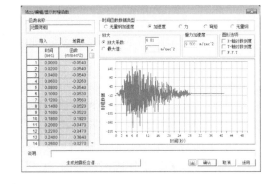

图 10-31　定义时程函数

在"时间函数数据类型"分组框中,可以选择"无量纲加速度"、"加速度"、"力"、"弯矩"和"无量纲"。"无量纲加速度"是将加速度时程函数数据除以重力加速度得到的数据。"力"或"弯矩"时程荷载函数用于输入"节点动力荷载",指定"无量纲加速度"或"加速度"时程函数用于输入"地面加速度","无量纲"时程函数用于输入"时变静力荷载"。注意由上述数据类型中的一种改变为另一种类型时,并不会随着改变的数据类型的单位体系改变数据的数值。

点击"导入"按钮可以从已有的 SGS 或 THD 文件类型中导入地震波数据,点击"地震波"按钮则是从程序自带的地震波中选择地震波数据。时程函数数据栏中的数据可以和 EXCEL 中的数据通过"Ctrl+C"和"Ctrl+V"进行数据交换。

"放大"分组框中的"放大系数"和"最大值"两个中只能选一个,目的是对时程函数数据栏中的数据进行同比放大或缩小。可以直接输入放大或缩小系数,也可以指定数据中的最大值(此时的放大系数=用户填写的最大值/数据中的最大值)。

"重力加速度"用于将无量纲加速度和等效质量转换为荷载。

点击按钮"生成地震反应谱"是将当前的地震波数据转换为反应谱数据,如图 10-32 所示,三条曲线对应三个不同的阻尼比。该功能与本书6.7节所述"根据地震波历史记录生成反应谱"的功能基本一样。

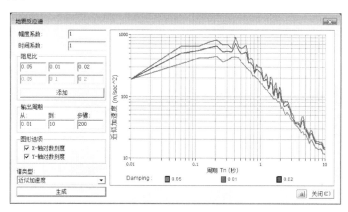

图 10-32　由当前地震波数据转换为反应谱数据

10.5.7　动力荷载

midas Civil 的动力荷载输入有三种方法,可以选择"节点动力荷载"、"地面加速度"或"时变静力荷载"。定义时需要指定时程荷载工况名称、荷载函数名称、作用方向、放大系数和到达时间等数据。详细的数据填写说明请参见程序的在线帮助手册,本书第13章中有多个例题使用了上述三种动力荷载的输入。

"节点动力荷载"是将随时间变化的力或弯矩荷载指定给相应的节点,用加速度时程函数表示的地震波一般用"地面加速度"的方式输入。当然也可以将加速度时程函数转换为力或弯矩型的时程函数,然后再施加在结构的某个位置(节点)上。"时变静力荷载"是将已经定义的静力荷载乘上时间函数,将其转换为动力荷载。将静力荷载与动力荷载组合时,需要将静力荷载转换为动力荷载。

10.5.8　程序时程分析结果的读取与输出

时程分析的变形、内力和应力结果可以使用图形和文本的形式输出,可以像静力分析结果一样,通过结果菜单中的反力、位移、内力和应力子菜单查看每一个分析工况分析结果的最大、最小和包络值,也可以通过结果＞时程分析结果菜单(图10-33)查看更详细的结果。针对时程分析工况,可以通过定义"时程结果函数"输出时程轨迹曲线。

因为时程分析本质上是一系列连续时间点的全面分析,因此输出变形和内力结果时,需要确定输出哪一个时间步的结果。例如用命令结果＞时程分析结果＞位移/速度/加速度查看时程分析后

图 10-33　时程分析结果菜单

模型的位移、速度、加速度结果时,弹出如图10-34所示的对话框。需要选择时程荷载工况名称、时间步、时间函数等,还可以用动画的形式输出分析的时程结果。

使用命令结果>时程分析结果>时程分析图形来查看和输出结果时,需要先定义"时程结果函数"。"时程结果函数"决定时程结果的类型和定义输出结果图形函数和步骤函数,图形结果函数也可以在后处理的时程分析图形中定义或编辑。详细的数据填写说明请参见程序的在线帮助手册,本书第 13 章中的 13.4.3 节和 13.6.2 节中有例题使用了时程分析图形功能。

10.6 移动荷载时程分析

10.6.1 概述

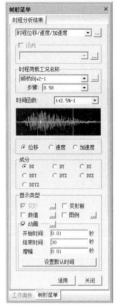

图 10-34 查看位移的时程结果

当车辆通过桥梁时,车辆产生重力效应(即车辆重量引起的竖向力)和惯性效应(即车辆质量和加速度效应)。即使车辆不动,重力效应仍然存在,因此重力效应是桥梁静态分析的主要输入。仅当车辆沿行车方向运动时,才会产生惯性效应,因此惯性效应是动力效应的原因。桥梁上通过车辆引起的车桥耦合振动问题是一个非常复杂的问题,因此工程实践中经常进行简化处理。考虑惯性效应的移动质量在 midas Civil 中实现起来不是很容易。

如果移动车辆的惯性效应比其重力效应小得多,则惯性力可以完全忽略不计。这适用于中等跨径和大跨径桥梁(跨度超过 30m),这些桥梁自重要比车重大得多。

国外学者通过将车辆的重力效应和惯性效应分离的办法引入了一种有意义的简化方法。车辆重力以竖向力的形式在桥上移动,而车辆的质量 m 则固定在梁的跨中(如图 10-35 所示,F 为移动力,c 为移动速度,L 为跨度)或有时在 1/3 梁跨处。这一假定适用于大跨度桥梁,极大地简化了理论分析。当桥梁有载频率(随车辆移动而变化)接近简化后的固有频率时,这种简化的计算值与实测值吻合得很好。

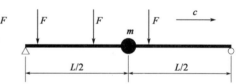

图 10-35 质量为 m 的车辆过桥时重力效应与惯性效应分离

在对整个列车或车队的作用进行研究时,当车辆的平均质量沿桥梁均匀分布时,上述的简化就比一个单独车辆的计算结果更能令人满意。

在 midas Civil 中施加移动冲击力的方法是"节点动力荷载"。

由于单轮车辆荷载作用在节点时是个瞬间作用后随即消失的一种冲击荷载,所以在这里将其近似地模拟为最大值为 1kN 的三角形荷载(图

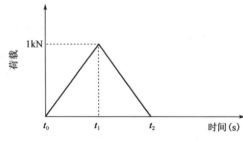

图 10-36 将车辆荷载近似模拟为三角形荷载

10-36),其中时间 t_0 和 t_1 之间以及 t_1 和 t_2 之间的时间差(假设两个时间差相等)由车辆的速度和所建模型的节点间距来决定。

假设单轮车辆荷载在 t_0 时刻开始施加到节点上,经过 t_1-t_0 时间后达到最大值,又经过 t_2-t_1

时间后该节点上的力降为0。若假设单元的长度都一样为L_e,车辆以速度v匀速行驶,则：

$$\Delta t = t_1 - t_0 = t_2 - t_1 = \frac{L_e}{v} \tag{10-7}$$

这样刚好是单轮行驶到要施加冲击力的节点上一个节点时荷载开始增加,到达该节点时达到最大值,前进到下一个节点时,荷载降为0。

若单元长度为0.5m,车速为100km/h,则Δt为0.018s。

因为在图10-36中将最大荷载值定义成了1kN,那么需要在定义时程荷载函数时将放大系数定义为车轮的实际重量,对车辆单轮荷载为638kN、对应车速为100km/h的时程荷载函数定义如图10-37所示。

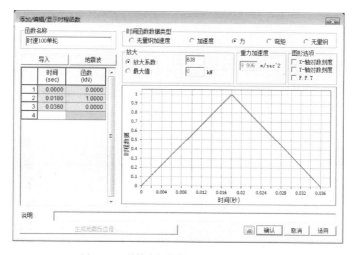

图10-37 单轮车辆荷载对应的时程荷载函数

为了施加节点动力荷载,还需要定义时程荷载工况,这个也可以在定义时程荷载函数之前定义。最后再定义节点动力荷载。详细过程请参见下节的实例。

10.6.2 移动荷载分析实例

1)桥梁及荷载数据

某跨度16m的简支梁,梁的抗弯刚度$EI=2.05\times10^{10}\text{N}\cdot\text{m}^2$,质量$m=9.36\times10^3\text{kg/m}$(包含桥面荷载),阻尼比为0.05。单轮荷载为$F=6.38\times10^4\text{kg}$,车速100km/h。本例仅考虑移动荷载的动力效应,不计自重的挠度。

2)建模

建立节点和单元,单元长度0.5m,共32个单元,仅考虑XZ平面内竖向振动,即按2D问题考虑。截面为2m×1m(高×宽)的矩形截面。混凝土材料为C30,将桥面荷载也视为梁体自重,则换算的比重为46.8kN/m³。按简支梁施加边界条件,即最左侧的节点约束沿梁长方向(正X方向)与竖向(Z向)的平动位移,最右侧节点仅约束竖向平动位移。

质量数据仅为结构本身(含桥面)的质量,运行命令模型>结构类型,在弹出的对话框中,"结构类型"选择"X-Z平面",质量控制参数中,选择"集中质量",勾选"将自重转换为质量",方向选择"转换为Z",如图10-38所示。

3）特征值分析

本例拟用振型叠加法计算，所以这里先要进行特征值分析。运行命令分析＞特征值分析控制，在弹出的对话框（图 10-39）中，分析类型选择"多重 Ritz 向量法"，初始荷载工况选择"地面加速度 Z"，初始向量数量填为 10，点击 添加 按钮，再点击 确认 按钮完成特征值分析控制数据的输入。

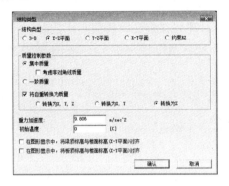

图 10-38　定义质量数据

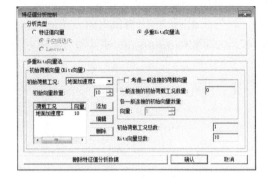

图 10-39　特征值分析控制

点击工具栏中的 ，运行分析。通过结果＞分析结果表格＞周期与振型命令，可以查看各振型的频率与周期，如图 10-40 和图 10-41 所示。

从计算结果可以看出，第 4 模态 Z 方向的振型参与质量已经达到 92.92%，所以仅计算前 4 阶振型即可。第 10 阶模态振型参与质量达到 96.87%，因此我们可以判断对于竖直方向的反应，所参与的质量已经足够可以获得结构动力反应的主要特征了。结构基本周期为 0.114656s。

模态号	频率		周期
	(rad/sec)	(cycle/sec)	(sec)
1	54.800542	8.721777	0.114656
2	208.292192	33.150732	0.030165
3	434.609051	69.170179	0.014457
4	1000.589867	159.248823	0.006279
5	1609.374556	256.139916	0.003904
6	2205.213188	350.970580	0.002849
7	2771.349317	441.073943	0.002267
8	3346.315613	532.582671	0.001878
9	4127.635128	656.933534	0.001522
10	5197.371632	827.187386	0.001209

图 10-40　特征值分析结果中的频率与周期

模态号	TRAN-X		TRAN-Y		TRAN-Z		ROTN-X		ROTN-Y		ROTN-Z	
	质量(%)	合计(%)	质量(%)	合计(%)	质量(%)	合计(%)	质量(%)	合计(%)	质量(%)	合计(%)	质量(%)	合计(%)
1	0.00	0.00	0.00	0.00	80.93	80.93	0.00	0.00	0.00	0.00	0.00	0.00
2	0.00	0.00	0.00	0.00	0.00	80.93	0.00	0.00	60.28	60.28	0.00	0.00
3	0.00	0.00	0.00	0.00	8.88	89.80	0.00	0.00	0.00	60.28	0.00	0.00
4	0.00	0.00	0.00	0.00	3.11	92.92	0.00	0.00	0.00	60.28	0.00	0.00
5	0.00	0.00	0.00	0.00	1.53	94.44	0.00	0.00	0.00	60.28	0.00	0.00
6	0.00	0.00	0.00	0.00	0.87	95.31	0.00	0.00	0.00	60.28	0.00	0.00
7	0.00	0.00	0.00	0.00	0.55	95.86	0.00	0.00	0.00	60.28	0.00	0.00
8	0.00	0.00	0.00	0.00	0.43	96.30	0.00	0.00	0.00	60.29	0.00	0.00
9	0.00	0.00	0.00	0.00	0.39	96.69	0.00	0.00	0.01	60.29	0.00	0.00
10	0.00	0.00	0.00	0.00	0.19	96.87	0.00	0.00	0.00	60.30	0.00	0.00

图 10-41　特征值分析结果中的振型参与质量

第10章 结构动力分析

4)时程分析

输入时程分析数据的顺序如下：

首先,在荷载＞时程分析数据＞时程荷载函数中定义动力荷载,比如车辆形式速度为100km/h 时,可以按图 10-37 定义。注意图中"时间函数数据类型"选择为"力",放大系数为 638,这样总的单轮荷载就是函数峰值中的 1kN 与该放大系数 638 的乘积,即 638kN,等于已知条件中的单轮荷载为 $F=6.38\times10^4$kg。

然后,在时程荷载工况中输入分析时间总长、分析时间步长、阻尼比等数据,对应命令为荷载＞时程分析数据＞时程荷载工况,按图 10-42 填写数据。分析时间确定为 3s,因为车辆按 100km/h 行驶通过该桥的时间为 1s 左右。分析时间步长最大为基本周期的 1/10,这里考虑到第 10 阶振动周期为 0.001s 左右,所以取为 0.001s。阻尼计算方法采用振型阻尼,所有振型阻尼比均为 0.05。

最后,在节点动力荷载中考虑车速来输入所定义的时程荷载函数和时程荷载工况到达相应节点的时间。对应命令为荷载＞时程分析数据＞节点动力荷载。如图 10-43 所示,首先选择要施加节点动力荷载的节点,然后依次指定时程荷载工况名称、时程荷载函数名称、力的方向、到达时间和系数,最后点击"适用"按钮。图 10-44 为定义了节点 2 上的节点动力荷载后的情形。"到达时间"为时程荷载作用于相应节点的时刻,这里设定车辆荷载的作用从节点 2 开始,如图 10-44 所示。节点 2 的到达时间为"0"s,因为 1 号节点施加了约束。节点间距为 0.5m,车速为 100km/h,所以对于节点 3 应输入"0.018"s,对于节点 4 应输入"0.036"s 等。因定义的时程荷载函数的作用方向为重力方向相同,所以"系数"中输入"－1",实际的荷载值应该等于图 10-37 中函数峰值×放大系数×这里的"系数"。

图 10-42 时程荷载工况定义

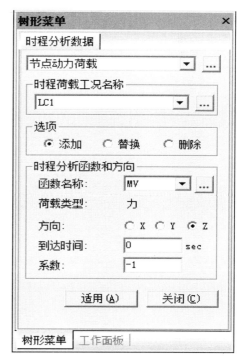

图 10-43 定义节点动力荷载(节点 2)

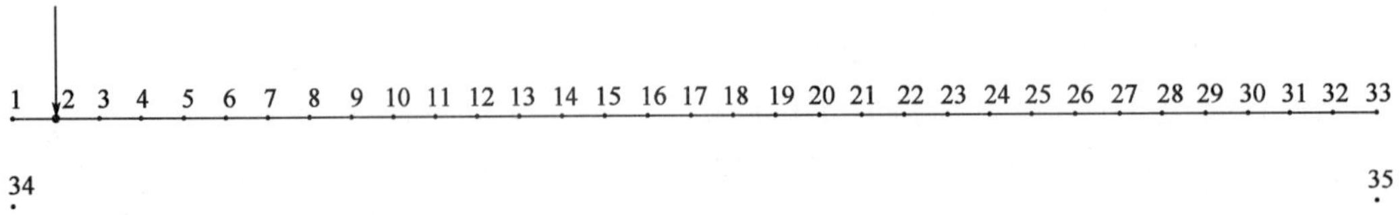

图 10-44　节点 2 上的节点动力荷载

使用该命令一次只能定义一个节点上的节点动力荷载,这里要为 2~32 号节点都定义,而且到达的时间都不同。一个一个定义比较繁琐,此时可以先对某个节点输入节点动力荷载后,利用节点动力荷载表格和 Excel 表格的互换功能,比较方便地输入剩余节点的动力荷载。具体方法如下:

(1)在主菜单选择荷载＞荷载表格＞节点动力荷载。

(2)将如图 10-45 所示的已输入的一个节点的内容复制到 Excel 表格中。

节点	荷载工况	荷载类型	时程函数	加载方向	到达时间(sec)	系数
2	LC1	力	MV	Z	0.00	−1.00

图 10-45　节点动力荷载表格

(3)如图 10-46 所示,在 Excel 表格中考虑节点和相应的到达时间来生成节点动力荷载数据。

	A	B	C	D	E	F	G
1	2	LC1	力	MV	Z	0	−1
2	3	LC1	力	MV	Z	0.018	−1
3	4	LC1	力	MV	Z	0.036	−1
4	5	LC1	力	MV	Z	0.054	−1
5	6	LC1	力	MV	Z	0.072	−1
6	7	LC1	力	MV	Z	0.09	−1
7	8	LC1	力	MV	Z	0.108	−1
8	9	LC1	力	MV	Z	0.126	−1
9	10	LC1	力	MV	Z	0.144	−1
10	11	LC1	力	MV	Z	0.162	−1
11	12	LC1	力	MV	Z	0.18	−1
12	13	LC1	力	MV	Z	0.198	−1
13	14	LC1	力	MV	Z	0.216	−1
14	15	LC1	力	MV	Z	0.234	−1
15	16	LC1	力	MV	Z	0.252	−1
16	17	LC1	力	MV	Z	0.27	−1
17	18	LC1	力	MV	Z	0.288	−1
18	19	LC1	力	MV	Z	0.306	−1
19	20	LC1	力	MV	Z	0.324	−1
20	21	LC1	力	MV	Z	0.342	−1
21	22	LC1	力	MV	Z	0.36	−1
22	23	LC1	力	MV	Z	0.378	−1
23	24	LC1	力	MV	Z	0.396	−1
24	25	LC1	力	MV	Z	0.414	−1
25	26	LC1	力	MV	Z	0.432	−1
26	27	LC1	力	MV	Z	0.45	−1
27	28	LC1	力	MV	Z	0.468	−1
28	29	LC1	力	MV	Z	0.486	−1
29	30	LC1	力	MV	Z	0.504	−1
30	31	LC1	力	MV	Z	0.522	−1
31	32	LC1	力	MV	Z	0.54	−1

图 10-46　在 Excel 表格中生成剩余节点的动力荷载数据

(4)将 Excel 表格中的结果复制到节点动力荷载表格中(图 10-47)。

5)运行分析

点击工具栏中的 ▣，运行分析。

节点	荷载工况	荷载类型	时程函数	加载方向	到达时间(sec)	系数
2	LC1	力	MV	Z	0.00	-1.00
3	LC1	力	MV	Z	0.02	-1.00
4	LC1	力	MV	Z	0.04	-1.00
5	LC1	力	MV	Z	0.05	-1.00
6	LC1	力	MV	Z	0.07	-1.00
7	LC1	力	MV	Z	0.09	-1.00
8	LC1	力	MV	Z	0.11	-1.00
9	LC1	力	MV	Z	0.13	-1.00
10	LC1	力	MV	Z	0.14	-1.00
11	LC1	力	MV	Z	0.16	-1.00
12	LC1	力	MV	Z	0.18	-1.00
13	LC1	力	MV	Z	0.20	-1.00
14	LC1	力	MV	Z	0.22	-1.00
15	LC1	力	MV	Z	0.23	-1.00
16	LC1	力	MV	Z	0.25	-1.00
17	LC1	力	MV	Z	0.27	-1.00
18	LC1	力	MV	Z	0.29	-1.00
19	LC1	力	MV	Z	0.31	-1.00
20	LC1	力	MV	Z	0.32	-1.00
21	LC1	力	MV	Z	0.34	-1.00
22	LC1	力	MV	Z	0.36	-1.00
23	LC1	力	MV	Z	0.38	-1.00
24	LC1	力	MV	Z	0.40	-1.00
25	LC1	力	MV	Z	0.41	-1.00
26	LC1	力	MV	Z	0.43	-1.00
27	LC1	力	MV	Z	0.45	-1.00
28	LC1	力	MV	Z	0.47	-1.00
29	LC1	力	MV	Z	0.49	-1.00
30	LC1	力	MV	Z	0.50	-1.00
31	LC1	力	MV	Z	0.52	-1.00
32	LC1	力	MV	Z	0.54	-1.00

图 10-47　完成输入后的节点动力荷载表格

6)查看结果

利用结果菜单里提供的各种后处理功能查看分析结果，程序将提供分析时间内结果的最大、最小值和包络结果。

查看各个时刻的结构的反应时，可利用结果＞时程分析结果功能，程序将以时程图形和文本的形式输出结果。时程分析结果包括位移、速度、加速度、内力和应力等，为了查看可按下面步骤操作：

(1)运行荷载＞时程分析数据＞时程结果函数或结果＞时程分析结果＞时程分析图形，如图 10-48a)所示。

(2)选择"图形函数"，在定义函数选择栏的下拉条中选择"位移/速度/加速度"，也可以选择其他内力或应力等，如图 10-48b)所示。

(3)点击"添加新函数"按钮，弹出如图 10-48c)所示的对话框，按图填写或选择，最后点击"确认"。名称填写为"变形"，节点 17 为跨中节点。可以用类似的方法同时定义多个函数。

(4)运行结果＞时程分析结果＞时程分析图形，如图 10-48d)所示。在函数列表中勾选上面定义的名称为"变形"的函数，在"竖轴"分组框中点击"从列表中添加"按钮，横轴选择为"时间",点击"图表"按钮,可以得到如图10-49所示的跨中挠度的时程曲线。如果上面定义了多个函数,也可以在横轴中选择这些函数。最大的竖向变形为2.958mm。

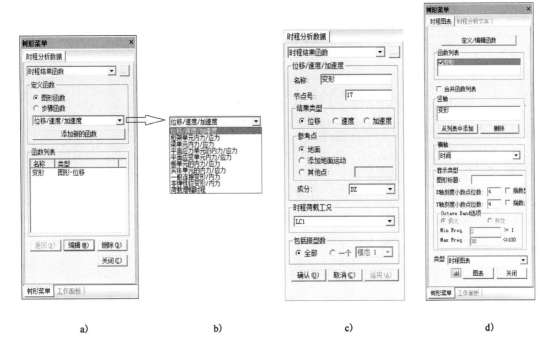

图 10-48　定义时程结果函数

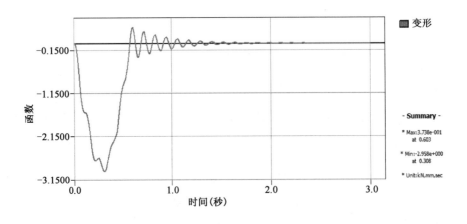

图 10-49　时速100km时的跨中挠度时程曲线

10.6.3 分析结果讨论

如果车速为60km/h,仅需更改时程荷载函数的定义以及到达时间,如图10-50为时速60km时的跨中挠度时程曲线。最大的竖向变形为2.864mm。

这里给出的移动荷载时程分析仅是车桥耦合振动分析中最原始的方法,实际的车桥耦合振动分析要考虑车辆系统,包括车辆的质量分布和一系、二系弹簧及阻尼等。如按 10.6.1 节中图 10-35 所示的简化方法,可以将车辆的质量按"节点质量"施加在跨中,其他条件不变。图 10-51 所示图形为该桥在跨中放置了 63.8kN/g 的质量块之后的跨中挠度的时程曲线,对应车辆时速为 100km。

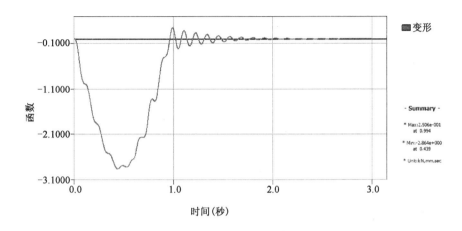

图 10-50　时速 60km 时的跨中挠度时程曲线

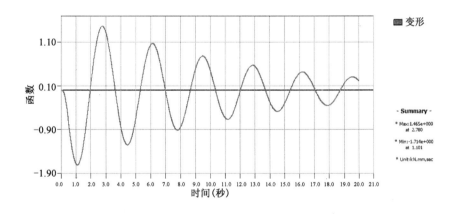

图 10-51　时速 100km 时的跨中挠度时程曲线(考虑车辆质量)

10.7　撞击问题的模拟

10.7.1　撞击荷载的确定

撞击荷载是一种动力荷载,是在某一个相对比较短的时间内积聚相对较大的能量并作用于结构的过程。

船只撞击桥梁过程包含着巨大的能量转换，是一个由毫秒到秒量级的短时间动态过程，本质上是一个复杂的冲击力学问题。通常认为，解决防撞设计问题的关键是确定用于设防的撞击力。国内桥梁设计规范中给出了计算撞击力的经验公式：

(1)中国《公路桥涵设计通用规范》(JTG D60—2004)第4.4.2条中规定漂流物横桥向撞击力标准值按公式(10-8)估算：

$$F = \frac{WV}{gT} \tag{10-8}$$

式中：W——漂流物重力(kN)，应根据河流中漂流物情况，按实际调查确定；
　　　V——水流速度(m/s)；
　　　T——撞击时间，应根据实际资料估计，无实际资料时可用1s；
　　　g——重力加速度，$g=9.81(m/s^2)$。

内河船舶的撞击作用点，假定为计算通航水位线以上2m的桥墩宽度或长度的中点。海轮船舶撞击作用点需视实际情况而定。漂流物的撞击作用点假定在计算通航水位线上桥梁宽度的中点。

(2)中国《铁路桥涵设计基本规范》(TB 10002.1—2005)第4.4.6条规定墩台承受船只或排筏的撞击力可按式(10-9)计算：

$$F = \gamma v \sin\alpha \sqrt{\frac{W}{C_1 + C_2}} \tag{10-9}$$

式中：γ——动能折减数($s/m^{0.5}$)，当船只或排筏斜向撞击墩台(指船只或排筏驶近方向与撞击点处墩台面法线方向不一致)时可采用0.2，正向撞击可采用0.3；
　　　v——船只或排筏撞击墩台时的速度(m/s)，此项速度对于船只采用航运部门提供的数据，对于自放排筏采用水流速度；
　　　α——船只或排筏驶进方向与墩台撞击点处切线所成的夹角，应根据具体情况确定，如有困难，可采用$\alpha=20°$；
　　　W——船只或排筏的重量(kN)；
　　　C_1、C_2——分别为船只或排筏的弹性变形系数和墩台圬工的弹性变形系数，缺乏资料时，一般假定$C_1+C_2=0.0005m/kN$。

撞击力的作用高度，应根据具体情况确定，缺乏资料时可采用通航水位的高度。

墩柱受到汽车的撞击力在顺行车方向采用1000kN，横行车方向应采用500kN，作用在路面以上1.2m高度处。

10.7.2 撞击荷载的施加

对于撞击等冲击荷载，首先应该定义其时程荷载函数，然后定义对应的时程荷载工况，最后用节点动力荷载的形式施加。对于冲击问题，一般要进行非线性时程分析，要考虑荷载的P-Δ效应和大位移的几何非线性效应，积分方式一般要选择直接积分。

图10-52～图10-54给出了三种常见的冲击荷载的时程函数形式。

第10章 结构动力分析

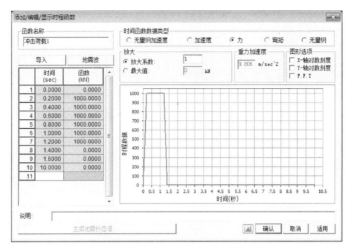

图 10-52 常见冲击荷载的时程函数一

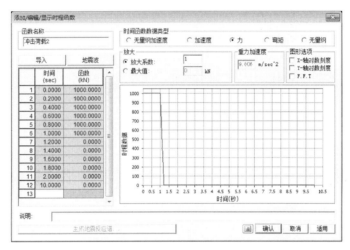

图 10-53 常见冲击荷载的时程函数二

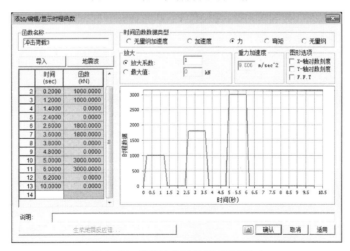

图 10-54 常见冲击荷载的时程函数三

图 10-52 中给出了一个单值冲击荷载,荷载发生在 0.2s,持续时间为 1s,随后的函数值为 0。图 10-53 中也是一个单值冲击荷载,不同之处是冲击荷载从 0 时刻开始,持续时间为 1s,随后的函数值为 0。图 10-54 中是一个连续峰值的冲击荷载,而且每一次峰值在加大,持续时间均为 1s,间隔时间也是 1s,随后的函数值为 0。海浪冲击作用就可以近似认为是图 10-54 这种函数形式的冲击荷载作用,如果需要可以根据实际情况定义不同的持续时间和间隔时间。

第11章 非线性分析

11.1 非线性分析概述

11.1.1 概述

如果载荷引起刚度的显著变化，则结构是非线性的。刚度变化的主要原因有应变超出弹性极限（塑性）、大挠度以及两物体间的接触，对应地，非线性问题大致可分为三类：材料非线性、几何非线性和边界（状态）非线性。

几何非线性是由应变和位移之间存在非线性关系引起的，几何非线性的特点是大位移、大转动和大应变。大位移常见的例子有结构的屈曲、大跨度结构的挠曲变形等，大转动常见的例子有结构的翻转等，大应变的例子有加工制造、碰撞和冲击等。桥梁结构的几何非线性主要是指大位移问题，由于结构的位移较大，以致于平衡方程必须按照变形后的几何位置来建立。当结构发生比较大的几何变形时，结构的荷载—位移关系将呈非线性特性，在线弹性分析中忽略的变形高阶项的影响将变得重要。几何非线性与材料的性质无关，而是分析结构的形状变化对结构内力的影响。大位移分析和 P-Δ 分析均属几何非线性分析范畴，也是 midas Civil 程序能够求解的几何非线性问题。在 midas Civil 程序中，做静力分析、施工阶段分析时，均可以考虑大位移。在当前版本中除了实体单元外，对所有的单元均可以做大位移分析。

材料非线性是由应力—应变的非线性关系引起的。许多因素可以影响材料的应力—应变性质，包括加载历史（如在弹—塑性响应情况下）、环境状况（如温度）和加载的时间总量（如在徐变响应情况下）。

边界非线性是由边界条件引起的，是一种与状态相关的非线性行为。边界条件随荷载引起的结构变形而变化时，结构的荷载—位移曲线会呈非线性特性。考虑模拟地基的只受压弹簧、隔震支座、消能减震装置的分析均属于边界非线性的范畴。

非线性有限元问题与线性有限元问题有很大的不同，主要表现在：

（1）非线性问题的方程是非线性的，因此一般需要进行迭代求解；

(2)非线性问题不能采用叠加原理；

(3)非线性问题不总有一致解,有时甚至没有解,尽管问题的定义都是正确的。

11.1.2 非线性分析控制

本章主要讲述 midas Civil 的静力非线性分析功能,其动力非线性分析功能是指动力弹塑性分析,主要是用于抗震分析,将在第13章中介绍。在 midas Civil 的动力分析中,非线性控制选项在定义时程分析荷载工况对话框中定义。

在 midas Civil 的静力分析中,有三个地方有非线性分析控制选项。即主控数据(分析＞主控数据)中的迭代选项、非线性分析控制(分析＞非线性分析控制)中的迭代选项、施工阶段模拟中(分析＞施工阶段分析控制＞包括非线性分析＞非线性分析控制)的非线性分析迭代选项。

主控数据中的迭代选项适用于有仅受拉、仅受压单元(包括此类边界)的模型,模型中有仅受拉、仅受压单元(包括此类边界)时,对这些单元的非线性迭代计算由该对话框中的控制数据控制。

非线性分析控制中的迭代选项适用于几何非线性(大位移)分析和材料非线性(塑性)静力分析。当做几何非线性分析时,在模型中即使有仅受拉、仅受压单元(包括此类边界),对这些单元或边界的控制仍由非线性分析控制中的迭代选项控制。

施工阶段模拟中的非线性分析迭代选项,仅对施工阶段中的几何非线性分析起控制作用,模型中有仅受拉、仅受压单元(包括此类边界)时,在施工阶段分析中,这些单元或边界的控制仍由施工阶段模拟中的非线性分析迭代选项控制。如果在施工阶段模拟中不做非线性分析,但施工阶段模型中包含了仅受拉、仅受压单元(包括此类边界)时,则主控数据中的迭代选项起控制作用。如果在分析＞非线性分析控制对话框中定义了非线性迭代控制数据,则施工阶段的 PostCS 阶段的几何非线性分析控制由非线性分析控制中的迭代选项控制。

进行几何非线性和材料非线性的静力分析,需要在非线性分析控制中勾选几何非线性和/或材料非线性选项,但有些情况下(表11-1)不能运行几何非线性和材料非线性分析。目前版本的 midas Civil 中只有板单元才能同时做几何非线性和材料非线性分析。

几何非线性和材料非线性静力分析的限制情况　　表 11-1

限 制 项 目	几何非线性	材料非线性	几何＋材料非线性	备　　注
释放梁单元约束	×	—	×	下列两种情况不能进行材料非线性分析： (1)定义了非线性分析加载顺序； (2)施工阶段非线性分析中的累加模型
释放板单元约束	×	—	×	
初拉力荷载	—	×	×	
预应力荷载	—	×	×	
几何刚度初始荷载	—	×	×	
温度荷载	—	×	×	
材料＝组合材料	×	×	×	
板单元模型	—	—	—	
实体单元模型	×	—	×	

11.1.3 非线性单元

在 midas Civil 中,只受拉/只受压的桁架单元、钩单元、间隙单元、索单元、只受拉/只受压/多折线的弹性连接单元等都属于非线性单元。包含了上述非线性单元的结构静力分析计算需要进行迭代计算至包含了非线性单元刚度的平衡方程满足收敛条件为止。结构静力分析时,结构中有上述非线性单元和非线性边界时的迭代计算流程如图 11-1 所示,在每次迭代计算中需要根据分析结果重新计算构件的刚度。需要注意的是,模型中有非线性单元或非线性边界时,需要事先进行荷载组合,而不能对各荷载工况的分析结果的效应进行组合。图 11-1 中,K 为线性构件的刚度,K_n 为非线性构件的刚度,Δu 为不平衡力引起的位移增量,u 为累计位移,ΔP 为不平衡力。包含上述非线性单元的结构分析有以下几个限制条件:

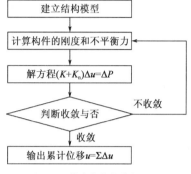

图 11-1 静力非线性分析流程

(1)不能做材料非线性分析;
(2)全部由上述非线性单元组成的结构是不稳定的;
(3)不同荷载工况下单元刚度是不同的,不能做荷载组合;
(4)时程分析中上述非线性单元只能使用线性刚度。

定义一般连接时可以选择为单元型,属于动力边界非线性单元,在静力分析中按线性计算。在静力弹塑性和动力弹塑性分析中,可以为桁架单元和梁单元分配塑性铰,此时的梁单元与桁架单元属于材料非线性单元,但仅用于静力弹塑性和动力弹塑性分析中。

当在非线性分析控制中设置后,桁架单元、梁单元和板单元可以考虑几何非线性特性,若同其他单元混合使用,则只能考虑其他单元的弹性刚度。

塑性材料用在材料非线性分析中,目前的 midas Civil 版本中静力材料非线性功能仅适用于板单元、实体单元、平面应力和平面应变单元。

11.2 几何非线性分析

11.2.1 分析步骤

在 midas Civil 中做几何非线性分析的一般步骤如下:
(1)在荷载>非线性分析数据>非线性分析加载顺序中输入荷载的加载顺序。该项不是必选项;
(2)在分析>非线性分析控制中选择计算方法和收敛控制条件;
(3)运行分析>运行结构分析或点击图标菜单运行结构分析;
(4)结构分析结束之后,可以利用结果中的各种后处理功能查看分析结果。

对一般静力分析,当结构模型中有几何非线性单元时,需要在荷载>由荷载组合建立荷载工况中将实现建立的荷载组合生成荷载工况,然后在分析>主控数据中输入收敛条件。

11.2.2 几何刚度

我们知道,一根长杆件受到很大压力时,其侧向刚度会明显减小,一个很小的侧向荷载就可能引起杆件屈曲,这是由于杆件的"几何刚度"改变所引起的。几何刚度矩阵又称为应力刚度矩阵,是杆件的长度和杆件中力的函数,这一刚度值是可正可负的。结构的力学刚度矩阵以单元的物理属性即截面特性和材料特性为基础的。结构系统的总体刚度是结构的力学刚度矩阵与几何刚度矩阵叠加而成的,可以考虑应力刚化效应或应力软化效应。几何刚度在所有的结构中都存在,然而只有当几何刚度与结构系统的力学刚度相对较大时才变得相当重要。

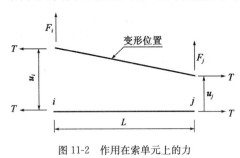

图 11-2 作用在索单元上的力

例如,考虑如图 11-2 所示的水平索,其长度为 L,初始拉力为 T。如果索的两端受到两个侧向位移 u_i 和 u_j 的作用,则必定产生附加力 F_i 和 F_j,以使索单元在位移位置上达到平衡。注意:这里假定所有向上的力和位移为正,同时也假设索位移很小并且拉力不变。如果考虑变形位置中 j 点周围的力矩,则可以写出平衡方程:

$$F_i = \frac{T}{L}(u_i - u_j) \tag{11-1}$$

在竖直方向上存在 $F_j = -F_i$,则侧向力可以通过下面的矩阵方程以侧向位移来表示:

$$\begin{Bmatrix} F_i \\ F_j \end{Bmatrix} = \frac{T}{L} \begin{bmatrix} 1 & -1 \\ -1 & 1 \end{bmatrix} \begin{Bmatrix} u_i \\ u_j \end{Bmatrix} \tag{11-2}$$

设 $K_G = \frac{T}{L} \begin{bmatrix} 1 & -1 \\ -1 & 1 \end{bmatrix}$,$K_G$ 就是几何刚度矩阵,在几何非线性分析中,每次迭代过程中 K_G 都要重新计算并修正。

11.2.3 非线性方程的求解

所谓逐步增量法是把荷载划分为许多荷载增量,每施加一个荷载增量,计算结构的位移和其他反应时,认为结构是线性的,即结构的刚度矩阵是常数。在不同的荷载增量中,刚度矩阵是不同的,它与结构的变形有关。所以增量法实质上是分段线性的折线去代替非线性的曲线,或者说用分段的线性解去逼近非线性解。如何把非线性问题分段线性化,具体计算方案可有所不同。在结构分析中,关键问题是如何随荷载、位移的变化而计算不同的刚度矩阵。采用增量分析的方法还可以考虑加载过程中应力和变形历史(材料非弹性),以保证求解的精度和稳定。

无论是几何非线性、材料非线性还是边界非线性引起的非线性问题,都可以用一个非线性有限元方程组来描述,对该方程组求解需要迭代式(11-3)表示的增量线性化有限元方程。

$$K \Delta u = r \tag{11-3}$$

式中:Δu——位移增量向量;
r——残余力向量。

总体刚度矩阵 K 在线性问题中是常量,在非线性问题中是变量,随着结构的内力(应力)或位移的变化而变化。

midas Civil 中解非线性方程式的方法有牛顿-拉普森法(Newton-Raphson)和弧长法(Arc-length)。一般非线性分析中使用的是荷载增量 Newton-Raphson 迭代方法;对 Snap-through 或 Snap-back 问题,一般使用弧长法(Arc-length)进行分析。

1)牛顿—拉普森法(Newton-Raphson)

牛顿—拉普森法每次迭代需要根据新的迭代位移更新方程组系数矩阵,并重新求解。该方法的收敛性较好,收敛速度较快。其迭代计算过程如图 11-3 所示。

该方法根据不平衡力和 $K_T^{-1}(u_{m-1})$ 计算 Δu_m,然后按 $u_m = u_{m-1} + \Delta u_m$ 来修正位移,计算即时切线刚度 $K_T(u_m)$ 和不平衡力 $R_{m+1} - R_m$,再计算修正位移 u_{m+1},通过反复迭代计算直到不平衡力、位移差 Δu 或能量足够小,即满足收敛控制条件为止。

2)弧长法(Arc-length)

几何非线性问题有很复杂多变的荷载—位移平衡路径。如图 11-4 所示是形状和边界条件对称的扁壳(拱)类结构受到对称压力时的一般特性表现。图中的 B 点、C 点和 F 点称为荷载控制的极值点,其中 B 点和 F 点是不稳定的极值点。当荷载到达 B 点后若继续增加,位移将疾速地突然跳跃到 D 点。这种现象称为位移跳跃(Snap-through),这是扁壳(拱)受压时的典型表现。在扁壳(拱)受压的试验中,当压力增大到一定的临界值(B 点)时,扁壳(拱)将失去稳定,接着发生曲率反向过屈曲现象(中心点的垂直位移 v 从 B 点突变到 D 点),然后随着荷载的增加,位移沿着 $D \sim E$ 曲线继续增加。图中的 G 点和 H 点称为位移控制的极值点。这意味着,如果利用位移控制的方法使荷载—位移曲线越过 F 点,则到达 G 点以后荷载将疾速下降到 I 点。它表明位移增加至其极值点 G 点后,荷载将疾速跌落到 I 点,然后荷载—位移曲线沿 I-J 路径发展。

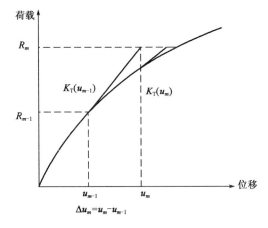 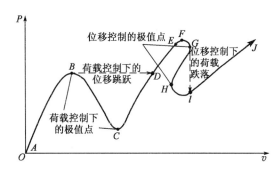

图 11-3 牛顿—拉普森迭代方法　　　　图 11-4 几何非线性问题荷载—位移平衡路径的一般特性

在几何非线性分析中,虽然通常只需得到对应于 B 点或 F 点的临界荷载,但是如能追踪完整的荷载—位移路径 $ABCDEFGHI$,将可以预测位移跳跃或荷载跌落现象。

在一般的迭代过程中,当荷载—位移曲线接近水平时,在微小的荷载作用下,位移的增量计算值会很大。荷载—位移曲线的形状出现位移跳跃(Snap-through)或回跳(Snap-back)情况时,一般的迭代计算将无法获得准确结果,此时使用 Arc-length 方法可以解决这个问题,即与位移控制一样可以对 Snap-through 进行分析,也可以对不能用位移控制法进行分析的 Snap-back 进行分析。图 11-5 为弧长法的示意图。

弧长法的基本思想是在由弧长控制的、包含真实平衡路径的增量空间中,用迭代方法搜索满足力平衡方程的平衡路径。弧长所控制的增量位移空间曲面由附加的位移约束方程描述。该方法常用于屈曲问题的求解,可以求解后屈曲问题。

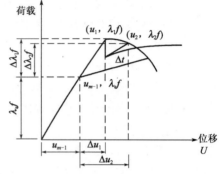

图 11-5 弧长法示意图

3)程序中非线性方程求解方法的设置

进行几何非线性和材料非线性静力分析时,需运行命令分析>非线性分析控制来设定非线性方程组的求解方法。

在图 11-6 所示的对话框中,"非线性类型"分组框中可以单独选择仅考虑几何非线性、仅考虑材料非线性或者二者同时考虑。"计算方法"分组框中可以选择"Newton-Raphson"、"弧长法"或"位移控制法"。

计算方法选择为"Newton-Raphson"时,需要将荷载逐步加载,在"加载步骤数量"中填写多少个增量步。在每个荷载增量步中用"子步骤内迭代次数"设定需要迭代的次数。如果在每个荷载增量步中迭代计算的次数小于该设定值就满足了收敛的条件,那么就会进行下一荷载步的计算;若在每个荷载增量步中迭代计算的次数等于该设定值时仍不满足收敛的条件,则也进行下一荷载步的计算。因此"子步骤内迭代次数"要适当地大一些。

图 11-6 计算方法选择

计算方法选择为"弧长法"时,"加载步骤数量"后面填写将荷载逐步加载的数量。"子步骤内迭代次数"后填写每个加载步骤内的反复计算次数。"初始荷载比单位弧长(%)"为单位弧长的初始荷载比。当某节点的位移超过"最大控制位移"时,程序停止运算。

计算方法选择为"位移控制法"时,要先为某个控制节点(主节点)设定某个自由度方向"最大控制位移",当某节点的位移超过最大控制位移时,程序停止运算。"位移步骤数量"指定将总位移分解为子步的数量,程序将逐步加载位移。"子步骤内迭代次数"为每个位移子步内的最大反复计算次数。

收敛条件可以选择"能量控制"、"位移控制"和"荷载控制"中的一个、两个或三个。默认是仅位移控制。其后的数值依次为能量(力×位移)标准的收敛控制误差、位移标准的收敛控制误差和荷载标准的收敛控制误差。为了能反映各自由度方向的收敛,一般使用下面的收敛控制方法。以位移控制为例,当某分析阶段的位移为$\{D_1\}$,所有阶段的累积位移为$\{D_2\}$时,计算$\dfrac{\{D_1\}^T\{D_1\}}{\{D_2\}^T\{D_2\}}$,当该值小于或等于收敛控制误差时,表示在该阶段收敛。选择何种收敛准则要根据具体的问题而定。比如,当结构或构件硬化严重时,很小的结构变形将引起相当大的外部荷载,或者当相邻两次迭代的位移增量范数之比跳动较大时,将会把一个本来收敛的问题判定为不收敛,此时不能采用位移收敛准则;当物体软化严重或材料为理想塑性时,结构在很小的荷载下将产生较大的变形,此时不能采用不平衡力收敛准则。收敛控制误差的选择有时也是比较难以把握的,此时可以先放宽收敛条件以达到收敛的目的,然后再逐步将收敛控制误差减小,通过比较计算结果确定适当的收敛控制误差。

在"非线性分析控制"对话框(图11-7)的下方有"非线性分析荷载工况"分组框,点击其中的"添加"按钮对计算方法采用 Newton-Raphson 的情况会弹出如图 11-8 所示的对话框。如果所有的荷载工况都采用一种计算方法的设置,则不需要定义此对话框。如果定义的荷载工况采用不同的计算方法设置,则需要为每一个荷载工况进行计算方法的设置。如图 11-8 中的"自重"荷载工况,计算方法为 Newton-Raphson 法,加载步为 8 步,点击"生成默认荷载系数"按钮,则 8 个子步骤系数自动生成为 $\dfrac{1}{8}$、$\dfrac{2}{8}$、$\dfrac{3}{8}$、……、$\dfrac{8}{8}$,表示将总荷载分成 8 等份,每次施加 1 份,对施加的每份荷载再进行迭代计算。对其他的荷载工况,则可以采用不同的子步骤系数。对采用其他计算方法的情况与此类似。在同一次分析中,不同的荷载工况对应的计算方法是必须相同的,不同的可以是其设置。

图 11-7　位移控制法

图 11-8　添加/编辑非线性分析荷载工况对话框

11.2.4 初始荷载的定义方式

midas Civil 中有几种初始荷载的定义方式,如图 11-9 所示。

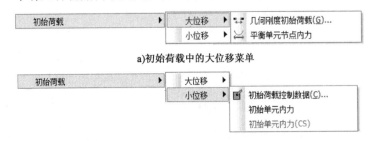

图 11-9 midas Civil 中的初始荷载菜单

1) 大位移/几何刚度初始荷载

因为非线性分析的结果与结构的初始状态有很大关系,为了真实反应成桥后其他荷载工况的响应,需设定结构的初始状态。

几何刚度初始荷载的概念,可以说是为了描述一个有一定初始内力和刚度但位移为 0 的成桥状态或初始平衡状态,该功能仅用于大位移分析。为了定义几何刚度初始荷载,要求用户为选定的单元(仅可以是梁单元、普通桁架单元、只受拉桁架或索单元)输入计算几何刚度所需的初始荷载(轴力),程序会根据输入的初始荷载计算出平衡外力(反力),并生成初始平衡状态(有内力、反力,无位移),然后再在此初始平衡状态下做结构的分析。对悬索桥结构,用悬索桥建模助手可自动计算并给出结构的初始平衡状态。

为结构的某些单元输入了几何刚度初始荷载,就等于结构具有了初始内力状态,此时有新的荷载参与作用时,我们可以通过分析得到新的作用引起的位移和内力,最后的内力结果将包含初始内力状态的内力。

所以,输入几何刚度初始荷载就是要描述当前荷载作用之前的结构的初始状态。输入几何刚度初始荷载进行非线性分析时,不需定义相应的荷载工况,程序会自动在内部考虑相应荷载和内力,使其达到平衡,因此此时位移为 0。如果用户又定义了荷载工况,则荷载相当于双重考虑,此时不仅会发生位移,而且内力也会增加 1 倍左右。对于几何刚度初始荷载的几点附加说明如下:

(1) 静力线性分析:不起作用。

(2) 静力非线性分析:根据几何刚度初始荷载考虑结构的初始状态。根据不同荷载工况,几何刚度会发生变化。另外,不同荷载工况作用效应的算术迭加不成立。

(3) 施工阶段非线性分析(独立模型,不考虑平衡内力):大位移分析,即几何刚度根据不同施工阶段荷载的作用发生变化,且考虑索单元节点坐标变化引起的影响(索单元)。

(4) 施工阶段非线性分析(独立模型,考虑平衡内力):几何刚度初始荷载不起作用,"初始荷载>平衡单元节点内力"发生作用。

(5) 施工阶段非线性分析(独立模型,考虑平衡内力,但未输入平衡内力,输入了几何刚度初始荷载):几何刚度初始荷载不起作用,对施加的荷载工况进行静力非线性分析。下个阶段中也一样,但前一阶段的荷载和本阶段的荷载相当于共同作用并对之进行分析。

（6）移动荷载分析:程序会自动将索单元转换为等效桁架单元进行线性分析,其几何刚度将利用"小位移＞初始单元内力"来确定。

2）大位移/平衡单元节点内力

该功能只适用于施工阶段分析中选择非线性分析的独立模型,并且勾选了"包含平衡单元节点内力"选项时的情形。与"几何刚度初始荷载"不同的是,"平衡单元节点内力"的方式可以考虑加劲梁的内力。对于地锚式悬索桥,加劲梁的内力很小,所以两种方式都适用。但对于自锚式悬索桥,加劲梁的内力很重要,因此不宜使用几何刚度初始荷载的方式。

3）小位移/初始单元内力

"小位移/初始单元内力"只适用于线性分析或动力分析,用来形成初始内力状态,通过形成几何刚度来影响结构的总体刚度,但其刚度并不随作用荷载的变化而变化。

若想要将某外部荷载作用下结构各单元产生的构件内力作为初始内力状态,要先将其定义在某荷载工况下,然后在荷载＞初始荷载＞小位移＞初始荷载控制数据里选择要计算的荷载工况后运行分析,计算结果可以在结果＞分析结果表格＞初始单元内力里查看,最后把结果复制到初始单元内力表格里。

可以说该功能是为了解决有时要对于一个非线性结构进行线性分析而设,比如对于悬索桥进行特征值分析或者移动荷载分析等。使用该功能,可以使成桥阶段进行特征值分析时得出考虑几何刚度的特征值分析结果。进行时程分析时,设定初始荷载时可以在时程荷载工况对话框里面的加载顺序中选择初始单元内力（Table）,就会利用此表的初始荷载进行时程分析。

另外,在进行时程分析时,如果要考虑自重等静力荷载作用下的初始状态,往往需要将静力荷载另行定义为一种时变荷载。利用这里的初始单元内力功能,可以使构件在进行时程分析时就处于相应的初始状态,而不需再将静力荷载定义为时变荷载了。

4）小位移/初始单元内力(CS)

施工阶段分析时,在分析＞施工阶段分析控制数据中,如图11-10勾选"将最终阶段构件内力转换为PostCS阶段的初始荷载"选项后,可将最后施工阶段最后一步的构件内力转化为初始内力,形成成桥阶段结构的几何刚度。

该功能就是输出施工阶段最后一步的构件内力表格的,必须要等到施工阶段计算完成后才能使用该功能。

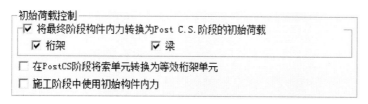

图11-10 施工阶段的初始单元内力

5）小位移/初始荷载控制数据

进行线性分析时,将输入的初始单元内力添加给指定的荷载工况。如果不添加,则在分析时只考虑初始单元内力引起的几何刚度,在相应荷载工况的内力结果中,不包含初始单元内力。

在图 11-11 中可以选择"给单元添加初始荷载"或"初始内力组合"。

(1)给单元添加初始荷载。线性分析时,使用"初始单元内力"计算的几何刚度只对刚度有影响,并不会反映到内力中去。若要将其考虑为内力,需给单元添加初始荷载。同时对于"考虑初始轴力对几何刚度的影响",即考虑轴力对几何刚度影响,如果不定义初始荷载控制数据,则默认是考虑初始轴力对几何刚度的影响。

(2)初始内力组合。选择计算初始单元内力和平衡单元节点内力的荷载工况及组合系数。计算得出的节点力和单元内力可以在"结果＞分析结果表格＞平衡单元节点内力"和"结果＞分析结果表格＞初始单元内力"里查看。

图 11-11　初始荷载控制数据

11.2.5　重力二阶效应 P-Delta 分析及实例

1)重力二阶效应(P-Delta)

侧向刚度较柔的建筑物,在风荷载或水平地震作用下将产生较大的水平位移 Δ,由于结构在竖向荷载 P 的作用下,使结构进一步增加侧移值且引起结构内部各构件产生附加内力。这种使结构产生几何非线性的效应,称之为重力二阶效应或 P-Delta 效应。

由于 P-Delta 效应的影响,将降低结构的承载力和结构的整体稳定。因此对于同时受到水平力和轴力作用的结构构件,尤其是长细比较大的情况,应考虑 P-Delta 的效果求出构件的实际内力和位移,以便结构设计更加合理。

当桥墩的高度较高时,桥墩的几何非线性效应不能忽略。参考美国 CALTRANS 抗震设计规范,墩柱的计算长度与矩形截面短边尺寸之比大于 8 时,或墩柱的计算长度与圆形截面直径之比大于 7 时,应考虑 P-Delta 效应。

要在所有类型结构系统的静力分析和动力分析中包含二阶效应,应用几何刚度矩阵是一个通用的方法。在静力分析中将该问题视为几何非线性问题,并用迭代的方法求解是可行的。对动力分析,这种迭代方法是不合适的,因为动力分析中的 P-Delta 效应会导致振动周期的延长。图 11-12 为 midas Civil 中进行 P-Delta 效应分析的流程图。

midas Civil 中使用 P-Delta 效应分析功能应该注意以下几个问题:

(1) P-Delta 分析仅限于桁架单元、梁单元(包括变截面梁单元)。

(2) P-Delta 分析中梁单元的几何刚度矩阵只考虑轴力效应。

(3) P-Delta 分析只适用于弹性分析。

(4) P-Delta 分析和屈曲分析不能同时使用。

midas Civil 中,可以在有些类型的结构分析中设置 P-Delta 分析控制来实现考虑 P-Delta 效应,有些类型则需要另外的设置,比如 Pushover 分析工况定义中可选择 P-Delta 选项来考虑 P-Delta 效应,在施工阶段分析控制中选择包含非线性时也可以选择是否包含 P-Delta 效应。

在分析过程中需要考虑 P-Delta 效应时,需要在分析>P-Delta 分析控制数据中输入收敛条件和计算几何刚度所需的荷载工况和荷载系数,如图 11-13 所示。

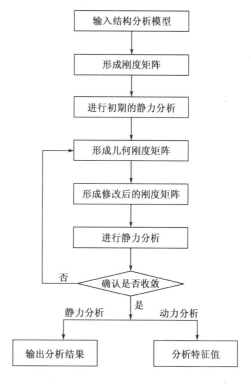

图 11-12　P-Delta 分析的流程图

在图 11-13 的"迭代次数"中输入 P-Delta 分析反复计算的最大次数,如果输入的次数比实际需要的次数少,在达到目标值收敛(收敛误差)之前,程序将自动终止。因此分析结束后,需要在画面下端的信息窗口中确认是否收敛,如果没有收敛,要重新扩大反复计算的次数,然后再进行计算。

"收敛误差"指判断是否收敛的位移公差。

"P-Delta 分析荷载组合"中输入考虑 P-Delta 效应的荷载工况组合及其组合系数。为了正确反应 P-Delta 效应,横向荷载必须与轴向荷载同时共同作用在构件上。

2) P-Delta 分析实例

一根直径 0.1m 的圆柱,长度 10m,C50 混凝土材料。底部固结,顶端承受 1kN 的水平力,考虑结构的自重。分别按考虑 P-Delta 效应和不考虑 P-Delta 效应计算其自振频率。

(1) 建立模型,包括定义材料、截面、施加荷载(自重和顶端的水平力)。

(2) 将自重转换为集中质量。

(3) 考虑 P-Delta 效应时,先按图 11-13 定义 P-Delta 分析控制,再按图 11-14 定义特征值分析控制数据;不考虑 P-Delta 效应时,直接按图 11-14 定义特征值分析控制数据。

(4) 运行分析。

(5) 查看分析结果。

在图 11-15 中,左边的表为考虑了 P-Delta 效应的计算结果,右边的表没有考虑。可以看出考虑了 P-Delta 效应后结构的刚度降低了。所以在对有些受 P-Delta 效应影响较大的结构进行特征值分析或反应谱分析时,要考虑 P-Delta 效应。

图 11-13　P-Delta 分析控制

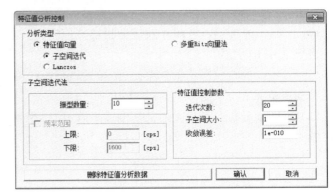

图 11-14　实例中的特征值分析控制

模态号	频率		周期	模态号	频率		周期
	(rad/sec)	(cycle/sec)	(sec)		(rad/sec)	(cycle/sec)	(sec)
1	2.981881	0.474581	2.107122	1	3.229696	0.514022	1.945442
2	2.981881	0.474581	2.107122	2	3.229696	0.514022	1.945442
3	19.968624	3.178105	0.314653	3	20.178362	3.211486	0.311382
4	19.968624	3.178105	0.314653	4	20.178362	3.211486	0.311382
5	56.120251	8.931815	0.111959	5	56.335068	8.966005	0.111532
6	56.120251	8.931815	0.111959	6	56.335068	8.966005	0.111532
7	109.817807	17.478047	0.057215	7	110.043146	17.513911	0.057097
8	109.817807	17.478047	0.057215	8	110.043146	17.513911	0.057097
9	181.058814	28.816405	0.034702	9	181.290743	28.853318	0.034658
10	181.058814	28.816405	0.034702	10	181.290743	28.853318	0.034658

图 11-15　考虑与不考虑 P-Delta 效应的分析结果

另外,在爱德华.L.威尔逊的著作中说明了重力二阶效应问题可以线性化,而且可以直接并精确地求解问题,而不需迭代。他的这种思想在 SAP2000 中得到了应用。

11.2.6　几何非线性分析实例

几何非线性分析的步骤前面已经讲了,在计算时需要注意几个问题:
(1)结构的初始应力状态是很重要的,会影响计算结果;
(2)加载的顺序很关键,会影响计算结果;
(3)设置加载步骤数量大小和迭代次数会影响计算精度。

下面仍以上节的受压柱为例说明几何非线性分析的方法。
(1)首先建立模型,包括节点单元的建立、材料和截面定义、边界条件施加以及荷载的施加。定义的荷载有自重和一个作用在柱顶的水平力(大小为 1kN)。因为是静力非线性分析,所以不必将自重转换为质量。模型如图 11-16 所示。
(2)定义荷载的施加顺序。本例中如果没有柱顶的水平推力(虽然很小,但起到初始扰动的作用,也可以认为是初始缺陷),仅有自重作用,那么结构就不会有大的水平位移,所以这里应该先施加这个初始挠动力,然后再施加重力荷载。

运行荷载＞非线性分析数据＞非线性分析加载顺序命令,这里有两个事先定义的静力荷载工况在如图 11-17 所示对话框的左边"荷载工况名称"栏中,先选中"水平力"荷载工况,然后点击按钮[→],再选择"自重"荷载工况,再点击按钮[→]。这样就定义了加载的顺序,这里是先水平力后自重。

图 11-16 模型

图 11-17 定义荷载的施加顺序

（3）设置非线性分析控制。可以直接点击图 11-17 所示对话框中的 非线性分析控制数据... 按钮,或用分析＞非线性分析控制命令得到如图 11-18 所示的对话框,按图设置即可。因为自重是主要荷载而且较大,这里将其等分成 20 次加载。方法是在图 11-18 中点击 添加 按钮,然后按图 11-19 设置(详见 11.2.3 节)。

图 11-18 非线性分析控制

图 11-19 设置分级加载

（4）运行分析。

（5）查看结果。可以用结果菜单中的反力、位移等查看结果,也可以用结果＞阶段/步骤时程图表命令查看荷载—位移曲线。

如图 11-20a)所示,在"定义函数"分组框中选择"位移",然后点击"添加新的函数"按钮,弹出如图 11-20b)所示对话框,给出用户自定义的名称、柱顶节点号和位移的方向后点击确定。然后在图 11-20a)中的"选择输出的函数"分组框中勾选刚定义的"顶部位移"作为荷载—位移曲线的横轴,在"荷载工况/荷载组合"分组框中选择"自重"工况,填写"图形标题",最后点击"图表"按钮即可显示荷载—位移曲线。

a)　　　　　　　　　　　　　b)

图 11-20　步骤图表设置

如果自重系数为 -1（Z 向），则荷载—位移曲线为直线，说明是线性的。若将自重系数改为 -15（Z 向），得到的荷载—位移曲线如图 11-21 所示，此时结构进入非线性阶段，从图中可以看出，当荷载系数为 0.7（即荷载为 $0.7\times15\times$自重）时，柱顶位移随着荷载的增加而减小。

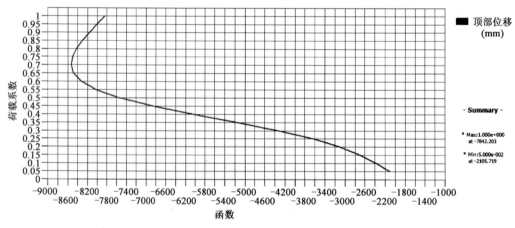

图 11-21　自重—柱顶位移曲线

11.3　边界非线性分析

边界条件随荷载引起的结构变形而变化的分析即为边界非线性分析。考虑模拟结构构件间只受压连接（支座）、模拟地基的只受压弹簧支承、隔震支座、消能减震装置等的分析均属于边界非线性的范畴。

midas Civil 中进行边界非线性分析时可以用的单元有只受拉/只受压的桁架单元、钩单元、间隙单元、索单元、只受拉/只受压/多折线的弹性连接单元、一般连接（单元型）等，可用的约束有只受拉/只受压/多折线节点弹性支撑、面弹性支承等。比如,普通板式橡胶支座可用只受压弹性连接输入刚度的方法模拟,对固定盆式支座可用主从约束或弹性连接的方法模拟,对活动盆式支座可用理想弹塑性连接单元(多折线弹性连接)的方法模拟,模拟预应力拉索可用钩单元或索单元,模拟伸缩缝和橡胶挡块可用间隙单元等。定义一般连接时可以选择为单元型,属于动力边界非线性单元,用于结构耗能减震装置的模拟,详见 13.8 节。

11.4 材料非线性分析

midas Civil 中的材料非线性分析包括两个方面,一是通过定义塑性铰属性而进行的静力弹塑性分析和动力弹塑性分析,二是通过定义塑性材料进行的材料非线性静力分析。前者在第 13 章介绍,后者的塑性材料定义说明请参见 2.3.2 节。

11.5 非线性施工阶段分析

当施工阶段中结构有可能发生大变形时,施工阶段分析中要考虑几何非线性分析。施工阶段分析中考虑几何非线性时要在施工阶段分析控制中进行设置。运行分析>施工阶段分析控制会弹出如图 11-22 所示的对话框。

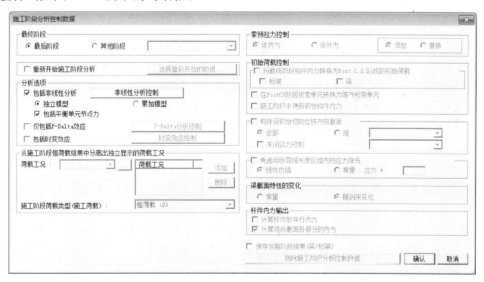

图 11-22 midas Civil2011 施工阶段分析控制对话框

在图 11-22 所示对话框中的"分析选项"分组框中,勾选"包括非线性分析"后,可以选择"独立模型"和"累加模型"。当勾选"仅包括 P-Delta 效应"选项时,则只考虑 P-Delta 效应进行施工阶段分析,不能与几何非线性分析同时进行。

11.5.1 独立模型

该方法是将各个施工阶段形成独立模型来进行分析,用每个阶段的所有单元、荷载、边界构成的模型做静力几何非线性分析,结果不受前面阶段分析结果的影响,常用于悬索桥的倒拆分析中。

选择独立模型方法后,在"分析选项"分组框中,除了"非线性分析控制"和"包括平衡单元节点力"选项之外的其他选项不能设定。不能勾选"包括时变效应"选项,也就是说此时不能直接考虑混凝土材料的收缩、徐变以及强度变化等时间依存特性。

独立模型方式的倒拆分析计算中,先建立成桥阶段模型,各施工阶段模型可以通过钝化构件和激活或钝化荷载来完成,各施工阶段根据输入初始刚度的方法建立外力和内力(钢束预应力、混凝土收缩徐变引起的荷载视为内力)。初始刚度可通过"几何刚度初始荷载"或"平衡单元节点内力"的方式输入。选择前者时成桥阶段的外部荷载和内力可通过初始内力计算,用户不必另行输入荷载;选择后者时成桥阶段的外部荷载为用户输入的荷载,内力使用用户输入的平衡单元节点内力计算。与"几何刚度初始荷载"不同的是"平衡单元节点内力"的方式可以考虑加劲梁的内力。对于地锚式悬索桥,加劲梁的内力很小,所以两种方式都适用。但对于自锚式悬索桥,加劲梁的内力很重要,因此不宜使用几何刚度初始荷载的方式。

图 11-23 为点击"非线性分析控制"按钮后弹出的对话框。对独立模型,可以设置分级加载的荷载步骤数、每步内最大迭代次数和收敛准则。

图 11-23 独立模型非线性分析控制

11.5.2 累加模型

1)概述

如图 11-24 所示,在施工阶段分析控制对话框的"分析选项"分组框中选择"累加模型"后,即可通过累加各个施工阶段的结果来进行非线性分析。此时,施工阶段可以按一般线性施工阶段分析方法定义,但是可以在各个施工阶段分析中考虑几何非线性。各阶段由前阶段的平衡状态上增加单元、荷载和边界条件来定义,即将前阶段收敛的荷载和内力作为本阶段的初始状态进行分析。

按累加模型进行几何非线性分析时,可以勾选"包括时变效应",即可以考虑混凝土收缩、徐变和强度变化等时间依存特性的效果和索初拉力类型(体外力、体内力),还可以考虑施工阶段新激活构件的初始切向位移(包括未闭合配合力)。该方法常用于斜拉桥的正装施工阶段分析。

对累加模型,其"非线性分析控制"对话框如图 11-25 所示,与独立模型唯一不同的是这里不能设置分级加载。

图 11-24 累加模型选项

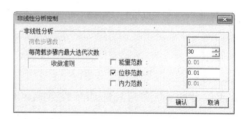

图 11-25 累加模型非线性分析控制

勾选"包括时变效应",再点击"时变效应控制"按钮,可以弹出如图 11-26 所示的对话框。关于收缩、徐变和强度变化等的设置同线性施工阶段分析。

2)累加模型几何非线性分析注意事项

(1)累加模型的几何非线性分析必须是以各施工阶段实际总位移(请参见下面的说明 5)为基准进行的,所以必须要勾选"赋予施工阶段中新激活构件初始切向位移"选项(在 midas Civil2010 中,如图 8-10 所示;在 midas Civil2011 中为"构件沿初始切向位移方向激活",如图 11-22 所示)。就算用户不选择此项,程序内部自动选择。

(2)进行斜拉桥的几何非线性分析时,在激活拉索的阶段,不能同时激活其他单元、除索张力以外其他荷载、其他边界条件。

(3)施工阶段中激活一般支承(或连接、弹簧等)边界条件时,应在相应构件激活之前一个施工阶段激活。构件和边界条件同时激活时,边界条件将考虑前一个施工阶段引起的变形,结果会有很大的误差。先激活构件后激活边界条件时,在激活边界条件时应选择"变形前"选项。

(4)几何非线性分析时,仅输出单元 I/J 两端的结果。

(5)各施工阶段位移的解释如图 11-27 所示。图中悬臂梁共有 3 个节段,施工完第 1 节段后,在 1 号节段的右端产生位移 δ_{11},若按变形后的切向施工后续节段,则 1 号节段施工完成后,2、3 号节段的右端未施工就已经分别有了 δ_{21} 和 δ_{31} 的位移。同样施工完第 2 节段后,不考虑前面施工阶段的荷载影响的话(前面的 1 号段自重荷载已经计算过了,不能重复计算,即此时只考虑前段的刚度而不计其荷载),此时,在 1 号节段的右端产生位移 δ_{12},2 号节段本身右端产生位移 δ_{22},若按变形后的切向施工后续节段,则 3 号节段的右端未施工就已经有了 δ_{32} 的位移。施工完第 3 节段后,不考虑前面施工阶段的荷载影响的话,此时,在 1 号节段的右端产生位移 δ_{13},2 号节段右端产生位移 δ_{23},3 号节段本身的右端产生位移 δ_{33}。

图 11-26 累加模型时变效应控制

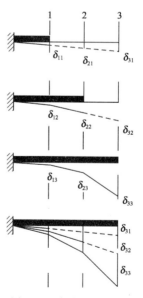

图 11-27 各阶段位移构成

若勾选"构件沿初始切向位移方向激活",则施工完第 3 节段后,1 号段右端所谓实际总位移为 $\delta_{11}+\delta_{12}+\delta_{13}$,2 号段右端实际总位移为 $\delta_{21}+\delta_{22}+\delta_{23}$,3 号段右端实际总位移为 $\delta_{31}+\delta_{32}+\delta_{33}$。若不勾选此项,则施工完第 3 节段后,1 号段右端所谓位移为 $\delta_{11}+\delta_{12}+\delta_{13}$,2 号段右端位移为 $\delta_{22}+\delta_{23}$,3 号段右端位移为 δ_{33}。

3)用累加模型进行正装分析的步骤

施工阶段非线性分析的累加模型仅适用于梁、桁架、索单元和弹性支承,其分析过程可用图 11-28 所示的框图表示。

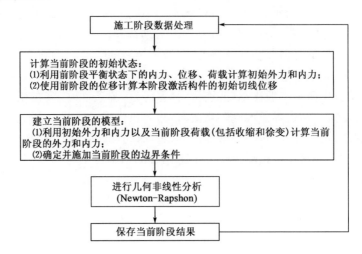

图 11-28　非线性施工阶段累加模型分析过程

第12章 结构稳定分析

12.1 概述

桥梁结构特别是钢结构的稳定问题是关系到其安全与经济的主要问题之一,它与强度问题有同等重要的意义。由于大跨度桥梁日益广泛地采用高强度材料和薄壁结构,稳定问题更显得重要。

桥梁结构的失稳现象可分为以下几类:

(1)个别构件的失稳,比如某些压杆的失稳和梁的侧倾。

(2)部分结构或整个结构的失稳,例如桥门架或整个拱桥的失稳。

(3)构件的局部失稳,例如组成压杆的板或板梁腹板的翘曲等,局部失稳常导致整个结构体系的失稳。

当结构所受荷载达到某一数值时,若增加一微小的增量,即稍有挠动,则结构的平衡位置将发生很大的改变,这种情况叫做结构的失稳或屈曲,相应的荷载称为屈曲荷载或临界荷载。在达到临界荷载时,构件的刚度退化为0,从而无法保持稳定的平衡,所以失稳的过程本质上是压力使构件弯曲刚度减小,直至消失的过程。

稳定问题可分为两类:

第一类是平衡分支问题,即达到临界荷载时,除结构原来的平衡状态理论上仍然可能外,出现第二个平衡状态,所以称为平衡分岔失稳或分支点失稳,例如轴心受压的直杆。第一类稳定问题的力学情况比较单纯、明确,因为在数学处理上是求解特征值,所以又称特征值屈曲,结构失稳时对应的荷载称为屈曲荷载。

第二类是结构保持一个平衡状态,随着荷载的增加,在应力较大的区域出现塑性变形,结构的变形迅速增大,当荷载达到一定数值时,即使不再增加荷载,结构变形也自行迅速增大而致使结构破坏,这个荷载实际上是结构的极限荷载,即临界荷载。这种失稳形式变形迅速增大,但不会出现新的平衡形式,即平衡状态不发生质变,也称极值点失稳。实际的结构稳定问题都属于第二类,例如偏心受压杆件。

12.2 线性稳定分析

12.2.1 技术背景

结构静力计算的方程可表示为：

$$([K_D]+[K_G])\{\delta\} = \{F\} \tag{12-1}$$

式中：$[K_D]$——结构弹性刚度矩阵，对于杆系结构，反映了其单元截面刚度 EA 和 EI 的影响；

$[K_G]$——几何刚度矩阵，也称为初始应力矩阵，对于杆系结构，与杆件的长度、位置和初始轴力有关。几何刚度矩阵使单元刚度发生了变化，主要是由于轴力在杆弯曲时所产生的效应所致，当轴力是拉力时，杆的刚度变大，当轴力是压力时，杆的刚度变小。

按上面的结构静力计算方程可以求得在荷载 $\{F\}$ 作用时的位移 δ，如荷载不断增加，则结构位移不断增大。由于 $[K_G]$ 与荷载大小有关，因而这时结构的力与位移不再是线性关系，如 $\{F\}$ 达到 $\lambda_{cr}\{F\}$ 时，结构呈现随遇平衡状态，这就是所要求的临界荷载。

设 $\{F\}$ 增加 λ 倍，则内力和几何刚度矩阵也增大 λ 倍，因而有：

$$([K_D]+\lambda[K_G])\{\delta\} = \lambda\{F\} \tag{12-2}$$

如 λ 足够大，使得结构达到随遇平衡状态，即当 $\{\delta\}$ 变为 $\{\delta\}+\{\Delta\delta\}$ 时上列平衡方程也能满足，即有：

$$([K_D]+\lambda[K_G])(\{\delta\}+\{\Delta\delta\}) = \lambda\{F\} \tag{12-3}$$

同时满足式(12-2)和式(12-3)的条件是：

$$([K_D]+\lambda[K_G])\{\Delta\delta\} = 0 \tag{12-4}$$

式(12-4)就是计算稳定安全系数的特征方程式，若方程有 n 阶，则理论上存在 n 个特征值 $\lambda_1,\lambda_2,\cdots,\lambda_n$ 和对应的 n 个特征向量（失稳模态）。但工程上只有最小的特征值或最小的稳定安全系数才有实际意义，这时的特征值称为 λ_{cr}，临界荷载为 $\lambda_{cr}\{F\}$。

另外，考虑几何刚度本质上与大变形等几何非线性并没有关系，特征值屈曲分析的平衡方程的特点是在小挠度理论下考虑了轴力产生的几何刚度：

(1)在微弯状态下建立平衡方程，也就是"小变形"条件。

(2)在平衡方程中考虑了轴力对平衡方程的影响，也就是包含了所谓的 P-Delta 效应。

12.2.2 线性稳定分析的方法步骤

线性稳定(屈曲)分析即特征值屈曲分析，用于预测一个理想弹性结构的理论屈曲强度(分叉点)，通过提取使线性系统刚度矩阵 $([K_D]+\lambda[K_G])$ 奇异的特征值来获得结构的临界失稳荷载及失稳模态。例如，一个柱体结构的特征值屈曲分析的结果，将与经典欧拉解相当。

1)线性稳定分析的特点

(1)线性稳定分析忽略各种非线性因素和初始缺陷对屈曲失稳荷载的影响，对稳定问题大大简化，从而提高了稳定分析的计算效率。其临界荷载可以近似代表实际结构相应第二类稳定的上限,所以理论分析中占有重要的地位。

(2)由于未考虑非线性和初始缺陷的影响,得出的失稳荷载可能与实际相差较大,初始缺陷和非线性使得很多实际结构都不是在其理论弹性屈曲强度处发生屈曲。因此,特征值屈曲分析经常得出非保守结果,通常不能用于实际的工程分析,但失稳模态形状可用作非线性屈曲分析的初始几何缺陷。

(3)midas Civil 做屈曲分析采用子空间迭代法。

做考虑几何非线性的屈曲分析可使用非线性分析功能中的位移控制法。

用梁单元进行屈曲分析时,程序默认考虑剪切变形的影响,如果不考虑剪切变形,可以在定义截面时不选择"考虑剪切变形",或者在定义数值型截面时将有效剪切面积 A_{sy} 和 A_{sz} 输为0。

2)程序中特征值屈曲分析步骤

(1)建立模型,包括建立节点和单元(目前仅对普通桁架、梁和板单元可进行特征值屈曲分析)、材料和截面、边界条件和荷载的施加。结构做屈曲分析时需要构成几何刚度。为了构成几何刚度,需要静力分析的内力结果。所以应该建立屈曲分析所需的荷载工况。

(2)定义屈曲分析控制,对应命令分析>屈曲分析控制。

(3)求解,获得特征值屈曲解。

(4)观察结果。结构分析结束之后,可以在结果>屈曲模态或结果>分析结果表格>屈曲模态中查看各模态和临界荷载系数。

3)非线性性质的处理

特征值屈曲分析只允许线性行为,如果原来定义了非线性单元则要转化为线性单元,非线性性质即使定义了也将被忽略。

在有索的结构中,定义的索单元并不能进行特征值分析,因为其只能定义在几何非线性分析中。如要进行特征值分析,需要将索单元转换为普通桁架单元,索的张力以及其他类型的线性单元由于索初始张拉力而产生的内力按初始荷载加到相应单元中(荷载>初始荷载>小位移>初始单元内力),最后再进行特征值屈曲分析。

只受压/只受拉弹簧和非线性弹性支承不能用于屈曲分析中,若存在则会自动转化为对应的一般支承。比如模型中定义了整体坐标系 Z 方向的只受压节点弹性支承,则在进行分析时自动转换为 Z 方向的一般支承。

4)屈曲分析控制说明

运行命令分析>屈曲分析控制会弹出如图12-1所示的对话框。

公式(12-4)中,若方程有 n 阶,则对应 n 个屈曲荷载系数,程序中可以指定要输出的屈曲模态数量,即在"模态数量"后的编辑框内输入所需输出的屈曲模态数量。

midas Civil 中允许屈曲荷载系数(稳定系数)为负值,稳定系数出现负值是反向加载的意思。在图12-1所示对话框"荷载系数范围"分组框中,勾选"仅考虑正值"时则仅输出正向荷载

图12-1 屈曲分析控制

(施加荷载方向)作用下屈曲模态。反之,可同时输出反向荷载作用下的屈曲模态。"搜索"用来定义临界荷载系数的范围。

勾选"检查斯图姆序列",则利用斯图姆序列检验已算出的是否为所要求的特征值和相应的特征矢量,若发现有漏根,将在信息窗口中给予提示。应用斯图姆判别法可以查清实系数代数方程的根在实轴上的分布情况。

在"框架几何刚度选项"分组框中勾选"仅考虑轴力",则不考虑横向内力(弯矩、剪力和扭矩),而仅考虑轴力对屈曲的影响(即对几何刚度的贡献)。

屈曲分析荷载安全系数(临界荷载系数)均是对应于某种荷载工况或荷载组合的,例如,当有自重 W 和集中活荷载 P 作用时,屈曲分析结果临界荷载系数为 10,表示在 $10(W+P)$ 的荷载作用下结构可能发生屈曲。但这也许并不是我们想要的结果。我们想知道的是在自重(或自重+二期恒载)存在的情况下,多大的活荷载作用下会发生失稳,即想知道 $W+\text{Scale}\times P$ 中的 Scale 值。

一般情况下,可以通过下面反复计算的方法获得 Scale 值:

步骤一:先按 $W+P$ 计算屈曲分析,得到临界荷载系数 S_1。

步骤二:按 $W+S_1\times P$ 计算屈曲,得临界荷载系数 S_2。

步骤三:按 $W+S_1\times S_2\times P$ 计算屈曲,得临界荷载系数 S_3。

重复上述步骤,直到临界荷载系数 S_n 接近于 1.0,此时的 $S_1\times S_2\times S_3\times\cdots\cdots\times S_n$ 即为活荷载的最终临界荷载系数。

但是在 midas Civil 中,可以在"屈曲分析荷载组合"分组框中指定参加荷载组合的荷载工况中的荷载是可变的还是不变的。所以最后得到的临界荷载系数即 Scale 值。

12.2.3 分析实例

一根一端固定的立柱,截面为矩形,受到自重及一个作用在柱顶的轴向集中力的作用。下面按两种处理方法计算这根柱子的稳定性:一是自重作为不变荷载,而柱顶集中力按可变荷载考虑。二是将自重的作用按初始单元内力考虑,外荷载仅有柱顶集中力。

1)建模

两种处理方法在建立模型时是完全一样的,包括建立节点和单元,定义材料和截面,施加边界条件。

2)按不变荷载考虑自重的情况

定义两个荷载工况,一个用来施加自重荷载,另一个用来施加墩顶集中力(此处命名为活载)。然后按图 12-1 定义屈曲分析控制。图 12-2 为建立的模型以及全部建模信息。

执行"运行"命令,然后可以通过结果>屈曲模态,或结果>分析结果表格>屈曲模态来查看屈曲分析的模态图形及对应特征值(稳定安全系数)。本例第一模态对应的特征值即最小的稳定安全系数为 567.6。

3)按初始单元内力考虑自重的情况

(1)定义一个荷载工况(命名为"自重"),施加自重荷载。

(2)执行命令荷载>初始荷载>小位移>初始荷载控制数据,弹出如图 12-3 所示的对话框,勾选"初始内力组合",荷载工况中选刚定义的"自重",系数为1,然后点击"添加"。

(3) 运行分析。

(4) 执行命令结果＞分析结果表格＞初始单元内力，得到如图 12-4 所示的内力结果。将内力结果拷贝到剪贴板中。

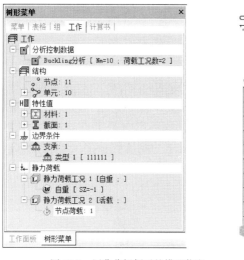

图 12-2 屈曲分析例子的模型信息

图 12-3 定义初始荷载控制

类型	号	构件内力-i						构件内力-j					
		轴力(N)	剪力(y)(N)	剪力(z)(N)	扭矩(N*mm)	弯矩(y)(N*mm)	弯矩(z)(N*mm)	轴力(N)	剪力(y)(N)	剪力(z)(N)	扭矩(N*mm)	弯矩(y)(N*mm)	弯矩(z)(N*mm)
梁	1	-2.2500e+004	0.0000e+0	0.0000e+0	0.0000e+0	0.0000e+0	0.0000e+0	-2.0250e+004	0.0000e+0	0.0000e+0	0.0000e+0	0.0000e+0	0.0000e+0
梁	2	-2.0250e+004	0.0000e+0	0.0000e+0	0.0000e+0	0.0000e+0	0.0000e+0	-1.8000e+004	0.0000e+0	0.0000e+0	0.0000e+0	0.0000e+0	0.0000e+0
梁	3	-1.8000e+004	0.0000e+0	0.0000e+0	0.0000e+0	0.0000e+0	0.0000e+0	-1.5750e+004	0.0000e+0	0.0000e+0	0.0000e+0	0.0000e+0	0.0000e+0
梁	4	-1.5750e+004	0.0000e+0	0.0000e+0	0.0000e+0	0.0000e+0	0.0000e+0	-1.3500e+004	0.0000e+0	0.0000e+0	0.0000e+0	0.0000e+0	0.0000e+0
梁	5	-1.3500e+004	0.0000e+0	0.0000e+0	0.0000e+0	0.0000e+0	0.0000e+0	-1.1250e+004	0.0000e+0	0.0000e+0	0.0000e+0	0.0000e+0	0.0000e+0
梁	6	-1.1250e+004	0.0000e+0	0.0000e+0	0.0000e+0	0.0000e+0	0.0000e+0	-9.0000e+003	0.0000e+0	0.0000e+0	0.0000e+0	0.0000e+0	0.0000e+0
梁	7	-9.0000e+003	0.0000e+0	0.0000e+0	0.0000e+0	0.0000e+0	0.0000e+0	-6.7500e+003	0.0000e+0	0.0000e+0	0.0000e+0	0.0000e+0	0.0000e+0
梁	8	-6.7500e+003	0.0000e+0	0.0000e+0	0.0000e+0	0.0000e+0	0.0000e+0	-4.5000e+003	0.0000e+0	0.0000e+0	0.0000e+0	0.0000e+0	0.0000e+0
梁	9	-4.5000e+003	0.0000e+0	0.0000e+0	0.0000e+0	0.0000e+0	0.0000e+0	-2.2500e+003	0.0000e+0	0.0000e+0	0.0000e+0	0.0000e+0	0.0000e+0
梁	10	-2.2500e+003	0.0000e+0	0.0000e+0	0.0000e+0	0.0000e+0	0.0000e+0	2.2737e-013	0.0000e+0	0.0000e+0	0.0000e+0	0.0000e+0	0.0000e+0

图 12-4 初始单元内力

(5) 删除"初始荷载控制数据"和"自重"荷载工况。删除方法是在树形菜单的"工作"属性页中右击"初始荷载控制数据"，然后点击"删除"。

(6) 执行命令荷载＞初始荷载＞小位移＞初始单元内力，将剪贴板中的数据粘贴进来。

(7) 定义静力荷载工况，施加柱顶的集中荷载。定义屈曲分析控制，将刚定义的荷载作为可变的荷载。

(8) 运行分析。

(9) 查看结果。第一模态对应的特征值即最小的稳定安全系数仍然为 567.6。

12.3 非线性稳定分析

12.3.1 综述

上节的线性稳定（特征值屈曲分析）是线性分析，发生在"完善"结构（无初始缺陷）的理想状态条件下,失稳常属于此种情况,其荷载平衡路径可用图 12-5 表示。线性稳定在现实结构中并不会发生,实际结构常用的初始变形、残余应力等都不属于其考虑的范围。特征值屈曲分析对结构临界失稳力的预测往往要高于结构实际的临界失稳力,因此在实际的工程结构分析时一般不用特征值屈曲分析。但特征值屈曲分析作为非线性屈曲分析的初步评估作用是非常有用的。非线性屈曲分析的第一步最好进行特征值屈曲分析,特征值屈曲分析能够预测临界失稳力的大致所在,这样就可大致判断非线性屈曲分析时所加力的大小。

实际的结构构件都是有缺陷的,一般可将构件的缺陷分为几何缺陷和力学缺陷。杆件的初始弯曲、初始偏心以及板件的初始不平度等都属于几何缺陷;力学缺陷一般表现为初始应力和力学参数(如弹性模量、强度极限等)的不均匀性。对稳定承载能力而言,残余应力是影响最大的力学缺陷。残余应力在构件截面上是自相平衡的,它并不影响强度承载能力。但是它的存在使得构件截面的一部分提前进入屈服,从而导致该区域的刚度提前消失,由此造成稳定承载能力的降低。

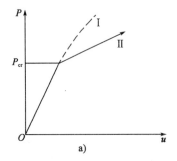 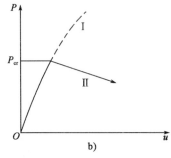

图 12-5 包含分叉临界点的荷载—位移平衡路径

实际结构(包含初始缺陷)的荷载—位移平衡路径可用图 12-6 表示,其特征是:当荷载达到临界(最大)值时,如果荷载或位移有微小的变化,将分别发生位移的跳跃或荷载的快速下降。前者[图 12-6a)]称为 SnaP-Through,例如受到均匀压力的薄圆拱(截面高度/拱的跨度的值很小),当压力达到 P_{max} 时位移将从 A 点跳跃到 D 点,这将可能导致结构因变形过大而失效。后者[图 12-6b)]称为垮塌(Collapse),仍以受均匀压力作用的圆拱为例,当截面高度/拱的跨度的值较大,而压力达到 P_{max} 时,结构将发生塑性垮塌。图 12-6 所示的两种情况是结构失稳(屈曲)了,由于失稳前结构处于大变形状态,这时结构的刚度矩阵是荷载和位移的非线性函数,非线性稳定问题此时即是考虑几何非线性的承载能力分析问题(最好同时考虑材料非线性,即进行弹塑性大变形分析,但目前的 midas Civil 程序在这方面还有一定的局限性,请参见 11.1.2 节)。

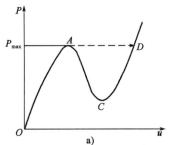 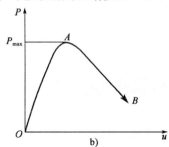

图 12-6 包含极值临界点的荷载—位移平衡路径

12.3.2 实现方法

1）初始缺陷的实现方法

在进行非线性稳定分析时，往往要考虑初始缺陷以使计算结果更符合实际情况。初始缺陷可以按下面的方法考虑：

(1) 施加挠动力。比如对一个中心受压柱，可以在柱顶施加一个很小的水平力（该水平力的大小要保证对结构的线性静力分析结果影响微乎其微），此时对该受压柱进行几何非线性分析即可得到与实际相接近的稳定分析结果。

(2) 施加初始变形。对结构进行线性稳定分析可以得到结构的临界荷载和屈曲模态，其临界荷载可以近似代表实际结构相应非线性稳定的上限，其屈曲模态可近似反映结构实际的失稳形式。可将结构线性屈曲模态（一般取最易出现的第一模态）对应的结构位移乘以一个较小的系数作为结构的初始变形，然后再进行几何非线性分析。比如，进行网壳全过程分析时应考虑初始曲面形状的安装偏差的影响，可采用结构的最低阶屈曲模态作为初始几何缺陷分布模态，其缺陷最大计算值可按网壳跨度的 1/300 取值。

施加初始变形的方法是使用更新坐标的方式。先提取特征值屈曲分析工况最低阶的位移，导出到 Excel 表格中，然后乘以一个较小的系数，最后再与原结构节点的坐标叠加，即为考虑初始缺陷的结构模型。

(3) 残余应力。对线性稳定，可以给构件施加一个梁单元预应力荷载并在屈曲分析中将其设置为"不变"，对非线性稳定，可以通过施加初始荷载的方式实现（方法请参见 11.2.4 节）。虽然施加残余应力的方法有多种，但施加与实际结构完全相同的残余应力是比较困难的。

2）非线性稳定的实现方法

在 midas Civil 中，非线性稳定问题可以通过几何非线性分析、纤维模型的动力弹塑性分析（施加缓慢增加的直线荷载，阻尼设为零）以及 Pushover 分析实现。其中后两者将在"抗震分析"一章中介绍。

在 midas Civil 中，考虑几何非线性同时进行稳定分析的方法如下：

(1) 将进行稳定分析所用荷载定义在一个荷载工况下。

非线性的特点之一就是不能将荷载效应线性累加，所以在确定了用什么荷载做屈曲分析后，要做的是将这些荷载放到一个荷载工况上，也可以根据实际情况定义加载的先后顺序（此时需定义不同的荷载工况，但只能选择 Newton-raphson 法进行分析计算）。如计算在恒载已经作用的基础上活载达到多大结构才失稳的问题时，需要通过保持其他荷载大小不变而更改活载大小的方法多次试算确定。

(2) 定义非线性分析控制，选择几何非线性，在非线性分析荷载工况中添加此荷载工况，并对其定义加载步骤。

在几何非线性分析控制中可以采用"位移控制法"，此时要选择控制位移的节点并输入一个相对较大的值。为了确定控制节点及位移的大小，可先做线性静力分析，查看位移，找到屈曲分析所使用荷载作用下的位移最大点及其位移大小与方向。然后在位移控制法中将这个点及其位移（要适当放大）作为控制点和控制位移。将非线性分析前几个步骤的步长设置可稍微长一些，后面间隔稍微短一些，这样比较容易收敛。

如前所述，特征值屈曲分析得到的是屈曲荷载的上限，当采用荷载控制法时，可将特征值屈曲荷载扩大10%～20%后作为非线性屈曲分析的给定荷载，其屈曲形状可以作为施加初始缺陷或挠动荷载的依据。对存在后屈曲的情况应该采用弧长法。

(3) 运行分析。

(4) 查看结果中的阶段步骤时程图表，查找变形发生突变的位置点及对应加载系数，即可推知发生失稳的极限荷载。

注意：求解不收敛并不一定意味着结构达到最大荷载，非收敛的解也可能是由于数值不稳定引起的。荷载—位移曲线可有助于确定导致求解发散的原因是物理不稳定性还是数值不稳定性。在结构接近屈曲荷载时切向刚度接近于零，数值不稳定性或物理不稳定性可通过荷载—位移曲线的斜度来分辨(图12-7)。

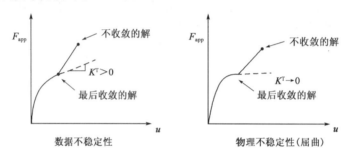

图12-7 数值不稳定和物理不稳定

12.3.3 分析实例

a) 模型　b) 施加水平挠动力　c) 第一屈曲模态

图12-8 非线性稳定实例

某立柱一端固结一端自由(图12-8)，柱截面为矩形，柱顶受到一轴心集中荷载(活载)的作用，同时考虑立柱的自重作用(恒载)。

下面用几种不同的方法(表12-1)计算该立柱的非线性稳定问题。首先需要建立模型(操作步骤略)，包括节点和单元建立、施加边界条件、定义材料和截面。注意进行稳定分析时，一个杆件要划分成足够多的单元数量。

非线性稳定实例的计算方法描述　　表12-1

荷载工况	加载顺序	单元	非线性	计算方法
恒载与活载定义在同一荷载工况中	不考虑	梁	几何非线性	N-R法
恒载与活载定义在同一荷载工况中	不考虑	梁	几何非线性	位移控制法
恒载与活载定义在不同的荷载工况中	考虑	梁	几何非线性	N-R法
恒载按初始荷载，仅定义活载工况	不考虑	梁	几何非线性	N-R法
恒载与活载定义在同一荷载工况中	不考虑	板	几何+材料非线性	N-R法

如前所述，在施加初始缺陷时，可以采用图12-8b)施加柱顶水平力的方法，也可以采用按第一屈曲模态施加初始变形的方法。这里均采用施加初始变形的方法。

第12章 结构稳定分析

首先进行特征值屈曲分析(自重按不变设置,柱顶集中力按可变进行设置),在结果>分析结果表格>屈曲模态中可以看到屈曲向量(图12-9),这里得到的屈曲向量没有单位。立柱的高度为15m,其缺陷最大计算值应为15/300=0.05m左右,按此对屈曲向量进行修正,可先将UX、UY和UZ的值拷贝到Excel中,然后乘以修正系数,最后将修正后的结果叠加到模型的节点坐标表格中去(通过Excel)。这样在分析模型中即考虑了初始缺陷。

节点	模态	UX	UY	UZ	RX	RY	RZ
				屈曲向量			
1	1	0.000000	0.000000	0.000000	0.000000	0.000000	0.000000
2	1	0.000032	0.000000	0.000000	0.000000	0.000255	0.000000
3	1	0.000128	0.000000	0.000000	0.000000	0.000511	0.000000
4	1	0.000287	0.000000	0.000000	0.000000	0.000766	0.000000
5	1	0.000510	0.000000	0.000000	0.000000	0.001020	0.000000
6	1	0.000797	0.000000	0.000000	0.000000	0.001274	0.000000
7	1	0.001147	0.000000	0.000000	0.000000	0.001526	0.000000
8	1	0.001560	0.000000	0.000000	0.000000	0.001778	0.000000
9	1	0.002036	0.000000	0.000000	0.000000	0.002029	0.000000
10	1	0.002575	0.000000	0.000000	0.000000	0.002278	0.000000
11	1	0.003175	0.000000	0.000000	0.000000	0.002525	0.000000
12	1	0.003838	0.000000	0.000000	0.000000	0.002771	0.000000
13	1	0.004561	0.000000	0.000000	0.000000	0.003015	0.000000
14	1	0.005345	0.000000	0.000000	0.000000	0.003257	0.000000
15	1	0.006190	0.000000	0.000000	0.000000	0.003497	0.000000
16	1	0.007094	0.000000	0.000000	0.000000	0.003734	0.000000
17	1	0.008057	0.000000	0.000000	0.000000	0.003969	0.000000
18	1	0.009078	0.000000	0.000000	0.000000	0.004201	0.000000
19	1	0.010157	0.000000	0.000000	0.000000	0.004430	0.000000
20	1	0.011293	0.000000	0.000000	0.000000	0.004656	0.000000

图12-9 屈曲向量表格

通过特征值屈曲分析可以近似得到结构的屈曲荷载,将其作为柱顶轴向集中荷载大小确定的依据。

1)方法一

(1)定义一个静力荷载工况,施加自重和柱顶的轴向荷载。柱顶的轴向荷载的大小取特征值稳定分析中临界荷载的2.5倍。

(2)进行非线性分析控制,如图12-10所示。

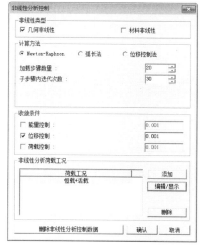

图12-10 非线性分析控制

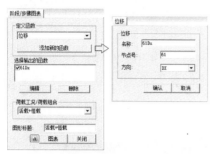

图12-11 定义位移函数

(3)计算结果。

为了建立荷载—柱顶水平位移的关系曲线,首先执行命令结果>阶段/步骤时程图表,然后按图12-11定义柱顶节点水平(X向)位移函数。分析结果如图12-12所示。

2)方法二

仅将非线性分析控制按图12-13进行修改,其他同方法一,计算结果见图12-14。

3)方法三

(1)定义两个静力荷载工况,命名为"恒载"和"活载",分别施加自重和柱顶的轴向荷载。柱顶的轴向荷载的大小取特征值稳定分析中临界荷载的两倍。

图12-12 方法一的分析结果(N-R法)

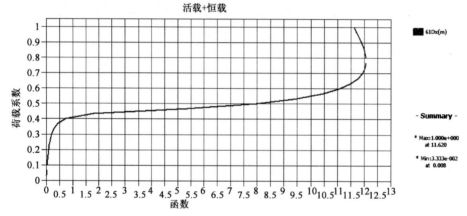

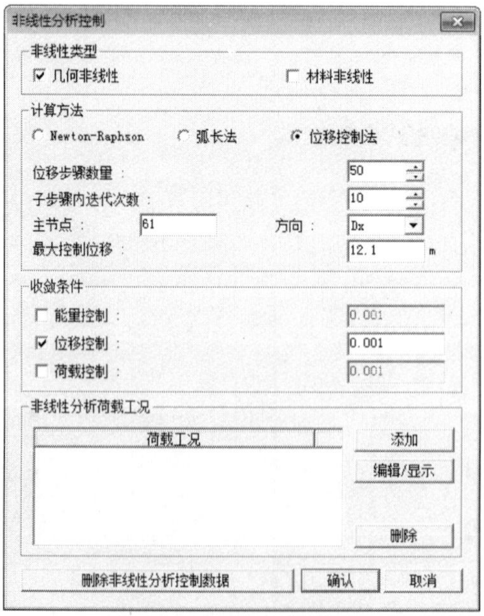

图12-13 非线性分析控制

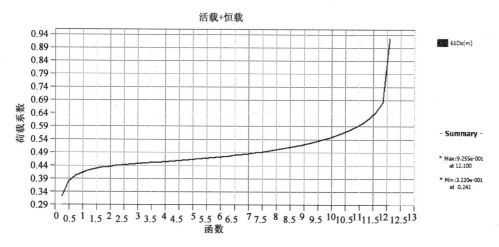

图12-14 方法二的分析结果(位移控制法)

（2）执行命令荷载＞非线性分析数据＞非线性分析加载顺序,加载顺序为先恒载后活载,如图12-15所示。

（3）进行非线性分析控制,定义了荷载施加顺序后只能选择N-R法进行分析计算。运行分析,计算结果如图12-16所示。

4)方法四

（1）首先计算恒载作用下的结构单元内力状态,然后施加初始内力,方法可参考12.2.3中的实例。

（2）定义静力荷载工况,施加柱顶集中荷载。柱顶的轴向荷载的大小取特征值稳定分析中临界荷载的2.4倍。

图12-15 方法三的荷载施加顺序

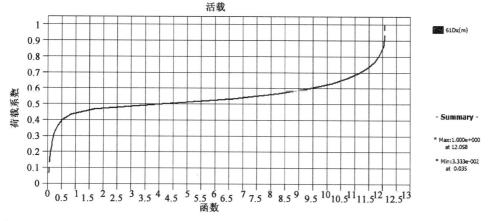

图12-16 方法三的计算结果

（3）进行非线性分析控制,选择N-R法进行分析计算。运行分析,计算结果如图12-17所示。

5)方法五

(1)定义厚度,然后通过扩展单元的方式生成厚板单元模型(包含了初始缺陷),同时删除梁单元模型。

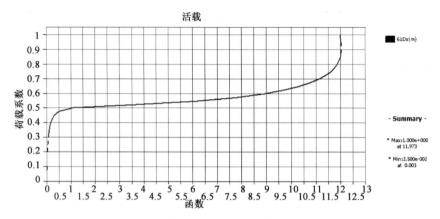

图 12-17　方法四的计算结果

(2)定义两个静力荷载工况,命名为"恒载"和"活载",分别施加自重和柱顶的轴向荷载。柱顶的轴向荷载的大小取特征值稳定分析中临界荷载的两倍(柱顶两个节点各施加一倍的临界荷载)。

(3)执行命令荷载>非线性分析数据>非线性分析加载顺序,加载顺序为先恒载后活载,如图 12-15 所示。

(4)进行非线性分析控制,选择 N-R 法进行分析计算。此时可以同时选择几何非线性和材料非线性,但此处为了对比仍然使用了线性材料。

(5)运行分析,计算结果如图 12-18 所示。

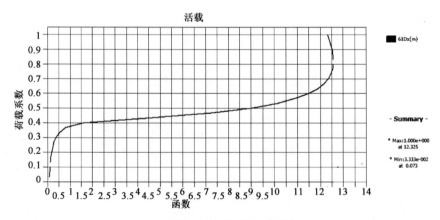

图 12-18　方法五的计算结果

以上 5 种计算方法的结果基本一致。立柱在加载的初期,水平位移变化较小,随后在荷载增加不是很大的情况下柱顶水平位移快速增加,失稳的点应该确定为柱顶水平位移快速增加的开始点。荷载增加但位移反而减小的位置点对应的水平位移已经很大,对实际结构已经失去了正常使用能力。

第13章 抗震分析

13.1 概述

结构抗震设计理论的发展大体上可以划分为静力理论阶段、反应谱理论阶段、动力理论阶段和基于性能的抗震设计理论。

13.1.1 静力理论

静力法是将结构各质点的质量乘以运动加速度得到的最大地震力直接施加在结构上,按静力分析方法求出地震响应的方法。该理论认为水平最大加速度是地震破坏的重要因素,把地面运动最大加速度和重力加速度的比值 K 定义为"水平烈度",当结构重力为 G 时,水平地震力为 KG。可理解为相当于结构重力 K 倍的水平力破坏了结构的静止状态。

静力理论没有考虑地震作用随时间的变化及与结构动力特性的相关性,该方法对于刚性建筑物的地震反应计算比较合理,如较矮的重力式桥墩和桥台等。静力法目前有的国家抗震规范中还在使用。

13.1.2 反应谱理论

反应谱分析法是将多自由度体系视为多个单自由度体系的组合,通过计算各单自由度体系的最大地震响应后再进行组合的方式计算多自由度体系的最大地震响应的分析方法。

以单自由度体系的最大反应(结构的加速度反应、速度反应和位移反应等)为纵坐标,以体系的自振周期为横坐标,对不同周期的单自由度体系用同一地震波输入,按不同的阻尼比进行计算,就可以得到一系列的曲线,这些曲线就是地震反应谱曲线。抗震规范中的设计反应谱是根据大量的实际地震记录反应谱进行统计分析并结合经验判断确定的。

图 13-1 为《铁路工程抗震设计规范》(GB 50111—2006)中给定的水平动力放大系数 β 曲线(对应反应谱曲线),适用于自振周期小于 2 秒且阻尼比为 0.05 的结构。图中 T_g 为地震动反应谱特征周期,表示反应谱中谱值从最大值开始下降的周期,与场地类别、特征周期分区

有关。

图 13-2 为我国《公路桥梁抗震设计细则》(JTG/T B02-01—2008)中给定的水平设计加速度反应谱曲线,阻尼比为 0.05。水平设计加速度反应谱最大值根据式(13-1)计算。

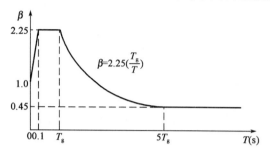

图 13-1 我国铁路规范动力放大系数 β 曲线

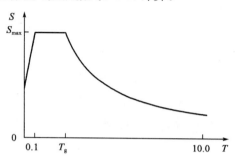

图 13-2 我国公路规范水平设计加速度反应谱

$$S_{max} = 2.25 C_i C_s C_d A \tag{13-1}$$

式中：C_i——抗震重要性系数；
C_s——场地系数；
C_d——阻尼调整系数；
A——水平向设计基本地震动加速度峰值。

上式中的各个参数的取值均可在规范中找到。

根据抗震设计反应谱就可以比较容易确定结构所受的地震力了,不同的规范计算地震力的方法稍有不同。

反应谱理论由于考虑了结构的动力特性与地震动特征之间的动力关系,又保持了静力理论形式,概念比较清晰,易于理解,因而得到了广泛的使用。各国现行的结构抗震设计规范,绝大多数仍采用弹性反应谱理论计算结构的弹性地震力。但反应谱方法的缺陷也是明显的,主要有以下几点：

(1)反应谱法是弹性范围内的概念,当结构在强烈地震作用下进入塑性工作阶段时不能直接应用。

(2)地震作用是一个时间过程,而反应谱方法只能得到最大反应,不能反映结构在地震过程中的时间经历和地震动持时效应。

(3)对多振型反应谱法,由于反应谱仅给出结构各振型反应的最大值,不能反映出最大值的正负和时间,给振型组合造成混乱。

(4)虽然不少学者对反应谱法进行了许多改进,但对于复杂、大跨度桥梁的地震反应,仍然有时会由于计算的频率阶数不够多而得到不正确的结果,或判断不出结构真正的薄弱部位。因此反应谱法只能作为一种估算方法或一种校核手段。

13.1.3 动力理论

动力理论是将地震加速度时程直接输入,对结构进行地震时程反应分析,即动态时程分析。地震作用输入可以直接选用强震仪记录的地震加速度时程,它有两个水平分量(南北、东西)和一个竖直分量。动态时程分析法可以精确地考虑结构、桩土相互作用、地震波相位差及不同地震波多分量多点输入等因素,可以考虑几何和材料非线性以及各种减震、隔震装置的作用效果,使得桥梁抗震计算从以前单一强度保证转入强度、变形(延性)的双重保证。目前,大对数国家除对常用的桥梁结构形式的中小跨度桥梁仍采用反应谱理论计算外,对重要、复杂、大跨度的桥梁抗震计算都建议采用动态时程分析法。

动力分析有线性和非线性之别,当地震作用比较小且结构具有一定刚度时,地震响应可以按线弹性动力理论计算;结构在强震作用下,通常都进入弹塑性范围,产生较大的塑性变形,此时地震响应应该按弹塑性动力理论计算。非线性时程分析方法技术复杂、计算耗费机时多、计算工作量大、结果处理繁杂,各国规范有关时程分析方法的规定一般缺乏可操作性,因此这种方法一般仅限于非常重要又非常复杂的结构,并同时与模型实验相互验证结果,以保证准确性。

13.1.4 基于性能的抗震设计理论

SEAOC(美国加州结构工程师协会)对基于性能抗震设计的解释是"性能设计应该是选择一定的设计标准,恰当的结构形式,合理的规划和结构比例,保证建筑物的结构与非结构的细部构造设计,控制建造质量和长期维护水平,使得建筑物在遭受一定水平地震作用下,结构的破坏不超过一个特定的极限状态"。ATC(SEAOC下设的应用技术委员会)对基于性能抗震设计的解释为"基于性能抗震设计是指结构的设计标准由一系列可以取得的结构性能目标来表示,主要针对混凝土结构并且采用基于能力的设计原理"。FEMA(美国联邦紧急事务管理局)对基于性能抗震设计的解释为"基于不同强度地震作用,得出不同的性能目标。在分析和设计中采用弹性静力和弹塑性时程分析来得到一系列的性能水平,并且采用建筑物顶点位移来定义结构和非结构构件的性能水平,不同的结构形式采用不同的性能水平"。可见,尽管不同的机构对基于性能的抗震设计描述不完全相同,但是基于性能抗震设计的主导思想都是一致的,即:采用合理的抗震性能目标和合适的结构抗震措施进行设计,使结构在各种水准地震作用下的破坏损失能被接受。基于性能的抗震设计方法使用与结构损伤直接相关的位移来评价结构的变形能力(耗能能力),所以又被称为基于位移的设计方法。

基于性能的抗震分析方法有如下四种:
(1)线性静力分析法(Linear Static Procedure,LSP)。
(2)线性动力分析法(Linear Dynamic Procedure,LDP)。
(3)非线性静力分析法(Nonlinear Static Procedure,NSP)。
(4)非线性动力分析法(Nonlinear Dynamic Procedure,NDP)。

静力弹塑性分析(Pushover)被认为是基于性能的抗震设计中最具代表性的分析方法,属于非线性静力分析方法。该方法预先假定一种分布侧向力作用在结构上,考虑结构中的各种非线性因素,逐步增加结构的受力,直到在结构中形成机构为止,在这个分析过程中,会得到结构的力与变形的全过程曲线(Pushover曲线)。尽管侧向分布力是一种静力荷载,但整个分析过程中可以近似反映结构在地震作用下某一瞬间的动力响应。

单纯的 Pushover 分析并不能直接得到结构的地震反应,需要与其他方法如:弹性反应谱、非弹性反应谱等相结合才可以,因此在开始并未引起足够的重视。在20世纪90年代初,美日学者提出来基于性能/位移的抗震设计思想后,Pushover 分析方法才得到重视,并对其适用条件、特点和局限性进行研究和改进，提出了许多借助于 Pushover 的分析方法来得到结构地震响应并对结构的抗震性能进行评估，如能力谱法、位移影响系数法、适应谱法和模态 Pushover 分析方法等。目前 midas Civil 可以使用其中的能力谱法进行结构抗震性能的分析。

能力谱法是应用较广泛的一种方法，该方法允许针对不同性能目标和地震运动准则进行分析，允许考虑不同材料的非线性特性和其他一些条件。能力谱法分析过程是首先借助于 Pushover 分析得到结构的荷载—变形曲线，并将其转换成为表现单自由度体系的加速度和位移相应关系的"能力谱曲线"；其次根据等效单自由度体系的等效刚度、等效阻尼比由设计地震下的弹性反应谱(并将加速度—周期格式的反应谱转换为加速度—位移格式)确定结构的"需求谱曲线"。最后将两者一同画在加速度位移谱中进行比较，两条曲线交点就是结构在对应水准地震作用下的响应峰值，即满足该水准地震作用的极限承载能力和变形能力点。基于此还可以进一步判别结构、构件在对应地震作用下的损伤状态。可以通过定义不同的需求谱(小震、中震和大震)，验算不同性能水准下的承载力和变形，实现"小震不坏、中震可修和大震不倒"的三性能水准抗震设计原则。

Pushover 分析方法相对非线性时程分析方法来说比较简单，能大大简化设计计算工作，同时它能够清晰地反映出结构在强震作用下各个方面的性能。尤其对于反映以基本振型为主的结构，这种方法不仅能够很好地反映结构的整体变形，还能够清晰地反映结构局部变形机制。与传统的线弹性静力分析方法相比，Pushover 分析方法能够检算出线弹性静力分析方法所不能计算出的结构缺陷，如结构局部的过大变形、强度分布不均匀和潜在易破坏构件的局部过载等问题。

Pushover 分析方法一般基于以下两个假定，导致该分析方法主要用于分析受高阶振型和动力特性影响较小的结构：

(1)结构(一般为多自由度体系 MDOF)的反应与该结构的等效单自由度体系(SDOF)的反应相关的，也就是说结构的反应仅由结构的第一阶振型控制。

(2)在每一加载步内，结构沿高度的变形由形状向量表示，在这一步的反应过程中，不管变形大小，形状向量保持不变。

13.1.5 地震分析建模

地震分析所用模型必须能够模拟对结构地震反应有贡献的所有特征的振型。因为对于所有结构都必须考虑实际与随机的扭转效应，所以计算模型都是三维的。三维计算模型可只针对具有较大刚度和延性的结构部分，而忽略非结构部分，但是非结构部分的质量分布往往不可忽略。在对混凝土结构进行弹性动力分析时，通常只使用混凝土截面而忽略钢筋的刚度，但是应该用开裂的截面模式来检查最后的设计。所有结构模型应该包含 P-Δ 效应，在一个动力分析中包括 P-Δ 效应会使所有振型周期有少许的增大。

结构质量要精确地估算，结构模型中的质量分布依赖于用来表示桥梁构件的单元数量。活荷载可以作为附加质量来考虑。可以使用无质量的结构单元对大多数基础区域进行模拟，比如模拟桩的刚度。在进行动力分析前，应该运行静力荷载的计算模型，以检查各种不同的近似建模方法。在进行非线性分析之前的线性分析，可以用线性反应的计算结果预测哪种非线性对结构反应影响较大、判断如何准确合理地建立模型。

桥梁结构的建模中一般包括的构件是桥台、上部结构、盖梁、桥墩、伸缩缝和地基弹簧。其建模问题简述如下：

(1) 上部结构和盖梁通常可用线弹性的三维梁单元模拟，但进行详细分析并上部结构变形较大时可能也需要非线性梁单元。

(2) 桥墩通常是用具有反应参数的非线性梁单元建模的，反应参数是指由轴向荷载和双向弯矩所描述的屈服面。桥墩在地震分析中的一些典型行为特征是要考虑的，包括由于混凝土开裂引起的初始刚度的退化、柱在固定端的弯曲屈服、应变强化和靠近反向荷载时的挤压作用等。剪切作用可以支座的线性或非线性的荷载—变形关系模拟。

(3) 伸缩缝可用模拟接缝非线性行为的间隙单元模拟。变量包括初始间隙、接缝的抗剪能力和间隙的非线性荷载—位移特征。

(4) 地基的典型的模拟方法是用非线性的弹簧单元模拟地基的平动和转动刚度。

(5) 桥台的模拟要考虑土压力、基础刚度和支座间隙，土压力及基础刚度可用非线性弹簧模拟，支座用间隙单元模拟。

13.2 反应谱分析

13.2.1 基本分析步骤和注意事项

反应谱分析的基本步骤是首先进行特征值分析，将结构运动方程进行振型分解，根据场地或规范反应谱求出各阶振型反应的最大值；其次，各阶振型反应的最大值一般不是同时出现，所以要将结构反应的最大值通过 SRSS、CQC 或 ABS 方法进行组合；第三，对于三维地震运动，反应谱法是分别求解三个正交方向的输入然后再组合的，所以要从同时发生的地震运动的三个分量来估算最大响应。

特征值分析的目的是求解结构的振型与周期。多自由度体系的反应谱法(多振型反应谱法)计算最大地震力，是利用振型的正交性，将多自由度体系的复杂振动分解为各个振型的独立运动，再利用单自由度体系的反应谱理论来计算各振型的最大反应。各个振型对应的反应最大值不一定同时发生，不能直接求代数和来计算多自由度体系的最大地震反应，即必须考虑不同振型最大反应值的组合问题。应用较广泛的组合方法是基于随机振动理论的 CQC 和 SRSS 等。用多振型反应谱法计算时，所考虑的振型阶数应在各个计算方向上分别获得 90% 以上的有效质量，且所考虑的模态数不得少于跨度数的三倍。不同方向上的地震反应组合的基本方法有 SRSS 法、ABS 法和 Modified SRSS 等，可以参照相关规范执行。

多模态反应谱分析对于复杂的线弹性结构也是非常有效的，可以用于具有不规则的几何形状、质量和刚度分布的结构。单元的划分数量应该足够多，以便捕捉所有做出贡献的振型。

13.2.2 分析实例

1) 实例桥梁基本数据

本例的桥梁数据摘自官方培训例题。本桥为 45m+50m+45m 连续梁，主梁形式为双钢箱梁中间用多道横向联系梁连接。梁、墩截面数据、材料数据及其他数据在建模部分给出。

2)模型建立

模型由主梁、横向联系梁和桥墩构成。桥台部分由于刚度很大,不另外建立模型,只输入边界条件。基础部分假设完全固定,也只按边界条件来定义。桥面及附属设施荷载(二期恒载)用均布荷载表示。模型中所有单元均采用空间梁单元。

(1)定义材料

主梁及联系梁材料为 Q345 钢材,桥墩材料为 C30 混凝土。

(2)定义截面

需要定义的截面包括主梁、横向联系梁、盖梁和桥墩截面,如图 13-3 所示。

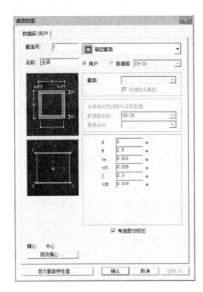
a)主梁截面

b)横向联系梁截面

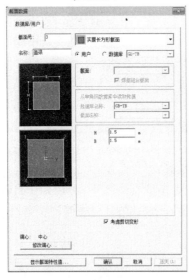
c)盖梁截面

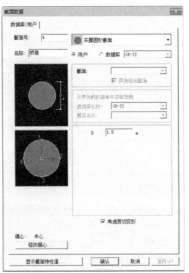
d)桥墩截面

图 13-3　截面定义

(3) 建立节点和单元

建立如图 13-4 所示的桥梁模型，并将上面定义的材料和截面赋给相应单元。

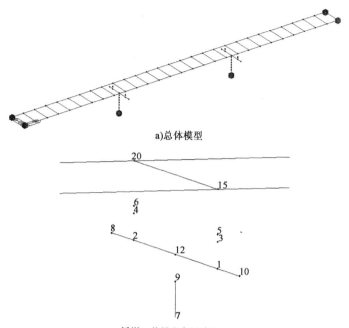

图 13-4 桥梁模型

在图 13-4 所示的桥梁模型中，两个箱形主梁的中心间距为 7.7m，各横向联系梁间的中心距为 5m，盖梁形心到主梁形心的竖向距离为 2.2m，盖梁形心到墩顶的竖向距离为 0.75m。盖梁长 11.7m，墩高 7m。

图 13-4b) 仅显示了一个桥墩的连接情况，桥墩和盖梁用刚性连接来模拟其固结（图中为节点 9 和 12）。为了模拟盖梁和主梁之间的支座，建立了节点 6、4 和 5、3，并使节点 2、4、6 和 20 在同一竖直线上，节点 1、3、5 和 15 也在同一条竖直线上。节点 6、4 之间的距离以及节点 5、3 之间的距离等于支座的高度，并在节点 6、4 和 5、3 之间分别用弹性连接模拟支座的支承刚度。节点 5 和 6 与主梁之间的连接、节点 3 和 4 与盖梁之间的连接均为刚性连接，即节点对 2-4、6-20、1-3 和 5-15 间用刚性连接。支座的支承刚度视支座的实际情况而定，这里的刚度如图 13-5 所示。

节点1	节点2	类型	角度 ([deg])	SDx (kN/m)	SDy (kN/m)	SDz (kN/m)	SRx (kN*m)	SRy (kN*m)	SRz (kN*m)	剪力 弹性	距离比 SDy	距离比 SDz
5	3	一般	0.00	100000000	100000000	100000000	0.00	0.00	0.00	☐	0.50	0.50
6	4	一般	0.00	100000000	0.0000	100000000	0.00	0.00	0.00	☐	0.50	0.50
61	65	一般	0.00	100000000	100000000	0.0000	0.00	0.00	0.00	☐	0.50	0.50
62	66	一般	0.00	100000000	100000000	100000000	0.00	0.00	0.00	☐	0.50	0.50

图 13-5 支座的支承刚度

(4) 施加一般支承边界条件

在桥墩下方施加固结边界条件，在桥台处的边界条件实际是桥台上支座的支撑情况的模拟，这里没有考虑支承刚度的影响，施加的边界条件在图 13-4a) 中有显示：一侧主梁仅为竖向支承,另一侧主梁为"竖向+水平向"的支承。

(5)输入横向联系梁的梁端刚域

由于建模时所有的单元是以中心轴为准相互连接的,故会有如图13-6所示的主梁和横向联系梁间由于主梁的梁宽导致的重复部分出现。对此可使用梁端刚域功能通过输入刚域长度使程序在计算刚度时将该部分的影响排除。

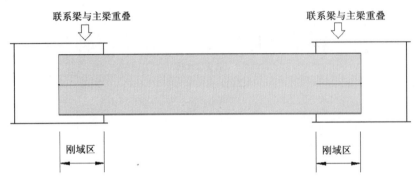

图13-6 联系梁与主梁的重叠

输入梁端刚域长度的方法有整体坐标系和单元坐标系两种类型。若选择整体坐标系类型,则对于所输入的刚域长度不考虑荷载,只针对剩余的单元长度计算刚度和自重。相反选择单元坐标系的话,只在计算刚度时排除输入的刚域长度,而在计算自重和施加荷载时则将该部分包含在内(参考3.3.4节或在线帮助手册)。

这里使用单元坐标系来输入刚域长度。此时由于需在梁单元的i、j端输入轴向的刚域长度,故需事先确认梁单元的单元坐标系方向,如图13-7所示。在此两端的刚域长度均为主梁宽度的一半,即重叠部分长度。

3)荷载输入

建立自重和二期恒载两个荷载工况,按恒荷载输入自重荷载和二期恒载荷载。假设二期恒载为10kN/m大小的均布荷载,使用梁单元荷载功能输入。

4)特征值分析数据

如前所述,在进行反应谱分析之前需先进行特征值分析。

(1)质量数据

在midas Civil中输入质量有两种类型,一个是将所建结构模型的自重转换为质量,还有一个是将输入的其他恒荷载(桥面铺装及护栏荷载等)转换为质量。

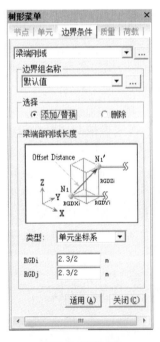

图13-7 梁端刚域

对于结构的自重可以不另行输入(这里为了检查模型输入了自重),即可在模型>结构类型对话框中完成转换,如图13-8所示。而二期恒荷载一般是以外部荷载(梁单元荷载、楼面荷载、压力荷载、节点荷载等)的形式输入的,可使用模型>质量>荷载转换为质量功能来转换,如图13-9所示。

第13章 抗震分析

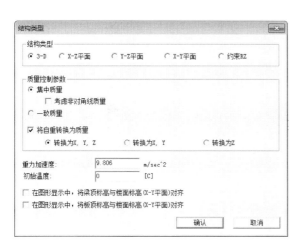

图 13-8　自重转换为质量

图 13-9　荷载转换为质量

(2)特征值分析控制

进行特征值分析前必须执行命令分析＞特征值分析控制，控制数据如图 13-10 所示。程序目前提供三种特征值分析方法：子空间迭代法、Lanczos 方法和多重 Ritz 向量法。因为 Ritz 向量直接叠加法求出的是和激发荷载向量直接相关的振型，所以用振型分解反应谱法和振型叠加法进行结构动力分析时，一般建议采用 Ritz 向量法进行结构的振型分析。如果分析后振型参与质量达不到《建筑抗震设计规范》(GB 50011—2001)所规定的 90%，则需适当增加频率数量重新进行分析。查看振型参与质量用命令结果＞分析结果表格＞振型与周期。

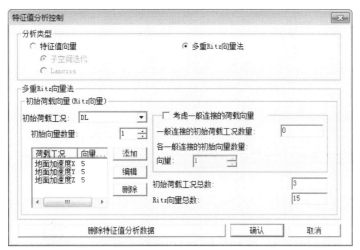

图 13-10　特征值分析控制

5)反应谱分析数据

midas Civil 中进行反应谱分析需要定义"反应谱函数"和"反应谱荷载工况"，其命令菜单为荷载＞反应谱分析数据，如图 13-11 所示。

(1) 反应谱函数定义

执行命令荷载＞反应谱分析数据＞反应谱函数，在弹出的对话框中点击"添加"，弹出如图 13-12 所示的对话框。

图 13-11　反应谱分析数据

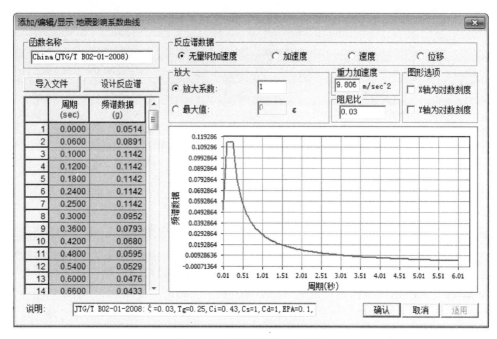

图 13-12　反应谱数据定义对话框

在图 13-12 所示的对话框中，首先要填写"函数名称"，该名称会在以后定义的"反应谱荷载工况"中使用。"反应谱数据"分组框内可以选择"无量纲加速度"、"加速度"、"速度"和"位移"，用来确认要输入的反应谱数据类型。"无量纲加速度"是加速度反应谱除以重力加速度得到的频谱，选择它时频谱数据的单位为"g"。需要注意的是变更上述的反应谱数据的形式时，已输入的数据并不会根据单位自动更改，程序会弹出图 13-13 所示的提示。"放大"分组框中有"放大系数"和"最大值"两项，用来对生成或导入的反应谱数据的大小进行调整。"放大系数"中输入反应谱数据的调整系数（乘子），"最大值"中输入反应谱数据调整后的最大值。若加速度反应谱函数的最大加速度为 $0.045g$，并定义了该"最大值"为 $0.09g$，那么相当于放大系数为 $0.09/0.045=2$，且反应谱数据中的所有数据都放大两倍。所以"放大系数"和"最大值"只输入一个即可。"重力加速度"用于将无量纲加速度和等效质量转换为荷载。

在进行反应谱分析时有三处可输入结构的阻尼比：

①设计反应谱中直接输入（例如现行公路桥梁设计反应谱）。

②在图 13-12 所示的对话框中输入。

③在反应谱分析工况中输入（请参见 10.3 节说明）。

程序最终使用的阻尼比优先顺序为 c、b、a。例如在反应谱分析工况中输入了阻尼比,则在其他地方输入的阻尼比被覆盖或不起作用。

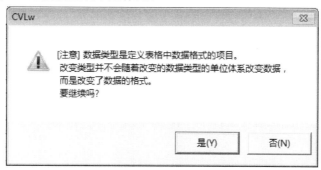

图 13-13　反应谱数据类型改变时的提示框

反应谱数据可以在图 13-12 左侧的"周期-频谱数据"栏中直接输入,也可以通过点击按钮 导入文件 从现有的以".sgs"或".spd"为扩展名数据文件中导入,或通过点击按钮 设计反应谱 从数据库中调用多种规范中的设计反应谱数据。

".sgs"格式的反应谱数据是通过地震波数据生成器生成的,具体操作方法可参见本书 6.7 节。将频繁使用的反应谱数据保存为".spd"格式的文件,然后在其他工程中调用会很方便。两种格式的数据都是可以编辑的,其数据格式请参见 midas Civil 软件的在线帮助手册中的"反应谱函数"部分。

点击按钮 设计反应谱 弹出"生成设计反应谱"对话框,该对话框的界面与所选的规范有关,如图 13-14 为选择我国公路桥梁现行的《公路桥梁抗震设计细则》(JTG/T B02-01—2008)时的对话框,图 13-15 为选择我国铁路桥梁现行的《铁路工程抗震设计规范》(GB 50111—2006)时的对话框。

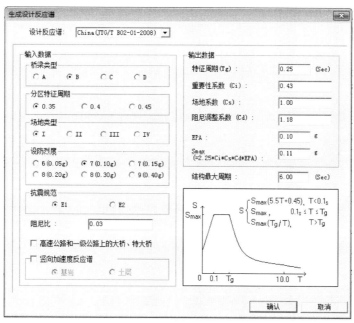

图 13-14　生成现行公路桥梁设计反应谱数据定义

在图 13-14 右边的"输出数据"分组框中的数据一般不用直接填写,而只要在左边的"输入数据"分组框填写或选择了数据即可。"输出数据"分组框中的内容是由"输入数据"分组框中的内容根据规范生成并更新的。

图 13-15 中的"设计地震分组"即规范中的"特征周期分区",与国家标准《中国地震动参数区划图》(GB 18306—2001)保持一致。

本例采用我国现行公路桥梁规范中规定的设计反应谱,参数填写如图 13-14 所示。将以上参数输入后点击确认按钮就可自动得到《公路桥梁抗震设计细则》(JTG/T B02-01—2008)的地震影响系数曲线,如图 13-12 所示。

(2)反应谱荷载工况定义

执行命令荷载>反应谱分析数据>反应谱荷载工况,会在屏幕左侧"树形菜单"的位置出现如图 13-16 所示的对话框。

图 13-15 生成现行铁路桥梁设计反应谱数据定义

图 13-16 中,首先要定义荷载工况的名称,该名称将用于荷载组合。"方向"是指反应谱荷载作用的方向,有 X-Y 和 Z 两个选项。选 X-Y 表示荷载作用于结构的水平方向(平行于整体坐标系的 X-Y 平面),选 Z 表示荷载作用于竖向(整体坐标系 Z 向)。当方向选择为 X-Y 后,即当地震激发方向平行于 X-Y 平面时,"地震作用角度"为地震激发方向与 X 轴的夹角(度),地震作用方向在整体坐标系的 X 轴上时角度为 0°。角度的正负号以 Z 轴为基准,按右手法则确定,顺时针为正,例如地震作用方向在整体坐标系的 Y 轴上时角度为 90°。

"系数"指地震作用方向上反应谱荷载数据的放大系数。该系数只放大选择的地震作用方向上的地震作用,在反应谱函数中的放大系数将放大任意方向的地震作用。两个放大系数将相乘。

"周期折减系数"是特征值分析求得的周期的折减系数。这个系数适用于反应谱分析中特征值分析求得的所有自振周期。如果分析时考虑了非结构单元的刚度贡献作用,希望折减计算周期时可使用该功能。

点击"模态组合控制"右侧的按钮 ,可弹出如图 13-17 所示的"振型组合控制"对话框,用来定义模态组合的方法。如前所述,结构的最大反应不能用每个模态的最大反应的代数和来计算,因为不同的模态是在不同的时刻到达它的最大值的。由于单个模态贡献的绝对值之和(ABS 法)提供了一个通常很保守的上限,人们不推荐在设计中采用该方法。"线性"组合方式就是将各振型所产生的作用效应直接求和,该计算结果也过于保守。两种常用的组合方法是完整二次项组合法(CQC 法)和平方和开方方法(SRSS 法)。对于无阻尼结构,用 CQC 法和 SRSS 法计算出的结果是完全相同的。若假定各振型地震反应之间是相互独立的,使用 SRSS 法;若考虑振型的耦合则使用 CQC 法。对振型密集型结构,如考虑平移—扭转耦连振动的线性结构系统使用 CQC 法。对于主要振型的周期均不相近的场合,如串联多自由度体系使用 SRSS 法。振型密集是指固有频率彼此之差不超过 10%。从理论上讲,计算结构反应必须包含所有模态振型并将其组合,但是也可使用较少的几个模态,只要这些模态的参与质量超过整个结构质量的 90% 即可。一般来说,为了确定模态组合所需的模态数量,应考虑与桥梁结构特征、空间分布和地震荷载的频率含量等因素。我国抗震规范中的模态组合方法有 CQC 法和 SRSS 法。

图 13-16 反应谱荷载工况

图 13-17 振型组合控制

在图 13-17 中,"考虑振型正负号"在于给振型组合结果添加正负号,使最终结果(弯矩、位移等)的相对性(比如各节点的弯矩符号、各节点间的相对位置)具有连贯性,仅为方便结果的查看,建议选择此项。主振型是指在该方向质量参与度最高的振型,选择"沿着主振型方向"就是在每个方向,按主振型的符号(+,-)给各组合结果(节点位置)添加正负号。选择"沿着绝对值最大的振型方向"就是按所有振型结果中绝对值最大的振型的符号(+,-)添加正负号。

一般情况下,公路桥梁可只考虑水平向地震作用,直线桥梁可分别考虑顺桥向 X 和横桥向 Y 的地震作用;抗震设防烈度为 8 度和 9 度的拱式结构、长悬臂桥梁结构和大跨结构,以及竖向作用引起的地震效应很重要时,应同时考虑顺桥向 X、横桥向 Y 和竖向 Z 的地震作用。《公路桥梁抗震设计细则》(JTG/T B02-01—2008)中 5.1.1 条规定了三个正交方向的地震作用同时考虑时,可分别单独计算各方向地震作用产生的最大效应,总的设计最大地震作用效应取其平方和的平方根(即 SRSS 法)。

利用反应谱分析方法对桥梁结构沿每个方向(顺桥向 X、横桥向 Y 和竖向 Z)独立计算地震产生的最大效应时,其效应的组合也可以使用下面"百分法"的方法进行荷载组合:

①地震荷载工况组合 I:100%横向绝对值+30%纵向绝对值+30%竖向绝对值。
②地震荷载工况组合 II:30%横向绝对值+100%纵向绝对值+30%竖向绝对值。
③地震荷载工况组合 III:30%横向绝对值+30%纵向绝对值+100%竖向绝对值。

如前所述,阻尼比也可在反应谱荷载工况中定义,方法是在图 13-16 的中间位置勾选"适用阻尼计算方法"和"修改阻尼比"。单击 阻尼比计算方法 按钮可弹出"阻尼比计算方法"对话框，如图13-18所示。关于阻尼比的问题请参见第10章内容。本例没有在此定义阻尼比，即没有勾选上述两项内容。

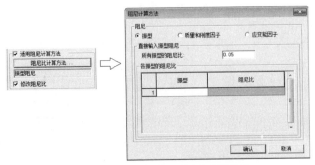

图13-18 在反应谱荷载工况中修改阻尼比

单击图13-16中的"添加"按钮，就会将定义的反应谱荷载工况添加到荷载工况栏中。可以定义多个反应谱荷载工况。本例的反应谱荷载工况的定义如图13-16所示。

6）运行分析

建立模型并定义了上述参数后即可点击工具栏中的按钮，运行分析。

7）查看分析结果

（1）查看振型形状和频率

各振型的质量参与比率可通过结果＞分析结果表格＞周期与振型来查看，如图13-19所示。

模态号	频率 (rad/sec)	频率 (cycle/sec)	周期 (sec)	容许误差
1	8.651862	1.376987	0.726224	0.0000e+000
2	9.764978	1.554145	0.643441	0.0000e+000
3	13.438255	2.138765	0.467560	0.0000e+000
4	13.451687	2.140902	0.467093	0.0000e+000
5	14.568452	2.318641	0.431287	0.0000e+000
6	15.844020	2.521654	0.396565	0.0000e+000
7	18.054458	2.873456	0.348013	0.0000e+000
8	22.911896	3.646542	0.274232	0.0000e+000
9	27.677457	4.405004	0.227015	0.0000e+000
10	29.736740	4.732749	0.211294	0.0000e+000
11	43.300753	6.891529	0.145106	0.0000e+000
12	61.436053	9.777852	0.102272	0.0000e+000
13	80.142642	12.755098	0.078400	0.0000e+000
14	96.998179	15.437536	0.064776	0.0000e+000
15	168.734246	26.854889	0.037237	0.0000e+000

模态号	TRAN-X 质量(%)	TRAN-X 合计(%)	TRAN-Y 质量(%)	TRAN-Y 合计(%)	TRAN-Z 质量(%)	TRAN-Z 合计(%)	ROTN-X 质量(%)	ROTN-X 合计(%)	ROTN-Y 质量(%)	ROTN-Y 合计(%)	ROTN-Z 质量(%)	ROTN-Z 合计(%)
1	90.23	90.23	0.01	0.01	0.00	0.00	0.00	0.00	0.09	0.09	0.01	0.01
2	0.02	90.25	61.31	61.33	0.00	0.00	20.43	20.43	0.00	0.09	0.00	0.02
3	0.00	90.26	0.00	61.33	0.00	0.00	0.00	20.44	0.00	0.09	67.52	67.54
4	0.07	90.33	0.00	61.33	1.25	1.26	0.00	20.44	0.00	0.09	0.03	67.57
5	0.00	90.33	9.54	70.87	0.00	1.26	1.66	22.10	0.00	0.09	0.00	67.57
6	2.80	93.13	0.00	70.87	0.00	1.26	0.00	22.10	0.04	0.13	1.47	69.05
7	0.09	93.22	0.00	70.87	0.00	1.26	0.00	22.10	66.76	66.89	0.01	69.05
8	0.00	93.22	0.00	70.87	60.81	62.07	0.00	22.10	0.00	66.89	0.00	69.05
9	2.57	95.80	0.00	70.87	0.00	62.07	0.00	22.10	0.00	66.89	0.09	69.14
10	0.00	95.80	13.01	83.88	0.00	62.07	26.56	48.66	0.00	66.89	0.00	69.14
11	0.00	95.80	3.68	87.56	0.00	62.07	26.13	74.78	0.00	66.90	0.00	69.14
12	0.00	95.80	0.00	87.57	4.23	66.30	0.00	74.78	0.06	66.96	0.02	69.16
13	0.00	95.80	8.20	95.76	0.02	66.32	4.63	79.41	0.03	66.99	0.01	69.17
14	0.00	95.80	0.00	95.77	21.74	88.06	0.01	79.42	0.03	67.02	0.00	69.17
15	1.74	97.54	0.00	95.77	0.00	88.06	0.03	79.45	0.95	67.94	0.02	69.18

图13-19 频率、周期与振型参与质量

第13章 抗震分析

到第15模态时,桥梁纵、横向的累计参与质量均大于90%,所以当初选择15个模态是可以的。桥梁纵向(X方向)的振型参与质量中模态1的参与比率为90.23%,比其他方向大得多,因此可以将其看作为此纵向的第一振型。同样模态2可被看作是桥梁侧向(Y方向)的第一振型。

通过表格确认各方向的第一振型后,即可在模型窗口查看其具体形状。用命令结果>周期与振型来查,如图13-20所示为第2模态。

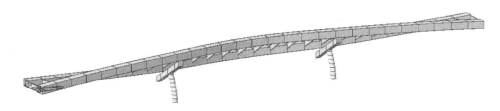

图13-20 第2模态振型

(2)查看桥墩的支座反力

首先对于桥梁纵向和侧向分别按以下方法进行荷载组合(图13-21)。
地震荷载工况组合Ⅰ(LCB1):100%横向绝对值+30%纵向绝对值;
地震荷载工况组合Ⅱ(LCB2):30%横向绝对值+100%纵向绝对值。

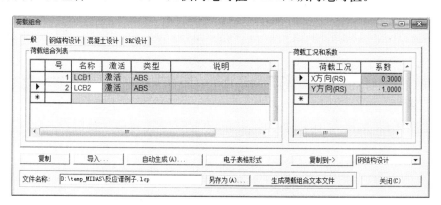

图13-21 荷载组合

由于将支座模拟为弹性连接,故因地震作用所引起的支座反力需在弹性连接结果表格中查看。根据输入梁单元时所定义的单元坐标系,轴向为竖直方向的反力,剪力-y和剪力-z分别为桥梁侧向和纵向的水平反力。查看地震荷载作用下,桥梁纵向和侧向反力的最大、最小值的命令结果>分析结果表格>弹性连接,弹出如图13-22所示的激活记录对话框,勾选LCB1和LCB2,再点击确定,则可得到如图13-23所示的支座反力表格。

图13-22 激活记录对话框

号	荷载	节点	轴向 (kN)	剪力-y (kN)	剪力-z (kN)	扭矩 (kN*m)	弯矩-y (kN*m)	弯矩-z (kN*m)
1	LCB1	5	11.19	29.54	100.57	0.00	0.00	0.00
		3	11.19	29.54	100.57	0.00	0.00	0.00
2	LCB1	6	11.67	0.00	58.36	0.00	0.00	0.00
		4	11.67	0.00	58.36	0.00	0.00	0.00
3	LCB1	61	12.34	14.67	0.00	0.00	0.00	0.00
		65	12.34	14.67	0.00	0.00	0.00	0.00
4	LCB1	62	11.87	15.63	85.91	0.00	0.00	0.00
		66	11.87	15.63	85.91	0.00	0.00	0.00
1	LCB2	5	29.77	92.37	32.13	0.00	0.00	0.00
		3	29.77	92.37	32.13	0.00	0.00	0.00
2	LCB2	6	29.79	0.00	18.99	0.00	0.00	0.00
		4	29.79	0.00	18.99	0.00	0.00	0.00
3	LCB2	61	30.40	45.58	0.00	0.00	0.00	0.00
		65	30.40	45.58	0.00	0.00	0.00	0.00
4	LCB2	62	29.42	46.03	28.03	0.00	0.00	0.00
		66	29.42	46.03	28.03	0.00	0.00	0.00

图 13-23　查看支座处反力（弹性连接结果表格）

13.3 静力弹塑性分析 Pushover

13.3.1 概述

1）Pushover 分析的概念

Pushover 分析法也称静力弹塑性分析方法，是基于性能评估现有结构和设计新结构的一种方法。该方法是在结构分析模型上施加一个沿高度按某种规定分布形式且逐渐增加的侧向力或侧向位移，直至结构模型控制点达到目标位移或结构倾覆为止的过程。其早期形式是将实际结构的多自由度体系的弹塑性反应用单自由度体系的反应来表达，是一种将静力弹塑性分析与反应谱相结合、进行图解的快速计算方法，具有结果直观、信息丰富的特点。这种方法本身主要包括两方面的内容，一是计算结构的能力曲线（静力弹塑性分析），二是计算结构的目标位移及结果评价。第一方面内容的中心问题是静力弹塑性分析中采用的结构模型和加载方式；第二方面内容的中心问题是如何确定结构在预定水平地震作用下的反应（确定目标位移）及结果评价。

通过第一阶段的分析可以得到荷载—位移曲线，此时还不能立即将图上某一点的位移确定为代表结构抗震性能的"目标位移"，并与规范规定的容许变形限值进行比较，以确定结构的抗震能力是否达到要求。为了确定符合要求的"目标位移"，通常是把一个多自由度体系的结构，按照等效的单自由度体系来处理，处理方法主要有"能力谱"法和"目标位移"法。

2）性能点的确定方法

在"能力谱"方法中，要将预先确定的能力谱（即由荷载—位移曲线转换而成的表现为单自由度体系的加速度响应和位移响应关系的曲线）与基于反应谱曲线（需进行修正）的需求谱画在同一个图上，两条曲线的交点定为"目标位移点"或"性能点"，将性能点所对应的位移与位移容许值比较，判断是否满足抗震要求。美国 ATC-40 采用就是这种方法，也是 midas Civil 采用的计算计算性能点的方法。

midas Civil 程序中提供 ATC-40 推荐的两种方法计算性能点，两种方法都是通过计算有效阻尼获得需求谱，并计算需求谱与能力谱的交点的方法。

Procedure-A 是 ATC-40 中提供的基本方法(图 13-24),其步骤如下:

(1)首先获得能力谱的初始切线刚度直线与阻尼比为 5% 的弹性需求谱的交点,将该交点作为初始性能点。

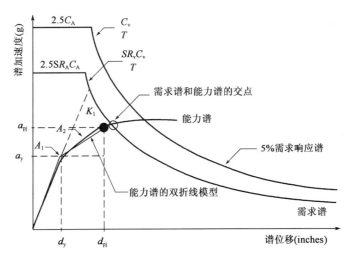

图 13-24　使用 Procedure-A 方法计算性能点(ATC-40)

(2)计算初始性能点上的等效阻尼以及有效阻尼,利用有效阻尼计算弹塑性需求谱,并获得弹塑性需求谱与能力谱的交点,即获得新的性能点。

(3)反复计算上述过程,当性能点上的响应位移和响应加速度满足程序内部设置的误差范围时,将该步骤的性能点作为最终性能点。

Procedure-B 计算性能点的方法如图 13-25 所示,其步骤如下:

(1)首先假设一个位移延性系数,使用位移延性系数计算结构的有效周期和有效阻尼,然后获得有效周期线(直线)与弹塑塑性需求谱(使用有效阻尼计算)的交点。

(2)这样一系列的交点上的连线与能力谱的交点就是最终的性能能点。

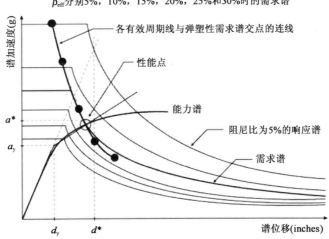

图 13-25　使用 Procedure-B 方法计算性能点(ATC-40)

"目标位移"法的基本思想是用目标位移公式确定控制点的"目标位移",首先要确定结构的位移控制点,其次是计算公式的确定。midas Civil 不采用此方法。

3)Pushover 的关键问题

(1)建立合适的计算模型

因为 Pushover 分析前要进行特征值分析,求得准确的周期与振型,所以建立的计算模型要尽量能反应实际。一般需要建立三维模型,选择合适的单元及其特性选项,要考虑基础的影响、支座的影响、上部结构的影响以及截面配筋等。Pushover 分析的目的是为了了解结构具有的承载能力和变形能力,钢筋混凝土结构在进行 Pushover 分析前必须进行线弹性分析和构件设计以获得结构的配筋结果,只有使用结构的实际配筋结果才能准确进行非线性分析。

(2)确定合适的侧向加载模式

侧向荷载的分布方式,既要反映出地震作用下各结构层惯性力的分布特征,又应使所求得位移能大体真实地反映地震作用下结构的位移状况。目前比较常用的加载方式主要有均匀分布、倒三角形分布、集中力荷载、振型荷载和 SRSS(即反应谱振型组合分布荷载)等。

midas Civil 在设计＞Pushover 分析＞Pushover 荷载工况中定义加载模式和加载方向,增量控制方法可选择位移控制法,加载模式有三种,建议选择模态方法(即振型荷载加载方式)或选择模态方法与其他方法分别计算再对比并以最不利结果为准。振型荷载可通过给定的振型来获得。

应考虑用几种不同的横向 Pushover 工况来代表可能在动力加载时发生的不同顺序的响应,这很重要。特别地,应在 X 和 Y 两个方向施加荷载作用于结构,而且实际的荷载作用方向可能与 X 或 Y 方向有一定夹角。对于非对称结构,荷载在正、负方向分别作用结构可能产生不同的结果。当在一给定的方向作用结构时,可考虑水平荷载在高度方向上的不同分布,如按在此方向上的第一和第二模态加载。

(3)定义铰类型并分配给构件

结构在横向荷载作用的初期处于弹性状态,当内力超过构件的开裂或屈服内力时部分构件将发生开裂或屈服,此时构件和结构的刚度和阻尼都将发生变化,荷载和位移的相关关系显示出非线性特性。屈服和屈服后性能可用离散的塑性铰来模拟。对桁架一般定义轴力铰,对梁一般是定义主方向的弯矩铰和剪力铰,对柱一般是定义 PMM 相关铰,节点区一般定义剪力屈服铰,建筑结构中的填充板一般是定义剪力破坏铰,剪力墙一般是定义 PM 及剪力相关铰。

Pushover 分析首先要根据结构的实际情况定义铰的类型,然后将其分配给构件。Pushover 分析可获得结构构件大致的出铰顺序。

在任何 Pushover 分析后,应查看当结构位移达到其性能点时,各铰的变形量,来判定结构是否满足指定地震荷载下的结构期望的能力目标。

4)Pushover 分析的一般步骤

midas Civil 做 Pushover 分析时混凝土结构和钢结构的静力弹塑性分析的步骤不尽相同,混凝土结构的静力弹塑性分析步骤为:分析→设计→静力弹塑性分析。钢结构的静力弹塑性分析步骤为:分析→静力弹塑性分析。即混凝土结构必须经过配筋设计(注意不能有超筋超限的构件)之后才能够做静力弹塑性分析,因为塑性铰的特性与配筋有关。图 13-26 为 midas Civil 做 Pushover 分析的菜单路径。

midas Civil 中,Pushover 的一般分析步骤如下:

(1)输入 Pushover 分析控制数据

在设计＞Pushover 分析＞Pushover 控制数据中定义初始荷载、迭代计算参数、收敛条件等信息。

图 13-26　midas Civil 的 Pushover 分析菜单

(2)定义 Pushover 荷载工况

在设计＞Pushover 分析＞Pushover 荷载工况中定义加载模式和加载方向。在此对话框中可选择初始荷载、位移控制量、是否考虑重力二阶效应和大位移、荷载的分布形式。增量控制方法可选择位移控制法,加载模式有三种,即静力荷载工况、加速度常量和模态方法。

(3)定义铰类型

在设计＞Pushover 分析＞Pushover 铰类型中选择准备使用的铰类型和骨架曲线形状。

(4)分配铰类型给各构件(自动计算各构件铰特性值)

在设计＞Pushover 分析＞分配 Pushover 铰特性值中将各种铰类型分配给对应的构件。

(5)运行 Pushover 分析

点击设计＞Pushover 分析＞运行 Pushover 分析,运行 Pushover 分析。

(6)查看分析结果

分析结束后在设计＞Pushover 分析＞Pushover 曲线中查看能力曲线、能力谱、性能点、性能点位置的位移、构件的旋转角、曲率等信息。

(7)结果评价

经 Pushover 分析后可得到性能点,根据性能点时的变形,对以下内容进行评价:

①顶点侧移,是否满足抗震规范规定的弹塑性顶点位移限值。

②构件的局部变形,是指梁、柱等构件塑性铰的变形,检验它是否超过桥梁某一性能水准下的允许变形。

13.3.2 静力弹塑性分析中使用的非线性单元

静力弹塑性分析中使用的非线性单元有梁—柱单元、桁架单元、非线性连接单元等,这里讲的非线性单元是具有非线性铰特性的单元。在 midas Civil 中,对于构件的每一个自由度成分(轴力、剪力或弯矩),如果分析中需要考虑其非线性行为的话,都要对该构件的相应自由度成分指定相应的塑性铰。对于轴力和剪力塑性铰,定义的是弹塑性内力—位移关系曲线;对于弯矩和扭矩塑性铰,定义的是弹塑性弯/扭矩—转角曲线,或弹塑性弯/扭矩—曲率曲线。未定义塑性铰的自由度成分程序将按弹性来考虑,没有定义塑性铰的单元也是按弹性来考虑。

1)非线性梁柱单元

梁单元公式使用了柔度法(Flexibility Method),在荷载作用下的变形和位移使用了小变形和平截面假定理论(欧拉贝努利梁理论,Euler Bernoulli Beam Theory),并假设扭矩和轴力、弯矩成分互相独立无关联。柔度法中内力使用线性形函数,刚度的变化为抛物线形状,这与为获得线性变化的曲率使用三次方程形函数的刚度法相比,柔度法可以使用较少的单元获得较为精确的结果,并且可提高计算效率。

非线性梁柱单元可以考虑 P-Δ 效应,分析的每个步骤都会考虑内力对几何刚度的影响而重新更新几何刚度矩阵,并将几何刚度矩阵加到结构刚度矩阵中。

根据定义弯矩非线性特性的方法,非线性梁柱单元可分为弯矩—旋转角关系单元和弯矩—曲率关系单元。根据铰位置和铰公式的不同可分为集中铰模型(Lumped Type Hinge Model)和分布铰模型(Distributed Hinge Model)。

(1)用弯矩—旋转角关系定义的非线性梁柱单元

弯矩—旋转角梁单元是在单元的两端设置了长度为 0 的旋转塑性弹簧,而单元内部为弹性弹簧的非线性单元类型。使用弯矩—旋转角关系定义的铰为集中型铰。图 13-27 给出了弯矩—旋转角梁单元铰位置示意,表 13-1 给出了铰的特性。

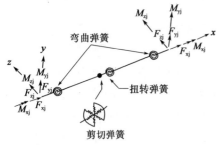

图 13-27 弯矩—旋转角单元的铰位置示意图

弯矩—旋转角单元各自由度成分铰特性 表 13-1

成 分	铰 特 性	初始刚度(unit)	铰 位 置
轴力(F_x)	轴力—变形(相对位移)	EA/L (N/m)	构件中心
剪力(F_y、F_z)	剪力—剪切变形	G_{As} (N)	
扭矩(M_x)	扭矩—旋转角	GJ/L (N·m)	
弯矩(M_y、M_z)	弯矩—旋转角	$6EI/L, 3EI/L, 2EI/L$ (N·m)	构件两端

横向荷载作用下框架结构的梁单元的弯矩一般在两端最大,塑性铰也集中发生在梁的两端,此时可在梁的两端设置使用弯矩—旋转角定义的非线性弹簧来模拟可能出现的铰。

(2) 用弯矩—曲率关系定义的非线性梁柱单元

用弯矩—曲率非线性关系定义的梁柱单元在单元内可以定义多个铰。midas Civil 静力弹塑性分析中使用的弯矩—曲率关系非线性铰分为两种,一种是可以考虑单元全长均产生塑性的分布型(Distributed Type)本构模型,另一种是只考虑单元两端产生塑性铰的集中型(Lumped Type)本构模型。

分布型塑性铰按积分点设置铰的位置[图 13-28a)],可设置 1~20 个积分点。可考虑单元全长的塑性,同一个单元的不同内力成分的铰数量可取不同。

集中型铰的位置[图 13-28b)]可在单元两端(弯矩)、单元中央(轴力、剪切、扭转),只有单元两端才能考虑塑性。弯矩成分铰位置可在每个单元的两端和中央,但中央点只能为弹性。轴力、剪切、扭矩铰位置在单元中央。

图 13-28 弯矩—曲率单元的铰位置示意图

表 13-2 给出了弯矩—曲率关系非线性梁柱单元的各内力成分的铰特性。

弯矩—曲率单元各自由度成分铰特性 表 13-2

成 分	弹塑性铰特性	初始刚度(unit)	铰位置
轴力(F_x)	轴力—应变	EA (N)	积分点位置
剪力(F_y、F_z)	剪力—剪切应变	GA_s (N)	积分点位置
扭矩(M_x)	扭矩—曲率	GJ (N·m^2)	积分点位置
弯矩(M_y、M_z)	弯矩—曲率	EI(N·m^2)	积分点位置

(3) 集中型铰和分布型铰

弯矩—旋转角关系单元的塑性铰可以使用 FEMA 类型的骨架曲线,弯矩—曲率关系单元的塑性铰则只能使用多折线型骨架曲线。当选择弯矩—旋转角单元类型时,当构件没有屈服时选择的初始抗弯刚度对分析结果没有影响。当选择弯矩—曲率单元类型时,初始刚度将用于构成结构的弹性刚度矩阵,程序默认使用常规分析的构件弹性刚度。

集中型铰模型用于模拟地震作用下梁两端产生铰的情况,其弯矩铰的滞回曲线使用弯矩—旋转角关系曲线,集中型铰模型不能精确地表示分布塑性和相关的 P-Δ 效应。

分布型铰是假设构件内有多个铰,然后对各位置是否进入弹塑性进行判断,对进入弹性塑性的铰更新铰的刚度,然后通过数值积分获得单元的刚度。分布型铰模型的滞回曲线使用截面的弯矩—曲率关系定义。

集中型铰相对于分布型铰具有计算量少的优点,但是由于集中型铰需要事先假定铰的分布位置,当实际情况与假设情况不符时(如弯矩最大位置不是在假定位置),计算结果有可能出错。另外集中型铰位于构件的两端,不能考虑非线性区域的扩展(只能通过分割单元后给很多单元分配铰实现)。分布型铰虽然计算量较大,但是可以相对准确的反映铰的实际分布情况,因此可以得到更准确的分析结果。

程序中规定在同一个单元内各位置的铰使用相同的铰特性。因此在程序中虽然对单元的i、j端可以指定不同的铰特性,程序内部也是取的平均值计算的。所以对于变截面构件适当分割后取平均截面模拟时,分析结果也不会有太大差异。

2)非线性桁架单元

如图 13-29 所示,非线性桁架单元由承受构件轴向(x 方向)力的非线性弹簧构成。表 13-3 给出了桁架单元的非线性铰特性。

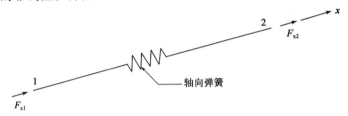

图 13-29　桁架单元的节点力

桁架单元的非线性铰特性　　　　表 13-3

成　分	非线性特性	初 始 刚 度(unit)	铰 位 置
轴力(F_x)	轴力—变形(相对变形)	EA/L (N/m)	单元中心

3)非线性连接单元

非线性连接单元有两个节点和六个方向的弹簧,可以定义初始间隙。进行静力弹塑性分析时,可在一般连接特性值中将非线性连接单元设置为"弹簧"类型并赋予铰特性即可。表 13-4 给出了非线性连接单元的各成分铰特性。

非线性连接单元的各成分铰特性值　　　　表 13-4

成　分	非线性特性	初 始 刚 度	铰的位置
轴力(F_x)	轴力—变形	用户定义(EA/L)	单元中心
剪力(F_y、F_z)	剪力—变形	用户定义(GA_s/L)(N)	单元中心
扭矩(M_x)	扭矩—旋转角	用户定义(GJ/L)	单元中心
弯矩(M_y、M_z)	弯矩—旋转角	用户定义(EI/L)	单元中心

13.3.3　非线性铰特性

1)骨架曲线

静力弹塑性铰的非线性特征由输入的铰的骨架曲线(Skeleton Curve)决定,所谓的骨架曲线就是单元的力和变形之间的关系曲线。对每一个自由度成分,都要定义一个用来给出屈服值和屈服后塑性变形的力—变形曲线,例如弯矩—旋转角关系曲线、弯矩—曲率关系曲线、轴力—轴向变形、剪力—剪切变形、扭矩—旋转角之间的关系曲线。

骨架曲线分为多折线型(包括双折线型和三折线型)、FEMA型和滑移型。梁柱单元塑性铰的弯矩—旋转角关系曲线可以是多折线型和FEMA型,而其弯矩—曲率关系曲线只能是多折线型。非线性连接单元的铰可以使用滑移型骨架曲线。

(1)多折线型

图13-30给出了多折线骨架曲线的形状,水平轴为变形轴,竖轴为力轴。K_0为初始刚度(弹性阶段的斜率),P_1和P_2为曲线的转折点,α_1、α_2称为刚度折减系数,$\alpha_1 \times K_0$为第二段折线的斜率(刚度),$\alpha_2 \times K_0$为第三段折线的斜率(刚度)。图中的曲线是对称的,即拉压性能相同,实际定义时可以是拉压性能不同的曲线。

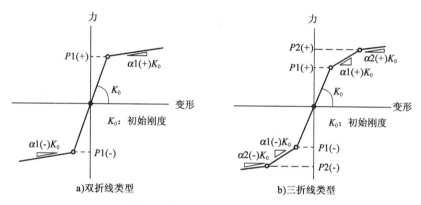

图13-30 多折线铰类型的骨架曲线

(2)FEMA型

根据FEMA(美国联邦紧急事务管理局)发布的FEMA-356报告中建议的模型,将塑性铰的骨架曲线定义为如图13-31所示的有5个控制点A-B-C-D-E的五折线。midas Civil可指定一个对称的曲线,或在正、负方向不同的曲线。点A为没有加载的状态,点B代表铰的屈服,屈服强度与截面尺寸、形状、配筋和材料强度有关。A-B段为弹性区段,刚度使用初始刚度,初始刚度可根据情况按表13-1～表13-4取值,也可以自定义。B-C段为应变强化段,一般来说B-C段的刚度为初始刚度的5%～10%,对相邻构件间的内力重分布影响较大。点C代表构件的极限承载力。C-D下降段为构件的初始破坏状态,此时混凝土构件的主筋断裂或混凝土破裂。D-E段代表残留抵抗状态,一般为极限承载力的20%。点E代表极限变形状态,构件无法再继续承受荷载的状态。

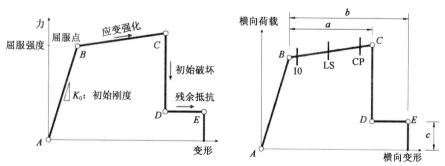

图13-31 FEMA铰类型的骨架曲线

FEMA-356 进一步根据工程经验给出了常见类型构件相应的关键段(a,b,c)的数值,以及关键点 IO(Immediate Occupancy,直接使用)、LS(Life Safe,生命安全)和 CP(Collapse Prevention,防止倒塌)的位置。这样用户可以根据截面设计数据(配筋、截面形状等),由 FEMA-356 提供的表格直接得到相应构件的非线性行为模型,当然用户也可以自行定义构件非线性模型的关键参数。

(3)滑移型

对普通多折线(双折线和三折线)型定义初始间隙(Initial Gap)就成为滑移型,如图 13-32 所示。普通多折线型和 FEMA 型骨架曲线可以适用于梁柱单元、桁架单元和一般连接单元,但滑移型仅可适用于桁架单元和一般连接单元,并且只能用于单轴模型。

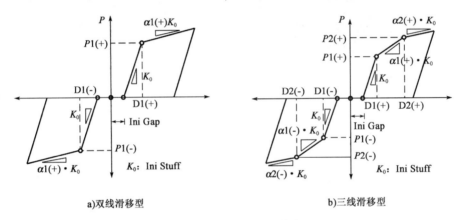

图 13-32 滑移类型骨架曲线

2)多轴铰模型(PMM 类型)

静力弹塑性铰根据内力之间的相关关系(即相互耦合关系),可分为单轴铰模型和多轴铰模型。如果允许在相同的位置定义多个内力(如轴力、弯矩、剪力和扭矩等)铰行为,那单轴铰模型就是每一个内力对应的铰行为,各个内力铰之间是互相不耦合的,也就是相互不影响的。比如一个塑性铰区可以同时定义有弯矩塑性铰和剪切塑性铰,且二者是单轴铰,此时两个塑性铰之间不会互相影响,即弯矩不影响剪切强度,剪力也不影响弯曲强度。但是实际当中有的内力成分之间的耦合关系是不能忽略的,比如轴力对弯矩的影响等,此时可以使用多轴铰(PMM型)来模拟这种耦合作用。在 midas Civil 中,用户可以选择定义的铰是多轴铰和单轴铰。

多轴铰模型主要用于模拟承受轴力和两个方向的弯矩的柱构件(所以又称为 PMM 铰)。由于考虑轴力和弯矩的相互影响,所以屈服不再是一个点,而是由轴力和两个方向弯矩组成的一个三维空间屈服面。

(1)混凝土截面的屈服面公式

对于承受双向弯曲的钢筋混凝土截面来说,屈服面[图 13-33a]可近似采用一个无量纲相互作用方程(Bresler 公式)来描述:

$$\left(\frac{M_y}{M_{y0}}\right)^m + \left(\frac{M_z}{M_{z0}}\right)^n = 1.0 \tag{13-2}$$

式中:M_y、M_z——对水平轴 y-y 和 z-z 的弯矩;

M_{y0}、M_{z0}——轴向荷载 P 下对水平轴 y-y 和 z-z 的单轴抗弯能力。

指数 m 和 n 取决于钢筋混凝土截面的性质和轴向力,可以通过数值计算或实验来确定。一般来说,对中、低轴压,m 和 n 的取值通常在 1.1～1.4 之间。midas Civil 中设置成 $m=n$,并用 Alpha 表示,其屈服面的切面曲线的形状可以是椭圆形($m=n=2$)、折线形($m=n=1$)或用户定义的形状。

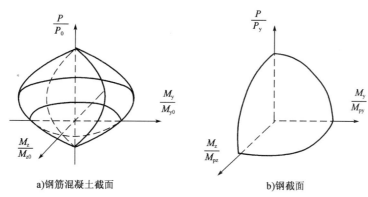

a)钢筋混凝土截面   b)钢截面

图 13-33 屈服面

(2)双对称钢截面屈服面公式

双对称钢截面的一般屈服面形状如图 13-33b)所示,可用式(13-3)近似地描述:

$$\left(\frac{M_y}{M_{pcy}}\right)^{\alpha_y} + \left(\frac{M_z}{M_{pcz}}\right)^{\alpha_z} = 1.0 \tag{13-3}$$

$$M_{pcy} = M_{py}\left[1 - \left(\frac{P}{P_y}\right)^{\beta_y}\right] \tag{13-4}$$

$$M_{pcz} = M_{pz}\left[1 - \left(\frac{P}{P_y}\right)^{\beta_z}\right] \tag{13-5}$$

式中:M_{pcy}、M_{pcz}——由于轴向荷载存在而降低的各自轴的弯矩承载能力;

P——轴向荷载;

M_{py}、M_{pz}——对 y-y 和 z-z 两个主轴的塑性弯矩;

α_y、α_z、β_y 和 β_z——依赖于横截面的形状和分布面积的参数,可按表 13-5 查取。

双对称钢截面的参数   表 13-5

截面类型	α_y	α_z	β_y	β_z
实心矩形	$1.7+1.3\,P/P_y$	$1.7+1.3\,P/P_y$	2.0	2.0
实心圆形	2.0	2.0	2.1	2.1
工字形	2.0	$1.2+2\,P/P_y$	1.3	$2+1.2\,A_w/A_f$
薄壁箱型	$1.7+1.5\,P/P_y$	$1.7+1.5\,P/P_y$	$2-0.5B \geqslant 1.3$	$2-0.5B \geqslant 1.3$
薄壁圆形	2.0	2.0	1.75	1.75

注:表中 B 为箱型截面关于弯曲轴的高宽比。

3)midas Civil 中定义铰类型

midas Civil 中定义铰类型及特性值通过命令设计＞静力弹塑性(Pushover)分析＞定义 Pushover 铰特性值来完成。

图 13-34 为定义铰特性值的对话框。

(1)梁柱单元单轴铰定义方法

图 13-34 中的单元类型可以选择梁柱单元、桁架单元以及一般连接单元。材料可以选择"混凝土/型钢混凝土"和"钢结构/钢管混凝土","砌体"在 midas Civil 中是灰色的不可用。对梁柱单元可以选择定义弯矩塑性铰特性的方法,包括弯矩—旋转角、弯矩—曲率(集中)和弯矩—曲率(分布)。在"交互类型"分组框中选择"无"表示为单轴铰,选择"状态 P-M-M"则为多轴铰。在"组成成分"分组框中,先勾选所选择的自由度成分,再选择铰在单元中的位置以及骨架曲线形状(注意对弯矩—旋转角关系和弯矩—曲率关系可选择的骨架曲线是不同的),最后对单轴铰点击按钮 铰特性 定义铰特性,对多轴铰点击 屈服表面特性值 来定义屈服面。

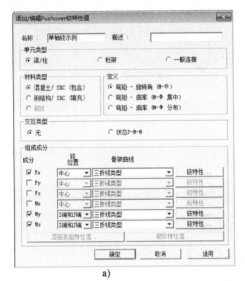 

图 13-34　定义单轴铰和多轴(PMM)铰

对梁柱单元的单轴模型,选择弯矩—旋转角关系时[图 13-34a)],一定是集中铰模型,所以对弯矩成分铰的位置可选择 I 端、J 端或两端,此时其他成分的铰位置只能是中心。此时的骨架曲线可以选择双线类型、三折线类型和 FEMA。

对梁柱单元的单轴模型,选择弯矩—曲率(分布)关系时[图 13-34b)],为分布铰模型,对弯矩成分铰默认的铰截面数量是 3,其他成分为 1,铰截面的数量是可以更改的,铰的数量也是积分点的数量,可指定的数量为 1~20。此时的骨架曲线可以选择双线类型和三折线类型。

选择双线类型骨架曲线时的铰特性定义对话框如图 13-35 所示。

如图 13-35 所示,屈服强度有两种输入方法,自动计算就是按照计算配筋或施工图的实配钢筋计算铰特性,用户输入就是由用户手动输入铰的各特性。定义的曲线类型可选择"刚度折减系数"或"强度—屈服曲率",二者实际是一致的,自动计算时只能为"刚度折减系数"类型。特性值的对称是指正号区的曲线与负号区的曲线是否关于坐标原点对称。选择自动计算时,屈服强度的默认值是不起作用的,可以不用管。刚度折减系数在"Pushover 主控数据"中已经定义,此时可以选择使用,也可以重新定义。

初始刚度的选择与弯矩铰特性定义方法以及自由度成分有关,见表 13-1 和表 13-2。图 13-35 中为定义分布型单轴铰的对话框。选择集中铰模型(弯矩-旋转角关系)时,弯矩成分铰

的初始刚度可以选 $6EI/L$、$3EI/L$ 和 $2EI/L$。弯矩铰的弯矩—旋转角的关系曲线不仅受端部弯矩的影响同时也受构件跨中的弯矩影响。因此为了准确定义弯矩铰的弯矩—旋转角关系需要事先假设弯矩在构件的分布状态。表 13-6 是各种弯矩假设和对应的构件初始刚度。

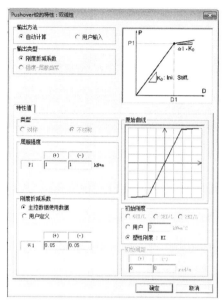

a)程序自动计算屈服强度

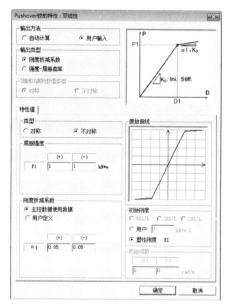

b)用户自己计算屈服强度

图 13-35 双线类型铰特性定义

各种弯曲变形对应的初始刚度（单元长度 $= L$、截面抗弯刚度 $= EI$）　　表 13-6

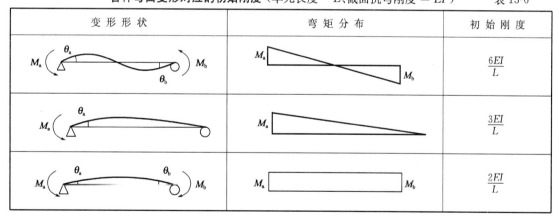

选择三折线类型骨架曲线时的铰特性定义对话框如图 13-36 所示。

图 13-36 中定义的是采用弯矩—旋转角关系的单轴铰特性,选择"用户输入"屈服强度时,激活"I 端和 J 端的数值类型"分组框,选择"对称"表示单元的 I、J 两端数值相同,选择"不对称"则要分别输入两端的特性值(包括屈服强度、刚度折减系数和初始刚度等内容)。

选择 FEMA 类型骨架曲线时的铰特性定义对话框如图 13-37 所示,图示为选择自定义特性值的情景。该对话框弹出的同时,也弹出给出了一个仅有位图的对话框,位图中给出了骨架曲线各控制点的位置等信息。

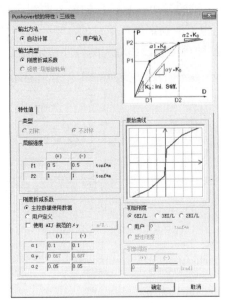

a)程序自动计算屈服强度　　　　　　　　b)用户自己计算屈服强度

图 13-36　三折线类型铰特性定义

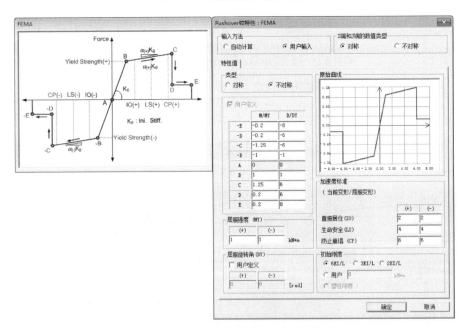

图 13-37　FEMA 类型铰特性定义

为了绘制骨架曲线,需要输入屈服强度 M_Y、屈服位移 D_Y 以及折线各拐点的值(弯矩 M 和位移 D)与屈服强度和屈服位移的比值(即 M/M_Y 和 D/D_Y)。图 13-37 为弯矩/扭矩铰的定义,屈服强度用 M_Y 表示,屈服旋转角用 D_Y 表示,Y 表示屈服。当定义轴力/剪力铰时,屈服强度用 F_Y 表示。

图 13-37 中的"加速度标准"分组框中要求输入 FEMA 骨架曲线的 IO(Immediate Occupancy,直接使用)、LS(Life Safe,生命安全)和 CP(Collapse Prevention,防止倒塌)位置处的横坐标(当前变形/屈服变形,即 D/D_Y)值。

(2)梁柱单元多轴铰(PMM)定义方法

midas Civil 多轴铰模型主要用于模型承受轴力和两个方向弯矩的柱构件,实际的柱构件都应该用多轴铰模拟(分布型或集中型)。轴力和弯矩相关关系构成屈服面,通过计算轴力来计算两个方向的屈服弯矩,两个方向的弯矩与屈服弯矩满足 Bresler 公式[式(13-2)～式(13-5)]。

图 13-38 和图 13-39 中,"类型(Y-轴,Z-轴)"分组框有对称和非对称两个选项,当选择对称时表示两个方向的铰特性值相同,则在"组成成分"分组框中的"Z-轴"按钮不可用,同时"第一和第二 P-M 相互关系曲线形状"分组框中的弯矩选项变成不可用,此时只填写一个方向的弯矩铰特性值("组成成分"分组框)和一个方向的 P-M 关系曲线即可。

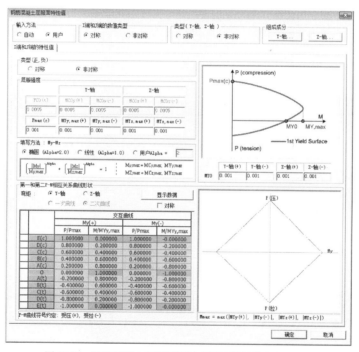

图 13-38　钢筋混凝土/型钢混凝土屈服面特性值定义(双线)

点击"组成成分"分组框中的按钮,会根据选择的骨架曲线类型弹出图 13-35～图 13-37 所示的对话框,分别定义 M_y 和 M_z 的铰特性值。其他成分(轴力、剪力和扭矩)还用单轴铰的方法定义。注意在 PMM 铰类型中,此时点击"Y-轴"或"Z-轴"按钮弹出的对话框中,即使选择了用户输入也不能修改屈服强度,实际分析中并不使用该值。

屈服强度根据骨架曲线的不同输入的数据不同:①材料类型为钢筋混凝土/型钢混凝土,骨架曲线为双折线、FEMA 时输入一个屈服面的特性[图 13-40a)];②材料类型为钢筋混凝土/型钢混凝土,骨架曲线为三折线时输入两个屈服面的特性[图 13-40b)];③材料类型为钢/钢管混凝土,骨架曲线为双折线、FEMA 时输入一个屈服面的特性[图 13-40c)];④材料类型为钢/钢管混凝土,骨架曲线为三折线时输入两个屈服面的特性[图 13-40d)]。

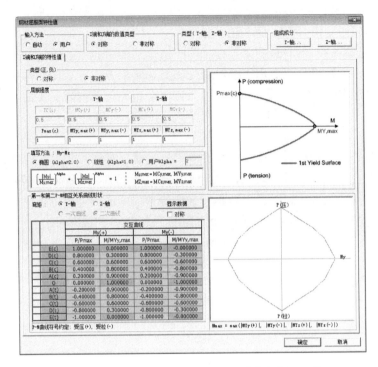

图 13-39 钢结构/钢管混凝土结构屈服面特性值定义（双线）

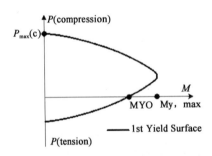

a) 钢筋混凝土/型钢混凝土，骨架曲线为双折线、FEMA

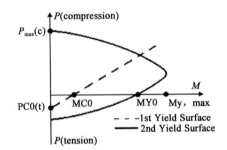

b) 钢筋混凝土/型钢混凝土，骨架曲线为三折线

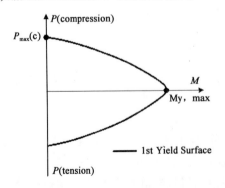

c) 钢/钢管凝土，骨架曲线为双折线、FEMA

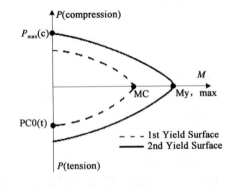

d) 钢/钢管凝土，骨架曲线为三折线

图 13-40 屈服面的切面曲线

"填写方法"分组框中要输入 Bresler 方程的次数,即 Alpha 值。选择用户自定义时屈服面仅靠两个方向的 P-M 曲线和屈服强度的值来确定,该曲线关键点坐标和屈服强度的值是用户填写的。

"第一和第二 P-M 相互关系曲线形状"分组框中需要填写两个方向(对称时一个方向)的 P-M 关系曲线的点坐标,横轴为弯矩 M(或 M/M_{max}),竖轴为轴力 P(或 P/P_{max}),即填写或显示数值的方式有比值法(与最大值的比值)和实际数值法。只有材料类型为钢/钢管混凝土且为三折线铰时才能激活"一次曲线"和"二次曲线"选项,前者对应第一屈服面,后者对应第二屈服面。对混凝土/型钢混凝土材料且骨架曲线为三折线时,也有两个屈服面,但第一屈服面(开裂面)的切面曲线为直线,仅靠屈服强度即可确定($PC0(t)$ 与 $MC0$ 的值)。"对称"选项是决定曲线是否关于水平轴对称。

在屈服面对话框中有许多符号,其含义见表 13-7。

屈服面对话框中特性值符号的含义　　　　　表 13-7

编　号	特　性　值　符　号	特　性　值　说　明	材　料
1	$PC0(t)$	开裂面的受拉屈服强度	混凝土/型钢混凝土
2	$P_{max}(c)$	受压屈服强度	混凝土/型钢混凝土
3	$MC0y(+),(-)$	无轴力状态的抗裂弯矩(y 轴)	混凝土/型钢混凝土
4	$MC0z(+),(-)$	无轴力状态的抗裂弯矩(z 轴)	混凝土/型钢混凝土
5	$MY0y(+),(-)$	无轴力状态的极限弯矩(y 轴)	混凝土/型钢混凝土
6	$MY0z(+),(-)$	无轴力状态的极限弯矩(z 轴)	混凝土/型钢混凝土
7	$MYy,max(+),(-)$	极限弯矩(y 轴)	混凝土/型钢混凝土
8	$MYz,max(+),(-)$	极限弯矩(z 轴)	混凝土/型钢混凝土
9	$PC(t)$	第一屈服面的受拉屈服强度	钢/钢管混凝土
10	$P_{max}(c)$	第二屈服面的受压屈服强度	钢/钢管混凝土
11	$MCy(+),(-)$	第一屈服面的最大屈服弯矩(y 轴)	钢/钢管混凝土
12	$MCz(+),(-)$	第一屈服面的最大屈服弯矩(z 轴)	钢/钢管混凝土
13	$MYy,max(+),(-)$	第二屈服面的最大屈服弯矩(y 轴)	钢/钢管混凝土
14	$MYz,max(+),(-)$	第二屈服面的最大屈服弯矩(z 轴)	钢/钢管混凝土

(3)梁柱单元自动计算的单轴、多轴铰(PMM)特性查看

程序自动计算的(即默认的,在铰特性定义对话框的左上角选择自动计算)铰特性不能被修改,也不能被查看(看到的灰色不可编辑数值不是真值),因为默认的铰特性是依赖于截面的,在被指定给确定的单元(截面)之前,程序还不能完全定义铰特性。这样,要查看默认的铰特性的效果,应先将定义的铰类型分配给对应的构件,然后才能查看。midas Civil 中查看自动计算铰特性的方法如下:

首先,在图 13-41 所示的"定义 Pushover 铰类型/特性值对话框"对话框中勾选"显示分配的铰数据",则 Pushover 铰名称栏反生了变化,在所定义的铰名称前加了前缀"B+数字",其中的 B 表示梁柱单元,数字是所分配单元的单元号。

其次,点击 编辑(M)/显示 按钮,弹出的对话框中就有自动计算铰的特性,如图 13-42 所示。

(4)桁架单元

如图 13-43 所示,选择桁架单元时,自由度成分只有轴力可用,骨架曲线可以选择双线、三折线、FEMA、双线滑移和三折线滑移类型。

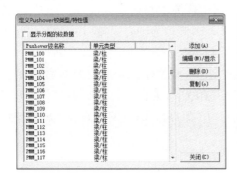 

图 13-41 定义 Pushover 铰类型/特性值对话框

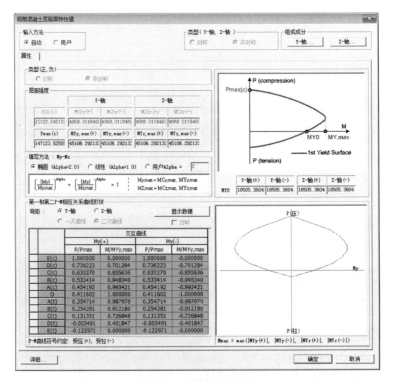

图 13-42 默认铰的特性值

以骨架曲线选"三折线滑移类型"为例,点击 铰特性 按钮弹出如图 13-44 所示对话框。与普通的无间隙的类型相比,特性值的类型可以选择"双向"、"受拉"和"受压",并且可以输入初始间隙的大小。"双向"表示可受压也可受拉,"受拉"表示只能受拉,"受压"表示只能受压。

(5)一般连接单元

如图 13-45 所示,选择一般连接单元时,自由度成分 6 个都可用,每个成分的骨架曲线都可以选择双线、三折线、FEMA、双线滑移和三折线滑移类型,没有材料类型选项。

以弯矩成分、骨架曲线选"三折线滑移类型"为例,点击 铰特性... 按钮弹出如图 13-46 所示对话框。与桁架单元不同的是,此时的铰特性不能自动计算。

图 13-43　添加桁架单元铰特性值

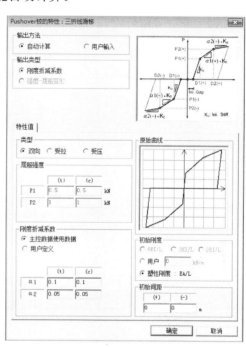

图 13-44　三折线滑移类型铰特性定义

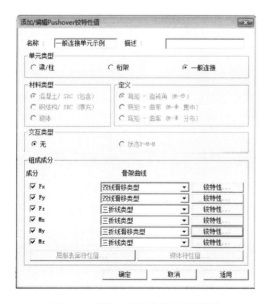

图 13-45　添加一般连接单元铰特性值

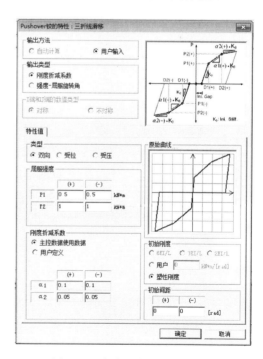

图 13-46　三折线滑移类型铰特性定义

13.3.4 荷载控制法与位移控制法

由于材料和结构的弹塑性行为与加载以及变形的历史有关,在进行结构的弹塑性分析时,通常将荷载分成若干个增量,然后对于每一荷载增量,将弹塑性方程线性化,从而使弹塑性分析这一非线性问题分解为一系列线性问题。荷载的增量可以用荷载控制也可用位移控制。若需将结构推覆到下降段,与控制荷载相比,控制位移可以提高求解的稳定性。

1)荷载控制法

荷载控制法是指预设一个最大荷载后逐渐加载至最大荷载的分析方法。程序中的荷载控制法不是事先预设最大荷载,而是在逐渐加载后达到结构极限承载力时终止继续加载的方法,即在无法得到稳定解时终止分析的方法。程序中的荷载控制法使用 Full Newton-Raphson 方法,该方法具有速度快的特点。midas Civil 程序中提供三种荷载增量控制方法:自动调整步长方法、等步长控制方法和步长函数控制方法,分别对应图 13-47 中的三个"步骤控制选项"。

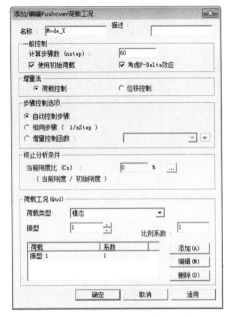

图 13-47 荷载控制

(1)"自动控制步骤"选项

自动调整步长就是在非线性不是很明显的阶段加大步长间距,在非线性比较明显的段自动减小步长间距的。

(2)"相同步骤(1/nStep)"选项

将控制荷载或控制位移按总步骤数(nStep)等分作为分析步长,每次施加控制荷载或控制位移的 1/nStep。

(3)"增量控制函数"选项

按照用户输入的步长函数计算各步长的荷载因子。定义步长函数的方法如下:

①在 Pushover 荷载工况定义对话框的"一般控制"分组框中设置总步骤数 nstep(图 13-47),在"步骤控制选项"分组框中选择"增量控制函数"。

②点击"增量控制函数"右侧的按钮▣,再点击"添加"就会弹出如图 13-48 所示的"增量控制函数"对话框。通过导入 CSV 文件或直接填写表格的方法定义增量控制函数。也可用命令设计>静力弹塑性(Pushover)分析>Pushover 增量函数来得到该对话框。

"步骤号"中输入每一步骤的步骤数,最后的一个步骤数与总步骤数无关,仅是用于定义函数的水平轴的参数(水平轴的最大值对应的是总步骤数,输入与总步骤数不同的数值时将按比例调整步骤数)。"系数"为荷载因子,最后一个系数对应的是 100% 的控制荷载,可以是 1 也可是其他数值,为非 1 时,各个系数将按比例调整。例如,图 13-48a)与 13-48b)的效果是一样的。

第13章 抗震分析

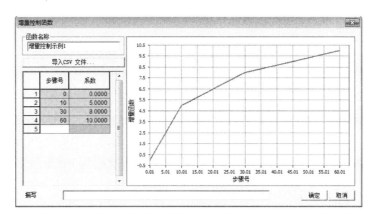

a)最大步骤号=总步骤数nStep

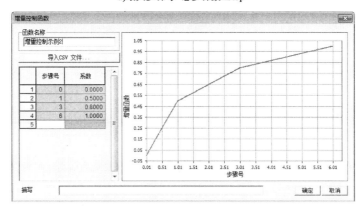

b)最大步骤号≠总步骤数nStep

图 13-48 荷载增量控制函数

2)位移控制法

位移控制法是指预设一个控制位移后逐渐加载至最大位移的方法。一般来说控制位移是指控制某个节点的位移,但是在分析过程中发生最大位移的节点可能会发生变化。midas Civil 程序中既可以将某个节点作为位移控制节点(主节点控制),也可以控制所有节点的位移不超过控制位移限值(整体控制),如图 13-49 所示。对位移控制法。每次的位移增量为控制位移的 1/nStep。

13.3.5 加载模式

在地震过程中,结构高度方向惯性力的分布随地震强度的不同以及结构进入塑性程度的不同而改变。显然,合理的水平加载模式应与结构在地震作用下的惯性力的分布一致。为了更真实地模拟地震作用下的结构反应,midas Civil 提供了三种水平加载模式。

1)加速度常量

提供的侧向力 F_i 是用均一的加速度和相应质量分布的乘积获得的,即 $F_i = m_i \times a$,a 为常量加速度,F_i 与质量 m_i 成正比,质量分布均匀时相当于均匀分布。

2)振型荷载分布

提供的侧向力是用给定的振型和该振型下的圆频率的平方(ω^2)及相应质量分布的乘积

获得的,可以取任何一个振型,力作用于振型位移方向。当取各加载方向的第一振型时,相当于倒三角分布(如取 X 方向平动模态或 Y 方向平动模态)。选择该加载模式的前提是得做特征值分析,用户可以按顺序选择基本模态作为 Pushover 荷载的分布模式。

图 13-49 位移控制

3)静力荷载工况

使用已定义的静力荷载工况乘以相应的比例系数作为荷载模式。自定义的静力荷载工况可以定义出均匀分布、倒三角形分布、集中力荷载等形式。倒三角形分布是结构振动以基本振型为主时的惯性力的分布形式,类似于我国规范中用底部剪力法确定的侧向力分布。因为用户也可以自定义水平力,所以理论上,通过特定的荷载定义,可模拟 SRSS 分布。

13.3.6 结构抗震性能的评价

需要首先考虑结构是否适合采用 Pushover 分析。一般来说,Pushover 方法能够清晰的反映在地震作用下结构各方面的性能,但对于高阶振型影响较大的结构、不规则结构等情形下,实施静力弹塑性分析有待进一步研究。

Pushover 分析的主要目的是确定位移能力或延性能力,并将其与位移或延性的要求量进行比较,这些要求量可以是从依据有效截面性能的线性动力学分析中得到的。在 Pushover 分析中,一般是从桥梁结构中隔离出一个独立部分(例如,单柱或多柱框架),对其进行静力分析,在分析中需要考虑任何必要的非线性行为,最常用的和最重要的是材料和几何非线性行为。塑性铰出现的位置、形式和出现的顺序很重要,用集中型铰模型时单元的数量要足够多。框架的分析模型要首先由施加从属重力荷载等初始荷载开始,然后施加侧向荷载或位移增量,推动,直到结构因变成机构或达到给定的失效准则为止。

通过 Pushover 分析得到荷载—位移曲线,然后将多自由度体系的荷载—位移曲线转换为以单自由度体系的加速度—位移方式表现的能力谱。同时,将地震作用的响应谱转换为用相应方式表现的需求谱曲线。根据能力谱曲线与需求谱曲线求出结构的性能点。根据是否出现性能点及性能点处的各项参数,从而判断是否达到相应的抗震性能目标。midas Civil 中提供 ATC-40 推荐的两种计算性能点的方法,两种都是通过计算有效阻尼获得需求谱并计算需求谱与能力谱的交点(性能点)的方法(参见 13.3.1 节)。

对结构抗震性能的评价要结合现行规范,比如对建筑抗震规范,根据性能点时的结构变形,对以下两个方面进行评价。

(1)层间位移角:是否满足抗震规范规定的弹塑性层间位移角限值。

(2)结构变形:由结构塑性铰的分布,判定结构薄弱位置。根据塑性铰所处的状态,检验结构构件是否满足大震作用性能水准的要求。

图 13-50 中,在"输出类型"分组框中可以选择输出多自由度体系的"基底剪力—位移"等能力曲线关系,默认是控制点的能力曲线,还可以再最多添加 4 个节点的能力曲线,同时显示

在一个图形中。点击能力谱下的"性能点控制(FEMA)",此时能力谱可以显示在对话框右上方。然后在"需求谱"分组框中的"各阻尼比需求谱%"定义分析模型对应的阻尼比,程序给出的默认值分别是5%、10%、15%和20%。在"性能点评价"中勾选计算性能评价点的方法,最后点击按钮"定义设计谱",在弹出的对话框中选择规范并根据地震需求定义各个参数。这样就可以在图13-50所示的对话框中得到需求谱、能力谱和性能点(图中绿色曲线与能量谱的交点)。

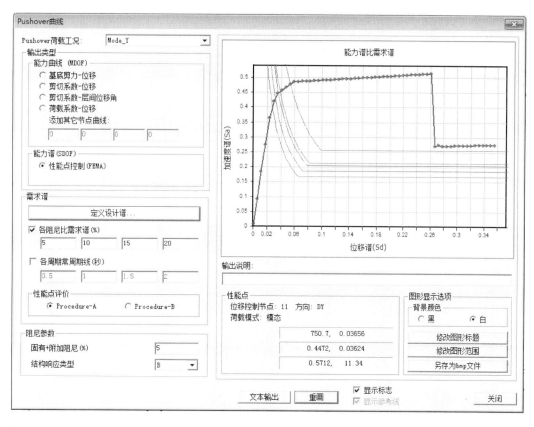

图13-50　Pushover曲线

13.3.7 分析实例1

1)模型建立

一般建立桥梁动力分析模型时,结构类型需要采用3D,主梁、桥墩、支座(边界连接)都需要模拟出来。本例将实际结构做了简化,模型中只建立了桥墩和盖梁的模型,墩底固结,上部结构的恒载用集中荷载模拟(图13-51)。作为Pushover分析的例子,这样简化的建模会影响特征值分析(周期)的结果。

(1)定义材料

桥墩和盖梁的材料均为C40混凝土。

(2)定义截面

盖梁和桥墩的截面形状和尺寸见表13-8,盖梁截面的偏心均为中—上部。

(3)边界条件

墩底为固结,盖梁与桥墩之间的连接为弹性连接(刚性)。

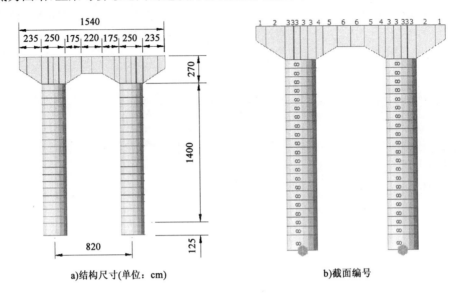

a)结构尺寸(单位:cm)　　　　　b)截面编号

图 13-51　结构模型

截面数据（单位:m）　　　　　　　　　　　　　　　表 13-8

ID	类　型	截　面　形　状	I 节点 ($H \times B, R$)	J 节点 ($H \times B$)
1	变截面	实心矩形	1.2×2.7	1.7×2.7
2	变截面		1.7×2.7	2.7×2.7
3	数据库/用户		2.7×2.7	—
4	变截面		2.7×2.7	2.3857×2.7
5	变截面		2.3857×2.7	1.7×2.7
6	数据库/用户		1.7×2.7	—
8	数据库/用户	实心圆形	2.5	—

(4)初始荷载

因为 Pushover 分析是非线性静力分析,所以其分析结果和其他线性或非线性分析结果不能直接叠加,这样就必须定义初始荷载来描述施加水平推力前结构的受力状态。如忽略初始荷载将会显著影响 Pushover 曲线的形状以及塑性铰出现的次序。

对本例,因为地震作用前结构上的自重等竖向初始荷载始终是存在的,所以 Pushover 分析有必要考虑竖向初始荷载作用下的初始内力状态,这样计算的构件内力才是接近真实的。特别是考虑轴力和弯矩相关的柱构件在计算屈服面时需要考虑竖向荷载引起的轴力。活荷载也按初始荷载考虑,其因组合系数规范中没有明确的规定时,可根据实际情况取 0.25～0.5。

静力荷载工况以及荷载的大小见表 13-9,表中盖梁模型上的数字为有集中荷载作用的节点号,即支座的位置。上部结构恒载的作用位置如图 13-52 所示。

第13章 抗震分析

荷载数据（单位：t）　　　　　　　　　　　　　　　表13-9

编号	静力荷载工况	方向	数　　值　　(t)						
			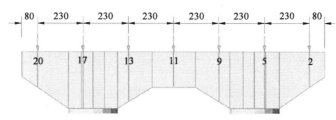						
			20	17	13	11	9	5	2
1	自重	Z	内部程序自动计算						
2	上部结构恒载	Z	−210.24	−160.08	−160.08	−160.08	−160.08	−160.08	−208.68
3	活荷载	Z	−21.61	−83.68	−76.06	−78.26	−82.61	−73.13	−83.73
4	地震荷载−X	X	24.00	24.00	24.00	24.00	24.00	24.00	24.00
5	地震荷载−Y	Y	24.00	24.00	24.00	24.00	24.00	24.00	24.00

图13-52　上部结构恒载作用在盖梁上的位置（单位：cm）

这里的静力荷载工况中包含了两个方向的地震荷载，作用的节点与上部结构恒载的作用节点相同。该地震荷载将在Pushover分析中作为"静力荷载工况"模式加载，目的是与其他加载模式的结果进行比较。

2）特征值分析

Pushover分析之前必须进行特征值分析。

（1）质量数据

在midas Civil中输入质量有两种类型，一个是将所建结构模型的自重转换为质量，还有一个是将输入的其他恒荷载转换为质量。对于结构的自重可以在模型＞结构类型对话框中完成转换，如图13-53所示。而上部结构恒载可使用模型＞质量＞荷载转换为质量功能来转换，如图13-54所示。因为上部结构恒载是梁以及桥面铺装等自重引起的，是一直作用在桥墩上的，是结构的一部分，所以要转换为质量。

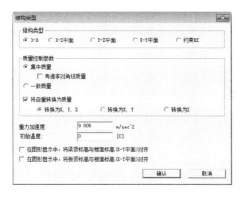

图13-53　自重转换为质量

图13-54　荷载转换为质量

（2）特征值分析控制

执行分析＞特征值分析控制命令，控制数据如图13-55所示，这里选择的振型数量为10个。这里特征值分析的目的是得到X、Y和Z方向的主振型，要求计算振型数应使各方向振型参与质量不小于总质量的90%，至于10个够否要查看结果之后确定。

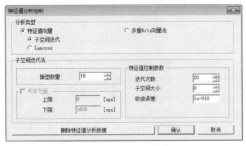

（3）运行特征值分析

点击工具栏中的按钮，运行特征值分析。

特征值分析的结果如图13-56所示，可以看出X方向的主振型为第1振型，Y方向的主振型为第2振型，Z方向的主振型为第8振型。

图13-55 特征值分析控制

3）配筋输入

如前所述，因为塑性铰的特性与配筋有关，当混凝土铰属性是基于程序计算的默认值时，必须输入配筋。输入配筋的方法有两种，即可以直接利用程序配筋设计的结果和用户自定义配筋。前者可直接将运行设计后的配筋结果赋予构件，后者是通过命令设计＞RC设计＞RC设计参数/材料和设计＞RC设计＞RC设计截面配筋来输入已有配筋。

模态号	TRAN-X 质量(%)	TRAN-X 合计(%)	TRAN-Y 质量(%)	TRAN-Y 合计(%)	TRAN-Z 质量(%)	TRAN-Z 合计(%)	ROTN-X 质量(%)	ROTN-X 合计(%)	ROTN-Y 质量(%)	ROTN-Y 合计(%)	ROTN-Z 质量(%)	ROTN-Z 合计(%)
1	89.14	89.14	0.00	0.00	0.00	0.00	0.00	0.00	10.74	10.74	0.00	0.00
2	0.00	89.14	91.78	91.78	0.00	0.00	5.52	5.52	0.00	10.74	0.00	0.00
3	0.00	89.14	0.00	91.78	0.00	0.00	0.00	5.52	0.00	10.74	92.91	92.91
4	0.00	89.14	0.00	91.78	6.10	6.10	0.01	5.53	0.00	10.74	0.00	92.91
5	0.00	89.14	1.63	93.41	0.00	6.10	63.76	69.29	0.00	10.74	0.00	92.91
6	0.05	89.20	0.00	93.41	0.00	6.10	0.00	69.29	0.32	11.06	0.00	92.91
7	6.46	95.66	0.00	93.41	0.00	6.10	0.00	69.29	43.98	55.04	0.00	92.91
8	0.00	95.66	0.00	93.41	84.66	90.76	0.00	69.29	0.00	55.04	0.00	92.91
9	0.00	95.66	0.00	93.41	0.00	90.76	0.00	69.29	0.00	55.04	3.85	96.77
10	0.00	95.66	2.53	95.94	0.00	90.76	1.92	71.21	0.00	55.04	0.00	96.77

图13-56 特征值分析结果

本例是验算既有结构的抗震性能，截面配筋已设计好，所以可以通过第二种方法输入配筋，方法如下：

（1）执行命令设计＞RC设计＞RC设计参数/材料

弹出如图13-57所示的对话框，这里不是设计RC（钢筋混凝土）构件，而是定义截面的混凝土和钢筋材料性能，所以直接填写第二个属性页——"材料性能参数"。这里要填写设计规范和混凝土的等级、主筋等级以及箍筋等级，按图13-57填写即可。

（2）执行命令设计＞RC设计＞RC设计截面配筋

进行公路RC梁设计的截面必须是"设计截面"中的截面或变截面，柱设计的截面必须选择"数据库/用户"中的截面，否则程序提示"RC设计用数据不存在"。RC梁构件的普通钢筋数据要在前处理的"截面钢筋"中输入，RC柱构件的普通钢筋数据要在设计＞RC设计截面配筋中输入。本例不考虑盖梁的非线性问题，仅考虑桥墩出现塑性铰，所以只输入桥墩的配筋情况。执行命令后弹出如图13-58所示的对话框，然后点击"柱"属性页。

在"柱"属性页的截面列表中，符合默认"柱"特征的已经定义截面会出现。所谓符合默认"柱"特征是指符合两个条件：一是柱的单元必须是竖直的（即Z向），二是柱的截面必须是"数据库/用户"中的截面。如果要将其他构件定义成柱,则通过命令设计>一般设计参数>编辑的构件类型来修改默认的构件类型。

图 13-57 输入混凝土和钢筋的材料性能

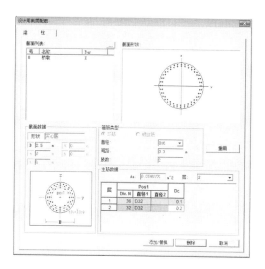

图 13-58 输入截面主筋和箍筋数据

在图 13-58 中,先点选截面列表中的柱截面,然后按图输入箍筋和主筋数据,点击 重画 按钮,证实配筋正确输入后,再点击 添加/替换 按钮。数据填写说明请参阅在线帮助手册中的相关内容。

4)Pushover 主控数据定义

运行命令设计>静力弹塑性(Pushover)分析>静力弹塑性(Pushover)分析控制,弹出如图 13-59 所示的对话框。

(1)初始荷载定义

在"初始荷载"分组框中定义初始荷载信息。本例仅将桥墩及盖梁的自重以及上部结构恒载定义为了"初始荷载",比例系数(即将初始荷载放大或缩小的系数)均为 1。

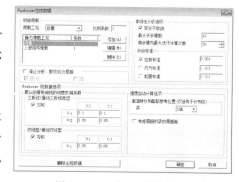

图 13-59 Pushover 主控数据

在应用 Pushover 荷载前,初始荷载就已经作用于结构。这也就是说,当恒荷载被定义成初始荷载,且同时进行一种横向荷载工况的 Pushover 分析时,我们能够评价在恒载和横向荷载组合效果作用下结构的反应能力。

(2)非线性分析选项

Pushover 分析中由于发生裂缝和屈服造成结构的刚度变化,在分析中会产生不平衡力,为了消除不平衡力,需要进行迭代计算使不平衡力达到可以忽略的程度(即满足收敛条件)。midas Civil 的迭代计算方法使用的是完全牛顿—拉普森法(Full Newton-Raphson Method)。迭代计算的收敛判断采用范数标准,有位移范数、荷载范数和能量范数,可选择其一,也可选择多个作为收敛判断标准。默认的收敛标准是位移标准,为使结果更可信需选择多个收敛判断条件,但此时迭代计算的次数要增加,计算时间会延长。

(3)停止分析条件

这里可以勾选构件剪切成分屈服时停止分析,一般终止分析的条件包括:

①达到最大计算步骤数(nStep)。

②达到最大位移、最大层间位移角限值。

③初始荷载作用下构件发生了屈服。

④当前刚度与初始刚度的比值小于设定的限值。

midas Civil 程序中使用了当前刚度与初始刚度比值(C_s)的概念,用于评价结构目前所处的状态。如图 13-60 所示,$C_s=100\%$时,结构处于弹性状态;$0<C_s<100\%$时,结构处于从弹性状态到极限承载能力之间的状态,荷载—位移关系曲线为非线性的;$C_s=0$时,结构处于承载能力的临界状态;$C_s<0$时,结构处于承载能力后状态,当前步骤中$C_s<0$时,程序自动回退到前一步骤并终止分析。

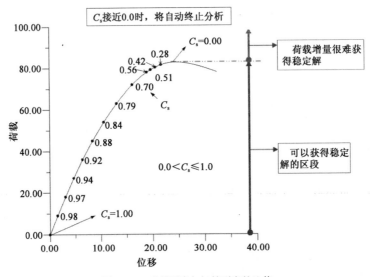

图 13-60 当前刚度与初始刚度的比值

(4)默认的骨架曲线的刚度折减系数

骨架曲线就是塑性铰的力和变形之间的关系曲线,在 midas Civil 中支持双线型(双折线)、三折线型和 FEMA 型。滑动类型可以定义初始间隙。图 13-59 中 Pushover 铰的刚度折减率 α_1、α_2 的含义如图 13-30 所示。在此修改默认值后点击确认键,则所有铰的刚度折减率都将自动修改。

(5)强度自动计算选项

自动计算具有分布型铰特性的梁部单元的屈服强度时,需要参考梁单元某个位置的特性(如配筋)。本例为集中型铰。

(6)考虑梁的屈服的屈服面

此例不勾选。

5)Pushover 荷载工况定义

运行命令设计>静力弹塑性(Pushover)分析>Pushover 荷载工况,弹出"Pushover 荷载工况"对话框,点击"添加",弹出如图 13-61 所示的对话框。

(1) 计算步骤数（nStep）

输入大于 1 的整数，推荐最小输入 20。太大则步骤数太多，需要更长时间；太小则曲线点较粗糙。本例中输入 60。

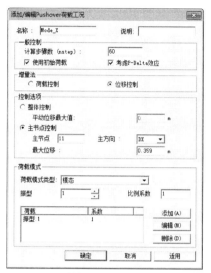
a) 按第1振型（X方向）

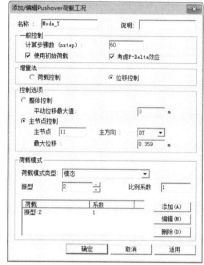
b) 按第2振型（Y方向）

图 13-61　添加/编辑 Pushover 荷载工况（荷载按模态模式）

因为考虑初始荷载与 P-Δ 效应，所以将该两项勾选。

当单元同时受轴力（重力）和横向荷载（或弯矩）作用时，单元上将产生附加内力和附加变形，即重力加剧弯曲变形，产生所谓的重力二阶效应（又称 P-Δ 效应）。由于平衡方程参考了变形结构的几何形状，P-Δ 效应分析属于几何非线性分析，即在单元刚度矩阵中要考虑几何刚度。在 Pushover 分析过程中刚度矩阵（结构弹性刚度矩阵与几何刚度矩阵之和）行列式应大于 0，当刚度矩阵的行列式为 0 或小于 0 时将忽略几何刚度的影响。对大跨度、高墩的桥梁，一般都要考虑 P-Δ 效应，而对中小跨度的桥梁则可以不考虑。

(2) 增量法

这里选择"位移控制"。

(3) 控制选项

选择主节点控制，主节点 11 在 X 方向的最大位移为 0.359m。11 号节点为盖梁中心节点，X 方向为顺桥方向，最大位移为结构总高度（1.25m＋14m＋2.7m＝17.95m）的 2%（17.95m×2%＝0.359m）。

初始的目标位移一般可假定为结构总高度的 2%～4%。这些数值一般与结构的破坏情况相关。一般认为，整体结构达到该位移时，结构的破坏程度已包含并超过大震下结构的性能状态点。

(4) 荷载模式

荷载模式选为"模态"，从特征值分析可知，X 方向的主振型为第 1 振型，Y 方向的主振型为第 2 振型，所以这里 X 方向按第 1 振型加载，Y 方向按第 2 振型加载，对应的两个 Pushover 荷载工况名称分别为 Model-X 和 Model-Y。

为了进行比较,荷载模式还选择了"静力荷载工况"和"加速度常量",并每种模式都对应 X 和 Y 方向的荷载,如图 13-62 和 13-63 所示。这样总共定义了 6 个 Pushover 荷载工况,如图 13-64 所示。

a)X方向

b)Y方向

图 13-62　添加/编辑 Pushover 荷载工况(荷载按静力荷载工况模式)

a)X方向

b)Y方向

图 13-63　添加/编辑 Pushover 荷载工况(荷载按加速度常量模式)

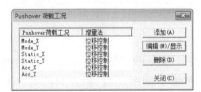

图 13-64　定义的 Pushover 荷载工况

第13章 抗震分析

6) 定义铰类型

在设计＞Pushover 分析＞Pushover 铰类型中选择准备使用的铰类型和骨架曲线形状,弹出的对话框如图 13-65 所示。

点击"添加"按钮,弹出如图 13-66 所示的对话框。

(1) 单元类型

选择梁/柱单元,本例只有桥墩单元定义塑性铰。

(2) 材料类型

选择混凝土/SRC(包含),即混凝土/型钢混凝土材料。

(3) 弯矩铰特性定义

使用弯矩—旋转角关系定义集中型铰模型。

(4) 交互类型

选择 PMM 多轴铰。

(5) 组成成分

选择弯矩成分,铰位置在两端,骨架曲线为 FEMA。屈服表面特性值均采用默认与自动计算。

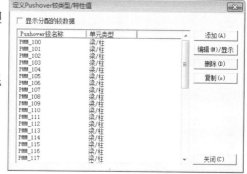

图 13-65 定义 Pushover 铰类型/特性值

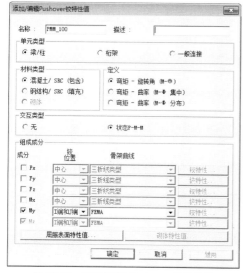

图 13-66 添加/编辑 Pushover 铰特性值

7) 分配铰类型给构件

在设计＞Pushover 分析＞分配 Pushover 铰特性值中将各种铰类型分配给对应的构件。为了确定弯矩塑性铰出现的位置,将桥墩所有单元均分配塑性铰。在此是将铰名称为 PMM 的弯矩铰指定给对应的单元×××。分配了塑性铰之后,会在单元上显示塑性铰的标志,铰的名称则为 BXXX-PMM。

分配铰类型给构件后,可以查看屈服面特性值与弯矩铰的特性值,如图 13-67 和图 13-68 所示。

8) 运行 Pushover 分析

在后处理模式下,点击设计＞Pushover 分析＞运行 Pushover 分析运行 Pushover 分析。

9) 查看分析结果

(1) 荷载—位移曲线

运行命令设计＞Pushover 分析＞Pushover 曲线。如图 13-69 所示,荷载—位移曲线即能力曲线,包括基底剪力—位移等,还可以添加其他 4 个节点的能力曲线。

(2) 性能点查看

选中图 13-69 中的"性能点控制",再点击"定义设计谱"按钮,弹出图 13-70 所示的对话框,按图进行设置。点击"确认"按钮后,得到图 13-71 所示的图形。

桥梁工程软件midas Civil使用指南

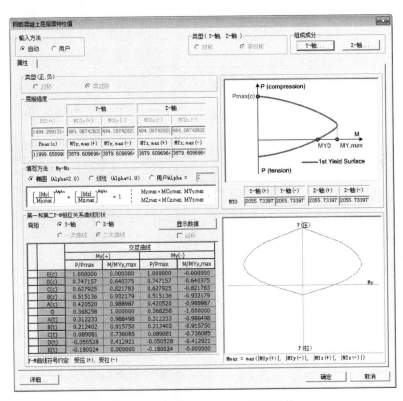

图 13-67 查看钢筋混凝土屈服面特性值

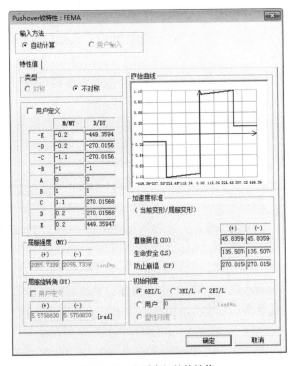

图 13-68 查看弯矩铰特性值

第13章 抗震分析

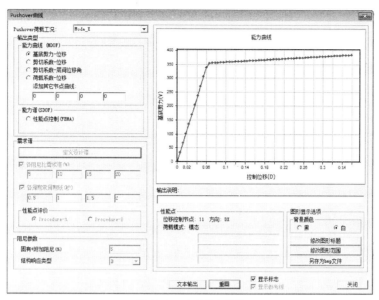

图 13-69　查看能力曲线

要显示屏幕上当前显示的 Pushover 曲线的输出文本,单击图 13-71 中的"文本输出"按钮即可。如果能力谱和需求谱有交点,程序会自动给出此时交点的参数(图中黑色框中的数据),其含义为:

V, D:737.6,0.03446——性能点对应的基底剪力(单位 t)和位移(单位 m);

S_a, S_d:0.4394,0.03416——性能点对应的加速度谱和位移谱值;

T_{eff}, D_{eff}:0.5595,10.27——性能点对应的等效周期和等效阻尼比。

(3) 变形及铰状态

运行命令设计＞Pushover 分析＞Pushover 分析结果＞变形＞变形形状,选择荷载工况和步骤,勾选"Pushover 铰",选择铰状态,可得到图 13-72 所示的图形。通过铰状态可以知道各个单元的铰状态(图 13-72 右上给出了铰状态,可用来进行构件抗震性能的评价),查看不同步骤可以知道铰出现的顺序。

在 MIDAS 中采用塑性铰状态来表示构件的性能。如图 13-73 所示,铰状态分为下列阶段。

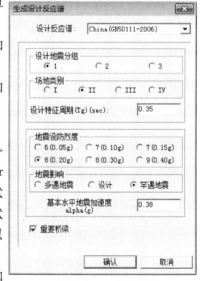

图 13-70　定义设计谱

A 点:未加载状态。

AB 段:弹性阶段,具有初始刚度。

B 点:公称屈服强度状态。

BC 段:强度硬化阶段,刚度一般为初始刚度的 5%～10%,对相邻构件间的内力重分配有较大影响。

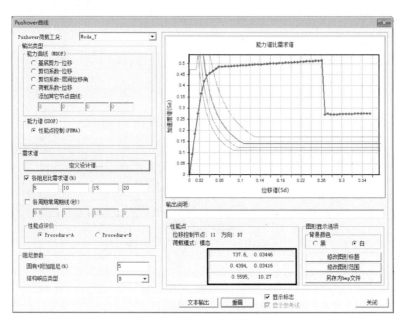

图 13-71 性能点

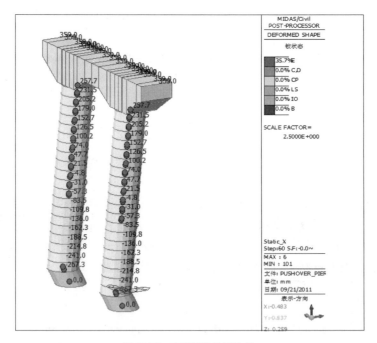

图 13-72 变形形状及铰状态

对 BC 段做了更细致的划分：

IO——直接居住极限状态(Immediate Occupancy)；

LS——安全极限状态(Life Safety)；

CP——坍塌防止极限状态(Collapse Prevention)。

C 点：由公称强度开始，构件抵抗能力下降。

CD 段：构件的初始破坏状态，钢筋混凝土构件的主筋断裂或混凝土压碎状态，钢构件抗剪能力急剧下降区段。

DE 段：残余抵抗状态，公称强度的 20% 左右。

E 点：最大变形能力位置，无法继续承受重力荷载的状态。

对构件层面而言，铰的状态与性能水准的对应如下。

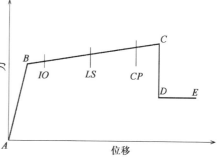

图 13-73 力—位移曲线

① 构件完好、无损伤：构件性能铰处于 AB 段，此时构件完全处于弹性阶段；

② 构件轻微损坏，出现轻微裂缝：构件性能铰处于 $B\sim IO$ 阶段，此时构件刚进入塑性，塑性程度较浅；

③ 构件中等损坏，出现明显裂缝：构件性能铰处于 $IO\sim LS$ 阶段，此时构件已进入屈服阶段；

④ 构件严重损坏，但不发生局部倒塌：构件性能铰处于 $LS\sim CP$、$CP\sim C$ 阶段，此时构件塑性承载力充分发挥，接近破坏。

运行命令设计＞Pushover 分析＞Pushover 铰状态结果，可以查看铰的较详细结果，包括的结果类型有延性比（$D/D1$ 和 $D/D2$）、变形、塑性变形、内力和屈服状态等。

(4) 自定义绘图函数来查看结果

通过运行命令设计＞Pushover 分析＞Pushover 层图表，可以用图形的形式显示一些结果。点击图 13-74a）中的 定义/编辑函数 按钮，然后在图 13-74b）中的"定义图形函数"分组框的下拉条中选择"Pushover 铰位移/内力"，点击 添加新函数 按钮，然后填写图 13-74c）中的必要参数。图 13-74a）中的"竖向轴"可以是刚定义的函数，水平轴可以选择"步骤"或其他刚定义的函数。"竖向轴"中的函数可以有多个，然后一起显示，图 13-75 仅显示了一个。

a)

b)

c)

图 13-74 定义结果函数

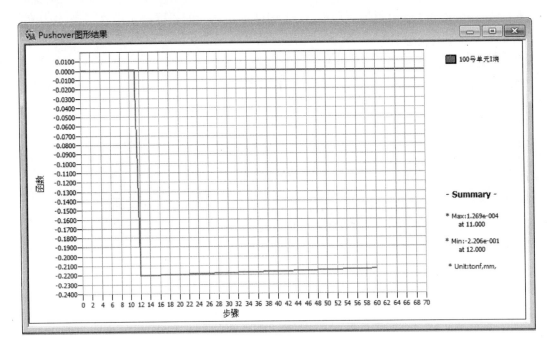

图 13-75　100 号单元 I 端的 R_y 变形—步骤曲线

13.3.8　分析实例 2

通过设置塑性铰，利用 Pushover 分析功能来求解结构的极限承载力。结构可以是墩柱，也可以是梁或框架结构。

本例为一跨径 $L=10\mathrm{m}$ 的简支梁，截面尺寸为 $0.1\mathrm{m}\times0.1\mathrm{m}$，跨中承受集中荷载。梁材料为 Q235，弹性模量 $E=2.06\times10^8\mathrm{kPa}$，屈服应力 $\sigma_\mathrm{s}=235000\mathrm{kPa}$。该梁极限承载力理论解为：

$$P=bh^2\sigma_\mathrm{s}/L=0.1\times0.01\times235000/10=23.5(\mathrm{kN})$$

1) 建立模型

首先定义截面与材料，再建立有限元模型，如图 13-76 所示，1m 一个单元，整根梁共分为 10 个单元，端部简支，跨中 6 号节点处承受 1kN 集中力荷载。为了施加跨中集中荷载，需先定义一个静力荷载工况。

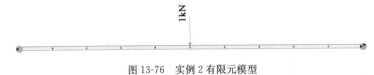

图 13-76　实例 2 有限元模型

2) Pushover 分析控制

设置 Pushover 主控数据，如图 13-77 所示。本例仅考虑一个集中荷载的作用，该荷载从很小逐渐加大，没有"初始荷载"。非线性分析选项中，最大子步数为 20，每步最大迭代次数为 10，收敛标准中位移标准为 0.001。"Pushover 铰数据选项"分组框中为默认，铰数据可以在定义塑性铰时修改。"强度自动计算选项"分组框中的设置按图示进行。

3) Pushover 荷载工况定义

显然,在跨中承受集中荷载作用的简支梁,其挠度的最大值应发生在跨中 6 号节点处,采用位移控制法,其 Pushover 荷载工况设定如图 13-78 所示。

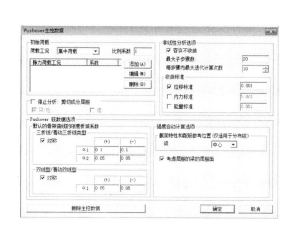

图 13-77 Pushover 主控数据

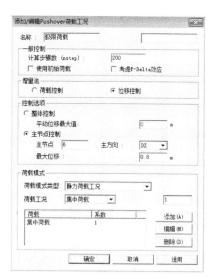

图 13-78 Pushover 荷载工况定义

计算步骤数选择了 200,采用位移控制,跨中节点竖向的控制位移为 0.8m(这里选取了一个大值以保证得到极限承载能力),荷载模式为"静力荷载工况"。静力荷载工况中定义的静力荷载可以是任意的,对于墩柱,为了得到极限承载能力,可以定义竖向的轴向荷载。

4) 定义塑性铰

在跨中承受集中荷载作用的简支梁,其最大内力弯矩发生在跨中 6 号节点处,也就是塑性铰最先出现在跨中 6 号节点处,所以应在 6 号节点处设置塑性铰,又因为本例题求解的是抗弯极限承载力,所以铰属性选择弯矩铰,组成分仅为 My,铰类型选择分布型,骨架曲线为双折线类型,自动计算屈服强度,如图 13-79 所示。值得注意的是,在图 13-79 右侧图中的"输出方法"分组框中经常选择为自动计算(对屈服强度而言)。此例的"刚度折减系数"分组框中将 α_1 定义为 0。

5) 分配塑性铰

将上面定义的铰特性分配给跨中的两个单元。

6) 执行 Pushover 分析

7) 查看结果

荷载系数—控制位移曲线如图 13-80 所示。

点击图 13-80 下方的按钮 ,可以得到图 13-81 所示的文本输出结果,以便查看精确的分析结果。在定义铰特性时,将骨架曲线定义成了理想弹塑性的形式,主要是为了方便查看屈服点对应的荷载。最后对应屈服应力的极限荷载系数结果(图 13-81)为 23.4994,因为初始的荷载为 1kN,所以最后的极限荷载为 23.4994kN,与理论值非常接近。

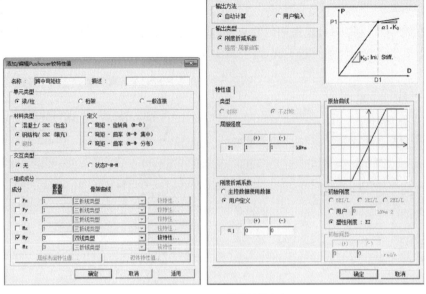

图 13-79　Pushover 铰特性值定义

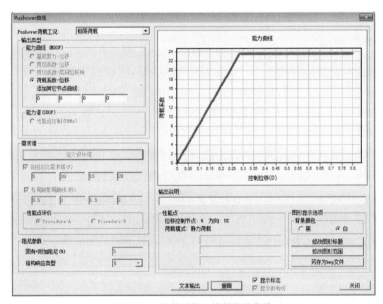

图 13-80　荷载系数—控制位移曲线

13.3.9 静力弹塑性分析注意事项

　　Pushover 分析需要时间和耐心，每一个非线性问题都是不同的。其目的在于理解结构的行为，特别是屈服后行为。要采用 Pushover 法进行设计，必须有足够的时间来查看和理解分析结果。可能的话，进行没有几何非线性的初始分析。随后加上 $P\text{-}\Delta$ 效应，以及可能的大变形和其他。若非线性静力分析困难加大，建议将其转变成一个直接积分时程分析，且拟静力地施加荷载(非常慢)。属性或荷载的小变化可能引发非线性反应较大的变化，所以要考虑多种不同的荷载工况，且对于结构属性变化的敏感性进行分析，这是十分重要的。

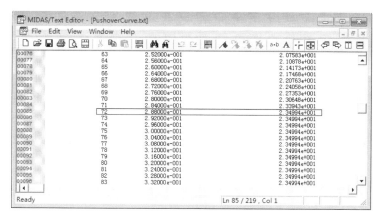

图13-81　荷载系数—位移关系文本

当性能点不存在时，可以使用下面方法：

(1)提高结构能力，如增加强度或刚度，增加结构延性，或者上述的复合。

(2)折减地震需求，如增加阻尼、采用隔震器等。

Pushover分析虽然在我国的抗震规范中有所提及，但目前其在工程界的应用尚属起步阶段，由于参考资料与实验数据的匮乏，设计人员在运用此方法时容易步入误区，下面列出应注意的几点：

1)不要低估加载或位移形状函数的重要性

用户控制的荷载或位移形状表示结构承受的地震力模态形状。通常可以使用倒三角形荷载表示规范定义的侧向荷载的竖向分布。加载函数对高墩桥梁很重要，因为地震反应不是单一振型起决定性作用。对此类结构，基于第一振型的加载函数可能在中间层处大大低估地震反应。

2)做设计之前不能进行推覆

结构的弹塑性特性完全取决于各个构件和连接的弹塑性特性，因此仅给出结构的弹性模量、惯性矩、面积等是不够的，必须能确定构件屈服特性。如果具体构件的特性未知，则Pushover分析也无意义。如：①钢筋混凝土和钢筋的力—位移特性有很大的不同，必须特别留意它们的初始刚度、开裂弯矩、屈服弯矩和屈服后特性。②钢结构的弯矩曲率主要为双线性或三线性。

3)不要忽略重力荷载

重力荷载显著影响Pushover曲线的形状及构件屈服和失效的次序。如随着重力荷载的增加，结构的极限承载能力通常会减小。竖向构件轴力作用对PMM铰的影响也不能忽略。

4)除非要模拟失效，不要推到破坏之处

Pushover是对结构性能进行分析，是结构破坏前综合指标的评定，不是模拟结构的倒塌破坏过程。

5) 不要忽略剪力破坏机制

如果结构构件的抗剪能力不足以支持弯曲塑性铰的形成,则在形成塑性铰之前,构件端部将先出现剪切破坏。即使钢筋混凝土构件有充分的抗剪能力,但如果在塑性铰区域的箍筋间距不够密,混凝土也可能在约束不够充分的情况下破碎。如果上述情况发生,塑性承载力立即下降到由纵筋单独提供。

6) $P\text{-}\Delta$ 效应比想象的要重要

在实际的变形状态下,随着侧移和柱(桥墩)轴力的增大,$P\text{-}\Delta$ 效应也明显增强,柱的抗弯能力可能大幅下降,因此在 Pushover 分析中,应该考虑 $P\text{-}\Delta$ 效应。

7) 不要混淆 Pushover 和实时地震加载

Pushover 分析中荷载是单调增加的,而地震作用的幅值和方向在地震地面运动过程中是不断变化的。Pushover 荷载和结构的反应是同向的,而地震激励和结构反应不一定是同向的。

8) 不是所有桥梁都适合做 Pushover 分析

因为 Pushover 分析是把一个多自由度体系的结构,按照等效的单自由度结构来处理。因此,它主要反映结构第一周期的性质,当较高振型为主时,如漂浮体系斜拉桥除了平动振型主要参与结构地震响应外,以扭转振型为主的高阶振型对结构地震响应贡献也比较显著,不能忽略。此时,采用 Pushover 分析方法要受到限制。

对于平面严重不对称的结构,或存在大量非正交构件的结构,平面的 Pushover 分析并不适用。这种情况下,需要建立空间模型来进行 Pushover 分析。三维结构可分别沿主方向推覆,也可以在两个正交方向同时进行推覆。

在结构产生侧向位移的过程中,结构构件的内力和变形可以计算出来,观察其全过程的变化,判别结构和构件的破坏状态,Pushover 分析比一般线性抗震分析提供更为有用的设计信息。在大震作用下,结构处于弹塑性工作状态。Pushover 分析可以估计结构和构件的非线性变形,结果比承载力设计更接近实际。Pushover 分析相对于非线性时程分析,可以获得较为稳定的分析结果,减少分析结果的偶然性,同时可以大大节省分析时间和工作量。

但 Pushover 分析也有它自身的一些缺点,如:Pushover 分析中荷载是单调增加的,而实际地震产生的力的幅值和方向是不断变化的;Pushover 分析中荷载和结构的反应是同向的,而实际地震激励和结构反应不一定同向;结构进入非线性阶段,刚度变化,振型也会发生变化,而 Pushover 分析的过程中假定振型不变,这样结果就会出现差异;Pushover 分析采用静力非线性方法,忽略了质量所产生的惯性力的因素,这与时程分析有较大差别,尤其是铰的加载与卸载路径,时程分析的真实惯性效应限制了结构响应路径;从数学上讲,Pushover 分析并不能保证唯一解。因此,不能将 Pushover 分析当作抗震验算的唯一校核方法,其不能替代时程分析,即使是线性时程分析。

比较静力 Pushover 分析与动力时程分析结果可知:对于振动以第一振型为主、基本周期在 2 秒以内的结构,Pushover 方法能够很好地估计结构的整体和局部弹塑性变形。但对于形状严重不规则、受高振型作用显著的结构是不适用的,它对结构的动力响应、阻尼、地震动特性以及结构刚度退化等方面则无法深入详细分析,因此静力弹塑性分析需要进一步改进。

13.3.10 多模态 Pushover

由于传统静力 Pushover 方法的不足,在近似的振型叠加法和等效侧向力原理的基础上,Chopra 等人发展了 Pushover 方法,提出了 MPA(Modal Pushover Analysis)的方法,试图解决高振型参与工作的建筑结构,并将其扩展到计算扭转中心和质量中心不重合的非对称建筑结构。但是对于桥梁结构而言,类似的研究较少,也很难应用于形状十分复杂的非规则桥梁结构及大跨桥梁。

在 midas Civil 中实现桥梁结构 MPA 的方法可参考如下的步骤近似进行。

(1)进行特征值分析,分别找出桥梁结构模型线弹性条件下的各方向的各阶重要振型,一般要求各个方向上的累计振型参与质量分别达到 90% 即可,重要振型是指剔除参与质量小于 1% 的振型后剩余的振型。

(2)利用各振型荷载加载,即在 Pushover 荷载工况定义的"荷载模式"中依次选择各个重要模态分别定义荷载工况,并计算。

(3)分别统计各方向 Pushover 荷载工况下性能点对应的各方向基底剪力和位移,进而采用合适的模态组合规则(如 SRSS 方法)分别手工组合各方向选定模态反应峰值(如基底剪力和结构顶点位移的最大值),从而对桥梁结构的抗震性能进行评价。

若将各振型的地震作用求出并先行组合,再按组合后的地震作用求解地震效应(内力或变形),在 midas Civil 中实现起来很繁琐。虽然先组合与后组合都是近似的方法,但毕竟是弹塑性分析,先组合地震作用再求解应该更合理些。

13.4 线弹性时程分析

13.4.1 建模原则

在《公路桥梁抗震设计细则》(JTG/T B02-01—2008)的 6.3 节中对桥梁结构动力计算模型的建模原则作了说明。一般情况下,桥梁结构动力计算模型应为 3D 模型,应能够准确反映实际桥梁结构的动力性能,即正确反映桥梁上部结构,下部结构,支座和地基的刚度、质量分布及阻尼特性,应考虑相邻结构的影响,从而保证在地震作用下引起的惯性力和主要振型能得到反映。计算模型中的梁体和墩柱可采用空间杆系单元模拟,其单元的划分应反映结构的实际动力弹性。因为分析时间较长,用实体单元模拟实际结构一般是没有必要的。

midas Civil 中关于质量分布、阻尼模拟以及边界条件的模拟请参见第 10 章动力分析的相关内容。

13.4.2 地震波选取

1)国内外现状

地震波的选取对结构时程分析的结果影响极大,所以对地震波的选取非常重要。国内外大量资料认为地震动的确定应以地震动记录的峰值、频谱特性、持续时间与规范规定相接近作为选波的控制条件,多数条件下需要采用比例调整以使其满足控制指标。但是由于地震动的复杂性,即使是依此三项作为控制指标,不同输入的结果仍然具有很大的离散性,过大的离散性难以指导设计,在小样本输入时尤其如此。近年来,美国、日本、澳大利亚及新西兰等国家和地区新修订的抗震规范代表了时程分析法作为规范方法的最新趋势。美国 UBC-94 将时程分析法作为振型分解法的并行方法加以规定,输入地震波应近似基于地理、地质、地震学及场地特征确定的特定场地反应谱,对于输入地震波的样本容量未作明确规定,结构计算模型应能代表结构质量和刚度的空间分布,以在一定程度上足以反映结构动力响应的主要特征。欧洲规范对于时程分析法的规定相对详细一些。地震动输入可选用人工加速度记录和实际地震记录或模拟加速度记录,人工加速度记录的反应谱应优于规范弹性反应谱,持时应与地震大小及其他相关参量一致,实际地震记录应足以适合震源发震机制特征和现场场地条件,模拟加速度记录应根据震源机制和传播途径进行物理模拟。地震波的数量应能对所考察的反应量给出一个稳定的统计量(平均值和方差),地震波的振幅和频率应使其使用结果在总体可靠水平上与使用弹性反应谱的结果相当。

综上所述,对于时程分析中输入地震波的原则基本一致,即输入地震动的反应谱须拟合设计反应谱。于是,关于时程分析法输入地震记录的选取通常有两种做法:一种是对实际地震记录进行修正,使其地震影响系数曲线与规范的地震影响系数曲线在统计意义上相符;而另一种是通过一定的方法在大量的实际地震记录中选取一些满足规范要求的地震记录,以供时程分析法使用。目前,还有一种新的尝试方法,对结构所在场地进行详细的地震测试与分析,建立场地土层地震计算的力学模型,提供该场地在不同抗震水准下的地震动时程。

我国《公路桥梁抗震设计细则》(JTG/T B02-01—2008)的 5.3.2 条中规定,考虑到地震动的随机性,选择的地震加速度时程曲线不应少于三组,并且应该保证任意两组间同方向时程的相关系数的绝对值不小于 0.1。

2)选择与调整地震波步骤

在 midas Civil 中提供了近 40 种实录地震波,也可以自定义地震波或导入人工地震波。正确选择输入的地震加速度时程曲线,要满足地震动三要素的要求,即频谱特性、有效峰值和持续时间要符合规定。一般情况下,根据同时考虑地震动三要素的原则,选择与调整实际地震波可按以下步骤进行。

(1)查出桥址特征周期值

《公路桥梁抗震设计细则》(JTG/T B02-01—2008)的 5.2.3 条中规定,特征周期 T_g 按桥址位置在《中国地震动反应谱特征周期区划图》上查取,并根据场地类别加以修正,即按此规范表 5.2.3 取值。

(2)初选实际地震波

让频谱特性符合规定可依据所处的场地类别(场地条件)和设计地震分组(震中距离、震级大小)确定,即按实际地震波的特征周期尽量与设计场地特征周期值相接近的原则,初步选择数个实际地震波。特征周期是地震影响系数下降段的起始点,以此周期将地震影响系数区域分为短周期和长周期区域。

(3)确定实际地震波

时程分析结果受选取的地震波影响较大,能否正确地选取适宜的地震波是时程分析结果准确与否的关键,所以用户判断选取的地震波的适宜性是必须的。应该从初步选择的数个实际地震波中,经计算选用其平均地震影响系数曲线与振型分解反应谱法所采用的地震影响系数曲线在统计意义上相符的加速度时程曲线。所谓"在统计意义上相符"指的是,多组时程波的平均地震影响系数曲线与振型分解反应谱法所用的地震影响系数曲线相比,在对应于结构主要振型的周期点上相差不大于20%。

(4) 选择加速度时程曲线的持续时间

输入的加速度时程曲线的持续时间应包含地震记录最强部分,并要求选择足够长的持续时间。持续时间的概念不是指地震波数据中总的时间长度,持时 T_d 的定义可分为两大类:一类是以地震动幅值的绝对值来定义的绝对持时,即指地震地面加速度值大于某值的时间总和,即加速度绝对值 $|a(t)|>k\times g$ 的时间总和,其中 k 为系数,常取为 0.03～0.05;另一类为以相对值定义的相对持时,即最先与最后一个 $k\times a_{max}$ 之间的时段长度,k 一般取 0.3～0.5。

输入的地震加速度时程曲线的有效持续时间,一般从首次达到该时程曲线最大峰值的 10% 那一点算起,到最后一点达到最大峰值的 10% 为止;不论是实际的强震记录还是人工模拟波形,有效持续时间一般为结构基本周期的 5～10 倍,即结构顶点的位移可按基本周期往复 5～10 次。一般建议选择的持续时间取不少于结构基本周期的 10 倍,且不小于 10 秒。

在 Midas Building 中默认的持续时间为加速度时程曲线中加速度绝对值大于 0.05g 数据的持续时间。midas Civil 中由用户根据上面的方法自己确定。

(5) 调整地震记录加速度时程曲线强度

为了与设计时的地震烈度相当,对选用的地震记录加速度时程曲线应按适当的比例放大或缩小。

设计加速度峰值 PGA 等于设计加速度反应谱最大值 S_{max} 除以放大系数(约 2.25),即:

$$PGA = \frac{S_{max}}{2.25} = \frac{2.25 C_i C_s C_d A}{2.25} = C_i C_s C_d A \tag{13-6}$$

式(13-6)中参数的含义请参阅《公路桥梁抗震设计细则》(JTG/T B02-01—2008)中公式 5.2.2 的说明。调整后的加速度曲线可用式(13-7)表示:

$$\dot{a}(t) = a(t) \cdot \dot{A}_{max}/A_{max} = a(t) \cdot PGA/A_{max} \tag{13-7}$$

式中:$\dot{a}(t)$、$\dot{A}_{max}$ ——调整后的加速度曲线和峰值;

$a(t)$、A_{max} ——原记录的加速度曲线和峰值。

在 midas Civil 的地震波数据生成器中,每种地震记录都给出了加速度峰值。

3) 实录地震波的特征周期计算

midas Civil 程序提供将实录地震波转换为绝对加速度反应谱和拟速度反应谱的功能(工具>地震波数据生成器,生成后保存为 SGS 文件),用户可利用保存的 SGS 文件(文本格式文件)中的数据计算特征周期 T_g。首先确定有效峰值加速度 EPA 和有效峰值速度 EPV,然后计算 T_g。有效峰值加速度 EPA 是加速度谱中加速度值比较大的区域,即能量分布比较大的区域的加速度的平均值,是代表地震波强度的指数,该值直接与结构的破坏程度相关,一般来说该值越大结构的破坏程度也越大。

有效峰值加速度:$EPA = S_a/2.5$;

有效峰值速度:$EPV = S_v/2.5$;

特征周期:$T_g = 2\pi \times EPV/EPA$。

在计算 EPA 时将平均值除以 2.5 的原因:Newmark 认为结构具有 5% 的阻尼时加速度

响应会有 2.5 倍的增大,所以计算 EPA 时应将已经增大的地震波响应除以 2.5。

确定 S_a 和 S_v 的方法有固定频段法和不固定频段法,分述如下。

(1)固定频段法

1978 年美国 ATC-3 规范中将阻尼比为 5%的加速度反应谱取周期为 0.1～0.5 秒之间的值平均为 S_a,将阻尼比为 5%的速度反应谱取周期为 0.5～2 秒之间的值平均为 S_v(或取 1 秒附近的平均速度反应谱),上面公式中常数 2.5 为 0.05 阻尼比加速度反应谱的平均放大系数。该方法为 midas Building 中默认的方法。

(2)不固定频段法

1990 年的《中国地震烈度区划图》采用了不固定频段的方法分析各条反应谱确定其相应的平台频段。具体做法是:在对数坐标系中同时做出绝对加速度反应谱和拟速度反应谱,找出加速度反应谱平台段的起始周期 T_0 和结束周期 T_1,然后在拟速度反应谱上选定平台段,其起始周期为 T_1(即加速度反应谱平台段的结束周期 T_1),结束周期为 T_2,将加速度反应谱在 T_0 至 T_1 之间的谱值求平均得 S_a,拟速度反应谱在 T_1 至 T_2 之间的谱值求平均得 S_v,加速度反应谱和拟速度反应谱在平台段的放大系数采用 2.5,按上述公式求得 EPA、EPV、T_g。

13.4.3 分析实例

1)实例桥梁概况

某公路桥为三跨预应力混凝土悬臂梁,跨度为 30m+50m+30m=110m,其中中跨为挂孔结构,挂孔梁为普通钢筋混凝土梁,梁长 16m。两 T 构的主梁为预应力混凝土箱梁,桥墩两侧的悬臂长度均为 17m,墩梁固结。墩为钢筋混凝土双柱桥墩,截面为 1m×1m 矩形,墩高 15m。主梁截面如图 13-82 所示。主梁材料采用 JTG04(RC)规范的 C50 混凝土,桥墩采用 JTG04(RC)规范的 C40 混凝土。预应力钢材采用 JTG04(S)规范,在数据库中选 Strand1860。该桥位于某 7 度区二级公路上,水平向基本地震加速度值 0.15g。按《中国地震动反应谱特征周期区划图》查的场地特征周期为 0.45 秒。

2)建模

动力分析模型与静力分析模型的区别在于不必精细地模拟,而重点是要真实、准确地反映结构质量、结构及构件刚度、结构阻尼及边界条件。本桥建模时将主梁、桥墩全部用空间梁单元模拟,未考虑桩—土结构之间的相互作用,而仅将桥墩底用固结边界条件模拟。

首先定义材料和截面,T 构上的主梁截面定义为变截面。本桥为墩梁固结,全桥的边界条件如图 13-83 所示,挂梁和 T 构主梁之间的连接通过释放 M_y 自由度模拟。在建立墩梁之间的连接时采用如图 13-84 所示的方法,需要在墩顶节点 115 和 117 之间连线的中点上建立一个辅助节点 113,113 和主梁节点 81 之间用刚性连接,113 和 115 与 117 之间都用弹性连接中的刚性连接。

定义"自重"静力荷载工况,施加自重荷载和二期恒载(铺装)。体内预应力对结构的动力特性的影响忽略不计。

3)输入质量

在 midas Civil 中输入的质量一般有两种类型,一个是将所建结构模型的自重转换为质量,还有一个是将输入的其他恒荷载(铺装及护栏荷载等)转换为质量。对于结构的自重不需另行输入,即可在模型>结构类型对话框中通过勾选"将自重转化为质量"完成转换(图13-85)。而二期恒载一般是以外部荷载(梁单元荷载、压力荷载、节点荷载等)的形式输入的,可使用模型>质量>荷载转换为质量功能来转换(图13-86)。对于没用荷载表示的附属构件,如路灯等,可在节点上施加相应的质量块。

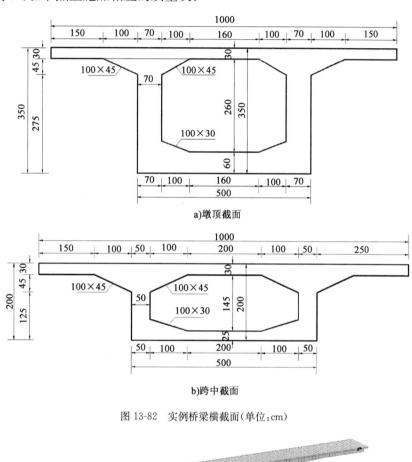

图 13-82 实例桥梁横截面(单位:cm)

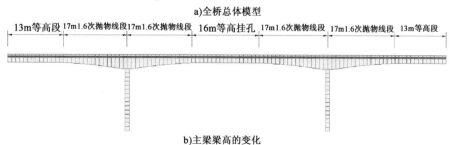

图 13-83 实例桥梁模型

4)设置特征值分析数据

本例拟用振型叠加法进行动力分析,这里采用 Ritz 向量法进行结构的振型分析。图 13-87 给出了特征值分析的设置,如果分析后振型参与质量达不到规范所规定的 90%,则需适当增加初始向量数量重新进行分析。

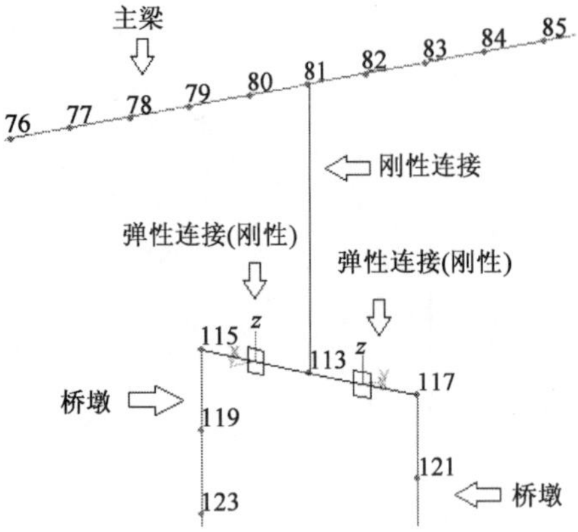

运行特征值分析,查看分析后振型参与质量是否达到规范所规定的 90%。从图 13-88 可以看出特征值分析控制中的数据是满足要求的。

运用里兹向量法求出的是与三个平动地震动输入直接相关的前 24 阶振型,X 平动、Y 平动、Z 平动三个方向的振型参与质量分别是 99.78%、98.44% 和 97.96%。满足规范上振型参与质量达到总质量 90% 以上的要求。从图 13-89 中可以看出,振型 1 是顺桥向的第一阶振型,振型 3 横桥向第一阶对称振型,振型 4 是竖向的第一阶振型。

图 13-84 墩梁的连接

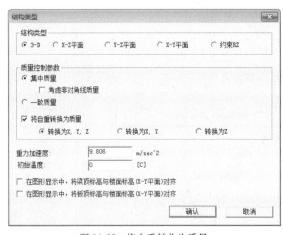

图 13-85 将自重转化为质量

图 13-86 将荷载转化为质量

5)定义时程荷载工况

执行命令主菜单>荷载>时程分析数据>时程荷载工况,在弹出的对话框中点击"添加"按钮,然后按图 13-90 定义时程荷载工况。

在桥梁动力分析时,一般取成桥阶段分析,此时自重恒载已经对结构变形及内力产生了影响。线性时程分析中,自重的初始效应结果可以和时程结果直接叠加。在程序中,做时程分析时通过图 13-90 对话框中的"加载顺序"分组框考虑恒载效应,当前时程荷载工况可在前次荷载工况(可以是时程荷载、静力荷载、最后一个施工阶段荷载、初始内力状态)作用下的位移、速度、加速度、内力状态下继续分析。

图 13-87 特征值分析控制

第13章 抗震分析

模态号	TRAN-X 质量(%)	TRAN-X 合计(%)	TRAN-Y 质量(%)	TRAN-Y 合计(%)	TRAN-Z 质量(%)	TRAN-Z 合计(%)	ROTN-X 质量(%)	ROTN-X 合计(%)	ROTN-Y 质量(%)	ROTN-Y 合计(%)	ROTN-Z 质量(%)	ROTN-Z 合计(%)
1	54.49	54.49	0.00	0.00	0.00	0.00	0.00	0.00	0.01	0.01	0.00	0.00
2	42.99	97.48	0.00	0.00	0.00	0.00	0.00	0.00	0.01	0.02	0.00	0.00
3	0.00	97.48	81.47	81.47	0.00	0.00	1.27	1.27	0.00	0.02	0.00	0.00
4	0.00	97.48	0.00	81.47	8.57	8.57	0.00	1.27	0.00	0.02	0.00	0.00
5	0.00	97.48	0.00	81.47	0.00	8.57	0.00	1.27	4.71	4.73	0.00	0.00
6	0.00	97.48	0.00	81.47	0.00	8.57	0.00	1.27	0.00	4.73	63.69	63.69
7	0.00	97.48	0.00	81.47	64.56	73.12	0.00	1.27	0.00	4.73	0.00	63.69
8	0.00	97.48	0.00	81.47	0.00	73.12	0.00	1.27	70.26	74.99	0.00	63.69
9	0.00	97.48	8.49	89.96	0.00	73.12	0.04	1.31	0.00	74.99	0.00	63.69
10	0.75	98.22	0.00	89.96	0.01	73.13	0.00	1.31	0.24	75.24	0.00	63.69
11	0.71	98.94	0.00	89.96	0.00	73.13	0.00	1.31	0.26	75.49	0.00	63.69
12	0.00	98.94	0.00	89.96	15.94	89.07	0.00	1.31	0.00	75.49	0.00	63.69
13	0.00	98.94	0.30	90.26	0.00	89.07	62.19	63.50	0.00	75.49	0.00	63.69
14	0.00	98.94	0.00	90.26	0.49	89.56	0.00	63.50	0.00	75.49	0.00	63.69
15	0.00	98.94	0.00	90.26	0.00	89.56	0.00	63.50	2.83	78.32	0.00	63.69
16	0.00	98.94	3.03	93.29	0.00	89.56	0.27	63.78	0.00	78.32	0.00	63.69
17	0.00	98.94	0.00	93.29	3.59	93.15	0.00	63.78	0.02	78.34	0.00	63.69
18	0.00	98.94	0.00	93.29	2.45	95.60	0.00	63.78	0.08	78.42	0.00	63.69
19	0.00	98.94	1.60	94.89	0.00	95.60	0.50	64.28	0.00	78.42	0.00	63.69
20	0.46	99.40	0.00	94.89	0.00	95.60	0.00	64.28	0.08	78.50	0.00	63.69
21	0.00	99.40	1.38	96.27	0.00	95.60	0.10	64.38	0.00	78.50	0.00	63.69
22	0.02	99.42	0.00	96.27	2.20	97.80	0.00	64.38	0.33	78.83	0.00	63.69
23	0.36	99.78	0.00	96.27	0.16	97.96	0.00	64.38	0.11	78.93	0.00	63.69
24	0.00	99.78	2.17	98.44	0.00	97.96	2.92	67.30	0.00	78.93	0.00	63.69

图 13-88 振型参与质量

模态号	TRAN-X Value	TRAN-Y Value	TRAN-Z Value	ROTN-X Value	ROTN-Y Value	ROTN-Z Value
1	99.98	0.00	0.00	0.00	0.02	0.00
2	99.98	0.00	0.00	0.00	0.02	0.00
3	0.00	98.46	0.00	1.54	0.00	0.00
4	0.00	0.00	100.00	0.00	0.00	0.00
5	0.01	0.00	0.00	0.00	99.99	0.00
6	0.00	0.00	0.00	0.00	0.00	100.00
7	0.00	0.00	100.00	0.00	0.00	0.00
8	0.00	0.00	0.00	0.00	100.00	0.00

图 13-89 振型方向因子

6) 选择地震波

如前所述,考虑到地震动的随机性,选择的地震加速度时程曲线不应少于三组。这里作为实例仅给出一组实录地震波。该桥址场地特征周期为 0.45s,实录波特征周期也应该与之接近。

启动工具>地震波数据生成器>Generate>Earthquake Response Spectra,分别按图 13-91 和图 13-92 所示的设置生成绝对加速度反应谱和伪速度反应谱,分别另存为文本文件(*.sgs),并将加速度反应谱取周期为 0.1~0.5 秒之间的值平均为 S_a,将速度反应谱取周期为 0.5~2 秒之间的值平均为 S_v。

求得 S_a 为 7.2m/s^2,S_v 为 0.6m/s。则:

$$T_g = 2\pi \frac{EPV}{EPA} = 2\pi \times \frac{S_v/2.5}{S_a/2.5} = 2\pi \times \frac{0.6/2.5}{7.2/2.5} = 0.52\text{s}$$

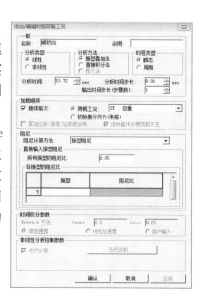

图 13-90 定义时程荷载工况

实录波特征周期为 0.52s，与该桥址场地特征周期 0.45s 比较接近，故实录波的特征周期符合要求。

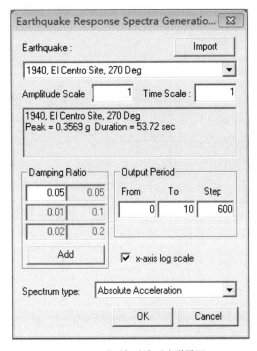

图 13-91 绝对加速度反应谱设置

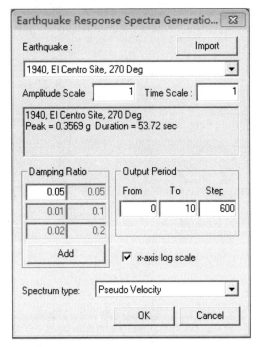

图 13-92 伪速度反应谱设置

7）实录地震波调幅

这里仅考虑 E1 地震作用，根据公式 13-6 计算设计加速度峰值：

$$PGA = C_i C_s C_d A = 0.43 \times 1 \times 1 \times 0.15 \times 9.8 = 0.6321 \mathrm{m/s^2}$$

上面选定的程序自带实录地震波"1940，El Centro Site，270 Deg"原始计算度峰值为 $0.3569g$，则 PGA 调整系数为：

$$\frac{PGA}{0.3569 \times g} = \frac{0.6321}{0.3569 \times 9.8} = 0.1807$$

8）定义时程荷载函数

执行命令主菜单＞荷载＞时程分析数据＞时程荷载函数，弹出"时程分析函数"对话框，点击"添加时程函数"按钮，弹出如图 13-93 所示的对话框。点击"地震波"按钮，在弹出的对话框中选择地震波"1940，El Centro Site，270 Deg"，其他参数默认，然后点击"确定"。在图 13-93 所示的对话框中将"放大系数"填写为 0.1807，点击"确定"按钮，完成时程荷载函数的定义。

9）定义地面加速度

这里仅考虑顺桥向的地震作用，如图 13-94 所示。

10）运行分析

11）查看时程分析结果

时程分析位移、内力、应力等的云图等在结果＞时程分析结果＞时程分析图形中查看，时程分析位移、内力、应力等的数据表格在结果/时程分析结果/时程分析文本中查看,查看方法和静力荷载工况分析结果类似(图13-95)。

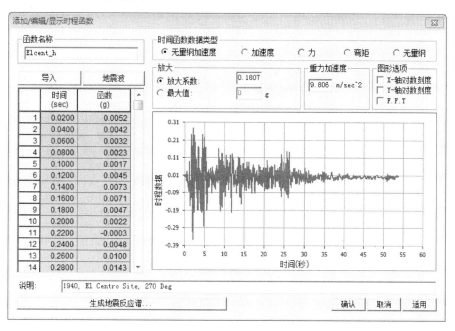

图 13-93　定义时程荷载函数

(1)时程分析图形

下面通过定义1号节点的X方向位移的时程结果函数,并将其图形显示来说明时程分析图形的用法。

执行命令结果＞时程分析结果＞时程分析图形,在图13-95所示的左侧对话框中,点击按钮 定义/编辑函数 ,然后在弹出的中间对话框中选择"图形函数",再点击按钮 添加新函数 ,最后按右侧对话框中的数据及参数进行填写或设置,就定义了1号节点X(顺桥)方向位移的结果函数。在图13-95所示的右侧对话框中点击"确定",在中间对话框中点击"退回"。在图13-95所示的左侧对话框中,先勾选函数列表中的刚才定义的函数,然后在"竖轴"分组框中点击按钮 从列表中添加 ,横轴选择为"时间",填写"图形标题",其他默认,最后点击按钮 图表 ,即可得到如图13-96所示的时程图形。用类似的方法还可以图形显示墩底剪力的时程(图13-97)。

(2)时程分析文本

执行命令结果＞时程分析结果＞时程分析文本,可以用文本文件的形式输出节点和单元的分析结果。

12)与设计反应谱结果比较

选择的地震波是否真的合适,还要与设计反应谱结果比较

图 13-94　定义地面加速度

后根据规范规定来最后确定。

在《公路桥梁抗震设计细则》(JTG/T B02-01—2008)的6.5.3条中规定：在E1地震作用下，线性时程法的计算结果不应小于反应谱法计算结果的80%。《建筑抗震设计规范》(GB 50011—2001)中也有类似的说明，对桥梁结构，也可采用基底剪力结果比较。

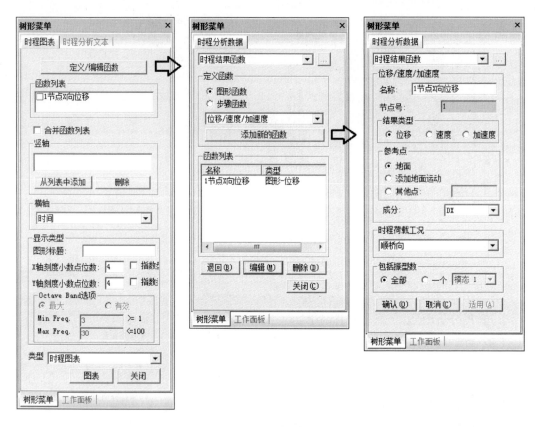

图13-95 定义时程结果函数

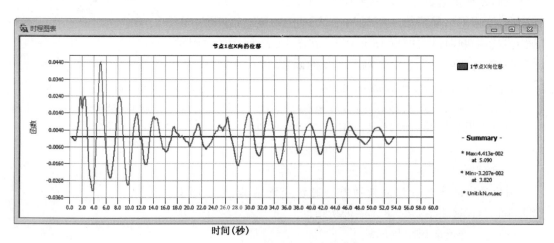

图13-96 节点1的顺桥向位移时程图形

考虑到地震动的随机性,选择的地震加速度时程曲线不应少于三组,并且应该保证任意两组间同方向时程的相关系数的绝对值不小于0.1。《公路桥梁抗震设计细则》(JTG/T B02-01—2008)的6.5.2条中规定:时程分析的最终结果,当采用3组时程波计算时,应取3组计算结果的最大值;当采用7组时程波计算时,可取7组计算结果的平均值。

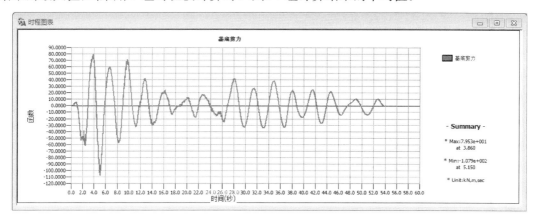

图13-97 墩底剪力时程图形

构件刚度在地震往复作用下一般会降低,理论上应使用各个构件的相对动刚度,但选择静刚度满足工程要求。一般使用阻尼比来反映整个桥梁的全部阻尼。

13.5 用弯矩—曲率曲线评价截面性能

弯矩—曲率曲线作为评价截面抗震性能的重要指标,被广泛应用于钢筋混凝土的抗震分析中。在非线性抗震分析中经常要使用截面的非线性滞回特性,弯矩—曲率关系可描述非线性抗震中梁或柱截面的非线性滞回特性。利用截面分析得到截面的屈服特性值和极限特性值,并根据《公路桥梁抗震设计细则》(JTG/T B02-01—2008)中有关规定为理论依据进行计算,可以用简化的方法得到E2地震作用下的墩顶位移。与Pushover分析和动力弹塑性分析相比,利用截面尺寸和实配钢筋获得截面的弯矩—曲率曲线,使用该曲线评价截面的抗震性能的方法,不仅简单而且节省分析时间。

做弯矩—曲率曲线分析的截面仅可以是"数据库/用户"截面中的箱形截面、管形截面、实腹长方形截面、实腹圆形截面、八角形、实腹八角形截面、轨道形截面、实腹轨道形截面、"数值"截面中的任意截面。

midas Civil程序中提供了7种混凝土材料本构模型和4种钢材材料本构模型。用户定义了截面尺寸并输入钢筋后,选择相应的材料本构模型,程序就会提供理想化的截面弯矩—曲率关系,并提供截面的一些关键特性,例如屈服特性值、极限特性值。

midas Civil程序中提供的混凝土和钢材的材料本构模型如下:

1)混凝土

(1)Kent & Park Model。

(2)Japan Concrete Standard Specification Model。

(3)Japan Roadway Specification Model。

(4) Nagoya Highway Corporation Model。
(5) Trilinear Concrete Model。
(6) China Concrete Code (GB 50010—02)。
(7) Mander Model。

2) 钢材

(1) Menegotto-Pinto Model。
(2) Bilinear Model。
(3) Asymmetrical Bilinear Steel Model。
(4) Trilinear Steel Model。

midas Civil 程序利用图 13-98 所示的弯矩—曲率曲线计算截面的屈服和极限承载力、屈服和极限位移。图 13-98 中各个参数的含义如下：

M_u——极限状态时的弯矩；

M'_y——初始屈服点的弯矩；

M_y——等效屈服弯矩；

ϕ'_y——初始屈服时的曲率；

ϕ_y——等效屈服时的曲率；

ϕ_u——极限状态时的曲率；

ε_{cu}——混凝土极限应变。

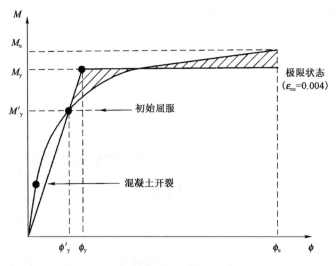

图 13-98 弯矩—曲率曲线

13.5.1 基本原理

弯矩—曲率分析可以考虑横向约束对混凝土受压的应力—应变关系及纵向钢筋应变硬化的影响。在弯矩—曲率分析中一般有如下的假设：

(1) 平面假定。
(2) 剪切变形和扭转变形可以被忽略。

(3)已知钢筋和混凝土的应力—应变关系,其中混凝土的应力—应变关系应当考虑约束混凝土的影响(例如 Mander 模型),混凝土的抗拉能力一般被忽略。

(4)钢筋和混凝土之间存在着完全的黏合。

(5)混凝土和钢筋的合成轴力与合成弯矩与施加的外部荷载平衡。

图 13-99 为一般截面的弯矩—曲率分析,其中图 b)和图 c)为任意曲率 φ 的开裂截面上的应变、应力分布。任意位置处的应力可根据图示的几何关系以及已知的应力—应变关系确定。用平衡条件,可确定对应于曲率 φ 的受压区高度 c 以及相应的弯矩。

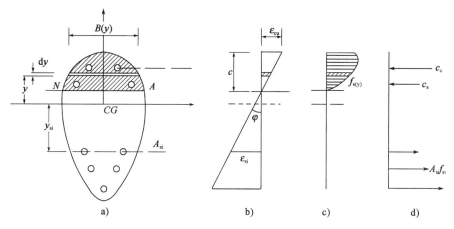

图 13-99　弯矩—曲率分析

13.5.2　材料本构模型

进行弯矩—曲率分析时需要定义材料的弹塑性本构关系,midas Civil 程序的在线帮助手册(弹塑性材料特性值)有较详细的本构关系说明,这里仅作简单的介绍。

1)混凝土 Mander 本构模型

混凝土材料的非线性用非线性应力—应变关系来考虑,在单轴压缩下无约束和有约束混凝土的理想应力—应变曲线如图 13-100 所示。实验表明,由间距紧密的横向钢筋提供的约束,能充分提高混凝土的极限压应力和极限压应变。约束钢筋阻止了纵向受压钢筋的过早屈曲,具有提高构件抗剪能力的作用,同时也增加了混凝土的延性。

1988 年 Mander 针对横向约束混凝土提出的本构模型,直接提供了约束混凝土的应力—应变关系,故适用于任意形状的截面。模型考虑了纵向、横向约束钢筋的配筋量以及屈服强度、配筋形状等,能够正确计算出混凝土的有效约束应力。Mander 模型适用于任意截面形状,对于导入的钢筋材料和截面数据(仅支持圆形、矩形截面)能够自动计算其强度;对于其他任意截面,用户可手动输入材料以及截面数据后,来自动计算强度。

使用 Mander 本构模型前,要先定义截面,并对截面进行配筋设计或输入已有配筋,程序就可以根据材料和截面以及配筋自动生成相应的约束混凝土本构。

这里定义的截面可以是"数据库/用户"或"数值"表单中的截面,不能是变截面。对"数据库/用户"表单中的截面配筋,通过命令设计＞RC 设计＞RC 设计参数/材料和设计＞RC 设

＞RC设计截面配筋来输入已有配筋。"数值"表单中的截面一般只用在任意截面(SPC导入截面)的定义与配筋设计中，任意截面配普通钢筋的方法如下。

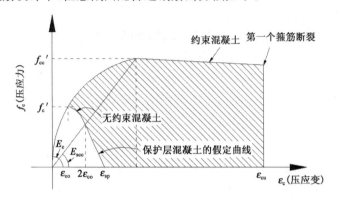

图 13-100　Mander 等建议的约束与无约束混凝土本构关系

（1）截面配筋

定义好"数据库/用户"截面后，执行命令设计＞RC设计＞RC设计参数/材料，在如图13-101所示对话框中的"设计参数"属性页中选择设计规范为"JTG/B 02-01—2008"，其他内容根据实际情况选取。在"材料性能参数"属性页（图 13-102）中选择混凝土材料的设计规范和强度等级，选择钢筋材料的设计规范以及主筋和箍筋的等级。最后点击"编辑"按钮，完成参数的设置。

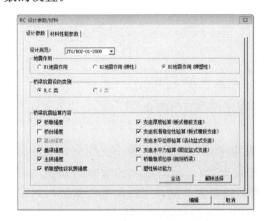

图 13-101　定义截面钢筋步骤一

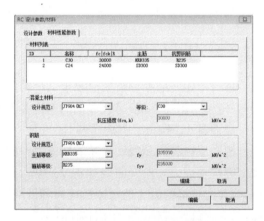

图 13-102　定义截面钢筋步骤二

执行命令设计＞RC设计＞RC设计截面配筋，在弹出的对话框中点击"柱"属性页，如图13-103所示。此时符合"柱"特征（参见 13.3.7 节内容）并已经赋给柱单元的截面会在图中显示出来，在此对话框中定义箍筋类型和主筋数据。填写该对话框的具体说明请参见程序的"在线帮助手册"中的相关内容，此不赘述。

对任意截面的配筋，可以通过下面的方法来定义。执行命令模型＞材料和截面特性＞弯矩—曲率曲线，在弹出对话框的右上角位置先选择从 SPC 导入的自定义截面的名称，然后点击"截面钢筋数据"，就会弹出如图 13-104 所示的对话框。对主筋的定义需要输入主筋的位置坐标，输入方法可以选择"点"、"直线"和"圆环"。

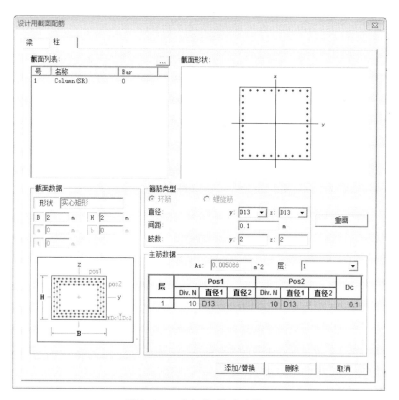

图 13-103 定义截面钢筋步骤三

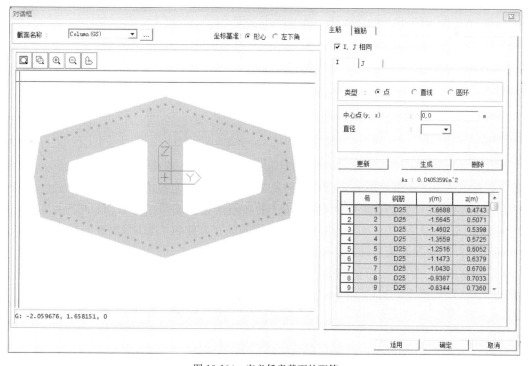

图 13-104 定义任意截面的配筋

(2)Mander本构关系定义

点击模型＞材料和截面特性＞弹塑性材料特性,在弹出的对话框中点击"添加"按钮,选择混凝土材料,在滞后模型下拉条中选择 Mander 模型,此时的对话框如图 13-105 所示。在"混凝土的类型"分组框内可选择无约束混凝土和约束混凝土,如选择前者则图 13-105 所示对话框的右侧与约束混凝土有关内容变成不可操作的灰色。对一个柱截面来讲,箍筋外的混凝土应该是无约束的,而箍筋内的混凝土则应是有约束的,所以对一个柱截面应该定义两个本构关系。

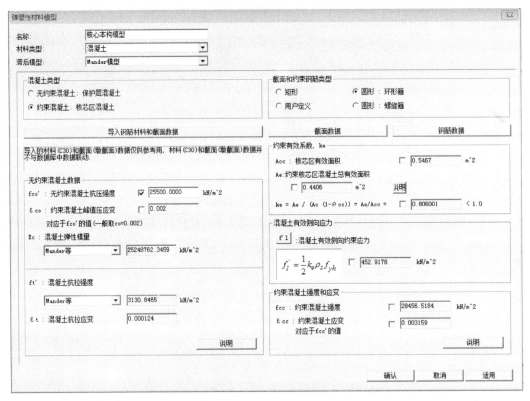

图 13-105 定义 Mander 本构

点击按钮 导入钢筋材料和截面数据 ,在弹出的对话框中选择材料和截面,那么图 13-105 中的其他数据就会自动计算。注意这里的自动计算对从 SPC 导入的任意截面是不适用的,只能由用户自行填写参数数据。"无约束混凝土抗压强度"的数值要在自动给出的数值(即混凝土强度等级)上乘以 0.85,因为在中国混凝土强度等级采用的是立方体试块强度,而在抗震中应该用圆柱体强度,其间存在换算关系(约 0.85)。

描述约束混凝土应力—应变关系的 Mander 模型,取决于横向约束钢筋的类型(如环形箍筋、螺旋箍筋)以及截面形状(如圆形或矩形)。目前程序只能进行圆形截面和矩形截面的约束混凝土本构关系定义。对从 SPC 导入的任意截面,定义其约束混凝土本构关系时,可参考下面步骤进行操作:

①填写图 13-105 左半侧的混凝土相关数据;
②在"截面和约束钢筋类型"分组框中选择"用户定义";

③点击 [截面数据] 按钮,在弹出的对话框中输入截面的约束钢筋布置情况的数据,当前版本的 midas Civil 中,对上步选择"用户定义"的情况,弹出的对话框同矩形截面,即只能采用先按矩形截面定义然后再修正的方法;

④点击 [钢筋数据] 按钮,在弹出的对话框中输入截面的约束钢筋数据;

⑤修正"约束有效系数,Ke"分组框中的数据,可点击其中的"说明"按钮查看所用公式以及参数含义;

⑥修正"混凝土有效侧向力"分组框中的数据,可通过点击其中的按钮,然后在弹出的对话框中填写数据;

⑦填写"约束混凝土强度和应变"分组框中的数据,可点击其中的"说明"按钮查看所用公式以及参数含义。

2)混凝土 Kent-Park 本构模型

该模型是 Scott(1982)在 Kent 和 Park(1971)提出的混凝土的本构模型基础上提出的修正模型。该模型使用了如下包络曲线公式并忽略了混凝土的受拉强度。该模型概念清晰,准确性均较好,且可以考虑混凝土强度的横向约束(Confinement Effect),是使用较为广泛的混凝土本构模型。在定义任意截面形状的混凝土本构关系时,可以考虑采用该本构模型。

3)日本道路桥规范推荐的混凝土本构模型

该混凝土本构模型具有以下特点:当超过最大应力点时具有软化区域,超过极限应变时不能继续承载;根据地震作用的类型混凝土的极限应变不同,软化区段的斜率、最大抗压强度、极限受压应变与约束钢筋量相关;考虑了残留塑性变形,且在卸载、再加载时使用初始刚度;考虑混凝土的抗拉强度,超过最大抗拉强度对应的拉应变时混凝土不再能受拉。

4)《混凝土结构设计规范》(GB 50010—2010)模型

该模型考虑了混凝土的抗拉特性,考虑了残留塑性变形,在卸载和再加载时使用初始刚度。

5)三折线混凝土本构模型

该模型可定义第一、第二受压屈服和受拉区应力—应变关系,是用户自定义型的本构关系。考虑了残留塑性变形,在卸载和再加载时使用初始刚度。

6)钢材 Menegotto-Pinto 本构模型

该模型是在 Menegotto 与 Pinto(1973)建议的模型基础上由 Filippou(1983)提出的修正模型,具有计算效率高、与试验结果吻合较好的特点。本构模型形状为逐渐逼近按随动硬化(Kinematic Hardening)准则定义的双折线的曲线,即本构模型在卸载路径和应变硬化区段之间的两个渐近线之间的转换区段为曲线。两个渐近线的交点和卸载方向的最大变形点之间的距离越远,转换区段的形状越光滑,可利用这样的特性模拟包辛格效应。

7)双折线钢材本构模型

钢材常用双折线本构模型,该模型屈服前加载和卸载时使用弹性刚度,屈服后加载时使用屈服后刚度,屈服后卸载和再加载时使用弹性刚度。

8)三折线钢材本构模型

该模型可定义第一屈服和第二屈服刚度折减率,受拉区和受压区的刚度折减率可以不同。屈服前的加载和卸载使用弹性刚度,屈服后加载时使用折减的刚度,屈服后的卸载和再加载使用弹性刚度。折线形状也可以通过输入应力—应变定义。

9)非对称双折线钢材本构模型

该本构模型可以模拟钢筋的非线性特性,在受拉区可考虑屈服和拉断,在受压区可考虑屈服和失稳后的破坏。图 13-106 是非对称双折线钢材纤维滞回模型的路径移动规则介绍,序号对应图形上的直线编号。

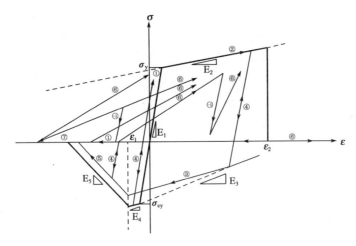

图 13-106　非对称双折线钢材纤维的滞回模型路径移动规则

(1)弹性状态。

(2)屈服后状态,按斜率为 E_2 或 E_4 的直线移动。

(3)受拉屈服后卸载时与斜率为 E_3 的直线相交发生受压屈服,斜率为 E_4。

(4)屈服后卸载状态,斜率为 E_1。

(5)受压应变超过失稳应变 ε_1 的状态,斜率为 E_5。

(6)受压失稳后再加载的状态,之前发生过受拉屈服时指向受拉屈服点,之前没有发生过受拉屈服时指向发生过的最大受拉应变点。

(7)发生完全受压失稳无法继续承载的状态。

(8)发生拉断无法继续承载的状态。

(1)~(6)步骤中卸载时的斜率为 E_1。

13.5.3　操作方法与实例分析

在 midas Civil 程序中,利用弯矩—曲率关系曲线计算截面性能的过程如图 13-107 所示。

下面利用弯矩—曲率关系曲线计算截面性能并予以评价。

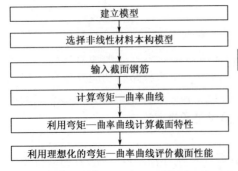

图 13-107　利用弯矩—曲率关系曲线计算截面性能的过程

1)实例说明

某桥梁的桥墩如图 13-108 所示,墩高 21m,桥墩截面为圆端形,等截面。本例不考虑承台以及其下的桩基,而仅对桥墩(等截面)的截面性能进行评价。

2)建立模型

(1)定义桥墩截面。

本例桥墩截面采用"数据库/用户"中的"实腹轨道型"截面。模型如图13-109所示,共21个单元。

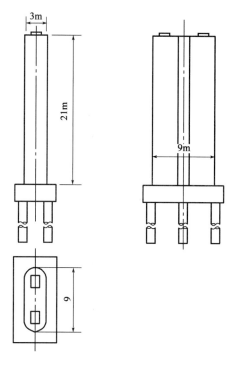

图13-108 实例桥墩外形尺寸(尺寸单位:m)

图13-109 实例桥墩模型

(2)定义桥墩材料特性值

桥墩混凝土材料为C30,从JTJ04(RC)规范数据库中选择。

(3)施加边界条件

将墩底固结。

3)输入钢筋

对每一个桥墩截面进行配筋设计,方法参见上节相关内容。图13-110给出了其中一个截面的钢筋定义。

4)混凝土材料本构模型

在主菜单中点击模型>材料和截面特性>弹塑性材料特性,在弹出的对话框中点击"添加"按钮,此时会弹出如图13-111所示的对话框,选择Mander模型,按图选择和填写参数数值来定义无约束混凝土本构。然后再定义核心混凝土的Mander本构关系,如图13-112所示。

5)钢筋材料本构模型

本例题中钢筋的材料本构模型使用了Menegotto-Pinto Model。该模型不仅分析效率高,而且与试验数据吻合较好。钢筋的材料特性见表13-10。

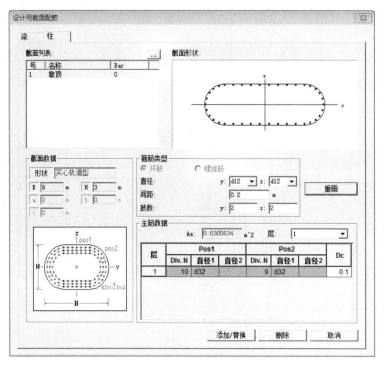

图 13-110 实例桥墩截面钢筋定义

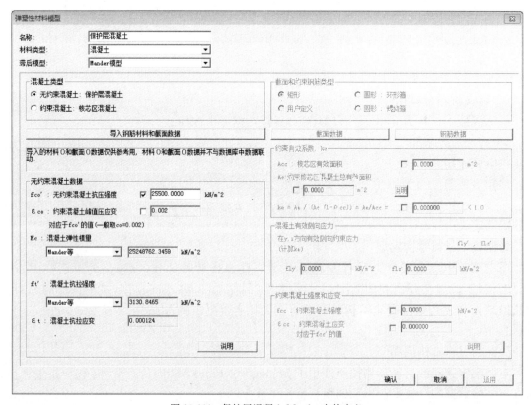

图 13-111 保护层混凝土 Mander 本构定义

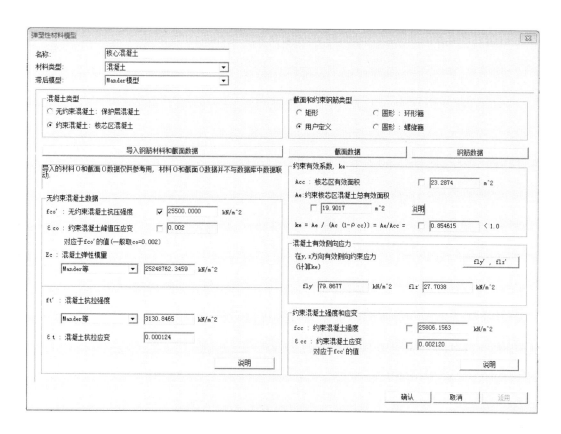

图 13-112　核心混凝土 Mander 本构定义

钢筋材料特性　　　　　　　　　　　　　　　　　　　表 13-10

材料标准强度	项　目	取　值	单　位
HRB335	钢筋的屈服应变	0.0015	—
	钢筋的极限应变	0.01	—
	钢筋的屈服强度	335	MPa
	钢筋的极限强度	455	MPa

定义钢筋本构关系的对话框如图 13-113 所示。

Menegotto-Pinto Model 中的参数说明如下：

f_y——钢筋的屈服强度；

E——钢筋的初始弹性模量；

b——钢筋屈服后刚度与初始刚度的比值，$b=(f_u-f_y)/[(\varepsilon_{cu}-\varepsilon_{co})\times E]$；

R_0, a_1, a_2——定义钢筋屈服后应力—应变变化形状的常数，R_0、a_1、a_2 可通过试验得出，midas 程序根据梅内戈托与平托在 1973 年建议默认取用 18.5、0.15、20。

6）计算弯矩—曲率曲线

执行命令模型＞材料和截面特性＞弯矩—曲率曲线，弹出如图 13-114 所示的对话框。

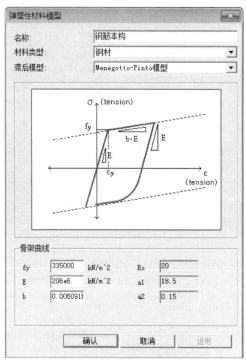

图 13-113　钢筋本构定义

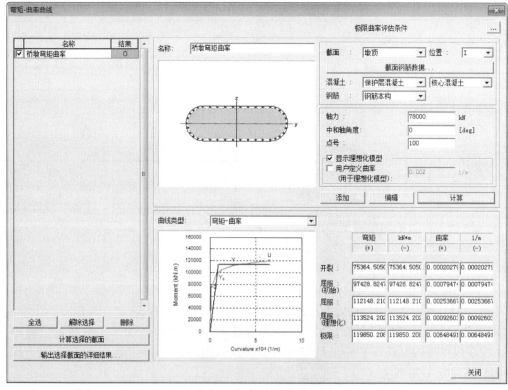

图 13-114　弯矩—曲率曲线计算

首先，点击图 13-114 右上角的 ⋯，定义极限曲率评估条件，默认时按图 13-115 确定。

其次，填写某截面对应的弯矩—曲率曲线的"名称"，然后选择"截面"及其在单元中的"位置"（"位置"适用于变截面，选择 I、M、J 截面的钢筋计算截面特性），以及混凝土及钢筋的本构关系。混凝土选择 Mander 本构时，要在左边的下拉条中选无约束混凝土本构，右边的下拉条（左侧选择无约束混凝土 Mander 本构后自动弹出）中选择约束混凝土本构。

"轴力"中输入初始轴力或分析中的轴力。"点数"为绘制弯矩—曲率曲线的点数，点数越多计算精度越高。在"中和轴角度"中输入要计算 M-φ 曲线的方向，默认 $0°$ 为 Z 方向，$90°$ 为 Y 方向。

"显示理想化模型"选项用于生成理想双折线模型。根据计算的 M-φ 曲线，自动输出理想化的等效弯矩—曲率曲线。如图 13-116 所示，图中曲线（对应图 13-114 中 M-φ 曲线的绿色线）指的是当前截面的

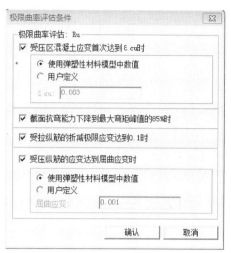

图 13-115　默认的极限曲率评估条件

M-φ 曲线，双折线（对应图 13-114 中 M-φ 曲线的蓝色线）指的是理想化的等效 M-φ 曲线。等效 M-φ 曲线按经过首次屈服点，且使两个灰色区域面积相等的原则来画图。不勾选并填写"用户定义曲率"时程序默认的理想化模型的最大曲率为极限弯矩对应的曲率。图 13-116 可以与《公路桥梁抗震设计细则》(JTG/T B02-01—2008) 中的图 7-4-4（即图 13-117，图中符号含义请参见该规范）进行比较。

点击"计算"按钮完成截面弯矩—曲率曲线的计算。点击"添加"按钮可以将刚才定义的截面弯矩—曲率曲线添加到图 13-114 左侧的栏内。

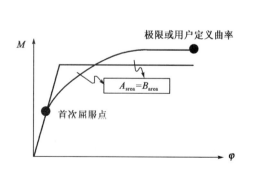

图 13-116　等效 M-φ 曲线

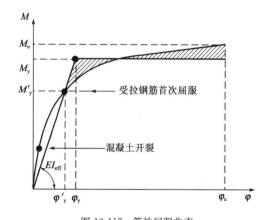

图 13-117　等效屈服曲率

7) 查看结果

从图 13-114 中的"曲线类型"下拉条中选择，可查看弯矩—曲率、中和轴角度—曲率、混凝土受压—曲率、混凝土受拉—曲率、钢筋受压—曲率、钢筋受拉—曲率关系曲线。

可以按 Word 格式输出计算书。方法如下：

(1)在弯矩—曲率曲线对话框(图13-114)左侧截面列表中选择相应截面；
(2)点击"计算选择的截面"键；
(3)确认列表中该截面后面的结果栏中显示为"0"；
(4)点击"输出选择截面的详细结果"键。

在计算书中可确认截面尺寸、钢筋面积、混凝土面积、理想屈服应力和理想屈服曲率、极限应力和极限曲率，并按输入的点数输出弯矩—曲率数值。

利用弯矩—曲率曲线，在桥梁抗震中可按简化方法验算E2地震作用下墩顶的位移，还可以按非线性分析方法验算桥墩塑性铰区域的塑性转动能力。

8)弯矩—曲率曲线在桥梁抗震中的应用

(1)验算E2地震作用下墩顶位移的方法：

①利用弯矩—曲率曲线计算等效(理想)屈服弯矩[Yield(Ideal.)Moment]、等效(理想)屈服曲率[Yield(Ideal.) Curvature]、极限曲率(Ultimate Curvature)，其数值可在程序提供的弯矩—曲率曲线计算书中找到。理论依据可参考《公路桥梁抗震设计细则》(JTG/T B02-01—2008)中的7.4.4和7.4.5条。

②利用截面等效屈服弯矩、等效屈服曲率计算截面有效刚度。理论依据可参考《公路桥梁抗震设计细则》(JTG/T B02-01—2008)中的第6.1.6条。

③采用截面有效刚度计算E2地震作用(E2反应谱或E2时程)下的墩顶的位移δ。

④按《公路桥梁抗震设计细则》(JTG/T B02-01—2008)中的第6.7.6条修正墩顶位移，获得修正后的墩顶位移Δd。

⑤单墩按《公路桥梁抗震设计细则》(JTG/T B02-01—2008)中的7.4.3条计算塑性铰区域最大容许转角θ_u。

⑥单墩桥梁利用上面计算的塑性区域最大容许转角和《公路桥梁抗震设计细则》(JTG/T B02-01—2008)中的7.4.7条计算单墩柱容许位移Δu；双墩柱桥梁按《公路桥梁抗震设计细则》(JTG/T B02-01—2008)中的7.4.8条计算容许位移Δu。

⑦按《公路桥梁抗震设计细则》(JTG/T B02-01—2008)中的7.4.6条验算E2地震作用下的墩顶位移。

(2)按非线性分析方法验算桥墩塑性铰区域的塑性转动能力的方法：

如由非线性分析获得了E2地震作用下的潜在塑性铰区域的塑性转角θ_p，则可以按《公路桥梁抗震设计细则》(JTG/T B02-01—2008)中的7.4.2条验算桥墩塑性铰区域的塑性转动能力。

9)其他问题

对于任意截面的情况，混凝土的本构关系也可以用Kent-Park模型，这样也可以考虑横向约束对核心混凝土的影响效果。填写方法可以参考图13-118。

在图13-118中：

f'_c——混凝土抗压强度(MPa)，通常为圆柱体抗压强度；

ε_{c0}——发生最大应力时的应变，$\varepsilon_{c0}=0.002K$；

K——横向约束引起的强度提高系数，$K=1+\dfrac{\rho_s f_{yh}}{f'_c}$，$K=1$表示不考虑横向约束；

Z——应变软化时的斜率,$Z=\dfrac{0.5}{\dfrac{3+0.29f'_c}{145f'_c-1000}+0.75\rho_s\sqrt{\dfrac{h'}{s_k}}-0.002K}$;

ε_{cu}——极限应变,对于无约束混凝土一般为 0.004,约束混凝土在 0.004~0.01 之间;
f_{yh}——横向钢筋(箍筋)的屈服强度(MPa);
ρ_s——横向钢筋的配筋率=横向钢筋的体积/核芯混凝土体积,对保护层混凝土 $\rho_s=0$;
h'——核芯混凝土的高度(矩形的长边),混凝土的核心区指横向钢筋外缘围成的区域;
s_k——横向钢筋的间距。

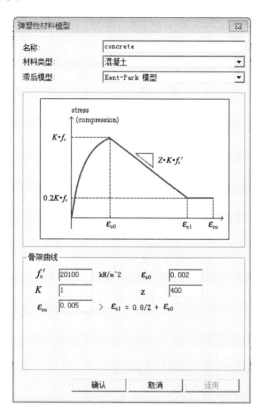

图 13-118　定义混凝土本构关系(Kent-Park)

13.6　动力弹塑性分析

与弹性设计法不同,弹塑性设计法是允许截面应力在地震时进入塑性范围的抗震设计方法,主要是通过提高结构极限变形能力来改善它的抗震性能,而不是简单地通过增加截面尺寸、提高截面强度来加强结构的抗震能力。

在较强的地震作用下,结构出现塑性,发生损伤,桥梁已经进入非线性工作范围,因此只有进行结构非线性时程地震反应分析才能比较真实地模拟结构实际反应。在需要精确分析结构动力特性的重要结构上,近年因为计算机硬件和软件技术的发展,动力弹塑性分析的计算效率有了较大的提高,使用计算更为精确的动力弹塑性分析做大震分析正逐渐成为结构非线性分析的主流。

midas Civil 可用于动力弹塑性分析的非线性单元包括基于柔度法的梁柱单元、非线性一般连接单元和非线性桁架单元。梁柱单元的弹塑性可以采用 Bresler 建议的屈服面来表示，也可采用非线性梁柱纤维单元模拟。程序提供的非线性动力时程分析是一个全三维有限元分析，能够考虑计算结构在整个地震作用过程中每一时刻的内力和变形状态，可以给出结构在罕遇地震作用下构件屈服顺序，发现应力和塑性变形集中部位，给出整个结构的屈服机制，对结构的设计提出相应的调整意见。

13.6.1 概要

1) 动力弹塑性分析的运动方程

包含了非线性单元的结构的运动方程见式(13-8)。单元的非线性特性反映在切线刚度的计算上，且非线性连接单元的单元类型必须使用弹簧类型的非弹性铰特性值定义。

$$M\ddot{u} + C\dot{u} + K_S u + f_I + f_N = P \tag{13-8}$$

式中：M——质量矩阵；

C——阻尼矩阵；

K_S——非线性单元和非线性连接单元以外的弹性单元的刚度矩阵；

u、$\dot{u}$、$\ddot{u}$——节点的位移、速度和加速度响应；

P——节点上的动力荷载；

f_I——非线性单元沿整体坐标系的节点内力；

f_N——非线性连接单元的非线性弹簧沿整体坐标系的节点内力。

弹塑性动力分析属于非线性分析，不能像线弹性时程分析那样使用线性叠加的原理，所以应使用直接积分法进行分析。程序中提供的直接积分法为 Newmark-β 法，Newmark-β 法是通过计算各时间步骤上位移增量并进行累加的方法。在各时间步骤上产生的残余力使用 Newton-Raphson 法通过迭代计算消除。

对于弹性分析，所有的刚度和内力都无关；但对于非线性分析，则构件每个截面的刚度都和它当前的内力相关。内力大的截面可能已经屈服(出现塑性铰，此时切线刚度为0)，而有的截面还是弹性的。如能大致判断塑性区的位置，则在建立模型时仅将可能的塑性区用非线性梁柱(即分配弹塑性铰)单元模拟，而弹性区仍然用普通的弹性单元模拟，这样会大大节省计算时间内。

2) 非线性单元

动力弹塑性分析中的非线性单元与静力弹塑性分析中的非线性单元相同，可参考前面部分的叙述。动力弹塑性分析中的非线性单元分为非线性梁柱单元、非线性一般连接单元和非线性桁架单元。

结构的非线性分析要计算构件屈服后的变形，构件屈服后结构的刚度包含了非线性单元的刚度。对结构的同一单元而言，可能底部截面已经屈服，而顶部截面还是弹性的。这时，取哪个截面的刚度作为整个单元的代表刚度，或者如何计算单元的代表刚度，就会有多种方法。非线性梁单元根据塑性铰的位置分为集中铰模型和分布铰模型。集中铰模型的基本特点是将单元分为两端塑性区和中间弹性区，分别计算两端塑性区和中间弹性区特征截面的刚度，再积分得到整个单元的刚度。定义铰特性值时,轴力铰使用轴力—位移关系定义,弯矩铰使用弯矩—旋转角关系定义。

程序中可以考虑非线性梁单元的初始几何刚度矩阵的影响,但是不考虑几何刚度矩阵在分析过程中的变化。考虑初始几何刚度矩阵的方法是在荷载＞初始荷载＞小位移＞初始荷载控制数据对话框中勾选"考虑初始轴力对几何刚度的影响"选项。考虑几何刚度的变化应该在大位移中。

一般连接单元由沿单元坐标系三个平动方向和三个旋转方向的六个弹簧构成。程序中在定义一般连接单元的特性值时,选择单元类型中的"弹簧"类型后可定义弹簧的铰特性值。此时一般连接单元具有各方向的弹性刚度,其弹簧的非线性特性由其铰特性值决定。非线性一般连接单元可以用于模拟结构特定部位的塑性变形或者地基的塑性变形。因为一般连接没有具体的截面形状,因此需要用户直接输入各成分的刚度值,这些刚度值将作为非线性分析时的初始刚度。

非线性桁架单元只有轴向的刚度,因此仅具有轴向的非线性特性。单元的轴向刚度由单轴铰模型滞回曲线的状态决定。非线性桁架单元与非线性梁柱单元一样可以考虑初始轴力对其几何刚度的影响,此时在初始单元内力中输入初始内力后在"初始内力控制数据"命令中勾选在几何刚度中考虑初始轴力的选项即可。动力弹塑性时程分析过程中将不更新初始的几何刚度。

3)非线性结构的初始内力状态

在桥梁动力分析时,一般取成桥阶段分析,此时自重恒载已经对结构变形、内力产生了影响。在动力非线性分析时,必须考虑自重恒载的初始效应。与线弹性时程分析一样,在程序中,做时程分析时,通过图 13-90 所示的对话框考虑恒载效应,当前时程荷载工况可在前次荷载工况(可以是时程荷载、静力荷载、最后一个施工阶段荷载、初始内力状态)作用下的位移、速度、加速度、内力状态下继续分析。

当前次荷载工况为 ST(静力荷载)、CS(最后一个施工阶段荷载)或初始单元内力表格,且定义了非弹性铰,要对时程荷载做动力分析时,如果静力荷载本身的大小超出了致使结构产生弹性变形的范围,会造成当前时程荷载工况分析的结果不准确。因为静力荷载的分析是弹性分析,其内力结果是弹性分析的结果,但是这个内力结果实际上超出了产生弹塑性铰的内力,即这时的内力状态是不真实的。所以 ST、CS 的荷载和初始单元内力表格中的内力值要使结构处于弹性范围内。当前次荷载工况为时程荷载时,无需要求前次时程荷载工况的结果处于弹性阶段,因为前次时程荷载分析的非线性结果是准确的。

程序中考虑重力荷载等恒载作用下的初始内力状态的方法有以下几种:

(1)接续非线性振型叠加法。

弹塑性动力分析属于非线性分析,不能像线弹性时程分析那样使用线性叠加原理,所以应该使用直接积分法进行分析。使用振型叠加法作接续非线性分析可采用下面的方法。

首先,定义一个斜坡类型的无量纲加速度时程函数"RAMP",如图 13-119 所示,在相对结构第一周期较长(如 10 倍)的时间段上,从 0 到 1 线性增加,然后保持恒定。其目的是避开结构基本周期的长时间加载,时间长度要使静力荷载转换为动力荷载后具有足够的衰减时间达到可以忽略其动力效果的程度。

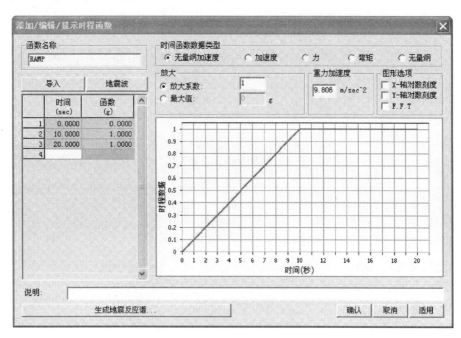

图 13-119　定义斜坡类型的加速度时程函数

其次,定义一个非线性振型叠加法分析工况,如图 13-120 所示,分析时间为"RAMP"函数持续时间,振型阻尼输入高阻尼比 0.999,其他默认。高阻尼使结构后续振动迅速衰减。

第三,用命令荷载＞时程分析数据＞时变静力荷载定义时变静力荷载,选择要参与组合的静力荷载工况、前面定义的时程函数和对应的时程荷载工况名称。

最后,按与图 13-90 类似的方法,设置刚定义的时程荷载工况为被接续的分析工况。

(2)非线性直接积分法。

该方法基本与上面振型叠加法时一样,仅在时程分析工况定义中改为直接积分法。

(3)通过"静力法"非线性时程分析获得恒载作用下的非线性内力状态。

首先也是定义一个斜坡类型的无量纲函数(图 13-121),其次定义非线性静力法分析工况(在图 13-120 中,"分析方法"设为静力法,分析时间为 1 秒,其他默认),最后将该分析工况作为下次动力非线性直接积分法分析工况的前次分析,即通过将恒载定义为时变静力荷载的方法实现初始内力状态(见下节实例)。

图 13-120　定义时程荷载工况

上述三种方法中都是通过时变静力荷载实现初始荷载的施加的,这三种方法在定义时程荷载工况时采用的分析方法不同,第三种方法因比较简单而常用一些。

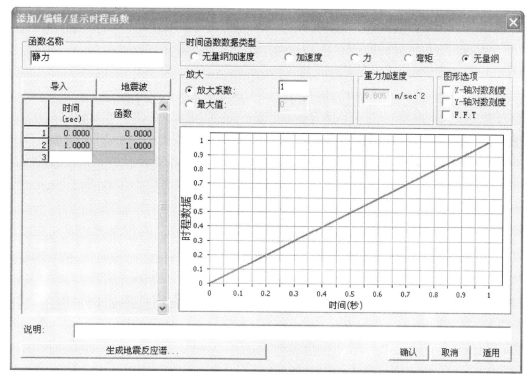

图 13-121　定义时程函数

(4)通过初始内力表格输入初始内力。

在时程荷载工况定义对话框中的"分析类型"中选择"非线性",在分析方法中选择"静力法",在"加载顺序"分组框中勾选"接续前次",然后选择"初始单元内力(表格)"按钮,并在初始单元内力中输入相应数据。初始单元内力可通过初始荷载控制数据中的初始内力组合选项自动生成,操作命令为荷载＞初始荷载＞小位移＞初始荷载控制数据。

4)静力法

在时程荷载工况中选择"静力法"时表示在动力弹塑性分析中排除质量和阻尼的影响。该方法可用于计算初始荷载作用下初始状态分析或 Pushover 分析。

动力弹塑性分析中必须要考虑重力荷载等作用下的初始状态的作用,而重力荷载等作用下的初始状态也需要考虑非线性效果。midas Civil 程序中可以考虑初始内力作用下结构构件的非线性状态。

静力法接续动力非线性直接积分法分析工况的问题上面已经介绍,在后面也有分析的实例。静力法中的增量控制方法有荷载控制法和位移控制法,如静力法接续的仍然是静力法时程荷载工况,那么必须注意的是不同的静力法虽然可以采用不同的增量控制法,但是在下列两种情况下会产生不正确结果:

(1)两个荷载控制法的静力法时程荷载工况的接续分析,即前次静力法用了荷载增量法,后面接续的静力法仍然采用荷载增量法,这是错误的。

(2)位移控制法的静力法时程荷载工况后面接续荷载控制法的静力法时程荷载工况,这也是不正确的。

用静力法时程荷载工况定义的荷载可以使用时变静力荷载(Time Varying Static Load)加载,此时时程函数的数据类型要选择"无量纲"。荷载增量法中的荷载因子由0到1线性增加。位移增量法中通过位移增量自动计算荷载因子。

5)滞回曲线

滞回曲线是在反复荷载作用下结构的荷载—变形曲线。它反映结构在反复受力过程中的变形特征、刚度退化及能量消耗,是确定恢复力模型和进行非线性地震反应分析的依据,又称恢复力曲线。在强烈地震作用下,结构进入非线性变形状态,要经受有限次周期反复荷载的作用。但此时每种构件的荷载变形过程很难记录下来,为了模拟地震作用下构件的受力性能,常常要进行低周反复荷载试验。从第一次加载到峰值,从峰值卸载到0,反向加载到谷值,从谷值反向卸载到0,形成了第一个滞回环。如此,进行第二次加载→卸载→反向加载→反向卸载,形成第二个滞回环,依次可形成第 n 个滞回环。滞回环的面积可以衡量构件的耗能能力。滞回环的对角线斜率反映构件的整理刚度,滞回环包围的面积反映结构吸收能量的能力,滞回环饱满者有利于结构的抗震。

结构或构件滞回曲线的典型形状一般有四种:梭形、弓形、反S形和Z形。梭形说明滞回曲线的形状非常饱满,反映出整个结构或构件的塑性变形能力很强,具有很好的抗震性能和耗能能力。弓形具有"捏缩"效应,显示出滞回曲线受到了一定的滑移影响,其形状比较饱满,但饱满程度比梭形要低,反映出整个结构或构件的塑性变形能力比较强,节点低周反复荷载试验研究性能较好,能较好地吸收地震能量。反S形反映了更多的滑移影响,滞回曲线的形状不饱满,说明该结构或构件延性和吸收地震能量的能力较差。Z形反映出滞回曲线受到了大量的滑移影响,具有滑移性质。

钢筋混凝土的滞回曲线为"荷载—位移"曲线,其特点有:

(1)加载曲线:每次加载过程中,曲线的斜率随荷载的增大而减小,且减小的程度加快;比较各次同向加载,后次曲线比前次曲线斜率减小,表明反复荷载下构件的刚度退化。

(2)卸载曲线:刚开始卸载时,恢复变形很小;荷载减小后曲线趋向平缓,恢复变形逐渐加快。曲线斜率比随反复加载次数而减小,表明卸载刚度退化。

6)梁单元的屈服强度(面)

动力弹塑性分析中,可以用"零长度"浓缩的塑性铰考虑材料的非线性。传统的塑性铰被定义为一个沿着结构构件的零长度点,该点不但保持塑性弯矩能力而且能自由转动。当截面达到它的塑性能力时(达到屈服面上的屈服强度),则塑性铰形成,并且调整单元刚度来反映塑性铰的形成。对于构件中离开塑性铰较远的区域,仍假设为弹性行为。动力弹塑性分析中一般使用滞回模型模拟构件的恢复力特性,即力和位移关系。铰的滞回模型由屈服强度和屈服后刚度折减率定义。

屈服强度(面)的计算方法有用户输入和自动计算,在没有相关试验结果的情况下,一般采用自动计算。考虑轴力和弯矩的相关作用时,需要考虑轴力变化引起的中和轴的变化带来的屈服面的变化,程序会自动考虑轴力的影响。

非线性梁单元的屈服标准为:

(1) 钢材截面

第一屈服的标准为最外侧纤维的弯曲应力达到钢材的屈服强度,第二屈服强度的标准为全截面都达到钢材的屈服强度;

(2) 钢筋混凝土截面

第一屈服强度的标准为边缘混凝土纤维的弯曲应力达到混凝土抗拉强度,第二屈服强度的标准为混凝土的受压端最外侧纤维达到混凝土抗压强度,假设此时的钢筋的应力不大于钢筋的屈服应力。

(3) 钢管混凝土截面(方钢管、圆钢管)

屈服强度标准与钢材截面相同。

(4) 型钢混凝土截面

屈服强度标准与钢筋混凝土截面相同。

7) 塑性铰模型

对于以弯曲破坏为主,轴力变化不大或轴力影响可以预测的问题,可以采用塑性铰模型。由于塑性铰模型的滞回曲线有的可以包含钢筋滑移、塑性内力重分布等影响,且计算过程简单,因此应用比较广泛。塑性铰特性分为集中型、分布型、弹簧型和桁架型。梁柱单元(集中型、分布型塑性铰,可参考 13.3.2 节)一般定义除扭转外的其他 5 个内力成分的非线性特性,一般连接单元(弹簧型塑性铰)可以定义 6 个内力成分的非线性特性,桁架单元(桁架型塑性铰)只能定义轴向的非线性特性。根据内力成分的相互关系,滞回模型可分为单轴铰模型和多轴铰模型。

单轴铰模型是指 3 个平动和 3 个转动方向的内力成分相互独立,不相互影响。单轴铰模型主要适用于受轴力影响较小的梁、支撑构件。

多轴铰模型不仅可以像单轴铰模型那样分别定义各方向的非线性特性,还可以考虑轴力和弯矩以及两个弯矩之间的相关性。一般来说柱构件的轴力和两个方向的弯矩之间是相关的。程序中提供随动硬化型多轴铰模型。

多轴铰模型分为 P-M 相关型和 P-M-M 相关型。P-M 相关型的弯矩成分由 PMM 屈服面决定,屈服弯矩由初始轴力决定,且不随轴力的变化更新屈服弯矩;轴力、剪切、扭矩成分等各内力成分互相独立,互不相关。P-M-M 相关型的弯矩成分由 PMM 屈服面决定且与轴力相关,屈服弯矩随轴力的变化而变化,M_y-M_z 的关系使用布瑞斯勒(Bresler)模型;轴力的刚度折减系数与弯矩相关;剪切、扭矩成分互相独立互不相关。

表 13-11 列出了程序提供的滞回模型的类型。

钢筋混凝土构件混凝土发生裂缝、钢筋发生屈服时,其刚度会退化;另外在往复荷载作用时,截面屈服后卸载过程中刚度也会发生退化,且加载方向发生变化时,荷载—位移曲线具有指向过去发生的位移最大点的特性。钢筋混凝土构件的恢复力模型有很多,但考虑刚度退化和指向最大值的两个特性是必须考虑的。钢筋混凝土的滞回模型中最具代表性的是武田模型、克拉夫模型、刚度退化三折线模型。

钢材具有在某个方向发生屈服后卸载且反向加载时,反向的屈服应力有降低的特性,同时正向的屈服应力会加大,这样的特性被称为包辛格效应(Bauschinger Effect),当某个方向屈服强度提高的值和相反方向降低的值相等时,被称为理想包辛格效应;另外钢材还具有应力随应变增加而增加的特性,即应变硬化(Strain Hardening)特性。常用的钢材滞回模型有随动硬化型的标准双折线模型,也有标准三折线模型。

程序提供的滞回模型的类型 表 13-11

分 类	滞 回 模 型	适用构件	内力相关关系	主要用途
简化模型	随动硬化三折线模型(Kinematic hardening)		PMM	钢材
	指向原点三折线模型(Origin-oriented)		PM	桥梁上部结构
	指向极值点三折线模型(Peak-oriented)		PM	桥梁上部结构
	标准双折线模型(Normal Bilinear)		PM	钢材
退化模型	克拉夫双折线模型(Clough)		PM	钢筋混凝土构件
	刚度退化三折线模型(Degrading Trilinear)		PM	
	武田三折线模型(Takeda)	梁、柱、支承	PM	
	武田四折线模型(Takeda Tetralinear)		PM	
	修正武田三折线模型(Modified Takeda)		PM	
	修正武田四折线模型(Modified Takeda Tetralinear)		PM	
非线性弹性模型	弹性双折线模型(Elastic Bilinear)		PM	桥梁上部结构
	弹性三折线模型(Elastic Trilinear)		PM	
	弹性四折线模型(Elastic Tetralinear)		PM	
滑移模型	滑移双折线模型(Slip Bilinear)		PM	钢材、橡胶支座
	滑移双折线只受拉模型(Slip Bilinear/Tension)		PM	
	滑移双折线只受压模型(Slip Bilinear/Compression)		PM	
	滑移三折线模型(Slip Trilinear)		PM	
	滑移三折线只受拉模型(Slip Trilinear/Tension)		PM	
	滑移三折线只受压模型(Slip Trilinear/Compression)		PM	

型钢混凝土的滞回模型使用武田模型的较多,也有使用在屈服点刚度会发生变化的随动硬化型标准双折线模型,标准双折线模型不能考虑刚度退化。

8) midas Civil 非弹性铰特性值定义

执行命令模型>材料和截面特性>非弹性铰特性值,在弹出的对话框中点击"添加"按钮,弹出如图 13-122 所示的对话框。

首先定义塑性铰特性值的名称,用来在分配非弹性铰时使用。

"屈服强度(面)的计算方法"有用户输入和自动计算,在没有相关试验结果的情况下,一般采用自动计算。

按类型区分有"梁—柱"、"弹簧"及"桁架",在梁柱中又分为"集中铰"和"分布铰"。"集中铰"通过转动和平移弹簧把结构的非弹性性能集中在单元的两端和中心,结构的其他位置假定为弹性,集中非弹性铰通过力矩与转角或者力与位移之间的关系定义,输出的时程分析结果中非弹性铰的变形 $R_X/R_Y/R_Z$ 都是转角。"分布铰"假定整个构件均为非弹性,分布非弹性铰通过在积分点处力矩与转角或者力与位移之间的关系定义,输出的时程分析结果中非弹性铰的

变形 $R_X/R_Y/R_Z$ 都是曲率。

作用类型有"无"、"强度 P-M"及"状态 P-M-M"。

"无"是不考虑轴力与弯矩的相互作用。

"强度 P-M"即 PM 铰，考虑轴力（只能考虑初始轴力 P，即初始重力荷载或用户输入的初始轴力，程序使用该初始轴力计算屈服弯矩）对铰的弯曲屈服强度的影响，在分析过程中，各时刻的屈服面不考虑轴力变化的影响，同时对于两个方向弯矩间的相互作用也是不考虑的。考虑初始荷载引起的轴力的方法可使用时变静力荷载功能并定义为时程荷载工况后进行连续分析即可。另外也可以在初始荷载＞小位移＞初始单元内力中输入单元内力，然后在时程分析工况中勾选考虑初始单元内力（表格）。

"状态 P-M-M"即 PMM 铰，反映轴力和两个方向上弯矩的相互作用，P 值是可变的，即可以考虑变化的轴力对屈服面的影响。所谓变化的轴力是指在地震作用下产生的附加轴力引起的轴力的变化。选择 PMM 铰后，一般只要定义 F_X 方向的铰特性值，但这时只能选择 kinematic hardening

图 13-122　定义非弹性铰特性值

滞回模型（随动强化模型），M_Y、M_Z 方向的铰和 F_X 方向的是相关联的，所以不用定义。

当轴力的变化对屈服的影响较大时（例如对墩柱或跨度较大的情况），或者需要考虑 M-M 之间的影响时（例如弯桥的情况），可以采用 PMM 铰；当轴力的变化不大且对屈服的影响比较小时，如跨度较小且桥墩的长细比不是很大时（不需要考虑 P-delta 效应），采用 PM 铰更好一些。

铰特性值包括成分、铰位置（铰数量）、滞回模型等。对 PM 铰，成分一般输入一个轴向和两个弯距成分的数据，然后"屈服面特性值"选择自动计算；对 PMM 铰，成分一般仅输入一个轴力成分数据，"屈服面特性值"选择自动计算。铰位置选择集中类型时被激活，一般轴力成分选择单元中间，弯矩成分选择 i 端、j 端或者两端。铰数量选择分布类型时被激活，输入积分点的数量，最多可输入到 20 个，根据输入的个数计算各个截面的力—位移或变形的关系。

滞回模型的说明与选择请参见在线帮助手册。

特性值中的"延性系数"是选择计算延性的基础。当选择 D/D_1 时延性系数是当前变形除以第一屈服变形，当选择 D/D_2 时延性系数是当前变形除以第二屈服变形。程序中采用集中铰时，D/D_1 是桥墩的非线性响应最大转角除以桥墩的第一屈服转角，不是直接和《公路桥梁抗震设计细则》(JTG/T B02-01—2008)中式(7.4.2)对应的，但是可以直接用于《铁路工程抗震设计规范》(GB 50111—2006)中的 7.3.3 条进行的验算。

特性值中的"铰状态"为输入参考延性系数，即将铰的状态划分为 5 个不同的状态。对于非对称铰，程序会取各时间步骤中铰在正（＋）、负（－）两个方向上较大的状态值来确定其状态。Lever-1(0.5)表示铰还处于弹性阶段,Lever-2(1)表示铰已达到屈服状态,Lever-3(2)、Lever-4(4)、Lever-5(8)表示各构件不同的延性。在分析结果中对于上述5个状态分别以蓝色、深绿色、浅绿色、黄色和红色来表示。

点击"屈服面特性值"按钮(只有选择PM铰或PMM铰之后才可用)会弹出钢材或钢筋混凝土屈服面特性值对话框。如前所述,选择多轴铰并定义了各成分的(单轴)铰特性值后,可以在此对话框中设置成自动计算。如没有定义各成分的(单轴)铰特性值,那么在此对话框中只能选择用户输入的方式来定义屈服面。屈服面的解释可参考静力弹塑性部分。

9)纤维模型

在地震作用下,钢筋混凝土结构构件的截面行为是非常复杂的,即使使用多轴铰模型考虑轴力和弯矩以及两个方向弯矩间的相互影响,也很难反映复杂受力时的实际情况。为此,很多情况下需要将截面行为再细分成很多小区域(称为纤维),根据轴向变形、弯曲变形以及在构件截面上的位置,按平截面假定,计算出每个纤维的应变,然后再由材料单轴应力—应变滞回关系,计算出纤维的应力和弹性模量,积分得到整个截面的内力和刚度。这种恢复力模型称为纤维模型。平截面假定对于可以不考虑剪切与扭转变形影响、由理想均质材料构成的梁柱单元是足够精确的。

纤维模型不仅可以准确模拟受弯构件的力学特性,而且可以考虑截面内纤维的局部损伤状态及轴力引起的中和轴的变化。纤维模型同样可以考虑轴力和弯矩、两个弯矩之间的相互影响,特别适用于轴力变化较大的情况,但是因为不能反映剪切破坏,所以一般用于剪切变形不大的情况。如果构件的剪切变形很大,或者钢筋和混凝土之间的相对滑移很大,那么使用纤维模型是很难模拟准确的。另外,由于每次计算都要对截面的各个纤维受力进行分别计算并积分迭代,因而计算工作量较大。

截面划分纤维一般根据截面不同部分的材料受力性能差别按一定规则进行。对于钢筋混凝土杆件,混凝土受力特性的差别主要与混凝土受到的侧向约束有关,比如柱子的保护层厚度和核心约束区混凝土的应力应变关系有所不同,需分别加以模拟,即需要分别划分出不同的纤维。同样混凝土和钢筋也应划分在不同的纤维中。图13-123a)给出了一个矩形截面钢筋混凝土柱截面的纤维划分情况。

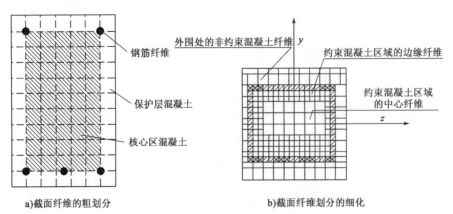

图13-123 钢筋混凝土截面纤维分区

截面纤维的划分还应根据截面受力特点,对非线性变化很剧烈的部分要有一定的细化,但是具体的细化程度要有效把握,不可过大或过小,图 13-123b)给出了一个截面纤维细化的例子。因为在荷载后期,伴随着钢筋滑移、混凝土开裂和大的塑性变形以及外围混凝土的脱落,非约束混凝土在后期所起的作用是不大的,边缘纤维有向中间纤维逐步卸载的趋势。于是,对非约束混凝土可以选用较大的纤维面积,而对约束混凝土区域的外缘要细化,再逐步过渡到中部适当放大。

各纤维可以选择不同的材料(模型>材料和截面特性>弹塑性材料特性),同一截面内可定义 6 种不同的材料,程序支持任意形状截面。纤维模型中单元的非线性特性表现在纤维的非线性材料本构关系上,钢筋和混凝土的纤维本构模型参见 13.5.2 节。

10)模型建立注意事项

与静力分析模型的区别:不在精细地模拟,而重点是要准确地反映结构质量、结构及构件刚度、结构阻尼及边界条件。关于动力弹塑性分析模型的建立原则可参见《公路桥梁抗震设计细则》(JTG/T B02-01—2008)中 6.3 条。

(1)刚度

构件刚度在地震往复作用下一般会降低,理论上应使用各个构件的相对动刚度,但选择静刚度满足工程要求。

(2)阻尼

一般使用阻尼比来反映整个桥梁的全部阻尼。钢筋混凝土、预应力钢筋混凝土梁桥阻尼比一般选择 0.05;钢桥阻尼比一般选择 0.03;钢混组合梁桥分别定义钢构件组阻尼比和混凝土构件组阻尼比,程序计算各阶振型阻尼;钢混叠合梁桥可使用介于 0.02~0.05 之间的阻尼比。

(3)连接边界条件

各个连接构件(支座、伸缩缝)及地基刚度的正确模拟是动力弹塑性分析的关键。在连接构件中,普通板式橡胶支座可用弹性连接输入刚度,固定盆式支座可以使用主从约束或弹性连接,活动盆式支座应该用理想弹塑性连接单元(从主菜单中选择模型>边界条件>一般连接特性值…)。预应力拉索用一般连接中的钩单元,伸缩缝和橡胶挡块用一般连接的间隙单元,摩擦减隔震支座、钢阻尼器、液体阻尼器在程序中有专门的模拟单元。

(4)地基边界条件

地基刚度的模拟可以在墩底加上弹簧支承,但需事先算出各个方向上的弹簧刚度。真实模拟桩基础,可利用土弹簧准确模拟土对桩的水平侧向力、竖向摩阻力,一般可用表征土介质弹性的"m"法。

(5)地震波

定义动力弹塑性分析中使用的地震波时,因为动力弹塑性分析一般使用罕遇地震作用进行分析,所以需要将地震波的有效峰值加速度调整到罕遇地震作用等级。有关地震波的选择请参见线性时程分析中关于地震波的说明。

13.6.2 使用塑性铰做桥梁的动力弹塑性分析实例

1)桥梁资料

本桥梁资料节选自北京迈达斯技术有限公司的技术培训资料。

某桥梁是高速公路上的一座大桥，属于规范中的 B 类桥梁。桥墩高 18m，墩截面是 2m× 2m 的矩形截面。墩上面有变截面盖梁，盖梁的截面高度从 3m 变化到 1.5m，盖梁宽度 2.5m，盖梁中间等截面部分长度 2.5m，两边变截面长度均为 4.6m。桥墩和盖梁均采用 C30 混凝土材料。基础为桩基础。静力分析模型如图 13-124 所示，图中桥墩和盖梁均用梁单元模拟。

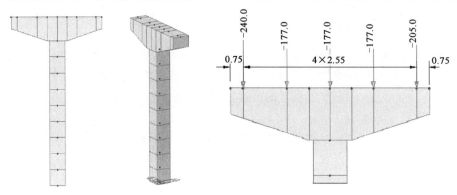

图 13-124　实例的静力分析模型（长度单位为 m，力的单位为 t）

进行弹塑性动力分析的地震荷载应该考虑场地等桥址的实际情况，其选取与调整方法可参见线弹性动力分析部分。在此选取了一个实际的地震波 1940，El Centro Site，270 Deg，直接施加。B 类桥梁验算内容一般需要按照《公路桥梁抗震设计细则》（JTG/T B02-01—2008）中 7.3 与 7.4 节验算大震动 E2 作用下桥墩的强度、潜在塑性铰区域转角、墩顶位移等。

2）建立模型

(1) 定义材料

桥墩和盖梁的材料为 C30 混凝土。

(2) 定义截面

桥墩的截面形状均为矩形，盖梁的截面为变截面矩形截面，需给墩顶两侧截面分别定义变截面组，盖梁截面的偏心均为中—上部。

(3) 建立模型

使用梁单元建立如图 13-124 所示的模型。

(4) 边界条件

边界条件包括墩底的约束以及桥墩和盖梁之间的连接。这里简化了约束条件而将墩底固结，盖梁与桥墩之间的连接为弹性连接（刚性）。

3）输入质量

在 midas Civil 中输入质量有两种类型。一个是将所建结构模型的自重转换为质量，另一个是将输入的其他恒荷载（铺装及护栏荷载等）转换为质量。

为此，这里需要定义两个静力荷载工况并施加荷载：一个静力荷载工况命名为"桥墩自重"，施加桥墩及盖梁自重；另一个静力荷载工况命名为"桥梁上部结构自重"，以节点荷载的形式施加桥梁上部结构（梁体）以及二期恒载（桥面铺装、护栏等）的重力（图 13-124）。

对于结构（此处为桥墩及盖梁）的自重不需另行输入，即可在模型＞结构类型对话框中完成转换。而梁体质量及二期恒载这里是以外部荷载（节点荷载）的形式输入的，然后再使用模型>质量>荷载转换为质量功能来转换。

4）特征值分析

为了取得结构的主振型及对应振动周期,需进行特征值分析,详细步骤这里从略。得到结构的第一阶和第二阶振型为主振型,它们的周期分别是 2.25 秒和 1.80 秒。

5）柱截面设计

为了输入塑性铰的非线性特性,首先要在设计>RC 设计>RC 设计截面配筋中输入柱截面钢筋(如图 13-125 所示,图中 Pos1 和 Pos2 分别指矩形截面的宽边和高边)。然后在设计>RC 设计>RC 设计参数/材料中编辑混凝土、主筋以及箍筋的特性值(图 13-126)。当用户确认塑性铰的延性系数时,要定义构件的屈服强度。配筋截面的屈服强度可使用程序中的设计功能自动计算。

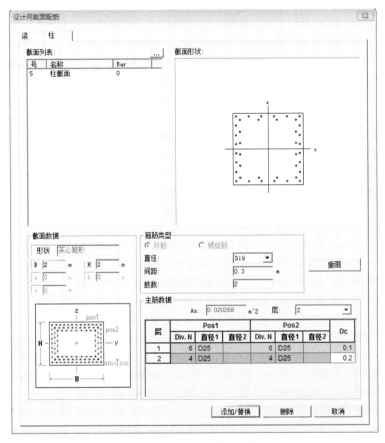

图 13-125　设计用截面配筋

6）定义非弹性铰特性值

仅在桥墩中定义非弹性铰。运行命令模型>材料和截面特性>非弹性铰特性值,在弹出的对话框中选择"添加"按钮,然后在弹出的对话框中按图 13-122 填写或选择数据。一般认为,对于较高的墩柱采用 PMM 铰,虽然此时 midas Civil 程序只能选择随动硬化三折线模型(Kinematic hardening),并且铰的位置不在中间。对于 Kinematic hardening 滞回模型(随动强化型),初期加载时的效应点是在 3 条骨架曲线上移动的,卸载刚度与弹性刚度相同,随着荷载的增加强度有增加的趋势,适用于金属材料,它考虑了金属材料的包辛格效应,但对于混凝土材料这样会过高地评价其耗能能力。

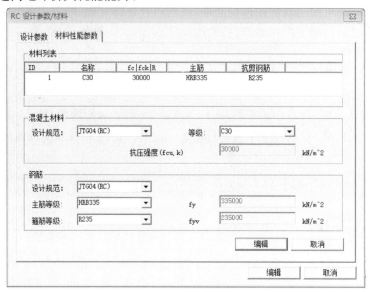

图 13-126 设计截面材料

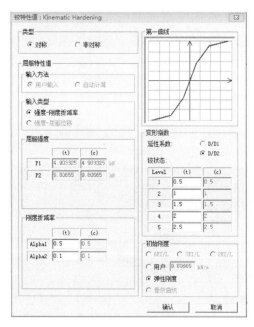

图 13-127 铰特性值定义

点击轴力 F_x 成分后面的"特性值"按钮,按图 13-127 全部选择默认,需要改变时其中数据的填写可参考"静力弹塑性分析 Pushover"部分的实例和上节的相关内容。

关于钢筋混凝土桥墩柱的屈服面计算,在图 13-122 中的上部有一个"屈服强度(面)计算方法"功能区,没有实测数据时一般选择程序"自动计算"。再点击图 13-122 中下部的按钮 屈服面特性值... ,弹出如图 13-128 所示的对话框。若前面选择了"自动计算",这里也要选择自动计算,计算的结果与截面及配筋情况相关,如果想对自动计算的结果加以修正,此时可以选择"用户输入",对话框中的数据没有改变,但是可以编辑。

混凝土截面的屈服面公式仍然采用 Bresler 公式,请参考 13.3.3 节内容。需要说明的是在动力计算时,指数 Alpha 的取值一般为 1.4,即图 13-128 中默认的值。

7) 分配非弹性铰

仅对桥墩分配上面定义的非弹性铰。运行命令模型＞材料和截面特性＞分配非弹性铰,在图 13-129 中选择非弹性铰特性值为上面定义的 PMM,然后选择桥墩单元,再点击"适用"按钮,完成非弹性铰的分配。

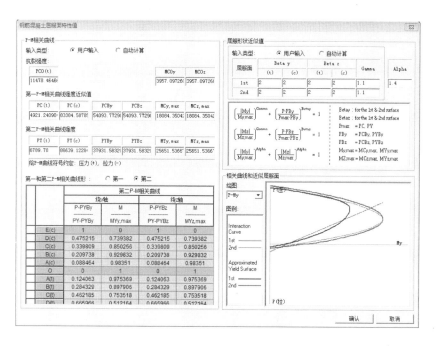

图 13-128　钢筋混凝土屈服面特性值定义

8) 定义初始内力状态

定义的塑性铰作用类型是 PMM 铰,也就是考虑轴力对结构几何刚度的影响,所以将桥墩自重和上部结构自重都要按初始内力状态来考虑,并在此基础上做地震动作用下的非线性时程分析。

本例题的分析是在恒荷载作用已存在的情况下做地震时程分析,因为在非线性分析中不能将各荷载的效果线性累加,所以可以使用"时变静力荷载"功能首先对恒荷载进行时程分析,将恒荷载已经存在的状态定义为初始状态,进行后续的地震时程分析。需要说明的是,处理初始内力状态的方法在上节中给出了 4 种,这里仅采用其中一种。其步骤为:首先定义一个静力荷载工况,其次定义一个斜坡类型的无量纲时程函数,再次定义非线性静力法分析工况,并在定义接续的动力非线性直接积分法分析工况时将其设置为前次荷载工况,最后定义"时变静力荷载"来包含前面定义的时程荷载工况(静力法)和静力荷载工况。下面为本例的操作步骤:

(1) 定义静力荷载工况

前面定义质量时已经定义了两个静力荷载工

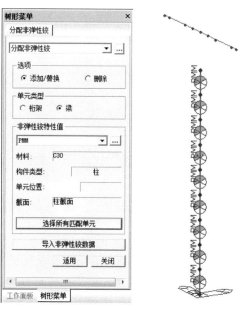

图 13-129　分配非弹性铰

况:"桥墩自重"和"桥梁上部结构自重",这里也使用这两个静力荷载工况。

(2)定义时程函数

定义方法如图 13-121 所示,仅将函数名称改为 Ramp。

(3)定义时程荷载工况

运行命令荷载＞时程分析数据＞时程荷载工况,按图 13-130 填写数据,定义的时程荷载工况命名为"Gravity"。

(4)定义时变静力荷载

运行命令荷载＞时程分析数据＞时变静力荷载,按图 13-131 填写数据。与前面定义的两个静力荷载工况对应,这里也定义两个时变静力荷载。

图 13-130　定义静力法时程荷载工况

图 13-131　定义时变静力荷载

下面定义地震作用的时程荷载工况时,要将这里定义的静力法时程荷载工况作为前次荷载工况。

9)定义地震作用的时程分析数据

首先,涉及的问题就是地震波的选取与调整,该内容在 13.4.2 节线弹性时程分析中已经说明,这里仍然采用其方法。作为实例,这里直接使用地震波,定义两个水平方向地震作用时程函数 Elcent_h(对应地震波 1940, El Centro Site, 270 Deg)和 Elcent_t(对应地震波 1940, El Centro Site, 180 Deg), Elcent_h 对应时程函数定义如图 13-132 所示(在图中点击"地震波"按钮,然后再用弹出的对话框中的下拉条即可选择程序自带的地震波,也可导入自定义的地震波或其他已有的地震波)。

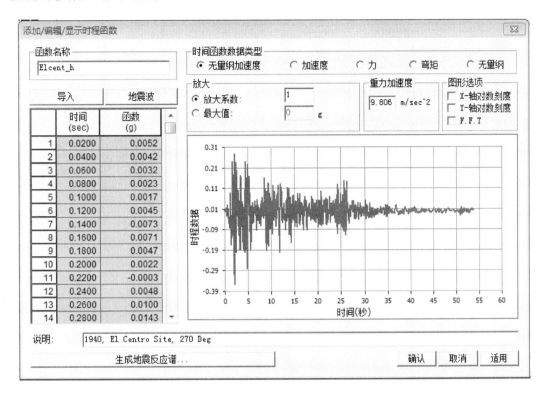

图 13-132 定义时程函数

其次,定义时程荷载工况,如图 13-133 所示。地震作用的时程荷载工况名称定义为"Quake",分析类型为"非线性",分析方法为"直接积分法",时程类型为"瞬态",分析时间设为 20 秒,步长为 0.02 秒。在"加载顺序"分组框内,选择前面定义的时程荷载工况"Gravity"为前次分析,其他默认即可。在"阻尼"分组框内,阻尼计算方法选择"质量和刚度因子",即阻尼的计算方法采用瑞利阻尼,取结构的两个主振型即第一阶和第二阶振型,它们的周期分别是 2.25 秒和 1.80 秒,阻尼比都取 0.05。关于阻尼的详细说明请参见第 10 章相关内容。"时间积分参数"和"非线性分析控制"两个分组框中的数据选择默认。

第三,将地震波按地面加速度输入。运行命令荷载>时程分析数据>地面加速度,按图 13-134 填写数据。

10) 运行结构分析

输入完上述数据后,运行结构分析。

11) 查看分析结果

查看分析结果所用命令在结果菜单的时程分析结果中,如图 13-135 所示。

查看时程分析内力、位移等结果的方法可参考 13.4.3 节。这里主要查看非弹性铰的地震响应,为了以图形方式输出时程分析结果,需要使用命令荷载>时程分析数据>时程结果函数定义结果输出函数。

图 13-133 定义地震作用时程荷载工况   图 13-134 定义地面加速度

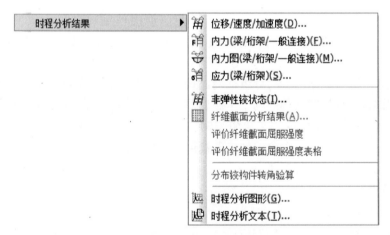

图 13-135 时程结果菜单

如图 13-136a)所示,选择"图形函数",在下拉框中选择"非弹性铰变形/内力",然后点击"添加新的函数"按钮,会出现图 13-136b)所示对话框。在图 13-136b)所示对话框中定义函数名称,选择单元类型等,然后点击"确认",然后就会在图 13-136a)所示对话框的"函数列表"中出现刚定义的函数。

第13章 抗震分析

a) 定义时程结果函数步骤1

b) 定义时程结果函数步骤2

图 13-136 定义时程结果函数

为了查看墩底(1号单元)的内力—位移关系曲线,这里定义了6个函数,分别对应1号单元的I端位移 D_X、R_Y 和 R_Z 以及内力 F_X、M_Y 和 M_Z。下面介绍如何查看墩底截面的弯矩—转角关系曲线。

执行命令结果>时程分析结果>时程分析图形,在图13-137中依次按下面说明操作。

(1)选择函数列表中的"M_Y quake";

(2)在竖轴分组框中点击"从列表中添加"按钮,则"M_Y quake"出现在竖轴列表中;

(3)横轴选择"R_Y quake";

(4)填写图形标题;

(5)点击"图表"按钮,得到如图13-138所示的图形。

通过命令结果>时程分析结果>非弹性铰状态来查看"铰状态"、"延性系数"、"变形"、"内力"和"屈服状态"来判断结构的状态。图13-139给出了时间步骤为3.22时 R_Y 成分的延性系数值。

通过命令结果>时程分析结果>位移/速度/加速度来查看结构在某时刻的位移,图13-140为在 X 方向地震作用下时间步骤为3时的 D_X 位移。

图 13-137 定义时程分析图形数据

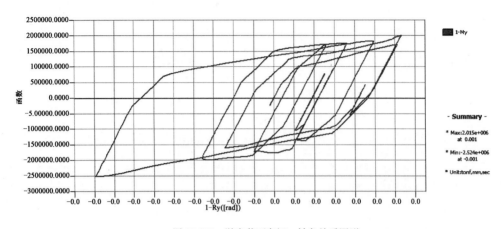

图 13-138　墩底截面弯矩—转角关系图形

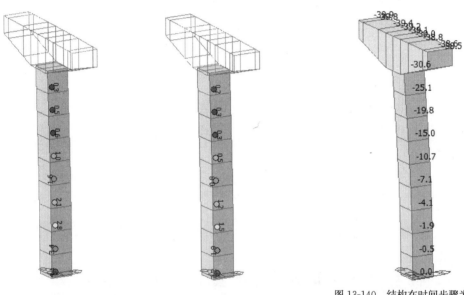

图 13-139　延性系数 D/D_1 和 D/D_2

图 13-140　结构在时间步骤为 3 时 D_X 位移（单位：mm）

13.6.3　使用纤维模型做桥梁的动力弹塑性分析实例

如前所述，纤维单元是将梁单元截面分割为许多只有轴向变形的纤维的模型，使用纤维模型时可利用纤维材料的应力—应变关系和截面应变的分布形状假定较为准确的截面的弯矩—曲率关系，特别是可以考虑轴力引起的中和轴的变化。但是因为使用了几种理想化的骨架曲线（见 13.5.2 节）计算反复荷载作用下梁的响应，所以与实际构件的真实响应还是有些误差。

midas Civil 中使用纤维单元做动力弹塑性分析的步骤与上节大致相同，只是增加了定义纤维模型的材料特性以及定义纤维模型的截面特性，同时定义并分配构件的非弹性铰特性与上节也稍有不同。下面通过例题，介绍使用纤维单元做动力弹塑性分析的步骤。为了做一下比较，结构模型仍然采用上节的。

1)建立模型

同上节。

2)输入质量

同上节。

3)特征值分析

同上节。

4)墩柱截面钢筋输入

因为墩柱截面核心混凝土(约束混凝土)的弹塑性本构拟用 Mander 本构,需要输入截面钢筋数据。另外,为了输入纤维单元的非线性特性,当用户要确认纤维单元构件的延性系数时,要定义构件的屈服强度,配筋截面的屈服强度自动计算需要给定截面的配筋。这里按图 13-125 所示定义。

5)定义纤维单元的材料特性

在纤维单元截面上最多可以定义 6 种不同的材料,一般钢筋混凝土构件的截面包括钢筋纤维、核心混凝土纤维和保护层混凝土纤维,分别定义三种纤维对应的材料本构关系。

(1)钢筋纤维本构

运行命令模型＞材料和截面特性＞弹塑性材料特性,在弹出的对话框中点击"添加"按钮,然后按图 13-113 所示的对话框填写数据,定义名称为"钢筋"的本构。

(2)保护层混凝土本构

按图 13-111 定义。

(3)核心混凝土本构

按图 13-141 定义核心混凝土本构,因为是标准的矩形截面,可以点击"导入钢筋材料和截面数据"按钮快速定义,但需注意无约束混凝土的抗压强度的修正。

核心混凝土本构一般采用比较具有代表性的 Mander 模型或 Kent-Park 模型。Mander 模型能对应无约束混凝土和箍筋约束混凝土的本构关系,并且对箍筋的约束作用考虑的比较细致,所以应用最多最广泛。

6)定义纤维单元的截面特性

运行命令模型＞材料和截面特性＞纤维截面分割,在弹出的对话框中点击"添加"按钮,然后按图 13-142 填写数据。

"名称"定义为"桥墩","截面名称"在其后的下拉框中选择"1.墩柱截面",然后点击工具条上的 ![] 导入刚才选择的墩柱截面。设定纤维材料特性值,类型 1 对应保护层混凝土,类型 2 对应核心混凝土,类型 3 对应钢筋。

下面生成纤维:

(1)生成保护层混凝土纤维

首先建立保护层区域。选择"生成纤维"属性页→点击"建立对象",选定"从边界偏心距离",在其后的编辑框内输入 0.1(保护层为 0.1m),次数填为 1→在视图区域选择墩柱截面的外框→点击"添加"按钮,这样就建立了内框线。

其次分割保护层区域并赋给其材料。点击"选择对象"按钮→在视图区域选择内、外正方形边框后点击"选择对象"后面的"确认",表示选择好了内外框所围城的区域→点击"设定区域"

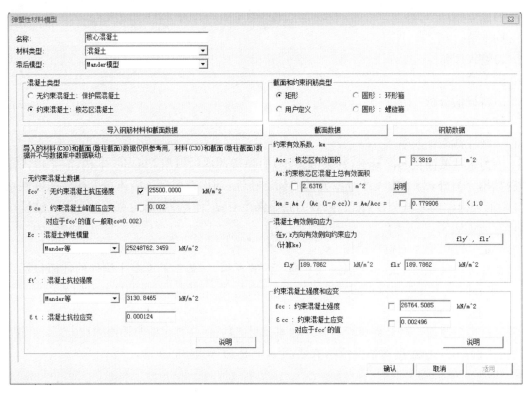

图 13-141　核心混凝土本构定义

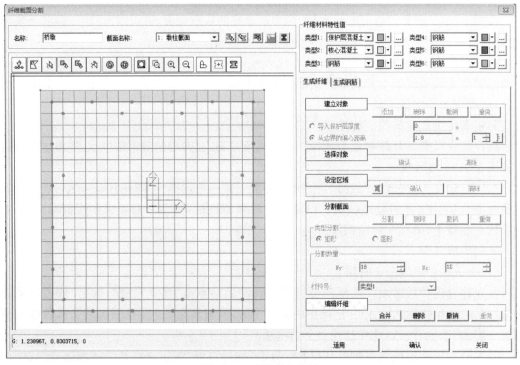

图 13-142　纤维截面分割

后再选择内、外正方形边框,再点击"设定区域"后面的"确认"→点击"分割截面",然后选择类型为"矩形",分割数量中的两个方向均为20,材料号选择保护层混凝土对应的类型1,再点击"分割"按钮。这样就完成了保护层混凝土纤维的分割。

(2)生成核心混凝土纤维

点击"选择对象"按钮→在视图区域选择内正方形边框后点击"选择对象"后面的"确认"按钮→点击"设定区域"按钮后再选择内正方形边框,再点击"设定区域"后面的"确认"→点击"分割截面",然后选择类型为"矩形",分割数量中的两个方向均为18,材料号选择核心混凝土对应的类型2,再点击"分割"按钮。这样就完成了核心混凝土纤维的分割。

(3)生成钢筋纤维

选择"生成钢筋"属性页,对应的输入截面主钢筋的方法有"点"、"线"和"圆弧"。这里的钢筋为正方形布置,所以可以选择"点"的方法,也可以按"线"的方法。按"点"就是直接输入各个钢筋位置的坐标,输入速度比较慢,适合于复杂、无规律钢筋位置的输入。按"线"就是先用两个点定义一条线,再给出分割线的份数,那么分割点处就是钢筋的位置。按"圆弧"与按"线"的方法类似。注意钢筋对应的"材料号"和单根钢筋的面积要输入正确,点击"建立"按钮就可依次建立钢筋纤维。

7)定义非线性铰特性值

运行命令模型＞材料和截面特性＞非弹性铰特性值,在弹出的对话框中点击"添加"按钮,然后按图 13-143 填写数据。在"特性值"分组框中,通过点击 [特性值...] 按钮分别定义 F_X、M_Y 和 M_Z 成分的特性值,图 13-144 为 M_Y 成分的特性值定义对话框。

图 13-143　非弹性铰特性值定义

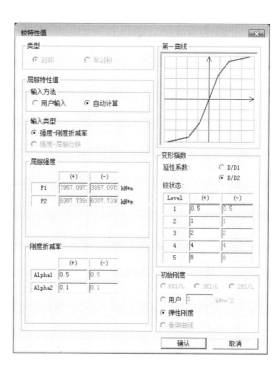

图 13-144　非弹性铰 M_Y 成分特性值定义

注意,混凝土截面要考虑钢筋后才可在这里选择自动计算屈服特性,但当配筋率过低时,第二屈服强度会小于第一屈服强度,而这会导致程序报错。

纤维模型在假定整个截面符合平截面的同时假定每根纤维处于单轴应力状态,故无须借用屈服面假定,直接采用比较成熟的单轴材料恢复力模型。根据相应纤维材料的单轴应力—应变关系计算整个构件截面的力和变形的非线性关系。通过对单轴应力—应变关系的适当修正可达到更好地考虑截面实际受力的目的,如箍筋对核心混凝土的约束效应等。

8)分配非弹性铰

同上节。

9)定义初始内力状态

同上节。

10)定义地震作用的时程分析数据

同上节。

11)运行分析

12)查看分析结果

查看结果的方法与上节基本一样,这里仅给出了部分结果,如图 13-145～图 13-147 所示。

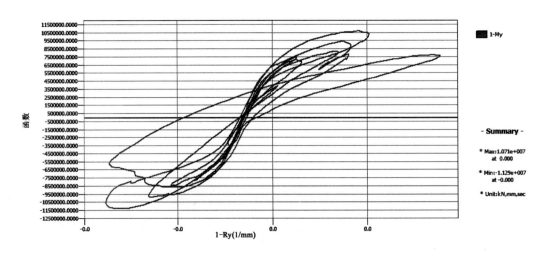

图 13-145　墩底截面弯矩与转角关系

程序还提供专门查看利用纤维单元的时程分析结果的后处理工具(图 13-135),可查看利用纤维单元的非弹性梁的多样的内力和纤维截面各块的应力—应变结果和破坏程度。运行命令结果＞时程分析结果＞纤维截面分析结果,弹出如图 13-148 所示的对话框。

图 13-148 中的对话框有两个属性页,第二个属性页可直接通过运行命令结果＞时程分析结果＞评价纤维截面屈服强度得到,将在 13.6.4 节介绍,这里仅介绍第一个属性页。

首先填写单元号,然后点击其后的按钮，就会在视图区下方显示截面纤维的划分情况。选择荷载工况、输出对象及位置和图形类型等,点击"输出图形"按钮,就会在视图区的上方显示滞回曲线。点击　就可在视图区的下方动画显示截面的开裂和屈服等情况。

第13章 抗震分析

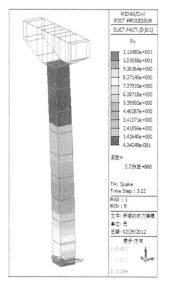 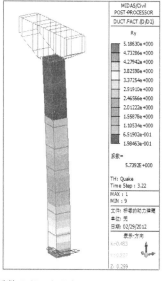

图 13-146 延性系数 D/D_1 和 D/D_2

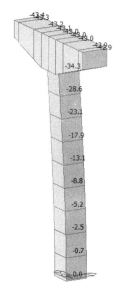

图 13-147 结构在时间步骤为3时 D_X 位移(单位:mm)

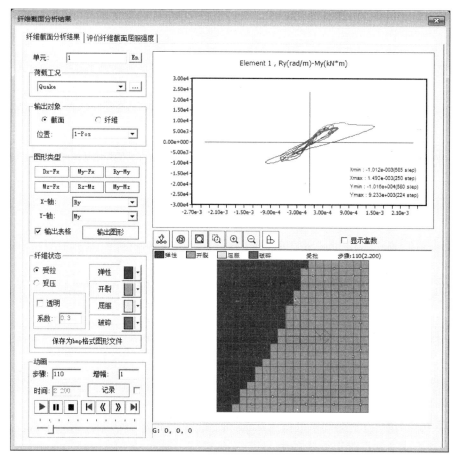

图 13-148 墩底截面分析结果

13.6.4 使用纤维模型求解屈服弯矩

在 13.5 节中介绍了用弯矩—曲率曲线求解屈服弯矩和屈服曲率的方法,还可以用动力弹塑性模块中的纤维模型或骨架模型来求解屈服弯矩 M_y 和屈服曲率 ϕ_y。下面仅通过实例来介绍用纤维模型计算 M_y 和 ϕ_y 的方法,该方法首先得到弯矩—曲率曲线,然后根据弯矩—曲率曲线利用"等能量法"求等效屈服弯矩,等效屈服曲率。

为了方便这里仍然采用上节的桥梁模型,仅改变了截面的配筋和荷载大小。

1)墩柱截面钢筋输入

对于墩柱不同的箍筋配筋,由于影响其约束性能及本构模型,应进行不同的纤维截面分割。本桥墩顶及墩底 2m 范围内箍筋间距为 10cm,墩身中部箍筋间距为 20cm,所以建立两个纤维截面。

可以使用命令设计>RC 设计>RC 设计截面配筋中输入柱截面钢筋,如图 13-149 所示,主筋布置为间距 12cm、直径为 32 的 HRB335 钢筋,箍筋材料为 R235,混凝土强度等级为 C30。材料用命令设计>RC 设计>RC 设计参数/材料输入(图 13-126)。

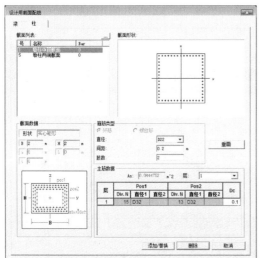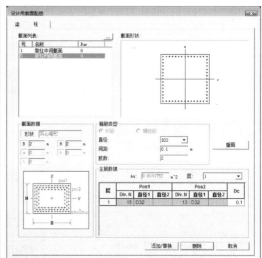

图 13-149 墩柱截面配筋

2)定义纤维单元的材料特性

(1)定义钢筋纤维本构

运行命令模型>材料和截面特性>弹塑性材料特性,在弹出的对话框中点击"添加"按钮,然后按图 13-113 所示的对话框填写数据。

(2)定义保护层混凝土纤维本构

采用 Mander 本构,定义无约束混凝土本构,见图 13-111。

(3)桥墩两端截面混凝土纤维本构

采用 Mander 本构,定义约束混凝土本构,数据的填写见图 13-150。

(4)桥墩中间截面混凝土纤维本构

采用 Mander 本构,定义约束混凝土本构,数据的填写见图 13-151。

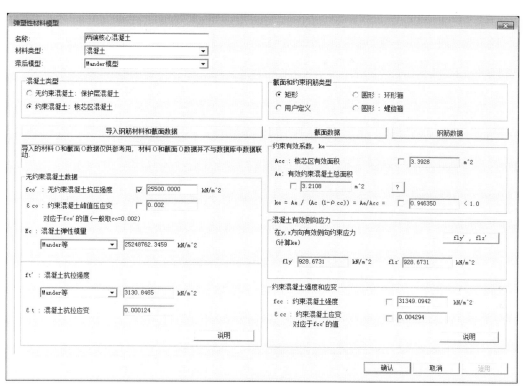

图 13-150　桥墩两端截面 Mander 本构

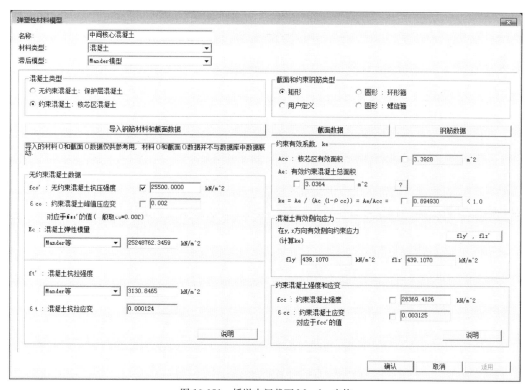

图 13-151　桥墩中间截面 Mander 本构

3)纤维截面分割

定义方法同上节,这里仅给出了分割后的结果,如图 13-152 和图 13-153 所示。

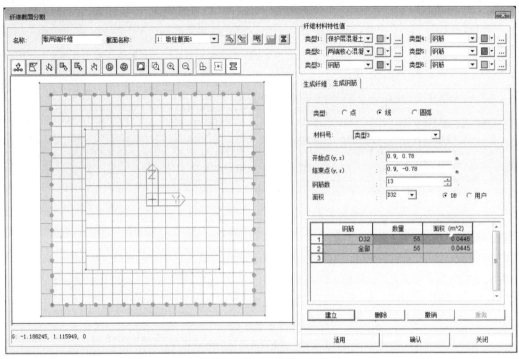

图 13-152 桥墩两端截面纤维分割

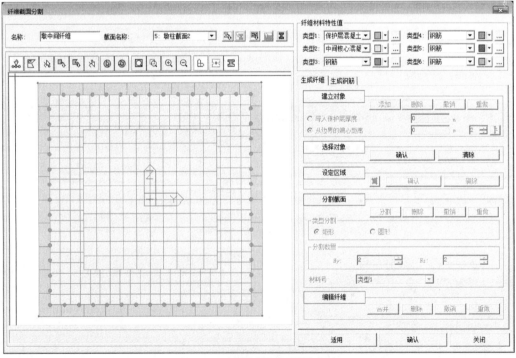

图 13-153 桥墩中间截面纤维分割

4) 定义非线性铰特性值

定义非线性铰特性值按图 13-154 和图 13-155 进行,这里 F_X、M_Y 和 M_Z 三个成分的特性值全选择"自动计算"。

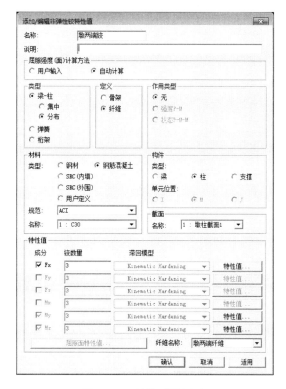

图 13-154　桥墩两端铰定义

图 13-155　桥墩中间铰定义

5) 分配非线性铰

6) 定义初始内力状态

按时变静力荷载施加轴向荷载,包括桥墩和盖梁自重以及上部结构通过支座传递的竖向荷载。定义方法同前,包括定义静力荷载工况、对应时程荷载工况、时程荷载函数和时变静力荷载。

7) 施加单调递增弯矩

首先定义一个单调递增的弯矩时程函数,如图 13-156 所示,注意"时间函数数据类型"为"弯矩"。

其次定义时程荷载工况,如图 13-157 所示。注意之前要进行特征值分析以求得两个主振型的周期。

最后施加顺桥向节点动力弯矩荷载,如图 13-158 所示。命令为荷载＞时程分析数据＞节点动力荷载,施加位置在盖梁的中间节点。

8) 运行分析

9) 查看分析结果

运行命令结果＞时程分析结果＞纤维截面分析结果,查看墩底单元结果,如图 13-159 所示。

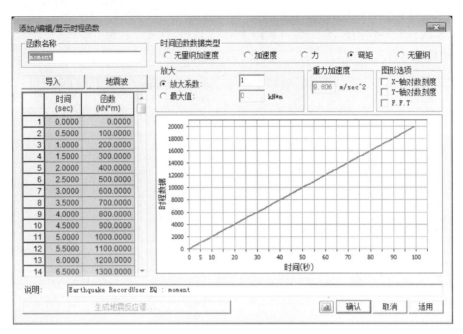

图 13-156　自定义弯矩时程函数

图 13-157　定义时程荷载工况

图 13-158　施加节点动力荷载

根据保护层混凝土初始开裂时对应弯矩查看墩根部顺桥向开裂弯矩,根据最外层受拉钢筋屈服时对应弯矩查看墩根部顺桥向截面屈服弯矩,根据受拉纵筋应变达到极限拉应变找到顺桥向截面极限曲率。

墩根部单元开裂弯矩 7170kN·m,对应曲率为 0.0002589rad/m,截面屈服弯矩为 7655kN·m,对应曲率为 0.0002978rad/m,截面达到极限曲率时弯矩为 12460kN·m,对应曲率为 0.004252rad/m(程序中表现为截面曲率不再增加)。图 13-159 给出了截面屈服对应截面状态。

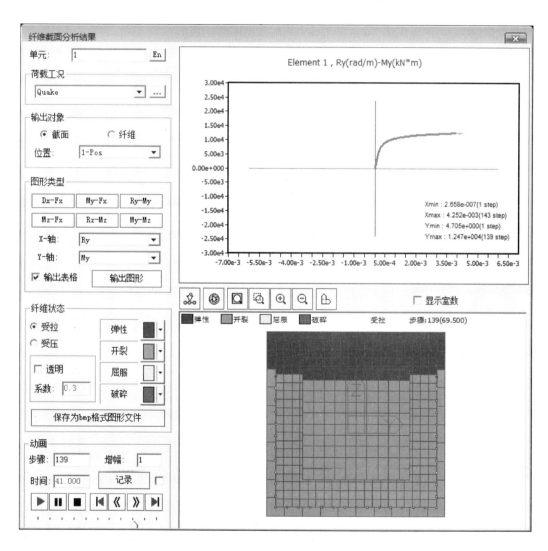

图 13-159 截面屈服状态

10)等效屈服弯矩和等效屈服曲率

根据 $M\text{-}\phi$ 曲线利用前述"等能量法"求等效屈服弯矩和等效屈服曲率(图 13-116 和图 13-117)。

13.6.5 用动力弹塑性分析功能中的静力法做 Pushover 分析简介

静力弹塑性分析(Pushover)方法是通过对结构逐步施加某种形式的水平荷载,用静力推覆分析计算得到结构的内力和变形,并借助地震需求谱或直接估算的目标性能需求点,近似得到结构在预期地震作用下的抗震性能状态,由此对结构的抗震性能进行评估。

显然,13.6.4 节中用动力弹塑性分析功能中的静力法模拟初始静力荷载,然后再"缓慢"施加某种形式的单调递增荷载的思路是可以应用到 Pushover 分析中的。上节施加的仅是一个弯矩荷载,实际上还可以用"节点动力荷载"的形式施加任意的单调递增荷载。另外一种思路是仅用静力法,即先定义静力荷载工况,施加合适的静力荷载,再定义合适的时程荷载工况(静力法,并设定多步长)及时程荷载函数(能实现单调递增荷载施加,而不是一步就施加完成),最后施加时变静力荷载。

采用动力弹塑性分析功能中的静力法做 Pushover 分析的原因是程序中提供的梁、柱截面的纤维模型只支持动力弹塑性分析。

使用分析方法中的"静力法"选项做 Pushover 分析的参考步骤如下。

(1)定义静力荷载(恒荷载、活荷载)。
(2)定义时程荷载函数(无量纲,0 秒时值为 0,1 秒时值为 1 即可)。
(3)定义非弹性铰并赋给相应构件。
(4)将静力荷载作用定义为初始的时程荷载工况,分析类型选择为"非线性",分析方法选择为"静力法",静力加载控制选择为"荷载控制"。
(5)定义一系列连续的时程荷载工况,分析类型选择为"非线性",分析方法选择为"静力法",静力加载控制选择为"位移控制",此时的控制位移指相对位移值。
(6)注意,所有的时程荷载工况都要定义为时变静力荷载(使用相同的时程荷载函数),接续的时程荷载工况要一直采用位移控制(否则不容易收敛)。

13.6.6 动力 Pushover(IDA)简介

1)概述

逐步增量动力分析(IDA)方法是近年来发展起来的用于评估地震动作用下结构性能的一种参数化分析方法。它的基本思想是 1977 由年 Bertero 等人提出的,但由于当时数值计算手段不发达,一直未引起研究人员的注意。近年来这种方法在国外地震研究领域得到了进一步的应用,成为一种极具潜力的进行地震计算的方法。

逐步增量时程分析(IDA),也可称为动力推覆分析(Dynamic Pushover),该方法对一条地震动记录(或多条地震动记录)递增式地调整其强度幅值,从而生成一组(或多组)具有递增强度的地震动记录,针对每一强度的地震动记录进行一次非线性动力时程分析,直至结构倒塌。具体分析方法是,对结构进行 IDA 分析,记录下每次荷载幅值作用下结构的特征响应,然后绘制荷载幅值与结构特征响应之间的关系曲线,通过该曲线就能全面了解结构的动力性状不断变化直到倒塌的全过程。利用该曲线,可以确定结构的地震需求或抗震能力。对于大跨度桥梁,墩顶处的节点位移在全桥结构中一般是最大的,能作为反应结构整体响应的指标,因此可以将墩顶节点的位移选为特征响应。

地震作用下结构的倒塌本质上属于动力失稳问题,如何确定结构倒塌的极限状态点是结构倒塌分析中一个非常重要的问题。当荷载幅值的微小增量导致桥梁结构特征响应指标的较大变化时,结构可视为动力失稳,此时所对应的荷载为结构的临界加速度幅值。结构临近倾覆时,必然已发生了很大的塑性,构件的截面反应也能反应这一特征。

IDA 分析的优势在于可以充分抓住体系的动力特征,它本质上是一种参数分析方法,能够了解不同程度地震作用对结构的影响,了解结构响应特性随地震动强度增长的变化情况。该方法能够反映结构在同一地震的不同强度作用下的抗震性能,可对结构的抗震能力作出较为全面的、真实的评价。虽然因不同特性地震动输入引起的非线性动力响应结果的离散性较大,但对许多结构,即使单一地震动记录的非线性动力分析就可以较静力推覆分析更可信地反映动力响应特征。根据所采用的地震动记录个数,IDA 方法可分为单地震动记录 IDA 方法和多地震动记录 IDA 方法,前者本质上是一种确定性的参数化非线性动力分析方法,而后者则可以考虑地震动的"记录对记录"不确定性,是一种宽范围向量化的参数非线性动力分析方法。

总之,IDA 分析有以下几个突出的特点:

(1)彻底了解地震动水平范围与反应或需求范围之间的关系。

(2)深入了解结构在罕遇地震和多遇地震水平作用下的反应。

(3)深刻理解地震动强度增加时,结构反应特性的改变。

(4)可实现对整体结构系统抗震能力及动力稳定性的评估。

(5)多条地震记录的 IDA 分析,可了解参数在不同地震动下的变化规律,有效地规避单条时程曲线动力时程分析结果的不确定性、片面性。

(6)思路与静力 Pushover 非常相似,继承了其优点,但基本解决了静力 Pushover 方法中不能考虑高阶振型、不适应不规则结构等问题。

2)基本操作步骤

(1)选择地震动记录,确定地震动强度参数,如峰值加速度 PGA。

(2)确定调幅原则和调幅系数。

地震动调幅原则一般可分为等步调幅和不等步调幅。等步调幅如果固定的调幅增长步长过小,会造成 IDA 分析过程中时程分析次数过大,计算效率低下;如果固定的调幅增长步长过大,则会造成 IDA 分析过程中时程分析次数过少,忽略一些主要性能变化点。不等步调幅中,可以针对结构性能变化较为明显的过程,减小调幅增长步长;针对结构性能变化不明显或变化规律较为一致的过程,相应增大调幅增长步长。

调幅增长步长通过调幅系数来实现,不断调整地震动强度,得到一系列不同强度的地震动记录。

(3)选取结构响应的参数,如前述的墩顶最大位移等。

(4)针对得到的一系列调幅后的地震动记录进行一系列时程分析,绘制 IDA 曲线,如峰值加速度—墩顶最大位移曲线。根据 IDA 曲线,可以观察在地震动强度逐渐增强的情况下,结构所体现出的性能变化特征,如软化和强化现象。

(5)单地震动记录 IDA 方法按照步骤(1)~(4)进行即可,对于多地震动记录 IDA 方法,则需要选取不同地震动记录,重复步骤(1)~(4)进行分析。

利用 midas Civil 可以实现 IDA 分析，调幅的方法可参考图 13-160，可以改变地震波的"放大系数"，也可以改变"增幅系数"。

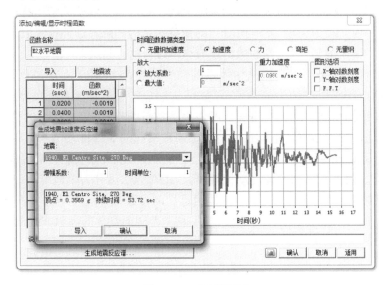

图 13-160　地震波调幅

13.7　多点激励地震响应分析

13.7.1　概要

　　大跨度空间结构具有跨度大、空间性强的特点。大跨度桥梁的跨度与地震波的波长都可能达千米量级，所以大跨桥地震反应分析中考虑地震波的空间变异非常有意义，此时一致地震输入方法过于粗糙，而应该用多点激励或非一致的地震响应分析。1995 年发生于日本的阪神大地震，位于震中附近的明石海峡大桥正处于施工过程中，神户方向的主塔和锚台位置都没有发生改变，而淡路岛方向的主塔和锚台位置都分别向外移动了 1m 左右，迫使原来设计长度由 1990m 增加至 1991m。这说明多点激励更加符合实际的地震动输入方式。

　　由于结构支撑各点受到的地震波激励经历不同的路径、不同的地质条件，必然存在差异。这种差异包括行波效应、部分相干效应、波的衰减效应和局部场地效应等。其中，衰减效应的影响很小而可以忽略，其他三种效应都应该在多点激励地震响应分析中要加以考虑。

　　在行波效应的影响下，地震波到达不同支撑点会有一定的时间差，因此，考虑行波效应是假设地震波在地表以一定的速度传播，各点的波形及频率成分不变，只存在时间迟滞和振幅衰减，是一个各支点运动完全相干情况下的相位差模型，以此模拟行波效应对结构的影响。

　　部分相干效应是指，地震波在传播过程中将会产生复杂的反射、折射和散射，同时场地不同位置处地震波的叠加方式不同，从而导致了相干函数的损失。

　　局部场地效应是由于基底各支点处局部土层不同，造成由基岩到地表的地震波中各中频率成分的含量不同。

随机过程理论是目前解决大跨结构抗震分析问题的一种较为科学的方法,该法建立在地面运动统计特征的基础上,提供了对响应的度量,而不受任意选择的某一输入运动的控制,但由于其计算复杂性太高,在处理非线性问题时可能出现较大的误差,同时也难以被工程人员所接受,还不能在工程设计中被有效地应用。对于大跨度桥梁地震反应分析,现在一般还是以实用合理的确定性分析方法为主导,即多点激励线性或非线性时程分析。多点激励分析就是给不同的支撑输入不同的地面运动的分析方法,其考虑行波效应、部分相干效应和局部场地效应的主要方式包括给不同的桥墩以不同的地震波、给予地震波到达时间的延迟(或者相位差)。比如要考虑行波效应,可将地震波到达桥墩基础的时间定义一下,一种简单的做法就是到达时间=跨长/波速。

大跨度桥梁结构多点激励动态时程分析的方法主要有相对运动法(RMM,Relative Motion Method)和大质量法(LMM,Large Mass Method)。

(1)相对运动法(RMM)

相对运动法把位移分成动力位移和拟静力相对位移,因此,可以得到一些重要的附加信息,即动力反应和拟静力反应,有助于我们理解结构在多点激励下的性能。此外,该方法求解比较简单,应用很广泛。采用此方法进行动力计算的优点在于只需要根据支承点处的加速度时程就可以进行计算得到非支承点处的动力响应,而不需要知道速度向量和位移向量。

(2)大质量法(LMM)

大质量法是对结构模型进行动力等效的一种分析方法,因实质上是通过对质量矩阵主对角元充大数的方法实现的,数学表达比较简单,可以得到精确的结果。该方法在有限元程序中实现起来较为简单,就是在地基节点上附加很大的质量 m_0(1×10^5 或 1×10^6 倍于结构总体质量即可,质量并不是越大越好)来带动结构的响应。地基节点在激励方向取消约束,在质量单元上施加相应的力 $P=m_0\ddot{u}_g$,$\ddot{u}_g$ 为地基所需的加速度。

采用大质量法的前提是获得地面运动的加速度记录。在地基节点上附加大质量的目的是使结构的质量相对于附加质量来说,可以忽略不计,则施加于基础上的加速度近似等于施加到整个结构上的加速度。

由于大质量法在求解过程中不涉及位移的分解,因此,采用大质量法求解结构在多点激振下的动力响应,可以通过直接积分的方法得到结构的总体地震反应,即相对位移法中准静态响应与动力响应的和,大质量法可以适用于非线性分析。

13.7.2 多点激励的线性时程分析

midas Civil 中进行多点激励分析采用相对运动法,并且只适用于线性动力分析。模型中的非线性特性将被忽略,不能直接考虑初始荷载效应(因为是线性分析,可通过分别计算再叠加效应的方法简单实现)。

多点激励线性时程分析的步骤如下:

1)建立模型

包括节点单元的建立、材料与截面定义、边界条件输入以及质量数据输入等。

2)选择或自定义合适的地震波

除了按 13.4.2 节选择地震波外,还应兼顾部分相干效应和局部场地效应,为每个桥墩设定合适的地震波数据。

3)定义时程荷载工况

注意不能有"前次"分析,即不要定义"加载顺序"中的"接续前次",其他与一致激励线性时程分析相同。

4)定义时程分析函数

将选择的地震波输入。

5)多支座激振数据输入

运行命令荷载>时程分析数据>多支座激振,弹出如图13-161所示对话框。

a)左桥墩数据　　　　　　b)右桥墩数据

图13-161　多支座激振数据输入

首先选择刚定义的时程荷载工况名称,然后选择 X、Y 或 Z 方向的时程分析函数,即地震波数据,填写地震波数据的"到达时间",选择要施加激励的墩底节点(这些节点在地震波方向上的自由度应该先被约束,因为多支座激振数据只能加载在约束了的自由度方向上),最后点击"适用"按钮。在图13-161中,图13-161a)和图13-161b)分别定义给了两个桥墩的墩底节点,两个桥墩激励地震波的到达时间相差 0.8 秒。定义到达时间的目的是反映几个时程荷载作用在同一结构上,且各荷载发生作用的时间不同时的结构反应。在"到达时间"之前的时间,地面加速度的数据为零,对结构不发生作用。图13-161中的两个桥墩的地震波数据相同,只是到达时间不同,这是由于行波效应。

6)运行分析并查看结果

多支座激励的计算结果可能比一致激励的计算结果放大或缩小,结果有可能相差一个数量级。

13.7.3 多点激励的非线性时程分析

在 midas Civil 中进行多点激励的非线性时程分析可以采用大质量法实现,下面通过一个实例来说明操作过程。

1)建立模型

包括节点单元的建立、材料与截面定义、边界条件输入、质量数据输入、桥墩截面配筋等,多支座激振桥梁模型如图 13-162 所示。

2)定义并分配非弹性铰

定义及分配的方法请参见 13.6.2 节。

图 13-162 多支座激振桥梁模型

3)输入地基约束处的大质量块

首先用查询>质量统计表格命令,查询结构的总质量。表格中荷载转化为质量是指被转换成质量的外部荷载,结构质量指的是被转换的自重。在表格下端的合计里的数值为被转换的所有质量的合计,这里采用质量的合计值,本例约为 300t。将结构总质量乘以倍数 1×10^6,得大质量块的质量。

其次,用命令模型>质量>节点质量输入墩底节点的节点质量,首先选择节点,再填写各个方向的质量数据,然后点击"适用"按钮,如图 13-163 所示。集中质量的单位等于重量除以重力加速度,转动质量惯性矩的单位等于质量乘以长度的平方。在米—千克—秒(m—kg—s)制或英制单位系统中,必须用重量除以重力加速度后输入质量数据。用模型>结构类型定义重力加速度。

4)修改边界条件

前面已经提到,在用大质量法进行结构地震响应分析时,当施加某方向地震波时,必须释放各支承点在该方向上的约束,即释放该方向自由度。中间两个桥墩原来的边界条件为 6 个自由度全部固结,因为要在顺桥向,即 X 向施加地震荷载,所以这里要将 X 方向的约束去掉。

5)初始内力状态定义

请参见 13.6.2 节相关内容。

6)定义多点激励时程荷载工况

时程荷载工况如图 13-164 所示,在加载顺序中,应指明其前次分析为自重等静力荷载。

7)定义时程荷载函数

首先,为每个桥墩选择合适的地震波,这里以对模型中左桥墩定义的地震波(图 13-165)为例说明操作方法。

其次,将加速度函数转换为力的函数,将加速度荷载中的所有加速度值复制进 Excel 表格中进行转化,如图 13-166 所示。如第一个加速度荷载值的转化方法为:

$$0.0052\times0.18\times9.806\times3.0\times10^{11}=2753524800(N)$$

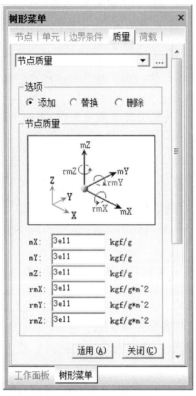
图 13-163 节点质量定义

图 13-164 时程荷载工况

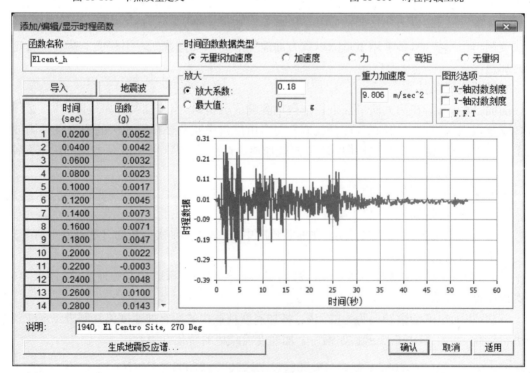
图 13-165 时程荷载函数

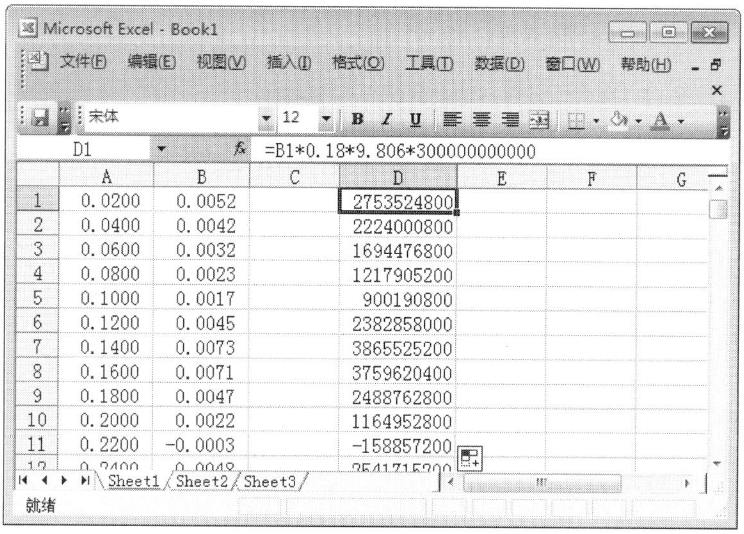

第13章 抗震分析

图 13-166 荷载转换

最后,将加速度全部转换成力后,定义力的时程函数,如图 13-167 所示。

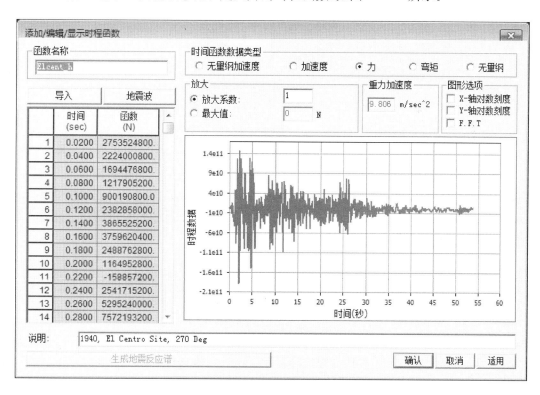

图 13-167 力的时程函数

8)施加节点动力荷载

运行命令荷载＞时程分析数据＞节点动力荷载,分别选择要施加的节点,然后按图13-168

填写数据。图 13-168 是两个中间桥墩的动力节点荷载施加的对话框,这里两个桥墩的时程荷载函数相同,仅地震波到达时间不同。图 13-169 为施加节点动力荷载后的模型。

图 13-168　节点动力荷载施加

图 13-169　施加节点动力荷载后的模型

9) 查看结果

查看结果的方法同前,图 13-170 为某一时刻的铰内力状态云图。

LMM 的缺点在于求解方法并没有经过严格的数学推导,仅在力学意义上对结构模型进行等效,以求得结构的总响应,且大质量的取值应根据实际的结构模型分析结果来确定,当大质量的数值大于某个数值时,结构的数值分析结果会出现不稳定的现象。但 LMM 的优点恰恰表现在它能够克服 RMM 中出现的缺点,运用 LMM 并采用通用有限元程序来求解,可以更方便快捷地得到结构的总响应,且求解结果接近于地震作用下的结构真实总响应。

图 13-170　铰内力状态云图

13.8 结构耗能减震装置的模拟

13.8.1 概要

结构耗能减震装置的效果已经得到了工程实践的验证,目前采用阻尼器、隔震器装置的结构也越来越多。midas Civil 程序中阻尼器、隔震器是用边界非线性连接单元模拟的。在进行抗震分析时,线性时程分析不能够考虑非线性连接单元的非线性属性,所以当结构中设置了隔震或消能装置后,应该进行所谓边界非线性时程分析。

边界非线性主要是指结构中考虑附加的阻尼器和隔震器等装置的非线性属性,这类结构单元不仅表现为非线性的属性,而且还可以通过滞回曲线的定义考虑单元往复加载过程中的塑性发展和能量耗损的特性。

如 3.2.2 节中介绍,midas Civil 的一般连接单元主要用于结构的消能、隔震的边界非线性动力分析中。进行边界非线性动力分析的结构需包含非线性连接单元。非线性连接单元可用于连接结构的两个节点,也可用于连接结构和支座。在定义一般连接特性时,可选单元型和内力型,边界非线性动力分析中应该选用内力型。内力型包括:黏弹性消能器、间隙、钩、滞后系统、铅芯橡胶支座隔震装置以及摩擦摆隔震装置 6 种类型。

13.8.2 内力型一般连接

下面简要介绍 6 种内力型的非线性连接特性,在程序的在线帮助中有较详细的说明。

1)黏弹性消能器

粘弹性消能器同时拥有黏性(与变形速度成比例而产生的力)和弹性(与变形成比例而产生的力)。主要用于增大结构的消能能力,减小由地震、风等引起的动力反应,从而提高结构的安全性和适用性。具有代表性的黏弹性阻尼器的数学模型有 Maxwell 模型(线性弹簧和阻尼器串联)和 Kelvin 模型(线性弹簧和阻尼器并联)。Midas 程序中提供 Maxwell Model、Kelvin Model 以及 Damper Brace Assembly Model(在 Kelvin Model 上串联了弹簧)三种黏弹性阻尼器。

定义方法是运行命令模型>边界条件>一般连接特性值,在弹出的对话框中点击"添加"按钮,然后在"添加/编辑一般连接特性值"对话框中依次按如下操作:填写"名称",选择作用类型为"内力"型,选择特性值类型为"黏弹性消能器","总重量"和"总质量"应选填且二选一,在"线性特性值"分组框勾选某个 DOF,再填写"有效刚度"及"有效阻尼"数据,在"非线性特性值"分组框中点击对应的 DOF 的"特性值"按钮,即可弹出如图 13-171 所示的对话框,在此对话框中可以选择"阻尼类型"并填写"非线性特性值",具体数值含义请参考帮助文件,数值输入应由厂家提供实测数据。

下面说明一下线性特性值中的"有效刚度"和"有效阻尼"的概念:

(1)有效刚度

midas Civil 程序中的每个非线性连接单元由六个方向的弹簧(轴向、两个剪切方向、扭转、两个受弯方向)构成,弹簧的特性由线性特性和非线性特性两部分组成。用户可以选择方向输入线性和非线性特性,没有输入特性的方向认为该方向上没有刚度,只输入线性特性没有输入非线性特性时,认为该方向只具有弹性刚度,非线性连接单元并非所有的自由度方向都需要指定非线性属性。

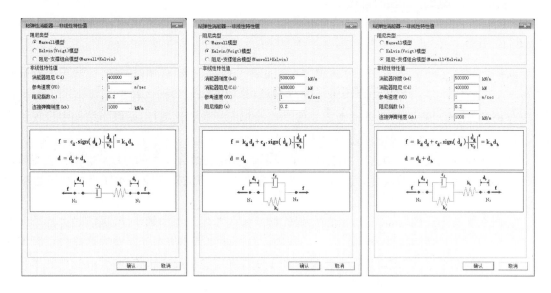

图 13-171　三种黏弹性阻尼器定义对话框

当非线性连接单元的某个自由度方向不需要指定非线性属性,而仅输入了线性属性时,那么在所有线性和非线性分析中,这一自由度使用线性有效刚度。线性有效刚度在程序中简称有效刚度,代表用于所有从零初始条件开始的线性分析的一般连接(支座)单元的总弹性刚度。

在输入了非线性特性的弹簧中也需要输入线性特性。对于设置阻尼器和隔震器等非线性连接单元的结构,并非所有的分析工况都是非线性分析,比如说线性静力分析、模态分析、反应谱分析和一般线性动力分析等,这些线性分析工况中显然是不能够考虑单元中的非线性属性的,这时就需要使用非线性单元的线性属性。也就是说,对于所有线性分析工况,非线性单元所表现的是线性属性,所使用的刚度是在线性属性中定义的有效刚度。

非线性特性用于非线性动力分析。在进行动力非线性分析时,有效支承刚度值过大会引起发散,所以必须输入恰当的值(一般取非线性弹性支承的刚度值即可)。

(2)有效阻尼

与线性有效刚度相对应,在非线性单元中需要定义线性有效阻尼。线性有效阻尼的使用与线性有效刚度完全相同,主要用于非线性单元中线性自由度方向阻尼属性,以及所有自由度在线性分析工况的阻尼属性。非线性时程分析不使用有效阻尼值(建议输成0),因为其直接考虑了单元能量消散,且正确的考虑了振型交叉耦合的效果。对于具有能量消散装置的桥梁结构,特别建议非线性时程分析,因为一个基于有效阻尼属性的线性分析可能高估了结构中存在的阻尼量。注意有效阻尼处输入的不是阻尼比。非线性连接单元的有效阻尼的计算方法为公式(13-9)。

$$C_{\mathrm{eff}} = \frac{2\xi_{\mathrm{eff}}}{\omega_{\mathrm{eff}}} K_{\mathrm{eff}} \tag{13-9}$$

式中:C_{eff}——有效阻尼;

K_{eff}——非线性连接单元的有效刚度;

ξ_{eff}——非线性连接单元的阻尼比;

ω_{eff}——非线性连接单元的固有圆频率。

在图 13-171 中的非线性特性中,s 为黏弹性阻尼器的非线性阻尼指数,$s=1.0$ 时,为线性阻尼,$0.0 < s < 1.0$ 时,为非线性阻尼。非线性阻尼指数 s 一般为 $0.35\sim1.00$,midas Civil 程序容许输入的 s 值范围为 $0.20\sim1.00$。

另外,需要注意的是消能器阻尼 C_d 的单位原来是 N·sec/m,参考速度项 V_0 归一化后的单位变为 N、kN 和 tonf,因此参考速度 V_0 要输入 1.0。当在程序中,变换单位体系时,程序会随着长度单位的变化自动转换 V_0 的值,这点在使用程序时要注意。

实际中常用的有液体黏弹性阻尼器(Fluid Viscoelastic Device,FVD)和固体黏弹性阻尼器(Solid Viscoelastic Device,SVD)。Maxwell Model 主要用于模拟流体黏弹性装置,比如液体黏弹性阻尼器。Kelvin Model 用于模拟固体黏弹性装置,比如固体黏弹性阻尼器。Damper Brace Assembly Model 一般用于模拟减震斜支撑。

液体黏弹性阻尼器一般由缸体、活塞和流体组成,缸内充满硅油或其他黏滞流体,活塞在缸体内可做往复运动,活塞上有适量小孔。图 13-172 为美国 Taylor 公司生产的一种典型的液体黏滞阻尼器。因为液体黏弹性阻尼器表现出了较强的依赖频率的性质,所以在 midas Civil 中,液体黏弹性阻尼器可由 Maxwell 模型来模拟。

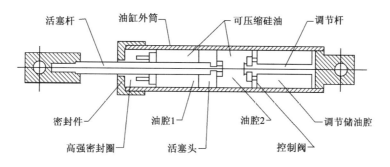

图 13-172 液体黏弹性阻尼器构造图

固体黏弹性阻尼器是由两个 T 形钢板夹一块矩形钢板组成,T 形约束钢板与中间钢板之间夹有一层黏弹性材料,在反复轴向力作用下,约束 T 形钢板与中间钢板产生相对运动,使黏弹性材料产生往复剪切滞回变形,以吸收和耗散能量。因为固体黏弹性阻尼器表现出了一定的刚度特性,所以在 midas Civil 中,固体黏弹性阻尼器可由 Kelvin 模型来模拟。图 13-173 为美国 3M 研制的固体黏弹性阻尼器。

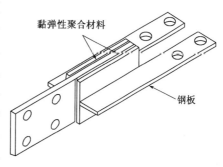

图 13-173 固体黏弹性阻尼器构造图

2)间隙

间隙由六个弹簧构成,在单元坐标系的六个自由度上,N_1 和 N_2 两个节点间缩小的相对位移的绝对值超过了间隙单元内部的初始间隙时,该方向的刚度就将开始发生作用。只使用轴方向弹簧时,即成为只受压单元。只受压单元主要应用于类似基础与地面相接触问题的建模,在 2.2 节中有介绍。

3)钩

钩是由六个弹簧构成的,在单元坐标系的六个自由度上,N_1 和 N_2 两个节点间增大的相对位移的绝对值超过了间隙单元内部的初始间隙时,该方向的刚度就将开始发生作用。只使用轴方向弹簧时,即成为只受拉单元。只受拉单元主要应用于建立横向支撑或钩单元等的建模,在 2.2 节中有介绍。

4)滞后系统

滞后系统(图 13-174)是由拥有单轴塑性(Uniaxial Plasticity)特性的六个独立的弹簧构成的。该系统用于建立利用滞后效应达到消能目的的消能装置(Energy Dissipation Device)的模型。图 13-175 为 midas Civil 中定义滞后系统的对话框。

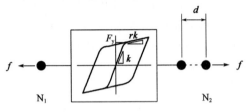

图 13-174 滞后系统(方框内为恢复力模型)

滞后系统的力与变形的关系采用 Park,Wen and Ang(1986)建议的式(13-10)。

$$f = rkd + (1-r)F_y z \quad (13-10)$$

式中:k——初始刚度,即弹性刚度,应该大于等于有效刚度;

F_y——屈服强度;

r——屈服后刚度折减率,即屈服后刚度与弹性刚度之比;

d——两节点的相对变形;

z——反应滞回响应的内部参数。

反应滞回响应的内部参数 z,使用 Wen(1976)建议的微分方程(式 13-11)计算。

$$\dot{z} = \frac{k}{F_y}[1 - |z|^s \{\alpha \mathrm{sgn}(d\dot{z}) + \beta\}]\dot{d} \quad (13-11)$$

式中:α、β——决定滞回曲线形状的参数,需满足 $|\alpha| + |\beta| = 1.0$;

s——决定屈服点的转移区域(Transition Region)大小的常数;

$\dot{d}$——两节点间变形的变化率。

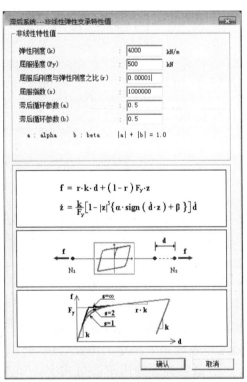

图 13-175 滞后系统定义对话框

α 和 β 决定了屈服后的响应特性,当 $\alpha+\beta>0$ 时,为软化系统(Softening System);当 $\alpha+\beta<0$ 时,为硬化系统(Hardening System)。滞回系统中的耗能能力由滞回环的面积决定,面积

越大,耗能能力越强。在软化系统中,$(\beta-\alpha)$值越小,耗能能力越强。

s值决定了弹性阶段和塑性阶段之间的变化区域,即发生屈服的区段的形状的常数,该值越大,屈服点越明显,滞回曲线越接近于理想双折线弹塑性系统。s值一般小于30,程序中输入的范围为1.0~50.0。

滞后系统比较典型的应用是对金属屈服型消能器(Metallic Yield Damper)的建模。金属屈服型消能器具有比主体结构相对大一些的刚度和小的屈服强度,因此,会比周围其他的构件率先发生塑性变形,从而起到保护主体结构的目的。目前比较成熟且国内应用较多的金属屈服型消能器是软钢消能器中的防屈曲消能支撑、剪切钢板消能器和加劲消能器。

滞后系统还可以用来模拟活动盆式支座与滑板支座,这两种支座一般可认为是理想弹塑性连接单元,其恢复力模型如图13-176所示。当计算模型中有midas程序没有直接提供的非线性连接单元时,首先确定模型中构件的恢复力模型,然后找到与其类似的程序中已有的非线性连接单元的恢复力模型,调整部分参数来模拟相应构件。对活动盆式支座与滑板支座可选择滞后系统来模拟,根据式(13-10)和式(13-11)中r与s的含义,可以通过调整r与s的值,达到将恢复力模型调整为13-176所示的理想弹塑性恢复力模型,方法是调整r为一极小的值,调整s为一极大值,这样就可以模拟活动盆式支座与滑板支座。

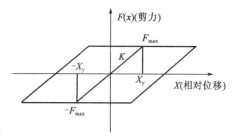

图13-176　理想弹塑性恢复力模型

5)铅芯橡胶支座隔震装置

隔震装置是将地面与结构隔离开来,使地面的振动不致传递到结构,从而达到保护主体结构的目的。一般安装在桥墩和上部结构之间或者建筑物上部结构和基础之间。铅芯橡胶支撑隔震装置是利用铅屈服后的低刚度,将建筑物的固有振动频率和地面的振动频率相隔离,并利用其滞后效应来消散振动能量。铅芯橡胶支承隔震装置中的两个剪切弹性支承具有二轴塑性(Biaxial Plasticity)相关特性(双轴的滞回系统),其余四个自由度具有线性弹性特性。图13-177为一种铅芯隔震橡胶支座结构示意图,图13-178为一种铅芯隔震橡胶支座产品实物。图13-179为铅芯橡胶支座的构成图。

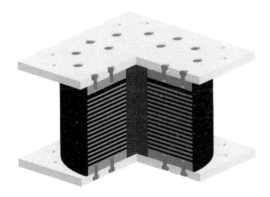

图13-177　一种铅芯隔震橡胶支座结构示意图

图13-178　一种铅芯隔震橡胶支座产品实物

铅芯橡胶支座是目前桥梁隔震设计中应用的比较多的一种减震支座，对大量的实验进行统计分析后可知，其滞回曲线一般为梭形，图形呈反对称，如图 13-180 所示。一般情况下，准确地按实验所得结果建立滞回模型是十分困难，为简化起见，可以根据滞回曲线中正反向加载时的初始刚度与卸载时的刚度基本平行以及正反向屈服后刚度也基本互相平行的特性，将支座的滞回曲线简化为双线性曲线，如图 13-181 所示，从而建立起铅芯橡胶支座滞回曲线的等价线性化模型。

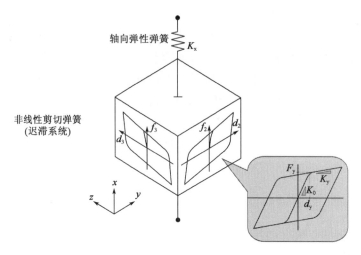

图 13-179　铅芯橡胶支座的构成

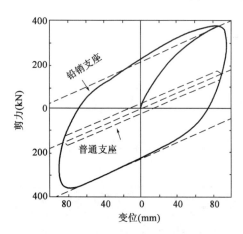

图 13-180　铅芯橡胶支座的滞回曲线

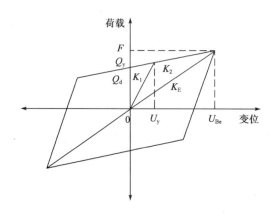

图 13-181　铅芯橡胶支座滞回曲线的等价线性化模型

midas Civil 对铅芯橡胶支座也是采用双线性力学模型来模拟其非线性特性的。一般将轴向变形和三个弯曲变形自由度属性定义为线性弹簧。如要模拟的是单自由度的塑性单元，而对另外一个没有非线性属性的剪切变形，也可以使用线性属性进行定义。所有线性自由度使用的都是对话框中定义的有效刚度和有效阻尼的线性属性，当然有效刚度和有效阻尼也可能为 0。下面通过一个实例来介绍一下程序中各参数的含义以及应该怎样输入。

某厂生产的 LRB600 铅芯橡胶支座，支座直径 600mm，高度 172mm，铅销直径 52mm，铅销的根数为 4。实验测得的竖向刚度 2932000kN/m，水平等效刚度 2407kN/m，等价阻尼比为

0.216，屈服后刚度为 1550kN/m，屈服力 94.2kN，质量 180kg，如图 13-182 所示。

运行命令模型＞边界条件＞一般连接特性值，在弹出的对话框中点击"添加"按钮，然后在"添加/编辑一般连接特性值"对话框（图 13-182）中依次按下操作：填写"名称"为 LRB600，选择作用类型为"内力"型，选择特性值类型为"铅芯橡胶支座隔震装置"，"总质量"填写为铅芯橡胶支座实际自重 0.18kN/g，在"线性特性值"分组框勾选 D_X、D_Y 和 D_Z 三个 DOF，再填写有效刚度及有效阻尼数据。在"非线性特性值"分组框中点击对应的 DOF 的"特性值"按钮，即可弹出对应的对话框，填写非线性特性值如图 13-183 所示。

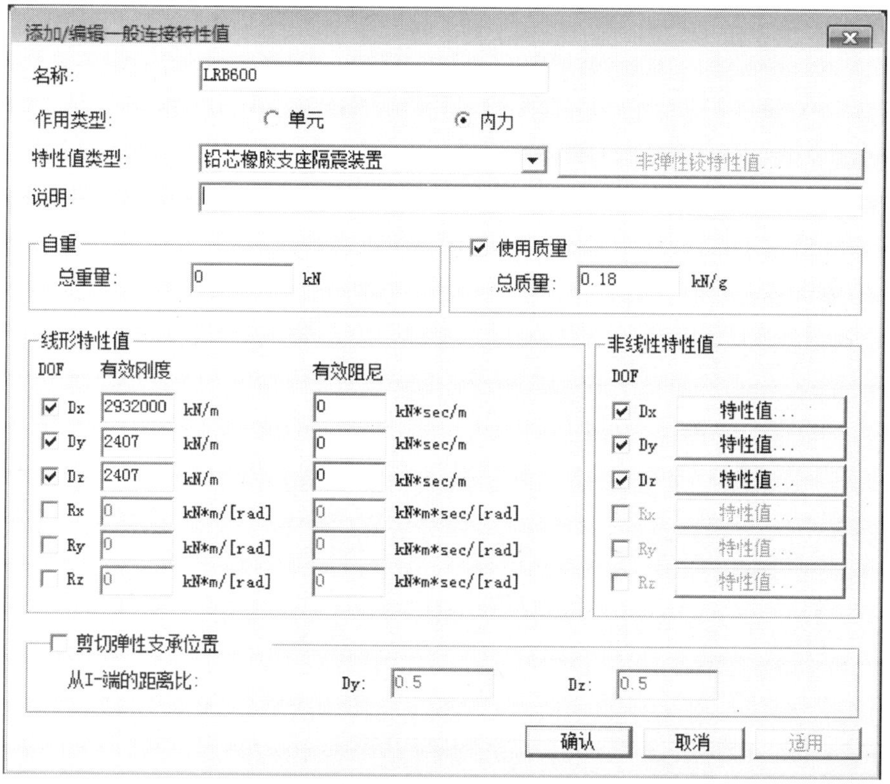

图 13-182 铅芯橡胶支座的特性值定义

轴向 D_X 方向为单线性力学模型，线性特性值中的有效刚度的输入即为支座的轴向刚度，非线性特性值的弹性刚度的输入应与线性特性值中的有效刚度的输入为同一值，有效阻尼在轴向一般取 0。

铅芯橡胶支座各剪切成分与滞回系统的剪切成分中 $s=2$ 的情况相同，其参数的意义也与滞回系统相同，此处不再赘述。水平剪切方向因为是双轴塑性，也就是 D_Y 向与 D_Z 向都是双线性力学模型，两个方向上的输入一般是完全一样，这里以 D_Y 向为例。

有效刚度即为图 13-181 中的 K_E，有效阻尼不是阻尼比 ζ，而是支座的阻尼系数 C，两者的关系按公式（13-12）计算。

$$C = 2\sqrt{km}\zeta \tag{13-12}$$

式中：k——支座水平等效刚度；

m——支座单个橡胶支座承担的上部结构质量。

进行反应谱分析和线性时程分析时,有效阻尼值应该按照实际值正确输入;进行非线性时程分析时,有效阻尼值推荐输入 0。

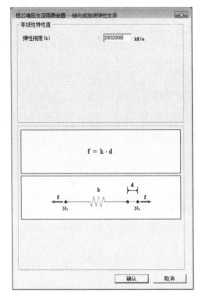

a)D_X 成分非线性特性值　　　b)D_Y 和 D_Z 成分非线性特性值

图 13-183　铅芯橡胶支座的非线性特性值定义

非线性特性值中的弹性刚度 K 即为图 13-181 中的 K_1,屈服强度就是图 13-181 中双线性模型中拐点处的荷载值 Q_y,要注意的是屈服后刚度与弹性刚度之比按新西兰规范,一般取 0.1,国际上大多也这么取,而其余取值由厂家做相应的实验后提供实测数据。

6) 摩擦摆隔震装置

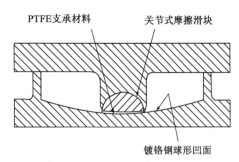

图 13-184　摩擦摆隔震支座构造示意图

当承受地震激励时,摩擦摆隔震支座减小从上部结构传向下部结构的力,它利用了简单摆能够延长隔离结构固有周期的特性。摩擦摆隔震支座是一种圆弧面滑动摩擦系统,具有较强的限、复位能力、耗能机制和良好的稳定性,其竖向承载能力很大(可以达到 130000kN)。摩擦摆的工作性能受到诸如摩擦因数、滑面半径等参数的影响。

摩擦摆隔震支座的典型组成如图 13-184 所示,它基本上由两部分组成:滑块(具有承压球面)和一个经过处理的球形滑动凹面(放置在铸钢轴承槽中)。这个凹面和滑块的表面具有相同的半径,以使两者可能很好地吻合且在竖向荷载作用下具有较为均匀的压力。支座尺寸主要由最大设计位移来决定。这种隔震器的周期不依赖于被支承结构的质量,可以通过仅改变凹面的半径来使周期发生变化,这是摩擦摆隔震支座相对于橡胶支座的一个优点。对于橡胶支座,为了在不改变平面尺寸的情况下来延长其周期,不得不增加支座的高度,而这受到稳定性要求的限制。

当地震作用力超过静摩擦力时,摩擦摆隔震支座开始滑移,隔震支座所产生的恢复力等于动摩擦力和结构由于沿球面升高竖向重力分量所产生的侧向恢复力之和,这种恢复力与隔震支座所支承的重力和滑动的位移大小成比例,其力学模型如图13-185a)所示,弯曲的滑动面可以使结构自重帮助上部结构回到中心。

midas Civil中摩擦摆隔震支座的等效力学模型如图13-185b)所示,由图可知,这是一个双轴摩擦摆,对于两个剪切变形,沿摆滑移面的径向滑移后刚度,在轴向的缝行为和对于3个弯矩变形的线性有效刚度具有耦合的摩擦属性。此单元还可模拟在接触面的缝和摩擦行为。

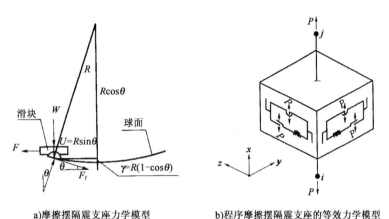

a)摩擦摆隔震支座力学模型　　b)程序摩擦摆隔震支座的等效力学模型

图13-185　摩擦摆隔震支座力学模型

摩擦摆隔震支座的恢复力由摩擦和摆效果平行作用,其恢复力模型如图13-186所示。因支座的摩擦力远小于重力恢复力,支座滑动时的刚度K可近似得到,即$K \approx P/R$。图13-186中,$F = P\mu_s$是摩擦摆隔震支座的屈服力,μ_s表示速度为0时的摩擦因数。F即为隔震支座发生滑动时的最小水平荷载,即静摩擦力。K_1为滑移前刚度,理论上,该值应该为无穷大,可是实际中,虽然滑移没有发生,可是摆本身仍然有变形,所以K_1为一个极大值。K_2为滑移后刚度,即$K_2 \approx \dfrac{P}{R}$。$K_{有效}$为支座等价线性刚度,即弹性刚度。

下面举例说明。某厂生产的摩擦摆隔震支座,轴向刚度为2500000kN/m,剪切等效刚度为40kN/m,滑移前刚度2000kN/m,静摩擦因数μ_s为0.04,动摩擦因数μ_f为0.02,控制摩擦因数随滑动速度变化程度的参数(摩擦因数变化参数)r为20s/m,质量为2000kg。

图13-187定义了该摩擦摆隔震支座的质量、有效刚度和有效阻尼,图13-188定义了其非线性特性。与铅芯橡胶支座一样,一般建议对轴向变形和三个弯曲变形自由度属性定义为线性弹簧。考虑三个弯曲变形,仅输入线性有效转动刚度即可。轴向成分的非线性特性中还可以输入初始间隙。

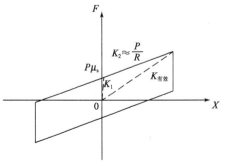

图13-186　摩擦摆隔震支座恢复力模型

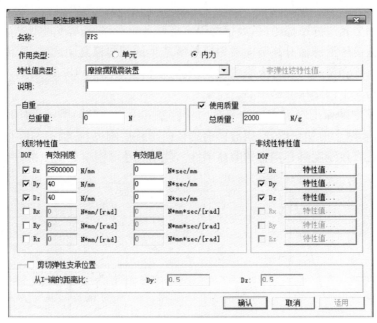

图 13-187　摩擦摆隔震支座模型例子

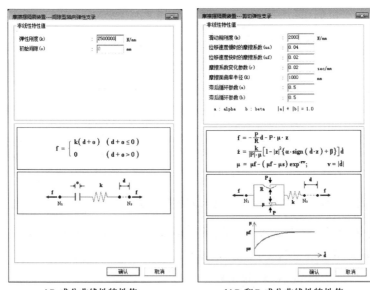

a) D_x 成分非线性特性值　　　　b) D_y 和 D_z 成分非线性特性值

图 13-188　摩擦摆隔震支座的非线性特性值定义

13.8.3 快速非线性分析（FNA）

1）使用振型叠加法进行边界非线性时程分析

振型叠加法本是一种线性的求解方法，在非线性分析中运用振型叠加法时，程序其实采用了一种比较快速的计算方法——快速非线性分析（Fast Nonlinear Analysis Method），简称 FNA 方法,使得刚度的非线性问题转换成了刚度线性的问题,然后再利用振型叠加法来进行求解。

工程结构设计常见的做法是将非线性行为限制在结构内的少量预定义位置,快速非线性分析方法就是针对此类结构系统提出的。该方法是一种非线性分析的有效方法,在这种方法中,非线性被作为外部荷载处理,形成考虑非线性荷载并进行修正的模态方程。该模态方程与结构线性模态方程相似,因此,可以对模态方程进行类似于线性振动的分解处理。然后基于泰勒级数对解的近似表示,使用精确分段多项式积分对模态方程进行迭代求解。最后基于前面分析所得到的非线性单元的变形和速度历史计算非线性力向量,并形成模态力向量,形成下一步迭代新的模态方程并求解。关于快速非线性分析的详细解释可以参考 Edward L. Wilson 的《结构静力与动力分析》一书。

理论上在进行动力非线性分析时,有效刚度可以任意取值(当取 0 时,结构可能变成机动体系。但当只考虑减隔震支座的消能时,有效刚度和有效阻尼处可全部输入 0),可是如果在进行快速非线性分析时对有效刚度进行较好地估计,收敛速度会加快,所以,此时建议一般取非线性弹性支承的刚度值。

2)特征值分析时的注意事项

非线性振型叠加法(快速非线性分析)是基于振型分析的分析方法,所以要保证足够的振型数量参与分析,振型数量一定要保证非线性弹簧的位移计算精度。特别是摩擦摆隔震装置中的轴力直接影响剪切方向的非线性特性,因此,要保证竖向振型的振型质量参与系数的精度。

因为使用 Ritz 向量法可用较少的振型数量就反映出高阶振型的影响,所以特征值分析一般采用 Ritz 向量法,但需要注意的是里兹向量法有可能会丢失一些振型。

3)静力荷载的考虑方法

非线性分析中不能使用线性叠加原理,即不能将静力荷载结果与动力荷载结果线性叠加。要获得静力荷载与动力荷载同时作用的效果,需要将静力荷载转换为动力荷载而进行时程分析。即通过定义两个时程荷载工况后,通过时程分析工况的连续分析功能获得组合的效果。考虑静力荷载的方法在 13.6.1 节中已做了介绍,此处不再赘述。

13.8.4 直接积分法分析实例

在设置了减隔震支座的桥梁、建筑结构中,抗震分析方法主要是分为以下三种:
(1)不考虑除边界非线性连接单元外其他构件的弹塑性性能的动力分析。
(2)考虑除边界非线性连接单元外其他构件的弹塑性性能的动力分析。
(3)包含边界非线性连接单元的 Pushover 分析。

每一种分析方法对应的单元参数的选取,计算模式的确定(直接积分或振型叠加)都是不同的。在不考虑除边界非线性连接单元外其他构件的弹塑性性能的动力分析中,根据计算原理的不同又分为"振型叠加法"边界非线性动力分析和"直接积分法"边界非线性动力分析。在既要考虑边界非线性,又要考虑构件的弹塑性性能时,只能用直接积分法。

这里主要讨论第一种情况,即不考虑除边界非线性连接单元外其他构件的弹塑性性能的动力分析。为了比较,下面的实例分别用"振型叠加法"和"直接积分法"进行边界非线性动力分析。

1)实例资料

如图 13-189 为某三跨连续梁桥的模型,主梁为双钢箱形式,两钢箱之间由钢横梁连接。

桥墩和盖梁为钢筋混凝土结构。桥面仅用均布荷载代替。图 13-190 给出了钢箱梁、横梁与中间桥墩及盖梁的对应关系，其中横梁与钢箱之间共用节点，但考虑了横梁的梁端刚域效应；节点 60 和 64 之间以及节点 59 和 63 之间都用一般连接模拟支座；支座顶节点与钢箱对应节点之间、支座底节点与盖梁对应节点之间以及桥墩顶节点与盖梁对应节点之间，都用主从节点连接。两侧桥台也设立了支座，但支座底节点直接固结，墩底也为固结。

支座采用某厂生产的铅芯橡胶支座，其中桥墩顶与两侧桥台顶支座是不同的型号，但支座高度均为 200mm。桥台支座实验测得的竖向刚度：4791000kN/m，剪切等效刚度：3300kN/m，等价阻尼比为：0.216，屈服后刚度：10800kN/m，屈服力：152kN，质量 800kg。桥墩支座实验测得的竖向刚度：12640000kN/m，剪切等效刚度：6886kN/m，等价阻尼比为：0.216，屈服后刚度：21616kN/m，屈服力：329kN，质量 800kg。

图 13-189 实例模型

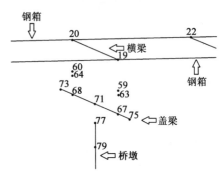

图 13-190 实例模型中各构件的连接说明

本例中的所有梁单元均为线弹性特性，建立模型的过程、质量的输入以及刚性连接定义等从略，这里直接从铅芯橡胶支座的定义开始说明。

2) 定义一般连接特性值

在 13.8.2 节中，给出了一个铅芯橡胶支座的定义实例，已经有的数据填写说明这里不再赘述，请参考前面的例子以及程序的在线帮助手册，这里仅就特别注意的内容加以说明。图 13-191 和图 13-192 为桥台支座特性值的定义，桥墩支座的定义与之类似，仅数据不同。

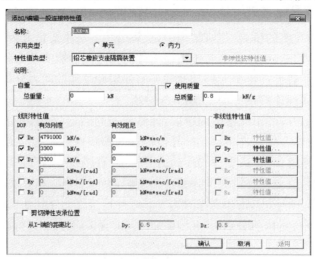

图 13-191 铅芯橡胶支座的特性值定义

因为是动力分析,其对整体模型质量输入的准确性要求是非常高的,所以建议此处一定要填写使用质量,因为该支座质量为 800kg,所以图 13-191 中输入 0.8kN/g。

支座轴向 X 向的非线性特性中也仅有弹性刚度,所以可以不勾选图 13-191 中非线性特性值分组框中的 D_X。

3)建立一般连接

一般连接单元需要连接两个节点,即支座的上、下节点。运行命令模型>边界条件>一般连接,先选择要连接的两点,然后选择刚定义的"一般连接特性值"名称,点击"适用"按钮即可。

4)初始内力的考虑

在 13.6.2 节中,给出了一种考虑自重等引起的初始内力的方法,这里稍有不同,说明在 13.6.1 节中。

第一,定义一个静力荷载工况,命名为"恒载",施加自重及桥面重两种荷载。

第二,定义图 13-193 所示的时程荷载函数。

第三,定义时程荷载工况,命名为 Dead-Load,如图 13-194 所示。这里的分析时间与刚定义的时程荷载函数一致,阻尼比很大。

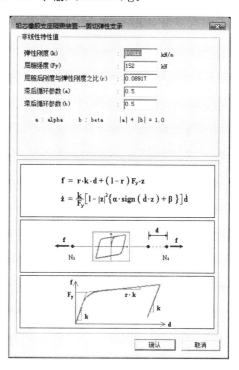

图 13-192　铅芯橡胶支座 D_Y 和 D_Z 成分非线性特性值

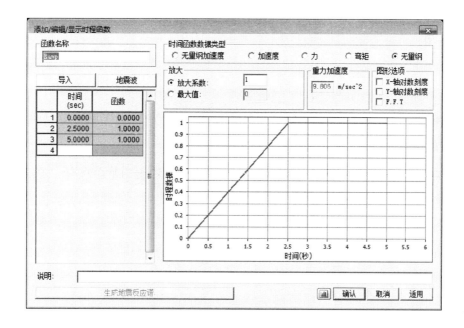

图 13-193　恒载的时程函数

第四,定义对应的时变静力荷载,如图 13-195 所示。

5)时程荷载工况定义

定义地震作用的时程荷载工况,如图13-196所示。这里介绍了恒载对应的"时程分析",这两个时程荷载工况中的分析方法要一致,比如此处都是直接积分法。

图 13-194 恒载的时程荷载工况　　图 13-195 恒载对应时变静力荷载

全桥阻尼输入的说明如下。

(1)全桥能量耗散

因为结构的阻尼矩阵使用振型阻尼方法计算,midas Civil 程序中所有的阻尼输入都和振型阻尼有关。在加入了减隔震器的混凝土桥梁各阶振型阻尼显然不是传统意义上的 0.05,但有一点要注意:减隔震器的耗散能 W_σ 已经由它的非线性特性值所决定的滞回曲线决定,不需要再去单独的定义阻尼,这个时候用户再只需要求解全桥其他构件的能量耗散就可以了。所以我们完全可以忽略掉所有的减隔震器对其振型阻尼的影响(因为可以自动计算、自动计入),而求其振型阻尼仍然是 0.05 时混凝土桥梁耗散的能量 W_ξ,则全桥能量耗散为:

$$W = W_\xi + W_\sigma \tag{13-13}$$

在程序中,忽略减隔震器对其振型阻尼的影响,仍然定义各阶振型阻尼比为 0.05,如图 13-196 所示。

当然,也可以通过定义全桥结构组阻尼比为 0.05,再通过定义阻尼计算方法中选择应变能因子来计算全桥阻尼耗能。

第13章 抗震分析

(2)有效刚度和有效阻尼

对于非线性直接积分法分析,因为其能直接考虑单元能量耗散,且正确考虑了振型交叉耦合的效果。不像振型叠加法那样需要结构的振型数据,所以,在采用直接积分法分析的时候,实际上是没有采用到任何的线性分析的(包括线性静力分析、模态分析等),那么,非线性直接积分法是不使用"有效刚度"和"有效阻尼"值的,所以,可以将线性特性中的"有效刚度"和"有效阻尼"的值均输为0。这样,就完全依靠"非线性特性值"中各参数的输入来考虑其阻尼耗能效果。

但是,根据振型阻尼比来确定阻尼矩阵的时候,需要知道结构的每一阶的频率,即还需要做特征值分析。而如前所述,模态分析是需要有效刚度的,那么,在有效刚度处就必须输入,本次分析输入有效刚度如图 13-191 所示。有效阻尼仍然可以输成0。

6)选择地震波

即定义时程荷载函数,这里输入两个地震波,一个为顺桥向,另一个为横桥向。

图 13-196 地震作用对应时程工况

7)地面加速度输入

8)定义特征值分析

时程荷载工况中阻尼计算方法为直接振型法、应变能比例方法时,应事先设置特征值分析数据,这里按图 13-197 设置。

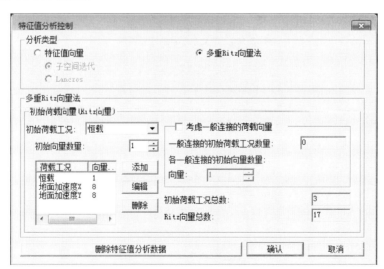

图 13-197 特征值分析控制数据

9) 运行分析

计算用时 3847 秒。

10) 查看结果

定义时程结果函数，如图 13-198 所示。这里定义了三个结果时程函数：

(1) 墩顶顺桥向，即 X 方向的位移，命名为 Disp-Pier-Top。

(2) 桥墩上铅芯橡胶支座的横向位移，命名为 NL3-Disp-y。

(3) 桥墩上铅芯橡胶支座的横向内力，命名为 NL3-Shear-y。

图 13-199 和图 13-200 给出了计算结果。

图 13-198　定义三个时程结果函数

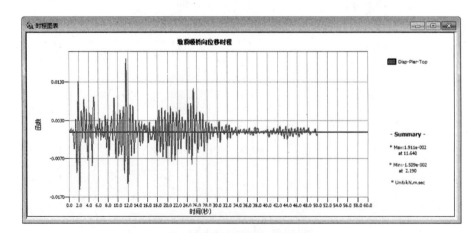

图 13-199　墩顶顺桥向位移时程

第13章 抗震分析

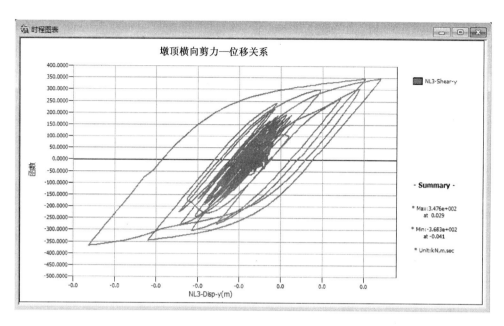

图 13-200　墩顶支座横桥向剪力—位移关系

13.8.5 振型叠加法分析实例

仍然采用上面的例题,这里仅需要将图 13-194 和图 13-196 中的分析方法改为振型叠加法,并在特征值分析控制对话框中勾选"考虑一般连接的荷载向量"(参见 10.2.3 节说明),其他不变。

分析时长 20 秒。

图 13-201 和图 13-202 给出了与上节对应的计算结果。

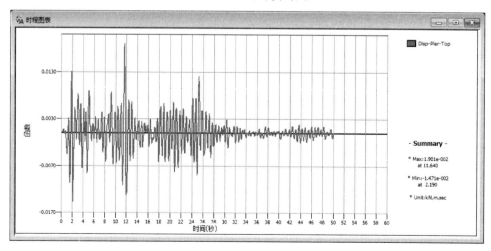

图 13-201　墩顶顺桥向位移时程

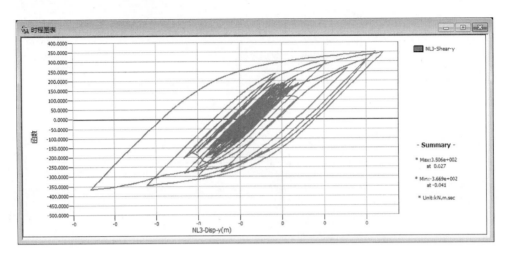

图 13-202　墩顶支座横桥向剪力—位移关系

第14章 斜拉桥分析

14.1 概述

斜拉桥是由索、塔、梁三种基本构件组合而成的缆索承重组合体系结构。斜拉索对梁是一个多点的弹性支承,使主梁受力类似于多跨的连续梁,大大减少了主梁弯矩。在恒载作用下,索的张拉力使梁塔处于合理的受力状态;在活载和其他附加荷载作用下,索起到弹性支承和力的传递作用。由于斜拉索的存在,索将主梁荷载以轴压力的方式传递给桥塔,而主梁承受着由斜拉索传来的竖向支承反力与斜拉索水平分力产生的轴向压力,一般来讲,主梁和桥塔均处于偏心受压的受力状态。斜拉索的索力具有可调性,在恒载作用下,主梁的弯曲内力可通过斜拉索索力来调整。

14.1.1 成桥恒载合理状态

斜拉桥的计算内容较多,静力计算是其他各项计算的基础,图14-1为斜拉桥静力设计流程图。根据最不利荷载组合下斜拉桥合理受力的要求,主要通过调整索力确定成桥恒载合理状态。斜拉桥一般采用悬臂施工方法,其合理成桥状态必须包括力的状态和线形状态。力的状态包括梁、塔、索以及墩台的受力状态,这主要取决于结构的恒载分布、斜拉索索力和支座反力。线形状态主要指主梁的成桥高程,可以通过立模高程(悬臂浇筑施工)或制作放样线形(悬臂拼装施工)来满足要求,在成桥状态计算时可不考虑。塔的偏位往往由塔的受力决定。

确定斜拉桥的成桥恒载受力状态,不能简单地通过一次落架计算获得,而要通过试算和结构调整(包括恒载分布调整与索力的调整)才能获得,其计算步骤可参考下面步骤进行。

(1)初拟结构尺寸。包括桥型布置,主要截面尺寸,边、中跨配重,二期恒载大小,钢材型号,混凝土强度等级,以及施工过程中需配置的前期预应力等基本数据的拟定。

(2)确定成桥状态。根据成桥恒载分布,用一定的方法(如弯曲能量最小法)得到一个主梁和塔弯矩均较小,且索力也基本均匀的成桥状态。

(3)索力调整。对上步获得的成桥状态进行调索,使索力匀称、主梁与主塔弯矩较小。

(4)计算主梁内力包络图。根据上步得到的成桥状态和索力,并考虑活载效应,将恒载索力放大一定倍数(如1.2倍)并作为设计索力,计算出索的面积并替代原面积,进行后期内力计算。此时,荷载包括车辆荷载、温度和风等其他可变荷载,以及运营过程中的混凝土收缩、徐变影响力。由于上步获得的成桥状态并非最终结果,并且也未计施工过程的影响,所以,混凝土的收缩、徐变计算是近似的。

(5)预应力混凝土斜拉桥的预应力设计。对预应力混凝土斜拉桥,先根据第(3)步获得的成桥状态主梁恒载轴力 N 和第(4)步的主梁内力包络图,计算主梁合理预加力 N_y,然后布置主梁中的预应力束。

(6)塔、梁成桥恒载弯矩可行域。在第(3)步获得的成桥状态基础上,加入配置好的预应力,获得一个新的成桥状态,相应的主梁轴力 $N+N_y$。根据 $N+N_y$ 并结合第(4)步得到的塔、梁活载应力包络图,计算塔、梁弯矩可行域。

(7)塔、梁弯矩调整。在上步获得的成桥状态基础上,通过对成桥索力的调整,使塔、梁成桥恒载弯矩落在弯矩可行域内,并且尽量在可行域中间,或根据设计要求居于有利位置。

(8)成桥状态检验。根据第(7)步的计算结果,计算新的主梁弯矩可行域,并检查调整后的主梁成桥恒载弯矩是否落在弯矩可行域内;另外,还需对主塔、斜拉索、边墩与辅助墩的受力进行检查,如果都满足要求,则说明第(7)步确定的成桥状态是可行的,否则根据检验情况,对不满足要求的部分进行调整,转入第(7)步。如果需要修改基本数据(如梁、塔和索的几何尺寸,材料参数等),则需转入第(2)步。

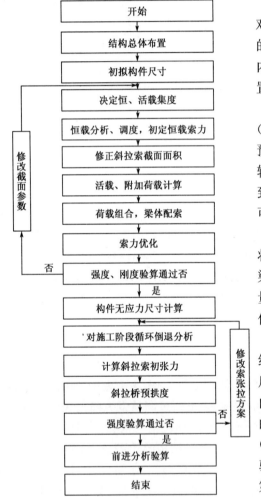

图14-1 斜拉桥静力设计流程图

一旦斜拉桥结构体系被确定,总能找到一组斜拉索索力,它能使结构体系在确定荷载作用下,某种反映受力性能的指标达到最优。这组索力对应的成桥状态就是该目标下最优的成桥内力状态。求解这组最优索力,并在斜拉桥中加以实施,也就实现了斜拉桥的恒载受力优化,即达到成桥恒载合理状态。在不改变结构参数的前提下,斜拉桥恒载状态的优化,就是斜拉索索力的优化。

14.1.2 施工阶段分析

斜拉桥要经历一个分阶段施工的过程,结构在施工过程中刚度远比成桥状态小,几何非线性突出。结构的荷载(自重、施工机具、预应力等)是在施工过程中逐级施加的,每一个施工阶段都可能伴随结构构形变化、构件材料的收缩徐变、边界约束增减、预应力张拉以及体系转换。后期结构的受力状态和力学性能与前期结构有着密切联系。因此,施工阶段的结构分析一般采用有限位移理论。施工分析的最终结果就是斜拉桥成桥时的理论受力状态。

根据施工逆过程,可以确定满足成桥合理内力状态下,各施工阶段的内力状态与位形,即各施工阶段的理想状态。但在实际施工时,由于构件自重、刚度、施工精度、索力张拉误差、温差等诸方面因素影响,可使施工阶段实际状态严重偏离理想状态。对索力的优化调整是施工阶段纠偏的重要手段。

施工仿真计算主要采用前进分析和倒退分析法。前进分析法是一种以计算斜拉桥施工过程中的内力、构形,以保证施工的合理与安全为目的的仿真施工过程的计算方法;倒退分析法是一种将成桥状态作为目标,以计算斜拉桥拉索初张力和拼装节段高程等理想施工参数为目的的逆施工过程的计算方法。前进、倒退交互迭代法以索力为主线,把施工过程与成桥状态串联起来,力学意义明确,在工程界应用较广。

14.1.3 计算模型

一般来讲,采用有限元程序计算时,斜拉桥的计算模型分为空间杆系模型和空间板壳、块体以及梁单元组合模型。空间杆系模型要特别注意实际结构与计算模型间的刚度等效性,空间组合单元模型要注意不同单元结合部的节点位移协调性。大跨度斜拉桥是柔性结构体系,非线性影响较为突出,非线性主要体现在材料和几何非线性两个方面。

全桥模型受到计算规模的限制常采用空间杆系模型。空间杆系模型常根据主梁的模拟情况分为单主梁模型、Ⅱ形模型、双主梁模型和三主梁模型。采用梁、板壳和块体单元组合建立的模型在刚度与质量分布等方面与实际结构的差异较小,但是这种方法工作量较大,处理混凝土徐变、预应力等方面比较麻烦。

单主梁模型的中间轴线通过主梁截面的扭转中心,主梁的拉伸刚度、竖向抗弯刚度、横向抗弯刚度、自由扭转刚度和质量(平动质量和转动惯量)都集中在中间轴线上。双索面斜拉桥的主梁则通过短刚臂和斜拉索连接形成"鱼骨"式,如图14-2所示。这种模型的优点是主梁的刚度系统和质量系统是正确的,缺点是横梁的刚度和主梁的翘曲刚度不能充分考虑。如采用刚臂的连接方式则杆件数增多,同时,若刚臂的刚度取值不当,则对自振频率的值会有所影响。

Ⅱ形模型把桥面系的刚度系统和质量系统分开处理,刚度集中在中间节点上,节点布置在截面的剪切中心处,而质量分散在左右两个质点上,质点的横向间距取两片边主梁的中心距,质点的竖向位置设置在通过截面质心的水平线上,节点和质点之间用水平刚臂和竖向刚臂连接,形成Ⅱ形,如图14-3所示。这种模型由于质量分布在两侧,因而能自动形成转动惯量。该模型把刚度系统和质量系统放在各自的位置上,能比较正确地反映截面实际受力状况,但节点数和杆件数太多,计算工作量大,且同时由于刚度集中在一个节点上,无法考虑翘曲刚度的影响。这种模型适用于Ⅱ形主梁或由分离式主梁和桥面板组成的组合截面。

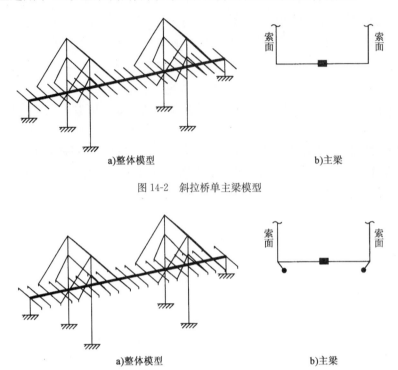

图 14-2　斜拉桥单主梁模型

图 14-3　斜拉桥Ⅱ形主梁模型

双主梁模型由两根主梁组成,中间用横梁联系,主梁间距取两索面距离,横梁的间距取索距。每片主梁的面积和竖向弯曲惯性矩分别为全断面值的一半,横向刚度采用挠度相等原理计算等代刚度。横梁刚度采用实际刚度(包括桥面共同作用的部分),桥面系质量分布在两侧主梁和中间横梁上,通过调整它们之间质量分布的比值,使平动质量和转动惯量满足全截面值的要求,如图 14-4 所示。这种模型的横梁刚度与实际相符合,可以由两根边梁提供一定的桥面约束扭转刚度。但这种模型的缺点是用刚性横梁连接的平面框架对横向而言是一种剪切型结构,由于有强大的桥面板作用,实际截面基本为弯曲型,因而,无法正确描述桥面的横向抗弯刚度,引起桥面横向弯曲变形的失真。双主梁模型适用于具有分离边箱梁的半开口主梁截面。

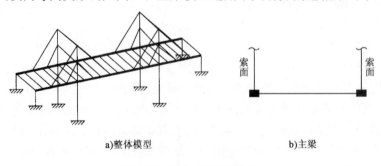

图 14-4　斜拉桥双主梁模型

三主梁模型是针对上述三种模型的缺点而提出的,这种梁模型是由位于桥轴线上的中梁和位于索面处的两根边梁共同组成一个构架式主梁模型,三根主梁之间通过刚性横梁连接,该模型根据一定等效原则把桥面系的刚度和质量合理地分配到中梁和两根边梁上,并据此原则,确定模型中每根主梁的截面性质和质量分布。三主梁模型是目前较完善的一种桥面系模型,它克服了上述三种模型的缺点,正确地考虑了约束扭转刚度的贡献,这种模型比上述其他模型能较精确地计算出斜拉桥的扭转频率,对于自由扭转刚度较小的主梁截面有着重要的意义,但这种模型的节点数和单元数较多。三主梁模型适用于带分离边箱的半开口主梁截面,特别是自由扭转刚度较小的开口截面,如带实心边梁的板式截面以及I字形边梁和桥面板相结合的开口主梁截面。斜拉桥三主梁模型见图14-5。

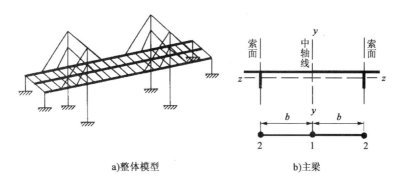

图14-5 斜拉桥三主梁模型

斜拉索的模拟一般有三种方法,即等效弹性模量法、多段直杆法和曲线索单元法。

等效弹性模量法即用恩斯特(Ernst)公式计算索的等效弹性模量来代替其自身的弹性模量,这样就将由于索的垂度引起的非线性问题线性化。索的拉力小、索太长都会使索的垂度影响不可忽略。

多段直杆法就是将斜拉索模拟成包含一系列无质量、铰接的直线连杆,其轴向刚度采用Pugsley提出的重力刚度,斜拉索的质量集中在连杆的节点上。合适数量的连杆就能较精确地模拟斜拉索的自然状态。

曲线索单元法是将斜拉索划分成一个或多个曲线单元,其单元刚度矩阵由多项式或拉格朗日插值函数通过考虑斜拉索在共同节点位移和可能变位的连续性计算。在建立这种模型时,假定索单元只在其横截面上产生法向应力,并且该法向应力在横截面上均匀分布,在索变形时,其横截面面积保持不变。

14.2 斜拉桥建模助手

用 midas Civil 提供的斜拉桥建模助手可自动生成平面单梁型的杆系斜拉桥模型,图14-6为斜拉桥建模助手对话框,其填写说明可参见程序的在线帮助。使用该建模助手前需先定义拉索、主梁和索塔的材料和截面,按图14-6填写数据后,可生成如图14-7所示的斜拉桥单梁模型。

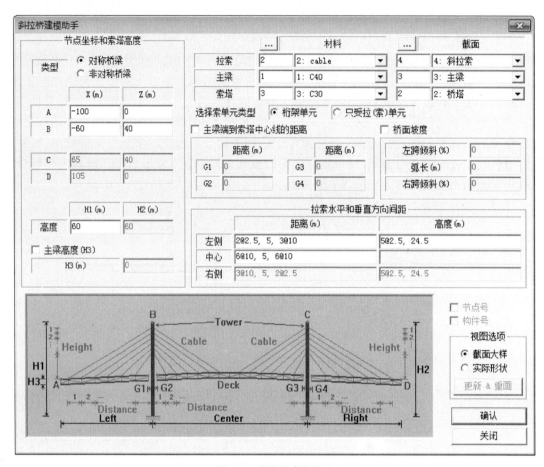

图 14-6 斜拉桥建模助手

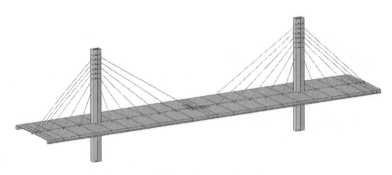

图 14-7 用建模助手建立的斜拉桥单梁模型

14.3 用 midas Civil 分析斜拉桥

14.3.1 索的模拟

在 midas Civil 中,定义索单元的对话框如图 2.9 所示。可以采用普通桁架单元、只受拉桁架单元、只受拉钩单元和只受拉索单元模拟实际索。模拟不同结构中实际索的单元使用建议如下：

(1)悬索桥的主缆和吊杆：建议使用考虑大变形的索单元。

(2)大跨斜拉桥的斜拉索：对于跨度近千米或者超过千米的斜拉桥，建议使用考虑大变形的索单元。

(3)中小跨斜拉桥的斜拉索：建议使用考虑恩斯特(Ernst)公式修正的等效桁架单元。

(4)拱桥的吊杆：建议使用桁架单元或只受拉桁架单元。

(5)系杆拱桥的系杆：建议使用桁架单元。

(6)体内预应力或体外预应力的钢索（钢束）：与索单元无关，使用预应力荷载功能，按荷载来模拟即可。

(7)进行细部分析时，对于钢束可以按桁架单元来模拟。

在 midas Civil 中，定义只受拉索单元后，其分析方式根据分析类型不同而异，只受拉索单元的不同分析方式如下：

(1)静力线性分析：按考虑恩斯特公式修正的等效桁架单元进行分析。

(2)静力非线性分析（需设置非线性分析控制）：按考虑大变形的悬索单元进行分析。

(3)施工阶段考虑时间依存性效果（线性）：按考虑恩斯特公式修正的等效桁架单元进行分析。

(4)施工阶段考虑非线性分析：按考虑大变形的索单元进行分析。

(5)移动荷载分析或支座沉降分析：按桁架单元（或考虑成桥时的几何刚度）进行线性分析。

(6)对完成了施工阶段分析后还要进行进一步分析的情况，在施工阶段分析控制对话框（图 14-8，使用命令主菜单＞分析＞施工阶段分析控制）中，是否勾选选项"在 PostCS 阶段将索单元转换为等效桁架单元"会产生的不同影响列于表 14-1 中。

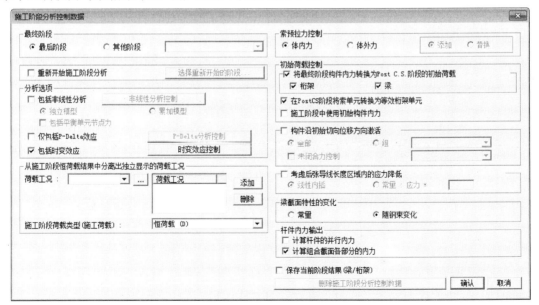

图 14-8　施工阶段分析控制对话框

索单元在施工阶段分析后续分析中的分析方式　　　　　　表 14-1

成桥状态荷载工况	不勾选"在 PostCS…"	勾选"在 PostCS…"	备 注
移动荷载	按桁架单元考虑(线性叠加)	考虑成桥状态的索单元和梁单元的几何刚度	
支座沉降	同上	同上	
动力分析(特征值分析等)	同上	同上	
温度荷载	按等效桁架单元考虑,基于恩斯特公式进行反复迭代计算	同上	
其他静力荷载	按等效桁架单元考虑,基于恩斯特公式进行反复迭代计算	同上	

14.3.2 程序的斜拉桥分析功能及流程

midas Civil 程序主要可以对斜拉桥进行如下分析:
(1)利用未知荷载系数法求解成桥平衡状态索力。
(2)利用倒拆分析及未闭合配合力正装分析方法求解施工阶段索力。
(3)结合考虑施工阶段的未知荷载系数法进行二次调索。

利用 midas Civil 程序进行斜拉桥的常规分析方法步骤如下:

第一步:进行成桥状态分析,即建立成桥模型,考虑结构自重、二期恒载、斜拉索的初拉力(单位力),进行静力线性分析后,利用"未知荷载系数"的功能,根据影响矩阵求出满足所设定的约束条件(线形和内力状态)的初拉力系数。此时,斜拉索需采用桁架单元来模拟,这是因为斜拉桥在成桥状态时拉索的非线性效应不是很大,而且影响矩阵法的适用前提是荷载效应的线性叠加(荷载组合)成立。初始索力的计算流程如图 14-9 所示。

第二步:倒拆施工阶段分析,利用算得的成桥状态的初拉力(不再是单位力),建立成桥模型并定义倒拆施工阶段,以求出在各施工阶段需要张拉的索力。此时,斜拉索采用只受拉索单元来模拟,在施工阶段分析控制对话框中选择"体内力"。求在各施工阶段需要张拉的索力大小的方法,也可采用"考虑未闭合配合力的正装分析"。

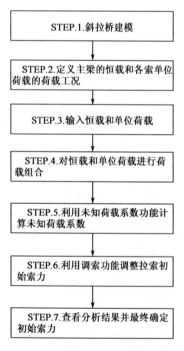

图 14-9　斜拉桥初始索力计算流程图

第三步:正装(前进)施工阶段分析,根据上步得到的各施工阶段拉索的内力,将其按初拉力输入建立正装施工阶段的模型并进行分析。此时,斜拉索仍可采用只受拉索单元来模拟,但在施工阶段分析控制对话框中选择"体外力"。

14.4 斜拉桥成桥恒载合理状态实例分析

如前所述,在不改变结构参数(结构构形、重量分布、刚度分布等)的前提下,斜拉桥恒载状态的优化,就是斜拉索索力的优化,成桥恒载合理状态也即成为计算成桥阶段初始索力的问题。这里通过实例来说明如何在 midas Civil 中计算初始索力。

14.4.1 例题模型介绍

例题模型为一座 40m+125m+40m 的三跨混凝土主梁斜拉桥,墩塔固结,主梁用支座支承在桥墩上,其模型如图 14-10 所示,模型为单主梁平面模型,主梁和桥墩、塔均为梁单元。桥墩高 20m,桥塔高 40m。索以主梁为基准对称配置,用桁架单元模拟。边界条件为两端为滑动支座,主塔边界条件为固定。

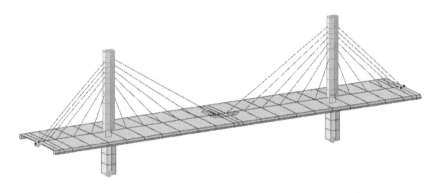

图 14-10 斜拉桥初始索力计算实例模型

图 14-10 所示模型的建立可以用斜拉桥建模助手建立,按图 14-6 填写数据,然后再修改。修改的内容包括施加边界条件、桥墩和桥塔细化单元,并更新桥墩截面特性、将桥墩顶节点和主梁相应节点模拟为弹性连接,支座的刚度如图 14-11 所示。

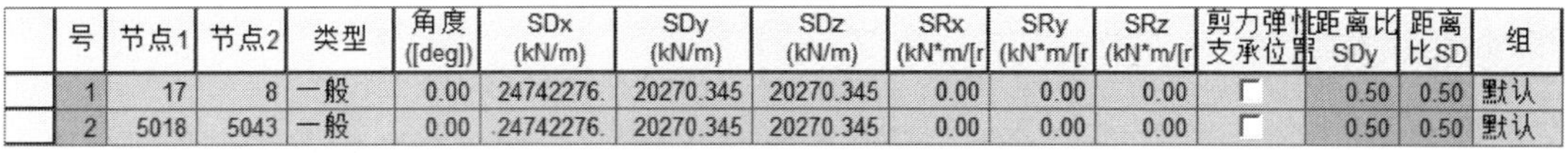

号	节点1	节点2	类型	角度 ([deg])	SDx (kN/m)	SDy (kN/m)	SDz (kN/m)	SRx (kN*m/[r)	SRy (kN*m/[r)	SRz (kN*m/[r)	剪力弹性支承位置	距离比SDy	距离比SD	组
1	17	8	一般	0.00	24742276.	20270.345	20270.345	0.00	0.00	0.00		0.50	0.50	默认
2	5018	5043	一般	0.00	24742276.	20270.345	20270.345	0.00	0.00	0.00		0.50	0.50	默认

图 14-11 模拟支座的弹性连接的刚度取值

14.4.2 荷载施加

荷载包括结构自重、二期恒载(72.6kN/m 的均布荷载,沿 Global-Z 方向施加,如图 14-12 所示)和配重(对称的 600.0kN/m 的均布荷载,沿 Global-Z 方向施加,如图 14-13 所示)。

为了便于荷载组合,将自重、二期恒载和配重分别定义在不同的静力荷载工况中,另外还需要为 T1~T12 共 12 对索建立 12 个静力荷载工况,所有荷载类型均为用户自定义类型,如图 14-14 所示。对斜拉索施加单位初拉力荷载(荷载>预应力荷载>初拉力荷载),完全对称的两个索的初拉力放在同一个荷载工况中。

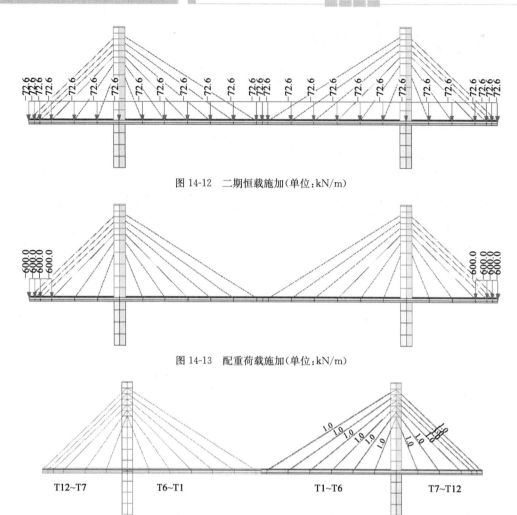

图 14-12 二期恒载施加(单位:kN/m)

图 14-13 配重荷载施加(单位:kN/m)

图 14-14 斜拉索单位初拉力施加

14.4.3 荷载组合

利用索中导入预应力的 12 个单位荷载工况以及自重、二期恒载和配重三个荷载工况,进行如图 14-15 所示的荷载组合。命令为:结果>荷载组合,填写荷载组合的名称为"ULF"。

14.4.4 未知荷载系数

midas Civil 的未知荷载系数功能对应命令为结果>未知荷载系数。利用未知荷载系数功能,可以计算出最小误差范围内能够满足特定约束条件的最佳荷载系数,可利用这些荷载系数计算拉索初拉力。通过指定位移、反力、内力的"0"值以及最大、最小值作为"约束条件"(即目标函数),将拉索初拉力作为变量(未知数)来计算。计算未知荷载系数适用于线性结构体系,为了计算出最佳的索力,必须输入适当的约束条件,比如:主塔不受或只受较小的弯矩作用;主塔弯矩均匀分布;主梁的变形最小;最终索力不集中在几根拉索,而是均匀分布在每根拉索上。

本例的优化目标或约束条件为:上述荷载组合中,主梁弯矩(M_y)限制为5000kN·m。具体操作步骤如下:

(1)运行分析。未知荷载系数功能在后处理模式中的 PostCS 下才能使用。

(2)未知荷载系数设定。运行命令结果＞未知荷载系数,在弹出的对话框中点击 添加 按钮,此时会弹出名称为"未知荷载系数的详细内容"的对话框,如图14-16所示。

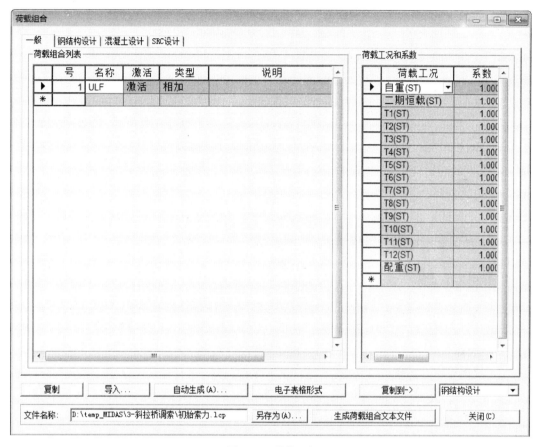

图 14-15　荷载组合

"项目名称"为用户给定,这里填写为"未知索力"。

"荷载组合"中选择包含未知荷载系数荷载工况的荷载组合。每个荷载组合最多可以包含 150 个荷载工况,当要计算的未知荷载系数(即未知荷载工况)的数量大于 150 个时,可以定义两个荷载组合,然后将这两个荷载组合再进行荷载组合。本例通过下拉条选择刚才定义的"ULF"。

"目标函数的类型"中选择形成目标函数的方法,共有三个选项,即线性、平方和最大绝对值。目标函数由未知荷载系数组成。线性:(荷载系数×权重)绝对值的总和;平方:(荷载系数×权重)的平方的线性总和;最大绝对值:(荷载系数×权重)的绝对值的最大值。本例选择"平方"。

"未知荷载系数的符号"指定要计算的未知荷载系数的正负号。斜拉索受拉为正,所以本例选择"正",即指定计算的值的范围为正数区间。如选择"正负"表示允许出现负的索力,即允许斜拉索受压。

"约束条件"分组框内输入该荷载组合的计算结果需要满足的约束条件。对桁架或梁单元而言,可以约束位移、反力及构件内力等。约束条件可以通过点击该分组框中的"添加"按钮一个一个地输入,也可以先用电子表格按确定格式输入多个后导入(通过点击该分组框中的"表格"按钮完成)。

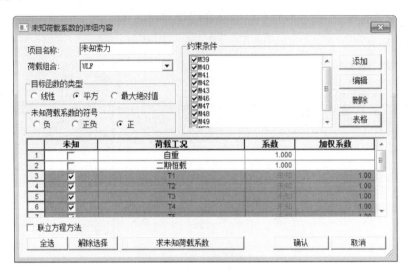

图14-16 未知荷载系数设定

点击"约束条件"分组框内的"添加"按钮后,弹出图14-17所示的对话框。因为所有的主梁单元的弯矩都控制在5000kN·m以内,这里选择了图14-17所示的约束条件。

点击"约束条件"分组框内的"表格"按钮后,弹出图14-18所示的对话框。可以先用图14-17的方法定义一个约束条件,然后将其拷贝到电子表格中,按统一的格式填写好后再拷贝回来。注意在拷贝电子表格时,一定要选择全表格(即点击图14-18中"名称"栏左侧的空白按钮),再粘贴到电子表格中,否则格式可能会不同。

需要说明的是,由于对称性,不必将所有的主梁单元的弯矩都作为约束条件,考虑一半即可。

在图14-16的下方,将索力对应荷载工况的系数勾选为"未知",即将索力作为变量。

"联立方程法"含义:选择的约束条件全部为等式时,未知荷载与约束条件个数相同的话,可以选择这个选项。此时,不是应用优化方法,而是求解联立方程式来计算未知荷载系数。

(3)求解未知荷载系数。点击图14-16最下方的 求未知荷载系数 按钮,将会得到图14-19所示的结果对话框。

在图14-19所示对话框中,左下角默认为"结果"选项,用户也可以通过选择"影响矩阵"来查看应用荷载的影响矩阵,如图14-20所示。可以通过点击 生成Excel文件 按钮,将结果拷贝Excel文件中。从图14-19中可以得到各索的荷载系数,因为原来施加的单位力,所以实际上荷载系数即是要求的初始索力。点击按钮 生成荷载组合 ,可以生成考虑了初始索力的新的荷载组合(索力的荷载组合系数为求出的未知荷载系数),本例生成一个名为"弯矩控制"的新的荷载组合。

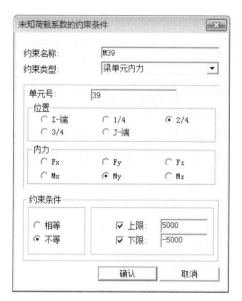

图 14-17 输入约束条件

图 14-18 按电子表格法输入约束条件

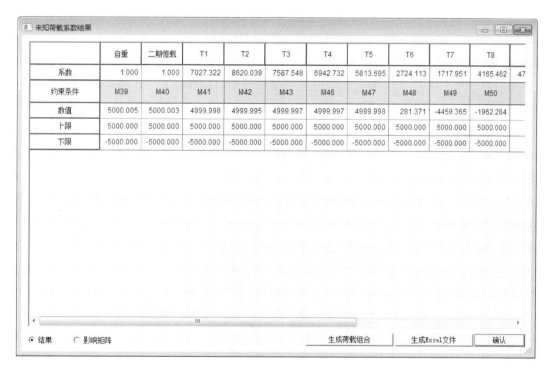

图 14-19 未知荷载系数结果 1

利用"未知荷载系数"功能求得的未知荷载系数,当约束条件增加或者是结构体系复杂时,可能无法得到设计者所希望的未知荷载系数。当无法求得未知荷载系数时,可修改约束条件后再查找。

![未知荷载系数结果表格]

约束条件	M39	M40	M41	M42	M43	M46	M47	M48	M49
上限	5000.000	5000.000	5000.000	5000.000	5000.000	5000.000	5000.000	5000.000	5000.000
下限	-5000.000	-5000.000	-5000.000	-5000.000	-5000.000	-5000.000	-5000.000	-5000.000	-5000.000
数值	5000.005	5000.003	4999.998	4999.995	4999.997	4999.997	4999.998	281.371	-4459.365
自重 1.000	66008.504920	50892.468424	28207.746191	3611.517317	-21215.425391	-24079.394351	-13175.523047	-13380.506026	-11127.753562
二期恒载 1.000	12861.467993	9926.988747	5507.706812	707.350587	-4139.898714	-4708.507950	-2590.306643	-2642.884122	-2200.052231
T1 7027.322	-3.604140	-0.482342	1.255746	1.818669	1.541193	-0.105847	-0.289874	-0.311266	-0.231643
T2 8620.039	-2.817674	-1.854203	0.517501	1.572384	1.600404	0.130356	-0.047895	-0.104253	-0.086906
T3 7587.548	-0.674924	-2.023707	-1.534590	0.598266	1.389713	0.354010	0.127493	0.028525	0.002974
T4 6942.732	0.389533	-0.412477	-2.095136	-1.667242	0.563945	0.576779	0.254175	0.104108	0.049638
T5 5813.695	0.657248	0.291271	-0.546378	-2.282234	-1.650625	0.771429	0.338155	0.137359	0.064626
T6 2724.113	0.432884	0.332142	0.066690	-0.577513	-2.061372	0.761951	0.324551	0.122515	0.053158
T7 1717.951	-0.132314	-0.089963	0.008943	0.221680	0.657126	-2.275736	-0.825580	-0.243510	-0.079567
T8 4165.462	-0.319627	-0.243964	-0.107022	0.134993	0.579758	-1.999083	-2.538175	-0.860098	-0.309744
T9 4782.466	-0.628801	-0.496457	-0.305458	-0.053071	0.303003	0.293817	-1.481679	-1.844400	-0.699677
T10 5690.701	-0.869657	-0.681873	-0.429782	-0.143108	0.183020	0.989341	0.302433	-0.831731	-0.975827
T11 6498.861	-1.046464	-0.808897	-0.500863	-0.176294	0.147331	1.310560	1.122858	0.437158	-0.317174
T12 7451.185	-1.241645	-0.949601	-0.581317	-0.214190	0.111363	1.644528	1.955379	1.712915	1.185540

图 14-20 未知荷载系数结果 2

14.4.5 索力调整 (Cable Force Tuning)

如果虽然找到了满足约束条件的预张力,但却不是设计者所希望的最优的预应力,利用索力调整功能,可以有效地进行操作。比如,可以结合"影响矩阵"(图 14-20)找出影响较大的索单元,对此索单元做优先考虑的微调。

索力调整对应命令:主菜单＞结果＞索力调整。下面开始对索力调整功能以及利用该功能进行初始索力计算的过程进行说明。

(1)定义结构组。如图 14-21 所示,共定义了三个结构组:加劲梁、主塔和斜拉索。

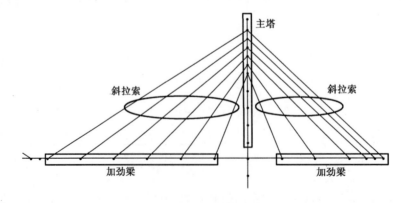

图 14-21 定义结构组

(2)执行该命令:主菜单＞结果＞索力调整,如图 14-22 所示。

在图 14-22 中：

"荷载组合"中选择刚才定义的"弯矩控制"。

勾选图 14-22 上方的一排按钮中的"显示结果 2"、"显示影响值"。这样就会在图 14-22 下方的"结果"分组框内显示"结果 1"和"结果 2"。在这两个结果图形中，绿色的线就是根据影响矩阵得到的影响值趋势。暗红色的线是用户定义的"显示范围"。蓝色的线为随索力变化的结果（通过点击 ⋯ 按钮定义）。

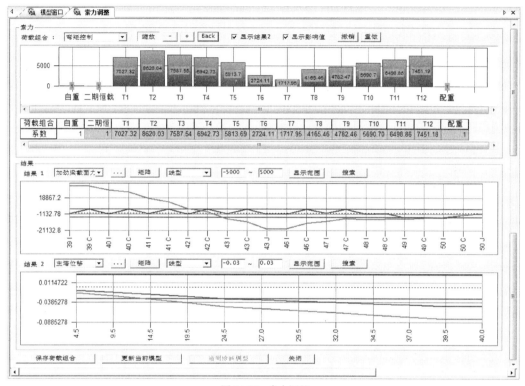

图 14-22　索力调整

在"结果 1"的右侧点击 ⋯ 按钮，得到如图 14-23 所示的对话框，按图定义"加劲梁截面力"，然后在"结果 1"右侧选择；在"结果 2"的右侧点击按钮，得到如图 14-24 所示的对话框，按图定义"主塔位移"，然后在"结果 2"右侧选择。

（3）根据影响矩阵系数调整索力。

假设还要求塔顶位移的范围控制在 $-0.03 \sim 0.03$m，可以通过影响矩阵系数法满足要求。

图 14-25a）为塔顶位移（即前面定义的主塔位移，用蓝线表示）、用户指定塔顶位移范围[用红线表示，图 14-25a)中蓝线超出了红线，说明塔顶位移不符合要求]以及荷载组合中的某一项对该位移的影响[用绿线表示，在图 14-25a)中，以荷载组合中的 T12 为例，即 T12 对该位移的影响，在荷载组合的系数中点选，即选择某个索力]关系图。从图 14-25b)中可以看出，改变T12 索力[图 14-25a)为调整前的 7451.18kN，图 14-25b)为调整后的 9000kN]会对蓝色线产生影响，即可通过调整索力来微调塔顶位移。微调的幅度（或正负增量）=索力增量×影响值，影响的大小可以参考图中绿线的走势，其具体数值为影响矩阵[通过点击图 14-25a)中的 矩阵 按钮得到，如图 14-25d)所示，再根据横轴位置查看，T12 对塔顶位移的影响值为

0.000008],其值是带正负号的。从图14-25b)可以看出,调整T12为9000kN后,塔顶位移虽然小了,但仍然在红线以外,继续调整T11为8000kN后才符合要求。

图14-23 加劲梁截面力

图14-24 主塔位移

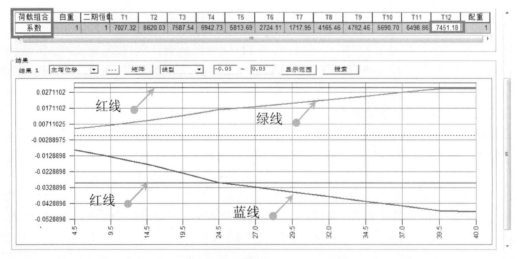

a)调整前

图 14-25

第14章 斜拉桥分析

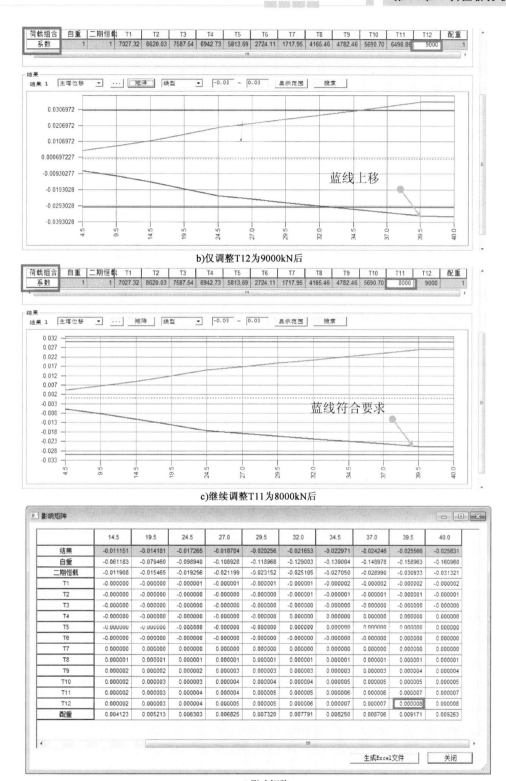

b)仅调整T12为9000kN后

c)继续调整T11为8000kN后

d)影响矩阵

图14-25 利用影响矩阵系数微调索力的结果

在荷载组合的系数中点选,即选择某个索力,可看到绿线的变化,表示各索力对塔顶位移的影响趋势。这里选择微调 T11 和 T12 是因为这两个索力对蓝线影响最大。从 T1～T6 的索力之和大于 T7～T12 的索力之和也可知,塔顶的位移是偏向跨中的,增大 T7～T12 的索力有利于改善这种情况。

采用上面的方法微调索力需要一个一个地调整。

但是这种调整仅考虑了塔顶位移,这种调整使得主梁的弯矩超出了范围,如图 14-26 所示,为此需要继续调整。经过依次点击图 14-26 上方荷载组合的系数,确定 T8 的影响最大,而且影响为负,那么增大 T8 的值可以使超限的蓝线下降。将 T8 改为 6400kN 后(图 14-27),基本可以得到满意的结果。但是从图 14-27 可以看出,主梁单元 43C(即单元 43 中间)处弯矩仍然少许超限。这可以还用上面的方法调整,本例下面拟采用"搜索"功能调整。

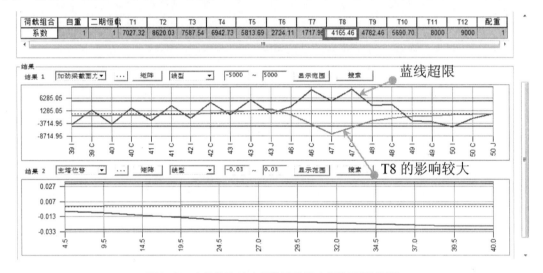

图 14-26 主梁单元 46 中间位置到 47 中间位置弯矩超限

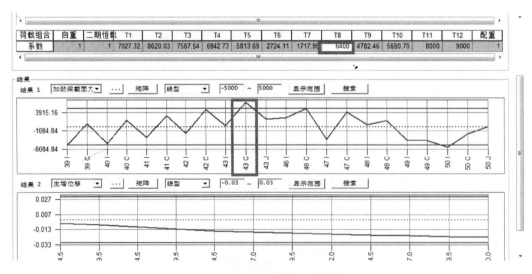

图 14-27 调整 T8 后的弯矩和塔顶位移

(4)利用"搜索"功能调整最优索力。

为了将主梁单元43C处的弯矩调整到规定的范围内,首先通过影响矩阵查找对其影响最大的索力。点击图14-27中"加劲梁截面力"右侧的 矩阵 按钮,弹出如图14-28所示的影响矩阵对话框。从图14-28中看以看出,对单元43C处的弯矩影响最大的是T6索力,数值为 —2.061372。找到后,点击 关闭 按钮关闭影响矩阵对话框。

	40 I	40 C	41 I	41 C	42 I	42 C	43 I	43 C	43 J	46 I	46
结果	-4521.25138	1769.83288	-2950.95785	3108.63633	-1843.64447	4705.25895	242.287386	6689.13338	2124.10438	2521.19664	5047.
自重	56600.0947	50892.4684	35987.2171	28207.7461	11230.6502	3611.51731	-13205.2406	-21215.4253	-36423.2351	-37272.4292	-2407
二期恒载	11025.0745	9926.98874	7014.65294	5507.70681	2186.51068	707.350587	-2586.05950	-4139.89871	-7507.98791	-7288.33005	-4708
T1	-1.680472	-0.482342	0.715787	1.255746	1.795706	1.818669	1.841633	1.541193	1.240753	0.026820	-0.1
T2	-3.395543	-1.854203	-0.312863	0.517501	1.347865	1.572384	1.796904	1.600404	1.403905	0.251496	0.1
T3	-1.076793	-2.023707	-2.970621	-1.534590	-0.098559	0.598266	1.295091	1.389713	1.484335	0.502810	0.3
T4	0.158522	-0.412377	-0.983277	-2.095136	-3.206994	-1.667242	-0.127589	0.563945	1.255378	0.787465	0.5
T5	0.556553	0.291271	0.025989	-0.546378	-1.118746	-2.282234	-3.445723	-1.650625	0.144472	1.055030	0.7
T6	0.407509	0.332142	0.256775	0.066690	-0.123395	-0.577513	-1.031630	-2.061372	-3.091114	1.047368	0.7
T7	-0.120688	-0.089963	-0.059238	0.008943	0.077124	0.221680	0.366237	0.657126	0.948014	-3.270365	-2.2
T8	-0.294311	-0.243964	-0.193617	-0.107022	-0.020426	0.134093	0.290413	0.579758	0.869104	-0.194179	-1.9
T9	-0.579071	-0.496457	-0.413843	-0.305458	-0.197074	-0.053071	0.090932	0.303003	0.515073	0.864922	0.2
T10	-0.797077	-0.681873	-0.566669	-0.429782	-0.292895	-0.143108	0.006678	0.183020	0.359362	1.104065	0.9
T11	-0.953801	-0.808897	-0.663993	-0.500863	-0.337733	-0.176294	-0.014856	0.147331	0.309517	1.216281	1.3
T12	-1.126161	-0.949601	-0.773041	-0.581317	-0.389593	-0.214190	-0.038788	0.111363	0.261513	1.339964	1.6
配重	-1181.47467	-1068.76086	-956.047061	-892.738917	-829.430773	-909.260440	-989.090106	-1340.62306	-1692.15602	1108.33149	4587

图 14-28 主梁弯矩影响矩阵

点击图14-27中"加劲梁截面力"右侧的 搜索 按钮,在弹出的"搜索"对话框(图14-29)中做如下操作:勾选图14-29上方chk栏中的T6,"对象函数类型"选为"平方",其他默认,然后点击 计算 按钮,此时会在"计算结果"分组框中的"调整前"和"调整后"中出现计算结果,最后点击 适用 按钮。为了寻找目标函数收敛的解,"搜索"功能要反复执行。所以再执行几次上述操作,直到"调整前"和"调整后"中的计算结果不再变化。

经过调整后,可能还有超出范围的情况,此时,可以用"根据影响矩阵系数"调整或利用"搜索"功能调整最优索力。为了使加劲梁的截面力和主塔位移不偏离目标范围,对索力进行最后的微小调整和分组,并考虑到对于施工有利,将索力调整为整数,最后的结果如图14-30所示。因为开始定义的索力为单位力,所以图13-30中上方的索力系数即为最终的索力。

(5)应用最终索力。

在图14-30中,点击 保存荷载组合 按钮,此时,在以前生成的名为"弯矩控制"的荷载组合的组合系数发生变化,如图14-31所示。

最后,在图14-30中,点击 更新当前模型 按钮,程序提示是否删除原来的分析/设计结果,点击"是",这样所有索力就从以前定义的单位力更新成上面调整的结果。

这样就完成了成桥阶段初始索力的计算。

图 14-29　搜索对话框

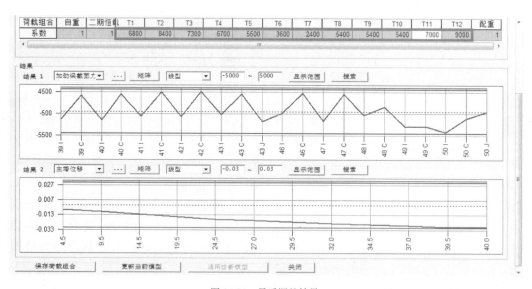

图 14-30　最后调整结果

(6)重新计算。

执行运行分析命令,其计算结果即为满足主梁弯矩和塔顶位移要求的成桥恒载合理状态。

第14章 斜拉桥分析

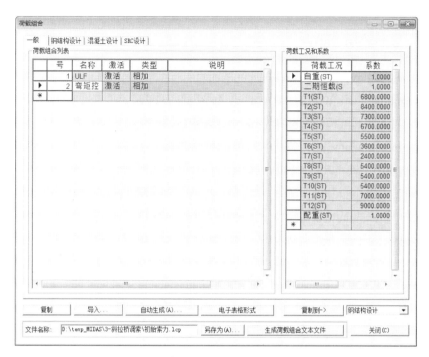

图 14-31 "弯矩控制"荷载组合系数发生变化

14.5 斜拉桥施工阶段分析

完成斜拉桥成桥恒载内力的优化计算后,斜拉桥的设计和施工都应以优化结果为目标进行操作。从方便施工的角度考虑,斜拉索的施工采用一次张拉法比较方便,但是对大跨度斜拉桥,往往需要在施工中对索力进行二次或三次张拉,以使主梁在施工中满足强度要求。这需要计算每次张拉的索力大小和主梁预拱度。对新安装的斜拉索,按事先确定的张拉力进行张拉,并对主梁的预拱度进行设置,成桥时的索力和线形就能自动满足设计要求。问题的关键是如何来确定每次的张拉力和预拱度。

在 midas Civil 中,可以通过"倒拆分析"和"考虑未闭合配合力正装分析"的方法确定施工时的张拉索力。

14.5.1 倒拆分析

按照施工的逆过程,对结构进行倒拆分析,计算每拆除一个施工段对剩余结构的影响,就能得到各索的初始张拉力和梁的安装预拱度。首先,激活结构中成桥状态的所有单元、约束、索力,并将外荷载作用于结构进行初态的计算,然后在此基础上,逐阶段对结构进行倒拆分析。每一个阶段得到的位移和内力状态即是按正装施工时应该具备的状态。

倒拆分析在 midas Civil 中的分析方法就是定义施工阶段,以上面得到的成桥状态为第一阶段,然后依次按施工的逆过程钝化斜拉索和主梁节段。下面以上节的实例为基础,继续进行倒拆分析,以得到施工中的张拉索力。

1)定义结构组、荷载组和边界组

定义施工阶段前应该定义结构组、荷载组和边界组。本例简化了施工过程,即认为主梁的拼装和张拉该梁段的斜拉索同时完成,所以,可以将各梁段及其对应的斜拉索定义在一个结构组中。定义的结构组及其包含的结构单元如下:

(1)全桥,包含所有的单元。
(2)合龙段,包含中跨合龙段的两个单元,如图 14-32 所示。
(3)结构1,包括 T1 索、T12 索及对应的主梁单元,如图 14-32 所示。
(4)结构2,包括 T2 索、T11 索及对应的主梁单元。
(5)结构3,包括 T3 索、T10 索及对应的主梁单元。
(6)结构4,包括 T4 索、T9 索及对应的主梁单元。
(7)结构5,包括 T5 索、T8 索及对应的主梁单元。
(8)结构6,包括 T6 索、T7 索及对应的主梁单元。

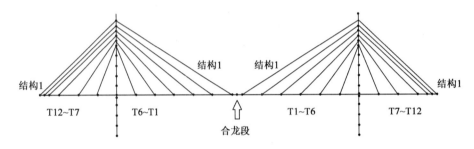

图 14-32 结构组定义

荷载组包括自重、索力和二期恒载及配重,其中,索力的钝化可以通过索单元的钝化达到,所以没必要为每一对索力建立荷载组。注意这里施加的索力已经是上节优化后的结果,不是单位力。边界组是逆序施工中需要钝化的边界,也可以通过相应主梁单元的钝化达到钝化边界的目的。

2)定义施工阶段

本例忽略材料的时间依存性,即不考虑混凝土的收缩、徐变,这样施工阶段的持续时间没有实际意义,可以全部定义成0。按表 14-2 定义施工阶段。

倒退分析施工阶段定义　　　　表 14-2

序号	施工阶段名称	结 构 组	荷 载 组	边界组	备注
1	成桥阶段	全桥	自重、索力、二期恒载及配重	所有	
2	拆桥面铺装及配重	—	钝化二期恒载及配重	—	
3	拆合龙段	钝化合龙段	—	—	
4	拆结构1	钝化结构1	—	—	
5	拆结构2	钝化结构2	—	—	
6	拆结构3	钝化结构3	—	—	
7	拆结构4	钝化结构4	—	—	
8	拆结构5	钝化结构5	—	—	
9	拆结构6	钝化结构6	—	—	

3)施工阶段分析控制数据

运行命令分析＞施工阶段分析控制,在弹出的对话框中确认"索预应力控制"分组框中选择的是"体内力"。在施工阶段分析中,预应力索或钢束选择为体内力和体外力的区别,请参见 8.1.3 节。

4)运行分析

5)索力查看

图 14-33～图 14-35 为倒拆分析中的几个工况对应的索力。

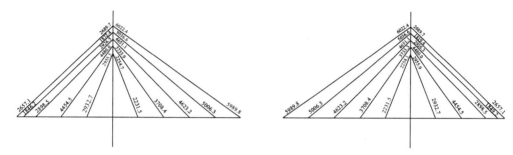

图 14-33 拆除 T1 和 T12 及相应主梁时的索力(单位:kN)

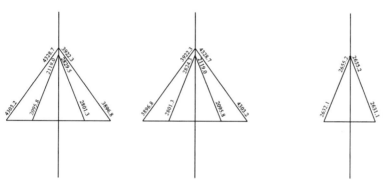 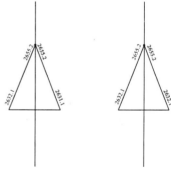

图 14-34 剩余两对索时的索力(单位:kN)　　图 14-35 剩余一对索时的索力(单位:kN)

图 14-35 即为施工时张拉第一对索时的张拉力,注意由于索的重力的影响,索的两端张拉力在图中是不同的,实际的张拉力可以取两者的平均值。同样,图 14-34 给出了张拉第二对索时的张拉力以及对应阶段第一对索的实存索力。以此类推,即可知道所有索施工时的张拉力。

必须注意,按上面倒拆分析给出的施工阶段张拉索力施工,最终的结果肯定与前面计算的最优状态索力是偏离的,或者说是不闭合的。但是,如索力和支反力的偏离值较小,采用这样的施工方案又能够简化施工,所以可以使用按这种方案施工得到的成桥内力状态代替原来计算的成桥内力状态。如果偏离值较大,则应该在结构合龙后进行二次调索。偏离值很大时,就不能将按倒拆分析直接得到的张拉索力用于施工,一般采用前进、倒拆分析交互迭代法消除不闭合因素。

6)倒拆分析的不闭合因素

倒拆分析与实际施工(正装分析)存在着诸多不闭合因素,主要有三点:

(1)计算状态的不闭合(即未闭合配合力因素)。

很明显，按实际施工的正装法施工到合龙段前，合龙段两端的已施工主梁节点上是没有荷载的，当合龙段安装以后，这两个节点才承受合龙段一半的重力荷载。而按倒拆法计算到同一阶段时，一般成桥状态在合龙截面处都有一定的弯矩，拆除合龙段必然在其两端节点上施加反向的弯矩。因此，按倒拆分析结果进行每根索的一次张拉的正装分析和施工，无法达到预期的合理成桥状态。

要改变这种不闭合现象，必须调整施工方法，比如在施工中对合龙截面加预弯矩或对索力重复张拉。对索力重复张拉时，最好使调索的索数最少。

(2)结构徐变、收缩引起结构倒拆分析内力与实际施工内力的不闭合。倒拆分析是逆序的，因此，无法计算与加载历史有关的因素引起的内力。如要加进由于混凝土收缩、徐变引起的内力和位移，就必须按前进分析的方法得到这些值。

(3)斜拉索垂度效应和结构大位移效应等几何非线性引起的倒拆分析内力与实际施工内力的不闭合。

上述三种不闭合因素的考虑方法将在下面的各节中予以讨论与解答。

14.5.2 考虑未闭合配合力正装分析

1)未闭合配合力的概念

按施工的顺序进行分析的施工阶段正装分析或前进分析，一般通过正装分析验算各个施工阶段的产生应力，检查施工方法的可行性，最终找出最佳的施工方法。进行正装分析时，要输入拉索的初始张拉力，为了得到初始张拉力值通常先进行倒拆分析，然后再利用求出的初始张拉力进行正装分析。但是如前所述，正装分析(也即实际施工)与倒拆分析的张力是不闭合的，产生上述张力不闭合的原因上节已经介绍。

从斜拉索的基本原理上看，倒拆分析就是以初始平衡状态(成桥阶段)为参考，计算出索的无应力长，再根据结构体系的变化计算索的长度变化，从而得出索的各阶段张力。一个可行的施工阶段设计，其正装分析同样可以以成桥阶段的张力为基础，求出索的无应力长，然后考虑各施工阶段的索长变化，得出各施工阶段索的张力。目前，以上述理论为基础的程序都是大位移分析为主，其原因是悬臂法施工在安装拉索时的实际长度取值是按实际位移计算的。一般来说，新安装的构件会沿着之前安装的构件切线方向安装，进行大位移分析时，因为切线安装产生的假想位移是很容易求出来的，但是小位移分析要通过考虑假想位移来计算拉索的张力是很难的。midas Civil能够在小位移分析中考虑假想位移，以无应力长为基础进行正装分析。这种通过无应力长与索长度的关系计算索初拉力的功能叫未闭合配合力功能。利用此功能可不必进行倒拆分析，只要进行正装分析就能得到最终理想的设计桥型和内力结果，即通过未闭合配合力的分析方法，可以得到最终合龙后的阶段与成桥目标函数完全闭合的结果。因为按未闭合配合力方法，通过正装模型就可以计算拉索张拉控制力，所以不需要再建立一个倒拆模型来求得施工阶段索力。

2)未闭合配合力的计算原理

未闭合配合力具体包括两部分，一是因为施工过程中产生的结构位移和结构体系的变化而产生的拉索的附加初拉力，二是为使安装合龙段时达到设计的成桥阶段状态，合龙段上也会产生附加的内力。进行正装分析时，把计算的拉索与合龙段的未闭合配合力反映在索张力和合龙段闭合内力上,就能使初始平衡状态和施工阶段正装分析的最终阶段的结果相同。

(1)拉索的附加初拉力

程序中的计算原理(图14-36)如下:

首先,在安装拉索的前一阶段,求出拉索两端节点的位移。

其次,利用拉索两端的位移,求拉索变形前长度(L)与变形后长度(L')之差,即 $\Delta L = L - L' = v_b \cos\theta + u_b \sin\theta$,其中,$\theta$ 为拉索的倾角。

最后,根据差值求出相应的拉索附加初拉力(ΔT),即 $\Delta T = \dfrac{EA}{L}\Delta L$。把求出的附加初拉力($\Delta T$)和初始平衡状态分析时计算得出的初拉力($T$)叠加,作为施工阶段的控制张力,进行施工阶段的正装分析。

(2)合龙段上的附加内力

三跨连续斜拉桥的中间合龙段合龙时,不会产生内力(只产生自重引起的内力),所以合龙段与两侧桥梁段之间形状是不连续的。为了让合龙段连续地连接在两侧桥梁段上,求出合龙段两端所需的强制变形值,将其换算成能够产生此变形的内力,并将其施加给合龙段后,连接在两侧桥梁段上。图14-37给出了计算原理的图示。

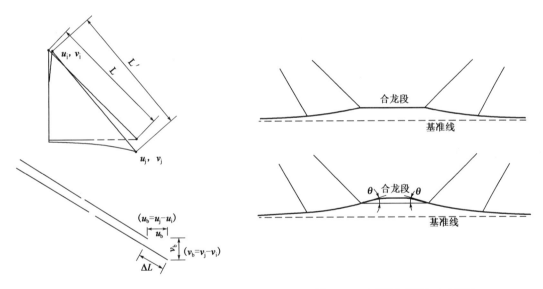

图14-36 拉索的附加初拉力计算　　　　　图14-37 合龙段上的附加内力计算

midas Civil 中未闭合配合力计算原理:激活斜拉索之前,拉索两端节点因前一阶段的荷载发生变形。激活拉索时,已输入的体内力还不能把发生变形的节点拉回原位,还需要补一定量的张力,此张拉力即为未闭合配合力。程序不仅可以计算出每根斜拉索未闭合配合力,还可计算出合龙段未闭合配合力。使最终阶段的内力以及变形结果与成桥目标完全闭合。

3)未闭合配合力的计算实例

这里仍然采用上一节的实例模型(节点、单元、材料、截面和边界条件等完全相同,仅结构组、荷载组和施工阶段需重新定义),索的张拉力取14.4节优化的结果。

(1)施工阶段分析控制选项设置

使用未闭合配合力功能时，要在"施工阶段分析控制数据"对话框中的"索预拉力控制"分组框中选择"体内力"，并勾选"未闭合力控制"功能（其后面的下拉条中选择的结构组为"未闭合配合力"，该结构组包含全部主梁与斜拉索或仅合龙段主梁与斜拉索。也可以在仅考虑斜拉索的"未闭合配合力"时，仅选择所有斜拉索构成的结构组），如图 14-38 所示。图 14-38 中勾选了"构件沿初始切向位移方向激活"是因为该实例斜拉桥按悬臂拼装的方法施工。

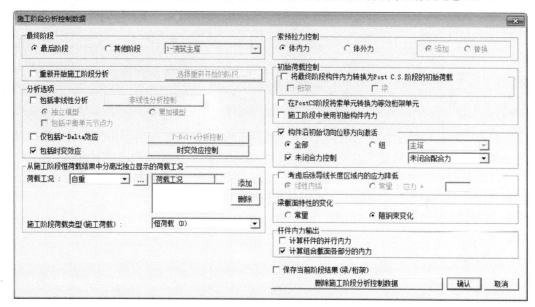

图 14-38　施工阶段分析控制数据的设置

(2)定义结构组

这里定义的结构组是按施工的顺序由小到大依次定义主梁和斜拉索编号的，如图 14-39 所示。

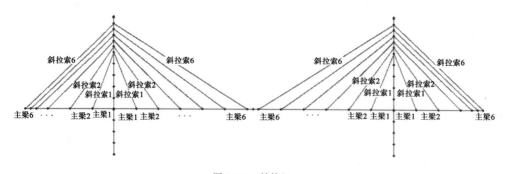

图 14-39　结构组

(3)定义荷载组

将同一批张拉的斜拉索张拉力定义在一个荷载组中，然后再将其定义在一个静力荷载工况中。张拉力为成桥合理状态对应的索力。

(4)定义边界组

与倒拆分析不同，前进分析时边界条件是分阶段激活的。这里定义两个边界组，一个是桥塔墩下的固结边界，另一个是边跨墩台处的边界。

(5)定义施工阶段

第一个施工阶段为塔墩施工完成后一个月，第二个施工阶段为拼装主梁1，第三个施工阶段为张拉斜拉索1，以此类推定义其他主梁和斜拉索对应的施工阶段，然后是中跨合龙，最后施加二期恒载。因为没有考虑收缩、徐变特性，施工的持续时间没有意义，均定义为0。施工阶段的定义如表14-3所示。

考虑未闭合配合力正装分析施工阶段定义 表14-3

序号	施工阶段名称	激活的结构组	激活的荷载组	激活的边界组	备注
1	墩塔	全桥	自重	中墩墩底固结	
2	拼装主梁1	主梁1	—		
3	安装并张拉索1	斜拉索1	索1对应初拉力荷载	—	
4	拼装主梁2	主梁2	—		
5	安装并张拉索2	斜拉索2	索2对应初拉力荷载	—	
6	拼装主梁3	主梁3	—		
7	安装并张拉索3	斜拉索3	索3对应初拉力荷载	—	
8	拼装主梁4	主梁4	—		
9	安装并张拉索4	斜拉索4	索4对应初拉力荷载	—	
10	拼装主梁5	主梁5	—		
11	安装并张拉索5	斜拉索5	索5对应初拉力荷载	—	
12	拼装主梁6	主梁6		边跨支承	
13	安装并张拉索6	斜拉索6	索6对应初拉力荷载		
14	中跨合龙	合龙段主梁			
15	桥面铺装及配重		二期恒载及配重		

(6)运行分析

(7)查看结果

通过查看结果可以知道，按"未闭合配合力"功能求解的最后结果，与14.4节的结果完全闭合。注意，因为在"施工阶段分析控制数据"对话框中勾选了"构件沿初始切向位移方向激活"新主梁段，即后续节段是在前段变形后的基础上拼装的，所以要在位移结果查看时勾选"阶段/步骤实际总位移"，如图14-40所示。

查看"未闭合配合力"的命令路径为：主菜单＞结果＞分析结果表格＞施工阶段＞未闭合配合力，如图14-41所示。

图14-40 查看位移选项

查看每一根索在实际施工时的张拉力，可在对应的施工阶段查看。比如要查看斜拉索1的施工时需要张拉的力，可以先将施工阶段定在张拉这根索的阶段（即施工阶段三），然后用命令结果＞内力＞桁架单元内力查看，可以看出，该张拉力与倒拆分析时完全相同。图14-42～图14-44为其中的几个施工阶段对应的索力，该结果可以与图14-33～图14-35进行对比。

图14-41 查看"未闭合配合力"

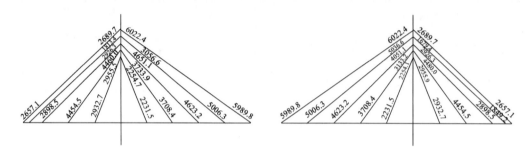

图14-42 斜拉索5的索力（单位：kN）

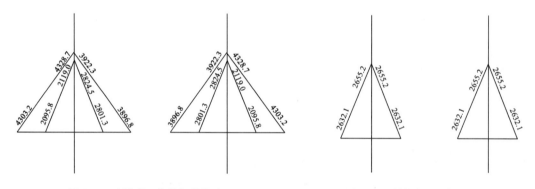

图14-43 斜拉索2的索力（单位：kN） 　　　　　图14-44 斜拉索1的索力（单位：kN）

在本例中，考虑了"合龙段未闭合配合力"，从其计算原理可知，考虑与否并不影响求解的索力值。

4）未闭合配合力的讨论

(1)在不考虑时间依存效应与几何非线性的前提下，若将计算出的考虑索力及合龙段的"未闭合配合力"施加到倒拆分析结果中，则会使倒拆结果与理想状态结果闭合，此时，就不用再进行其他的分析了。考虑"未闭合配合力"的正装分析得到的施工阶段各根索的张拉力与倒拆结果一致，即两种方法都可以得到施工阶段各根索的张拉力。

(2)考虑"合龙段未闭合配合力"实际意义不大，因为，在实际中很难在合龙段施加计算出的配合力（尤其是弯矩）。但是不考虑"合龙段未闭合配合力"，会导致最后的结果与理想状态不闭合。倒拆分析就相当于仅考虑斜拉索"未闭合配合力"的正装分析。

(3)当采用索单元进行斜拉桥分析时（考虑累加模型的非线性分析），因建立索单元时要直接输入拉索的无应力状态的索长，故无需再考虑未闭合配合力。

14.5.3 使用未知荷载系数功能做斜拉桥正装分析

在利用"倒拆分析"或"考虑未闭合配合力正装分析"的方法确定施工时的张拉索力后,就可以进行最后的正装分析计算了。但是实际的斜拉桥还有其他的不闭合因素需要考虑,比如混凝土的收缩徐变、结构几何非线性以及很难施加的合龙段未闭合配合力的影响等。midas Civil 可以使用施工阶段未知荷载系数法进行斜拉桥正装分析,以消除这种不闭合。一般情况下,求解的是索力的未知荷载系数,此时,实际上就是二次调索。所求未知荷载系数也可以不是索力的,比如支座顶起或下沉,即求解顶起或下沉支座的荷载大小来满足理想状态。

1) 考虑混凝土收缩徐变的方法

首先,要定义混凝土材料的时间依存性,这与前面章节考虑混凝土收缩徐变的方法相同;其次,在"施工阶段分析控制数据"对话框中的"分析选项"分组框中勾选"包括时变效应",并点击其后的按钮 时变效应控制 (图 14-38),最后,在弹出的对话框中进行设置。

2) 几何非线性问题

主要是斜拉索的垂度以及结构的大变形。考虑的方法是斜拉索采用索单元,同时整个分析考虑几何非线性(采用考虑非线性的累加模型)。

3) 合龙段未闭合配合力问题

虽然合龙段未闭合配合力可以通过计算得到,但因为是轴力和弯矩,很难在实际施工时施加,所以一般对此项不闭合因素采用二次调索的方法解决。

4) 施工阶段未知荷载系数法的步骤

施工阶段计算未知荷载系数的步骤如图 14-45 所示。

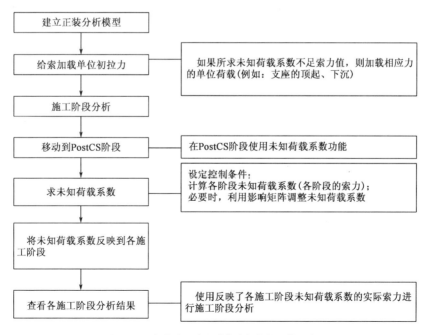

图 14-45 考虑施工阶段计算未知荷载系数的步骤

5)施工阶段未知荷载系数法分析实例(二次调索)

这里仍采用上节的斜拉桥实例,施工方法为悬臂拼装法。因为本例仅用来演示二次调索的步骤和方法,所以施工过程中没有考虑混凝土的收缩徐变的影响以及结构几何非线性的影响,导致二次调索前结构状态与理想状态不一致的因素为合龙段未闭合配合力。

将14.5.2节的计算模型拷贝出来,然后对模型做如下更改:

(1)将斜拉索索力改为体外力。

在"施工阶段分析控制数据"对话框中,将"索预拉力控制"分组框中原来勾选的"体内力"改为勾选"体外力",并不选择"未闭合力控制"功能(不勾选),其他内容不变,如图14-46所示。

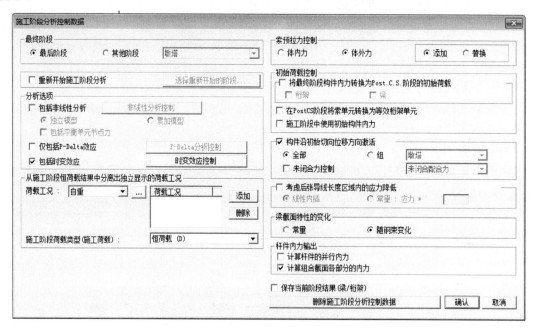

图14-46 施工阶段分析控制数据更改

(2)更改各斜拉索的初始张拉力。

上面章节中讲的倒拆分析和考虑未闭合配合力的正装分析,其目的就是得到施工阶段的各根索的实际施工时的张拉力,现在要进行按实际施工顺序的正装分析,所以应该将倒拆分析或考虑未闭合配合力的正装分析得到的张拉索力施加在对应索上,施加的方式仍然是初拉力荷载。

(3)最后增加6个施工阶段,在每个施工阶段中,分别对斜拉索1~斜拉索6施加单位初拉力荷载。为此,需要事先定义对应的荷载组和荷载工况。注意不要在这6个调索的施工阶段中再施加其他荷载。最后运行分析。

(4)在后处理中的PostCS阶段,运行命令结果>未知荷载系数。操作的方法同14.4节。

前面新定义了6个调索的施工阶段,每个施工阶段都可以调整斜拉索,但若调整所有斜拉索的话,仅将第6个施工阶段定义"未知荷载系数组"即可,如图14-47所示。首先给出项目名称,步骤名称选择为新定义的第6个施工阶段,添加约束条件,然后勾选6个施工阶段/步骤,再求解未知荷载系数即可。

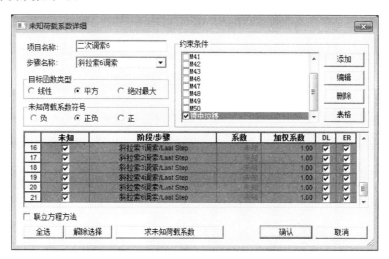

图 14-47 施工阶段未知荷载系数定义

(5)按计算出的索力调整。

参 考 文 献

[1] 北京迈达斯技术有限公司.midas Civil 2010 分析设计原理.
[2] 邱顺冬.桥梁工程软件 midas Civil 常见问题解答[M].北京:人民交通出版社,2009.
[3] http://cn.midasuser.com/civil/.
[4] 范立础,等.非一致地震激励下大跨度斜拉桥的响应特征[J].计算力学学报,2001,18(3):358-363.
[5] 潘旦光,等.多点输入下大跨度结构地震反应分析研究现状[J].同济大学学报,2001,29(10):1213-1219.
[6] 胡聿贤.地震工程学[M].北京:地震出版社,1988.
[7] Ladislav Fryba.铁路桥梁动力学[M].北京:科学出版社,2007.
[8] R.克拉夫,J.彭津.结构动力学[M].2 版.北京:高等教育出版社,2006.
[9] Anil K. Chopra.结构动力学理论及其在地震工程中的应用[M].2 版.北京:高等教育出版社,2007.
[10] [美]陈惠发,段炼.桥梁工程抗震设计[M].北京:机械工业出版社,2008.
[11] [美]爱德华·L·威尔逊.结构静力与动力分析[M].北京:中国建筑工业出版社,2006.
[12] 北京金土木软件有限公司.SAP2000 中文版使用指南[M].北京:人民交通出版社,2006.
[13] 王振清,何建.钢筋混凝土结构非线性分析[M].哈尔滨:哈尔滨工业大学出版社,2010.
[14] 宋一凡.公路桥梁动力学[M].北京:人民交通出版社,2000.
[15] 曹雪琴,刘必胜,吴鹏贤.桥梁结构动力分析[M].北京:中国铁道出版社,1987.
[16] 彭俊生,罗永坤,彭地.结构动力学、抗震计算与 SAP2000 应用[M].成都:西南交通大学出版社,2007.
[17] 燕斌.桥梁桩基础抗震简化模型比较研究[D].上海:同济大学,2007.
[18] 谷川,等.桥梁撞击问题研究的新方法[J].公路交通科技,2008,25(9):112-115.
[19] 项海帆.高等桥梁结构理论[M].北京:人民交通出版社,2001.
[20] 葛耀君.分段施工桥梁分析与控制[M].北京:人民交通出版社,2003.
[21] 蔺鹏臻,等.桥梁结构有限元分析[M].北京:科学出版社,2008.